한국풍수인물사

韓國風水人物史

도선과 무학의 계보

# 한국풍수인물사

최창조

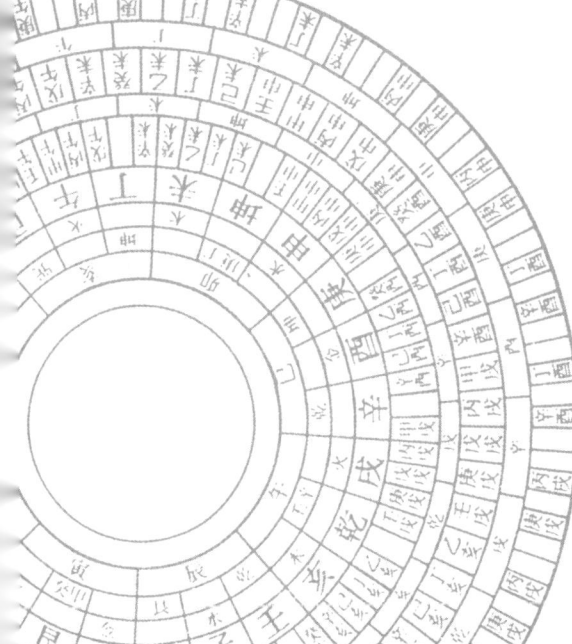

민음사

풍수 공부를 계속할 수 있도록 성원해 주신
박맹호 회장님께 이 책을 바칩니다.

**추천사 1**

# 『한국풍수인물사』를 읽으면서

김두규 우석대 교양학부 교수, 문화재청 문화재전문위원

'Korean fungsulogy'라는 새로운 용어를 이제는 써도 된다는 생각이다. '한국 풍수학'을 외국에 소개할 때 말이다. '한국 풍수학'이란 최창조 교수가 탐색해 온 자생 풍수自生風水를 말한다. 1984년 『한국의 풍수사상』을 출간한 지 30년 만에 최 교수는 이 책 『한국풍수인물사』를 세상에 내놓았다. 물론 그 사이에 최 교수는 많은 저서와 논문을 집필하였으며 학자로서 그의 운명에 많은 사연들이 있었다.

풍수학자로서 최 교수의 30년을 정리하면 크게 네 가지 업적을 꼽을 수 있다. 하나는 지리멸렬하던 '풍수술'을 '풍수학'으로 격상시킨 결정적 공헌이다. 둘째, 풍수를 우리 시대 인문학 담론으로 당당하게 제시하였다. 셋째, 1990년대 중반 이후 '자생 풍수'라는 이름으로 중국과 다른 우리 풍수의 원형을 드러냈다. 넷째, 풍수를 "봉건 도배의 묫자리 잡는 잡술"로만 인식하던 북한 역사학계가 풍수를 '민족지형학'으로 인식하도록 만들었다. 그 후 30년이 지나면서 비록 특수대학원이기는 하지만 많은 곳에서 풍수를 전공하는 것이 가능해졌고, 수많은 석·박사 논문과 젊은 학자들이 나오고 있다. 그러나 아직도 학문적 방법론이나 내용에서 최 교수의 풍수학을 따라가기에는 요원한 실정이다.

2011년 최 교수는 『사람의 지리학』이란 풍수 교양서를 출간하였다. 부제가 '최창조의 망상록妄想錄'이었다. 겸손함인지 반어적 표현인지 알 수 없지만, 그 책을 읽은 필자는 이 책으로 인해서 비로소 한국의 풍수가 완벽하게 하나의 학적 틀을 갖게 되었다고 확신하였다. 최 교수는 그 책에서 자생 풍수를 다음과 같은 열 가지로 정의하였다.

1. 주관성: 마음이 중요하다.
2. 비보성: 고침치유의 지리학이다.
3. 정치성: 새로운 세상, 개벽을 지향한다.
4. 현재성: 지금, 이곳에서 적응하라.
5. 불명성: 비논리의 논리이자 논리 뛰어넘기이다.
6. 편의성: 이상보다 현실에 충실하라.
7. 개연성: 그럴듯하게 보인다.
8. 적응성: 모든 삶의 분야와 연결된다.
9. 자애성: 내가 중심이다.
10. 상보성: 인간도 주인이고, 자연도 주인이다.

외국特히 중국의 풍수와 다른 한반도 자생 풍수의 특장特長을 이렇게 정리한 것이다. 필자는 위 10가지 특징을 '풍수학의 기본 범주'로 삼아도 좋겠다고 최 교수께 이야기한 바 있다. 이번에 출간하는 『한국풍수인물사』는 '자생 풍수 인물사'이며 "도선과 무학의 계보"라는 부제에서 알 수 있듯 조선 건국 이후, 특히 임진왜란 와중의 중국 풍수 유입과 범람으로 술수로 전락한 풍수가 아닌 이 땅에 터를 잡고 살았던 한민족의 건전한 터 잡기로서의 풍수 흔적을 추적한 것이다. 고려와 조선의 풍수는 그 내용 면에서 많은 차이를 보여 준다. 고려 풍수가 불교 풍수로서 국역國域 풍수였다면, 조선 풍수는 유교 풍수로서 묘지 풍수였다. 고려의 거시巨視 풍수가 조선에 와서 묘지 풍수로 축소·전락하게 된 것이다. 최 교수가 말하는 자생 풍수는 고려의 국역 풍수 전통을 바탕으로 한다.

『한국풍수인물사』는 3중의 내적 구조로 집필되었다. 자생 풍수의 비조인 도선에서 묘청, 신돈, 무학, 최호원, 박상의, 땡추黨聚, 홍경래, 전봉준 등으로 이어지는 한반도에서 활동한 자생 풍수가들을 소개한다. 단순하게 생애나 활동을 소개하는 것이 아니고 자생 풍수의 구체적 내용을 앞에서 소개한 열 가지 '범주'를 가지고 설명한다. 또 풍수의 내용만 가지고 설명하는 것이 아니라 국내외의 다양한 학술서역사, 심리, 과학와 문학 작품, 신문과 잡지 등을 인용함으로써 자생 풍수의 학문적 보편성을 드러내 주었다. 풍수가 편협한 내용을 가진 터 잡기 기술이 아니라 서구의 그 어떤 학문들과도 의사소통이 가능한 보편적 내용들을 담고 있음을 이야기하고 있다.

최 교수는 자생 풍수가 갖는 두 가지 사상을 언급한다. 하나는 개벽 사상이며 다른 하나는 비보裨補 사상이다. 자생 풍수의 비조라 할 수 있는 도선 국사는 분열된 후삼국의 통일과 새로운 왕조가 들어서야 할 당위성을 풍수를 통해 이야기하였다. 개벽을 말한 것이다. 고려의 묘청과 신돈, 조선의 홍경래와 전봉준은 부패한 왕조의 개혁 혹은 혁명을 꿈꾸다가 좌절한 인물들이었다. 무학 대사는 고려의 몰락과 새로운 왕조의 출현을 정당화한 풍수승風水僧이었다. 새로운 세상을 풍수를 통해서 실현하고자 했다는 점에서 개벽 사상가라고 할 수 있다. 고려왕조에서 특히 유행했던 비보 풍수는 국토의 효율적 관리와 균형 발전을 꾀하는 측면이 강하다. 나무를 심거나, 연못을 파거나, 둑을 쌓거나,

돌탑을 쌓아 바람과 물길의 흐름을 조절하거나 방향을 바꾸어 쾌적한 주거 공간을 만들려 하였던 것도 역시 비보 풍수다. 조선 성종 때 유학자 출신 최호원의 경우 특정 지역에 전염병이 발생하는 것을 비보 풍수를 통해서 고쳐 보려 한 것도 마찬가지이다. 일종의 의지학醫地學이다. 도선, 묘청, 신돈, 무학, 홍경래, 전봉준 등은 개혁이나 혁명을 염두에 둔 비보 풍수를 이야기한 반면 최호원의 경우 의지학적 관점에서 도선의 비보 풍수를 주창했다는 점이 흥미롭다. 본문에도 나오지만, 1485년 최호원은 성종에게 다음과 같은 요지의 글을 올린다.

"황해도는 악병惡病이 창궐하는데 지역에 따라 차이가 있으며, 이는 산천 형세에서 기인하는 것입니다. 우리나라는 산이 높고 물이 아름다워서 길흉의 반응이 빠르게 나타납니다. 도선이 삼천 비보를 설치하였는데, 현재 비보한 곳의 절이나 탑, 그리고 못과 숲을 거의 다 허물어뜨려서 없어졌으니, 산천의 독기가 흘러 모여서 병이 되는 것인지도 알 수 없습니다. 청컨대 도선의 산천 비보하는 글에 의거하여 진양鎭禳하는 법을 거듭 밝히소서."

도선의 비보 풍수의 전통이 조선 성종조까지 전해졌음을 말해 주는 대목이다. 환경 파괴나 오염이 그곳 주민들에게 심각한 질병을 가져다준다는 관념을 당시에 이미 선취하고 있었다. 자생 풍수가 우리시대에 의미가 있는 것은 바로 이 같은 개벽 사상과 비보 사상 때문일 것이다.

길지 않은 인생이나 지천명의 나이에 드니 사람과의 만남이 참으로 소중한 인연으로 맺어짐을 깨닫는다. 최 교수님의 지기知己 가운데 한 분이 전북대 김기현 교수동양철학이다. 필자는 김기현 선생님으로부터 오랫동안 사서삼경과 동양학의 방법론을 배웠다. 스승이다. 최 교수님이 스승의 친구이다 보니 어려울 수밖에 없다. 그럼에도 최 교수님은 필자를 제자로 보지 않고 파탈하여 아우로 삼는다. 김기현, 최창조 그리고 필자 셋이 함께하는 술자리가 되면 어색한 자리가 될 수도 있는데, 전혀 그렇지 않다. 김기현 교수님께서 흔쾌히 이러한 관계를 좋아하신다. 참으로 즐거운 술자리이다. 독일 문학에서 풍수학으로 전공 전환을 하면서 얻은 크나큰 행운이었다. 행운은 여기서 그치지 않았다. 몇 년 전에 최 교수님은 당신이 평생 수집한 필사본 풍수 서적들과 1920년대 상해에서 간행된 방대한 풍수 전집들을 주셨다. 특히 상해본 풍수 전집들은 어느 임시정부 요인의 후손에게서 1980년대에 쌀 다섯 가마를 주고 구입하신 귀중본이다. 지금은 쌀 다섯 가마가 별로 큰 돈이 아니다. 그러나 1970년대 시골 머슴이 1년에 쌀 10여 가마를 받고 남의집살이를 했음을 감안한다면 얼마나 큰 돈인지 짐작이 될 것이다.

후학으로서 책무감이 늘 가슴 한편을 짓누른다. 빈말이 아니다. 최 교수는 서울대를 떠나면서 더 이상 제자를 거두지 않았다. 있었던 제자들도 흩어져 종적이 없다. 필자는 대학에 재직하기는 하지만 교양학부 소속이다. 풍수를 전공으로 하는 제자를 키울 수 없는 '불임 교수'이다. 아쉽다. 제자를 키우고 싶은 것은 개인적 욕심 때문이 아니라 풍수학을 한국학으로서 발전시키기 위해서이다. 자생 풍수뿐만 아니라 '만주滿洲 풍수'도 앞으로 연구해야 할 주제다. 뜬금없이 왜 만주 풍수가 튀어나오는가? 자생 풍수는 공간적으로 북한과 남한, 즉 한반도의 풍수만을 다루고 있다. 시간적으로는 삼국시대부터 다룬다. 그러나 본래 우리 민족의 활동지는 만주였다. 고조선, 부여, 고구려, 발해 등을 거치면서 계속 우리 민족의 본디 터전이었다. 지금도 그곳에서는 많은 조선족들이 전통문화를 고수하며 살아가고 있다. 만주 풍수에 대한 이해가 전제되어야 5000년 역사의 한민족 풍수를 말할 수 있다. 역사학, 건축학, 민속학, 조경학 등 인접 학문과의 학제 간 공동 연구도 중요하다. 그러나 시인 김지하 선생이 일찍이 주창한 '풍수 콘셉터concepter'가 필요하다. 종합 학문이자 중심 학문으로서의 풍수학을 말한다. 문사철文史哲을 바탕으로 생태학, 기상학, 지질학, 수질학, 식생학, 해양학 그리고 점성술과 사주추명술 등과도 대화가 가능한 직관력이 탁월한 풍수학자들의 배출이 시급하다. 최 교수의 자생 풍수에 대한 젊은이들의 관심을 기다린다. 'Korean fungsulogy'는 세계에 내놓을 수 있는 자랑스러운 한국학이다. 최 교수의 자생 풍수는 바로 그 'Korean fungsulogy'의 핵심이다.

**추천사 2**

# 최창조 선생님과 나의 풍수 사랑

박수진 서울대 지리학과 교수

1992년 유학을 떠난 후부터 지난 20년간, 나는 최창조 교수님을 반드시 찾아뵈어야만 하는 분으로 기억하고 있다. 오십이 얼마 안 남은 나를 보며 아직도 "수진아."라고 불러주시는 자상한 은사님이라는 것이 가장 큰 이유였지만, 내가 하고 있는 일에서 뭔가 새로운 것을 얻을 수 있을 것이라는 이기적인 기대도 한몫했다. 그 오랜 기다림과 간곡한 전화 통화 끝에 최근에야 선생님 댁 앞에서 소주잔을 함께 기울이는 행운을 얻었다. 그리고 며칠 후, "자네가 풍수에 관심을 가져 줘서 고맙고, 내가 새로 쓴 책에 나와의 관계, 그리고 자네가 생각하는 풍수에 대한 짧은 글을 실어 주면 고맙겠네."라며 전화를 주셨다. '어, 난 아직 준비가 안 됐는데…….' 평생을 바쳐 연구하신 역저에 우가 될 수 있다는 두려움에서 아버님 수술을 핑계 대고 글쓰기를 차일피일 미뤘다. 그런데 또다시 전화를 하셔서 간곡하게 글을 말씀하신다. 나는 외견상 풍수와 전혀 상관없는 길을 걸어 왔다. 하지만 지난 20여 년간 풍수는 내 머릿속을 맴돌고 있었고, 올해 초에 풍수와 관련된 책 한 권과[1] 유엔이 주관하는 국제회의에서 풍수 관련 논문을[2] 발표해 버렸다. 그런 나를 두고 주변 사람 몇몇은 '타락'했다고 한다. 그 긴 시간 동안 홀린 듯 풍수를 곁눈질한 이유를 나 스스로 찾아보고, 아직 타락하지 않았다는 항변을 위해 이렇게 용기를 내 본다.

내가 대학원 석사 과정을 마무리할 때쯤, 최창조 교수님이 서울대를 떠나신다는 소식을 들었다. 내가 이해했던 사직 이유는 사회적으로 인기를 얻고 있던 교수님의 풍수 이론이 한국 주류 학계에서 받아들여지지 않았기 때문이었다. 당시 대학의 분위기는 반미·반독재 정서가 강했고, 대학원생들은 서구 학문을 맹목적으로 수용하는 기성세대에 강한 반감을 갖고 있었다. 나는 '운동권'으로 분류되지는 않았지만 그런 정서에 어느 정도는 공감하고 있었다. 그리고 최창조 교수님의 풍수 이론은 한국적 학문의 최선봉이라고 믿고 있었다. 더불어 물과 토양을 다루는 자연지리학을 사회과학대학에서 전공하면서 주변의 무관심과 지원 부족으로 많이도 지쳐 있었다. 공대에서는 분석 장비 사용을 부탁하면서 놀림을 당했고, 자연대 모 과에서는 교수님이 퇴근한 밤에 몰래 가서 도둑 실험을 하기도 했다. 간단한 장비도 타 과생이라는 이유로 접근을 금하는 교수님들이 너무 미웠다. 선생님의 사직 소식을 접했을 때, 몇 명의 대학원생들이 만류하기 위해 댁으로 직접 찾아가기로 했다. 우리는 선생님이 당시 한국 학문 사회의 배타성으로 인해 순교자의 길을 걷고 있다고 믿었다. 하지만 막상 나는 그 자리에서 우리를 지켜 주지 못하는 선생님은 비겁한 분이라고 따지면서 울먹였다. 얼마 전 교수님이 오래전 그 일을 기억하시는 것을 듣고 화들짝 놀랐다. 선생님이 가장 힘드셨던 시기에 마음에 큰 부담을 안겨드린 몹쓸 제자였나 보다. 글을 시작하면서 정중히 사과의 말씀을 먼저 올리고 싶다.

풍수를 접하기 전 나는 카테나catena라는 개념을 먼저 알고 있었다. 라틴어로 '연결'이라는 의미다. 학문 용어로 사용될 때는 '토양의 공간 연관성' 정도로 해석이 된다. 지표면에서는 중력의 영향으로 물과 물질이 땅의 모양대로 흐르게 되고, 그 흐름의 차이로 인해 다른 형태의 토양들이 발달한다는 이론이다. 그래서 조금만 훈련을 받으면 특정한 지점에서 어떤 토양을 발견할 수 있는지 예측할 수 있고, 이에 근거하면 그 땅을 어떻게 이용하는 것이 좋은지 판단할 수 있다. 이 개념을 처음 제시한 사람은 영국의 토양학자인 제프리 밀른Geoffrey Milne, 1898~1942으로, 옥스퍼드 대학에 근무하면서 동아프리카케냐, 탄자니아, 우간다에서 활동했던 사람이다. 그는 당시 한 명의 보조원만을 대동하고 광활한 동아프리카의 토양도를 작성하라는 터무니없는 임무를 받았다고 한다. 전통적인 토양조사법은 직접 토양을 파서 토양의 형태와 특성을 관찰해야 하는, 그야말로 돈과 시간, 노동력이 많이 필요한 작업이다. 하지만 지원이 부족했던 그는 땅을 파지 않고서도 토양을 예측하는 방법을 개발해야 했고, 그래서 개발된 개념이 카테나였다. 즉 땅의 모양이 물과 물질의 흐름을 반영하고 있기 때문에 땅의 전체적인 형태를 보면 토양을 예측할 수 있다는 논리였다.[3] 이 이론은 《네이처Nature》를 비롯한 다양한 학술지에 게재되었고, 이후 토양조사의 가장 중요한 개념으로 자리 잡게 되었다.

당시만 해도 내가 카테나라는 개념을 특별하게 좋아할 이유는 없었다. 하지만, 최창조 교수님의 강의를 들으면서, 풍수의 내용이 카테나와 별반 다르지 않다고 생각했다. 풍수와 카테나는 좋은 땅을 찾는다는 동일한 목적을 가지고 있다. 풍수에서는 좋은 땅을 찾을 때, 간룡법看龍法을 통해 산을 보고, 득수법得水法을 통해 물의 흐름을 보고, 장풍법藏風法을 통해 주변 경관과 기후 특성을 보고, 좌향론坐向法을 통해 방위를 파악한 뒤, 마지막으로 정혈법定穴法을 통해 최적의 입지를 선정한다.[4]

이 모든 과정이 주변 지형과 환경을 관찰하여 토양 특성을 유추하는 카테나 원리와 너무나 흡사해 보였다. 서양 사람들이 불과 60년 전에 체계화한 이론을 한국 사람들은 수백 년간 생활에 활용하고 있었다는 사실에 긍지를 느꼈고 이것이 한국적 학문이라고 단언했다. 물론 그것이 풍수의 전부는 아니었다. 위에 열거한 내용은 최창조 교수님이 제시한 논리 실증 체계, 즉 현대 과학으로 충분히 설명될 수 있는 부분이었고, 여기에 덧붙여 사주명리학과 동기감응설同氣感應設, 그리고 형국론形局論이라고 하는 기감응적氣感應的 인식 체계가 따로 있었다. 교수님은 풍수를 현대 학문과 접목시키기 위해 치열한 고민을 하셨던 것 같다. 하지만 나는 젊은 치기에 기감응적 인식 체계는 좀 터무니없어 보이니, 논리 실증 체계만 열심히 공부하면 된다고 단정했다. 당시 관악산에서 물과 물질의 흐름을 정량적으로 분석하는 석사 학위 논문을 준비하고 있었고, 풍수에서 말하는 지기地氣는 곧 물과 물질의 흐름이라고 교수님께 우겼던 기억이 선하다. 그때 선생님의 반응은 무척 맹맹했다. "그럴 수도 있지?"

석사 논문이 완성될 무렵 교수님은 학교를 떠나셨고, 난 나대로 유학을 가게 되었다. 한국적 학문을 해야 한다는 사명 의식보다는 한국 대학의 지원 부족 그리고 배타성이 나에게는 더 큰 문제였다. 우연인지 필연인지 나의 유학지는 영국 옥스퍼드였고, 밀른이 근무를 했던 토양 실험실Soil Laboratory의 필립 베킷Philip Beckett이라는 분을 토양 관련 자문교수로 배정받았다. 그리고 나에게 반강제로 주어진 논문 주제는 사면에서 어떻게 서로 다른 토양이 만들어지는지에 대한 실증적 연구였다. 몇 푼 되지 않는 장학금 때문에 외국인 저임금 노동자가 되었다는 불만이 없진 않았지만, 부족한 영어를 만회하는 유일한 방법은 부지런히 땅을 파고 토양을 분석하는 길뿐이었다. 덕분에 카테나의 형성 과정을 설명하는 좋은 그림이 그려졌고, 그 과정에서 괜찮은 논문 몇 편을 출판했으니 실패한 박사과정은 아니었다. 이어 미국 위스콘신 대학의 토양학과에 박사후post-doc 과정에 자리를 잡았을 때, 나에게 주어진 과제는 토양 예측이었다. 토양을 하나하나 조사하는 것은 미국 기준으로도 너무 비싸고 시간

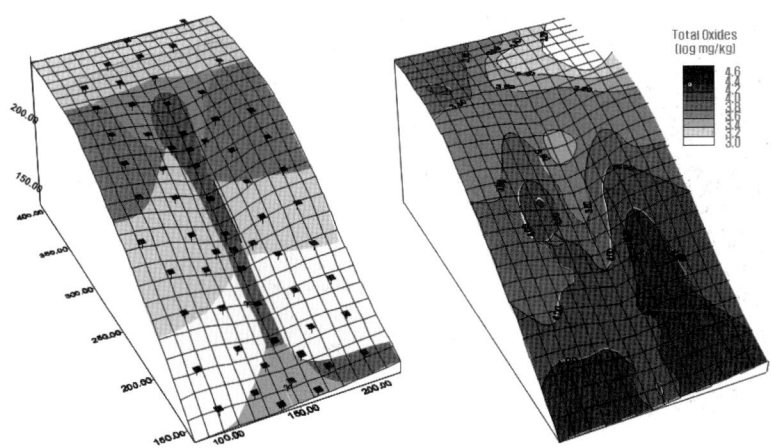

[그림 1] 영국 남서부의 비크놀러 골짜기(Bicknoller Combe)에서 발견된 토양 분포(왼쪽 그림)와 지표면의 산화물 총량. 사면을 따르는 물의 흐름에 따라서 산화물 총량이 달라지고, 그 결과 뚜렷하게 다른 토양이 발달하고 있다.
(출처: Park, S. J., "Modelling soil-landform continuum on a three-dimensional hillslope", 옥스퍼드 대학교 박사 학위 논문, 1997, p. 692)

도 많이 필요하니, 각종 정보들을 컴퓨터로 처리해서 좋은 토양도를 만들어 보라는 것이었다. 소위 토양경관분석법soil-landscape analysis 혹은 전자토양작성법digital soil mapping이라고 불리는 연구 분야였다. 여기서 나는 다시 카테나 개념을 사용하여 토양도를 작성했고, 위스콘신 같은 평탄한 지형에서도[5] 충분히 적용되는 접근법이라는 평가를 받았다. 그 결과를 발표하면서 연결된 직장이 독일의 발전문제연구소와 국제비료센터였다. 그곳에서 내가 담당한 연구 분야는 개발도상국에서의 토양 예측과 토지 이용이었다. 독일에 도착한 지 2주 만에 케냐의 나이로비에서 우간다의 캄팔라로 차를 타고 답사를 했다. 카테나 개념이 처음 만들어진 바로 그곳이었다. 카테나가 이렇게 나의 삶과 생각을 지배하게 될 줄은 몰랐다. 지금도 인터넷상에서 이 아이디를 쓰는 사람이 있으면, 그건 100퍼센트 나라고 보면 된다.

당시 토양 예측 분야에서는 나름 선두 그룹에 속한다고 자평했던 내가 풍수와 최창조 교수님을 다시 떠올리게 된 것은 나의 연구가 몇 가지 현실적인 한계에 부딪혔기 때문이었다. 첫째, 아무리 좋은 자료와 방법론을 사용하더라도 토양 예측 결과의 정확도$R^2$가 0.7을 넘지 않았다. 다른 말로 하면 70퍼센트 정도는 예측이 되는데, 나머지는 예측이 안 됐다. 그나마 그 수치도 결과가 극히 좋을 때였고, 정확도가 30~40퍼센트에 머무는 경우가 허다했다. 나만 그런 고민을 한 것이 아니고 수십 편의 논문을 비교 분석한 글에서도 동일한 결과가 보고되었다.[6]

왜 그런지에 대해 다양한 토론이 있었고, 많은 사람들이 동적 시스템dynamic system이 가지고 있는 예측 불가능성에서 원인을 찾았다. 즉 지표 토양 시스템에서 지형, 지질, 기후, 동식물, 그리고 인간이 복잡한 상호작용을 하고 있고, 이 상호작용의 결과로 쉽게 예측할 수 없는 현상이 나타난다는 설명이다. 지표 과학 분야에서 복잡계 과학complexity science이[7] 본격적으로 대두되기 시작하면서 이런 설명은 더욱 힘을 얻게 되었다. 그동안 내가 해 왔던 작업의 의미가 바래는 순간이었다.

두 번째는 지표면에서 3차원적으로 나타나는 토양과 지형의 상호 연관성을 파악하기 위해 내가 사용하는 방법에 많은 한계가 있었다. 컴퓨터와 수식을 통해 토양 예측을 할 때에는 모든 자연현상을 점과 선, 그리고 면으로 바꿔서 계산을 하게 된다. 이 과정에서 땅 전체가 가지는 특성을 잃어버리게 되는 문제가 발생한다. 소위 창발emergence의 문제이다. 예를 들어 사람의 몸을 원소 단위로 나눴다가 다시 조합한다고 해서 그 사람이 가지는 독특한 특성을 알 수는 없다. 마찬가지로 땅의 모양이 가지는 전체성은 아무리 정교한 분석법을 통해 점·선·면으로 나눈다고 해도 이미 그 고유의 특성을 잃어버리게 되는 것이다. 나뿐만 아니라 어느 정도 훈련을 받은 사람은 땅의 모양만 보고도 어떤 토양이 나타날지 80~90퍼센트 정도는 감으로 예측할 수 있다. 그런데 컴퓨터로는 그것이 안 된다. 지형의 전체성을 잃지 않고 토양을 예측할 수 있는 방법이 무엇인가를 고민할 수밖에 없었다.

셋째, 아프리카에 가서 아무리 좋은 장비를 가지고 토양 예측을 한다고 하더라도 그 지역 주민들이 직접 그리는 토양도를 못 따라간다. 현대적인 토양조사에는 많은 장비가 사용된다. 위치 파악을 위해 GPS를 이용하고, TDR이라는 방사능 주의 표시가 되어 있는 장비를 가져간다. 삽과 오거, 줄자 등 한 사람이 들고 다니기 어려울 정도로 많은 장비들을 가지고 정방향의 격자를 나눈 뒤 한 지점 한 지점을 차례로 조사하는 힘든 작업을 거친다. 하지만, 그 결과는 주민 몇 명을 불러 모아 그들이 사는 곳의 토양이 어떤 종류인지 어떤 작물이 잘 자라는지를 물어보면 쉽게 만들어지는 참여 토양도participatory map보다 못하다. 한번은 우간다 한 마을의 주민들이 지도 한 모퉁이에 이상한 토양을 표시했기에 직접 가서 확인해 보니 우리가 보지 못한 토양이 나타나서 난감한 적도 있었다. 주민들이 그린 지식은 서구적인 언어로는 설명이 되지 않는 정성적인 지식이지만, 거기엔 오랜 기간 그 땅을 일궈 온 사람들의 경험이 담겨 있다. 이런 지식을 어떻게 활용할 수 있을지가 큰 고민거리였다.

마지막으로는, 토양을 정확하게 예측해서 좋은 토양도를 그려 둔다고 하더라도 그것을 사용하는 사람들에게는 아무런 의미도 없을 수가 있다는 점이었다. 이것은 크게 두 가지 측면에서 그 이유를 찾을 수 있었다. 첫째, 케냐의 가난한 농부가 급경사지에서 경작을 한다고 할 때, 그 땅을 경작하면 땅이 망가진다는 것을 그가 몰라서 그러는 것이 아니다. 가진 땅이 그곳밖에 없고, 또 적절한 토양 관리를 할 수 있는 자원이 없기 때문에 어쩔 수 없는 경우가 대부분이다. 둘째, 우리가 만드는 토양도는 서양의 언어로 표현된다. 그렇기에 막상 지역 주민들에게는 그런 언어가 생경하고 또 그들이 살아가는 데 전혀 의미가 없는 것으로 인식될 수 있다. 교육이 중요하다고 해서 교육을 시키지만, 돈을 주는 외지인들이 떠나고 나면 그만이다. 그들에게 진정으로 필요한 지식이 아니었기 때문에 곧 잊히고 만다.

지표면이 가지고 있는 예측 불가능성과 전체성, 다양한 요인들의 상호작용과 창발, 전통 지식의 중요성, 그리고 사람과 땅의 상호작용의 해석. 이 네 가지 문제점은 내가 이전에 접근해 왔던 것과는 전혀 다른 방법이 필요한 영역이었다. 지난 3월 열린 유엔사막화방지협약의[8] 제2차 과학대회The 2nd Scientific Conference of UNCCD에서 기조 연설자는 지속 가능한 토지 이용을 위해서 이러한 문제점들을 보다 적극적으로 다뤄야 한다고 주장했다.[9] 그동안 가지고 있던 내 의문이 결코 헛된 것이 아니었다는 안도감을 얻을 수 있었다.

이런저런 고민 끝에 나는 한참 동안 잊고 있던 풍수를 떠올리게 되었다. 오래된 기억이긴 하지만, 최창조 선생님의 말씀과 글에서 희미하게나마 어떤 연결 고리를 찾을 수 있을 것 같았다. 지금도 너무 뚜렷하게 기억되는 말씀이, 아무리 명당이라도 그 땅을 소유한 사람과 땅이 맞질 않으면 흉지가 될 수 있다는 것이었다소주길흉론. 내가 아무리 좋은 토양도를 만들어 줘도 그 사람들이 활용하지 않으면 아무런 의미도 없지 않나? 또 어쩌면 내가 만들어 준 토양도가 그 사람들의 활동을 제약하는 흉기가 될 수도 있지 않은가. 후자의 경우는 발전 문제에서 매우 자주 목격한 문제였다. 서양식의 접근법이 개발도상국에서는 환경 파괴와 지역사회의 붕괴로 이어지는 경우가 허다하기 때문이다. 그러면 풍수의 소주길흉론에서는 과연 인간과 땅의 관계를 어떻게 파악하고 처방하는지 알고 싶었다.

풍수에는 형국론이라는 것이 있다. 땅의 모양을 사람, 동물, 혹은 사물의 모양에 빗대어 설명하는 것으로 나는 이해하고 있다. 옥녀가 화장을 하는 형국옥녀단장형, 소가 누워 있는 형국와우형, 연꽃이 물에 떠 있는 형국연화부수형. 뭐 이런 식이다. 이런 용어를 들으면 대개의 사람들은 역시 풍수가 미신일 뿐이라고 믿게 된다. 얼핏 보면 근거도 없고 때로는 천박해 보이기까지 한다. 그런데 다시 한번 생각해 보면 둥그스름한 땅에서 발 모양의 산줄기들이 뻗어 나온 지형을 과연 어떤 용어로 기술해야 할까? '와우형臥牛形'이라는 한 단어면 충분할 것을 현대적인 용어로 설명하려면 몇 문장이 필요하다. 게다가 이것을 컴퓨터로 구현하려면 어떻게 해야 하나? 난감했다. 그래서 나는 풍수에서는 지형을 어떻게 분류하고 있고, 그 각각의 지형에서 기의 흐름을 어떻게 설명하는지 알고 싶었다.

풍수에는 비보裨補라는 것이 있다. 예를 들어 좌청룡 혹은 우백호라고 하는 산줄기가 주변에 비해 약한 경우 비보 숲을 조성해서 전체적인 명당 형국을 유지하려고 한다. 수구水口가 넓은 곳은 저수지를 파거나 숲을 조성해서 물의 흐름을 늦춘다. 하늘이 만들어 준 완벽한 명당을 찾는 것은 어렵지만, 인간이 하늘을 도와 완전한 명당을 만들 수 있다는 믿음으로 이런 행위를 한다고 한다.[10]

이러한 생각은 산과 강, 그리고 인간의 생활 터전 간의 연결성과 전체성을 강조하는 것으로 보인다. 즉 산줄기 따로 물줄기 따로가 아니라, 산이 강과 만나서 명당을 만드는 3차원적인 지형 분포를 종합적으로 파악하고 그 형국을 그대로 유지하기 위해 인간이 노력해야 한다는 것이다. 나에게 비보는 지표 시스템이 가지는 예측 불가능성과 전체성의 문제를 동시에 해결할 수 있는 방법으로 보였다. 자연 시스템이 어떻게 변해 갈지 예측하려 드는 대신 자연이 만들어 놓은 특성을 그대로 유지할 수 있는 방향으로 인간이 적극적으로 개입할 수 있겠다는 생각이 들었다. 그럼 풍수에서는 그런 최적의 지형 경관 혹은 명당을 어떻게 파악하고 형상화했으며, 어떤 곳에 어떤 형태의 비보 행위가 필요하다고 판단하는지 알고 싶었다.

덧붙여 국제사회에 급격하게 불고 있는 전통 지식의 중요성은 내가 풍수를 좀 더 체계적으로 공부해야 할 필요성에 용기를 불어넣는 것이었다. 인간이 거주하는 곳 어디서나 그 거주의 역사는 적어도 몇백 년이 넘는다. 한국의 경우에는 반만 년의 역사라고 하지 않았던가? 5000년의 역사를 시간 단위, 날짜 단위로 기록할 수는 없지만, 일상의 경험으로 축적되어 있을 것이다. 그런 지식은 아무리 앞선 장비로 몇 달 혹은 몇 년을 관찰한다고 하더라도 결코 얻을 수 없는 것들이다. 토착화된 전통 지식을 무시하고 현대 과학만을 앞세우다 재난을 경험한 경우는 허다하다. 이런 인식이 보편화되면서 국제사회에서는 전통 지식을 어떻게 현대 과학 지식과 결합하고 그것을 정책에 반영할 것인가가 화두가 되고 있다. 2014년 개최될 유엔사막화방지협약의 제3차 과학자 대회의 주제가, '과학, 전통 지식, 정책 Science, Traditional Knowledge, and Policy'이라는 사실만 봐도 그것이 국제적으로 얼마나 중요한 문제가 되고 있는지 알 수 있다.

최창조 교수님은 한국의 풍수를 자생 풍수라고 칭하신다.[11] 풍수라는 개념이 중국에서 처음 시작되었을지는 몰라도, 한반도에 유입되면서 한국의 전통적인 지리 및 토양관과 접합되어 새로운 풍수 이론으로 발전되었다고 보는 시각이다. 나는 선생님의 이러한 주장에 전적으로 동의한다. 그리고 북한을 답사하는 동안 북쪽 사람들이 지어 주었다는 '민족지형학자'라는 명칭에도 찬사를 보낸다. 한국의 지형을 보면 지평선을 볼 수 있는 평야가 전무하다. 대신 기복이 작은 산지들이 빼곡하게 들어차 있다.[그림 2] 참조 중국 문명과 국가를 유지하는 근간이 되었던 광활한 화중·화북 평원에 비하면, 한반도는 경사가 높고 복잡한 모양의 불모지에 가깝다. 여기에 덧붙여 극심한 한파가 몰아치는 겨울이 있고, 계절적인 강우량 편중도 심해 한강의 하상계수는[12] 393, 섬진강은 715에 달한다. 게다가 가끔 태풍도 온다. 이런 땅의 생산성이 낮은 것은 당연한 일일 것이고 자칫 잘못하면 큰 자연재해의 피해를 보게 된다. 땅을 조심스럽게 다룰 수밖에 없었다. 하지만 이상하게도 한국은 전 세계 어디보다 높은 인구밀도를 유지하고 있다. 경작 가능한 단위면적당 한국의 인구밀도는 세계 최고 수준이며, 과거에도 사정은 비슷했을 것이다. 식량 생산 증가와 인구 증가와의 관

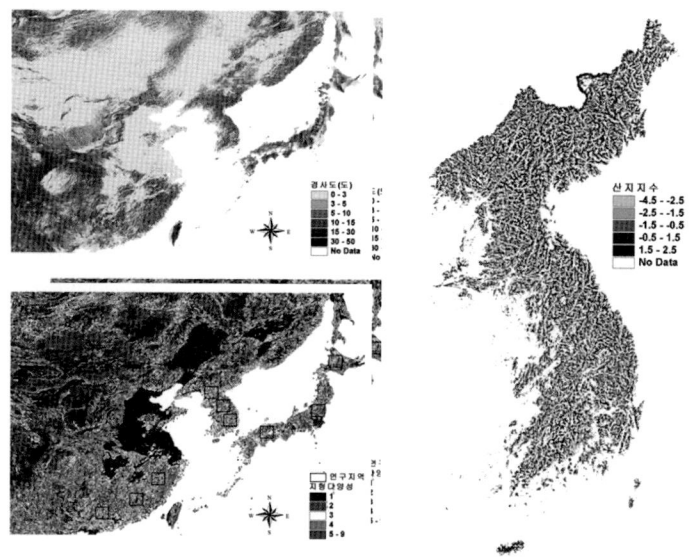

[그림 2] 동아시아와 한반도의 지형 특성. 한반도는 중국의 광활한 평야와는 뚜렷하게 구분되는 높은 경사도(왼쪽 상단 그림)와 복잡한 지형 다양성(왼쪽 하단 그림)을 가지고 있다. 특히 동아시아 차원에서 볼 때 한반도는 산과 계곡만으로 이루어진 땅이라는 것을 알 수 있다.(오른쪽 그림) 이렇게 험하고 복잡한 지형을 효과적으로 이용하는 방법은 무엇일까 고민하다 보면 자연스럽게 풍수를 찾지 않을 수가 없다.
(출처: 박수진, 「한반도 지형의 일반성과 특수성」, 국토연구원보고서, 2003. 박수진·손일, 「한국 산맥론 (Ⅲ) ─ 산줄기 지도의 제아」, 《대한지리학회지》 vol 40, no. 3, 2005, pp, 253-273)

계식 속에서 인구 증가는 그 사회를 파멸로 이끌 수밖에 없다던 맬서스Thomas Malthus의 이론은 설득력을 잃게 된다. 오히려 높은 인구밀도는 그 사회의 혁신 역량을 증가시켜 식량 생산을 늘린다는 이스터 보스럽Ester Boserup의 이론이 더 잘 들어맞는 듯 보인다. 그 혁신에는 농업처럼 자연을 이용하는 기술 외에도 각종 사회적인 조직과 제도를 포함할 수 있을 것이다. 우리나라의 전통 농업 사회에서는 제한된 땅을 효율적으로 이용할 수 있는 이론과 방법론이 분명 필요했을 것이고, 난 풍수가 그것이라고 본다.

지난 3월 유엔사막화방지협약 과학자 대회에서 풍수를 주제로 발표했을 때 재미있는 경험을 했다. 난 일부러 풍수의 중국어식 표기인 Feng Shui를 쓰지 않고 Fung Su라고 적었다. 발표를 시작하기 전 아시아의 대부분 국가에서 참석한 대표들이 발표장에 앉아 있는 것을 보고 긴장하지 않을 수 없었다. 그런데 풍수가 지속 가능한 토지 이용의 이론적 기반이 될 수 있다는 취지로 15분간 발표한 후에 놀라운 일이 벌어졌다. 모든 아시아 대표들이 번갈아 가면서 손을 들어 질문을 했고, 질의응답에만 30분이 걸렸다유엔과 관련된 회의에서는 상대방의 말을 끊지 않는다. 한 명이 시간을 끌어도 마냥 기다린다. 이들이 한 말은 발표에 대한 질문이라기보다는 자기 나라에도 그런 풍수적 접근법이 있다는 것을 장황하게 설명하는 것들이었다자기 나라의 입장을 대변하고 홍보하는 것에 익숙한 사람들이다. 발표가 끝난 뒤, 일본 대표는 공동 연구를 제안했고, 많은 사람들이 내가 대학에서 계속 좋은 연구를 해 줬으면 좋겠다고 격려해 줬다. 현재 서구가 주도하고 있는 토지 이용 이론에서 풍수가 분명히 새로운 시각, 특히 아시아적 접근법을 제시해 줄 수 있다고 믿는 분위기였다.

최창조 교수님과 다시 마주했을 때, 선생님은 내가 왜 풍수에 그렇게 관심을 가지고 있는지 알고 싶어 하셨다. 난 열심히 그동안 내가 겪었고 생각한 것들을 설명해 드렸다. 그때는 별 말씀이 없으셨다가 나중에 전화로 나에게 이런 경고를 하셨다. "자네가 공부한 서양 학문에서 문제점이 발견된다고 해서 풍수가 그것을 대체할 수 있을 거라고 믿지 말게." 풍수가 전체적인 방향과 단편적인 아이디어를 줄 수 있을지는 몰라도 내용과 방법은 결국 서양 학문에서 가져와야 한다는 말씀도 덧붙이셨다. 그러면서 내가 풍수에 기여할 수 있는 부분이 그것일 거라고 강조하셨다. 선생님을 찾은 내 의도가 발각되는 순간이었다.

최창조 교수님은 항상 온화하고 겸손하고 뭔가 부끄러운 것이 있는 듯 말씀을 하신다. 그래서 앞에서는 뭐든 자유롭게 말할 수 있다. 하지만 헤어지고 나면 왠지 머리에서 발끝까지 스캔을 당한 듯한 느낌을 가지게 된다. 한국 자생 풍수의 대가로 추앙받는 학자 혹은 풍수가로서의 내공과 카리스마가 아닐까? 난 풍수가 서양 학문을 대체할 수 있는 새로운 이론 혹은 완벽한 방법이라고 생각하지 않는다. 그보다는 지난 200여 년간 허겁지겁 개발되어 여기저기 막무가내로 수출되고 있는 서양의 이론들을 개선하는 데 우리의 오랜 경험이 도움을 줄 수 있다고 믿는다. 특히 한국은 정치, 경제, 과학기술, 문화 등 모든 면에서 서구의 기대를 깨는 이상한 나라가 아니던가? 이젠 인문학과 사회과학, 그리고 땅을 보는 지리 사상에서도 비슷한 일이 일어날 수 있기를 기대해 본다. 그리고 20여 년간 내가 선생님께 가지고 있었던 서구 중심 학문의 순교자라는 이미지도 조금씩 지워 나가기로 했다. 선생님을 다시 뵙고 이야기를 나눈 뒤에야, 그 이미지는 하루하루 닥치는 일들에 허덕이고 입신에 연연하는 나의 피해 의식에서 나왔다는 걸 알게 되었다. 내가 새롭게 발견한 최창조 교수님은 세상을 무리하게 바꾸기보다는 비보의 삶을 통해 당신과 한국 풍수의 지속 가능성을 높이시는 분이었다.

## 머리말

필자의 풍수 공부는 우연이 아니었다.

대학 생활은 지루했다. 강의는 정치 바람에 휩쓸려 제대로 이루어지지 못했다. 술과 군 입대가 그런 무의미한 일상에서 탈출할 수 있는 방법으로 여겨질 때였다. 술은 피곤했다. 해병대를 자원했으나 세 번을 내리 떨어지고 말았다. 월남에 가서 전투 수당을 받고자 했던 젊은이들로 시험장은 언제나 만원이었다. 그리고 전공인 지리학은 너무나 무미건조하게만 느껴졌다. 이미 풍수를 접하고는 있었으나, 그때까지 내가 익힌 풍수는 철저히 무덤 자리 잡기만 다루는 술법 풍수였다. 그래도 거기에는 신비가 있었다. 풍수가 삶의 한 돌파구가 되어 줄지도 모른다는 막연한 생각이 들 때였다.

1960년대 말의 대학 생활은 그렇게 시작되었다. 월남전 진출에 실패한 후 미친 듯이 답사를 했다. 그러다가 닿은 곳이 전북 정읍군 산외면 동곡리 지금실 마을. 그곳에서 나는 풍수의 한 가능성을 보았다. 동학의 지도자 전봉준이 평사낙안형국平沙落雁形局의 명당인 그곳에서 후천 개벽을 꿈꾸며 어떤 여자와 함께 살았다는 얘기를 들은 것이다. 그것이 사실이냐 아니냐 하는 것은 중요한 것이 아니었다. 그저 산소 자리 잘 잡아 후손들 출세해 보자는 신비스러운 지리 기술이라고만 여겼던 풍수가 대동의 삶터를 꿈꾸던 혁명가의 사상적 기반이었다는 사실이 중요했던 것이다.

얼마 동안 사이비 냄새 물씬 풍기는 의사擬似 동양 사상에 탐닉하여 도사 흉내를 내 보기도 하고 팔방허무八方虛無의 자세니 뭐니 하며 떠돌이 마음가짐을 가져 본 적도 있지만, 곧 그런 자세가 유아幼兒의 소심성小心性에 지나지 않는다는 것을 알 수 있었다. 당연히 그것을 떠나 정통으로 돌아올 수밖에 없었는데, 문제는 풍수를 제대로 공부할 자료가 없다는 점이었다. 그때까지 내가 가지고 있던 풍수 문헌이란 시골 마을에서 무슨 보물인 양 간직하고 있던 몇 가지 필사본이 전부였다. 풍수 기본 도서를 일부 베낀 필사본들은 모두 비기秘記처럼 취급되고 있었으나, 기실은 흔하디흔한 중국 풍수 서적들의 극히 일부분에 지나지 않는 것들이었다. 물론 당시에는 그런 사실을 몰랐다.

게다가 드러내 놓고 풍수를 떠들 형편도 아니었다. 당시 지리학과에서는 계량 기법이라는 새로운 미국식 학문 풍조를 막 받아들이고 있던 때라, 뜬금없이 꾀죄죄한 시골 노인들이나 하는 풍수를 한다고 설치고 다닐 계제가 아니었던 것이다. 지표상의 경제 현상과 도시 문제를 최신의 통계 처리 방법을 사용하여 분석하고 그 대안을 내놓고자 하는 대의를 저버리고, 이제 역사의 뒷전으로 밀려난 확실한 은퇴 석상에 놓인 풍수를 공개적으로 떠들며 파 볼 만큼 나는 뱃심이 좋지 않았다.

무엇보다도 먼저 풍수에 관한 체계적인 책이 필요했으나 제대로 형식을 갖춘 것은 무라야마 지준村山智順의 『조선의 풍수朝鮮の風水』와 명문당에서 출간된 몇 가지 잡서밖에는 없었다. 원전이 꼭 보고 싶은데 그때는 규장각도 몰랐고 달리 통로를 마련할 주변도 갖고 있지 못할 때였다. 그러다가 우연한 기회에 충

무로 입구에 있던 중국책 전문 서점을 찾게 되었다. 거기에는 대만에서 수입된 여러 가지 풍수서가 아주 싼 값으로 판매되고 있었다. 종이의 질은 떨어지지만 값이 싸다는 것에 호감이 갔다. 무엇보다 각종 풍수서가 제대로 비치되어 있다는 점이 좋았다.

거기서 나는 풍수에 대한 확고한 신념을 갖게 된 『설심부雪心賦』란 책을 만났다. 본래 『설심부』는 당대唐代 복응천卜應天이 지은 것이나 구입한 것은 거기에 맹호孟浩가 「변론辯論」 30편 한 권과 『설심부정해주雪心賦正解注』 네 권을 붙인 판본이었다. 그 내용은 땅이란 것을 완전히 새롭게 인식시키기에 충분했다. 부체賦體가 가지고 있는 문장의 아름다움은 가외의 소득이랄 수 있었다.

지리地理란 조리條理다. 즉 문리文理와 맥락脈絡의 이치를 갖는 것이다.[1]

서양 지리학의 표기는 Geo-graphy이다. 땅을 기술記述 또는 묘사한다는 뜻이다. 거기에는 땅을 물질적 연구 대상으로 삼는 철저함이 있다. 지구상에 인적 미답의 미지의 땅이 있을 때까지는 지리학도에게 꿈을 심어 줄 수 있었다. 그러나 지구의 모든 땅덩어리가 숨김없이 밝혀진 뒤에는 더 이상의 신비가 있을 수 없다. 그래서 지리학은 더욱 무미건조한 분석의 세계로 들어갔다. 그런데 풍수는 지리는 조리條理라고 말한다. 조리란 원래 조화와 질서를 합한 뜻을 가진다. 그러니 땅의 조화로움과 그것이 지니고 있는 질서를 알아내는 것이 풍수적 지리학이란 얘기가 되는 것이다. 이 말은 『설심부』 두 번째 줄에 나오는 말이다. 처음부터 지리학에 대한 개안開眼으로 몰아가 주었으니 감동이 없을 수 없었다. 지금까지 누구도 땅의 이치에 조리가 있음을 가르쳐 준 적이 없다. 이제 풍수가 그것을 말하고 있는 것이다.

『설심부雪心賦』란 눈같이 깨끗한 마음으로 땅을 보아 그것을 시적으로 표현하였다는 뜻이다. 그 내용은 점입가경이다. 용맥龍脈은 세勢로써 크게 보고, 혈장穴場은 형形으로써 살핀다. 세란 신神의 드러냄이오, 형이란 정情의 나타냄

이다.²

　용맥은 명당을 이루기 위한 거시적인 지세 대관이고, 혈장은 입지처立地處를 찾기 위한 미시적인 지모地貌 상찰祥察이다. 즉 용龍이란 어떤 명당 터를 만들기 위하여 땅이 어디에 근원을 두고 여기까지 흘러왔는지를 볼 수 있는 대상이고, 혈穴은 그 명당 터 중에서도 어디에 거처를 삼을 것이냐를 정하는 매우 구체적인 터 잡기의 살핌 대상이다. 거시적인 것은 정신의 발현으로 대강을 살피면 되고, 미시적인 것은 정서에 의지하여 그 느낌을 중시하면 된다는 뜻이다.

　예를 들면 이런 식이다. 이제 내가 가정을 이루어 식구들을 거느리고 어디엔가 가업만대家業萬代의 터를 찾고자 한다. 크게 어디서 살 것이냐의 문제는 용龍에 해당한다. 그것은 정에 구애받을 일이 아니다. 삽상한 정신으로 대체로 이성에 입각하여 터를 정할 일이다. 예컨대 안성 땅을 정한다 치자. 이제 안성에 가서 그중 어디를 삶터로 할 것이냐의 문제는 정서에 기대는 방법을 쓴다. 이것이 혈장의 문제이다. 크게는 신神에, 작게는 정情에, 이것이 풍수의 가르침이다. 이것은 지금도 내가 땅을 바라보는 기본 시각이다. 지세를 크게 봄에는 신을 따르고, 그 터를 자세히 살핌에는 정을 따른다.

　서양 지리학 정신과 풍수 사상이 가장 근본적인 차이를 빚는 부분은 땅을 물질로 보느냐, 살아 있는 것으로 보느냐 하는 점일 것이다. 『설심부』는 말한다. "사람에게 몸을 줌에 있어서는 백해와 구규를 갖추게 하였고, 땅에게 형태를 부여함에 있어서는 만수萬水와 천산千山을 갖추게 하였다. 거기에는 스스로 근본이 없을 수 없으나, 혹은 드러나기도 하고 혹은 숨기도 하니 그것을 알아낸다는 것은 어려운 일이다."³

　백해百骸란 사람의 뼈대를 말하고 구규九竅란 사람이 가지고 있는 아홉 개의 구멍을 말한다. 뼈대는 사람을 존재케 하는 근본이고, 아홉 구멍은 사람을 살아 있게 하는 생기의 근본이다. 눈, 코, 귀의 구멍 각 두 개씩 하여 여섯 개, 거기에 입과 대변·소변 구멍을 합하면 아홉 개가 된다. 사람의 백해와 구규에 해당하는 것이 땅의 산과 물이다. 산은 땅의 뼈대요 물은 땅의 혈맥이다. 산으로 하여 땅을 존재케 하며 물로 하여 땅을 살아 있게 한다. 땅은 곧 사람이란 얘기다.

이 얘기는 『설심부』의 다른 곳에서도 몇 번 더 언급이 된다. 즉 "산을 살펴보는 일은 사람의 관상을 보는 것과 같다."라는 것이 그런 예이다.[4] 얼굴이 아름답다고 해서 마음씨 고운 사람이 아닐 수 있는 것처럼 산도 겉모습만으로 판단하는 것은 위험천만이다. 천사같이 생긴 사람이 음울한 귀신 마음보를 가진 경우를 우리는 흔하게 본다. 답사를 다닐 때 그 경치에 혼이 팔려 며칠 머물다 보면 산 아래 일들이 그저 허망하게만 여겨질 때가 있다. 이런 땅은 탈속한 땅이다. 세속에서 살기를 바라는 사람이 오래 있을 곳이 아닌 터이다. 말하자면 삶터가 아니라 수도修道터라고나 할 땅인 것이다. 겉만 수려하다고 해서 누구에게나 좋은 명당일 수 없다는 좋은 사례가 된다.

『설심부』를 읽어 나가다가 가장 놀란 부분은 "만약 산골짜기에 살고자 한다면 요풍凹風을 가장 두려워하라."라는 대목이었다.[5] 이것은 서양의 지형학이 말하는 냉기호冷氣湖, cold lake 현상에 그대로 부합하는 과학적인 풍수 주장이니만큼, 이제 막 풍수를 시작한 처지로서는 경천동지할 감탄이 아니 나올 수 없는 순간이었다.이에 대한 자세한 설명은 졸저 『한국의 풍수 사상』에 자세히 언급한 바 있다.

당시 나는 이 책의 내용을 다 이해할 수는 없었다. 특히 주해 부분은 모르는 곳이 더 많은 편이었다. 지금도 그 뜻을 분명히 새길 수 없는 대목이 여러 곳 있다. 그러나 이상하게도 책이 가르치고자 하는 바는 가슴으로 받아들여지고 있었으니, 책에도 인연이란 것이 있는 모양이다.

필자는 역사상의 풍수학인風水學人들에게 일차적인 관심을 두고 있지만, 다른 한편으로는 그 거울을 통하여 풍수의 본질을 추구하고자 한다. 즉 기록에 남은, 혹은 강력하게 구전 설화로 남은 풍수학인들은 거의 예외 없이 정치적 의도를 갖고 있더라는 점을 강조하게 될 것이다. 이것은 그들이 풍수를 신봉했다기보다는 풍수를 통하여 정치적 목적을 이루고자 한 측면이 강하다는 뜻이기도 하다. 지금도 마찬가지다. 현대의 지관地官들은 정치적이든 사적이든 목적을 갖고 있다. 많은 지관들은 필자의 견해에 반감을 가질 것이지만, 그들이 풍수를 통하여 얻고자 하는 바가 무엇인지를 자성自省한다면 동의가 가능하리라고 본다. 물론 필자는 소수이기는 하지만 풍수의 본질인 지기地氣를 감지하고 그것을 이해시키는 데 노고를 아끼지 않는, 그리하여 지적 즐거움을 풍수 공부의 우선으로 삼는 지관들이 있음을 인정한다. 그들에게는 죄송하다.

죄송하기는 사학자들에게도 마찬가지다. 전공자도 아니며 이제는 학자도 무엇도 아닌 사람이 역사를 운위한다는 것이 송구하다는 의미이다. "역사에는 세 종류가 있다. 첫째는 실제 벌어졌던 진실로, 이는 영원히 알 수 없다. 둘째는 대부분의 사람들이 진실이라고 생각하는 것으로, 꾸준한 노력으로 복구할 수 있다. 세 번째로 권력을 지닌 사람들이 후세로 하여금 진실이라고 믿게 만들려는 것으로, 그게 책에 실린 역사의 90퍼센트이다."[6]

필자는 제목에서 드러낸 것처럼 역사에 드러난 풍수학인들을 정리하고 평가하고자 한다. 그리하여 풍수를 좀 더 잘 알 수 있는 계기가 되기를 바라기도 한다. 인간 행위는 대부분 목적을 가진다. 하다못해 갓난아기들의 배냇짓까지도 성장을 위한 운동이라고 한다. 목적이 있는 것이 잘못은 아니지만 그것을 통하여 위선은 떨지 말자는 의도이다.

사실 필자가 중요시하는 것은 지난 역사가 아니라 현재이다. 오늘날에도 풍수는 의미가 있는가? 그렇다는 것이 필자의 주장이다.

**자연에 관한 통념**

2011년 3월 2일. 늦겨울이거나 초봄의 화창한 날이다. 쌀쌀하지만 가끔 화사한 따뜻함도 느껴지는 그런 기분이다. 집을 나서서 도림천을 지나 안양천 둑길로 들어섰다. 밝은 햇빛이 앙상한 나뭇가지 사이로 쏟아진다. 하늘은 청명한 가을처럼 파랗다. 구름 한 점 없다. 주변은 온통 아파트뿐이지만 어쩐지 야외로 나온 듯하다. 여기서 문득 자연을 떠올린다. 웅장한 산악이나 장엄한 바닷가의 경관이 아니더라도 사람들은 이런 분위기에서 자연을 떠올린다. 자연自然이란 '스스로 그러함'의 뜻이니 낱말 뜻 그대로라면 별로 이상할 것도 없다.

그런데 사람들은 자연에 관해서는 통념을 가진다. 그것은 전원적이고 인간과 동떨어져 있으며 웅장하고 신비스러운 것으로 각인되어 있다. 이렇게 되면 자연은 찾기가 어려워진다. 그런 통념의 자연에는 삶이 없다. 삶과는 괴리된 대상이 인간에게 어떤 의미일까? 떠남, 고독, 평온, 이런 것이 아닐까?

국립공원도 좋은 자연의 통념을 지닌 예이다. 아니 최상의 통념 속 자연이다. 단, 사람이 북적거리는 휴일은 빼고서이다. 역시 사람은 자연이란 통념에 맞지 않는 듯하다. 그 넌더리 나는 인간관계에서 벗어날 수 있어야 제대로 된 자연이 된다. 고적함도 포함된다. 나만 있는 곳, 또는 나와 내가 좋아하는 사람만 있는 곳이라야 자연이다. 그러니 자연에 관한 인간의 통념은 다분히 이기적이다.

1950년대 중반 내가 어렸을 때 가 보았던 가평이나 양평은 지금도 자연으로 떠오르는 곳이다. 한적한 시골 마을 초가집 뜰 안에는 닭이 병아리를 몰고 다니고 느릿한 개가 몇 마리 길을 어슬렁거리며 사람을 개의치 않고 뛰어다닌다. 냇가에 나가면 모래와 자갈이 섞인 천변이 나오고 개울 속에는 다슬기와 가재가 돌 밑에 숨어 있는 모습은 조금도 신기한 일이 아니었다. 이런 곳도 사람들의 자연 관념에 들어 있다.

개울 건너엔 작은 동산이 있는데 동동산이라 했다. 어느 여름 홍수 때 떠내려왔다고 했고 나는 의심하지 않았다. 동동산 꼭대기에는 소녀의 무덤이 있었다. 어린 마음에도 슬픔이 이는 모습이었다. 거기서 멀리 내다보면 빙 둘러 산들이 펼쳐져 있었다. 지금도 내게는 자연이라면 떠오르는 장면이다.

에베레스트 산, 안데스 산지, 북극, 남극, 사하라 사막, 고비 사막, 개마고원처럼 극한의 환경을 지닌 곳도 자연의 통념에 들어간다. 역시 인간의 침입을 거부하는 곳이다. 자연의 통념 속에는 인간이 낄 자리가 없다. 나만은 괜찮다. 내가 없다면 자연이 무슨 소용인가? 그래서 통념의 자연은 이기적이고 신비하다.

**재앙으로서의 자연**

여기서 재앙이란 당연히 자연재해를 말한다. 인정머리 없는 자연의 횡포란 뜻이다. 이 경우 자연은 위에서 언급한 자연에 관한 통념과는 전혀 다르다. 이 자연은 경이롭지도 않고 신비하지도 않으며 오직 포악할 뿐이다. 가장 두드러진 차이점은 통념으로서의 자연이 이기적인 데 반해서 재앙으로서의 자연은 무차별적이란 점이다. 이기심은 평등을 용납하지 못한다. 그러나 무차별적인 상황은 상당히 평등하게 적용된다. 무차별적이니까 당연히 평등하다. 자연재해는 빈부도 남녀도 노소도 가리지 않는다.

다만 절대로 그렇다고 하지 못하고 상당히 그렇다고 할 수 있는 것은 부유하고 정보를 많이 가진 사람들은 잘만 하면 재앙을 피할 수도 있기 때문이다. 그러나 그런 행운은 포악한 자연 앞에서는 거의 힘을 쓰지 못한다. 어떤 사람들은 자연재해를 인간에 대한 자연의 복수라고 보기도 한다. 이건 말이 안 된다. 이런 논리를 인정하려면 자연이 의지를 갖고 있다는 것을 인정해야 하는데, 그건 받아들이기 어려운 주장이다.

게다가 의지를 갖고 있다면 무차별적이 되지 못한다. 의지가 있으면 개개인의 사정이란 점에 봉착하기 마련이다. 아무리 엄정한 의지라 하더라도 간혹 연민이란 것을 나타내기도 하기 때문이다. 더구나 절대로 복수의 대상일 수가 없는 아기들의 희생은 어쩌란 말인가? 이것만으로도 자연의 재앙은 무차별적이다.

내가 초등학교 5학년 때 사라Sarah라는 이름의 태풍이 우리나라를 덮쳤다. 플라타너스 가로수가 뽑혀 날아가던 장면은 잊히지 않는다. 빈약한 집들이야 당연히 비바람에 휩쓸렸다. 사람이 날아가는 모습도 본 듯하다. 너무 끔찍해서 혹시 환상이 아닐까 의심이 되어 '듯하다'라고 말했다. 아마 환상이 아니라 현실이었을 것이다.

어느 해던가 역시 초등학교 때였다. 한강이 범람했다. 그때 우리 집은 서울 청량리였는데 마포까지 걸어가서 현장을 보았다. 닭은 보이지 않았는데, 아마도 이미 형체가 없어졌기 때문일 것이다. 소나 돼지는 여럿 보았다. 시체가 떠내려가는 것도 보았다. 사람들은 한강 둑에 올라 하릴없이 그 광경을 볼 뿐이었다. 어쩔 것인가? 그런 횡포 앞에 1950년대의 기술 수준으로 사람들이 할 일이 무엇이었겠는가? 어려서 그랬겠지만, 안타까운 마음은 별로 들지 않았다고 기억한다. 아마 구경하고 있었으리라. 다른 구경거리와 마찬가지로 말이다.

지금은 아니지만 가까이 흐르던 정릉천과 방아다리 개천은 홍수만 지면 성난 물결이 빈약한 제방을 넘었다. 아버님은 막내인 내게도 배낭을 지게 하고 전농동이나 답십리로 피난을 나갔다. 거의 연례행사였던 것 같다. 이래서 치수治水가 필요하다. 요즘은 그곳 일대가 침수 지역이 아니다. 치수 덕분이다. 자연을 훼손한다고 치수 사업까지 반대하는 환경 단체의 행태를 못 견뎌 하는 내 태도에는 당시의 영향이 컸음에 분명하다.

가뭄은 잘 모르겠다. 농촌이라면 그 참상이 끔찍했을 테지만 그래도 서울이라고 그런 험한 꼴은 보지 못했다. 그렇다고 마냥 한가한 것도 아니었다. 물을 구하기 어려워 펌프가 있던 찬우물집에 가서 물을 길어 나르는 고역은 치러야 했다. 강조하거니와 우리 집은 못살지 않았다. 그런데도 그랬다. 가뭄은 졸지에 닥치는 재앙이 아니라서 물난리보다 덜하다고 생각하겠지만 어른들 말씀으로는 그 고통이 홍수보다 심했다고 한다. 갑자기 죽는 것보다 서서히 말려 죽이는 것이 훨씬 고통스러울 것이라는 것은 철이 들고 알았다. 어른들 말씀은 옳았다. 서울 변두리 청량리에 살던 주위 어른들 대부분은 농사를 짓던 분들이었다. 그러니 그분들의 경험담이 옳지 않을 수 있겠는가?

### 아름다운 자연

자연은 아름답다. 심지어 성난 파도나 쳐들어오는 거센 물살까지도 관찰하는 사람의 안전만 보장된다면 아름답다고 할 수 있다. 재난 영화에서 보는 화산 폭발 모습이나 용암의 흐름도 장관이다. 하물며 설악산, 지리산, 오대산의 장엄한 아름다움이야 말해 무엇하겠는가? 산골에 사는 사람의 집을 가 보면 집 자체야 보잘것없지만 주변 경치는 도시 생활 집어치우고 당장 내려와 살고 싶을 만큼 아름답다.

어느 해 양력 설날 태백산을 찾았다. 정상에서 새해 해돋이를 보기 위해서였다. 참으로 장관이었다. 우선 아름다웠고 그다음 숙연해졌으며 그리고 허탈해졌다. 허탈해진다는 것이 나쁜 게 아니다. 본래 아름다움은 욕망의 포기를 요구하기 때문에 결국 허탈에 이른다. 그러니 나쁠 까닭이 없지 않은가?

광양제철소에 강연을 갔다가 백운산에 있는 연수원에서 하룻밤을 묵게 되었다. 그날 밤, 주먹만 한 별들이 하늘에 빼곡하게 수놓인 모습을 보며 망연자실했다. 너무나 아름다웠기 때문이다. 당연히 그다음은 허탈이었다. 알 수 없는 신비에 마음을 빼앗겨 세속의 모든 일들이 부질없다고 느껴졌기 때문이다.

1969년 처음 제주도를 찾았을 때 한라산 백록담에서 야영을 했다. 아침에 일어나 보니 안개가 짙어 내 코끝도 보이지 않았다. 이윽고 안개가 사라지며 드러나던 백록담 주변의 기암괴석은 필설로 형용한다는 자체가 모욕일 정도로 아름다웠다. 마침 가물 때가 아니어서 백록담에는 물이 꽤 고여 있었다. 그 물로 밥을 지어 먹고 서귀포로 가던 귀로 역시 아름답기는 마찬가지였다.

언젠가 그런 얘기를 했더니 제주도 출신의 두 제자는 믿을 수 없다고 했다. 거긴 출입이 금지된 곳이란다. 당연히 그렇다. 그러나 그때는 그렇지 않았다. 당시 우리 일행은 산행 준비를 잔뜩 했고 비상식량으로 청계천에서 팔던 미군의 C-레이션까지 마련해 올라갔다. 그런데 먼저 올라온 어린이들이 있었다. 서귀포 어린이들이었다. 우리는 만반의 준비를 갖추고 올라갔는데 그곳 사람들은 산책 정도로 생각하고 있었으니, 우리 꼴이 뭐가 되었겠는가? 이런 일들까지도 추억이 되니 아름답다.

사실 자연의 아름다움을 예시하는 자체가 불필요하다. 그런 거야 이미 수많은 문인 재사들이 찬란한 문체로 내놓지 않았는가? 자연이 아름답다는 것은 너무나 당연해서, 그야말로 자연스럽게 자연은 자연이다.

### 아름다움은 연민의 정이다

처음 이화여대 최재천 교수로부터 '아름다움'에 관한 발표를 해 달라는 전화를 받았을 때 상당히 당황스러우면서도 해 보겠노라고 했다. 평소 최 교수에 대해 가졌던 호감과 '아름다움'이란 단어 때문이었다. 왜, 그런 게 있지 않은가? 아름다움에 관한 그리움 같은 것. 그러나 통화를 끝내자마자 후회했다. 자주 이런 실수를 한다. 감당 못 할 약속을 한다. 그러곤 후회한다. 부담감은 일을 치를 때까지 계속된다.

게다가 '아름다움'이란 것을 아주 간단하고 쉬운 것으로 생각했는데 그게 아니었다. 정의조차 내릴 수가 없었고, 이는 미학이나 형이상학의 중요 주제일 거라는 짐작에 이내 주눅까지 들고 말았다. 체면 불고하고 번복하려 해 봤지만 그럴 성격이 못 되었다. 그래서 결국 이 자리까지 왔다. 아름다움이야 누구나 갖고 있는 감정이니 어찌 되겠지 하는 나이 좀 든 사람의 좋지 않은 습관, 그러니까 뻔뻔스러움까지 곁들었다.

아름다움이란 뭘까? 안다고 믿었는데 설명이 안 된다. 덜렁대는 아들에게 물으니 아주 간결한 답이 돌아왔다. "그거 예쁜 거잖아요." "예쁜 게 뭔데?" "그야 그냥 다 알지요." 묻는 아버지가 더 한심하다. 그런데 꼭 그렇지만도 않겠다는 생각이 들었다. 그래, 경험을 말하자. 그럼 되겠지. 그래도 문제는 이어졌다. 아름다움을 경험한 적이 있었나? 땅에 관한 아름다움이라, 별로 기억에 남는 것이 없다. 지금의 내 감정이 메마른 탓도 있겠지만 나는 본래부터 그런 것에는 대충 둔감했다.

풍수에서 명당이란 기본적으로 '사람을 평온하게 감싸 줄 수 있는 어머니 품속 같은 곳'이다. 평온한 마음은 모든 것을 아름답게 볼 수 있도록 해 준다. 그러니 모든 명당은 아름다운 곳이다, 이론상으로는. 그렇지만 이것만으로 아름다움이 성립한다고 보지는 않는다. 유아기로 퇴행해서 얻은 평온은 성숙한 아름다움과는 다르기 때문이다.

그런데 여기에는 중요한 문제가 있다. 나는 자생 풍수自生風水라는 것이 있었다고 본다. 고등학교 국사 교과서에는 풍수가 통일신라 말 중국으로부터 수입된 것이라고 단정하고 있다. 말하자면 그것이 통설이다. 중국 풍수란 지금 우리에게 익숙한 발복發福과 발음發蔭을 얻고자 하는 지극히 이기적인 속신에 바탕을 둔다. 특히 돌아가신 부모님에게까지 무언가를 바란다는 것은 이기심을 넘어 패륜이다. 우리 땅 답사를 하다가 보니 기이한 일이 많았다. 우리나라의 풍수 시조는 통설에서건 나의 자생 풍수에서건 도선 국사를 꼽는다. 그가 잡은 절터는 기록상 1300곳쯤 되는데, 그 대부분이 폐찰이 되었다. 풍수의 시조가 잡은 터들이 왜 모두 그 모양일까?

거기서 자생 풍수라는 개념을 떠올렸다. 우리나라 풍수는 중국과 근본적으로 다른 점이 분명 있다. 이것은 기록에도 나온 것이지만, 풍수를 '병든 땅에 침이나 뜸을 하여 고쳐드리는 일'이라는 내용이다. 발음을 바라는 요즘 풍수, 그러니까 중국 풍수와는 전혀 다르다. 한마디로 지극히 아름답지 못한 땅을 찾아 거기에 절이나 탑을 세워 치료하는 것이 풍수란 얘기다. 자, 이제 아름다움은 내 전공인 풍수와는 관계가 없어졌다. 그 반대이다. 그런 사례는 우리나라 도처에 있었다.

고려왕조는 풍수와 선종을 지배 이념으로 삼았다. 당연히 풍수는 고려 역사에 자주 등장한다. 고려의 개국공신들이 도선의 제자나 그의 영향을 받은 승려들이란 것은 분명하다. 1997년 북한에 들어갔을 때 북한 측은 백두산, 금강산, 묘향산을 가는 것으로 계획을 세워 두고 있었다. 나는 단호히 거부했다. 내가 그곳에 간 것은 고려의 왕궁 터와 왕릉을 보기 위해서였으니 당연했다. 지역은 개성과 황해도 일대, 그리고 평양이었다. 하지만 개성과 황해도를 보여 줄 수는 없다고 했다. 나는 고집을 부렸고 이어서 그들 군부에서 허락이 나왔다고 했다. 개성과 황해도에서 나는 자생 풍수가 있었음을 확신했다.

아름답다고 느끼는 정감 뒤에 혹 연민의 정이 감춰져 있는 것은 아닐까? 사람들은 일단 말라야 아름답다고 한다. 마른 사람은 연민을 느끼기 쉽다. 튼실하게 생긴 사람에게 연민이 갈 것 같지는 않다. 그래서 기를 쓰고 마른 사람이 되려고 하는 건 아닐까? 연민을 일으키려고 말이다. 억지라는 것은 알지만 나는 그 생각을 하면서 쓴웃음을 짓곤 한다. 불쌍하게 보여서 아름답다는 소리를 듣겠다고? 거지와 다를 바가 무엇인가?

아름다워지기 위한, 더 정확하게는 예뻐지기 위한 시도로 성형수술이 유행이다. 성형수술은 외과적인 조치로 정상적인 외모로 고치는 일이다. 하지만 사람들의 현실 인식은 그렇지 못하다. 그런데 성형수술의 기원을 보면 여기에도 연민이 잠재한다는 것을 알 수 있다. 외과적 성형 시술은 19세기 매독의 전염과 관계된다고 한다. 매독으로 코가 뭉쳐진 사람들에게 코를 높이는 시술을 함으로써 그들의 열등감을 고치려는 의도라는 것인데, 열등감이란 게 연민을 불러일으키는 요소라는 점은 부인하기 어렵다. 연민과 아름다움 사이에는 성형수술도 한몫을 한 셈이다.

그동안 답사하면서 느꼈던 것을 정리하면 아주 간단하다. "땅을 사람 보듯이 하면 된다." 나는 대체로 첫인상으로 사람을 판단하는 버릇이 있는데 땅도 다를 바 없다. 아주 싫은 사람은 별로 없다. 사람처럼 땅도 다원적이고 다양하다. 간단히 규정지을 수 없다는 말이다. 아름답다고 생각하던 땅의 역사를 듣고 무시무시했던 과거를 알고 나면 아름다움은 엷어진다. 없어지는 건 아니다. 제주 중산간지대의 막막한 풍경 앞에서는 생각 자체가 없어진다. 그래서 그곳을 좋아한다. 좋아한다면 내게는 아름다운 곳이다. 우도에서 느꼈던 적막감도 비슷하다. 나는 우도의 우도봉 중턱 공동묘지 가운데 풀밭에 누워 하늘을 보며 중얼거렸다. "나는 지금 허무를 보고 있구나." 그런 생각이 좋았다. 마음이 편해졌다. 그러니 내게는 아름다운 곳이다.

이런 식이라면 지구처럼 좋은 예도 없다. 우주선에서 촬영한 지구의 사진을 볼 때였다. "너무나 아름다운 초록색 행성"이란 말이 수도 없이 나왔다. 이의가 전혀 없는 동감이었다. 그런데 그다음엔 '너무 외롭구나!' 하는 감상이 뒤따랐다. 끝 부분에 가서는 절망적이란 생각까지 들었다. 피라미드를 보고 장엄하지만 결국 한 사람의 무덤일 뿐이라고 표현한 것과 비슷했다. 구제불능의 불감증이다. 지구의 아름다움을 고독으로 바꾸고 심지어 절망까지 느낀 것이니 내가 생각해도 한심했다. 나는 아기들을 무척 좋아하는데 이 경우도 비슷하다. 너무 귀엽구나, 정말 예쁘다라고 생각하지만 조금 있다 보면 이 예쁜 아기들이 살아갈 세상살이를 떠올리고 암담한 느낌에 빠진다. 그렇다고 내 인생이 불행하다고 여기지는 않지만, 참 재미없는 인생이라는 자각이야 없겠는가?

아름다움에 대한 내 경험은 '알 수 없다.'는 것으로 되었다. 지금도 모르겠다. 모르는 것을 얘기한 내 잘못이 크다. 하지만 어쩌겠는가? 모르는 것은 모르는 것이니까. 한 가지는 분명하다. '추억은 아름답다.'는 풍설이다. 내게도 어린 시절 피란살이를 했던 경남 창녕과 1950년대 중·후반 서울 변두리 청량리 일대의 내 추억 속 풍경은 모두 아름답다. 피란민 촌이었던 그곳들이 사실은 그렇지 않았을 것이다. 그러나 내 기억은 틀림없이 아름다웠다고 고집한다. 그렇다면 내겐 아름다운 추억의 풍경임이 분명하다.

**차례**

추천사 1 『한국풍수인물사』를 읽으면서 | 김두규  7
추천사 2 최창조 선생님과 나의 풍수 사랑 | 박수진  13

머리말  27
자연에 관한 통념 | 재앙으로서의 자연 | 아름다운 자연 | 아름다움은 연민의 정이다

서론  49


# 1부  자생 풍수의 기원

### 1장  자생 풍수는 주관적 명당론이다  61

### 2장  풍수 성립 이전의 지리관  74

1. 풍수의 정의  74
2. 풍수의 기원에 관한 논의  76
3. 고대 풍수의 흔적들 1 : 나주 마한 고분군, 고성 고분군, 김수로왕릉  82

4. 고대 풍수의 흔적들 2: 안악 3호분  87
- 자생 풍수의 특징 개연성: 그럴듯하고, 효과도 있다  92

### 3장 최초의 기록들: 탈해왕과 선덕여왕  109

1. 탈해왕  109
2. 선덕여왕  113
3. 성기 지명과 도갑사  114
- 자생 풍수의 특징 상보성: 인간도 주인이고, 자연도 주인이다  119

# 2부  도선 국사

### 4장 도선의 등장  129

1. 도선은 누구인가  129
2. 도선의 출생 배경  133
3. 도선의 편력  141
4. 『도선비결』  143
   민족주의 풍수 터, 실상사

### 5장 도선의 풍수 사상  151

1. 도선의 풍수는 자생 풍수인가  151
2. 도선 풍수 사상의 특징  153
3. 『도선답산가』와 『옥룡자유세비록』  155
- 자생 풍수의 특징 비보성: 고침의 지리학  162

## 6장 도선의 흔적들  189

동리산 태안사 | 화순군 운주사 | 포천 왕궁리 오층 석탑 | 광주 백마산
비보 풍수의 사례: 개성 | 도선의 입적지: 광양 옥룡사 | 도선의 자취를
찾아서: 광양 옥룡사지

## 7장 도선의 후예들  213

1. 도선의 제자들  213
2. 통맥(通脈) 풍수  221
3. 묘청과 신돈  222
   묘청 | 묘청이 꿈꾸던 서경: 평양 답사기 | 신돈 | 개혁가로서의 신돈
   땡추 이야기 | 비보 풍수 답사기: 정방산 성불사
4. 고려 풍수의 황혼  256
   교과서 같은 명당, 공민왕릉 | 우리 풍수의 전형, 태조 왕건릉
   자연과의 조화, 개경 만월대 | 도선의 국역(國域) 비보
• **자생 풍수의 특징** 정치성: 새로운 세상의 꿈  278

---

# 3부  무학 대사

---

## 8장 무학의 생애  287

1. 무학의 등장  287
2. 무학의 출생 설화  292
3. 무학에 관한 기록들  294
   성수산 상이암 설화 | 마이산의 시 | 무학과 왕실의 관계

무학에 관한 폄훼 |『무학비기』| 한양 도성 쌓기 전설
　　　무학이 가려진 이유
　• **자생 풍수의 특징** 자애성: 내가 중심이다　317
　　　무학의 비보 풍수 | 호압사와 사자암
　　　무학의 부도 | 태조의 건원릉 | 양주 회암사 답사기
　• **자생 풍수의 특징** 불명성: 비논리의 논리　352

# 9장  한양 전도　363

1. 서울의 수도로서의 역사　363
2. 서울의 주산 논쟁　364
3. 계룡산 전도 논의　365
　　　계룡산의 풍수 | 그 밖의 후보지들 | 한양 방화책
　　　권근과 권도 |『택리지』의 설명
　• **자생 풍수의 특징** 적응성: 삶의 모든 분야와 연결된다　387

# 4부  조선의 풍수가들

# 10장  조선 전기의 풍수가들　397

# 11장  세종대왕과 과학 풍수　400

# 12장  선조의 사대주의 풍수　407

# 13장  조선 중기의 풍수가들　410

1. 남사고  410
2. 이지함  412
3. 이의신과 교하천도론  412
   교하 답사기
4. 박상의  428
* **자생 풍수의 특징** 편의성: 이상보다 현실에 충실하기  432

# 5부  자생 풍수의 낙일

## 14장  이중환과 정약용  445

1. 이중환과 『택리지』  445
2. 정약용의 지리관  447

## 15장  홍경래에서 동학까지  453

1. 홍경래의 서북 민란  453
2. 홍경래에서 전봉준으로  459
3. 전봉준과 동학  461
   정읍 동학 답사기 | 최제우
   낙일의 잔영, 전북 진안군의 비보 사례

# 6부  자생 풍수의 계보와 현재

### 16장  결국 자생 풍수란 무엇인가?   477

1. 사람과 땅 사이의 상생 조화   477
2. 자생 풍수에서 터 잡는 방법   481


**결론 및 전망**   489

**주(註)**   499
**찾아보기**   525

## 서론

　어느 나라 어느 민족에게나 지리관地理觀이 있다. 다른 동물도 공간에 관한 지각력은 있으나 본능적인 것일 뿐 그것을 체계화하고 인식화하여 거기에 상징성을 입힐 능력은 없다. 우리의 지리관은 자생 풍수이다. 필자가 굳이 자생이란 말을 덧붙이는 것은 중국 풍수와 다르다는 것을 강조하기 위함이다. 지금 알려진 풍수는 대부분 중국 것이다. 아주 조잡하게 양자를 특정 짓는다면 중국 풍수가 발복發福을 바라는 이기적인 측면이 강한 데 반하여 자생 풍수는 대동적大同的이라는 것이다. 이 차이에 주목하여 자생 풍수의 맥을 좇아 보자는 것이 필자의 목적이다.

　이를 위하여 선사시대와 초기 역사시대의 고분古墳을 살펴보았다. 직접 답사를 했던 나주 반남의 마한 고분군, 경남 고성의 고분군, 김수로왕릉과 황해도 안악3호분을 살펴보았다. 거기서 자생 풍수의 뚜렷한 흔적은 찾지 못했다. 그것이 대동 사회를 꿈꾸던 자생 풍수가 넘어서려던 세력인 당시 지배층의 무덤이었기 때문이지만, 그래도 성기 모양의 지형을 따르는 지극히 자연스러운 인간의 바람을 느낄 수는 있었다. 성기 숭배는 고대의 경우 풍요와 다산을 상징하기에 인간의 자연스러운 바람이라 본 것이다.

석탈해가 초승달 모양의 집터를 기만欺瞞으로 빼앗은 일이나, 선덕여왕이 여근곡女根谷에 숨어 있던 백제 군사들을 알아맞힌 얘기 등 『삼국유사』에는 자생 풍수 초기의 흔적이 보인다.

본격적인 자생 풍수의 시작은 도선으로부터 시작된다. 그에 관해서는 우리 풍수의 시조라는 정사正史의 기록은 물론이고 많은 연구가 이루어져 있기에, 또한 필자 자신이 그의 유적을 여러 곳 답사했기에 그가 당시까지의 자생 풍수를 집대성했고 제자를 두었다는 것은 분명하다고 할 수 있다. 신라 말의 혼란기에 백성들은 매우 힘겨운 상황에 놓여 있었고 도선과 그의 제자들은 개벽된 세상을 바라며 실제 행동으로 들어갔다. 도선의 제자 혹은 2, 3대 제자들은 후삼국 각 진영에 들어가 활약했다. 그러나 이미 도선이 새로운 왕조의 수도를 중부지방이라 한 데서도 드러나듯이 국토 동남부에 있던 경주의 신라는 물론, 서남부에 치우쳐 있던 후백제도 실패로 끝났다. 그리고 고려왕조가 무대에 오른다. 그러니까 후백제 견훤의 참모 역할을 했던 도선의 추종자들은 처음부터 스승의 가르침을 제대로 이해하지 못했던 것이다. 그 이유가 그들의 출신지 때문은 아니다. 도선은 전남 영암 출신이었고 그의 제자들 상당수도 전라도를 연고로 했지만, 많은 이들이 고려에 몸담았다. 그리고 그들은 성공했다.

문제는 개벽 사상이었다. 새로운 세상이 오면 성공한 자생 풍수가이자 개벽 사상가였던 그들 자신이 기성세력이 되어 버린다. 그러니 개벽 사상을 억누를 수밖에 없다. 또 다른 개벽은 자신들이 세운 세상을 부정하게 되니까 그런 행동은 당연한 일이다. 그러나 세상이 어수선해지면 반드시 나타나는 것이 개벽 사상이다. 고려 중기 이후 끊임없이 대두되는 천도론遷都論이 그렇다. 대표적인 인물이 묘청과 신돈이었다. 그들은 실패했다. 역사는 성공한 쪽의 기록이다. 당연히 묘청과 신돈에 대한 정사正史의 기록이 아름다울 리가 없다.

고려의 무장武將이던 이성계의 사부이자 친구이며 참모였던 무학은 성공했다. 그러나 새로운 개벽 세상을 연 조선은 국시를 유교에 두었다. 무학은 기록에서 무시당한다. 야사나 설화의 세계에서는 다르다. 무학은 그 속에서 살아남았다.

역사는 반복된다. 남사고, 토정 이지함, 광해군 때 교하 천도를 주장했던 이의신 등 여러 인물이 등장하지만 아직 때가 아니었다. 홍경래 집단은 성공에 근접했으나 개벽을 보지 못했고, 동학의 전봉준을 비롯한 농민군도 특히 외세의 개입으로 비참한 말로를 걷는다.

이 책에서 필자는 도선과 무학에 방점을 두기는 했으나, 작업을 하다 보니 결국 개벽을 꿈꾸던 무리가 하나의 맥으로 이어진다는 확신을 갖게 되었다. 물증을 찾아냈지만, 많지는 않다. 전해지는 이야기와 현장 답사에서의 직관이 확신을 심어 주었다. 이를 위하여 많은 다른 사람들의 증언과 글들은 물론 필자 자신의 답사기와 이미 발표한 글들에서도 재인용을 했다. 그리고 이들 자생 풍수가들의 특성을 다음과 같이 정리했다.

첫째, 이들의 출신이 대체로 한미寒微했다는 점이다. 그것은 개벽을 꿈꾸게 되는 중요한 계기가 된다. 지금 삶에 만족한다면 다른 세상을 바랄 이유가 없지 않겠는가. 그렇다고 그들이 특별하다는 것은 아니다. 아무리 유복한 사람이라도 나름대로의 고뇌와 불안은 있는 법이니까 일반화가 가능하다. 실제로 홍경래의 동지 중에는 부자도 있었고, 도선과 무학은 이미 당대에 존경받는 승려였다.

둘째, 이들 중 상당수가 승려였다는 점이다. 특히 땡추黨聚로 불릴 만한 부류의 승려들이었다. 고려는 물론 신라도 불교 국가로 쳐도 지나침이 없는 왕조였다. 그들의 활동은 제한받지 않았다. 그러나 조선은 억불숭유抑佛崇儒 정책을 취했다. 그래서 무학은 『조선왕조실록』에서 무시를 당했고, 홍경래, 전봉준 등은 기본적으로 유학자였다. 승려로서 그들은 권력에 크게 연연하지는 않았다. 다만 개벽 세상을 위해 권부權府에 가담한 것은 사실이다. 정치적인 이유 때문에 불교를 억압했던 조선 시대에는 승려는 아니더라도 어떤 식으로든 사찰과 관련이 있었던 풍수가 많았다. 이것은 세 번째 특징과도 연결된다.

셋째, 이들은 거사하기 전 전국의 산천을 주유하였고, 그런 과정에서 산간에 입지한 사찰을 기반으로 승려들과 자주 접촉했거나 스스로 승려가 되는 예가 많았다. 그러나 학승學僧이지는 않았다. 그래서 자연스럽게 땡추가 되기도 쉬웠다. 아니, 땡추가 될 수밖에 없었다. 그래서 그들의 교류는 결사結社의 성격을 띠게 되었다. 게다가 그들의 주유는 민심을 읽고 훗날 전략과 전술을 구사하는 데 큰 도움을 주었다.

넷째, 이들은 당대의 기반이 되던 사상을 배격했다. 자생 풍수 또한 그야말로 이 땅에서 스스로 이루어진 지리관이지만, 한편으로는 유식한 중국의 이론 풍수에 대립했다. 사실 중국의 풍수는 중국의 지리관이 반영된 것으로 우리 풍토에 맞지 않는 부분이 많다. 중국 내에서도 자신들의 풍토에 따라 여러 유파가 있었으니 자생 풍수가 있는 것은 당연하다.

다섯째, 추구한 이상이 대동大同의 공동체였다는 점이다. 물론 그들의 최초 기성 이탈이 자신의 처지를 비관한 이기적인 목적에서 비롯되었다는 것은 인정한다. 그러나 그 이상이 사회 전체의 호응을 얻을 때 일반화가 이루어진다. 그리하여 이기를 벗어나 대동을 지향하는 것이다.

여섯째, 『정감록鄭鑑錄』식의 도참圖讖, 비기秘記, 비결秘訣 등을 잘 이용하였다. 특히 자주 사용한 것은 측자測字와 파자破字였다. 한자漢子를 분리하는 것을 파자 또는 탁자坼字라 하고 한자를 결합하거나 추리하고 유추하는 것을 측자 또는 상자相字라고 하는데, 대표적인 예가 "목자득국木子得國"으로 이李씨 성인 이성계의 등극을 예언하는 따위이다. 어차피 예언이란 맞을 수도 있고 틀릴 수도 있다. 게다가 문자에 약했던 백성들에게 파자와 같은 기술은 신비하게 여겨지기도 했을 것이다. 그러니 민중을 끌어들이는 데 그만한 효과를 지닌 것도 드물다.

필자는 이미 자생 풍수의 특성을 열 가지로 요약한 바 있다.[1] 특성이 열 가지나 된다면, 이는 특성이랄 수 없는 숫자가 된다. 그러나 자생 풍수 자체가 땅보다 오히려 사람을 중시하고 있다 보니, 삶이 그런 것처럼 다양할 수밖에 없고 따라서 특성 아닌 특성이 무려 열 가지나 나온 것이다.

첫째, 주관성이다. 세상에 완전히 객관적인 것은 없다. 현실 세계에서 일어나는 것을 글로 기록할 때 객관성이란 정말 허무한 것이다. 전문가들, 과학자들은 객관성을 중시한다. 20세기 최고의 물리학자 중 하나인 닐스 보어Niels Bohr는 "전문가란 그 분야에서 자신이 저지를 수 있는 모든 실수를 다 해 본 사람"이라고 했다. 만약 객관적이었다면 그럴 수가 없다.

풍수 이론은 명당의 조건을 까다롭게 규정한다. 그러나 그런 곳이 많이 있지도 않거니와, 있다 하더라도 당신의 명당과 나의 명당이 같다는 보장은 없다. 기찻길 옆 오막살이는 객관적으로 최악의 입지지만, 아기에게는 명당이다. 기암괴석의 설악산을 좋아하는 사람도 있지만 후덕한 지리산이나 덕유산을 더 좋아하는 사람도 있다. 아예 바다를 더 좋아하는 사람도 많다. 제 눈에 안경이다. 너무 극단적인 말이기는 하지만 일본의 경영의 신으로 추앙받는 마쓰시타 고노스케松下幸之助가 이런 말을 했다. "감옥과 수도원은 둘 다 세상과 고립되어 있지만 죄수들은 불평을 하고 수사들은 감사를 한다. 자신이 일하는 직장을 수도원으로 승화시키느냐, 감옥으로 전락시키느냐는 본인의 자유의지에 달렸다. 스스로 감사할 수 있다면 감옥도 수도원이 될 수 있다."

주관은 어떤 개인의 직관과도 통한다. 스튜어트 서덜랜드Stuart Sutherland는 『비합리성의 심리학』이란 책에서 "인간의 능력 가운데 가장 높게 평가받는 것 중 하나가 직관이다. 그러나 실제로 직관은 너무 엉성하기 때문에 인간이 직관적 판단을 내릴 때 사용했던 것과 동일한 데이터를 형식 수학 분석에 맡겨서 얻어 낸 판단이 사람의 판단보다 일관되게 더 낫다."라고 했지만 드 베커는 "개들이 직관에 뛰어나다고? 인간은 개보다 훨씬 더 뛰어난 직관을 갖고 있다. 문제는 인간이 자신의 직관을 신뢰하지 못한다는 것이다."라고 했다. 혼란스럽지만 주관성은 삶에 밀착되어 있는 것만은 사실이다.

둘째, 비보성裨補性이다. 자생 풍수는 고침의 지리학이란 뜻이다. 새로운 세상, 개벽의 세상을 바라보는 것은 정치적인 특성이다. 또한 언제나 지금 이곳에서 적응하라는 자생 풍수의 주장은 현재성이고, 비논리의 논리 혹은 논리 뛰어넘기를 하는 것은 불명성不明性이며, 이상보다 현실에 충실하라는 것은 편의성이다. 그럴듯하게 보인다는 개연성, 모든 삶의 분야와 관계된다는 적응성, 내가 중심이라는 자애성自愛性, 인간도 주인이고 자연도 주인이라는 상보성相補性도 자생 풍수의 특성이다. 이런 열 가지 특성은 본문에서 자세히 다룰 것이다.

자생 풍수가들의 주장은 위의 특성들을 갖추고 있다. 그들은 땡추이며 개벽론자이고 때로는 신비가이기도 하다. 한마디로 요약하자면 세상 좀 평온하게 살아 보자는 것이다. 그런 곳이 명당이다.

요컨대 자생 풍수는 자신의 느낌으로, 스스로의 판단으로 명당을 만들어 갈 것을 요구한다. 독일의 연출가 하이너 괴벨스Heiner Goebbels의 다음 말은 참고가 된다. "내 무대는 아무것도 의미하는 것이 없으니 보이는 것만큼 보고, 들리는 것만큼 들어라."라고 했다. 그는 관객에게 특정 화두를 미리 만들어 '전달'하고 이해를 구하려 하지 않는다. 오히려 자신의 무대에서 의미의 흔적을 지워 버리고 비워 둠으로써, 관객 스스로 보고 들은 것을 통해 무대를 새롭게 구성하기를 원한다.

오늘날 연극은 스스로 의미를 표방하지 않으며 관객을 향해 끊임없이 세계와 인간에 대해 질문한다. 그리고 그 질문에 대한 답을 선택하고 결정할 수 있는 권한은 관객의 몫으로 남겨 놓는다. 선험적인 의미가 배제된 무대 공간 속에서 관객의 상상력이 극대화되며 인간과 삶에 대한 능동적이고 창조적인 '보기'가 가능해진다. 이러한 관객 주체는 오늘날 정치철학에서 강조하는 진정한 민주주의적 주체이기도 하다. 그런 점에서 현대 연극에서 행해지는 모든 실험은 동시대 현실에 예술적·정치적으로 대응하려는 적극적 행위이다.[2]

필자는 자생 풍수가 매우 주체적이란 사실을 강조했다. 이것이 주관성이라든가 자애성으로 나타난다. 또한 비보裨補도 중시했다. 흔히 풍수는 자연 보전에 적극적이라 여긴다. 그러나 교과서적 풍수서인 『금낭경錦囊經』에서 밝힌 바대로 풍수는 "신이 할 바를 빼앗고 천명을 바꾼다奪神工 改天命."라는 목적을 가진다. 환경 보전론자처럼 개발에 막무가내로 반대하는 것이 아니다. 어머니인 병든 땅을 그저 방치하는 것이 아니라 치료한다는 적극성이 들어 있다. '치유의 지리학'이자 '인간의 지리학'이 자생 풍수라는 뜻이다. 당연히 돌팔이 의사의 치료는 안 될 말이다. 엉터리로 공사를 해 놓고는, "그거 봐. 하지 말라고 하지 않았는가."라고 주장하는 건 무책임하다. 공사를 잘못한 사람에게 책임을 물어야 옳다. 그것이 바로 자생 풍수가 추구하는 목표이다.

이제, 왜 지금 또다시 풍수인가 하는 문제를 살펴볼 차례이다. 그냥 보면 해로운 현상도 관점을 달리하면 새로운 장점이 찾아진다. 노인들의 치매는 큰 사회문제가 되었다. 매춘 또한 유사 이래의 사회문제이다. 이 두 문제를 동시에 해결한 곳이 있다.

"독일의 베스트팔렌 지역에서는 매춘 여성들을 양로원 돌봄이로 육성하는 직업교육 프로그램을 실시하고 있다. 《영국 의학 저널》은 이러한 노력을 알리면서, 노인 인구가 증가하는 독일에서는 실업률이 높은데도 노인 돌봄이는 수천 명이나 부족하다고 전하며, 요양원 관계자의 말을 인용했다. '매춘 여성들을 고용하는 것은 상당한 효과가 있습니다. 이들은 사람을 다루는 기술이 뛰어나고, 비위가 좋으며, 육체적 접촉에 대한 두려움이 전혀 없기 때문입니다.'

전직 매춘 여성이었던 한 돌봄이는 이렇게 증언한다. '매춘은 타인들이 하는 말에 귀를 기울이고, 안정감을 전하는 방법을 가르쳐 주었습니다. 노인들을 보살피는 데 꼭 필요하지만 부족한 부분이 바로 이런 것 아닌가요?'"[3]

사람들이 타파해야 할 미신으로 꼽는 음택풍수陰宅風水는 분명 수많은 사회문제를 일으켰다. 필자는 과도한 지출을 하지 않는 한 그 관습에도 장점이 있다고 본다. 첫째, 사회적 교육 효과이다. 명절 때 교통지옥이라고까지 표현되는 악조건을 무릅쓰고 부모님은 조부모님의 산소에 성묘를 간다. '돌아가신 부모님에게도 저리 정성을 쏟는데, 하물며 살아 계신 부모님에게는 어떠하겠는가!' 하는 교훈이 남는다.

둘째, 환경심리학적 효과이다.[4] 예컨대 "이곳은 저 앞 문필봉 때문에 후손 중에서 위대한 학자가 태어날 곳이란다."라는 부모님의 설명은 자식들에게 세뇌와 같은 효과를 나타낸다. 부자를 원하면 노적봉을, 권력을 바라면 장군봉을 내세우면 된다. 여기서 인과관계를 설명할 필요는 없다. 심리적인 효과를 바랄 뿐이기 때문이다.

셋째, 가족 관계를 보다 원활하게 만든다. 혈연이 어떤 것인지를 체감할 수 있는 기회가 되기 때문이다.

넷째, 유전공학적 연구 사례가 DNA상의 인과관계를 설명할 수 있을지 모른다는 가능성을 보인다는 점이다. 본문에서 이런 사례를 소개했다. 하지만 아직은 부작용이 염려된다. 명당을 쓰면 후손에게 좋다는 생각에 과학의 힘까지 들어와 설친다면 그 폐해는 간단치 않을 것이기 때문이다.

끝으로, 관습을 어느 정도 인정하는 것이 사회의 안정에 도움이 되리라는 기대도 있다. 부모의 유해가 생기 충만한 땅에 묻히면 그 자식이 복을 받는다는 이른바 '동기감응론同氣感應論'은 『금낭경』에서 비롯되었다. 바람도 없는 맑은 날에 동종銅鐘이 울린 까닭은 그 구리를 캔 광산에 지진이 났기 때문이라는 비유로 알려졌다. 그러나 이런 사고는 이미 오래전부터 있어 온 관념이다.

『주역周易』에서는 "정精과 기氣는 만물이 되고 혼魂은 떠돌아다니며 변화하므로 귀신의 정상情狀을 알게 된다."고 하였고,5 『성리대전性理大全』은 이를 풀이하여 생사를 논했는데, 여기서 기의 감응을 말하고 있다.

『주역』은 이를 부연하여 "공자 왈, 같은 소리는 서로 응하며 같은 소리는 서로를 구하며同聲相應 同氣相求 물은 젖은 데로 흐르며 불은 마른 데로 나가며 구름은 용을 좇고 바람은 범을 따른다. 성인聖人이 일어남에 만물을 바라보니 하늘에 근본을 둔 것은 위로 친하고 땅에 근본을 둔 것은 아래로 친하니 곧 각기 그 종류를 따른다."라고 하였다.6 이에 대해 『장서葬書』는 "부모의 유해는 자손의 뿌리가 되고 자손의 몸은 부모의 몸에서 갈라져 나온 것이므로 하나의 기가 서로 음덕-氣上廕을 미칠 때 본래의 뿌리에서 가지에 미친다. 부모와 자식은 본래 같은 기로서 서로 감응하여 귀鬼의 복응을 받는다."라는7 확언을 하고 있다.8 그러니 관습이며 안정의 바탕이라 한 것이다.

자생 풍수의 현대적 변용의 효과에 관해 논의하는 것이 이 책의 목표이므로 여기서는 생략하지만 필자의 결론은, 효과가 많다는 것이다.

# 1부  자생 풍수의 기원

# 1장 자생 풍수는 주관적 명당론이다

"나만이 옳다."라고 말할 수 있는 사람이 있을까? '이곳은 누구에게나 명당이다.' 혹은 '나의 명당이 모두의 명당이다.'라는 명제가 성립할 수 있을까? 아니다. 자생 풍수를 주장하는 필자의 생각은 여기서부터 시작된다.

필자가 다루려고 하는 도선道詵의 시대를 보자. 그는 국토 동남쪽에 치우친 경주보다 중부지방을 명당으로 보았다. 그리고 신라 말의 난세를 벗어나기 위해 개벽 사상을 내세웠다. 그의 사상은 이후 호족 세력의 사상적 기반이 되었다. 물론 도선 홀로 이런 사상을 만든 것은 아니다. 그 씨앗은 이미 뿌려진 상태였다. 신라 헌강왕 14년822 김헌창金憲昌은 웅주熊州 즉 공주를 근거로 하고 국호를 장안長安, 연호를 경운慶雲으로 짓고 난을 일으켰다. 그의 명당은 공주였다. 그의 아들 김범문金梵文은 한산漢山에 서울을 세우려 하였으니 그의 명당은 한산이었다. 장보고에게는 청해진淸海鎭 즉 완도가, 왕봉규王逢規에게는 강주康州 즉 진주가, 왕건의 할아버지 작제건作帝建에게는 송악松嶽 즉 개성이, 상주尙州의 원종元宗과 애노哀奴, 북원北原, 즉 원주의 양길梁吉과 궁예그 후 철원鐵圓, 鐵原으로 옮기지만, 죽주竹州, 즉 죽산의 기훤箕萱, 완산주完山州, 즉 전주의 견훤 등은 모두 자기가 세운 곳을 명당이라 여겼을 것이다. 백성으로서는 모두 그들만의 명당일 수밖에 없는 일이다.[1]

이처럼 자생 풍수의 첫째 특성은 주관성이다. 어떤 곳이 명당인가 아닌가 하는 것은 사람에 따라 다르다는 전제로 시작한다. 누구에게는 좋은 곳인데 누구에게는 혐오스러울 수도 있다. 누군 지리산을 좋아하는데 누군 설악산을 좋아한다면 여기에 옳고 그름을 판별할 기준은 없는 것이나 마찬가지다. 하지만 동네 야산과 명산을 놓고 우열을 가릴 수는 있다. 그렇다고 반드시 이 기준이 적용되는 것도 아니다. 나만 해도 항상 그런 것은 아니지만 소란스러운 국립공원보다는 이름도 모르는 그저 그런 시골 야산을 더 좋아한다. 그러니 주관성을 꼽지 않을 수 없다. 게다가 풍수가 가장 중시해야 할 현장은 현실을 반영하는데, 현장과 현실을 받아들이는 일이 온전히 객관적일 수만은 없다.

> 세상에 완전히 객관적인 텍스트는 없다. 현실 세계에서 일어나는 것을 글로 기록할 때 객관성이란 정말 허무한 것이다.[2]

> 들어라. 금쭉이 갖추어지면, 여러 고을의 소리를 따로따로 만들라. 고을마다 말이 다르고 산천과 비바람이 다르다고 들었다. 그러니 어찌 세상의 소리를 하나로 가지런히 할 수 있겠느냐. 고을마다 고을의 소리로 살아가게 하여라.[3]

풍수의 논리 체계는 지나치게 많고 불필요하게 복잡하다. 더 정확하게 말하자면 아무 쓸모없는 것들이라고 해야 할 것이다. 그러나 풍수 전공자, 즉 전문가는 그런 쓸모없는 논리 체계도 반드시 알아 둘 필요가 있다. 알지도 못하면서 그릇되다고 장담할 수는 없다. 알고 보니 그렇더라는 정도는 되어야 한다.

다른 말로 하자면 일반인에게는 논리 체계가 필요 없다는 뜻이다. 이때 논리 체계를 이론으로 받아들이면 안 된다. 이론이란 검증 가능하고 반복적인 현상으로 밝혀져야 하는데, 풍수 논리 체계에서는 그런 것이 불가능하기 때문이다. 여기에 풍수가 잡술과 미신의 악습에 지나지 않는다는 비판을 받을 수밖에 없는 이유가 있다.

논리 체계라는 용어를 쓰기는 했지만 엄밀히 말하면 논리가 아니다. 그래서 주관적으로 흐를 가능성이 크다. 음산한 숲속을 좋아할 사람은 많지 않지만 간혹 그런 사람도 있다. 주관의 문제다.

유키는 햇살이 비치는 밝디밝은 정상보다 지라프와 모울과 함께 들어갔던 산딸기가 무성한 숲이나, 그보다 어둡게 그늘진 숲속에 더 큰 매력을 느꼈다.[4]

도시는 반反풍수적 장소라는 것이 통념이지만 꼭 그렇지는 않다. 미국의 유명한 소설가 에인 랜드Ayn Rand는 『아틀라스』라는 소설에서 이런 표현을 담았다. 책 표지에 "미국인들이 성경 다음으로 많이 읽는 책"이라는 광고문이 붙은 이 소설에서 랜드는 주인공의 입을 빌려 이렇게 썼다.

지난 3주일 동안 자동차 보닛을 스쳐 가는 시골 풍경을 볼 때면 간혹 왠지 모르게 불편해지곤 했다. 그녀는 미소를 지었다. 그녀의 눈앞에서 자동차 보닛은 움직이지 않는 중심축이고 땅은 계속 흘러가는 것처럼 묘하게 느껴졌기 때문이다.[5]
그래서 시골로 이사를 와 사는 인간은 싫다고 생각했다. 본래 있던 자연을 보고 단련되는 사이에 비정함까지 익힌 것이다.[6]

자연을 비정하다고 보는 사람들도 많다. 『포박자』에 들어 있다는 말이다. "최상급의 선비는 전쟁터에서 도道를 얻고, 중류의 선비는 도시에서 도를 얻고, 하류의 선비는 산림 속에서 도를 얻는다." 아마도 주관성에 관한 극단적인 경우는 이런 예일 것 같다.

풍수 사상의 직관 개념을 현상학적으로 연구한 예도 있다.7 직관의 첫 번째 단계는 범안凡眼 단계로써 일상적이고 자연적인 눈으로 땅이나 산을 단순히 물질적인 현상으로 파악하는 단계다. 우리는 자연적이고 일상적인 삶을 살아가면서 땅이라는 단어를 이해할 뿐 아니라, 직접 땅 위에서 살고 있다는 점을 자명하게 믿고 있다. 땅에 대한 이러한 믿음은 합리적이거나 자연과학적으로 논의되는 것이 아니라, 감성적으로 우리에게 이미 직접 주어져 있는 것이다. 두 번째 단계는 법안法眼으로, 땅을 풍수 사상의 법칙이나 원리에 따라 인식하는 것을 말한다. 이 법안의 단계는 매우 과학적이라 할 수 있다. 이런 태도는 풍수지리가 단순히 술법에 지나지 않는다는 편견을 불식할 수 있으며 법칙이나 원리에 따라 객관화할 수 있는 가능성을 열게 해 주는 과학주의적인 태도라 할 수 있다. 세 번째 단계는 도안道眼의 단계로서 개안開眼, 즉 참된 직관의 단계다. 이 단계는 마치 후설 현상학에서 현상학적 환원을 거친 후에 도달하게 되는 순수 자아와 유사한 단계라 할 수 있다. 범안과 법안의 단계에서는 눈으로 관찰하고 머리로 분석한다면, 도안의 단계에서는 마음으로 이해하며 통찰한다. 여기서 우리는 더 이상 산의 형상만을 바라보는 일상적인 태도에 머물러 있지도 않고, 법칙이나 원리를 신뢰하는 과학주의적인 태도에 종속되는 것도 아닌, 사태를 순수하게 직관하게 되는 것이다.

한편으로 이런 이론을 채용하는 것도 한 방법이다. "가드너Howard Gardner는 다중지능 이론을 통해 IQ 검사의 신뢰성에 의문을 제기한 것이 아니라, 인간의 지능을 굳이 객관적으로 검사할 필요가 있느냐고 묻는다. 인간에게는 각자 나름의 독특한 능력이 있고, 이 능력을 발휘할 수 있는 분야가 따로 있다고 믿기 때문이다. 가드너는 이를 가리켜 '각자의 환경에서 문제를 해결하는 능력'이라고 말했다."8 그것이 병적 상태가 아닌 한 주관의 우열을 가리는 것은 위험하다. 누가 더 낫다고 어떻게 판단할 수 있겠는가?

사람들이 선호하는 거주지는 반쯤 닫혀진 곳에 있다. 사람들은 이렇게 안전한 위치에서 넓게 트인 이상적인 지세를 내려다보기를 좋아한다. 자유롭게 선택할 수 있다면 이들은 피난처로서 안전하고 쉽게 식량을 구할 수 있도록 조망이 좋은 곳을 집이자 거주 환경으로 선택한다. 물론 성性에 따라 작은 차이는 있다. 서양의 풍경화가들을 대상으로 한 조사에 따르면, 여성은 조망 공간이 좁은 피난처를 선호하고 남성은 조망 공간이 넓은 곳을 선호한다고 한다. 여성은 또한 그림의 등장인물을 이러한 피난처의 안이나 근처에 위치시키려고 하고, 남성은 일관되게 열린 공간을 뒤에 두려고 하는 경향이 있다.

조경사와 부동산 중개업자는 이상적인 자연 서식처를 직관적으로 이해한다. 아무런 실제적인 가치가 없을 경우라도 환경에는 비교적 높은 가격이 매겨지며 도시 근처에 위치하면 최고 가격에 도달한다. …… 인간의 거주지 선호도가 유전적 근거를 갖는다는 증거는 아직 없지만 북아메리카, 유럽, 한국 및 나이지리아를 포함하는 모든 문화에서 일관성 있게 나타나는 사실로 보아 그 존재는 추정할 수 있다.[9]

장소에 관한 의식에도 주관은 작동된다.

니시다 기타로西田幾多郎의 위대한 업적의 하나는 '장소는 나이다.'라는 것을 발견했다는 것이다. 나는 '나'도 또한 공간적인 존재가 아니라 그 본질은 생성과 소멸을 동적으로 반복하는 역사적이고 특이한 다종다양한 관계의 결합체라고 생각한다. 장소와 '나'는 상호 이어져 장소 즉 자기로서 하나의 전체를 형성하고 있는 것이고, 관계적으로는 이 두 개를 서로 나눠서 이해하는 것은 불가능하다. 이것은 '장소와 나는 본질적으로 자타 비분리自他非分離이다.'라는 의미이다.[10]

니시다 기타로는 인간의 주체적인 의식이 발현하는 곳을 '장소'라 불렀다. 우리들이 장소라 생각하고 있는 것은 자기의 의식의 장場에 비친 장소인 것이다. 그리고 또 그 장소 속에 존재하고 있는 한 개체로서 자기를 취하고 있다. 자기는 장소에 있어서 자기를 취한다. 이것이 자기의 자각 행태이다. 의미적인 구속 조건이 '장소' 속에 생성한다는 것은 결국 자기의 의식 속에 생성한다는 것이다. '장소'는 관계자 집단에도 존재한다. 그것은 서로의 장소가 상호 비춰 자기의 경계를 넘어 서로 이어지기 때문이고, 여기에서 '우리' 의식이 생겨나는 것이다. 생명 시스템은 '자기'에 있는 '내부 장소' 즉 장場과 환경으로서의 '외부 장소'즉 실재 장소의 양측과 관계하고 있다. 그리고 이 두 종류의 '장소'의 상태가 정합적이 되도록 내부 장소의 상태를 바꿔 간다. 그리고 그것이 의식의 존재 방식을 변화시키게 되는 것이다. 그 변화에 따라서 장소적 구속 조건이 변화해 간다.[11]

주관은 사람에 대한 호불호好不好에도 적용된다. "어떤 사람에게 아주 돋보이는 좋은 특성이 하나 있다면 그 사람의 다른 특성들도 실제보다 좋게 보일 가능성이 높다. 이것을 후광 효과 halo effect라고 한다. 반대로 악마 효과 devil effect도 있다. 어떤 사람이 아주 이기적이라든가 하는 두드러지게 안 좋은 특성 때문에 다른 특성들도 실제보다 더 나쁜 평가를 받는 것이다."[12] 이것은 물론 피그말리온 효과나 스티그마 효과와 관련이 있다. 자카르에 의하면 "남이 나를 칭찬하고 긍정적으로 보면 그에 따라 긍정적인 방향으로 바뀌려고 노력하는 것을 심리학에서는 '피그말리온 효과'라고 한다. 반대로 남들이 무시하고 부정적인 평가를 하면 그에 따라 자신도 부정적인 행동을 하게 되는 것을 가리켜 '스티그마 효과'라고 한다."[13] 장소에 대해서도 비슷한 효과가 나타난다. 나는 내가 살 집을 선택할 때 먼저 그 집과 터에 정을 주자고 마음을 먹는다. 정이란 게 먼저 주어야 돌아오는 것이라고 믿기 때문이다. 이럴 경우 이론상 명당이냐 아니냐 하는 것은 별 소용이 없게 된다. 정을 주고 명당을 마음속에서 만드는

데 풍수 논리가 적용될 까닭이 없다.

과학의 발달 덕분에, 미신이라 여겨졌던 것이 사실로 확인되는 일도 많이 일어난다. 조상의 유골이 좋은 땅기운地氣에 노출되면 후손이 복을 받는다는 동기감응론도 다음의 발견을 보면 황당무계한 것만은 아니구나 하고 생각하게 된다.

포포닌과 가리아예프는 우리 세계를 이루고 있는 '물질'인 광양자光量子에 DNA가 미치는 영향을 보여 줄 선구자적 실험을 했다. ……과학자들은 인간의 DNA 샘플을 광양자만 들어 있는 밀폐된 튜브 안에 삽입했다. DNA가 나타나자 광양자는 전혀 뜻밖의 행동을 보였다. 처음처럼 흩어져 있는 것이 아니라, 살아 있는 물질의 출현에 반응해 자기들 스스로 배열을 새로이 했던 것이다. DNA가 광양자에 직접적 영향을 주는 것이 분명했다. 보이지 않는 힘을 통해 광양자들을 일정한 패턴으로 배치하게 만드는 듯했다. 이것이 중요한 까닭은, 전통적 물리학에서는 이러한 현상을 설명할 방법이 전혀 없었기 때문이다. 하지만 이 실험 결과 우리 인간을 이루는 물질인 DNA가 우리 세계를 이루는 물질인 양자에 직접적 영향을 주는 것이 관찰되고 기록된 것이나.[14]

인간 DNA가 물질에 직접적 영향을 준다? 그렇다면 생각이 제각각인 사람들이 주관적으로 물질에 영향을 준다면 어떻게 될까? 직관과 주관은 자생 풍수에서 가장 큰 비중을 차지하는 것이다. 그래도 미심쩍기는 마찬가지다. 정말 그렇다면 어떻게 물질이 일정한 상태를 유지할 수 있을까? 그렇다고 해서 주관을 방치할 수만은 없다. 세상은 주관에 의해서 나아가지만, 바라는 것은 객관이기에 그렇다.

우리들에게 필요한 것은 직관에 의한 순환 논리로부터의 비약이다. 어떻게 해서 이러한 직관적 이해를 얻을 수 있는가. 그 비약의 방향을 주는 것은 무엇인가. '생명 감각'이라고 부를 수밖에 없는 감각에 의해 생명 시스템의 깊은 이해에 달하기 위한 비약을 획득할 수 있다고 가정하는 것 이외에는 방법이 없다고 생각한다. ⋯⋯ 복잡한 것을 완전하게 이해하는 일반적이고 객관적인 방법은 없다. 그러나 이 완전성을 일단 포기하면 거기에 '의미에 따른 특징 추출의 방법'이라고도 명명될 수 있는 일종의 존재론적 방법이 있다는 가능성을 깨닫게 된다. ⋯⋯이것은 예컨대 지인의 '안색'으로 그 심리 상태를 적확하게 알 수 있듯이, 인간에게는 언어에 의해서는 구체적으로 표현할 수 없는 인지 능력이 있다는 것을 주장한다. 이런 종류의 인지를 통시적인 정보 표현 수단인 언어로 잘 표현할 수 없는 이유는 무엇일까? 아마도 그것이 의미에 따라 공시적인 병렬 정보 표현에 의해 행해지기에 언어적인 정보로의 등가적인 변환이 불가능하기 때문일 것이다.

우리들은 개의 행동으로 그 심리를 파악하거나, 또는 한 세포 속의 여러 기관의 변화에 대해서 그 기능이나 의미를 파악하거나 할 수 있다. 요컨대 공시적인 병렬 처리 논리에 서서 의미적 처리를 행하면 복잡한 생명 시스템을 어느 정도 올바르게 인식할 수 있을 가능성이 있다. 이것을 '주관적'으로 말하는 것만으로 끝낼 수는 없다. 오히려 이것은 우리들의 암묵적 전제이고, 이러한 의미적 처리를 실행에 옮기는 '객관적'인 이론적 방법을 제시하는 것이 우리들의 목적이다. 그럼 어떻게 하면 이 목적을 달성할 수 있는가. 내가 생각해 온 방법은 다음과 같다.

우선 공시적인 병렬 처리를 의미 차원에서 행하는 인지 모델을 만든다. 이 모델이 일정 범위에서 인간이나 동물의 경우와 본질적으로 같은 자율적인 정보 처리를 하는 것을 확인한 뒤에, 그 인지 모델의 복잡한 시스템을 제시해서 '주관적으로' 그 특징을 인식시킨다. 그 공시적인 정보 처리 과정의 본질$_{\text{essence}}$을 되도록 일반화 가능한 형태로 가려내어 그것을 기초로 해서 복잡한 시스템을 인식하는 새로운 이론을 만들려고 하는 것이다.

말하자면 '주관적 인식의 객관화'이다. 이것을 존재론적 접근이라 부를 수 있을 것이다. 공시적인 병렬 처리에 의해 표현된 정보를 통시적 논리에 의해 표현할 수 없는 이유의 하나는 병렬 처리 과정에서 일어나는 동조에 의해 형성된 전일적 고리를 동반하는 '정보의 통합적 압축'에 의해 논리적 인과성이 애매하게 되기 때문이다. 따라서 이 통합적 압축이 일어나는 단계까지 거슬러 올라가 거기에서 공시적인 병렬 처리 과정의 전모를 파악하고 객관화 가능한 논리를 발견할 필요가 있다.[15]

이렇게 생각한다면 주관의 객관화가 가능해질까? 이론상으로는 그렇다. 하지만 잘 납득이 되지는 않는다. 그래도 경험상 생활 속에서 이런 현상이 벌어질 수 있다는 것을 우리는 안다. 요즈음 '— 이 맞다.'라는 표현을 많이 쓴다. 특히 정치인들이 그렇다. 이 표현은 '— 이 옳다고 생각한다.'의 최신판인 모양이다. 맞다, 틀리다는 객관성이 강하다. 반면 옳다, 그르다는 주관성이 더 크다. 어떤 정치인이 어떤 사안에 관하여 자기 생각을 나타낼 때, '주관적 인식의 객관화'가 필요해서 지어낸 말이라 본다. 하지만 억지스럽다. 이는 자신의 주장이 마치 여론인 양 꾸미는 것과 마찬가지다.

또 하나, '자리 매김하다.'라는 표현도 많이들 쓴다. 이는 '위치를 차지했다.'는 말의 다른 표현인 모양이다. 이 역시 위의 '— 이 맞다.'보다는 훨씬 약하지만 객관성을 강조하려는 의도는 보인다. 아마도 주관은 "그건 당신 생각이고." 하고 비난을 받을 것 같고, 객관은 우리들 공통의 생각이라는 흐름을 좇은 결과로 보인다.

여기서 지적해 두고 싶은 것은 소비자가 시장 속에서 하나의 옷을 선택하는 행위는 실용적인 의미에서 복장을 선택하는 것을 의미하는 것만이 아니라 그 복장에 덧붙이는 정보의미를 선택하고 있다는 점이다. 몸에 걸치고 있는 옷은 주위 사람들에게 의미적인 정보를 발신한다. 그 의미를 알기 위해서는 복장에 대한 해석을 필요로 하지만, 복장의 의미는 이 옷을 사는 소비자의 해석만으로는 정해지지 않는다. 정보 수신자 측의 해석이 있어서 결정된다. 즉 유행하는 패션을 생각하기 위해서는 사회 속에서 유사한 스타일의 복장이 한 패션으로서 받아들여져 그것을 사회 불특정 다수의 사람들이 어떻게 생각하는가 하는 것이 중요하다. 즉 사회가 그 패션에 어떠한 의미를 부여하는가, 사회라는 배경 속에서 부여되는 '전체의 의미'가 무엇인가 중요하게 된다. 이것은 이미 시장 속에서만 결정되는 문제가 아니라 그 밖으로 열린 사회적인 문제인 것이다.

이렇게 되면 옷을 사는 개개의 소비자도 사회의 해석에 맞춘 해석을 복장에 부여하게 된다. 또 다른 한편 사회 측의 해석이 어떻게 결정되는지를 생각해 보면, 옷을 입는 각각의 사람이 어떤 의미로 그 옷을 입는가에 의존한다는 것은 명백해진다. 이 양자의 해석이 짝이 맞지 않으면 사람들이 특정 복장을 의미로서 선택하는 행위는 없게 될 것이다. 이것은 옷을 사는 소비자는 정보의 발신뿐만이 아니라 수신도 의식하고 있기 때문이다.

이 소통communication으로서의 복장이라는 것이 없게 되면 사람들은 그저 따뜻하기 때문에 혹은 쌀쌀하기 때문에 하는 식으로, 단지 옷으로서의 기능적 측면에서만 선택하게 되어 버린다. 이것은 소비 측에서 보면 부가가치가 낮은 옷을 사는 것이 된다. 이것만으로는 패션은 생겨나지 않는다. 소비자와 사회의 의미 해석의 조리가 맞는다는 것은 정보의 발신자와 수신자의 의미에서의 조리가 맞는다는 것이고, 이것이 유행의 중요한 조건이 되는 것이다.[16]

이 인용문에서 정보의미라는 것은 땅에도 그대로 적용할 수 있는 내용이다. 여기에 상징성이 추가된다. 이곳이 명당이라는 누군가의 생각이 전파되어 많은 사람들이 그런 의식을 공유하게 되면 객관에 이르기도 한다. 이른바 명당 관념의 보편화 과정이다. 이런 보편화는 의미와 상징성이라는 다분히 주관적인 가치가 개입될 수밖에 없기 때문에 문제를 복잡하게 만든다. 그런 점을 잘 알고 대처하면 삶에 오히려 윤택함을 더할 수도 있으나, 명당의 발복發福에만 관심을 집중하면 사람에게 부정적인 영향을 끼치게 된다. 그것이 바로 주의할 점이다. 명당관明堂觀 자체는 나쁜 것이 아니지만 그 과정은 무시하고 결과에만 집착하면 해롭다는 뜻이다. 내가 살고 있는 이곳이 바로 명당이라는 주관은 남에게 해를 끼치지 않으면서 자신에게는 평온함을 준다. 그러니 그 자체가 나쁜 것은 아니다.

우리는 이런 양상을 종교로 확대해 볼 수도 있다. 사실 명당이란 주관이 만들어 낸 축복이고, 악지惡地는 저주라 할 수 있지 않겠는가. 독신瀆神하려는 뜻은 전혀 없다. 본질적인 측면에서 보자면 풍수는 신앙과 전혀 관계가 없다. 우리가 살아가면서 쌓아 온 자연에 관한 지혜일 뿐이다. 물론 간혹 지혜가 아니라 독소로 작용하는 일도 많다. "인간은 다른 사람을 축복해 주고 싶어서 신을 만들었고, 다른 사람을 저주하고 싶어서 악마를 만들어 냈어. 내 말이 틀려?" 일본 소설『그레이브 디거』에서 주인공인 악당 야가미가 형사 후루데라에게 한 말이다.[17]

좀 특이한 경우지만, 상식의 판단으로도 주관을 억제할 수 없다는 예가 있다. 한때 유행했고 지금도 관심 가진 사람들이 조금 있는 '인테리어 풍수'는 홍콩 출신의 미국인이 만들었다. 꽤 재미있고 나름대로 받아들일 만한 구석도 있다. 이를 본격적으로 서구에 알린 것은 미국인 인류학자였다.[18] 그것이 일본으로, 우리나라로 역수입되었다. 이 책은 필자도 번역본을 낸 바 있다.[19] 나는 이 번역서 머리말에서 이런 것이 풍수일 수는 없지만 풍수의 현대적 변용으로서는 훌륭하며, 풍수 현대화의 한 방편일 수는 있겠다고 썼다.

그 뒤 여러 유사한 책이 출간되었다. 메리 램버트Mary Lambert는 아예 책 표지에 '風水'라는 한자를 넣고 제목을『잡동사니 정리하기』로 했다.[20] 정리는 실생활에서 위생상으로도 매우 좋은 일이다. 하지만 사람에 따라서는 어질러져 있어야 일이 잘 된다는 경우도 있다. 내 아들 녀석이 그렇다. 딸은 정리 쪽이다. 대형 광고 대행 회사에 가 보니 사무실이 끔찍할 정도로 어질러져 있었다. 그

회사 대표의 말을 들으니 직원 대다수가 그런 환경을 좋아해서 그냥 둔다고 했다. 정리는 초등학교 『바른 생활』 교과서부터 가르치는 덕목이다. 그런 것에까지 주관이 개입한다. 덕목이지만 개개인의 주관을 무시할 수는 없다. 자생 풍수의 제일 조건으로 주관성을 제시한 이유이기도 하다.

풍수의 논리는 자연이라는 것이 동심원의 형태로 우리의 삶을 전후좌우로 둘러싸면서 우리와의 관계를 맺어 나가고 있다는 관점에 서 있다. 그러나 이러한 사상은 우리가 자연 안에서 길지吉地를 택함으로써 어떻게 더 복되고 안락한 삶을 살아갈 것인가에 관심을 가질 뿐, 우리가 자연과 더불어 의미 있는 삶을 영위해 나간다는 좀 더 적극적인 자세에까지 미치지 못한다는 아쉬움이 있다. 장회익

이 지적은 부분적으로 그리고 현실적으로 사실이다. 대부분의 사람들이 그렇게 풍수를 이해하고 있으니까. 하지만 자생 풍수에서는 병든 땅을 고치고 달래서 조화를 이루며 살아 보자고 노력한다는 사실은 나타나 있지 않다.
그는 우리 국학國學이 수행해야 할 과제로 두 가지를 들고 있다.

그 하나가 서구 과학과의 조화 문제이다. 우리의 문화 속에는 '비과학적'인 요소들이 적지 않게 들어 있다. 문제의 해결은 쉽지 않다. 이런 요소들이 걸림돌이 될 수도 있고, 또 이를 잘못 제거하려다가는 교각살우矯角殺牛의 어리석음을 범할 수도 있다. 또 하나는 '속도'의 문제이다. 여기서 우리가 유의해야 할 점은 '문화적 가속 페달'과 '문화적 브레이크'를 적절히 활용해야 할 것이다. 오직 조심스러운 운전자만이 이 일을 해낼 것이다.

적절한 지적이고 전적으로 동감이지만 문제는 아직은 우리 중 누구도 조심스러운 운전자가 누구인지 모르고 있다는 점이다. 내가 바로 그 사람이라고

자신 있게 말할 수 있는 사람은 불행히도 아직 없는 듯하다. 더욱 심각한 문제는 가속페달을 밟자는 운전자나 브레이크를 밟자는 운전자 사이에 화해의 기미가 보이지 않는다는 것이다. 예컨대 화장장火葬場 건설 문제만 보더라도 필요를 인정하면서도 주민의 눈치만 살필 뿐 분명히 대안을 제시하는 정책 결정자가 없다. 그렇다고 이런 일을 다수결 투표에 부치자는 것도 유치하고 비현실적이다.

　이 문제에 관한 한 나는 중국 속담인 "영웅은 당장 손해날 짓은 하지 않는다."라는 쪽에 서 있다. 나야 당연히 영웅이 아니지만, 그리고 지식인으로서 비겁하지만 대안이 없으니 어쩌랴. 그러나 만약 내가 의사 결정자라면 꼭 필요한 시설이니 다음 선거에서 떨어지고 당장 욕을 먹더라도 적절한 입지를 물색하여 가속페달을 밟는 쪽을 택하겠다. 다만 이렇게 할 경우 입지 선정을 여러 곳으로 하여 위험을 분산할 계책은 마련할 것이다. 대안 없이 눈치만 보며 시간을 끌다가는 대형 참사로 이어질 수 있기에 해 본 소리다.

　풍수도 선택의 문제라는 점은 여러 곳에서 지적해 왔다. 선택은 민주주의 원칙으로도 이치로도 해결되지 않는 경우가 많다. 다수가 항상 옳다는 확신도 없고 논리가 언제나 바르게 흐를 수도 없다는 것을 그간의 경험을 통하여 무수히 겪어 온 바에야 느낌과 직관에 맡기는 것도 한 방법이 될 수 있을 것이다. 풍수에서 이론보다 중시하는 것이 직관이다.

# 2장 풍수 성립 이전의 지리관

**1. 풍수의 정의**

먼저 정통적인 입장에서 바라본 풍수의 정의와 기원에 관해 살펴보기로 한다. 저명한 교과서적 풍수지리 전적典籍들에 나타나는 풍수의 정의들을 살펴보면 다음과 같다. 『탁옥부琢玉賦』에서는 "수많은 지리서가 있으나 그 뜻을 묶으면 음양이란 두 개념 사이에 머무는 것이니, 음양의 기묘함을 꿰뚫어 알 때 사람 사이에 나아가 지선地仙으로 행세하여도 부끄러움이 없을 것"이라 하여 그 요체를 음양으로 파악하였다.[1] 『설심부』는 "지리의 이법理法에서는 좌향 방위에 대한 것이 논리를 세우는 처음이라." 하여 방위의 중요성을 강조하였다.[2] 『청낭경靑囊經』에서는 다시 음양을 내세웠고[3] 『금탄자金彈子』에서는 "지리에서 땅을 보는 일은 모두 다 용龍이 주主이고 혈穴이 다음이며 사성砂城과 수水가 다음이다."라고 말하여[4] 용龍, 혈穴, 사砂, 수水의 네 가지를 제시하고 있다. 이에 대해서는 『산법전서山法全書』에서 더욱 분명하게 "풍수지리설을 요약해서 말하면 용·혈·사·수의 4법"이라 표현하고 있을 정도이다.[5] 이것은 옛 지리서의 공통적인 구조로 용·혈·사·수를 같이 다루어 온 것은 전통이었던 듯하다. 당唐의 양균송楊筠松이 혈穴에 관해서 『도장倒杖』이라는 책을 씀으로써 4법을 분리 서술하는 경향이 나타나기는 하지만, 풍수 기본서에서는 역시 이 방법이 오늘날까지 이어지고 있다. 그러나 이러한 것은 풍수지리 이론이 확립된 훨씬 후대의 일로, 초기에는 지기론地氣論에 중점을 두었다는 점을 염두에 두어야 한다.

예컨대 현존하는 가장 오래된 풍수지리서인 『청오경靑烏經』은 우주 만물을 음양오행의 기로써 이루어진 것으로 보고 인생의 길흉화복도 바로 그 기의 운행에 따른다고 하였다. 이 점은 『장경葬經』이라고까지 추앙되는 동진東晋시대 곽박郭璞의 『장서葬書』[6]에서도 마찬가지로 "장사 지낸다는 것은 생기를 타는 일"이라 하였고 이어서 장열張說이 주해하기를 "만물의 생겨남은 땅 속의 것[7]에 힘입지 않은 것이 없다."라고 할 정도이다.[8] 즉 풍수의 가장 중요한 요소는 지기地氣라고 할 수 있을 것이다. 풍수 기원에 관한 논의는 이러한 지기론을 받아들이느냐 아니냐에 따라서 달라질 수 있다.[9]

사실 중국의 풍수지리에는 크게 두 개의 유파가 있다. 하나는 형세론形勢論이고 다른 하나는 이기론理氣論이다. 형세파는 형기론形氣論, 형법形法 등으로 불리기도 하며, 서구와 미국에서는 문자 그대로 'Form School'이라고도 한다. 두 유파는 처음부터 분명하게 선을 긋고 발전한 것은 아니며 서로 보완과 갈등을 겪었다. 이미 중국 앙소문화仰韶文化의 취락 입지 선정에 두 가지가 혼재한 것으로 나타난다. 배산임수背山臨水 또는 침산면수枕山面水를 한 취락 형태는 형세파적 표현이고, 동시에 남향을 하여 취락이 형성된 것은 방위를 중시한 이기파적 표현이다. 물론 당시 이들이 풍수라는 관점을 가진 것은 아니고 본능적으로 최적의 입지를 취하다 보니 그리 된 것이라 여겨진다. 진한秦漢시대에 이르러 두 유파는 어느 정도 기본 틀을 형성했던 것 같다. 『한서漢書』 「예문지藝

文志」에 수록된 상지서相地書인『감여금궤堪輿金匱』및『궁택지형宮宅地形』이 이기파와 형세파의 초보적 형태를 취한다. 이 가운데『궁택지형』은 땅을 보는 것, 즉 상지相地뿐만이 아니라 집을 보는 것, 즉 상택相宅과 사람 보는 것, 즉 상인相人과 물건 보는 것, 즉 상물相物 등을 포함한다.

형세론은『청오경』,『장경』등에서 이미 그 본질적 내용들이 드러나 있으며, 당나라 양균송의『감룡경感龍經』과『의룡경疑龍經』에 이르러 완성된 것으로 본다. 따라서 양균송을 형세파의 개창조라고 하며, 이 이론이 중국 강서 지방을 중심으로 전파되었기 때문에 '강서파'라고도 한다. 명나라 때 출간된『인자수지人子須知』, 청나라 때 출간된『탁옥부』등이 대표적인 전적이다.[10]

이기론은 방위파, 이법理法 등으로 불리며, 영어권에서는 Compass School로 표기한다. 풍수의 이기론은 성리학에서 말하는 이理와 기氣를 다루는 이기론과는 관련이 없다. 이들은 천지만물이 모두 기로 인해 생겨난 것으로 보았는데, 형세론 위주의 풍수 고전인『청오경』에서도 기를 가장 근본적인 개념으로 받아들인다. 이 파는 특히 송대 이후 나침반이 출현하면서 급격한 발전을 보게 되는데 초기에는 주로 복건 지방이 중심이 되었다가 후에 절강, 광동, 안휘 등지로 확산된다. 그래서 이기파를 복건파라고도 한다. 이는 매우 형이상학적인 측면이 강하여 실제 땅을 보는 풍수에는 적합지 않은 면이 많다. 그래서 정자程子, 주자朱子 등 유명 학자들은 이기론을 부정하였다.[11]

### 2. 풍수의 기원에 관한 논의[12]

풍수의 기원에 관한 논의는 크게 두 가지로 나뉜다. 하나는 한반도 자생설이고 다른 하나는 중국으로부터의 유입설이다.

먼저 가장 극단적인 자생 풍수지리설의 주장은 구석기시대에서 그 연원을 찾고 있다. 이에 의하면 한반도는 지형 구조상 산이 많은 까닭으로 산악과 산신山神에 대한 숭배 사상이 구석기시대부터 전해져 내려왔으며, 산신과 산악 숭배 사상은 한반도를 중심으로 하여 독특한 지석묘支石墓 문화를 형성하였다고 한다. 우리나라의 풍수지리 사상은 산악 지대의 지리적인 환경조건과 산악 숭배 사상, 지모地母 관념, 영혼 불멸 사상 및 삼신오제三神五帝 사상 등에 의하여 자연적으로 발생했으며, 단군의 신시神市 선정, 단군왕검의 부도符都 건설, 지석묘 위치 선정 및 신라 탈해왕의 반월성半月城 선정 등은 우리나라 고대에 풍수 사상이 직접적으로 건축에 적용된 사례라는 것이다.

또한 이 견해는 음양오행설의 발생 배경을 삼신오제 사상에 두고 있으며, 그 사상은 풍수지리설이 발생하게 된 모체가 된다는 것이다. 그러다가 신라 말기에 활발해진 중국과의 문화 교류로 더욱 풍수가 발달하게 되었다는 것이 이 주장의 골자다.[13]

이와 유사한 고조선 시대 발생설도 있다. 즉 『삼국유사』 단군신화에 나오는 "환인이 삼위태백三危太伯을 보았다."라는 말을 한울을 건설하기 위해 그 땅의 풍수지리를 보았다는 뜻으로 해석하고, 삼위태백은 삼산三山 즉 주산主山과 좌우의 청룡, 백호를 뜻하는바, 그것은 팔괘의 건乾, 리離, 감坎을 말한 것이며 태백산 또한 주산 즉 건산乾山을 의미하는 주장이란 것이다. 결국 고대 우리 민족의 명칭인 동이東夷란 천문, 풍수지리, 풍각쟁이幾何, 노래하는 한량들을 가리킨다고 단정하였다.[14]

위의 두 견해보다 약간 시기를 뒤로 끌어내려 삼국의 건국 이전 상고 때를 그 발생 시기로 본 견해가 있지만, 이 또한 풍수 사상이 우리 민족 내부에서 자체적으로 발생한 지리 사상이란 점을 지적하고 있다. 여기에서는 먼저 풍수를 다음과 같이 정의하고 있다. 즉 풍수라는 것은 지리地理 혹은 감여堪輿라고도 하여 국도國都나 국토國土로부터 한 개인의 주택, 분묘에 이르기까지 그것이 위치한 산천의 지상地相과 형세에 따라 길흉화복이 있다는 것이다. 땅에는 만물을 화생化生하는 생활력이 있으므로 땅의 활력 여하에 따라 국가나 국토나 인생에 중대한 영향을 준다고 생각하는 것이 풍수 사상이라는 것이다. 이렇게 정의를 내리면서, 기원에 관해서는 다음과 같이 언급하고 있다.

　풍수지리설도 음양팔괘陰陽八卦와 오행생기五行生氣의 관념을 토대로 하여 일종의 학문으로 발전된 것인데, 그 기원을 찾자면 중국 상고시대까지 소급하여야 할 것이지만, 우리나라에는 당唐의 풍수설을 도입하기 이전에 이미 풍수설이 존재하였다는 것이다. 상고시대의 우리 민족과 마찬가지로 삼국시대에도 지상에서의 생활상의 요구 때문에 적당한 토지의 선택을 생각하지 않을 수 없었다. 주택을 선택함에는 산수가 놓인 모양을 고려하지 않을 수가 없고, 국도國都를 점정占定함에 있어서는 방위와 안전의 지세를 고려하지 않을 수 없었다. 이러한 토지 선택의 방법은 점점 추상적으로 그리고 전문적으로 진보되어 하나의 상지술相地術로 발달하여 갔다.

　이러한 논리 아래 그 증거로 백제 시조 온조왕이 오간烏干, 마려馬黎 등 열 명의 신하를 거느리고 한산漢山 부아악負兒嶽에 올라 지세를 살펴보고 강남의 땅이 북은 한산을 끼고 동은 고악高嶽에 웅거하고 남은 여택如澤을 바라보고 서는 대해大海를 막아 천험天險의 지리地利를 얻었으므로 국도를 정하였다는 기록과,[15] 고구려 유리왕이 위나성尉那城은 산수가 험하고 땅이 기름져서 그곳으로 천도하였다는 기록[16] 등을 꼽았다. 이렇게 풍수설에 가까운 것이 상고시대에 신봉되었는데, 신라 말엽에 당으로부터 학술적인 풍수지리설이 수입되자 급속도로 풍수설이 확산되었다는 것이다.[17] 따라서 이 주장은 엄밀히 말하자면 풍수의 순수한 한반도 자생설이라기보다는 먼저 우리나라에 풍수적 사고방식이 있었고 뒤에 체계화된 중국의 이론 풍수가 도입된 것이라는, 일종의 혼합설로 보아야 할 것이다.

　한편 풍수를 연구하는 역사학자들과 민속학자들의 경우는 역사적 사실들을 실증적으로 제시하며 중국으로부터의 도입을 주장하는데, 그들 사이의 차이는 도입 시기가 삼국시대냐 아니면 신라의 통일 이후냐의 시대 간격 차이뿐이다.

먼저 현존하는 문헌 중 풍수지리설의 존재를 입증하는 최초의 기록인 「숭복사비문崇福寺碑文」을 근거로 하여 풍수 사상이 신라 통일 이후 당과의 문화적 교류가 빈번하던 때에 비로소 전래된 것으로 본 견해가 있다.[18] 특히 우리나라는 원래 산악국으로 '도처유명당到處有明堂'이라고 할 수 있을 만큼 풍수 조건에 적합한 곳이 무수하여, 결국 이러한 자연환경이 풍수지리 사상의 성행과 폐해를 유발한 중요한 이유가 되었거니와, 신라 통일 이전 삼국시대에는 아직 그러한 술법과 사상을 받아들인 듯한 형적은 없다고 단정하고 있다.[19]

그런데 『삼국유사』와 『삼국사기』에 나타나는 고구려 주몽 동명왕과 백제의 시조 온조왕이 수도를 정한 것이라든가 기타 삼국시대부터 행해진 신월新月, 삼일월형三日月形 등을 복지 사상卜地思想이라 보고, 우리나라에서는 이미 삼국시대 초기부터 풍수 사상이 널리 유행하고 있었다는 주장도 있다.[20]

또한 『삼국사기』 「탈해이사금」 조에 나오는 "탈해가 겸지지리兼知地理했다."라는 말은 곧 풍수지리를 알았다는 뜻이므로 서기 57년에 이미 풍수지리 사상이 도입되었다고 보기도 한다.[21]

이에 반해서 사신四神 벽화가 그려져 있는 평남 용강군 매산리, 신덕리 및 진지동 소재의 고구려 고분과 충남 부여군 능산리 고분은 주위 산세가 확실히 풍수상의 조건을 구비하고 있어서 그에 의하여 선정된 것으로 보기도 한다.

특히 백제에서는 풍수지리에 관한 서적까지 유행되었던 모양으로, 무왕 3년에 삼론종三論宗의 승려인 관륵觀勒이 역법, 둔갑방술서遁甲方術書와 함께 천문지리서를 가지고 일본에 가서 그곳의 승정僧正이 된 적이 있는데, 관륵이 가지고 갔다는 지리서가 구체적으로 무엇을 가리키는 것인지는 알 수 없으나 당시 백제에서 유행하고 있던 풍수지리 관계의 서적임에는 틀림이 없다고 보고, 삼국시대에 이미 풍수지리설이 들어왔다고 주장하였다.[22]

그리고 고구려 및 백제의 능묘에서 사신도가 등장하고 또 공주 송산리 무령왕릉의 장법葬法이 풍수지리설과 일정한 관계를 가지고 있는 점으로 미루어 우리나라에 풍수 사상이 전래된 시기는 중국의 음양오행설이나 천문관이 전래된 삼국시대 초가 아닌가 여겨지기도 한다.[23]

한편 풍수지리 사상이 천문 사상이나 방위 사상, 음양오행 사상, 도참사상 등과 불가분의 관계를 가지고 태동·전개·변화해 온 것은 주지의 사실이지만 문제는 비록 풍수 사상이 그 이론을 체계화하는 과정에서 이들 사상의 내용을 도입하였다 할지라도 이들 사상 자체가 풍수 사상의 기원이 될 수는 없으며, 음양오행설로 무장된 유교 경전이 풍수지리 경전보다 우리나라에 더 일찍 전래되었다고 해서 그것이 한국 풍수 사상의 기원이 될 수는 없다는 주장도 있다.[24]

그러나 필자는 위의 여러 학자들이 열거한 예들이, 풍수가 중국으로부터 이미 들어왔다는 증거로는 미흡하다는 생각을 하고 있다. 우선 사신 벽화의 개념은 풍수 이전 음양방위론에서 상당히 광범위하게 사용되었던 것이기 때문에 그러하고, 초승달 모양의 지세라는 것도 자생 풍수의 한 전형으로서 그것이 결코 중국으로부터의 도입을 증거해 주지 못하는 것이라 본다.

특히 고분 벽화에 그려진 사신도를 바로 풍수지리의 것으로 단정하는 견해는 사신 사상이나 천문 방위 사상을 풍수지리 사상과 혼동한 결과이다. 곧 풍수에 사신사四神砂 개념이 있는 것은 분명한 사실이지만, 그것은 본래 한漢, 위魏와 육조 시대에 회화와 공예의 기본이 된 것이므로 분묘 장식에 쓰였을 뿐인 것이다. 물론 그 후에는 각 방위를 수호하는 상징성을 포함하게 되지만, 거기에는 풍수의 본질인 지기론적地氣論的 속성이 완전히 배제되어 있기 때문에 풍수의 증거로는 삼을 수 없다는 뜻이다.

따라서 필자는 전래의 자생 풍수가 이미 이 나라에 있어 오다가, 중국에서 이론이 확립된 풍수지리가 백제와 고구려로 도입되면서 서서히 알려지게 되었고, 결국 삼국통일 이후에는 신라에도 전해져 한반도 전체에 유포되었을 것으로 추정한다. 신라에 중국식 풍수가 늦게 전래됐다고 보는 이유는 신라의 왕릉 터가 유독 풍수적 지기地氣와는 관련 없는 자리를 차지하고 있는 것으로 판단하였기 때문이다. 즉 자생 풍수에 중국으로부터 도입된 이론 풍수가 혼합된 것은 신라 통일 이후로 보는 것이다.[25]

우리나라 사상사의 초석을 놓은 김득황 박사도 "풍수설에 가까운 것이 상고시대에 신봉되었는데 신라 말엽에 당으로부터 학술적인 풍수설이 수입되자 신라에는 급속도로 풍수설이 유행되었다."고 하여[26] 자생 풍수의 가능성을 제시하고 있다.

앞서 언급했던 것처럼 우리나라에서 풍수지리라는 용어를 최고最古의 설화 속에서 언급한 사람이 있다. 그는 "결국 동이東夷는 천문, 풍수지리, 풍각쟁이, 노래하는 한량들이다."라고 했다. 또한 『삼국유사』 단군신화에 나오는 "환인이 삼위태백을 보았다."를 '환인이 풍수지리를 보았다.'라고 해석했다.[27]

그의 이런 주장에 동의하지는 않지만 그런 연구가 있다는 것은 밝혀 둔다. 삼위태백의 삼산을 주산과 좌청룡, 우백호로 본 것은 매우 의심스럽지만 흥미는 느낀다. 이것은 용어를 논외로 한다면 주거 입지 조건을 말한 셈이므로 굳이 풍수지리라 할 것까지는 없다고 본다.

풍수와 관계없이 사람들이 동의할 수 있는 지리적 사실이 하나는 있다. 모든 생명체는 제가 번식하고 생존해 갈 터를 고른다는 점이다. 동물은 적극적으로, 식물은 수동적으로 대처한다는 차이는 있다. 하지만 생명체가 적절한 입지를 부정한다면 그것은 죽음이다. 식물의 씨앗은 제 종자에 부합하는 땅에 떨어져야 목숨이 부지된다. 차진 땅에 맞는 종자가 모래밭에 떨어지면 생존은 불가능하다. 필자가 뭇 생명衆生은 입지立地를 가린다고 말한 것은 그런 뜻이다. 동물의 경우는 말할 나위도 없이 그렇다. 하물며 사람은 어떻겠는가? 당연히 입지를 가린다. 그것도 매우 세련되고 복잡하게 가린다. 더욱 어려운 것은 그들이 입지 선정에서 상징적인 의미, 나아가 종교적인 의미까지 바란다는 점이다. 삶터에 생물학적 요구뿐만이 아니라 모종의 관념상의 욕구까지 바라게 되면, 일은 복잡해질 수밖에 없다.

인류 초기에 그런 상징적 터 잡기인 풍수적 관념이 분명 있었겠지만 어떤 인물이 그런 일을 했는지 알 길은 전혀 없다. 그들의 관념을 유추할 수 있는 증거는 주거 유적지와 고분일 것이다. 그런데 풍수에서는 '보지 않은 것은 말하지 말라.'라는 금언金言이 있다. 필자가 직접 답사한 곳은 신라 지역의 고분을 제외하면 몇 곳 되지 않는다. 이에 대한 견해는 근거가 희박한 필자의 주관적 해석밖에는 없지만 소개하기로 한다.

### 3. 고대 풍수의 흔적들 1: 나주 마한 고분군, 고성 고분군, 김수로왕릉[28]

전라남도 나주시 반남면에 들어가면 이게 웬일인가 싶을 정도로 커다란 봉분들을 만날 수 있다. 경상남도 고성읍에서도 규모는 그보다 작지만 역시 놀랄 만한 고분을 접하게 된다. 반남 것이 눈에 잘 띄는 것은 사실이지만 고성 것도 높이 솟아 있기 때문에 그에 크게 뒤지지는 않는다. 김해 시내에도 가야의 고분이 있다. 김수로왕과 그의 부인 허황후의 능도 고분임에는 틀림없다. 반남 고분은 마한, 고성 고분은 소가야, 김해 것은 금관가야의 고분들이다.

고분은 땅에 대한 옛사람들의 생각이랄까, 그들의 지리관의 일부를 내비친다. 땅에는 바로 이웃한 곳이라 하더라도 서로 다른 풍토가 있을 수 있다. 굳이 합리적 이유를 찾자면 미기후학적微氣候學的, microclimatological 차이 때문이라 할 수 있지만, 실은 그보다는 훨씬 미묘한 문제가 있다. 감정 혹은 각 개인의 느낌 차이라는 게 있을 수 있기에 그렇다. 풍토를 풍수로 갈아 끼우면 이런 말도 가능하다. 즉 풍수에서는 사람의 느낌과 마찬가지로, 보편적 법칙이란 것을 찾아

내기는 불가능에 가깝다. 다시 말해서 풍수란 이 지구상의 다양한 풍토적 특성 중에서 고유하고 유일한 것이란 뜻이다. 그것은 예민하게 관찰해 서술할 수는 있지만 보편적인 체계로 표현할 수는 없는 대상이다. 독일의 풍토 철학자 헤르더의 지적처럼 사람들의 육체나 생활방식, 성질이나 일 등 그들의 마음으로 보는 모든 세계는 풍토적인 것이기 때문에 그들에게서 그 국토를 빼앗는 것은 모든 것을 빼앗는 것이나 마찬가지이다. 여기서도 국토를 풍수로 바꾸면 이해 못 할 일도 아니다.

오늘날 발복發福을 목적으로 하는 풍수는 대체로 중국으로부터 유입된 중국 풍수이다. 우리 고유의 자생 풍수는 풍수의 일반 이론에 바탕을 두기보다는 풍토 적응성을 최대한 높여 가꾸어진 풍토론이기 때문에 우리 땅을 이해하는 데 더 큰 도움을 주는 것은 말할 나위도 없다. 그래서 국토 이곳저곳을 답사하다 보면 풍수의 논의가 매우 다양하다는 것을 알 수 있다.[29]

나는 고유의 자생 풍수가 있었다는 주장을 하고 있는데, 혹 고분을 통하여 그 원형을 볼 수 있다면 더 바랄 것이 없다는 생각이다. 결론부터 말하자면 그곳에서 풍수적 터 잡기의 원형을 찾아볼 수는 없었다. 조계종 전 종정 월하 큰스님의 말씀처럼 "풍수란 사연스러운 것이며, 바람과 불이 변화하며 흐르듯 자연의 변화와 흐름에 인간이 적응해 가는 것이 풍수의 법도"이다.

그런데 이 고분들은 주위 자연 경관과 어울리는 모양이 아니다. 오히려 평지 돌출 식으로 권위적이며 주위를 압도하는 입지 조건과 형태를 띠고 있다. 여기에는 두 가지 해석이 가능하다고 본다. 하나는 우리 자생 풍수가 무덤 자리 잡기인 음택풍수에 관심을 두지 않았다는 증거가 될 수 있다는 점이고, 또 하나는 자생 풍수라 하더라도 삼한·가야 시대에는 아직 기반을 갖추지 못한 까닭이라고 할 수도 있다는 점이다. 풍수가 중국으로부터 전래되었다고 본다면 당연히 아직 한반도에 풍수가 들어오기 전이기에 그렇다는 얘기가 될 것이다.

마한馬韓은 처음 충청·호남 지방을 근거로 두었으나 북쪽에서 내려온 백제에 밀려 충청도 직산에서 금강 이남인 전라도 익산으로 쫓겨 갔다가 4세기 후반 근초고왕의 영토 확장 때 영산강까지 밀리게 되었고 이후 백제가 공주, 부여로 내려오면서 더욱 압박을 받게 되어 5세기 말에는 완전히 굴복하고 만 것으로 추정된다고 한다. 일설에는 마한 세력은 백제의 중요 지방 세력으로 때로는 왕권을 차지하기도 했다고 한다. 이들 밀려 내려간 마한인들이 서남해 도서 지방과 제주도로 내려가 우리 고래古來의 지리학그것을 필자는 자생 풍수라 부르는데을 남겨 놓았기 때문에 오늘날 자생 풍수의 화석화된 편린이 이 부근에서 발견될 수 있지 않을까 하는 기대를 하는 것이다. 이 경우 고분의 모양이 권위적인 것은 풍수와 관계없이 다만 지배 세력의 힘을 보여 주기 위한 것으로 이해할 수 있다. 또한 그 자생 풍수란, 우리 자생 풍수의 할아버지로 일컫는 도선道詵이 남해의 한 이인異人으로부터 전수 받아 체계를 갖춘 것이 아닐까 하는 가정도 해 볼 수 있다.

그러나 그런 가정을 가지고 반남의 고분들을 보았지만 그것은 결코 풍토 순응적인 것이 아니었다. 드넓은 야지野地에 인공으로 만든 언덕처럼 생긴 봉분은 전혀 주위 경관에 어울리지 않았다. 그것이 대단한 문화재적 가치를 가지고 있는 것은 분명한 사실이지만 안타깝게도 자생 풍수의 흔적을 찾을 수는 없었다. 그래서 또 하나 이런 점으로부터 유추할 수 있는 것은 자생 풍수가 지배층의 지리관이 아니었을 가능성이다.

그에 비하면 고성 송학리 고분은 어느 정도 풍수 편린을 느끼게 해 주는 측면이 있었다. 우선 광활한 들판이 아니라 주위 산에 맥을 대고 있는 듯한 입지가 그런 생각을 하게 해 주었고 전체적으로 분지상盆地狀 지세라는 사실이 반남 고분과는 다른 지리관에 의하여 구축되었으리란 점을 시사하는 듯했다.

하지만 상반되는 위 두 사례는 오히려 풍토 적응성에 바탕을 둔 우리 자생 풍수의 특징을 드러내는 예로 볼 수 있기도 하다. 반남은 들이 넓은 곳이고 고성은 비산비야非山非野라 할 수 있는 올망졸망한 산자락들 사이에 있기에 그 입지가 그렇게 되는 것이 오히려 자연스럽고, 그게 바로 자생 풍수의 적응성이라고 생각하기 때문이다.

실제로 고성의 고분 중 가장 큰 것은 무기산舞妓山 정상에 자리 잡았고 나머지 고분들도 그를 에워싸듯 하며 위치해 있다. 『동국여지승람東國輿地勝覽』에 의하면 고성은 "외로운 성이 바다에 임한 형국"이라 한다. 무기산은 낮지만 그 위에 서면 고성읍이 조망된다. 그리고 그 정상에 직경 33미터의 고분이 서 있으니 권위적 배치임은 부정할 수 없다. 또 그 봉분 위에 누군가 밀장密葬한 아기 무덤의 흔적을 두어 군데 찾을 수 있었다. 이것은 오히려 인간적 풍모이다. 또 고분 아래는 일본식 주택이 아직 남아 있었다. 거기서 읍내 쪽으로 조금 나온 곳에 있는 '문화식당'에는 어미 호랑이와 새끼 다섯 마리가 그려진 민화풍의 그림이 붙어 있었는데, 이는 마치 무기산 고분이 근처 남령산지에서 우단사련藕斷絲連, 연蓮 뿌리를 끊어도 끈적끈적한 끈기가 실처럼 이어지는 것을 표현한 말로, 겉으로 보기에는 끊어졌으나 그 맥은 끊기지 않았음을 비유하는 풍수 용어으로 이어진 것처럼 가야의 정신적인 맥이 일본식 집으로 끊어진 것 같지만 우단사련으로 호랑이 민화에 이어져 있음을 상징하는 것 같았다.

동쪽으로 더 나아가 김해 김수로왕릉과 허황후릉의 경우는 명백히 구지봉에 잇대어 자리 잡고 있는 특색을 보임으로써 자생 풍수 특징에 한 발 더 다가선 듯한 느낌을 준다. 게다가 왕비릉에 있는 파사석탑은 왕비가 인도 아유타국에서 가져온 것이라고 안내문에 게시되어 있지만, 풍수적으로는 그것이 중요한 것이 아니고 이 탑이 남해의 파도를 진정시켜 준다고 하여 진풍탑鎭風塔으로도 불린다는 사실이다. 이것은 분명 풍수 비보神補의 예라 할 수 있다.

게다가 허황후릉 바로 곁에 있는 구지봉은 본래 산을 절개하여 길을 냈던 곳이지만 김해 김씨들이 그들의 시조인 수로왕의 탄생지이자 시조 부부의 무덤이 있는 이곳의 산맥세山脈勢가 끊겼다고 하여 일부러 위쪽을 덮어 맥을 다시 잇게 한 곳이니 더욱 풍수와는 인연이 깊은 곳인 셈이다.

이처럼 도로 건설로 인한 산의 절개지 위쪽을 연결하는 방법은 요즘 들어 자주 쓰이는 생태 복원 방법이기도 하다. 즉 끊어진 산의 이쪽과 저쪽을 연결하여 동식물의 왕래를 보장하는 방법을 생태 교량eco-bridge 또는 생태 회랑eco-corridor이라 부른다. 다만 이곳이 동물들의 좁은 이동 경로가 되어 포식 동물들이 이곳을 지킬 가능성이 있다는 점은 고려해야 한다.

이와 관련하여 이런 설화도 전해진다. 임진왜란 때 부산성과 동래성을 차례로 무너뜨린 왜군은 양산 김해를 짓밟고, 조선의 지기地氣를 누르기 위해 김수로왕의 능을 도굴하고 그 맥을 끊었다. 신립申砬이 천험天險의 요해지要害地인 조령鳥嶺을 포기하고 탄금대 앞에 배수진을 친 것이 그가 북방에서 여진족과 싸워 익숙한 기마전을 펼치기 위해서였다고 하며 그의 전술적 실책을 탓하는 것이 일반적인 해석이다. 그러나 당시 왜병은 그들 종군從軍 풍수사들을 동원하여 다음과 같은 참언을 퍼뜨렸다고 한다. "조령은 새를 뜻한다. 우리는 조총鳥銃을 가지고 있다. 사냥꾼이 조총을 가지고 새를 잡는 것은 당연하다." 왜군은 더욱 기세가 올랐고 이 소문을 들은 조선군의 사기는 말이 아니게 되었다. 그래서 신립은 왜군의 허를 찌르기 위하여 일부러 조령을 피해 장소를 바꾼 것이라 한다. 그의 익숙한 기마전과 배수의 진으로 승기를 잡으려 했다는 해석이다. 그러나 당시 조선군의 전력이나 숫자, 게다가 전날 내린 비로 말의 기동이 어려워 참패한 것은 안타까운 일이라는 것이다.[30]

정리하면 반남, 고성, 김해의 고분들은 자생 풍수적 입지는 아닌 듯하다. 다만 그 풍토를 반영하여 평야의 반남 고분은 평지 돌출이고, 고성의 그것은 낮은 산 정상을 차지하였으며, 김해 것은 산에 맥을 두고 있다는 차이점이 있다. 하지만 자생 풍수가 본디 음택으로 시작한 것이 아니고, 고분이 지배층의 지리관을 반영한 것이기에 자생 풍수가 가장 중시하는 자연의 흐름에 순응하는 대신 권위주의적 형상을 하고 있다는 점, 그리고 무엇보다도 그 땅기운地氣이 사랑보다는 위압감을 주는 것으로 보아 자생 풍수의 흔적은 찾을 수 없더라는 느낌을 받았다.

반남면 덕산리 사적 78호 고분에서는 불쾌한 경험을 하게 되어 마음이 좋지 않았는데, 동네 어린이 셋이서 개를 데리고 봉분 위에 올라 미끄럼을 타는 모습을 본 것이 그러했다. 언뜻 권력도 권위도 세월이 가면 어린이와 개가 올라타는 그런 것일 뿐이라는 감회는 잠깐, 나중에 알고 보니 어떤 사진작가가 작품을 만들기 위하여 일부러 연출한 장면이라는 사실을 알고는 유적에 대한 관리 소홀보다 그의 소행이 괘씸하여 불쾌해졌다. 풍수는 자연이요, 인위人爲는 풍수가 바라는 바가 아니기 때문이다.

### 4. 고대 풍수의 흔적들 2: 안악 3호분[31]

1997년 12월 22일 아침 황해남도 신천을 거쳐 거기서 북쪽으로 길을 틀어 10시 45분 북한의 국보유적 제67호, 즉 안악 3호 무덤에 닿았다.[32] 안악 3호 무덤은 "지금까지 알려진 고구려 벽화 무덤 가운데에서 무덤칸의 규모와 벽화 내용의 풍부성에서 으뜸가는 고구려의 왕릉. 무덤칸을 판돌로 쌓는데 지하 궁전을 방불케 한다. 벽화는 인물 풍속도이며 돌벽 위에 직접 그렸다. 벽화 중에서 중요한 것은 주인공이 등장하는 정사도와 행렬도인데 그중에서도 행렬도가 유명하다. 주인공이 탄 소 수레 앞의 성상번聖上幡 깃발을 통하여 그가 고구려 왕임을 밝혀 줄 뿐 아니라 250여 명이 넘는 등장인물의 수와 화면의 크기, 복잡하고 다채로운 내용에서 고구려 벽화 중에서는 물론 세계 미술사상에서도 중요한 위치를 차지하는 대작이다."[33] 안악 1·2호 무덤은 이번에 직접 보지 못하여 앞의 각주에서 소개한 『조선 유적유물 도감』에 실린 소개 글을 싣는 것으로 대신한다. 안악 1호 무덤은 "인물 풍속도를 그린 외칸짜리 고구려 벽화 무덤으로 특징적인 것은 안칸 외벽에 주인공의 실내 생활도 대신에 전각도를 그린 것과 천장에 이상한 짐승 그림이 많은 것이다. 고구려 사람들의 신앙과 풍부한 상상력을 보여 준다."고 한다.[34] 안악 2호 무덤은 "인물 풍속도를 그린 고구려 벽화 무덤. 무덤칸은 안길, 안칸, 안칸 동벽의 감龕으로 이루어졌으며 벽화는 무덤칸의 회벽 위에 그렸다. 화려한 벽화 중에서 안칸 동벽의 비천도가 특히 우수하다. 비천도는 아름다운 고구려 여인을 섬세하고 우아한 화풍과 높은 예술적 기량으로 훌륭하게 형상한 명작으로서 고구려 회화사의 한 페이지를 빛나게 장식하고 있다."[35]

안악 3호 무덤은 직접 보았으나 필자의 전공이 아닌 부분은 그쪽 기록과 안내원의 설명에 의존하였다. 다만 그 터의 풍수지리적 성격에 대해서는 나름대로의 해석을 가할 것이다.

안악 3호 무덤은 4세기 중엽에 이루어진 것으로 근래의 연구에서 고구려 21대 고국원왕의 능으로 밝혀졌다고 한다. 북한은 고구려의 기원을 더 올려 잡기 때문에 고국원왕을 21대 왕으로 친다. 물론 『삼국사기』나 『삼국유사』대로 한다면 고국원왕은 16대가 되고 21대는 문자왕이다.

고국원왕은 환도성만주 집안현 통구으로 천도한 사실과 아버지 미천왕의 시신을 연왕燕王 모용황에게 탈취당한 사실을 비롯하여 그의 어머니와 왕비까지 사로잡혔던 적이 있고 왕 41년371 백제의 근초고왕이 평양성을 공격했을 때 나아가 싸우다가 화살에 맞아 죽어 고국원故國原에 장사 지냈다는 기록이 나오는 것으로 보아 참으로 안타까운 일생을 보낸 인물로 여겨진다.

무덤 무지봉분을 뜻함는 방대형으로 남북 33미터, 동서 30미터, 높이 6미터이다. 무덤칸은 돌로 쌓았는데 문칸, 앞칸, 안칸, 동서 두 곁칸, 회랑 등으로 구성되어 있다. 문은 0.5톤 정도의 돌문 두 짝으로 조성되었는데 1949년 첫 발굴 당시에도 매끄럽게 열릴 정도로 정교했다고 한다. 이는 현지 안내판의 기록이고 안내원은 이를 "문 하나가 900킬로그램으로 지금도 잘 열리는 베어링 식 문짝"이라 표현했다.

벽화 중 중요한 것은 주인공이 등장하는 정사도와 행렬도인데 주인공이 탄 소 수레 앞의 성상번 깃발을 통해 그가 고구려 왕임을 알 수 있다고 북한 측은 주장한다. 문간에는 위병이 서 있고 서쪽 곁칸에는 백라관白羅冠을 쓰고 화려한 비단 옷을 입은 사람이 문무백관을 거느리고 있다.

고분 안은 50미터쯤 굴곡진 출구로 조성되어 있는바, 이는 보존을 위해서라 한다. 나는 그 속을 직접 보지는 못했다. 다만 평양으로 돌아와 그 모사품을 볼 수는 있었지만 그 감흥이 같을 수야 있겠는가. 앞칸에는 호위 병사와 고취대, 수박희손치기 씨름가 그려져 있고 천장에는 해와 달 그리고 영생도와 지하 천궁이 새겨져 있다. 안칸에는 시신이 안치되어 있었는데 부부로 추정되는 2인분의 유 골이 출토되었다고 한다. 수많은 도기 파편과 대신을 거느리고 정사를 보는 모 습도 있고 동과 남에는 왕비가 시녀를 거느리고 있는 모습이 그려져 있다.

동쪽 곁칸에는 육곳간, 푸줏간이 그려져 있는데 통돼지, 노루와 부엌 풍경 도 보이고 개도 있었다. 나는 그것이 개인지 노루인지를 가지고 북측 일행들 과 입씨름을 벌였지만 결국 개라는 데 동의하였다. 그러니까 우리는 오랜 옛날 부터 개를 식용으로도 썼다는 얘기가 되는 셈이다. 색채는 지금까지도 변함이 없으며 벽화 중 영화永和 13년이란 글자 때문에 부덤 수인公에 대한 구구한 해 석이 있었으나 동수冬壽라는 이름의 그는 중국 요동 지방 평곽현 경상리 사람 으로 벼슬을 살다가 69세에 죽었다고 되어 있으며 그가 안칸 문지기 그림 아 래 있는 것으로 보아 당연히 무덤의 주인은 아니라는 주장이다. 연대는 대충 350년대로 나왔다고 한다.

처음에는 미천왕 무덤이라고 추정했으나 김일성 주석으로부터 남평양南平壤 문제와 안악 3호 무덤의 주인공을 확인하라는 두 가지 교시를 받고 연구한 결 과 고국원왕의 무덤이라고 확정짓게 된 것이라는 리정남 교수의 추가 설명이 있었음을 부기해 둔다.

안악 3호 무덤은 예로부터 '하 무덤'이라 일컬어졌다고 한다. 조선 시대 안악 군수를 지낸 하연의 선정비를 이곳에 세우고 나중에 그의 무덤을 여기에 씀으로써 그렇게 와전된 것이다.[36] 리 교수는 고국원왕에 대한『삼국사기』기록이 별로 마음에 들지 않는 모양이다. 그는 고국원왕이 41년 동안 남진 정책을 쓰며 임진강과 예성강을 국경으로 삼았는데 당시 안악 지방은 양악이라 하여 고구려의 속국이었다고 했다.

고국원왕은 지금의 황해남도 신원군 아양리에 부수도副首都로 남평양을 두고 백제를 공략하다가 결국 전사하여 이곳에 묻히게 된 것이 아닐까 하는 것이 그의 주장인 듯했다. 지금 보아도 이곳은 양악산성, 구월산성, 장수산성, 정방산성이 사방에서 옹위하는 형세이다. 그런데『신증동국여지승람新增東國輿地勝覽』에 보면 재미있는 기사가 나온다. 장수산長壽山이 고을 북쪽 5리에 있는 재령군의 진산鎭山이라 기록되어 있지만『신증동국여지승람』에서 추가하기를 당시 임금, 즉 중종 14년1519에 여병癘病, 염병 즉 장티푸스이지만 전염병으로 보는 것이 옳다이 많다고 하여 지금의 읍으로 옮겼다고 하는데 예전 읍과는 거리가 60리라 되어 있다. 이로 미루어 보면 남평양인 신원군 아양리가 재령의 구읍舊邑이었음을 알 수 있다.

지금 안악 3호 무덤 주변은 어로리魚蘆里벌이라는 넓은 벌방들판이기 때문에 이 상태로 풍수를 말한다는 것은 불가능하다는 것이 현장에서의 내 최초 판단이었다. 한데 안내원의 얘기를 듣다 보니 뭔가 이상하다. 그래서 과거 지세를 묻다가 중대한 사실을 알게 되었다. 안악 3호 무덤 뒤 북쪽으로 높이 15미터쯤 되는 솔밭 둔덕이 보이고 거기서 3호분까지는 명백히 맥세가 이어져 있었다. 즉 산에 기대어 터를 잡은 것이 분명하다는 뜻이다. 그 둔덕에서 안악 읍내까지는 약 6킬로미터 정도인데, 계속 주변 평지보다는 약간 높게 이어지는 어떤 기맥을 느낄 수 있었다. 그리고 동·서·남쪽은 바다였다는 것이 아닌가. 그렇다면 이 무덤은 안악읍에서 길게 남자의 성기 모양으로 바다로 돌출된 부분, 말하자면 귀두부에 터를 잡은 셈이 된다. 이는 우리 자생 풍수가 즐겨 찾던 자리 잡기 방식으로 나로서는 중요한 예를 하나 더 고분에서 추가하는 행운을 얻은 것이다.

문제는 이곳이 과연 바다였겠느냐는 것인데 당시1997년 70세인 안내인 위홍찬 선생은 어렸을 때 동양척식주식회사가 이곳을 개간했다는 말을 직접 들었다는 것이며 일부 공사는 목격한 것도 있다고 했다. 망막한 바다 한가운데일 수는 없으나 바닷물이 들락날락한 갯벌이었을 가능성은 충분히 있었겠다는 판단은 현지인의 증언뿐 아니라 지도상으로도 판단이 가능했다.

재령강의 지류인 서강은 석당리 수문을 통해 이 지역 관개를 하게 되며 이 일대는 워낙 해발고도가 낮아 과거 저습지였음이 틀림이 없다. 평야에 조성된 은파호나 장수호가 해주만 쪽으로 연결되는 것을 보면 쉽게 짐작할 수 있는 일이다. 게다가 지금도 조금만 파면 갯벌 흙이 나올 정도라는 것이다.

앞의 황개천은 서강과 연결되어 있고 평양과 가까워 교통이 편리한 위에, 당시에는 뱃길까지 가능했으니 남천南遷 정책의 거점으로 손색이 없었을 것이 아니겠냐는 얘기도 있었다. 동쪽으로 정방산, 북쪽으로 양산대, 서쪽으로 구월산, 남쪽으로 장수산과 수양산이 있는데 모두 해발 900미터 급으로 사방 수호에노 유리하니 금상첨화란 것이다. 자생 풍수의 희귀한 예를 안악에서 만나다니 반가운 마음 참기가 어려울 정도인지라 오전 내낸 소변을 보지 않았는데 신기하게도 그날 오후에야 구월산에서 소변을 보았다. 그 양기 탱천한 구월산에서 소변을 보았다.

자생 풍수의 특징

## 개연성: 그럴듯하고, 효과도 있다

풍수에서는 말로 잘 표현할 수 없는 내용을 설명하기 위해서 비유를 많이 쓴다. 그런데 이 비유란 것이 조금만 궤도를 벗어나면 이현령비현령耳懸鈴鼻懸鈴이 되어버린다. 그렇다고 비유를 무시해 버리면 설명하기 어려워진다. 그래서 개연성이라는 관점에서 땅을 설명할 수밖에 없었다.

인류는 자연의 위력을 인간과 교제하듯이 그렇게 교제할 수 있는 인격체로 만든 것이 아니다. 인간은 자연의 위력이 인간에게 주는 압도적인 인상을 정당하게 평가하지 못했다. 그래서 인간은 자연의 힘에다 아버지의 성격을 부여했다.[37]

어머니인 땅이란 개념만으로는 개연성을 너무나 많이 지니고 있는 자연을 설명하기엔 역부족이다. 그래서 아버지라는 함축이 추가된 것을 볼 수 있다.

그런 개연성의 대표적인 예가 인류 역사상 무수히 점멸했던 유토피아 개념이다. 그런 곳이 있을 까닭이 없지만 인간은 그 존재의 개연성을 믿으며 끊임없이 그런 장소를 공상 속에서 만들어 왔다. 개중에는 실제로 건설을 시도했던 경우도 있었지만 당연히, 될 일이 아니었다. "유토피아utopia는 물론 '어디에도 없는 곳'을 뜻하지만, 역사적 이유로 더 정확하게는 '좋은 곳'을 뜻하는 유토피아eutopia라고 불러야 할 곳을 뜻하게 되었다.접두사 eu는 각각 '희열'과 '안락사', '우생학'을 뜻하는 euphoria, euthanasis, eugenics에서와 같은 작용을 한다. 유토피아의 반대말은 '나쁜 곳'을 뜻하는 디스토피아distopia이다."[38]

세계의 문헌에서 제안한 유토피아들 가운데 그것을 현실에 적용하려는 노력의 대상이 된 것은 거의 없었지만, 두 가지는 실제로 실천에 옮겨졌고, 그 가운데 하나는 작동이 되었지만 하나는 그렇지 않았다. 작동이 되지 않은 것은 이른바 마르크스-레닌주의의 공산주의와 그것의 소산인 스탈린주의와 마오이즘이다. 작동이 된 것은 에베네저 하워드Evenezer Howard의 전원도시 구상이며, 꽃으로 장식되고 푸른 잔디가 깔린 조용한 교외에 있는 어떤 영국 도시들은 모든 편의 시설이 걸어서 갈 수 있는 거리에 있고 다른 곳과는 편리한 교통수단으로 연결되어 있어 그것이 지금도 꽤 잘 작동되고 있다.[39]

자연에 대한 서구적인 시각은 태초의 신화들에서 구축되었다. ……이 신화들 가운데, '아르카디아'와 '낙원'은 서구 사회의 모든 문명에서 자연의 고유한 표현물들을 만드는 데 필수적인 역할을 맡고 있다. 펠로폰네소스 반도 중앙 고지에 위치한 그리스의 한 지방인 아르카디아는 고대의 창조자들에게 있어서 황금시대, 즉 항상 따뜻한 봄날만 있고 이상적인 자연 속에서 행복하고 순결한 인간들이 평화롭게 살고 있던 이상적인 시대의 목가적인 장소였다. ……이상적이고 영원한 전원시 자체였던 삶에 관한 이러한 표현에서는 많은 고대 문명에 공통되는 낙원이 등장하곤 했는데, 특히 그 낙원은 지상의 낙원으로서 정원을 의미하는 것이었다. 오늘날과 마찬가지로 태곳적에도 정원을 만든 창조자는 혼돈의 공간을 행복과 정신적 평화에 대한 이상적인 조건들이 실제로 표현되는 질서 정연한 장소로 변형시켰다.
영국 시인 존 밀턴John Milton은 저 유명한 『실락원』에서 잘 가꾸어 놓은 정원을 예언하면서 그곳은 마치 에덴동산과 같을 것이라고 말한다. ……이 신화들은 크게 두 가지로 분류되는 아르카디아적인 공간을 묘사하고 있다. 그중에서도 널리 알려진 곳 — 이는 서구 사회로 하여금 인공적인 낙원을 꿈꾸게 만들었는데, 그 가장 놀랍고도 집요한 화신은 아마도 교외의 잔디밭들일 것이다 — 은 밝고 전원에 가까운 아르카디아이다. 이곳은 한때 고대의 폐허와 이국적인 건축물 애호가들이 엄청나게 찾아왔던 곳이다.

나머지 하나는 어둡고 야생적이며 동물과 신들이 살고 있던 곳으로, 두려움과 공포를 일으킨다. 이곳은 인간의 상상력이 드러내는 밤의 측면이며, 싸움과 전쟁이 발발하고 피가 흐르는 경이롭고도 마술적인 세계이다. 이곳은 또한 장자크 루소 Jean-Jacques Rousseau가 성공적으로 그려 냈던 것처럼, 언제나 미화되곤 하던 무법자들의 피신처이자 원시적인 세계이다.

이 두 아르카디아는 마치 야누스의 두 얼굴처럼 서로 불가분의 관계를 가지고 있는 자연, 즉 우리가 자연을 생각할 때 그 상상력의 근원이 되는 낮과 밤의 이미지를 의미한다.[40]

자생 풍수에서 명당으로 치는 곳은 아주 밝고 전원적인 아르카디아는 아니지만, 야만적은 흔적은 전혀 없는 곳이다. 대체로 평온함을 중시하지만 거기에 사회적인 조화가 혼합되어 있는 상태이다. 그래서 자생 풍수는 사람의 지리학이다.

좀 더 세속적인 바람은 불로장생의 꿈이다. 서양에도 이런 예는 있다. 콜럼버스의 부하 중 하나는 나름대로 성경을 해석하여 오늘날 푸에르토리코의 북쪽 어딘가에 있는 젊음의 샘 근처에 에덴동산이 있으리라 여기고 그 일대를 탐사하며 물맛을 보았다고 한다. 그 물을 마시면 30대의 젊음을 유지하며 영생에 가까운 장수를 누릴 것으로 예상한 것이다. 그는 그곳을 '꽃의 땅'이라는 뜻으로 '라 플로리다'라 불렀다. 당연히 그의 예상은 틀렸다. 다만 지명에 그의 허망한 꿈이 남았을 뿐이다. 만약 젊음을 고통으로 여기고 인생을 고해苦海로 받아들이는 사람이라면 이런 불로장수는 악몽일 뿐이다.

"이탈리아어로 눌라nulla는 아무것도 아님nothing을 뜻하고 치타citta는 도시, 마을이라는 뜻이니 '눌라치타'는 결국 아무 곳에도 없는 마을이라는 뜻이 된다."[41] 이탈리아 나폴리에서 동남쪽으로 40킬로미터쯤 떨어진 분지에 있었다는 이 마을은 지금은 공식 명칭이 토루치아라고 한다. 이탈리아 북부 출신의 지성적이고 근면한 사람들과 남부의 게으르고 평온한 사람들이 혼융되어 나름대로 유토피아 흉내를 낸 적은 있었던 모양이다. 지금은?

"지금 주민들 만나서 얘길 들어 보면 하나같이 불평투성이야. 은행도 멀고 대도시도 멀고 교통도 불편하고 교육 시설도 열악하고 문화 시설도 별로 없고."[42] 작가는 이렇게 말한다. "눌라치타를 보고 느낀 건데, 유토피아를 그려 놓고 절치부심으로 준비해서는 절대 유토피아가 오지 않는다는 거야. 살아가면서, 과정 속에서 그걸 발견하지 못하면 그건 끝내 오지 않는다는, 뭐 그런 얘기지."[43]

이것은 눌라치다가 꿈속에서나 그리던 곳이 아니라 삶의 과정에서 이루어지는 곳이라는 뜻이다. 삶과 유리된 곳은 인간 세상과는 멀다. 그런 곳은 신들의 세상, 즉 우리의 발이 닿지 않는 곳에나 있을 뿐이다.

그 비슷한 곳이 신선이 사는 세상이다. '신선놀음.' 현대인의 꿈이다. 아니, 예로부터 우리 민족의 바람이었다. 그런 놀이를 할 수 있는 곳이 어디일까? 신선도神仙道나 도가道家들의 명당이다. 불로장생하며 일하지 않고 근심 걱정 없이 살아갈 수 있다면 더 바랄 일은 없다. 당연히 도시는 아닌 것 같고, 대체로 명승지일 것이다. 여기에 하나 더 붙이자면 사람들과 부대끼는 데 넌더리가 난 이들이 고요한 휴식을 취할 수 있는 어딘가 격리된 곳이 떠오른다. 신선들의 명당이란 일단 속세의 현실을 떠난다. 그리하여 각성이나 마비의 상태를 맞는다. 이럴 때 그들은 한때이긴 하지만 강한 해방감과 통렬한 절정을 맛본다. 그 때문에 우리는 선유동을 찾는다.

문제는 이런 상태나 이런 장소에서 오래 지내는 것을 사람들이 견디지 못한다는 점이다. 일 없이 격리되어 산다? 길어야 일주일이 고작이다. 놀아 본 경험이 있다면 잘 알겠지만 노는 것도 쉬운 게 아니다. 그러니 신선이란 그저 사람들이 마음속에 품고 있는 허상일 수밖에 없다. 정말 신선이라면 모든 면에서 무애無导일 것이니 언제 어디서나 그들의 놀이터가 될 수 있다.

현실은 그렇지 못하다는 것을 우리는 잘 안다. 그래서 그저 잠깐이라도 그 비슷한 꿈을 꾸며 그런 곳을 찾는다. 그곳이 바로 선유仙遊다. 선유도, 선유동, 선유 계곡. 가장 먼저 떠오르는 것은 군산의 선유도다. 서울이라면 한강 양화대교 옆 선유도가 있다. 무녀도, 신시도 등으로 이루어진 군산 선유도를 나는 1980년대에 몇 번 가 봤다. 특히 수평선 이내嵐氣 위로 떠 있는 듯 드러나던 망주봉은 왜 이곳이 신선과 결부되었는지를 뚜렷이 보여 주었다. 게다가 무당무녀도까지. 바로 연상되는 진안 마이산의 기괴함과도 통했다. 술이 취했을 때는 무릉도원을 들어간 어부와 같은 마음이었으리라고 추억된다. 서울의 선유도는 이런저런 공사, 특히 양화대교 공사로 본모습을 잃었지만 사진으로 본 옛 자태는 역시 군산의 선유도와 비슷한 점이 있었다. 물론 보지 않은 것은 말하지 않는다는 풍수 원칙상 확신은 없다. 그렇다면 본모습을 잃은 지금은 선유도가 아닌가? 그렇지는 않다. 신비는 잃었지만 접근성과 편리함이라는 새로운 신선 놀음의 '선유도 시민공원'으로 바뀌었기 때문이다. 이를 누가 부인할 수 있겠는가. '그 좋았던 옛날'은 있지도 않거니와 있을 수도 없다. 선유도는 지금도 선유도이다.

물론 이 외에도 선유동은 많다. 위 두 곳 외에 좀 알려진 문경과 괴산 사이의 선유동이나 경남 고성 영오면에 있는 선유산 역시 비슷한 향취를 갖고 있지만, 모양은 다르다. 느낌이 그렇다는 것이다. 그러나 이런 곳들을 드러낼 마음은 없다. 나를 비롯해서 소위 전문가란 사람들이 어떤 곳이 좋다고 하면 머지않아 그곳은 관광객이 몰려들어 난장판이 되고 만다. '아는 것'이 그 좋은 곳의 불행이 되어 버리는 꼴이다.

사실 풍수에서는 한반도 자체를 신선과 관련지어 보는 견해仙人練鍛形도 있다. 신선이 흔히 쓰는 솥 위에 우리나라가 놓여 있다는 뜻이다. 이때 솥의 세 발은 울릉도, 제주도, 강화도라 한다. 그렇게 되면 우리는 모두 선유동에 사는 셈이다. 그리고 이 세 섬은 우리의 기둥이니 새삼 우러러볼 필요가 생긴다. 여기에 한 가지 문제가 있다. 선유는 신선이 한군데서 논다는 뜻보다는 여기저기 유람을 다닌다는 뜻이 더 맞다. 그러니 선유동을 특정할 필요는 없다는 말이다. 수많은 신선놀음 터가 있어도 이상할 게 없다.

게다가 우리나라에서 신선 사상은 중국의 도교처럼 일정한 체계를 갖고 있는 게 아니다. 풍수, 노참, 『성삼독』, 도가, 불교, 무가, 전통 신앙이 글고쿠 쉬어 신선이란 개념을 만들었다. 이능화는 『조선 도교사』에서 우리 풍수의 시조인 도선 국사를 선가 부류로 본다. 『청학집』에는 우리나라 신선의 조상인 물계자 勿稽子를 도선이 만나는 대목이 있다. 풍수의 시조가 신선의 조상이 된 셈이다. 이런 식으로 여러 종파와 사상들이 융합하여 신선을 만들었으니, 이 나라에 선유동이 많은 것은 조금도 이상한 일이 아니다.

또 선녀는 옥녀玉女로 표현되기도 하는데, 풍수 형국론에는 무수히 많은 옥녀 관련 명당이 등장한다. 당연히 옥녀는 신선이면서 모성을 상징하기도 하고 어머니의 품속과 같은 평안과 안온을 가리키기도 한다. 여기에 신선은 무릉도원과도 궤를 같이한다. 풍수에서 명당은 근심 걱정 없이 살아갈 수 있는 장소이다. 역시 어머니의 품 안이다. 이미 세상에 잘 알려진 경남 하동군 청암면 중이리 칠성봉 아래 논골은 『정감록』이 지적한 3은3점의 피난처 중 하나다. 3은 고은동, 심은동, 노은동논골이고 3점은 풍점리, 먹점리, 미점리라고 한다. 예컨대 논골은 6·25나 지리산 빨치산 준동 때 다친 사람 하나 없었던 곳이라 한다. 그 가까이 묵계리에 소위 청학동으로 알려진 곳이 현존한다. 이인로는 『파한집』에서 "꽉 막힌 골짜기 안에 들어 있는 넓은 별천지로 곡식을 심을 양전옥토가 있는 곳"을 청학동이라 하였다. 논골은 역시 이 기준에 잘 맞는다. 노는 게 본분인 신선도 먹는 일은 신경이 쓰이는 모양이다.

여기서 분명히 해야 할 일이 있다. 신선도 결국 사람이 되는 것이라면 거기엔 인격이 있다. 사람처럼 생각해야 한다는 말이다. 사람들이 누군가를, 무엇인가를 좋아한다는 것은 지극히 주관적인 일이다. 내가 좋다고 다른 사람들까지 좋아할지는 모르는 일이다. 나는 유연한 능선을 가진 투박한 지리산이나 덕유산을 좋아하지만 많은 사람들은 절벽과 암반이 두드러지는 절세미인 금강산, 설악산을 좋아한다. 능선을 좋아하는 이가 있는가 하면 골짜기를 좋아하는 이도 있다. 실은 이런 주관성이 풍수 명당론, 여기서는 선유동 입지 조건을 헷갈리게 하는 본질적인 이유이다. 자기만 좋다면 풍광이 맑고 아름답지 않아도 선유동이 될 수 있다. 반대로 천하절승이라도 자기 마음에 들지 않으면 선유동이 될 수 없다. 거지가 멀리서 보기에 그럴듯하여 동냥을 얻으러 들어가 보니, 속은 텅 비었더라는 여주시 북내면 석우리 '거지혜탕골'이 사기 당한 선유동이라면, 내 학창 시절, 가슴 저미는 애절한 그리움을 주었던 첫눈 내리던 종로구 북촌 골목길에서 지나쳐 간 여학생. 그 골목길에 가면 나는 지금도 그 여학생을 선녀로서 회상한다. 오해 마시라. 선녀와 결혼할 수는 없으니까. 그곳이 내 선유동이다. 모름지기 그처럼 감성의 기반을 뒤흔들 수 있는 장소가 바

로 선유동이라는 비유다.[44]

　사회적인 면에서의 유토피아는 대체로 평등을 위주로 한다. 이미 공자孔子도 밝힌 것처럼 사람들은 절대적인 가난보다 남보다 못사는 것에 불만이었다. "평등이라는 이상이 구현된 예로 19세기와 20세기의 사회주의 운동과 공산주의 운동을 드는 사람들이 있을지도 모른다. 그러나 두 이념의 실험은 불완전하게 실천되어 다른 무엇보다도 고통과 박탈, 억압의 평등을 경험하게 한 경향이 있었다."[45] 인간 본성에 관한 조그마한 성찰만 있어도 세상에 절대적 평등이란 있을 수 없다는 것을 안다. 어찌 보면 사람은 태어나면서부터 평등치 못하다. 출신은 물론이고 타고난 체질과 재능이 평등할 수는 없다. 그런데 무리하게 그것을 이루려고 하면 결과는 불행일 뿐이라는 것을 역사는 증명한다.

　내가 풍수에 들어 있는 신비주의(그것도 사이비 신비주의까지 포함해서)를 거부하지 못하는 까닭은 거기에 인간 자체의 모순과 알 수 없는 이끌림이 숨어 있기 때문이다. "근대에 들어 예술이 사실상 또 하나의 상품에 불과해졌음에도 그토록 커다란 비중을 지니게 된 이유는 영적인 가치가 거의 퇴색한 세상에서 예술이 초월성의 대용품을 제공하기 때문이다. 아무리 철저한 합리주의자라도 이성만으로는 살 수 없으며 어떤 불가해한 창조성에 대한 변함없는 믿음이 필수적임을 보여 주는 게 문학이라는 얘기다."[46] 문학만이 아니다. 지금 얘기하는 풍수는 그것이 더욱 강조되는 분야다. 이성 말고 다른 불가해한 부분이 가득하다는 것은 사실이다. 하지만 세상에서 공식적으로 통용되는 것은 이성이다. 그래서 풍수는 공식적으로는 대접을 받지 못한다. 내가 경험한 공식적인 풍수 조언의 예는 상당히 많다. 그러나 그것이 공식화된 경우는 없었다. 겨우 3년 전2010년에야 '거마비' 또는 '수고비'란 이름으로 행정이나 사법 기관에서 계좌이체를 받은 것이 그나마 조금 위로가 되는 정도이다.

풍수에서 명당 찾기는 지관의 실력에만 좌우되는 것은 아니다. 그런 것을 찾는 사람의 덕망을 평가해야 했다. 그러니 실력과 덕망 그리고 알 수 없는 그 무언가를 갖추어야 명당을 얻을 수 있다는 얘기인데, 그것은 거의 우연에 의존해야 이룰 수 있는 일이다.

저자는 우연에 자리를 허락하지 않는 사람은 행복할 수 없다고 말한다. 우연으로부터 이익을 얻고자 하는 사람은 우리가 계획대로 살 수 있다는 환상에서 벗어나야 한다. 우연을 인정하는 것은 사람을 겸손하게 만든다. 우연을 인정해 주면 우리는 생각보다 자주 우연이 주는 선물을 받게 될 것이다.[47]

칸트의 스승이었던 "철학자 요한 고트프리트 폰 헤르더는 '인류를 지배하는 독재자가 둘 있는데, 그중 하나는 우연이고 다른 하나는 시간'이라고 했다."[48] 이처럼 우연이란 시간처럼 불가해하고 통제할 수 없는 요소이다. 우리는 우연을 불러들일 수 없다. 그야말로 우연이기 때문이다.

우리 몸의 구성 요소들이 매 순간 죽는 동안에도, 우리가 아침 식사에 의해서 구성되듯이 우리는 관계들에 의해 계속적으로 구성된다.[49]

우리 몸의 세포들은 매 순간 죽어 가고 있다. 그래야 우리가 산다. 세포가 죽기를 거부하면 암세포가 된다. 부분을 죽임으로써 전체의 삶이 된다. 삶이 끝나면 부분도 죽는다. 그것들은 부패 박테리아의 먹이가 되어 다른 생명을 얻는다. 순환 체계의 구성이다. 아무리 그것이 천리天理라 해도 개체로서의 인간은 자신이 먹이가 되기를 바라지 않는다. 결국 죽는다는 것을 알지만 나는 예외

이기를 바라고, 또 그렇게 믿으며 산다. 매일 죽음만 생각하는 삶이란 무슨 의미가 있으랴. 죽음에서 멀리 떨어진 아기들은 죽음 그 자체를 모른다. 하기야 삶도 모르지만. 죽음에 가까이 다가갈수록 죽음을 실감한다. 죽음 후도 떠올린다. 음택풍수는 그런 까닭에 말도 되지 않는다는 것을 알면서도 끊기지 않고 명맥을 유지하고 있다. 전형적인 개연성의 증거다. 국제생명센터 의장인 매트 리들리는 이렇게 현대의 비관론자들apocaholics를 향해 일갈한다.

"예전 영국의 광우병 소동을 보자. 휴 페닝턴 등 전문가들은 영국에서 광우병에 걸린 소 75만 마리가 인간 먹이사슬에 유입되면서 수만, 수십만 건의 인간 광우병$_{vCJD}$이 발병할 것이라고 예측했다. 하지만 현재까지 사망자 수는 166명이며, 2008년 사망자는 단 한 사람, 2009년에는 단 두 명이 전부다." 행인지 불행인지 2년 전 한국의 광우병 괴담은 그의 책에서 전혀 언급되지 않는다.[50]

1930년대 '기적의 살충제'로 통했던 합성 화학물질 DDT는 우리에게도 낯설지 않다. 몸에 축적되면 내분비계를 교란시켜 암을 유발한다는 치명적 독성이 확인된 것은 훗날이다. 1962년 생태 운동의 고전 『침묵의 봄』의 저자 레이철 카슨은 DDT 같은 화학물질 때문에 대규모 암이 퍼진다고 인류 앞에 공언했다. 당시 이 책의 저자 매트 리들리는 영국의 10대 소년이었다. "학교에서 내가 병이 들어 일찍 죽을 것이라고 배웠을 때 정말 겁이 났다." 이후 세상은 과연 어찌 됐나? 암 발생률은 되레 떨어졌다. 학계는 화학물질과 발암 사이의 상관관계를 추적했지만 모두 헛수고로 끝났다. 현재 화학물질에 의한 암은 모든 암 발생의 2퍼센트 미만. 저자는 당시 DDT가 매년 5억 명의 생명을 구해 냈다는 미국 과학아카데미 자료를 제시하면서 슬쩍 묻는다. 세상은 정말 악화일로인가? '입이 큰' 사람들이 암의 시대라고 단정

했던 80~90년대는 건강, 수명, 환경이 외려 더 좋아졌다.[51]

나와 내 초등학교 동창들도 가끔 DDT로 세례를 받았지만 암과는 상관없이 잘들 살고 있다. 그때 수많은 사람들을 거리로 불러들이고 공포를 확산시켰던 주역들은 지금 왜 침묵하고 있나. 나이 어린 중학생들까지 촛불을 밝히고 밤을 지새우게 했던 그 세력은 지금 무엇을 하고 있나? 왜 잘못을 인정하고 사과 한마디 하지 않는가? 당시 얼마나 많은 정육점과 식당들이 고초를 겪었는지 알고는 있는가? 개중에는 자살한 사람도 있었다. 물론 환경 운동가들의 필요성은 절실하다. 그들이 선동적이지 않고 차분하며 이성적으로 사고한다면 말이다. 그리고 엄격해야 믿음이 간다. 그렇게만 되면 그들의 경고는, 우리 인류를 염세론자가 아닌 신중한 현실주의자로 만들어 줄 것이기 때문이다.

내가 아무리 인간 위주의 사고를 주장해도 환경론자들의 노력은 꾸준히 계속되고 있다. "댐 건축을 막고, 망가진 습지를 복원하고, 위기 종을 되살려 낸 전 세계에 흩어져 있는 수많은 제인 구달Jane Goodall에게서 듣는 희망의 메시지"라는 문구가 붙은 『희망의 자연』은 그 모습을 자세히 보여 준다. 뿐만 아니라 커다란 감동까지 안겨 준다. 딜레마다.

"작고한 공상 과학 소설가인 더글러스 애덤스Douglas Adams의 대표작 『은하수를 여행하는 히치하이커를 위한 안내서』는 주인공이 멀쩡하게 살아오던 집이 급작스러운 고속도로 건설공사로 하루아침에 밀려 없어질 위기에 처한 날로부터 시작한다. 주인공은 그런 계획을 들은 바 없고 집주인으로서 동의할 수 없다며 트랙터 앞에 드러눕지만, 시에서는 그 계획이 오래전부터 시청 게시판에 붙어 있었으며 그 사실을 확인하지 않은 것은 시민 정신이 부족하고 게으른 탓이라며 공사를 강행하려 한다. 주인공에게는 일생 최대의 위기인 순간,

지구 상공에는 난데없이 우주선이 나타나고, 우주선은 은하 고속도로 건설을 위한 지구 행성 철거 계획을 알린다."[52]

우주인들도 지구인에게 같은 소리를 하며 질책을 한다. 이는 마치 개발을 위해 야생동물들에게 어느 날 갑자기 나가라고 하는 인간들의 말이나 같다고 한다. 개발과 보전, 참으로 지난한 문제이다.

그는 변변해 보이는 구석이라곤 전혀 없었다. 게이 아니면 페미니스트, 고래 보호 운동가 아니면 파시스트 채식주의자······.[53]

그들은 보통 사람들과 다르다. 그래서 우리 보통 사람들은 그들을 두려워하거나 혐오한다. 그들 대부분은 원리주의자들이고 과격하다. 소수이기 때문에 자신들을 보호할 필요가 있다. 그러나 우리는 그들을 받아들이기에는 너무 평범하다. 나는 동성애자들을 싫어한다. 그래도 그들과 대화해야만 할 때가 되면 스스럼없이 할 준비는 되어 있다. 그렇다고 해도 그건 위선적인 태도일 뿐이다.

레드먼은 자신이 맡게 될 이곳청소년 갱생원의 제자들에 대해 일말의 환상도 품지 않았다. 그들은 거칠었고 그럴 만한 이유로 갇혀 있었다. 여기 아이들 대부분은 당신을 보자마자 강탈하려 들 것이다. 필요하다면 눈 하나 깜짝 않고 당신을 불구로 만들 것이다. 그는 오랫동안 경찰에 몸을 담았기 때문에 이런 아이들을 옹호하는 사회학적인 거짓말을 믿을 수 없었다. 그는 희생자들을 알고 이런 아이들도 알고 있었다. 이 아이들을 저능아라고 생각하는 건 오해다. 그들은 혀 밑에 숨겨 놓은 면도날처럼 빠르고 날카로울 뿐 아니라 죄의식도 없었다. 따라서 그들을 감상적으로 대하는 건 쓸데없는 짓이었다.[54]

현실감이 결여된 휴머니스트들은 조심할 필요가 있다. 그들의 주장이 피해자들에게 얼마나 상처를 주고 있는지 전혀 깨닫고 있지 못하기 때문이다. 많은 경우 인권 운동가들은 피해자보다 가해자의 인권에 더 큰 관심을 보이는 것 같다.

그리고 나를 화나게 한 것은 아니, 기가 막혔다고 해야 할까, 자백을 했다는 가와하라 데루오를 구명하기 위한 모임이 생겼다는 사실이었다. 어째서 그런 인간쓰레기를 구하려 드는지, 그 의문이 내 분노의 도화선에 불을 붙였다. 입만 열면 인권, 인권. 뭐가 인권이란 말이냐. 폭력에 사랑하는 사람을 잃은 내 심정, 피해자의 연고자가 느끼는 마음의 고통을, 너희들 '인권 단체'가 알기나 해? 너희들의 연인, 아내, 아이를 잃었을 때에도 과연 변함없이 '인권'을 부르짖을 수 있을까? 육친이나 연인을 잃고도 똑같은 마음으로 가와하라 데루오 같은 짐승보다 못한 인간을 후원할 수 있겠는가 말이다. 네 놈들은 입만 살아서 그렇게 되어도 마음은 변하지 않는다고 말하지만, 실제로는 그런 일이 생길 리 없다고 생각하니까 속 편하게 어리석은 소리를 지껄일 수 있는 거겠지.[55]

매트 리들리는 이성적으로도 낙관주의의 근거가 얼마든지 있다고 한다. 인류는 숱한 난관과 위기에 부닥쳤지만 꾸준히 번영의 길을 걸어왔고 앞으로도 그러하리라는 것이다. 그렇다면 인류가 지금까지 생존의 조건을 개선해 온 비법은 무엇인가? 그것은 한마디로 교환과 협동을 통한 끊임없는 혁신이다.
인류 문명의 수수께끼는 커다란 두뇌에서 비롯됐다고 흔히 이야기된다. 그러나 리들리는 두뇌와 두뇌 사이에서 일어나는 집단 지능에 열쇠가 있다고 말한다. 근대 사회 이후, 그리고 20세기에 접어들어 그 성능은 놀랍게 업그레이드돼 왔다. 그 결과 노동생산성과 에너지 효율이 가파르게 신장됐고 생활의 제반 여건이 크게 개선됐다. 그리고 지금은 아이디어의 네트워크가 전 지구적으로 확장되고 복합화되면서 앞으로 혁신은 더욱 숨 가쁘게 진행될 것이고 삶의 질도 점차 향상될 것이라고 저자는 확신한다.

왜 비관주의가 득세하는가? 지식인 사회에서 낙관론자는 철부지 또는 기득권자로 여겨진다. 반면에 세상이 곧 끝날 것이라는 경고에는 비장함의 미학이 풍겨 난다. 비판적 지식인은 염세론에 친숙하다. 저자는 그 자체가 엄청난 횡포라고 비판한다. 그리고 극단적 생태주의의 이면에는 때때로 추악한 이해관계가 있기도 하다고 폭로한다. 환경 운동에 헌신하는 이들에게 '불편한 진실'이 될 수도 있겠다.

지금 온갖 비극을 자아내는 주범은 결국 '탐욕'이다. 그것을 제어하는 기술을 아직 인류는 제대로 개발하지 못했다. 그런데 인간이라는 동물은 생물학적 연명 이상의 욕망을 갖는다. 그 욕망은 추악한 탐욕으로 흐를 수도 있고, 창의성의 무한한 확장으로 이어질 수도 있다.[56]

책임은 질 수 있어야 의미가 있다. 무책임은 무관심보다 더 위험하다. 아무렇게나 떠들어도, 그리고 그 결과가 어떻게 되어도 상관없다면 그런 주장을 받아들인 자들에게 책임이 돌아간다. 책임이 아니라면 적어도 손해는 감수해야 한다.

이런 경우는 또 어떤가? 대단히 매력적이지만 비현실적이고 무책임하다. "정통 기독교 신앙은 사회주의와 유사하다. 사회주의에서 미래 사회를 앞장서 이루어 낼 자는 현재 잃을 게 거의 없는 사람들이기 때문이다."[57]

계속 기술의 진보를 생각해 보자.

미국 세인트루이스에 있는 몬샌토는 2009 회계 연도8월31일까지에 총매출 117억 달러, 순익 21억 달러를 기록했다. 몬샌토의 매출은 5년간 매년 18퍼센트씩 늘었고 자본 수익률은 연 12퍼센트였다. 이런 성과 덕분에 몬샌토는 2009년에 《포브스》 '올해의 기업'으로 선정되었다.

하지만 경제적 이득과 대중의 사랑은 별개였다. 그동안 몬샌토는 혹독한 비난의 대상이었다. 초기에는 감히 옥수수와 콩의 유전자를 조작하려는 '농업계의 사탄'으로 매도됐다. 이 회사의 유전자 조작은 지구 생태계의 재앙을 초래할 뿐이라는 인식이 지배했다. 유전자 조작 작물을 금지하는 법률이 제정됐고, 유럽과 기타 지역에서는 바이오테크 작물을 땅에 갈아엎는 시위가 일어났다. 2002년 잠비아는 기근에 시달리면서도 기부 받은 옥수수 화물 입국을 거부했다. 유전자 조작 종자로 오염됐을지도 모른다는 이유에서다.

시간이 가면서 시위는 점차 누그러졌다. 유전자 변형에 대한 법적 조치도 완화되고 있다. 굶주리는 세계가 농업 생산성을 높일 수 있는 수단을 거부하는 것은 합당하지 않았다. 여전히 유전자 변형 작물 재배를 금지하는 유럽 대부분의 지역도 그런 작물로 만든 식품의 수입은 허가한다.[58]

누차 강조해 왔듯이 배가 고프면 유전자 조작 작물이라도 먹겠다는 것이 필자의 주장이다.

"자기 정당화를 추동하는 엔진, 즉 행위와 결정을 정당화할 필요성을 만드는 에너지가 '인지 부조화'라 부르는 불유쾌한 감정이다."

인지 부조화의 예를 보자. 한편에는 '나를 죽일 수도 있기 때문에 흡연은 어리석은 짓이다.'라는 사실이 있다. 하지만 다른 한편으로 흡연이 긴장 이완이나 비만에 도움이 된다는 등의 여러 가지 구실을 들어 자기를 기만한다. "부조화를 느끼는 사람들이 불안해하는 이유는 상충하는 두 가지 생각 즉 부조리와 더불어 살기 때문이다."[59] 이 의견에 동의한다. 하지만 예로 든 흡연의 경우는 좀 생각해 볼 필요가 있다. 대마초의 해독害毒과 담배의 해독 중 담배가 훨씬 심각하다고 주장하는 학자도 있기 때문이다.[60] 담배의 해독은 이미 충분히 증명되었다. 술이 끼치는 해독은 어떤가? 사실 매우 심각하다. 그러나 술은 버젓이 광고를 한다. 주변에 알코올중독자가 있는 사람이라면 잘 이해가 될 것이다.

시간이든 돈이든 노력이든 불편이든 노력의 대가가 클수록, 그리고 그 결과를 물릴 수 없는 정도가 높을수록 부조화는 커진다. 더불어 자신이 내린 결정에 따르는 좋은 것들을 과도하게 강조함으로써 부조화를 줄일 필요도 커진다. 따라서 목전에 큰 거래나 중요한 결정을 앞두고 있을 때, 바로 전에 그것을 한 사람에게는 조언을 구하지 않는 것이 좋다. 그 사람은 그렇게 하는 것이 옳다고 당신을 설득하려는 동기가 무척 강화되어 있을 것이다. 고급 대형 외제차를 산 사람은 비록 자신이 큰 실수를 한 것을 인지한다 할지라도 자기 정당화를 하게 되며, 따라서 누가 자기 같은 일을 벌이려 한다면 적극 그렇게 하도록 권장할 것이다.[61]

부모님 산소를 옮기고 나서 좋은 일이 많이 생기고 나쁜 일은 잦아들었다고 말하는 사람들의 심리도 이와 마찬가지다. 그런 사례만 골라서 기억에 저장하고 싶어 한다. 듣는 사람은 그에 영향을 받는다. 그리고 여유만 있다면 자신도 그렇게 하고 싶어 한다. 김두규 교수가 조사한 우리나라 대통령 희망자들의 상당수가 조상 산소를 이장移葬한 경험이 있다는 것은 인지 부조화의 대표 격이라 할 만하다.[62]

세상에는 헤아릴 수 없을 정도로 다양한 인간이 살고 있다. 일본의 한 아동

병원 아동정신과 병동은 흔히 '동물원'이라 불린다. 환자는 동물 이름의 별명이 있다. 그중 매일 유서를 쓰기 때문에 '하루살이이페메라, ephemera'라고 알려진 한 소녀가 있다. 그 유서의 내용 중 이런 부분이 있다.

노력하지 않으면 살아갈 가치가 없다고, 당신들은 거듭 강조했다. 노력하지 않으면 인생은 의미가 없다고 질타했다. 그렇지만 당신들이 말하는 노력, 그리고 노력하는 길은 무한히 욕망을 충족시키는 생활을 뜻하는 것이 아닌가? 소용이 있는지 없는지를 가지고 모든 생명의 가치를 판단하고, 살아남기 위해서는 늙음과 장애를 무시하는 한이 있어도, 거짓말로 약속을 파기하는 한이 있어도, 어쩔 수 없는 것이라고 변명할 수 있는 그런 길을 말하는 게 아닌가? 그런 길로 나아가기 위해 있는 힘을 다해 노력하는 것이 진정한 행복이냐고 물으면, 당신들은 시끄럽다고 뿌리쳐 버린다. 이상한 애라고 상대도 하지 않는다. 개성과 순종이 동시에 요구되고 있다. 실체도 없는 환상이 나를 무참히 찌부러뜨린다.[63]

개연성이 엿보이는 대목이다.

# 3장 최초의 기록들: 탈해왕과 선덕여왕

우리나라 대부분의 교과서에는 '한국의 풍수는 신라 말 도선이 중국으로부터 수입한 것'으로 서술되어 있으나, 필자는 이하의 장들을 통해 그것을 논박하고자 한다. 이는 우리 기록에 최초로 등장하는 탈해왕과 선덕여왕의 사례를 통해 어느 정도 알 수 있다.

### 1. 탈해왕

탈해 잇금이다.[1] 남해왕 때에 가락국 바다 가운데 웬 배가 와서 정박하였으므로 그 나라의 수로왕이 신하와 백성들과 함께 북을 울리면서 맞아서 머물도록 하려 하였더니 배는 그만 나는 듯이 달아나서 계림 동쪽의 하서지촌 아진포에 닿았다. 이때에 갯가에는 한 노파가 있었는데 이름이 아진의선阿珍義先이라 하니 곧 혁거세왕의 배꾼의 어머니였다.

그녀는 바다를 바라보며 말하기를, "이 바다에는 원래 바윗돌이 없는데 어인 까닭으로 까치들이 몰려서 울꼬?" 하고는 배를 저어 가서 찾아보니 웬 배 한 척 위에 까치들이 몰려 있었다. 배 한가운데에는 궤짝이 한 개 있는데 길이가 20척이요 너비가 13척이었다.

그녀는 배를 끌어다가 어떤 나무숲 아래 가져다 두고 좋은 일인지 언짢은 일인지 알 수가 없어 하늘을 향하여 맹세를 하고 난 뒤 궤짝을 열어 보니 단정하게 생긴 웬 사내아이가 들어 있고 겸하여 더불어 가지각색의 보물七寶과 노비들이 가득 실려 있었다. 그녀가 이레 동안 그 아이의 바라지를 하였더니 그제야 말하기를, "나는 용성국龍城國 사람이다. 우리나라에는 일찍부터 28용왕이 있어 사람의 태로부터 나서 다섯 살, 여섯 살 적부터 왕위를 계승하여 만백성들에게 천품을 닦도록 교화하였으며 8품의 성골姓骨이 있으나 차별을 두지 않고 모두가 임금 자리에 오르게 되었다. 당시 나의 부왕인 함달파가 적녀국 왕녀에게 장가를 들어 왕비를 삼았는데 오랫동안 아들이 없어서 자식 낳기를 기도하였더니 7년 후에 알 한 개를 낳았다. 이에 부왕은 여러 신하들을 모으고 묻기를, '사람으로서 알을 낳는다는 것은 고금에 없는 일이니 아마도 좋은 일이 아닌가 보다.' 하고 곧 궤짝을 만들어 나를 넣고 겸하여 가지각색의 보물과 노비들을 배에 싣고 바다에 띄우면서 빌기를, '인연 닿는 땅에 네 마음대로 닿아 나라를 세우고 가문을 만들라.' 하였다. 때마침 붉은 용이 있어 배를 호위하면서 이곳까지 왔노라."라고 하였다.

말을 마치자 그 사내아이는 지팡이를 끌면서 두 종을 데리고 토함산 위에 올라가서 돌무덤을 만들고 이레 동안 머물렀다. 그가 성안의 살 만한 땅을 찾아보니 초승달처럼 생긴 산봉우리가 있음을 바라보고 그 지세가 오래 살 만한 자리인지라 곧 내려가 알아보았더니 이는 호공瓠公의 댁이었다. 그는 곧 꾀를 써서 남몰래 그 집 옆에 숫돌과 숯을 묻고는 이튿날 아침에 그 집 문 앞에 와서는 말하기를, "이 집은 우리 할아버지 적 집이다."라고 하니 호공은 그렇지 않다 하여 서로 시비를 따지다가 결판을 못 내고 결국 관가에 고발하였다.

관리가 말하기를, "무슨 증거가 있기에 이것을 너희 집이라고 하느냐?"하니 그 아이가 대답하기를, "우리 조상은 본래 대장장이였는데 잠시 이웃 지방으로 나간 동안에 다른 사람이 빼앗아 여기에 살고 있는 것입니다. 땅을 파서 사실을 밝혀 주소서." 하여 그 말대로 파 보니 과연 숫돌과 숯이 나왔으므로 곧 빼앗아 살았다. ……노례왕이 죽자 공무제 중원中元 2년 정사57 6월에 탈해가 바로 왕위에 올랐다. 그가 "이것이 옛날昔 우리 집이오." 하면서 남의 집을 빼앗았다고 하여 성을 옛 석昔 자로 하였다. ……뒤에 탈해 신령神靈의 명령이 있어 "내 뼈를 조심해 묻으라."라고 하였다. 그의 해골 둘레가 3척 2촌이요, 몸뚱이 뼈 길이가 9척 7촌이요 이빨이 엉켜 있어 하나인 듯하고 뼈마디가 모두 연결되어 있었으니 소위 천하에 적수가 없을 장사의 뼈였다. 그 뼈를 부수어 그의 형상을 빚어 만들어 대궐 안에 모셨다. 탈해의 신령이 또 이르기를, "내 뼈를 동악東岳에 두라."라고 하였으므로[2] 그곳에 모셨다.[3]

이 기록에 나오는 '초승달 모양의 집터'는 전형적인 운세 상승의 명당이며, 그 터를 꾀를 써서 빼앗았다는 것은 후대에 음택풍수 자리 뺏기에 흔히 쓰이던 늑장勒葬의 전형적인 예이다. 게다가 탈해왕은 자신의 뼈를 조심스럽게 다루라든가 동악에 묻어 달라는 등 풍수로 여길 만한 일을 지시하고 있다는 점도 유념해야 한다.

그러나 여기에는 몇 가지 문제가 있다. 첫째, 이 책은 탈해의 시대로부터 천 년이나 지나 나온 것이라는 점에서 신빙성에 문제가 있다. 둘째, 저자 일연은 불교 승려로 풍수지리를 잘 알고 있었음에 틀림없는 인물이므로 그런 식으로 해석할 소지가 있다는 점이다. 셋째, 탈해왕 조條 어디에도 풍수라는 용어가 쓰이지 않았다는 점이다. 이런 문제들은 간단히 대답이 가능하다. 이보다 더 오래된 기록이 없으며, 역사는 누구나 자신의 관점에서 해석할 수밖에 없다는 점, 그리고 분명 풍수적 관점에서 나온 얘기이지만 풍수라는 용어 자체가 나오지 않았다는 점에서 풍수가 아니라고 말하는 것은 너무 유치하다는 것이다. 물론 그러면 서양에도 이와 유사한 기록이 있으니 그것도 풍수라고 해야 하느냐 하는 질문이 있을 수 있으나 그것 역시 논점을 달리한다는 점에서는 유치하다고 본다. 즉 아직 풍수라는 용어가 쓰이지는 않았지만 풍수라고 보아도 무방할 정도의 의식은 있었음을 인정할 수 있다고 본다.

여하튼 귀중한 역사서인 『삼국유사』에 나오는 석탈해라는 인물이 기록에 등장하는 최초의 풍수 관련 인물임은 분명한 사실이다. 이외에도 탈해는 그 유골을 부수어 형상을 빚어 대궐 안에 모셨다는 점에서, 특이하지만 소장塑葬의 예이기도 하다. 『삼국유사』에는 석탈해 말고도 소장을 한 인물이 하나 더 나온다. 바로 원효元曉이다. 탈해는 동악신으로서 오랫동안 국사國祀를 받은 영주英主이며, 원효는 신라 문화의 공로자로서 첫째가는 뛰어난 승려이다. 그러므로 이 소상塑像은 영걸英傑을 구체적으로 내보이기 위해 만들어진 것이다.[4] 그러나 이것은 풍수와는 별 관계가 없다. 다만 음택풍수에서 땅에 묻힌 조상이 받는 지기地氣가 자손에게 감응하는 통로는 피와 살이 아니라 뼈인 점에서는 일맥상통하는 점이 없는 것은 아니다. 그러나 학계는 실증성을 중시하기 때문에 그 설명이 사뭇 다르다.

제4대 탈해왕의 능이라 전해 오는 왕릉은 왕경 내 북쪽에 있는 경주시 동천동 산 17번지 금강산의 남쪽에 위치한다. 봉분 높이는 4.4미터이며, 봉분 지름은 15.7미터의 원형 봉토분이다.

한편 탈해왕의 유해에 대해서는 『삼국사기』 탈해왕 조에서 탈해의 계시를 받은 문무왕이 탈해왕릉을 열어 뼈를 수습한 뒤 궁궐에 안치하였다가 다시 소상을 만들어 토함산 정상의 탈해사에 봉안했다는 기록이 있다. 그러나 조선 전기에 폐사廢祠가 된 까닭에 20세기 초에 이르러 『삼국사기』 「신라 본기」의 장지 기록인 '성북

양정구城北壤井丘'와 조선 시대 지리지의 관련 기록을 근거로 하여 석씨 일족에 의해 현재의 고분을 탈해왕릉으로 비정하였다. …… 그런데 전傳탈해왕릉은 1974년 12월 31일 도굴당하였다. 당시 봉분 동북쪽 중간 지점에서 너비 85센티미터, 깊이 4.4미터로 도굴갱을 만든 후 도굴을 자행하였는데, 이때 묘제가 횡혈식 석실분임이 밝혀졌다. 따라서 목관묘 시기에 해당되는 탈해왕릉으로 인정하기 어렵다.[5]

요컨대 탈해왕릉이 아니라는 것이다. 필자는 이 문제에 관한 한 문외한이다. 따라서 이 내용에 관여할 자격은 없다. 다만 풍수를 말하기 위해서는 확실치 않고 무책임하다는 비난을 면키 어렵지만 소위 '역사적 상상력'이라는 맥락에서 얘기가 되는 것은 소개하기로 한다.

## 2. 선덕여왕

자생 풍수에서 여성이든 남성이든 성기에 빗대어 지세를 설명한 예는 많다. 지금은 거의 사라졌지만 구전에 의하면 우리나라 지명에 '자싯골', '보짓골', '좆대바위'같이 원색적인 표현들이 나타난다. 물론 다산이나 번성을 기원한 지명이다. 그리고 그런 형상을 드러낸 지모地貌가 반드시 그곳에 있다. 앞서 안악 3호 무덤에서도 그와 같은 예가 나왔다. 이런 사례는 자칫 풍수를 사실과 다르게 저속한 것으로 오인할 우려가 있기에 언급을 자제하기로 한다. 다만 여기서는 『삼국유사』의 선덕여왕 얘기를 보기로 한다.

영묘사靈妙寺 옥문지玉門池에서 한겨울에 수많은 개구리들이 모여 사나흘 동안 울어 댔다. 나라 사람들이 괴이하게 여겨 왕에게 물었다. 왕은 급히 각간角干 알천關川과 필탄弼呑 등에게 정예 병사 2000명을 이끌고 서둘러 서쪽 교외로 가서 여근곡女根谷을 물어보면 그곳에 틀림없이 적병이 있을 테니 습격하여 죽이라고 말했다.

두 각간이 명을 받고 나서 각기 1000명을 거느리고 서쪽 교외로 가서 물었더니 부산富山 아래에 과연 여근곡이 있었고 백제 군사 500명이 그곳에 숨어 있었으므로 그들을 에워싸서 죽였다. [백제에서] 후원병 1200명이 왔지만 역시 한 명도 남김없이 죽였다. …… 개구리의 성난 모습은 군사의 형상이고, 옥문이란 여인의 음부로 여인은 음이 되며 그 색깔이 흰데, 흰색은 서쪽을 나타내기 때문에 군사가 서쪽에 있음을 알았다. 남근이 여근에 들어가면 반드시 죽게 된다. 따라서 쉽게 잡을 수 있음을 안 것이다.

신하들은 모두 여왕의 그 성스러운 지혜에 감탄했다.[6]


이것을 풍수라 보기 어렵기는 하다. 그러나 여근곡이라는 지명 자체가 '보짓골'과 같은지라 포함시켰다. 실제 이곳의 지세는 말 그대로이다.

이와 비슷한 사례들은 『삼국유사』에서 흔히 나온다. 그 내용의 유사성 때문에, 그리고 그 인물이 불분명한 경우가 대부분이기 때문에 나머지는 생략하기로 한다.


### 3. 성기 지명과 도갑사

성기에 빗댄 지명의 한 예를 제시한다. 전라남도 영암군 군서면 동구림리에 있는 이름이다.

전설에 의하면 백제 때 서울을 구림으로 옮기려 했다며, 마을 사람들은 지금도 자기들 고장을 '반半서울'이라 일컬으며 자부하고 있다. 쌍취정, 서호정, 남송정, 북송

정이 4대문의 자취라 한다.

죽정 마을은 대나무가 많고 마을이 정자 형국이라 하여 붙은 이름이다. 보짓골과 역등은 마을에서 4킬로미터 떨어진 도갑사道岬寺 바로 위쪽에 있으며 뽕나무 밭을 사이에 두고 30미터쯤 떨어져 마주 보고 있다. 역등은 '자짓골', '역산'으로도 불리며 도갑사에 이어지는 산등성이가 남성 성기 모양으로 길게 뻗쳐 있고 습기가 밴 진털밭이 돋아 있다. 그 바로 맞은 편의 '보짓골'은 여자의 아래 부위와 영락없이 닮은 형태로서 양옆으로 오목하게 골이 패어 있고 가운데는 물기가 흐르고 있다. 민묘民墓 1기가 그곳에 있다. 이와 같이 음양이 맞추어진 곳, 바로 그 여자 하체 부위의 형국에 묘를 쓸 때는 석물石物, 비독이라고도 함을 세우지 않는다고 한다. 그곳에 비碑를 세우면 삽입된 남성의 성기가 유감遺憾되어 집안 음풍陰風이 흐르기 때문이라고 한다. 박찬원, 1995년 답사 당시 61세, 선생 제보임[7]

전남 영암군에 있는 도갑사의 「도선 국사 비명」에는 "후세에 지리를 말하는 자들은 모두 그를 근본으로 삼는다師所傳陰陽說數篇世多有後之言地理者皆宗焉."라는 기록이 남아 있다.[8]

너구나 이 일내 서호와 장전에는 신사先史 주거지가 있고 시종면 일대에는 고분들이 즐비하며 왕인 박사 유적지도 있어 가히 역사지리학의 보고寶庫 같은 곳이기도 하다. 도선이 지리산 이인異人으로부터 풍수법을 전수받은 것이 그의 나이 서른여덟 살 때였다. 그러니까 그가 당시 그 일대에서 만들어지던 자생 풍수의 원류에 접했을 가능성은 충분하다. 그리고 도갑사 인근에는 앞서 설명한 남녀의 성기를 지명으로 삼은 곳이 허다하다.

도갑사 입구 사하촌寺下村 오른편으로는 식당과 기념품 가게가 늘어서 있다. 그 가겟집 뒤로 돌아가면 야트막한 둔덕을 넘어가는 오솔길이 나타난다. 그 길 너머 오른쪽에 이상한 기운을 풍기는 두 산이 버티고 있는데 그 이름이 앞서 말한 자짓골과 보짓골이다. 보짓골에서는 작은 샘물이 솟고 그 물이 도갑천의 원천이 되며 그 아래 본래의 도갑리 마을이 있었으나 지금은 폐동廢洞된 상태이다. 답사에 동행했던 친구의 질문이 걸작이다. "생기발랄하고 정기 왕성한 땅기운을 받았을 원原도갑리 마을이 어째 폐동이 되었나?" 나의 대답 또한 농조가 될 수밖에 없다. "자지가 보지에 닿았더라면 그럴 까닭이 없었겠으나 보다시피 닿을락말락한 배치이니 기운만 쓰다 제 풀에 지친 까닭이겠지."

도갑사 인근의 지세에 관해서는 다른 곳에서 설명하겠지만, 간단히 말해서 이곳의 땅 읽기는 상식을 벗어나지 않으며 아주 이해하기 편하게 되어 있다는 점은 분명하다. 도선 풍수의 한 특징인 상식성이 잘 드러난 예이다. 무릇 상식을 벗어나면 술법에 빠질 수 있고 술법에 들어가면 사이비 신비 속으로 들어가 헤매기 십상이니, 그런 잡술의 길을 가지 않은 도선 풍수는 건전하다고 할 수 있다.

"일부 지사들의 해설에 따르면 도갑사 일대의 산세와 수맥은 음란수淫亂水가 흐르는 형국이라 한다. 때문에 도갑사에는 얼마 전까지만 해도 전국 사찰 가운데서 보기 드물게 비구와 비구니가 함께 수양을 하기도 했다. 물론 요사채는 별도로 사용했다 하지만 사찰의 특수한 사례를 보여 주는 경우가 아닐 수 없다."⁹

이것보다 더 나아가, 어머니의 자궁으로 회귀하려는 상징성을 띤 지명의 예도 있다. 삼척 신기면 대이리 골말, 좆대봉의 경우다.

풍수가 찾고자 하는 터는 어떤 곳일까? 한마디로 불안이 없는 땅이다. 그런 땅은 어디인가? 바로 어머님의 품속 같은 곳이다. 안온하고 안정되어 있으며 근심 걱정이 없는 터, 바로 어머님의 품 안같이 생긴 땅에서 사람들은 편안하게 살았다. 풍수는 그렇게 생긴 터를 좋아한다. 그래서 명당 좌우의 청룡과 백호는 어머님의 양팔이 되고 주산主山인 현무사玄武砂는 어머님의 몸이 되는 것이다. 그 가운데가 바로 명당이니 명당은 바로 어머님의 품속이 아니고 무엇인

가. 그곳은 아무런 걱정 없이 태초의 평안 속에서 오직 만족만을 누리며 느끼며 살았던 품이다. 그 품을 떠나면서 근심과 불안은 시작되었다. 마치 오늘의 우리들이 고향이라는 명당을 떠나 도시의 잡답雜沓 속에서 불안을 떠안고 살아가는 것과 마찬가지이다.

그러나 품 안에 안긴 것만으로는 아직 안심이 되지 않는 사람들도 있다. 그들은 더욱 진전하여 어머님의 자궁 속으로 회귀하고자 하는 염원을 드러내기도 한다. 그곳이야말로 우주 태생胎生의 평화가 깃든 곳이라 믿는다. 삼척시 신기면 대이리의 골말이 바로 그런 곳이다. 환선굴이라는 석회암 동굴로 외지에 제법 알려진 곳이다. 본래 20여 호의 화전민들이 살던 이 마을이 10여 년 전 당시에 두어 집밖에 남아 있지 않았다. 그들은 필경『정감록鄭鑑錄』신봉자였음이 분명하다. 하지만 처음 만난 골말의 한 할아버지는 그 점을 강하게 부인했다. 아마도『정감록』이 지니고 있는 이미지가 미신과 통하기 때문에 그랬을 수도 있고,『정감록』을 좇아 자신의 인생을 혹사시킨 부모님에 대한 반감 때문일 수도 있겠다. 얼마 후 외지인인 필자에 대한 본능적인 거리낌을 지운 뒤에 그 할아버지가 보여 준『정감록』필사본 일부는 이곳이 분명『정감록』촌이었음을 말해 주고 있었다.

태백산 연맥이랄 수 있는 덕메기산德項山을 비롯하여 같은 줄기인 양태메기, 지각봉, 물미산이 사방을 둘러싸고 있으니, 그곳을 일러 어머님의 배 속이라 표현한들 조금도 이상할 것이 없는 지세이다. 그런데도 병자호란 이후 인조 때 경기도 포천에서 이곳으로 들어온 마을 입향조入鄕祖 이시두는 이곳이 어머님의 자궁 속이라는 보다 확실한 증거를 원했던 모양이다. 그것이 바로 분지 가운데 우뚝 솟아 있는 '촛대배이촛대봉 또는 촛대병바위'이다. 이 거대한 석물은 태백의 터줏대감인 사진작가 이석필 선생 말마따나 촛대봉 위의 콩알을 떼어낸 '좆대봉'이 바른 이름일 것이다. 그리하여 어머님의 자궁 속에서 원초적 생산을 행하기 위해 삽입된 아버님의 발기한 양물일 게 분명한 이 좆대봉으로 말미암아

3장 최초의 기록들: 탈해왕과 선덕여왕 117

골말은 한 점 의심의 여지 없이 자궁 속이 되는 것이고, 따라서 티끌만 한 불안도 있을 수 없는 터전이 될 수 있었던 것이다.

자생 풍수의 특징

# 상보성: 인간도 주인이고, 자연도 주인이다

환경에 대한 의무는 최소한 18세기 이래로 이른바 '후견자의 관념'에 기초하여 등장하였다. 세계를 보호해야 한다는 공공연한 권고의 기초가 되는 것은 능력과 취약성 사이의 구별이라는 전제였다. 능력을 지닌 존재는 취약성을 지닌 존재를 원조할 의무를 지닌다. 인간은 환경에 영향을 미칠 수 있는 강력한 능력을 지니고 있다는 점이 증명되었으므로 인간은 환경을 보호하고 유지할 의무를 지닌다. 간단히 말하자면 인간은 지구 전체를 돌보는 의사로서 행위해야 할 의무를 지닌다는 것이다.Lovelock, 1987 이러한 돌봄의 영역과 관련된 현실적인 주제들과 인간이 상황을 더욱 악화시킬 가능성에 대하여 많은 공적인 논의가 이루어졌지만 과연 이런 의무들의 근거가, 설령 이것이 손실을 최소화하여야 한다는 소극적인 의무라 할지라도, 무엇인지에 대한 논의는 철학적 주제와는 무관한 주제로 간주되기도 하였다.[10]

사실 지금까지 우리들은 너무하다 싶을 정도로 환경에 관한 비관적 견해들을 접해 왔다.

비판주의의 끊임없는 북소리는 지금까지 내가 이 책에서 표현해 온 승리주의의 모든 노랫소리를 들리지 않게 만든다. 혹시 당신이 세상은 점점 좋아져 왔다고 말한다면, 순진해 빠졌고 둔감한 사람이라는 비판을 면할 수도 있다. 하지만 만일 세상이 지금까지와 같이 앞으로도 점점 좋아질 거라고 말한다면 당황할 정도로 '미친 사람' 취급을 당할 것이다. ……반면, 파국이 임박했다고 말한다면 당신은 맥아더

천재상이나 심지어 노벨평화상을 기대할 수도 있다. 서점들은 비관주의의 신전에 깔려 신음하고 있으며 공중파 방송은 파멸의 소식으로 초만원을 이룬다.[11]

상보성이란 문제에서 가장 신경을 써야 할 부문은 본성과 경험에 대한 해결이다.

진화론을 부인하는 문제에 관하여, 의견이 분분한 본성nature, 유전자 대 양육nurture, 경험 논쟁을 먼저 중화시키고자 한다. 환경에 따라 변할 수 있는 유전적 특징은 없다. 마찬가지로 환경의 영향을 극복할 수 없는 유전자 구성도 사실상 없다. 이 두 요인은 서로에게 영향을 미치고 서로를 바꾸어 놓을 수 있다. 인간은 '미완성'인 상태로 세상에 태어난다. 변덕스러운 인생에 사람이 반응하는 방식은 때로 그 사람이 속한 문화나 환경에 의해 더 많이 결정되기도 하고, 또는 그가 물려받은 유전자들에게서 더 많은 영향을 받기도 한다. 본성과 양육은 양자택일의 이분법적 관계가 아니라, 오히려 서로를 필요로 하는 보완성을 띤다.[12]

풍수는 이처럼 어느 한 가지 논리에 귀착하는 경우가 거의 없다. 양자를 통합하여 판단해야 한다. 그 과정은 불명不明이지만, 그래서 그것은 블랙박스로 받아들인다. 투입이 있고 산출이 있지만 그 전개 과정은 블랙박스 속처럼 알 수 없는 곳이다.

마음은 갈겨 쓴 낙서와 같다. 예측도 단정도 할 수 없는, 갈겨 쓴 낙서 자국 말이다.[13]

사람들이 삶터 주변의 풍토에 적응하기 위해 거기에 자연적·인식론적 의미를 부여하는 것은 마치 물리학에서 말하는 공명 현상과 비슷하다. 활을 쏘는 사람은 과녁의 중심을 노린다. 화살은 과녁의 중심을 향하여 날아간다. 이때 사람과 화살 및 과녁 사이에 공명이 일어나면 그 화살은 과녁에 적중한 게 된다. 즉 명중이다. 이게 바로 적응의 원초적 예이며, 지금 나는 이 명중을 명당으로 이해한다. 사람이 자기가 살고 있는 장소와 공명을 일으키는 곳이 명당이란 주장이다.

사람은 모든 것과 공명을 일으킬 수 있다. 그래야 서로 돕고 같이 사는 세상이 만들어질 수 있기 때문이다. 나와 남 사이에 벽을 쌓고 단절되면 쌍방 모두 존재할 수 없다. 여기서 '남'에는 사람뿐만이 아니라 이 우주 만물 모두를 포함시킬 수도 있다. 모두가 그물망network으로 구성되어 있다고 믿는 것이 중요하다. 왜 믿음이란 표현을 썼느냐 하면 눈에 보이지도 않고 아직은 그 존재 여부도 알려지지 않았지만, 그래야 그것으로 이해할 수 있는 부분이 많기 때문이다.

상보성 문제는 꿈과 현실을 조화시켜야 한다는 섬에서도 중요하다.

동물도 꿈을 꾸는지 모르지만, 나의 한 제자는 이와 관련하여 이런 속담을 말해 주었다. '거위는 무슨 꿈을 꾸는가? 옥수수 꿈을 꾼다.' 이 두 문장 안에 꿈은 소망의 충족이라는 이론이 담겨 있다.[14]

구속이란 공간적인 제한이며 명당은 좋은 공간을 의미한다. 공간과는 불가분의 관계에 있는 시간은 어떨까? 마찬가지로 시간을 강제로 조정한다는 것은 구속과 같은 것이 되고, 시간의 사용이 자유로운 것은 명당과 마찬가지로 사람들이 원하는 것이 된다.

북부 카메룬 팔리 족과 말리 도곤 족의 아프리카 문화는 독특한 신인 동형론적 상징주의에 기반을 두고 있다. 팔리 족의 경우 마을의 배치는 땅의 형상을 본떠 이루어진다. 윗부분은 머리, 아랫부분은 손발, 중심의 곡창지대는 성기를 상징한다. 곡창지대는 다시 사람의 형태에 따라 머리, 몸, 팔과 다리를 지닌다. 도곤 족 문화의 우주론적 상징주의에서 조물주인 암마는 우주와 양성兩性을 지닌 놈모라는 원시 쌍둥이를 잉태하기 위해 땅과 결혼한다. 이들로부터 네 명의 남자 조상과 네 명의 여자 조상이 탄생했으며, 이들은 스스로 수태하여 도곤 족의 조상을 잉태했다. 이 조상들이 바로 놈모의 화신들이었다. 이들 중 한 명이 세계를 조직하고 인류를 창조하기 위해 천상의 삶을 포기했고, 인류에게 여덟 개의 관절을 주었다고 한다. 이 관절들은 두게석우주적 창조의 씨앗들, 인간의 정신, 최초의 조상에 해당한다. 어깨와 엉덩이의 관절 두 쌍은 남성, 팔꿈치와 두 무릎의 관절 두 쌍은 여성을 의미하며, 각각의 종족을 상징한다. 혼인은 서로 다른 성性을 지닌 종족끼리만 이루어질 수 있었다. 도곤 족 마을의 배치는 이러한 구도를 반영하고 있다. 개인 주택은 가슴과 복부에 해당하는 지역을 차지하고, 공동체 영역은 발 부분에 해당한다. 월경을 하는 여자들의 집은 윗다리에 해당하고, 토구나마을 회관는 머리에 해당한다. 심지어 주택 자체도 신인 동형론적 상징주의를 내포하고 있다. 즉 부엌은 머리를 상징하고, 입구는 성기를, 식료품 저장실은 팔을 의미한다. 토구나 지붕 위의 필라스터는 팔을 들고 있는 인간 형상에 해당한다.[15]

사람과 자연 역시 상보성의 입장에서 보아야 한다.

21세기가 미래에 남겨 줄 유산은 인류의 미래가 고독의 시대가 된다는 것뿐일 것이다. 이 시대를 시작하면서 우리가 남길 유언은 다음과 같은 것이리라.

"여기저기 사용하지 않고 남겨 놓은 얼마 안 되는 야생 환경과 함께, 하와이의 합성 정글, 그리고 한때는 삼림으로 울창했던 아마존 잠목 지대를 우리는 당신들에게 유산으로 남깁니다. 당신들이 할 일은 유전공학으로 새로운 종류의 동식물을 창조하고 이들을 독립적인 인공 생태계에 적응시키는 것입니다. 우리는 이 임무가 불가능할지도 모른다는 사실을 이해합니다. 당신들 다수가 그런 일을 할 생각조차 혐오할지도 모른다는 사실을 우리는 확신합니다. 부디 행운이 있기를. 그리고 기술 발전 덕분에 그 시도가 성공한다고 해도 당신이 만들어 내는 것이 원래 창조되었던 것처럼 성공적일 수 없다는 사실을 유감으로 생각합니다. 과거에 존재했던 놀라운 세계를 보여 주는 시청각 자료를 받아 주십시오."[16]

대부분의 환경 과학자들은 그 대체가 너무 많이 이루어지면 '어머니 자연에 메스를 가하지 말라.'라는 사람들의 명령이 힘을 얻게 된다고 믿고 있다. 자연은 물론 우리의 어머니이자 또한 천부적인 힘이다. 자연은 30억 년 이상 진화해 왔고, 진화적 시간으로 보면 눈 깜짝할 기간인 뭍과 100만 년 선에야 우리를 낳았다. 원시적이면서 상처를 받기 쉬운 자연은 다 큰 자식들의 제멋대로인 입맛을 더 이상 참아 낼 수 없을 것이다.[17]

어머니인 땅, 지모地母 사상은 대체로 인류 공통의 사고방식이었다. 여기엔 오해의 소지가 있다. 어머니는 자애의 표본이지만 언제나 그런 것은 아니다. 땅은 엄부嚴父라는 아버지의 성격도 가지고 있다. '땅은 거짓도 없고 용서도 없다.'는 풍수 금언에서처럼 용서 없이 벌을 내리기도 한다.

점점 드문 곳이 되고 있는 야생 자연은, 자연과학과 생명공학을 통해서 객관적인 인식만을 획득하려는 인간에 예속되지 않고 독자적으로 존재한다. 오랫동안 인위적으로 제어될 수 없었던 신비로운 야생 자연은, 마치 맹수를 길들이는 사람과 한 마리 맹수의 관계처럼, 자연을 지배하려는 인간의 상상력을 자극했다. 그리하여 인간은 야생 자연을 그것이 나타내는 그대로 이용하기도 하고, 간혹 상징적이고 미학적인 특성을 그 자연에 부여하면서 길들이기도 했다.[18]

정원과 공원에서 맛보는 야생 상태는 일찍이 경험해 보지 못한 낯선 것이 아니다. 한때 정원은 나무들이 우거진 상징적인 공간을 만들어 내고, 그 극치인 희귀한 황홀경을 제공해 주었다. 범속하게는 한 공원 내의 모든 공간이 세심하게 관리되고 보존되었기 때문에 그곳에서 특정한 부분은 상대적으로 더욱 야생적으로 변했다. 게다가 윌리엄 로빈슨William Robinson과 거트루드 지킬Gertrude Jekyll 같은 조경가는 한여름의 이국적인 식물 대신에 생명력이 강한 다년생 식물을 활용하면서 정원 안에서 많은 창작의 자유를 구현했다. 그러므로 이 정원들은 충분히 그들을 만들어 낸 예술가들이 사용하는 관례적인 은유인 '야생적'이라는 형용사로 표현될 자격이 있다.[19]

카타르시스는 동조同調, synchronicity로도 설명할 수 있다. 무주에 가면 반딧불이의 군무群舞를 볼 수 있다. 수천 마리의 반딧불이가 처음에는 두서없이 반짝이다가 어느 순간부터는 몇 초 간격을 두며 똑같은 리듬으로 반짝이는 것을 목격할 수 있다. 동조 현상이다. 또 같은 직장에 다니는 동료나 친한 친구 사이인 여성들 사이에 월경 주기가 비슷해지는 현상도 동조로 설명할 수 있다.
이런 동조가 갖는 힘은 크다. 어느 순간 주파수가 같아지는 동조 현상은 공명을 일으켜 혼자서는 절대 이루어 낼 수 없는 강력한 힘을 형성한다. 이 힘은 다리를 무너뜨리기도 한다. 1940년 11월 미국 워싱턴의 타코마 해협의 철제 다리가 산들바람에 의해 공명이 일어나며 어이없이 무너져 버린 일이 그 예다.[20]

바보가 되려면 두 가지 방법이 있다. 하나는 진실이 아닌 것을 믿는 것이다. 다른 하나는 진실을 믿기를 거부하는 것이다. 철학자 키르케고르

위에서 제기한 수많은 문제들을 상보성의 관점에서 받아들인다면, 그것이 사실이냐 아니냐의 문제를 떠나서 마음 편하게 살 수 있도록 해 준다.

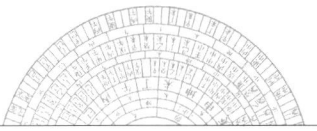

# 2부 도선 국사

# 4장  도선의 등장

## 1. 도선은 누구인가

　도선의 시대는 통일신라 왕조 혼란의 시발점이었다. 제36대 혜공왕의 시해로부터 시작된 정치적 혼란은 제42대 흥덕왕이 후사 없이 훙거薨去하자 왕위 계승을 둘러싼 내분이 본격화된다. 왕족 내 계파 간의 반목은 잦은 시해로 이어지게 되고, 이로 인한 혼란은 정치, 경제, 문화 등 모든 분야에 걸쳐 말기적 현상을 초래하게 된다.[1]

　그렇다면 도선은 누구인가?『한국사 대사전』은 도선 국사를 다음과 같이 설명하고 있다.[2]

　도선道詵, 흥덕왕 2년(827)~효공왕 2년(898): 신라 말기의 중. 속성俗姓은 김金, 영암靈岩 출신. 15세에 중이 되어 월유산 화엄사에서 대경大經을 신으로 추앙하였다.문성왕 8년(846) 그 후 수도 행각에 나서서 동리산의 혜철惠徹 대사에게 소위

129

무설설無說說 무법법無法法을 배워 크게 깨닫고, 23세에 천도사穿道寺에서 구계具戒, 불교 의식를 받았다. 한편 당나라에 건너가 일행一行 선사에게서 비법秘法을 배웠다고 하며, 음양지리설을 고려화하여 널리 보급시켜, 고려·조선을 통하여 큰 영향을 주었다. 그의 명성을 들은 사람들이 궁중으로 모셔 가니 도선은 왕에게 여러 가지로 정신적 영향을 준 후 다시 산으로 돌아왔다. 죽은 후 신라의 효공왕은 요공了空 선사라는 시호를 내렸다. 고려 시대의 국왕은 도선을 매우 숭배하여, 숙종은 대선사大禪師를 추증, 왕사王師의 호를 추가하고 인종은 선각 국사先覺國師의 존호를 각각 주었다.[3]

『국사 대사전』에는 도선이 중국에 유학했다는 사실은 기록되어 있지 않다. 사실이 그렇다. 반면 "도선은 운봉산雲峰山에다 굴을 파고 불도를 닦고, 태백산 앞에 움막을 치고 여름을 보내면서 수도 생활을 하다가 드디어 희양현曦陽縣 백계산白鷄山의 옥룡사玉龍寺에 자리 잡고 거기서 생을 마칠 뜻으로 말없이 수양하였다."라는 기록이 추가되어 있다.

또 이병도는 『한국사 대관』에서 이렇게 서술했다.

신라 말에 이르러서는 도선과 같은 풍수지리, 음양도참의 대가도 나왔었다. 도선은 즉 최치원과 동시대의 사람으로, 속성俗姓은 김씨, 만년에 백계산(지금의 광양 옥룡사에 머물러 효공왕 2년 72세로 입적한 이니, 그의 사상은 자세히 알 수 없으나, 대개 중국에서 기원 발달한 풍수지리와 음양도참 사상을 골자로 하여 지리쇠왕설地理衰旺說, 지리순역설地理順逆說 내지 비보설裨補說 을 주창하였던 것 같다. 지리산수는 곳에 따라 쇠왕이 있고 순역이 있으므로 왕처旺處, 순처順處를 택하여 거주할 것과 쇠처衰處, 역처逆處를 인위적으로 비보할 것을 말하여 일종의 비기도참서를 남겼던 것 같다. 후일 고려 시대에 성행한 『도선비기道詵秘記』 등은 내용 전체가 도선의 문자인지 아닌지는 알 수 없으나, 다소 그의 사상에 연원을 받은 것임은 틀림없을 것이다. 하여튼 그의 비기라고 칭하는 참서예언서가 그의 사후로부터 세상에 유전流轉되어 여지없이 미혹케 하는 일이 많았으니 고려 태조와 같은 이도 그의 설을 깊이 믿어 자손을 경계하는 「십훈요」 중에 산수의 순역을 추첨推占하여 지덕地德을 손박損薄치 말 것을 유훈하였다.[4]

이후에 나온 국사 책들도 이와 비슷하다. 대표적인 책의 도선 관련 내용 한 가지만 첨부한다.

호족들의 대두와 함께 널리 퍼지게 된 사상에는 또 풍수지리설이 있었다. 풍수지리설을 크게 선양한 것은 도선이었는데, 그는 불교의 선근공덕善根功德 사상에다가 또한 음양오행설 등을 결합해서 이를 폈던 것이다. 그에 의하면 지형이나 지세는 국가나 개인의 길흉과 밀접한 관계를 가지는 것이다. 지리에는 쇠왕이 있고 순역이 있는데, 왕처 순처 즉 명당을 택하여 양택주택이나 음택분묘을 지으면 국가나 개인이 행복을 누릴 수 있다. 반면에 쇠처나 역처는 불행을 가져다주므로 사람의 몸에 쑥을 놓고 뜸을 뜨듯이 비보사찰을 세워 재앙을 막아야 한다는 것이었다. 그는 반도를 백두산을 뿌리로 하고 가지가 뻗어 나간 나무로 비유하기도 하고, 혹은 배船 모양에 비기기도 하였다. 그리고, 전국의 각지를 돌아다니며, 산수의 쇠왕과 순역을 점쳤다고 전해지고 있다.

이 풍수지리설에 입각해서 각지의 호족들은 저마다 자기네의 근거지를 명당으로 생각하고, 그들의 호족으로서의 존재를 정당화하려고 하였던 것 같다. 송악 왕씨의 경우는 그 대표적인 예라고 할 수 있는데, 왕건의 후삼국 통일은 마치 송악의 지덕地德 탓인 것으로 믿어졌다. 즉, 왕건의 조상은 송악산에 소나무를 심어 이를 푸르게 하고 집을 그 남쪽으로 옮기면 자손 중에 삼한을 통일할 영웅이 나오리라는 풍수지리설을 그대로 믿어 실천했고, 그 결과로 왕건의 통일이 이루어진 것이라고 믿었다. 태조 자신도 풍수지리설의 돈독한 신자여서 그의 「십훈요」 제5조에는 "짐은 삼한 산천의 음덕에 힘입어서 대업을 이룩하였다."라고 할 정도였다.

모든 호족들은 저마다 자기들의 근거지를 명당으로 생각했겠지만, 그 세력의 크고 작음에 따라 명당에도 등급이 매겨졌을 것이다. 나무에 큰 꽃이 피는 곳에 비유된 대화세大花勢는 곧 가장 훌륭한 명당을 말하였다. 한편, 반대 세력의 근거지는 이를 역처逆處로 규정하였다. 태조가 「십훈요」 속에서 자기에게 끝까지 반항하던 후백제의 땅을 배역처背逆處라고 말한 것 같음은 그 대표적인 예에 속한다.[5]

더 나아가 도선을 풍수지리의 중요한 전기轉機로 보는 주장이 있다.

그렇다면 왜 고려 이후에 이르러 동방의 풍수지리가 도선에서 비롯되었다는 인식이 생기게 되었을까? 이러한 설화도선에 관한는 비록 사실은 아니지만, 통일신라에서 고려로 넘어가던 시기 우리나라 풍수지리에서 일어난 한 가지 중요한 변화를 반영하고 있다. 도선의 시기를 전후하여 우리나라 풍수지리의 위치와 역할이 크게 달라졌던 것이다. 즉 이 시기를 기점으로 이전 경주의 왕실과 귀족 사회에 국한되었던 것으로 보이는 풍수지리설이 호족 세력이 포진하고 있던 지방으로 확산되었으며, 더 나아가 통일신라 말기의 정치사상에서 커다란 역할을 하기 시작하였다. 그러한 변화의 중심에 도선이라는 인물이 서 있었던 것이다.[6]

그 이유는 물론 정치·사회적인 변화로 보았다는 점에서는 차이가 없다. 필자는 이를 개벽 사상이라 불렀다.

물론 일부 학자는 신라 원성왕재위 785~798의 화장火葬과 능묘에 관한 유명遺命을 기록하고 있는 경주 숭복사의 비문 내용을 근거로 하여, 신라 통일 이후 당과의 문화 교류가 잦아짐에 따라 풍수 사상이 들어오게 되었던 것이라고 보고 있다.[7] 도선에 의하여 처음으로 전래된 것은 아니므로 엄밀히 말하면 도선이 우리나라 풍수설의 원조가 될 수는 없고 다만 풍수 이론을 실험에 옮길 때에 맞추어서 고려 왕실의 개국자 일족에게 예언하여 두터운 존숭을 받았던 것에 지나지 않는다는 것이다. 그럼에도 불구하고 도선을 한국 풍수의 종조로 받드는 일반인들의 관행이 달라지는 것은 아니며, 사실 도선이 풍수에 미친 바 영향은 그런 정도의 대접을 받아 조금도 손색이 없다고 하여도 과언이 아니다.[8]

도선 국사의 실기實記를 말하기 전에 그의 출생지인 전남 영암군 군서면 일대 필자의 답사 기록부터 살펴본다.

## 2. 도선의 출생 배경

지금의 전남 영암군 군서면 동구림리와 서구림리에 걸쳐 있는 구림鳩林이라는 마을이 있다. 도선 국사가 태어났다고 해서 유명해진 곳인데, 근처에 왕인 박사 유적지가 있어 두 인물의 설화가 뒤섞여 있기도 하다.

도선의 풍수를 이해하기 위해서는 그의 고향을 볼 필요가 있다. 그의 고향 풍토는 그 무엇보다 도선 풍수필자가 말하는 자생 풍수의 근원이다.에 큰 영향을 미쳤을 것이기 때문이다. 그러나 이 역시 기록이 거의 없는 상황인지라 내부분 필자의 현장 답사 경험에 비추어 추론을 해 보는 수밖에는 없다.

광주에서 강진 방향 국도를 따라가다 보면 기이한 산세가 앞을 막아선다. 너무나도 유명한 국립공원 월출산이다. 산체山體가 크다고 할 수는 없다. 그러나 모습에서는 거인의 체취를 풍긴다. 그러면서도 이름은 미인의 그것이니 얼핏 생각하기에는 모순되게 보인다. 미인인 거인, 이것이 1970년 월출산을 처음 보았던 필자의 느낌이었다.

『동국여지승람』에 의하면 월출산이 있는 영암군의 옛 지명이 월나군月奈郡이었다고 한다. 월나, 달을 낳는다는 뜻인가. 실제로 고려 때 이 산 이름은 월생산月生山이었다. 물론 영암군에서 발행한 『마을 유래지由來誌』에는 월나와 영암이 반드시 동일 지역 범위는 아니었다고 지적하고 있기는 하지만 행정 지명으로서는 옳은 기록이라 여겨진다. 필자가 이 점을 지적하는 것은 산 이름에도 땅 이름에도 '달'이 들어 있다는 것을 강조하기 위해서이다. 달이 주는 정서를 바로 미인이자 거인의 그것으로 받아들일 수 있다고 주장한다면 지나친 주관일까?

달을 은유 대상으로 삼는 것은 동서고금에 두루 나타나는 일이라 '달 = 미인' 구도는 구태여 설명할 필요도 없다. 그러면서 달은 어디서나 보이고 온 누리를 비춘다. 그것은 바로 거인의 풍모가 아닐는지. 물론 달을 '따땅'의 어근으로 보는 사람도 있으나 이는 너무 건조한 느낌이 들어 썩 가슴에 와 닿지 않는다. 오히려 월출산을 우리나라 곳곳에 있는 달래산이라 이해한 주장이[9] 더 그럴듯해 보인다.

영암 기행은 도선을 찾기 위해 시작되었다. 그리고 그 답사에서 나는 도선을 만났다. 적어도 마음속에서는 그분을 뵌 것이다. 풍수를 말하는 사람치고 도선을 마음속에 품고 있지 않은 사람은 없다. 그는 우리 풍수의 시조이다. 나아가서는 우리 지리학의 비조鼻祖라 불러도 손색이 없다.

『신증동국여지승람』 「영암군」 '고적' 조에는 최씨원崔氏園을 다음과 같이 설명하고 있다. "최씨원은 군 서쪽 15리쯤에 있다. 세상에 전해지기를, 신라 사람 최씨 집 뜰에 오이가 열매를 맺었는데 길이가 한 자 남짓 되어 식구들이 그것을 매우 이상하게 생각했다. 마침 이 집 딸이 그 오이를 따 먹었더니 괴이하게도 임신이 되어 달이 차 아들을 낳았다. 그녀의 부모는 이 아이가 아비도 없이 태어난 것을 미워하여 대숲에 버리고 말았다. 여러 날 지난 뒤 그녀가 가서 보니, 비둘기와 독수리가 와서 아기를 날개로 덮어 지켜 주고 있는 것이 아닌가. 집으로 돌아와 그 얘기를 하니 부모도 이상히 여겨 데려다 기르게 되었다. 이 아이가 자라 머리를 깎고 스님이 되니, 이름이 도선이다. 그는 당나라에 들어가 일행 선사의 지리에 관한 이치를 배우고 돌아와, 산천을 돌아다니며 관찰함에 踏山觀水 신험神驗을 내보였다고 한다. 훗날 그곳을 구림鳩林 또는 비취飛鷲라 했다고 한다. 최유청崔惟淸이 지은 광양 옥룡리에 있는 옥룡사비도선본비를 상고하건대 도선의 어머니는 강씨라 하였는데, 여기에는 최씨라 하였으니 누가 옳은지 모르겠다. 이 지명은 지금도 남아 있으니 영암군 군서면 구림리가 바로 그곳이다.[10]

탄생 설화는 이 외에도 여러 가지가 있다. "도선 국사는 신라 흥덕왕 2년 전라남도 영암군 김씨의 성을 가진 집안에서 태어났다. 국사는 신라 제29대 태종무열왕의 서손庶孫이라는 말이 전해 오기는 하나[11] 그의 윗대 계보와 부조父祖에 관한 자세한 기록은 없다. 국사는 어머니 되는 최씨 부인이 어느 날 밤, 어떤 사람이 준 한 알의 밝은 구슬을 받아 삼킨 꿈을 꾼 뒤 잉태했다는 말이 전해 온다."[12]

영암문화원에서 발간한 『영암의 전설집』에는 이 얘기가 조금 다르게 소개되어 있다. 크게 보아 줄거리는 비슷하지만 예컨대 오이를 집어서 따 먹은 것이 아니라 성기동성짓골에 빨래하러 갔다가 떠내려오는 오이를 건져 먹은 것으로 되어 있는 식이다.[13] 처녀가 오이같이 길쭉한 과일이나 채소를 먹고 아이를 가졌다는 설화는 여러 곳에서 발견된다. 이것은 대체로 처녀가 혼전 정사를 했던 것이 전이되어 내려오는 얘기일 가능성이 높다. 말하자면 도선은 사생아였을지 모른다는 말이 되지만, 그것이 무슨 상관이란 말인가. 우리가 잘 몰라서 그렇지 옛날에 소위 첩의 자식, 사생아들 중에서 수많은 인물들이 배출되었음을 상기할 일이다.

문제는 그다음이다. 이 설화에서는 도선이 아비 없는 자식으로 놀림감이 되자 초수동 월암사라는 절로[14] 입산하였다가 당대唐代 중국 최고의 고승이었던 일행 선사의 부름을 받아 당나라로 유학을 떠난 것으로 되어 있다. 또 일행이 도선을 중국으로 불러들인 것은 이 국토와 도선이라는 기인이 중국에 해가 될 것을 두려워해서인 것으로 설명하고 있다. 중국은 이 나라의 산맥을 끊기 위하여 여러 가지 술책을 쓰지만, 도선은 백두산에 쇠 방아를 놓아 그를 방지했다는 것이 전설의 개요이다.

이 전설은 물론 사실이 아니다. 일행 선사의 생몰 연대가 서기 683년에서 727년인 데 비하여 도선 국사는 신라 흥덕왕 2년827에 나서 효공왕 원년898에 입적한 것으로 되어 있다. 그러므로 도선이 중국에 건너가 일행 문하에서 배웠다는 것은 말이 되지 않는다.

그런데도 필자는 이 전설의 내용을 중시한다. 여기서 필자가 주장하는 자생 풍수의 냄새를 강하게 맡을 수 있기 때문이다. 중국에 대한 자존 의식도 그러하고 그가 당시 최고의 지위를 가진 집안이 아니면 불가능했을 중국 유학승 출신이 아니라는 점도 그렇다. 그러나 보다 중요한 것은 정식 기록에서조차 도선의 풍수가 중국으로부터 수입된 풍수가 아닌 자생적인 풍수라는 짐작을 가게 하는 대목이 있다는 점이다.

지금 학계에서 「도선국사비문」에 나오는 내용을 근거로 풍수의 중국으로부터의 수입설을 주장하는 대목은 오히려 반대로 풍수 자생설의 근거로도 채택할 수 있다. 도선이 지리산 언저리에서 암자를 짓고 수도를 할 때 한 이인異人이 나타나 풍수를 전수해 주는 장면은 우선 풍수를 선종에 비하여 작은 기예니 천한 술법이니 하여 낮추는 대목에서도 짐작할 수 있는 것처럼 우리 전래의 것을 중국 것에 비하여 낮추어 기록하는 예에 비견할 수 있다. 그러나 하필이면 지리산 이인즉 기인이 풍수를 도선에게 가르친다는 것은 자생 풍수가 있었음을 증거하는 예라고 볼 수도 있다.

그런데 이인異人이란 용어는 다른 의미가 있다. "신라 화랑을 국선國仙이라 하고 그 교敎를 풍류風流라 한 것은 대개 분면粉面에 주리珠履[15]로 장식하고 산수를 찾아 가악歌樂으로 즐긴 데서 생긴 이름이다. 선가仙家라고 하는 것은 『해동전도록海東傳道錄』에 의상義湘, 도선이 다 선가 부류에 속하므로, 자세히 고구해 보면 그 연유를 알 수 있다.

우리나라 사람은 도술이 있는 사람을 보면 이인이라 하는데, 이인은 뜻이 좀 광범위하다. 의상과 도선은 세상에서 이승異僧이라고 한다. 의상이 지은 『청구비결靑丘秘訣』과 도선의 『옥룡비기玉龍秘記』는 다 풍수설로서 세간에 널리 숭신崇信되고 있다. 비결을 말하는 사람은 다 이인으로 일컫게 되고 또 방술方術을 하는 사람을 일러 선도仙道하는 사람이라고 하였다.

고려는 건국 초부터 팔관회가 행해졌는데 그 받드는 대상은 천제, 용왕, 산과 물의 신이었다. 이 제사를 주관하는 사람을 선가라고 한다."16

이에 의하면 도선의 자생 풍수는 넓게 보아 선가와 도교에 관련되어 있는 셈이다. 자생 풍수는 '땅에 관한 느낌感應地氣'을 중시하는데 선가와의 관련성을 주목하는 것은 상당한 근거가 있다.

도선이 태어난 곳이나 오래 머문 전남 광양 일대가 나주로부터 가까운 곳이므로 풍수 사상이 중국에서 곧바로 이곳에 전해졌을 것이라는 가설도 있으나, 나주와 광양은 그리 가까운 곳이 아니며 광양 백계사가 있던 곳은 지금도 오지에 속하므로 그런 가설은 설득력이 없다. 현장 답사를 중시하지 않는 실증주의의 한계랄 수 있을 것이다.17 또한 중국 문화가 왕성보나 먼저 이런 오지로 들어오게 되었다는 것은 지나친 억측이 아닐까 생각된다.

모래를 쌓아 산천 순역의 형세를 보여 주었다는 것이 바로 풍수의 신비성을 실감나게 표현하는 증거라고 생각하는 사람도 있는 모양이나, 당시의 사정을 이해하고 실제 답사를 통하여 풍수를 배워 본 적이 있는 사람이라면 오히려 다음과 같은 결론을 얻는 것이 더 상식에 가깝다. 즉 중국으로부터 유입된 수입 풍수라면 구태여 땅바닥에 모래를 쌓고 줄을 그어 설명하느니 직접 문서를 놓고 가르쳤을 것이며, 지금도 산에서 산세를 설명할 때에는 흔히 모래나 흙을 쌓거나 땅바닥에 그림을 그려 가르치는 방식을 취하는 것이 통례인 점을 알아야 한다. 현장 경험 없이 책상 위에서 추단할 수만은 없는 요소들이 많다는 점을 이해한다면 모래와 흙으로 지세 설명을 한다는 표현이 신비화하기 위한 것이 아니라는 사실을 이해할 수 있게 될 것이다.

풍수가 우리 자생의 것이 아니라 중국으로부터 수입된 것이라는 주장을 하는 학자 중에는 도선이 풍수를 배운 지리산 이인은 바로 그의 스승인 혜철惠徹이며 혜철은 중국 유학승 출신이므로 결국 우리나라의 풍수 시조로 알려진 도선의 풍수는 중국 것일 수밖에 없다는 논거를 대기도 한다. 그러나 그것은 조금만 깊이 생각하면 정반대의 해석이 나올 수도 있다. 왜냐하면 혜철은 구산선문九山禪門의 하나인 동리산파桐裏山派의 개조開祖쯤 되는 당대 고승이며 당시로서는 당당한 지식인인 중국 유학승 출신이다. 도선이 그런 혜철에게서 풍수를 배웠다면 무엇이 부끄러워 풍수 스승의 이름을 밝히지 않고 지리산 이인이라 표현했겠는가. 이인은 혜철이 아니라 지리산 언저리에서 나름대로 풍수를 연마한 무명의 한 자생 풍수 학인이었을 것이다.

그 이인은 도선이 중국 유학승 출신이자 당대 고승인 혜철의 제자라는 것을 알고는 자기가 익히고 있던 자생 풍수를 '작은 기예'니, '천한 술법'이니 하며 낮추었던 것이라고 생각하는 것이 맞는 추측일 것이다. 물론 도선이 혜철로부터 중국 풍수까지 익혔을 가능성은 있다. 그리고 자생 풍수와 중국 풍수를 함께 익힌 도선에 의하여 자생 풍수가 그 근본에 있어서는 중국 풍수와 다르지 않다는 것이 확인되고, 또 양자가 결부되어 그 후에 체계를 갖춘 우리 식 풍수, 즉 고려 풍수와 조선 풍수의 출발이 된 것이 아니겠느냐 하는 것이 필자의 생각이다.

도선에 의하여 제대로 자리를 잡은 우리 풍수는 몇 가지 점에서 중국 풍수와는 다른 특징을 가진다. 그중 가장 중요한 것이 아마도 비보裨補 관념일 것이다. 중국은 국토가 넓다. 명당을 찾다가 실패하면 다른 곳을 찾는다. 그러나 우리는 국토가 상대적으로 좁고, 게다가 '도처유명당到處有明堂'이라는 말처럼 풍토가 좋아서 명당을 찾는 데 급급할 필요가 없다. 그래서 조금 흠이 있는 땅은 비보를 하여 명당으로 만드는 특성을 갖게 된 것이 아닐까 한다. 특이하게 비보책을 밀교적 변용으로 이해하여 "밀교가 지닌 모든 사상을 융합할 수 있는 가능성의 장점과 밀교의 지령地靈 사상을 조화시켜 신라 말기 사회 실정에 알맞은 신앙 사상으로 승화시켜 제시한 것이 도선의 비보 사상이었다."는 주장은 타당성이 있다고 판단되어 기록해 둔다.[18] 필자는 밀교를 알지 못한다. 당시의 밀교가 선무외善無畏, 일행, 혜철, 도선으로 이어지는 태장계胎藏界의 계통이라고 불교학계에서 정리된 이상, 이 문제는 비보 사상 연구에 반드시 고려해야 할 것이다.

참고로 도선 국사가 남방南方 기운을 북돋우기 위하여 삼암사三巖寺를 세웠는데, 조계산 선암사, 영봉산 용암사, 월출산 운암사를 비보사찰로 세웠다는 이야기도 있다.[19]

삼암사로 불리는 위 세 사찰은 지리산을 정점으로 순천, 광양, 진주에서 세 솥발처럼 국토의 남방을 비보하게 된다. 13세기 중엽 박전지朴全之가 쓴 『용암사 중창기』에 이르기를 "옛적에 개국 조사祖師인 도선이 지리산주智異山主인 성모천왕聖母天王으로부터 만일 삼암사를 창건하면 삼한이 합하여 하나의 나라가 되고 선생이 서절로 그칠 것이라는 비밀스러운 부촉咐囑을 받았다. 이에 삼암사를 건립하였으니 그러므로 이 절이 나라에 큰 비보가 됨은 고금 사람들이 널리 아는 바이다."라고 하였다.[20]

월출산을 보려면 북쪽에서 들어오는 것이 좋고 도선을 만나려면 해남 쪽에서 들어가는 것이 좋다. 월출의 북사면이 거인이자 미인인 그의 모습을 제대로 드러내고 있다면, 해남에서 영암군 학산면을 지나 직접 구림리 지남평야로 들어가는 길가 모습은 우리 강산의 전형을 드러내 주고 있기에 그렇다. 멀리 병풍을 둘러친 듯한 월출산이 웅장하게 서 있고, 가까이에는 올망졸망한 둔덕들이 논밭의 두엄 더미처럼 웅크리고 있으며, 그 사이를 비집고 들어앉은 마을들은 마치 잔치 마당에 모여 있는 아낙들 품에 안긴 아기들처럼 안온하게 자리 잡고 있다. 이 길은 해남에서 나주로 가는 13번 국도를 타고 가다가 영암 읍내에 들어가기 전 강진군 성전면 영풍에서 꺾어 들어가면 된다.

이곳은 도선의 유적지뿐 아니라 일본에 『논어』와 『천자문』을 전하고 일본 아스카飛鳥 문화의 초석이 되었다고 알려진 왕인王仁 박사의 출생지이기도 하다. 그러나 현지에서의 두 사람에 관한 기록이나 설화는 상호 혼합되어 있는 것이 사실이다.[21]

구림 마을 조금 못 미쳐 성기동에는 왕인 박사 유적지가 깨끗하게 단장되어 있다. 입구인 백제문을 바라보며 오른쪽으로 돌아 조금만 오르면 작은 계류溪流와 성천聖泉이 나온다. 월출산 지맥인 주지봉에서 흐르는 성천이 이곳에서 평평한 반석과 샘을 이룬 것으로, 이곳에서도 역시 설화는 도선과 왕인을 뒤섞어 놓고 있다.

왕인 박사 얘기를 이 마을 고로古老들은 대부분 부인한다. "한 예로 현재까지 이름이 남아 있는 성기동, 구림 마을, 국사암 등은 도선 국사 탄생 설화에 똑같이 명기되어 있을 정도로 신빙성 있는 사료적 가치가 있음에도 불구하고 1980년대 일본인을 겨냥한 관광 개발 차원에서 왕인의 유적지로 왜곡시켜 우리 국민은 물론 외국인에게까지 우리의 올바른 역사를 알려 주지 못한다면 이는 민족의 수치이자 인식이 깨어나지 못한 저개발 국가의 국민이라는 소리를 면하지 못할 것이다. 이에 대한 재규명이 하루빨리 이루어져야 하리라고 본다."[22]

이 성천의 물은 바로 밑에 있는 구시바우구유 바위에 받아 두고 마셨다 하는데 음력 삼월삼진날 이 물을 마시고 이 물로 목욕을 하면 왕인 같은 성인을 낳는다는 전설이 전한다. 그런데 바로 그 구유처럼 생긴 구시바우 밑에는 계류가 소沼를 이루어 놓았기 때문에 좋은 목욕장 구실을 했다고 한다. 신라 말 도선의 어머니가 처녀 때 빨래를 하다가 물에 떠내려오는 푸른 오이를 먹고 임신했다는 전설의 장소가 바로 여기다. 지금도 샘에는 물이 고여 길손의 목을 축일 수 있도록 되어 있다. 물맛이 일품이다.

## 3. 도선의 편력

　도선과 주위 인물들은 많은 공통점을 가지고 있다. 그중 특기할 만한 공통점은, 필자가 도선에 의하여 정리된 자생 풍수를 개벽 사상에 연결시키는 가장 큰 이유이기도 한데, 그의 사상이 신라 말이라는 난세에 등장하여 상당한 역할을 했음에 기인한다. 그 자신 '말 없는 말, 법 없는 법無說之說 無法之法'이라는, 문자에 얽매이지 않는 선禪의 경지를 추구한 것과 마찬가지로 그의 자생 풍수는 중국으로부터 수입된 이론 풍수와는 달리 풍토 적응성에 역점을 두게 되기 때문에 지식층이 아닌 일반 대중들도 쉽사리 접근할 수 있었다. 게다가 그는 젊어서 15년간 두타행頭陀行이라 불리는 운수행각雲水行脚을 벌이며 국토 곳곳을 직접 답사했다. 이 답사를 통하여 그가 얻은 것은 민심의 동향과 우리나라 지형지세에 관한 세밀한 지식의 축적이다. 신라 말 이미 경주 중심의 국세國勢는 중부지방 호족들에게 들어가 있었고 민심 또한 한반도의 동남쪽 귀퉁이인 경주를 중심으로 생각하지는 않게 되었다.

　게다가 지형지세에 대한 파악은 군사 지리적으로 대단히 중요한 의미를 가진다. 제2차 세계대전 말기 일본의 소위 대본영은 미국과의 본토 대결전을 준비하면서 자신들이 유리한 첫 번째 조건으로 자기네 국토이기 때문에 지형을 숙지하고 있으므로 이길 수 있다는 것을 강조하고 있는 것에서 알 수 있는 것처럼 현대전이 그러할진대 옛날의 전쟁에서야 그 유리함이 어떠하리라는 것은 충분히 짐작할 수 있는 일이다.

　당시 도선은 오랜 국토 편력을 통해서 역사의 무대가 중앙 중심에서 지방 중심으로, 역사의 주인공이 중앙 귀족에서 지방 호족으로 바뀌고 있음을 실감하였다. 그는 장차 천명을 받아 특출한 자가 나올 것을 미리 알고 송악개성에 가서 왕건의 아버지인 용건의 집터를 잡아 주며 왕건의 출생과 고려의 건국을 예언하였고 왕건이 17세 되던 해에는 직접 송악에 가서 군을 통솔하고 진을 짜며 땅의 이치와 하늘의 계시를 알아내는 방법을 가르쳤다. 이러한 사실은 「도선본비道詵本碑」에 자세히 나와 있는데, 아마도 이는 그의 제자들의 행위였을 것으로 짐작된다.

여하튼 도선은 그의 자생 풍수 사상을 바탕으로 새로운 세상의 도래를 위한 준비를 하게 된 것이며 결국 그의 제자들에 의해 고려 개국이란 역사적 사건을 통하여 일차적으로 이를 완수하게 된다.

고려 개국에 결정적인 공헌을 한 사람들은 신숭겸, 홍유, 배현경, 복지겸 등의 무신과 경보와 같은 승려들이다. 이들이 어떤 식으로든 도선과 연결되어 있다는 것은 신라 말의 난세를 극복하고 개벽 세상을 맞으려는 그의 염원과 개국공신들의 뜻이 맥을 같이한다고 보기 때문이다.

평산 신申씨인 신숭겸은 본래 전라남도 곡성에서 태어나 뒤에 춘천으로 옮겨 터를 잡았다. 곡성은 태안사가 있는 곳으로 바로 도선 국사가 신라 구산선문 중 하나인 동리산파의 개조 혜철로부터 구족계를 받은 곳이다. 연배로 보아 신숭겸은 도선의 제자쯤 되는 사람으로부터 영향을 받았을 가능성이 높다. 현재도 태안사 입구 왼쪽에는 신숭겸 장군의 기적비가 서 있다.

신숭겸의 무덤은 춘천시 방동리에 있는데 이 또한 도선이 왕건을 위하여 잡아 준 것이라 하지만 시기적으로 믿을 바는 못 된다. 다만 그곳이 임금이 묻힐 자리이고 땅기운地氣이 대략 2500년 정도 이어질 것이라든가, 임진왜란 때의 신립 장군, 신사임당, 해공 신익희, 국무총리를 지낸 신현확 씨 등이 평산 신씨라는 사실을 이 무덤의 소응昭應에 빗대어 나도는 소문은 필자의 관심 분야는 아니다. 어찌 사람의 행위를 땅기운 덕이라고만 단정할 수 있겠는가. 그가 구림, 즉 구리리 출신이니 그 관련성은 충분하다고 볼 수 있겠다. 게다가 그는 도선이 35년이나 머물렀던 광양 옥룡사에도 있었고 그곳에 비문도 남아 있으니 관련성에 대한 것이 단지 추측만은 아닐 것이라 본다.

이런 자생 풍수의 개벽 사상은 새로운 세상을 일으키는 데는 적절하지만 새 왕조의 기틀을 다지는 데는 오히려 방해가 될 뿐이다. 이미 새 세상이 되었는데 누군가가 또다시 개벽을 꿈꾼다면 그것은 신왕조에 대한 반역이 될 것이기 때문이다. 그래서 자생 풍수는 왕조가 기틀을 잡을 무렵이면 산간이나 오지로 숨어들어 간신히 명맥만 유지하다가 난세가 되면 다시 고개를 드는 특징을 가질 수밖에 없다.[23]

## 4. 『도선비결』[24]

옥룡자玉龍子가 당나라 일행 선사에게 물어 가로되 '삼한의 산천이 어떻습니까?' 하니, 그가 대답하여 가로되 '간신이 나라에 가득 있고 이륙양신二六良臣이 명命도 아니 되어 죽고 산골짜기 속에 원혼이 산꽃과 더불어 붉고, 강 위의 굳센 혼懿魂은 호수와 더불어 푸를 것이다. 임진에 섬 오랑캐가 나라를 좀먹으면 송백松柏에[25] 의지하고, 병자에[26] 북쪽 오랑캐가 나라 안에 들끓으면 산에도 불리하고 물에도 불리하며 궁궁弓弓에[27] 이로울 것이다. 하나의 가지로 홀로 전해져 3대에 이어질 것이다. 양기 없는 임금이 어찌 어질 수가 있을 것이며 수염 많은 아우가 어떻게 운을 빼앗겠는가? 무신戊申에 이르러 들에 장수는 없는데 병사들만 있고 성안에는 임금이 고립되어 있다. 한 사람이 부질없이 말을 놀리면 세 고을이 놀란다. 임오년에는 부자父子의 은혜가 끊길 것이다. 빈 태虛胎를 가진 부인은 금빛 항아리金壺에 숨겨져 있다. 한 자짜리 베라도 나눌 수가 있으니 흰옷이 푸르게 될 것이다. 지혜로운 선비의 뜻이 이루어지지 않고 어리석은 지아비의 말이 어김없이 적중할 것이다. 여자 군주女主가 정사政事를 겸하니 갑의 죄를 을이 뒤집어쓰고 동쪽 이웃의 화를 서쪽 이웃이 당할 것이다. 후사가 없는 임금은 양면에 지위를 맡기고 아들이 있는 장수는 한 고을에 한가로이 누워 있다. 만약 성년聖年을 만나면 백학을 타고 우선 서쪽으로 가니 산도 아니고 들도 아니요非山非野, 푸른 옷을 입고 남쪽에서 오니 오랑캐도 아니요 왜적도 아니다.

인묘寅卯를 당하여 남쪽과 북쪽이 솥의 발처럼 서는 형세가 될 것이다. 오얏나무를 붙들어 주고 형극荊棘, 가시나무을 베고 나서 비로소 나라 그릇이 정해질 것이다. 한 나라가 편안해지니 어느 누구의 공인가. 오로지 전읍奠邑이 총명하고 신기하며 예지롭다. 군사를 서쪽 변방에서 일으키니 천자가 아름답게 여기도다. 세 이웃이 도우니 계룡산에 세 아들이 안전하게 도읍을 정할 것이다.

위는 모두 『정감록鄭鑑錄』에 포함시킬 수 있는 참위서라는 점은 앞서 밝힌 바 있다. 한 연구에 의하면 이런 글들은 영조 15년1739 직전에 유포된 것으로 보고 있으나,[28] 이 글에서 그것은 문제가 되지 않는다.

여기에 자생 풍수와는 좀 다르지만 민족주의적 색채가 강한 실상사實相寺를 소개하는 것은 의미 있는 일이라 생각한다. 좀 다르다는 것은 어느 정도 자생 풍수의 맥락을 이었다는 뜻이다. 이곳은 산간이면서도 평야이다. 특이한 곳으로 방어, 특히 왜구로부터의 방어가 중요한 곳이다. 이곳에 승려를 상주시키는 것도 비보의 일환으로 볼 수 있기 때문이다.

자생 풍수 답사기

# 민족주의 풍수 터, 실상사

　지리산 들어가는 길은 언제나 즐겁다. 간혹 너무 좋아하다가 산 아래서 올라가지도 못하고 술에 취하여 몸을 못 가누는 탈은 있지만, 그래도 좋은 곳이 지리산이다. 우리나라의 대표적인 오대토산五大土山, 덕산德山, 육산肉山인 지리산. 북으로부터 백두산, 묘향산, 오대산, 덕유산, 그리고 지리산을 지칭하는 말들이지만, 지리산은 말 그대로 너무나 후덕厚德한 산이다. 아니 산이라기보다는 거대한 땅덩어리다. 속세의 취객이 무어라 말할 수 있는 산이 아니기에 옛사람의 글을 인용하기로 한다.
　허백당虛白堂 성현成俔이 점필재 김종직金宗直의 「두류록頭流錄」 끝에 붙여 쓴 시인데 너무 길기 때문에 부분적으로밖에는 소개할 수가 없다.

　위아危峨롭고 높도다. 산이 둥글고 넓게 퍼져 있음이여. 아래로 땅을 누르고 위로 하늘에 닿았네. 뿌리가 몇천백 리나 서리었는지 내 모르거니와 우뚝하게 하늘 동남쪽에 중진重鎭이로구나. 원기元氣가 발설發洩되고 천기天機가 토했다 머금었다 하도다……. 푸른 이끼가 길에 가득하니 속인의 발자취 없어지고 그윽한 바위 끊어진 벼랑에 붙여 감실龕室 열렸네. 고아한 절을 우러러 보니 찬란한 금벽이 눈부셔라. 당번幢幡은 아득하게 비치고 종과 북소리 은은하게 들린다. 이 속에 마땅히 은군자隱君子 있어 검푸른 눈동자 푸른 머리털의 팽조彭祖 노수老聃 많으리라……. 세상 사람은 무엇 때문에 부귀만 생각하고 술에 빠지는가. 그대는 거기에 돌아가 누웠으니 운림雲林은 본성이 달게 여기던 바이네. 내 지금 속세의 그물에 떨어졌으니 허덕거림이 어찌 부끄럽지 않으랴. 마음으로는 그대와 함께 소원대로 좋은 땅 복지卜地하여 모암茅庵 얽고 싶었네…….

선계仙界의 절평絶評이 아닐 수 없다. 그러나 이보다 더한 유방선柳方善의 시구가 하나 있으니, "아마도 그 옛날 은자 살던 곳, 사람은 신선 되고 산은 비었는가疑是昔時隱者居 人或羽化山仍空."라는 대목이다. 무엇을 덧붙이랴. 그러나 안타까울 뿐이다. 근대화는 반풍수反風水를 부르고 반풍수는 신선을 불러내어 저 잣거리의 사주쟁이 도사를 만들어 버렸고, 산은 구취와 쓰레기로 가득 차 버리고 말았으니. 그저께는 맑게 갠 하늘 아래 강원도 영월에서 보내고 어제는 억수같이 쏟아지는 빗속에 전라도 김제의 들판을 헤맨 뒤 진안 마이산 밑에서 자고 지금 지리산 아래 실상사 경내에서 노스님의 말씀을 듣고 있으니, 이만하면 부러움 없는 삶이라 할 수 있는 것인지. 이슬 신선이야 어림없는 소리지만 석유 도사는 된 셈인가. 자동차로 동에 번쩍 서에 번쩍 하는 자신에 쓴 웃음이 지어진다.

남원에서 산내면 입석리의 실상사를 들어가는 길은 아직은 옛 풍모가 남아 있다. 그러나 휴일이나 휴가철에는 이 정도의 바람 냄새도 어려울 것이라는 짐작이 든다. 평일에 나다닐 수 있는 낙일거사落日居士가 유일하게 보람을 느낄 때이기도 하다.

실상사實相寺는 신라 흥덕왕 3년828 증각證覺, 기록에 따라서는 角이라고도 되어 있음 대사가 개창한 절이다. 증각 대사는 흔히 홍척洪陟 선사로 알려져 있는데 당나라 지장으로부터 법을 이어받고 귀국하여 이 절을 세웠다고 한다. 그리하여 2대 수철秀徹 화상을 거쳐 3대 편운片雲 대사에 이르러 크게 절을 중창하고 더욱 선풍을 떨치게 되었다. 그러나 세조 14년1468 화재를 입은 뒤로 근

200년 동안이나 폐사나 다름없이 근근이 사세를 이어 오다가 숙종 연간에 이르러서야 30여 동의 대가람을 이룰 수 있었다고 한다. 다시 고종 20년1883 대화재가 발생하여 50동이 소진되는 바람에 지금은 조그만 절이 되고 말았다. 지금의 주지인 혜광慧光 스님에 의하면 이 불은 인근 유생들과의 분쟁으로 인한 방화였다고 한다.

문제는 여기서부터인데, 이 절에 불이 나면 나라에 큰일이 일어난다는 혜광 스님의 주장이다. 더욱이 방심하여 들을 수 없는 사실은 이 절이 잘되면 우리나라는 번창하고 일본이 쇠망하며, 이 절이 퇴락하면 일본이 잘되고 우리나라가 쇠한다는 것이다.

사실 실상사는 민족주의적 풍수 사고와 풍수 설화가 이미 오래전부터 잘 알려져 온 사찰이다. 그것을 오늘 주지 스님으로부터 직접 듣게 된 셈이다. 그 구체적인 내용은 대략 다음과 같은 사실들이다.

첫째, 약사전藥師殿에 봉안되어 있는 철조여래조상보물 제41호이다. 이 불상은 수절 화상이 4000근이나 되는 철을 들여 주조한 높이 2.7미터이 신라 시대 걸작으로 평가된다. 여러 번의 화재를 겪었음에도 불구하고 훼손되지 않고 살아남은 까닭은 이것이 청동 제품이 아니라 철제이기 때문이란다. 육중한 규모의 이 무쇠 철불은 그러나 밑을 받치는 좌대가 없다. 그냥 맨땅에 그대로 세워져 있는 것이다. 그 이유가 일본을 겨냥한 풍수 때문이다.

이 철불은 그 시선을 지리산의 정상 주봉인 천왕봉에 두고 있다. 거기서 그 시선을 그대로 직선으로 연장하면 일본인들이 그들 민족의 성산聖山으로 받드는 후지산富士山에 연결이 된다. 즉 실상사 철불 — 지리산 천왕봉 — 일본의 후지산이 일직선으로 이어지는 셈이다. 대륙의 지령地靈 원기는 곤륜산에서 발원하여 3개의 가지를 뻗으며 동진東進한다. 그중 북쪽의 북룡北龍이 그 지기地氣

가 가장 좋은 것으로 평가받고 있으며, 이 기맥이 흘러 와 마루宗山를 만든 것이 바로 백두산이다. 그러니까 백두산의 자손인 한반도는 대륙 최고의 명당이 되는 것이다. 이 훌륭한 땅기운이 백두대간을 관류하며 남으로 남으로 내려와 그 최후의 힘을 뭉친 절맥처節脈處가 바로 지리산이다. 여기서 대륙의 기맥이 바다를 건너 일본으로 건너간다고 본 것이다.

이제 그것을 막기 위하여 땅에 거대한 쇠침을 박았으니 그것이 바로 이 철불인 것이다. 철불이 쇠침 역할을 하기 위해서는 그대로 맨땅에 박혀야 한다. 그래서 좌대를 놓지 않은 것이다. 이것은 민족 이기적인 풍수 책략은 아니다. 유사 이래 우리는 일본 땅을 넘본 적이 없다. 고려 때의 동정東征은 원나라의 강압에 의한 것이지 자의가 아니었다. 그러나 일본은 다르다. 국력이 좀 펴지기만 하면 우리 땅에 욕심을 낸다. 그러니 우리 입장에서는 그들의 국력 신장은 생존을 위협받는 일이 된다. 그래서 실상사 무쇠 철불과 같은 풍수 비방을 하게 된 것이다.

한 가지 재미있는 사실은 이와 유사한 설화들이 정읍·남원 일대에 민속으로도 더 있다는 점이다. 필자의 실지 조사가 이루어지지 않아 확언할 수는 없으나 이 일대 답사에서 수집한 얘기들에 의하면 지리산을 통하여 일본으로 들어가는 지기를 막기 위하여 숯가마를 설치한다거나 옹기가마를 설치한다는 식의 설화들이다. 지기의 일본행 통로인 기맥을 불로 지짐으로써 땅기운 전달을 차단해 보겠다는 생각인 것이다. 참으로 눈물겨운 민족 풍수이다.

둘째, 대웅전에 해당되는 보광전普光殿에는 별로 크지 않은 범종이 하나 설치되어 있다. 이 종 표면에는 일본 지도가 그려져 있는데 이는 그들의 중심부라 할 수 있는 간토關東 지방 부분을 매일 두들김으로써 역시 일본으로 흘러가는 지기를 교란하고 일본인들을 흔들어 놓기 위해서이다. 지금은 너무나 두들겨 그저 희미한 흔적밖에는 남아 있지를 않다. 역시 눈물겨운 배려가 아닐 수 없다. 몇 년 전만 하더라도 꽤 잘 알아볼 수 있었는데 이번에 가 보니 찾아보기가 쉽지 않았다.

셋째, 실상사가 잘되어야 일본이 크지를 못하기 때문에 경내의 지기를 잘 간수할 필요가 있다. 사실 실상사는 우리나라 대부분의 대찰들과는 달리 산기슭에 입지한 것이 아니라 산간 분지에 자리 잡고 있다. 그래서 산골인데도 불구하고 매우 평탄한 들판이라는 느낌을 갖게 한다. 그러니 땅기운이 빠져나간다는 생각을 할 수 있으리라. 그래서 그 기운을 잡아 두기 위하여 조성한 것이 보물 제37호로 지정되어 있는 보광전 앞뜰의 삼층 석탑 2기이다. 이를 중심으로 기의 의지처를 마련하여 줌으로써 기의 방사를 막자는 의도인 것이다.

넷째, 실상사 전면으로는 커다란 내가 허전한 분위기를 풍기며 흘러 나간다. 이 역시 기를 빼앗아 가는 역할을 하는 것으로 이해하여 방비를 했다는 것이다. 그것이 주지 스님이 말하는 두무소沼인데 찾을 수가 없었다. 다만 그 내를 따라 구시소, 배소, 서가소, 서낭소, 아랫서당소, 웃서덩소 들이 있는 것으로 보아 그중 하나가 인공으로 조성한 비보의 소沼임을 짐작할 수 있을 뿐이었다.

원래 실상사를 포함한 절 앞 들 일대는 지리산과 덕유산의 거대 산계가 만나 장대한 기의 소용돌이를 일으키는 지점이다. 또한 그 두 산계의 만남을 거시적으로 살펴 매화낙지형梅花落地形의 길지라는 평도 자자한 바가 있었다. 그 대표적인 표현체가 극락전이다. 이곳은 옛날부터 워낙 좋은 음택지로 소문이 났던 터인지라 사람들의 암장暗葬이 끊이지를 않았다. 지금 주지를 맡고 있는 혜광 스님이 이곳에 온 지 10년쯤 되는데 그 암장한 유골들을 직접 목격하였다고 한다. 어찌나 암장이 심했는지 극락전 밑에 콘크리트 바닥을 두텁게 하여 원천적으로 암장을 방지하는 시설을 할 정도였다.

명당에 대한 세상 사람들의 욕심이 이 지경에 이르렀던 것이다. 그러니 풍수가 타락하지 않을 수가 없었을 것이라는 짐작이 든다. 그러나 주의할 일이다. 이곳 극락전의 지기는 지극히 좋은 최상의 것이기는 하지만 한 개인이 감당할 수 있는 성격의 지기가 아니다. 공연한 욕심을 내어 만에 하나라도 이곳을 쓴다면 그 땅의 기운 때문에 남은 후손들은 견딜 수 없는 고통을 겪게 될 것이니 말이다. 일종의 기혈奇穴 개념인데, 이런 자리는 소위 천장지비처天藏地秘處라 하늘이 내려 주는 사람만이 쓸 수 있는 터이다. 게다가 이제는 만천하에 공개된 장소가 아닌가. 천장지비는커녕 삼척동자도 아는 터이다. 땅에 대한 과도한 욕심은 반드시 그 땅의 되돌려 줌을 받는 법이다.

# 5장 도선의 풍수 사상

## 1. 도선의 풍수는 자생 풍수인가

풍수지리설의 기원에 관한 논의에 관계없이 일반적으로 우리나라 풍수 사상의 조종祖宗으로 도선 국사를 꼽는 데는 이견이 없는 듯하다.

앞서 보았듯 도선의 생애에 대해서는 이설異說이 많은데 대개 신라 흥덕왕 2년827에 태어나서 효공왕 2년898까지 산 것으로 전해지고 있다. 또한 그의 풍수지리술 습득에 대해서는, 고려 의종 4년 왕명으로 최유청崔惟淸이 찬纂한 「옥룡사 선각국사비명玉龍寺先覺國師碑銘」에 따르면 지리산 자락에서 어떤 이인異人으로부터 배운 것으로 되어 있으며, 비슷한 시기에 이루어진 김관의金寬毅의 『편년통록編年通錄』에 의하면 도선이 당에 유학하여 일행의 지리법을 얻어 귀국한 것으로 되어 있다. 그러나 여기서 도선이 일행으로부터 직접 풍수설을 전수 받았다는 것은 사실이 아님은 이미 살펴보았다.

밀교 계통의 승려인 일행은 역상음양오행설曆象陰陽五行說에 정진하였던 사람이다. 당 개원開元 16년728에 현종의 칙명으로 연국공燕國公 장열張說 및 승려 홍사泓師와 함께 동진 시대 곽박郭璞의 『금낭경金囊經』을 주석할 때에 지세地勢의 설명에 실제의 사례를 드는 실증법을 사용함으로써 이후 풍수지리설이 광범위하게 유포되는 하나의 계기를 마련하였다. 뿐만 아니라 당 개원 12년724에 역시 칙명으로 남쪽은 교주交州로부터 북쪽은 철륵鐵勒에 이르기까지 각 지역의 위도를 측량하여 『구당서舊唐書』「율력지律曆志」에 편입된 『대연력大衍曆』을 저술하였다. 또 『신당서新唐書』「천문지天文志」를 보면 당나라 전체를 지세에 따라 양자강 유역을 화식지지貨殖之地, 황하 중하류 지역을 용문지지用文之地, 사천, 감숙, 섬서, 산남 지방을 용무지지用武之地 등의 셋으로 크게 구분하여 자연 환경을 관찰하였던 극히 과학적인 사람이었다.[1]

이 같은 일행의 지리 법술은 당나라에 유학했던 도선의 스승 혜철이나 또는 당시의 다른 선승들에 의해 도선에게 간접적으로 전해졌을 가능성은 충분히 있다. 왜냐하면 나말려초의 선승들은 본국에서 선법禪法을 전수한 다음에도 당나라에 가서 당의 선승으로부터 다시 인가를 받아 오는 것이 당시의 일반적인 풍조였으며, 선종에서는 교종에서와 같은 소의 경전이 없는 대신 면수面授를 중시하여 그 법통의 계보를 더욱 엄하게 따지고 있었기 때문에 대개 그의 전기에서 사자상승師資相承 관계 사실을 빠뜨리는 예가 거의 없는데 도선의 전기에서는 당에 갔었던 기록이 없기 때문이다.

그렇다면 과연 중국의 풍수술을 간접적으로 습득한 도선을 한국 풍수 사상의 비조로 볼 수 있겠느냐는 문제의 제기가 일견 타당성이 있는 것처럼 보이기는 한다. 그러나 단순히 중국으로부터의 풍수 전적을 들여온 사람을 한국 풍수의 비조로 삼는다는 것은 더 큰 무리일 것 같다.

도선이 비록 간접적으로 중국 풍수의 이론을 배웠다 할지라도 그는 한반도 전역을 답사한 경험을 통하여 국토에 관한 각종 비기秘記와 답산가踏山歌를 남겼다. 그의 풍수 사상은 한반도 산천의 형세를 유기적으로 파악하였다는 데 그 중요함이 있다. 단순한 이론의 습득이 아닌 이 같은 국토 공간에 대한 경험적 풍수 이론의 적용이 도선을 우리나라 풍수 사상의 원조로 삼을 수 있는 근거가 되는 셈이다. 어쨌든 중국으로부터 풍수지리 관련 서적이 전래된 이래 고대 한국의 많은 선승들이 사찰이나 부도의 입지와 관련하여 풍수 술법을 익히고 있었던 것은 틀림없기 때문에 도선을 우리나라 풍수 사상의 원조로 인정하느냐 하지 않느냐 하는 문제는 그가 한반도 전역을 답사하고 내놓은 비보염승풍수론裨補厭勝風水論을[2] 어느 정도로 평가해 주느냐에 달려 있다고 생각한다.

## 2. 도선 풍수 사상의 특징

오늘날 남아 있는 도선에 관한 자료는 양적으로는 상당수에 달하고 있으나, 그 대부분이 후세에 윤색되어 있거나 가작假作된 것이어서 사료로서의 가치는 적은 것이 많다. 예컨대 고려 태조의「훈요십조訓要十條」, 최유청崔惟淸의『옥룡사왕사도선가봉선각국사교서급관고玉龍寺王師道詵加封先覺國師敎書及官誥』, 김관의金寬毅의『편년통록編年通錄』, 민지閔漬의『본조편년강목本朝編年綱目』및『용비어천가龍飛御天歌』,『세종실록지리지世宗實錄地理志』등의 내용은 모두 고려 왕실과의 관계나 풍수지리설의 전래에 관한 것일 뿐이며, 기타『동국여지승람東國輿地勝覽』이나『조선사찰사료朝鮮寺刹史料』등에 실린 도선 관련 기사는 그대로 신빙하기 어려운 허황된 기록뿐으로 사료적 가치가 대단히 적다. 그러한 자료 가운데에서 가장 상세하고 종합적이며 사료적 가치가 높은 것은 최유청의『백계산옥룡사증시선각국사비명병서白鷄山玉龍寺贈諡先覺國師碑銘竝序』가 유일한 것이다.[3]

이런 자료들에 의존하여 그의 풍수 사상의 특징을 정리한다는 것은 매우 어려운 일이 아닐 수 없다. 그러나 그것이 한국 풍수의 초창기였고 또한 이후의 풍수 사상에 결정적인 영향을 미쳤음은 물론, 크게는 한국 풍수 사상의 전반적인 특성을 규정짓는 것으로 생각된다.

우선 도선의 풍수 사상은 생활에 바탕을 둔 경험 지리학이라는 점이다. 민지의 『본조편년강목』에 이르기를 "태조 나이 열일곱에 도선이 다시 뵙기를 청하여 '족하足下가 백육지운百六之運에 응하여 천부명허天府名墟에 태어났으니 삼계三戒의 창생이 그대의 넓은 구제를 기다린다.'라고 말하면서, 인因하여 출사出師, 치진置陣, 지리地理, 천시天時의 법과 산천에 망질望秩하여 감통보우感通保佑하는 이치를 가르쳐 주었다."라고 하였다. 출사, 치진의 방법은 신라 말의 혼란한 사회 상황에서 일족일촌一族一村의 생멸에 관계되는 중대사이기 때문에 그것이 단순한 미신적 유희였을 수는 없었을 것이다. 나아가 지리와 천시의 법은 말 그대로 땅의 이치를 파악하여 원하는 바 입지를 최적의 장소로 삼고, 천후天候를 살피고 예견하여 가장 적절한 때를 선택할 수 있는 방법으로서, 이 또한 경험 과학적이지 않을 수 없는 것이다.

그의 경험 지리학적 특성은 개성의 지세 설명과 국토 전반에 대한 지리적 특성을 요약한 대목에서도 읽을 수 있다. 오관산으로부터 송악에 이어져 개경開京의 양기陽基를 여는 지세적 설명을 하면서 수모목간水母木幹이란 표현을 하였는데, 우리 국토의 골격인 산맥이 북쪽 백두산에서 발원하여 동쪽을 등마루로 하고 있다는 것을 수모목간 혹은 수근목간水根木幹이라 표현한 것으로 짐작된다. 이것은 오행에서 수水가 북北, 목木이 동東을 나타내는 것으로 미루어 북고남저, 동고서저의 한반도 지체 구조地體構造를 지모상地貌上으로 파악하고 있음을 뜻한다. 한반도를 포함한 동아시아 지형은 경동지괴傾動地塊로, 대체로 서울-원산을 연결하는 추가령 구조곡을 경계로 하여 앞서 말한 북고남저, 동고서저의 지형인 것이 사실이다.

어떤 면에서 수와 목을 훈독 그대로 물과 나무를 근간처럼 중시하라는 경구로 받아들일 수도 있다. 개경은 그 후 여러 술사와 지리가地理家 부류가 모든 풍수적 조건이 완비된 땅이라고는 했지만, 물의 부족은 숨길 수 없는 사실이기 때문에 물의 함양과 땔감을 위하여 소나무를 심고 가꾸라는 도선의 지적이 그렇게 표현된 것으로 볼 수도 있다는 뜻이다. 당시의 풍수지리설에는 자생 풍수의 경험적 전통이 그대로 남아 있었고 중국 풍수의 유입은 아직 초기였기에 가능한 일이다.

이 같은 합리성이 가장 잘 나타나는 것이 국토 공간의 중심적 위치를 한반도 동남단에 편향된 경주로부터 중부지방으로 옮기고자 했던 신라 말 선승들의 주장이었다.

그들은 중국의 일행이 행한 지리적 경험을 도입하여 자생 풍수에 접목·보강함으로써, 당시의 혼란된 정치·사회적 풍토를 정리해 보고자 노력을 기울였던 만큼, 객관성이나 합리성을 지니고 있었으리라는 점은 쉽게 생각할 수 있는 일이다.

## 3. 『도선답산가』와[4] 『옥룡자유세비록』[5]

『도선답산가道詵踏山歌』는 풍수 논리라는 측면에서 볼 때, 매우 초보적이고 간략하기도 하지만 그 내용 자체도 지나치게 단순하고 소박한 면이 있다. 그러나 그것이 오히려 초기 자생 풍수의 일단을 엿볼 수 있는 근거가 된다는 점에서는 확실히 의미가 있다. 더구나 이런 기초적이고 단순한 내용의 풍수 이론이 도선이라는 풍수 비조를 앞세워 지금까지 유통될 수 있었다는 것은, 이 자료가 나름대로의 가치를 지니고 있기 때문이 아닌가 생각된다.

『도선답산가』에서는 크게 형세와 방위, 특히 형세에 관련되는 형국론을 중점적으로 다루고 있다. 형세에 있어서는 청룡 백호, 주작, 현무 등 사신사四神砂의 모양새를 주로 언급하고 있는바, 그것은 공간 인식을[6] 상징성의 지각 구조

아래서 다루고 있는 특징이 나타난다.

경험에 의하여 인지되는 세계란 형태와 색조 등에 의하여 체험되는 세계, 다시 말하여 우리의 시야에 가시적으로 확인되어 그 해독解讀을 기다리는 경관이다. 그런데 이러한 경험, 더 정확히는 일상생활 경험이란 개인적인 것이며 따라서 주관적이다.

이는 매우 중요한 대목이다. 지금까지도 풍수의 가장 중요한 대목이 바로 터에 대한 선호 주관성이기 때문이다. 누구는 분지 지형을 좋아하고 또 누구는 산지에서 평온함을 느낀다면 명당의 객관적 조건을 세우기는 매우 어렵게 된다. 이 점이 풍수를 현대 학문의 반열에 올리지 못하는 이유가 되기도 한다. 결국 명당은 자신이 찾아야 혹은 만들어야 한다는 논리가 된다. 이 점은 결론에서 정리하기로 한다.

그런데 경관이나 장소가 개인에 따라 다른 의미로 받아들여진다는 것은 그것을 텍스트 자체로서 설정할 수 있게 한다. 이렇게 볼 때 경관이 가진 개념적인 의미보다 경관을 어떤 맥락으로 접근하는가가 더욱 중요한 방법론적 문제가 된다.

즉 텍스트로서의 경관을 설정할 때, 그것은 어떤 특정의 부호라는 형태로 그 해독자에게 전달되며, 그 해독자는 어떤 문화적 맥락 속에서 그것을 해독할 것을 요구받게 된다. 해독한다는 것은 읽는 사람이 어떠한 문화·사회·역사적 배경을 통해 텍스트로서의 경관에서 의미를 만들어 냄을 뜻하며 이것은 경험적 세계를 이해한다는 방법론과도 부합한다.[7]

위의 관점에서 볼 때 풍수는 땅에 대한 당시 사람들의 인식을 가늠해 볼 수 있는 가장 좋은 지표일 수 있으며 『도선답산가』에 나타나는바 형국에 대한 기술도 그러한 맥락에서 중요성을 이해할 수 있다. 그러나 이 글에서 해독의 문제가 그렇게 간단한 것만은 아니라는 어려움은 그대로 남아 있는 셈이다. 예컨대 '건감입수乾坎入首'라든가 '계축산하癸丑山下'라든가 하는 구절은 그 용어 자체가 매우 세련된 것이라는 점 외에도, 그것이 구체적으로 어떤 장소를 대상으로 하여 얘기되었는가 하는 것이 선결되지 않는 한, 깊이 있게 말하기는 무척 어려운 내용인 것이다. 따라서 이 글에서는 형세에 관련된 형국만을 살펴볼 수밖에 없다.

『도선답산가』가 제시하는 명당 주변 국면의 형세는 크게 두 가지로 분류된다. 그 하나는 전반적인 국세局勢 설명이고, 다른 하나는 후반의 세부 지세에 대한 상황 인식이다.

전체 국면의 설명은 필자가 『한국의 풍수 사상』에서 설명한 바 있는데[8] 그와 거의 같다. 즉 산수상보山水相補한 조화, 균형 잡힌 땅에 사람의 마음을 지각상 포근히 감싸 줄 수 있는 유정有情한 곳, 그러나 속된 기가 흐르지 않는 성소聖所로 정리된다. 특히 사신사와 그들에 의해 둘러싸인 명당에 관한 대목은 풍수의 일반 원칙을 그대로 받아들이고 있다. 게다가 당시 풍수가 개인의 발복을 추구하는 이기적인 잡술로서의 음택풍수 위주가 아니라 '명당가득용만마明堂可得容萬馬'[9] 따위의 구절에서 누차 드러나는 것처럼 삶터 잡기인 양기풍수陽基風水에 중점을 두고 있음도 잘 나타나고 있다.

또 하나 『도선답산가』의 특징은 유물석類物的인 시세 해석을 취하고 있다는 점이다. 예컨대 '흉한 돌은 도병刀兵'이라든가, '층층이 봉우리를 이루니 대대로 등과登科하겠구나.' 따위가 그런 것인데 본문의 상당 부분이 그런 식이다. 유물적 지세 해석 방식은 풍수 형국론에 직결되며 이는 한국 풍수의 한 큰 특징이기도 하다.

처음에 도선이 송경松京에 도읍을 정할 때에 산천을 두루 돌아보고 나서 "이곳이 앞으로 800년 동안 이 나라 운수를 지탱할 곳이니 축하할 일이로다."라고 말하였으나, 조금 있다가 동남쪽에 안개가 개이면서 한양의 삼각산이 우뚝하게 넘어다 보였다. 이를 바라보며 도선이 탄식하여 말하기를 "저 삼각산 봉우리가 진방辰方

에 있어서 마치 도둑놈의 깃발처럼 되었으니 400년이 지나면 이 나라의 큰 운수는 저 산 밑으로 옮겨 갈 것이로다."라 말하고, 일흔다섯 마리의 석견石犬을 만들어 진방을 향해 세워서 마치 도둑놈을 지키는 형용을 만들어 놓았다. 그 뒤에 고려는 과연 475년 만에 망해 버렸다.

위의 인용문에서도 도선식의 유물적 지세 해석을 읽을 수 있다. 특히 이것은 이러한 유물적 해석이 그의 비보 풍수로 이행되어 가는 과정을 볼 수 있다는 점에서 흥미롭다.

지형과 지세를 있는 그대로 둔 채, 그 영향을 직접 받아들인다고 보았던 서양의 오랜 지리 사상의 전통인 환경 결정론environmental determinism에 비해서는 훨씬 가능론possibilism적 입장에 가깝다고 생각된다. 경관을 주체적으로 본다는 점에서도 그러하고, 이른바 '신이 할 바를 빼앗고 천명을 바꾼다脫神工 改天命.'는 풍수의 적극성에 있어서도 흥미가 새로운 부분이다. 좀 억지스럽기는 하지만 도선 풍수의 한 특징으로 주체적 적극성을 꼽을 수 있는 대목이기도 하다.

『옥룡자유세비록玉龍子遊世祕錄』에서는 다음과 같은 도선 풍수의 특성을 찾아볼 수 있다.

첫째로 도참식 표현 방법을 자주 원용하고 있다는 점이다. 그런 대표적인 예로는 "주인을 찾자 하니 목복성木卜姓의 땅이로다", "주인봉主人峰 자세 보니 목자천년木子千年 분명하다."에서와 같이 박씨朴氏를 목복성木卜姓, 이씨李氏를 목자木子로 표현하는 것과 같은 파자破字[10] 양식은 도참의 전형이다.

또 "벽송사碧松寺 전후국前後局은 병화불입兵火不入하리로다", "산고곡심山高谷深하여 병화불입 허다하다."라는 구절들은 대표적 도참서인 『정감록』「감결鑑訣」의 보신지지保身之地에 해당된다. 도참은 본시 말세에 새로운 인물, 새로운 시대의 출현과 도래를 예고하는 동시에 그럴 때의 보신책을 가르치는 것이 본령

이기 때문에, 도선의 풍수 사상에 도참이 깊이 내포되어 있었을 것으로 추단하는 것은 상당한 합리성을 가진다.

둘째로 윤리성을 꼽을 수 있다. 수많은 사례들이 등장하는데, 한마디로『주역』이 가르치는바 '적선지가 필유여경積善之家 必有餘慶'임을 강조하는 내용들이다. 그러나 풍수의 윤리성을 해석하는 일은 결코 단순하지 않다. 물론 풍수에 대한 믿음이 신앙의 차원에까지 달한 우리나라 같은 곳에서는 그 순기능에 대해 굳이 강조할 필요도 없을 것이다. 나쁜 짓을 했으면 아무리 명지관을 동원해도 좋은 땅을 얻지 못하며, 적선·적덕을 하면 어느 곳에 몸을 뉘어도 그곳이 길지라는 풍수 윤리는 사람들에게 매우 강렬한 규범의 기준이 되었을 것이기 때문이다.

그럼에도 불구하고 풍수의 존립 기반을 그 윤리성이 위협하고 있다는 것은 역설적인 문제를 내포한다. 무슨 말인가 하면 인성의 선악이 명당·길지 선정의 기준이라고 한다면 좋은 땅이 천리天理에 의해서 주어질 것인데 지리地理가 무슨 소용에 닿을 것인가 하는 지적이다.

만일 선함으로 인생을 일이관지一以貫之할 수 있다면 풍수는 필요 없다. 그러나 인간이 그럴 수 없다는 것도 부인할 수 없는 사실이다. 그러므로 선업을 쌓으라는 의도성과 '개천명 탈신공'할 수 있다는 적극성, 그리고 모자라는 선덕을 지기로 보완할 수 있다는 천지인 조화관이 그러한 문제에 대한 대답의 일단이 될 수 있다고 생각한다.

셋째는 풍수가 지니고 있는 음양오행설을 중시하는 특성이다. 음양오행설은 천지인 상관론에 입각한 전형적인 동양적 조화 사상으로 보아도 무방한 사고 관념이다. 그러면서도 이것이 들어와서는 수비학적數秘學的이고 비술적인 변용을 많이 하기도 한다. 내용에 있어서는 주로 오행의 상생 관계와 음양의 조화 관계를 직접적으로 묘사한 대목들이 많이 나온다. 특히 와窩, 겸鉗, 유乳, 돌突 등 혈형사대격穴形四大格에 관련된 사용 빈도가 아주 높은 편이다.

음중陰中에 양陽이 있고 양중陽中에 음陰이 있기 때문에 태양太陽, 소양少陽, 태음太陰, 소음少陰의 사상四象이 생기게 되는데, 그 형체가 혈형에서는 와겸유돌의 혈형사대격이 되는 것이다. 이것이 다시 36형形, 365체體, 389상象 등의 변태變態를 파생하게 되지만 결국 혈형사대격에 기본을 두고 있는 것인 만큼, 와·겸·유·돌의 혈형사대격의 이해만으로도 혈형의 대략은 파악할 수 있다.

혈형은 음양의 원리를 기본으로 삼게 되는바, 실제 상지相地 시에는 지형의 요철에 의하여 음양을 구분하게 된다. 용맥龍脈이 도톰하게 철형凸形으로 튀어나온 손바닥을 엎은 모양覆掌形을 양이라 하고, 오목하게 요형凹形으로 들어간 모양仰掌形을 양이라 한다.

사격 중 와와 겸은 그 훈訓에서 나타나는 것처럼 '감춘다', '목 사슬' 등과 같이 요형凹形이므로 양혈陽穴이 되고, 유와 돌은 철형凸形이 된다. 따라서 음맥이 오는 아래에 와, 겸의 양혈이 있어야 하고 양맥이 오는 아래에 유, 돌의 음혈이 생기는 것이니, 이는 '양래음수 음래양수陽來陰受 陰來陽受'하는 이치이다.

이것은 음양론상의 설명이나, 실제 상지에 있어서 지모地貌의 이 같은 형세는 조화의 관념에서 비롯된 것임을 쉽게 알 수 있다. 즉 높은 산지에서는 오목하게 들어간 곳이라야 아늑하고, 평야에서는 좀 튀어나온 곳이라야 답답하지가 않다. 또 명당이 와나 겸인 곳에서는 혈처는 유나 돌이 되어야 하는데 그렇지 못하면 비가 많이 올 때 명당이 요지凹地이기 때문에 침수를 면키 어렵다. 이것이 바로 음양의 조화란 것이다.

따라서 도선 풍수가 음양을 강조하는 것은 고답적인 논리의 강변이 아니라 경험에서 우러나온 합리적 판단의 결과로 해석하는 것이 타당하다. 이처럼 풍수에서는 사실은 합리적 지리학 이론이면서도 그 표현에서는 비술적 용어를 대량 사용함으로써 현대인의 접근을 어렵게 하는 일들이 부지기수이다. 그렇기 때문에 풍수에서는 그 용어가 포함하고 있는 본질적 의미를 간취할 필요가 있다.

넷째로 적극성을 꼽을 수 있다. "혈중穴中에 물 있거든 보토補土하고 장사葬事하소서."에서와 같이 '혈중생수穴中生水'는 풍수 금기 중에서도 가장 피하는 금기임에도 불구하고 다른 조건이 갖추어졌다면 보토해서라도 사용할 수 있다는 주장은 상당한 적극성의 발로이다. 이는 넓게 보아 비보와 유사한 점이다. 이와 함께 풍수의 상지점혈相地占穴이 후손에 결정적인 영향을 미친다는 표현도 자주 나온다. 따라서 그 적극성은 분명하지만 논리성과의 불일치는 문제다. 그러나 이런 경우에는 그야말로 하늘이 낸 사람인 공자나 요순을 거론함으로써 배반적 논리를 호도하는 재주를 부리고 있을 뿐, 적극성이란 특성에는 변함이 없다.

끝으로 엄밀성과 중용성인데, 혈처의 깊이를 말하는 대목 같은 데서 침을 어느 정도 깊이까지 찔러야 되는지 등 침구법으로 이를 비유하는 내용이 엄밀성에 관련된다고 볼 수는 있지만, 상당히 교활한 측면이 있음을 부인하기는 어렵다. 또한 풍수를 공부하는 태도와 방법에 있어서도 자주 엄밀성을 추구하는 내용이 나온다. 그리고 이론과 답사를 겸전兼全하라는 가르침에서는 중용성을 읽을 수 있거니와, '언적묵적言敵黙敵, 말이 많아서도 안 되고 말이 없어서도 안 된다는 뜻'이란 표현에서도 그것을 감지할 수 있다.[11] 그러나 무엇보다 중요한 것은 자생 풍수가 지닌 비보성이다. 그것은 물론 사랑을 바탕으로 한 것이어야 하지만 자연에 대한 인간의 적극적인 개입이다.

자생 풍수의 특징

## 비보성: 고침의 지리학

프로이트가 쾌락이나 성을 향한 인간의 본능적 욕구를 말하고, 아들러가 권력을 향한 인간의 본능적 욕구를 이야기했다면, 프랑클Viktor Frankl은 의미를 향한 의지가 지금 인간 모습을 창출해 낸 힘이라고 말한다. 그는 우리가 욕구와 의미에 휘둘리고 생물학이나 환경의 영향을 받는다는 점을 부인하진 않았지만, 인간이 특정한 가치나 진로를 선택하고 어려운 상황에서도 존엄성을 유지하도록 해 주는 '자유의지'를 잊어서는 안 된다고 강조했다.[12]

인간은 자신의 의지로 환경을 변화시킬 수 있다. 땅에도 인간의 의지가 반영된다. 너무 반영되어 '환경오염'에까지 이른 것은 돌이키기 힘든 실수지만, 그 의지로 개선의 여지가 있다는 점도 상기해 볼 일이다. 줄잡아 2000년 동안이나 찾아낸 명당이 아직도 한반도에 남아 있을 가능성은 0에 가깝다. 게다가 백두산의 영기를 이어야 할 백두대간은 수없이 많은 곳에서 끊겼기에 전통적인 풍수 이론상으로도 명당은 없는 셈이다. 현재 우리가 할 수 있는 일은 '명당을 찾는 것이 아니라, 명당을 만들어야 한다.'는 상황이다. 비보裨補라는 풍수 방책은 이런 맥락에서 이해되어야 한다.

비보가 자생 풍수에만 있는 것은 물론 아니다. 다만 중국보다는 우리나라 풍수에 훨씬 더 많이 등장하기 때문에 자생 풍수의 한 특성으로 보았다. 예컨대 중국의 경우, "원향당遠香堂 남쪽에서는 소복성 야원영冶園營에 소속된 오현향산방조원嗚縣香山幇造園 공인들이 황석黃石으로 인공 동산을 만들고 있었다.

이것은 정원에 들어서는 사람들이 내부를 한눈에 들여다보지 못하게 하는 일종의 병풍 역할을 하는데, 일단 이 인공 동산을 돌아가기만 하면 탁 트인 느낌이 배가되었다. 이러한 방법이 바로 소주 원림에서 흔히 볼 수 있는 욕양선억欲揚先抑, 돋보이게 하기 위해 먼저 억누름이라는 설계 방법이다."라는 예가[13] 그렇다.

사실 비보란 인간의 심리에 교묘한 작용을 하는 매우 인간적인 조치라 할 수 있다. 내 고향 집에서 본 비보의 한 예이다.고향이란 표현에는 설명이 필요하다. 내가 나서 자란 그곳은 동대문구 용두동이지만, 어린 시절 그러니까 1950년대에는 사실상 시골이나 마찬가지였다. 그래서 서울이지만 나는 그곳을 주저하지 않고 고향이라 부른다. 지금도 큰댁이 있는 서울 용두동 골목집은 내가 태어난 곳이기도 하니 어언 60년의 세월이 넘었다. 그 골목 어느 귀퉁이에 쓰레기가 쌓였다. 아무리 경고문을 붙이고 동네 사람들이 감시를 하여도 쓰레기는 줄지 않았다. 어느 날 형님이 말끔하게 쓰레기를 치우고 그곳에 화단을 만들었다. 놀랍게도 이후 쓰레기는 일절 쌓이지 않았다.

이런 현상은 여러 곳에서 관찰된다. 책을 보니 이것을 대조효과contrast principle라고 한단다. 앞서 인식한 사물과 뒤에 인식된 사물이 어떤 면에서 큰 차이를 보일 경우, 그 두 사물의 차이가 실제보다 크게 인식되는 원리이다. 나는 이것을 풍수의 비보 효과로 보아도 무방하다고 본다.

"일본 아다치 구는 도쿄 외곽에 있는 낙후된 소도시이다. 이곳에서 크고 작은 범죄가 2006년 한 해 동안 26건이 일어났다. 경찰의 단속과 주민 순찰대의 노력에도 불구하고 범죄는 수그러들지 않았다. 그런데 다음 해, 이곳의 범죄율이 급격히 하락했다. 가로등 때문이었다. 백색이나 주황색이 대부분인 가로등 대신 푸른색 가로등으로 바꾸자 단 한 건의 범죄도 일어나지 않았다."고 한다.[14] 색채 심리를 이용해 상황을 바꾼 것이다. 역시 비보라고 보아도 무방하리라.

보통 인간과 자연, 혹은 문명·과학·기술과 자연은 대척점에 있다고 생각한다. 조금만 생각해 보면 그렇지 않다는 것을 알 수 있다. 거시적 관점에서 보면 인간 역시 자연또는 그 일부일 뿐이다. 요즘 '삶, 그 이후life, after'라는 말을 죽음 대신 사용하는 경우를 본다. 그런 논리라면 '죽음, 그 이전death, before'이 삶이라는 말도 가능하다. 이런 말장난 속에는 인간의 구성 요소가 자연이라는 의미가 함축되어 있다. 자연을 인간에게서 분리하는 것은 자연을 너무 약한 존재로 보기 때문이다. 예를 들면 자연이 오염되었다는 것은 그 범인이 인간이라는 말인데, 그러면 자연 오염은 자연스럽게 인간 오염이 된다. 서로가 뗄 수 없는 관계, 더 정확하게는 같은 것이기 때문이다. 자연은 변화하고 변질되며 변태變態하기는 하지만 그 본질은 변함이 없다. 자연이 어떤 오묘한 과정을 거쳐 인간이 되고 인간은 죽어 자연으로 돌아간다. 그러니 자연과 인간이 서로 누가 주인공인지를 다툴 필요는 없는 게 아닐까. 다만 인간에게는 의지가 있는 만큼 비보로 자연을 도울 수는 있다. 중요한 것은 의지다.

"무슨 일을 하든 그것은 재능이 아니라 어디까지나 의지의 힘이다. 그래서 미셸은 그 의지를 '천재'라고 부르지 않았던가."[15] 비보란 인간의 의지에 의해서 마련되는 것이기에 풍수에서 채용한 비보라는 방책은 '천재성의 발로'로 보아도 무방하리라고 본다.

"인류 최초의 사회적 표현물에서 중심이 되는 것은 바로 인간의 육체, 즉 타자와의 관계의 상징체계에 길들여진 인간의 육체이다. 이는 타고난 본래 신체, 즉 자연적인 신체에서 사회적인 신체로, 되돌아올 수 없는 이행이 이루어졌음을 의미한다. 그중에서도 특히 입술에 붉은색을 칠하거나 손가락에 반지를 끼거나 문신을 하는 행위는 오늘날까지도 계속되고 있다."[16] 이것은 인체에 가한 비보 행위라 볼 수 있다. 간혹 문신이란 것이 어떤 사람에게는 혐오스러운 것이 될 수도 있지만 나 자신이 바로 그런 부류이다, 그것을 예술로 보는 관점도 있다. 그러니 그것을 비보라고 한들 과장은 아니다. 추상화를 보면서 느끼는 내 개인적 감상은 한마디로 '뭐가 뭔지 도저히 모르겠다.'이지만 그 미술사적 의미를 부인하는 학자는 없다. 어느 먼 나라 주민들이 우리가 보기에 괴이하다고밖에 보이지 않는 문신을 하고 있을 때, 그건 우리 관점이고 그들로서는 숭고한 신앙 의식일 수도 있지 않은가.

"황금색 불상과 등명燈明의 빛, 그리고 유향乳香 앞에서는 누구나 경건한 마음을 갖는다."17 이 또한 인간이 인공 환경으로 취한 비보와 비슷한 행위이다.

비보라는 방법이 있다고 해서 교만하다가는 자멸을 면치 못한다는 것도 분명하다. "베이컨이나 데카르트의 철학은 우리가 자연을 지배하기 시작한 이래로 그 욕구를 중심적인 개념으로 삼았다. 그러나 이 찬란한 철학은 마침내 인간이 자연을 경시하도록 만들기에 이르렀다."18 확실히 그랬다. 그래서 환경은 인류가 닥칠 가장 끔찍한 재앙 중 하나가 되었다. 대비하지 않는다면 말이다.

"인간의 이성이 사연을 내말 때는 신생님 앞에선 초등학생 같은 태도가 아니라, 증인 앞에 선 판사의 태도로 임하는 것이 틀림없다."19 최소한 이런 마음가짐이라면 환경 재앙에 대처할 수도 있다. 너무 한쪽에 치우쳐 현실 판단이 부정확해지면 미래는 암담하다. 환경이 처한 현실을 솔직히 인정하고 그에 대한 대응도, 혹은 치유 행위도 가능하다는 전제로 대처할 필요가 있다.

문제는 지금 전자환경 재앙에 대해서는 지나칠 정도로 인식하면서 후자가능한 치유 행위. 이를 지금까지는 '개발'이라 불러 왔고, 그것은 악한 행위로 간주되어 왔다.에 대해서는 자신들의 적처럼 대응한다는 현실이다.

은어가 돌고기, 피라미 등과 뛰어놀고 있다. 이들 생물을 잡아먹는 흰뺨검둥오리도 물길을 휘젓고 있다. 먹이사슬의 정점에는 황조롱이가 있다. 이 모습은 서울에서 멀리 떨어진 어느 시골의 생태 마을 이야기가 아니라 서울 도심 한복판인 청계천의 현재 상황이다. ······청계천은 2003년 7월 종로구 세종로 동아일보사 앞에서 성동구 신답 철교까지 5.8킬로미터 구간으로 2005년 10월 복원 공사를 끝냈다. 복원되기 전까지는 오폐수로 뒤덮인 썩은 하천이었지만 복원 공사를 통해 시민들이 산책과 휴식에 이용하는 것은 물론 먹이사슬이 형성될 정도로 뛰어난 생태 환경을 갖게 되었다.[20]

지금 어머니인 우리 산천은 중병 상태를 넘어 응급실을 찾아야 할 단계에 이르렀다. 그러니 치료를 해드려야 한다. 그런데 그것이 환경에 유해하다고 하여 반대하는 사람들이 있다. 이런 주장은 중병에 걸려 사경을 헤매는 어머니를 방치하자는 말과 같다. 중병 환자이니 당연히 큰 수술은 어렵다. 땅으로 치자면 한강과 낙동강을 연결하자는 격이다 대운하 사업. 대동맥들을 연결하여 치료하자는 것일 터인데, 이는 위험 부담이 너무 큰, 아니 현재 기술로는 불가능한 치료법이다. 그러나 4대강을 정비하자는 치료법은 반드시 필요하다. 막힌 핏줄을 틔우고 더럽혀진 피를 맑게 하는 방법 정도이니 말이다.

문제가 되는 것은 자연과 인간을 적대시하는 존재로 규정하는 잘못된 통념이다. 자연을 건드리면 그것이 치료를 위한 것이라도 잘못되었다고 생각한다. 비단 개발에 관련된 문제만이 아니다. 모든 기술 문명에 대한 적대감을 표출한 사례는 차고 넘친다.

환경과 함께 식량과 에너지 또한 발등에 떨어진 불이다. 하지만 이에 관해서도 혼란은 계속되고 있다. 세계적 환경 운동 단체인 그린피스의 공동 설립자이자 15년 동안 그린피스를 이끌었던 패트릭 무어Patrick Moore는 지금 핵에너지를 지지하고 있다.

돌이켜 보면 우리는 핵 기술의 파괴적인 면과 핵전쟁에만 집중한 나머지 핵에너지와 핵무기를 뭉뚱그려 나쁘게 생각하는 실수를 저질렀다. 그리고 실제로 그린피스는 아직도 핵에너지를 말할 때 '악'이라는 단어를 사용한다. 그것은 핵의학을 핵무기와 동일시하는 것과 같다. 핵의학은 방사성 동위원소를 활용해 매년 수백만 명의 환자를 치료한다. 그 동위원소들은 모두 원자로에서 생산된다. 이것이 내가 그린피스를 떠난 이유다. 과학 교육을 제대로 받지 못한 동료 지도자들이 화학과 생물학, 유전학 관련 문제를 다뤘다. 전문 지식이 없다 보니 그린피스 운동은 '대중 환경 운동'이 될 수밖에 없었다. 그들은 선정주의와 잘못된 정보로 대중에게 두려움을 안겼다. 사람들을 지적으로 설득했다기보다 감정적으로 자극했다.[21]

물론 원자력에 대한 의구심은 지금도 끊임없이 계속되고 있다.

웃을 일이 아닌 게 현대 문명 역시 마찬가지다. 저자[22]가 사는 미국 캘리포니아 주 내륙 지방의 경우 물 부족이 50년 지속되는 추세다. 이런 상황에서 지도자들이 보여 준 노력이란 마야 인들과 다를 게 없다. 프랑스, 캐나다라고 다를 게 없다. 두 나라 에너지의 75퍼센트가 원전에서 나온다. 그들은 핵에너지는 청정하다고 착각까지 한다. 하지만 매년 지구가 쏟아 내는 이층버스 100대 분량의 핵폐기물을 어찌할 것인가? 그건 시한폭탄이라서 '탄소 등 오염 물질을 공기 중에 배출하는 대신 땅에 파묻고 있을 따름'이다.[23]

나는 녹색주의자이며 그들과 한통속으로 분류되겠지만, 그보다 더 중요한 점은 내가 과학자라는 것이다. 그 때문에 나는 녹색주의자인 내 친구들에게 지속 가능한 발전과 재생에너지, 에너지 절약이면 할 일이 다 끝난다는 소박한 믿음을 재고하기를 간청한다. 무엇보다도 핵에너지를 반대하는 잘못된 태도를 버려야 한다. 설령 핵에너지의 위험을 지적하는 그들의 말이 옳을지라도, 그것을 안정적이고 안전하고 의지할 만한 에너지원으로서 활용할 때 생긴 위험은 세계의 모든 해안 도시들을 위협하는 해수면 상승과 치명적인 열파라는 현실적인 위협에 비하면 사소하다. 재생에너지라는 말은 듣기에는 좋을지라도, 아직까지 그것은 비효율적이고 비싸다. 앞으로는 써야겠지만, 지금 우리는 꿈같은 에너지원을 놓고 실험할 시간이 없다. 문명은 풍전등화 상태에 있으며, 당장 핵에너지를 사용하든지 아니면 분노한 행성이 곧 가할 시련을 겪든지 해야 한다.[24]

물론 에너지의 궁극적 해결 방안은 핵융합 시설이겠지만 현재로서는 어렵다. 그러니 아직은 원자력이라는 핵분열 방법밖에는 없다. 이런 일들은 개발이라는 말이 붙는 곳이면 어디든 따라다니며 말썽을 부린다.

전라북도 새만금 방조제 공사는 어마어마한 반대에 부딪혀 공사는 지지부진했고 비용도 그만큼 크게 늘었다. 2010년 4월 27일 드디어 공식 준공이 되었다. 《중앙일보는》 4월 22일자 지면에서 이런 제목을 붙였다. "서울시 면적 3분의 2 맞먹는 간척지", "글로벌 명품 복합 도시의 꿈, 10만 명의 희망 깃발 춤춘다." 반대를 했던 사람들은 말이 없다. 그래도 되는 것인가? 얼마나 많은 시간과 비용이 낭비되었는가?

4대강 사업을 반대하며 여주군에서 농성하던 환경운동연합 회원들이 남한강과 맞

닿은 주변 공원에 음식물 쓰레기 5킬로그램을 불법 매립한 사실이 드러났다. '금수강산 파수꾼'을 자처하며 환경과 생태를 입에 달고 살던 사람들이 주민들의 쉼터에서 이런 짓을 저질렀다.[25]

자신이 도덕적이고 윤리적으로 온당한 일을 한다고 생각하는 사람들 중에 각종 사회운동을 하는 사람들이 많다. 환경 운동이나 인권 운동 같은 것이 그렇다. 확실히 사회적 약자 편에 서는 것은 바람직한 일이자 꼭 필요한 일이기도 하다. 그러나 간혹 그들 중에 지나치게 근본에 휘말려 현실을 왜곡하고 아집을 부려 오히려 상황을 더 어렵게 만드는 경우가 종종 있다.

나는 하천 정비 사업이 왜 해서는 안 되는 일인지를 지금까지도 이해하지 못한다. 또 다른 개발이라고 본 것일까?

물론 여기에도 문제는 있다. 얼빠진 정치꾼 출신 지방자치단체장들이 막무가내로 '녹색 코드' 하천 정비 사업을 벌이고 있다는 점이다.

녹색 코드 공사로 지방 산천이 몸살을 앓고 있다. 생태 하천 사업이 대표적이다. 멀쩡한 하천이 공사가 끝난 직후 물난리를 내는가 하면 반환경적인 공사가 이루어지기도 한다. 청계천 공사 같은 성공 사례를 재현시키려는 시장·군수의 욕심이 낳은 폐해다.[26]

30년간 물 한 번 넘치지 않은 경기도 여주군 간매천이 공사 후 수해 하천이 되었다는 것이며, 경남 창원시는 제2의 청계천을 만든답시고 동네 촌구석 하천에까지 세금 쏟아붓고 있다고 비난받는 형편이란 보도다.[27] 이런 곳이 한두 곳이 아니다. 환경 운동가들은 바로 이런 곳을 감시해야 한다. 해당 지방의 전문가아마도 관련 지방 대학의 교수들와 협력하여 공사 계획 단계부터 시공, 준공, 감리에 이르기까지 감시를 하라는 얘기다.

그래도 하천 치료는 희망이다. 그 성공을 확신하고 새로운 치료법에 도전하는 지방자치단체들도 속속 나오고 있다.

중랑천이 흐르는 서울과 경기도의 해당 지방자치단체들이 2020년까지 중랑천을 '먹 감고 고기 잡고 농사짓는' 생태 하천을 만들려는 노력에 시동을 걸었다. 도로를 지하화하고 폐쇄하고 우회시킨다. 강변에 물소리를 감상할 수 있는 공간을 만든다. 낚시터와 채소밭도 만든다. 시내에 생태 공간이 들어서는 것이다. 이는 앞선 생태 하천 만들기의 성공이 밑받침이 된 것이다.[28]

우리는 감정과 기분이 진리보다 더 중시되는 시대에 살고 있으며, 이 시대에는 과학에 대한 무지가 판을 치고 있다. 우리는 얼마 전까지 교회가 지옥 불에 대한 두려움을 이용해 먹었던 것과 똑같은 방식으로 소설가들과 녹색 압력단체들이 핵에너지와 거의 모든 새로운 과학에 대한 두려움을 이용하도록 용인해 왔다.[29]

지금 환경 운동가들과 변호사들은 과학적으로 그렇지 않음에도 불구하고 핵은 매우 위험하다는 인식을 깊게 파 놓았다. 사실이든 아니든 그것은 관계없다. 사람들은 선택이 잘못된 것이거나 불합리한 것일 때에도 일단 선택하고 나면 그것을 옹호하는 경향을 보이도록 진화해 왔다. 이런 인지 부조화cognitive dissonance는 지금 축복이자핵을 조심스럽게 다루어야 한다는 점을 가르쳐 준 점에서 저주가 되어 있으며사실상 현재로서는 최선의 대안인 원자력을 어렵게 만들었으니까, 한 구절로 요약할 수 있듯이 '이미 결정을 했으니 더 이상 왈가왈부하지 말라.'이다.[30]

지금까지 원자력의 여러 가지 문제를 살펴봤다. 그럼에도 불구하고 대중의 93퍼센트가 원자력 발전을 찬성하는 상황을 보면 힘이 빠진다. 사실 원자력뿐만 아니라 현대 과학기술의 상황을 보면 무력감이 느껴지는 게 사실이다. 하루가 다르게 발전하는 인터넷, 컴퓨터, 휴대전화의 예에서 보듯이, 과학기술은 사회에 의해 통제를 받기는커녕 사회의 현재와 미래에 결정적인 영향을 끼친다. 미국의 역사학자 토머스 휴즈는 과학기술이 사회에 막대한 영향을 끼치는 이런 현상을 '기술 공학적 모멘텀'이라 부른다. 그리하여 이 막대한 힘을 획득한 과학기술은 원자력 에너지처럼 마치 '자율적' 실체인 양 행세하게 된다는 것이다. 이런 지적은 우리에게 중요한 지적을 준다. 특정 과학기술이 사회 속에서 자리를 잡고 힘을 기르기 전에 견제하지 않으면, 그것은 결국 사회와 인간을 압도적으로 지배하는 '자율적'인 실체로 변모할 것이다. 최근의 생명공학, 나노 기술, 로봇 기술 등에 절박한 심정으로 대응해야 할 이유도 여기에 있다.

그렇다면, 기왕에 막대한 힘을 획득한 과학기술은 그저 무기력하게 받아들여야 하는가? 실제로, 아무리 강해 보이는 과학기술도 사회로부터 벗어난 완전한 자율적 실체가 되는 것은 아니다. 그 과학기술 역시 궁극적으로는 한 사회를 구성하는 이해관계의 구성 성분이다. 따라서 이 이해관계의 동맹이 붕괴하면 그 역시 숨통이 끊어질 수밖에 없다.[31]

이쯤 되면 전문 지식이 없는 일반인들은 그저 어리둥절할 수밖에 없다. 하기야 전문가라고 별로 다르지도 않다. 그들은 상반된 견해로 갈라져 있기 때문이다. 아마도 가장 현실적인 대응책은 기술의 발전과 인간이 그를 선용하리라 믿고 원자력에 의지하는 쪽일 터이지만, 반대가 만만치 않다는 것은 딜레마이다. 나는 이것이 마치 풍수의 비보책과 흡사하다고 본다. 그런 비보책이 합리적일 수는 있지만 과학적이 아니라는 것은 분명한데도, 그 실효성을 부정할 수는 없기에 하는 얘기다.

"우리는 풍력, 조력, 태양에너지에서 필요한 에너지를 전부 얻을 수 없다. 훌륭한 경제학자들이 경고해 왔듯이 공짜 점심이란 없다. 이미 풍력 발전 시설이 대기의 소용돌이를 바꿀 수 있고 인근의 기후에도 안 좋은 변화를 일으킬 수 있다는 사실이 드러나고 있다."[32] 결국 친환경 대체에너지로도 해결이 안 된다는 말이다. 원자력, 현재로서는 어쩔 수 없는 대안이다.

에너지와 함께 우리가 당면한 또 하나의 중대 문제는 식량이다.

나는 가이아를 무력화시키지 않고서도 곧 80억 명으로 늘어날 인구를 먹여 살리는 것이 가능하다고 추측한다. 그렇게 하려면 우리는 스스로를 행성의 대사 활동과 분리시켜야 할 것이다. 일단 핵융합로수소폭탄의 원리와 같은가 가동되면 우리는 필요한 에너지를 전부 다 생산할 수 있을지도 모른다. 하지만 여전히 행성 표면의 너무 많은 땅을 경작하고 있을 것이며, 해양 생태계도 위협하고 있을 것이 분명하다. 그래서 나는 80억 명이 필요로 하는 식량을 전부 다 합성함으로써 농경을 포기할 수 있는 가능성을 추정해 보고 싶다. 지구 전체의 한 해 식량 소비량은 탄소 약 7억 톤에 해당하며, 우리가 현재 연료로 쓰는 탄소량에 비하면 낮은 비율이다. 식량 합성에 쓸 화학물질들은 공기에서 직접 얻거나 발전소 배기에서 추출한 탄소 화합물에서 더 간편하게 얻을 수 있다. 이 배기에서 질소와 황도 얻을 수 있으며, 거기에 미량의 원소만 있으면 우리가 필요로 하는 것은 다 얻는 셈이다. 우리는 식물광합성 작용처럼 행동하겠지만, 아마 태양에너지 대신 핵융합을 이용할 것이다.[33]

식량문제 해결을 위한 여러 가지 방안들이 나와 있기는 하다. 그러나 아직은 정부도 기업도 큰 관심을 보이는 것 같지는 않다. 아마도 당장 코앞에 닥친 재앙이 아니라는—물론 가난한 나라의 기아는 이미 경종을 울린 지 오래지만 불행히도 그들의 목소리는 너무나도 작아서 우리나라에서는 별로 관심을 끌지 못한다. 점과 경제성 즉 수익성이 아직은 없다는 것이 가장 큰 걸림돌일 것이다.

아마도 식량문제에 관한 가장 이상적인 해결책은 인공 광합성 작용을 만드는 일이겠지만, 지금 당장 현실적인 비보책은 빌딩 농장 같은 것이라 생각한다. 마치 에너지 문제에 관한 비보책이 현재로서는 원자력인 것처럼 말이다.

빌딩 농장은 1960년대 이미 '식물 공장'이란 개념으로 그 씨앗을 뿌렸다. 그러다 1999년 미국 컬럼비아 대학 공중보건 대학원의 딕슨 텍스퍼미어 박사가 구체화했다. 영국《파이낸셜 타임스》에 의하면 일본은 정부뿐 아니라 민간 기업 차원에서도 빌딩 농장을 미래 전략 사업으로 간주해 투자를 시작했다. 일본에는 이미 식물 공장으로 불리는 빌딩 농장 50개가 건립돼 오영 중이다. 일본 정부는 이 분야를 지원해 2012년까지 세 배 이상으로 늘릴 계획이다.

국내에서도 롯데마트 서울역점은 지난 7월 매장 안에 빌딩 농장의 축소판인 '행복가든'을 설치했다. 경기도 수원시 국립농업과학원에는 빌딩 농장 두 채를 다음 달 완공 목표로 짓고 있다. 농촌진흥청은 이곳을 우리나라 빌딩 농장 연구의 전초기지로 삼기로 했다. 이곳 김유호 박사는 "빌딩 농장은 미래 농업을 이끌 신 성장 동력이자 희망"이라고 말했다.[34]

그 후 이런 후속 기사도 실렸다.

농촌진흥청은 다음 달 중순2011년 2월 최첨단 빌딩형 식물 공장 문을 열고 상추 등 엽채류를 본격적으로 생산할 예정이다. 식물 공장은 경기도 수원시 서둔동 국립농업과학원 안에 자리 잡았다. 지하 1층~지상 3층에 다단식, 수평형, 수직형 등 다양한 재배 시스템을 갖췄다. 지열 히트 펌프 시스템과 태양광발전 시스템으로 열과 전기에너지를 공급한다. 흙 대신 물과 영양액이 공급되고, 햇볕 대신 발광다이오드LED와 고효율 인공 광원이 식물을 비춘다. ……일찌감치 식물 공장을 통한 채소의 연중 생산을 주력 사업으로 삼은 기업도 있다. 경기도 용인의 인성테크는 자체 식물 공장을 운영하면서 지난해2010년 3월부터 8개월 동안 신세계백화점에 상추를 납품했다.[35]

문제가 생기기 전에 이런 시도들이 있다는 것은 분명 희망이다.
식량문제에 대한 또 다른 비보책으로 유전공학이 있다.

1960년대 이전까지 인류의 상당수는 굶주림에 시달렸다. 이 문제의 돌파구가 된 것이 암수 교배로 우수 품종을 얻는 전통 육종법, 이제는 10년 넘게 환경 영향 연구를 해 온 유전자 변형, 그리고 무작위로 방사선을 쪼인 뒤 우수한 돌연변이를 고르는 방사선 육종법 등이다. 이 중 가장 가능성이 큰 유전자 변형 방법은 그 안전성이 의심스럽다며 재배나 보급을 금지하는 나라가 많다. 소비자들도 이런 점 때문에 꺼린다. 어쨌거나 맛이 좋고 수확량도 많은 잡초와 비슷한 갈색 벼, 사막에서 자라는 벼, 영양 성분이 강화된 황금 쌀, 비타민A가 많이 함유된 쌀, 다수확 콩, 현재 전 세계 콩 생산량의 64퍼센트가 유전자 변형 콩이라 한다. 심지어 이런 것도 있다. 제주대 이효연 교수 팀은 네잎 클로버를 높은 비율로 만들 수 있는 토끼풀을 개발했다고 한다.[36]

나같이 네잎 클로버를 잘 찾는 사람에게는 전혀 반갑지 않은 소식이지만, 그런 일도 가능하다는 것이 신기하다. 나폴레옹이 전쟁터에서 자기 발밑에 네잎 클로버가 있는 것을 보고 신기해서 고개를 숙인 순간 바로 위로 총알이 지나갔다는 얘기에서 행운의 상징이 된 네잎 클로버는 필자가 잘 찾아내는 것이었다. 내 자식들과 특별한 인연을 갖게 된 분들께 표구하여 선물하던 게 이제는 인공적으로 만들어 백화점에서 파는 상품이 된 것이다. 네잎 클로버 찾기는 필자가 氣를 설명할 때도 자주 인용하던 것이었는데, 조금은 아쉬운 생각이 든다.

조선 중기 이후로 풍수는 주로 묏자리 보는 술법으로 전락했고, 그를 위한 비보책도 많이 나타났다. 우암 송시열의 산소는 음기가 너무 강하다 하여 그 앞에 시장을 만들어 뭇 남자들이 밟도록 만든 것이 그런 예이다. 이런 음택풍수의 비보책은 동기감응론이 해명되어야 성립되는 주장이다. 지금까지 부모나 조상의 유골이 받은 땅기운이 자식이나 자손에게 전해진다는 동기감응론은 그야말로 대표적인 미신으로 꼽혀 왔다. 그런데 그게 사실일 수도 있다는 연구결과가 나왔다. 이제 세상에 뭘 믿고 뭘 무시해야 하는지를 알기가 무척 어려워진 것만은 분명하다.

1993년 저널 《어드밴스*Advance*》에 한 연구 논문이 실렸다. 미 육군은 감정과 DNA의 연결이 분리 후에도 계속 이어지는지, 만약 그렇다면 얼마나 멀리까지 이어지는지 여부를 확인하기 위한 실험을 실시했다. 연구자들은 자원자들의 입 안에서 조직과 DNA 샘플을 채취했다. 샘플을 같은 건물의 다른 방으로 옮기고는, 특별히 고안된 장치에 담긴 DNA가 수십 미터 떨어진 다른 방에 있는 샘플 제공자의 감정에 반응하는지 여부를 전기적으로 측정한 것이다.

샘플 제공자는 일련의 영상을 지켜보았다. 신체 내부의 감정 상태를 정확히 변화시키기 위해 참혹한 전쟁터의 생생한 광경에서부터 에로틱한 이미지와 코미디물까지 다양한 영상이 준비되었다. 덕분에 샘플 제공자는 짧은 시간 안에 다양한 감정을 진실로 경험할 수 있었다. 그동안 다른 방에서는 샘플 제공자의 DNA가 어떤 반응을 보이는지 관찰했다.

샘플 제공자가 극단적 감정에 이르렀을 때 멀리 떨어져 있던 세포와 DNA는 동시에 강력한 전기적 반응을 보였다. 수십 미터나 떨어져 있음에도 불구하고 DNA는 신체에 물리적으로 연결되어 있는 듯했다.[37] ······또한 샘플 제공자의 경험과 샘플 반응 사이의 시간 간격을 콜로라도에 위치한 원자시계로 측정했다. 실험에서 감정과 세포 반응 사이의 시간 차이는 번번이 0이었다. 감정이 생기는 즉시 세포가 영향을 받았던 것이다. 세포가 같은 방 안에 있든 수백 킬로미터 떨어져 있든 결과는 마찬가지였다. 샘플 제공자가 감정적 경험을 하면 DNA는 몸 안에 있다는 듯 즉시 반응했다.[38]

의식하지 못하고 있지만 우리는 저(低)에너지 장치를 이용하면서 대부분의 시간을 보내는 상태로 진화하고 있다. 휴대폰을 보라. 그 얼마나 놀라운 발명품인가. 휴대폰은 수다를 떨고자 하는 인간의 보편적인 성향을 이용하며, 최소의 에너지 비용으로 하루의 몇 시간을 소비할 수 있도록 해 준다. 그것은 지금까지 나온 가장 환경 친화적인 발명품 중 하나다.[39]

정말로 놀랄 견해다. 문명의 이기가 환경 친화적이라니. 그것도 가장 나은 것이라니. 그런데 조금만 생각해 보면 정말 그렇다. 휴대폰으로 인하여 통행량을 줄인 것은 사실이니까. 억지이기도 하다. 아무리 소통의 욕구가 인간 본성이라 하더라도 휴대폰이 환경 친화적이라고 표현한다는 것은 상상 이상이다. 그렇다. 이런 관점도 필요하다. 휴대전화를 가리켜 '인류 역사상 최악의 독재적 발명품'이라 혹평하는 사람들도 있다. 24시간 몸에 찰싹 달라붙어 몸살을 떨기 때문이다.

오늘날 극단적 환경주의자들은 세상이 전환점에 이르렀다는 주장을 편다. 이들은 지난 200년간 자신들의 전임자들이 이미 다른 많은 이슈에 대해 똑같은 주장을 해 왔다는 사실을 정말로 모른다. 지속 가능한 유일한 해결책은 후퇴하는 것, 경제 성장을 중단하고 점진적으로 경기를 후퇴시키는 것이라고 주장한다. '미국의 역발전'de-develop the United States, 오바마 대통령의 과학 고문 존 홀드린의 표현이다.을 위한 캠페인을 요구하는데 무슨 다른 뜻이 있겠는가. ……여기에 문제가 있다. 이 같은 미래는 과거 봉건시대와 끔찍할 정도로 비슷해 보인다. 명나라 황제와 마오쩌둥주의 독재자들은 상업의 발달을 제한하는 규정들을 만들었다. 인기 받지 않은 여행은 금지, 혁신은 처벌, 가족 규모는 제한! 비관주의자들이 후퇴를 말할 때 이들이 되돌아가고 싶어 하는 세계의 필연적인 모습이 바로 이것이다. 이런 세계를 원한다고 자기 입으로 말하는 것은 아니지만 말이다.[40]

개발이 당하는 수모의 극단적인 예를 하나 보자.

"도롱뇽 소송을 기억하십니까? 2003년 시작한 경부고속철도 천성산 구간 원효터널 공사를 둘러싼 정부와 환경 단체 간의 소송입니다.
천성산 내원사의 지율 스님과 환경 단체가 터널 공사를 하면 산 정상 인근의 늪

이 말라 생태계가 파괴된다며 '공사 착공 금지 가처분 소송'을 냈습니다. 소송 때문에 터널 공사는 6개월간 중단됐습니다. 공사는 2006년 대법원이 소송 기각 및 각하 결정을 내린 뒤에야 마무리할 수 있었습니다. 그 경부고속철도 천성산 구간이 다음 달 2010년 11월 1일 개통됩니다. 《중앙SUNDAY》가 7~8일 생태 전문가와 함께 개통을 앞둔 천성산 원효터널 위에 있는 밀밭늪과 화엄늪의 생태계를 둘러봤습니다. 천성산 자락에 사는 주민도 만나봤습니다. 화엄늪 관리자에게는 '봄에는 웅덩이마다 도롱뇽과 알이 천지였다.'는 얘기를 들을 수 있었습니다."[41]

같은 신문 7면에 지율 스님과의 통화 내용이 있었으나 전체적으로 봐야 하는 문제이기 때문에 지금은 할 말이 없다는 것이었다.

스위스 남부에 알프스 산맥을 꿰뚫는 세계에서 가장 긴 터널이 뚫렸다. AFP 통신은 1996년 착공돼 공사를 계속해 온 '고트하르트 터널'이 15일 관통됐다고 보도했다. 이 터널은 총 길이가 57킬로미터로 일본의 혼슈와 홋카이도를 연결하는 세이칸靑函 해저터널 53.8킬로미터을 약 3킬로미터 차이로 따돌리고 세계 최장 터널이 됐다. 2017년부터 시속 250킬로미터의 고속 열차가 이 터널을 이용해 스위스 취리히와 이탈리아 밀라노를 오갈 예정이다.[42]

사실 서남부 유럽과 일본은 환경 인식에 관한 문제의식에서 세계 최고 수준이다. 그런데 그들이 터널로 교통 문제를, 그것도 알프스라는 명산에 터널을 뚫으면서 해결했다는 것은 시사하는 바가 크다. 교통량을 대폭 줄이거나 '느린 행동 패턴'을 도입하지 않는 한 터널 이외의 해결책은 없는데도 우리나라에서는 그랬다. 이런 것이 바로 최첨단을 달리는 현대의 비보책이다.

『브레인 섹스』[43]에는 미국의 사회학자 앨리스 로시Alice Rossi의 말이 인용되어 있다.

"인간은 생물학적으로 다양하며, 모든 인간이 동등하다는 사상은 정치적·윤리적·사회적 권고일 뿐이다."[44]

서강대의 경영 주체가 미국 신부들에서 한국 신부들로 옮겨 오는 과정을 조정하기 위해 로마 교황청의 요셉 피토라는 예수회 신부가 전체 교수들 앞에서 "신은 인간이 완전하게 만들 수 있도록 이 세상을 불완전하게 만들었다."는 깊은 신학적·철학적 진실을 담은 연설을 했다. 일부 가톨릭 신부다른 종교도 가담했응가 4대강 정비 사업에 대해 '하느님이 만든 강의 흐름을 인간이 변형시킬 수 없다. 신의 뜻을 거스르는 일'이라고 하면서 그 사업에 반대하는 집회를 열었다. 그러한 종교인들도 인간은 이성적이고 과학적인 힘을 통해서 불완전한 세상을 좀 더 나은 것으로 만들 '의지의 자유'를 행사할 수 있는 능력과 권한을 천부적으로 부여받았다는 점을 인정해야 한다.[45]

예수회는 한때 교황청으로부터 이단으로 규정된 바 있는 진보적인 교파이다. 그 소속 신부가 이제 우리가 자연을 건드리는 일이 신이 내린 소명인 것으로 규명했다. 건드린다거나 혹은 개발한다는 표현은 매우 부정적으로 인식된다. 풍수는 이를 보살펴드린다든지 치유해드린다는 표현을 쓴다.

내가 시민·사회·환경 운동가들에 대해서 간혹 의구심을 갖게 되는 이유는 그들이 너무 전문 지식에 무지하며, 그러면서도 자신의 주장에 독선을 싣고 있는 경우가 너무 많기 때문이다. 때로는 그들 스스로 권력이 된다. 역설이다. 운동이란 항상 권력의 대척점에 있어야 어울리는 것이니까. 그런데 그 자신이 권력에 이르렀다면 이상이 이루어진 것일까? 당연히 아니다. 그에 대한 안티테제는 다시 생겨난다. 그렇다면 그 안티테제는 정당할까? 역시 아니다. 신新테제가 만들어져도 상황은 마찬가지다.

비보란 풍수에만 있는 것은 아니다. 사람들은 그들의 삶터 곳곳에 자신들이 살아가기 위한 여러 가지 방편들을 마련해 왔다. 게다가 현재 인류는 식량과 에너지라는 중대 과제를 풀어야 할 시점에 이르렀다. 일단 에너지는 원자력으로 발등의 불은 꺼 놓은 셈이다. 식량은 어떨까? 이미 종자 개량이라는 제1차 녹색혁명을 지나 지금은 신녹색혁명new green revolution이라는 구호 아래 유전자를 조작한 차세대 농작물을 제시함으로써[46] 또 다른 해결책을 내놓았다. 그러나 결국은 식량 제조인공 광합성 작용을 말한다로 들어서야 할 것이다. 에너지건 식량이건 모두 자연으로부터 얻어야 하는 것들이고, 따라서 비보책은 땅을 대상으로 하는 풍수를 기반으로 그런 부문에까지 연장 적용될 수 있다고 본다.

그리고자 하는 대상이 무엇이건 그것이 실상과는 달리 미화되거나 과장되면 그것은 이미 사실적인 입장의 포기이다. 그렇다면 무슨 유행처럼 아름답게만 그려지는 민중은 실상이 그러하기 때문인가? 어떤 목적으로 과장되고 미화되었기 때문인가? 세계사의 가장 감동적인 시기에서만 뽑아 만든 것 같은 허구의 인간상과 이 시대를 살아가는 사람들과의 단정적인 일치가 과연 사실적인 태도이겠는가? 그 그림 같은 민중들에 의해 어떻게 이렇게 추악한 시대가 진행될 수 있는가?

하지만 의문이 많은 것처럼 해답도 많을 것이다. 이상理想을 보여 줌으로써 사람들을 그쪽으로 유도한다. 또는 사실이 그렇지 않더라도 그렇게 추켜세워 줌으로써 그들을 격려한다, 따위.

그렇다면 이쪽은 어떻겠는가? 상상을 보여 줌으로써 자기들의 천박한 이기와 비굴을 반성하게 한다, 추켜세우기보다는 비판하고 나무람으로써 내면적인 성장을 돕는다, 따위는?[47]

식량을 자연으로부터 얻는 것이 아니라 인간이 생산한다는 개념은 이미 19세기에 나타났다. 19세기 영국 과학자 윌리엄 크룩스William Crookes는 "질소를 고정하는 것은 머지않은 장래의 문제이다. 이를 필연적인 결과로 간주하지 않는다면 전 세계의 백인은 더 이상 '으뜸'이 아니며, 밀빵을 주식으로 하지 않는 인종에 의해 사멸할 것이다."라고 주장했다.[48] 가이아 이론을 제창한 제임스 러브록James Lovelock도 "이산화탄소와 물과 질소에 의해서 화학적·생화학적 공법을 통해 식량을 합성할 수 있다면 그렇게 하고 지구를 쉬게 하자. 화학물질이나 방사능의 통계적으로 미미한 수준의 발암 가능성을 놓고 안달하는 짓은 그만두어야 한다."라고 했다.[49] 광합성 작용을 인공으로 하여 식량을 생산해 보자는 그의 또 다른 획기적인 제안이다. 나는 머지않은 장래에 이런 일이 현실화되리라 생각한다.

인류에게는 경제적 진화를 지속시킬 도덕적 의무가 있다. 최근 몇 세기의 역사는 인간의 삶이 엄청나게 개선될 수 있다는 사실을 보여 주었다. 우리의 도덕적 의무는 정확히 이 때문에 생기는 것이다. 변화와 성장과 혁신을 막는 행위는 어려운 사람들을 도우려는 시도를 방해한다. 2000년대 초반 잠비아의 기근이 그런 예다. 당시 일부 압력 집단그린피스와 지구의 친구들을 말한다이 현지의 굶주림을 악화시켰을지 모른다. 유전자 조작 식품을 원조받는 데 따른 위험성을 과장해서 선전함으로써 말이다. 우리는 결코 이를 잊어서는 안 된다. '나중에 후회하는 것보다는 안전한 게 낫다.'는 소위 '예방 원칙'은 그 자체로 유죄다. 불완전한 이 세상에서 아무것도 하지 않고 가만히 있는다고 해서 안전할 수는 없기 때문이다.[50]

비보라는 것도 비슷하다. '지금 미신이라 여겨져도 일단 경비가 크게 들지 않는다면 심리적 평온을 얻기 위해서라도 비보를 하자.'

인도의 운동가 반다나 시바Vandana Shiva는 비타민 강화 쌀에 반대하면서 이렇게 주장했다. '인도인들은 골든 라이스비타민 강화 쌀을 말함에 의존하지 말고 고기, 시금치, 망고를 더 많이 먹어야 한다.' 그녀는 마리 앙투아네트'빵이 없으면 케이크를 먹으면 된다.'는 말로 유명하다.의 추종자인 모양이다.

유전자 조작은 이를 대신할 명백한 해법을 제시한다. 소출이 높은 품종들에 건강에 좋은 특성들을 삽입하는 것이다. 옥수수에는 우울증을 방지할 트립토판을, 당근에는 우유를 마실 수 없는 사람들의 골다공증을 치료하기 위해 칼슘 운반 유전자를, 수수와 카사바를 주식으로 삼는 사람들을 위해 비타민과 미네랄을 말이다. 이 책『이성적 낙관주의자』이 출간될 즈음이면2010년 출간됨 미국 사우스다코타 주에서 개발한, 오메가3 지방산을 포함한 콩이 미국 내 슈퍼마켓으로 배달되고 있을 것이다. 이런 콩은 심근경색 위험을 낮춰 줄 뿐 아니라, 그 기름으로 요리하는 사람들의 정신 건강에도 도움이 된다. 또한 생선 기름을 채취하느라 야생의 물고기들에 가해지던 압력도 줄어들 것이다.[51]

어느 날 상반되는 두 가지 기사가 같은 신문에 올랐다. 하나는 『석유의 종말』이라는 책을 냈던 폴 로버츠Paul Roberts의 신간 『식량의 종말』이란 책의 서평이다.

그는 기아와 식중독균, 비만 등 영양 관련 질환을 현대 식량 시스템의 두드러진 실패 증후로 꼽는다. 이것은 '저비용 대량생산'이란 산업 이념에서 비롯되었다고 지적한다. 예컨대 우리나라에서도 큰 문제가 되고 있는 구제역, 조류 인플루엔자AI의 창궐은 가금家禽 산업의 밀집 사육 방식 탓이 크다. 식중독균의 피해도 끔찍하다. AI가 인간에게도 감염되는 것은 시간문제라고 보는데 그런 고병원성 바이러스가 전 세계로 확산될 경우 7000만 명이 사망할 수 있고 경제적 손실은 수천조 원에 달하리라는 예상도 나왔다.52

다른 기사의 내용은 이렇다. "영국의 케임브리지 대학과 에든버러 대학 학자들이 공동으로 진행해 온 닭 유전자 변형에 대한 연구 결과 AI를 전염시키지 않는 '수퍼 닭'을 탄생시켰다."53 현대 기술의 이런 딜레마를 보면 혼잡스럽다. 배가 고픈 것은 참을 수 없는 고통이자 죽음에 대한 신속하고도 확실한 계약이다. 그래서 나는 유전자 변형 식품이라도 배가 고프면 먹겠다고 했다. 불안하기는 하다. 그래서 인간의 지혜를 믿게 된다. 낙관적으로 생각하기 위해서, 그리하여 행복하다고 느끼기 위해서다.

만약 역사가 변증법적으로 혹은 진화가 변증법적으로 이루어져 왔다면 지금 인류는 천국에 있어야 한다. 그렇지 않은가? 그 오랜 세월을 진보해 왔는데 어떻게 그렇지 않을 수가 있겠는가? 반증은 전쟁 한 가지만 보아도 충분하다. 전쟁을 치른 미치지 않은 인간들은 모두 이것이 마지막 전쟁이기를 바랐을 것이다. 그러나 현실은 전혀 그렇지 못하다. 오히려 더 가공할 위력과 광포함으로 덧붙여진 것 같다. 전쟁-평화-혼란-독재-혁명-전쟁의 반복의 예는 역사에서 쉽게 찾을 수 있다.

한때 문명의 반대 명제로 여겨졌던 야생 상태는 이제 도시의 공원이나 정원으로 모습을 드러내면서 도시의 일부분으로 자리하게 되었다. 우리는 이를 통해 일종의 역설을 볼 수 있다. 아니, 이를 통해 오히려 역사가 정상 상태로 되돌아가고 있음을 인식해야 한다. 위대한 발견의 시대에서 시작되어 지금 이 지경까지 이르게 된 이 세계는 단지 역사가 탈선한 부분에 해당되기 때문이다.[54]

이 글의 저자는 인간이 스스로의 힘으로 즉 비보라는 방법을 통하여 나는 도시의 공원이나 정원을 풍수 비보책으로 여긴다. 다시 자연 상태로 돌아갈 수 있음을 주장한다. 관점에 따라서는 억지처럼 보일 수도 있다. 그러나 결코 억지가 아니다. 우리는 흔히 시골 또는 전원이라고 불리는 곳을 도시와 대비하여 자연이라 생각한다. 엄밀히 말해서 그런 곳은 자연이 아니다. 인류 최초의 전 지구적 자연파괴는 농업으로부터 비롯되었다. 그 이전까지가 자연이고 인간에 의하여 농업이 시작된 이후의 풍경은 인공이라고 볼 수밖에 없다.

아마도 비보를 통하여 인간이 찾고자 하는 곳은 낙원 또는 유토피아일 것이다. 물론 에덴 또는 무릉도원이라는 본래 있던 어떤 곳을 찾는 시도도 있지만, 이성의 시대로 접어들면서 그런 종교적인 개념의 땅보다는 무릉도원은 도교와 관계가 있다. 자신들이 건설할 수 있는, 그러니까 비보에 의하여 구축이 가능한 곳을 시도하게 되었다.

현재 프랑스어의 '낙원 paradis'이라는 단어는 중세 교회의 라틴어 '파라디수스 paradisus'에서 나온 파생어이다. 이 라틴어는 그리스어 '파라데이소스 paradeisos, 울타리 안의 영토, 나무들을 심어 놓은 정원, 사냥을 위한 공원이라는 뜻을 지닌 단어'를 직역한 말이며, 그리스어 파라데이소스는 페르시아어에서 차용해 왔다. 이에 해당하는 페르시아어의 단어는 일반적으로 BC 200년경, 구약성서를 그리스어로 번역한 79명의 학자들에 의하여 그리스로 건너가게 된 것으로 추정된다.[55] ······중요한 점은 오늘날의 자연적인 공원이 고대의 낙원과 동일한 제도적 계열에 속한다는 사실이다.영국이나 중국의 공원, 일본의 정원, 프랑스의 국유림 역시 여기에 포함된다. 인도의 왕들이 사냥을 하러 나가던 공원들처럼 원시적인 전통이 유지되었을 경우, 그 공원들은 고대의 낙원에서 직접적으로 이어져 온 것이라 할 수 있다. 반면, 그 전통이 재창조되거나 재해석되었을 경우, 그 공원들은 간접적인 연속성을 지닌다고 할 수 있다.[56]

즉 비보성이다.

"대부분의 도시인들에게 자연은 마음을 안정시켜 주는 휴식의 공간이다.물론 그 자연이 즐기기에 너무 불편한 상태가 아니라는 전제하에서 오랫동안 지속되어 온 이 같은 시각은 아마도 그다지 빨리 바뀌지는 않을 것이다. 비록 때때로 자연 스스로가 자연에 대한 이런 시각을 부정하는 경우가 있기는 하지만."[57] 부정적 자연이란 단순히 끔찍한 자연재해를 떠올려 보는 것으로 충분히 이해가 된다.

세계화는 자본이 어디에서나 누구에게나 절대적 권한을 휘두를 수 있는 권리를 보장한 체제다. 또 평등이란 다른 어떤 고결한 의미보다 시장에서 상대를 능가하거나 착취할 수 있는 고른 기회를 뜻하기에 이르렀다. 신화와 미신에 대한 상쾌한 비판은 과학 지상주의로 변질되어, 실험실에서 만지작거릴 수 없는 것은 진지하게 여길 필요조차 없다고 여기는 지경이 돼 버렸다. 그런가 하면 자기 스스로 생각할 용기를 가지라는 칸트의 명령은 전통이라는 자원에 대한 경멸과 무시, 권위란 본디 억압적이라고 보는 유아적 발상 따위로 왜곡돼 왔다.[58]

우리가 어쩌다가 단순히 자연 회귀라는 실현 불가능하고 따라서 유치하기만 한 개념에 집착하게 되었을까? 그곳이야말로 그 좋았던 옛날로 돌아갈 수 있다는 망상을 실현할 수 있다고 착각하게 만들기 때문이다. 이미 앞에서 강조한 바 있지만, '그 좋았던 옛날'은 있지도 않았다. 어릴 때 추억은 한껏 미화되어 있다. 지금의 삶이 너무 어렵게 비치고 있기에 그렇게 된다. 정신 바짝 차리고 기억을 되살려 보면 그런 때는 단지 상상 속에서나 있었다는 것을 알 수 있다.

나는 상상 속에서 심리적 안정을 얻는 것까지 힐난할 생각은 없다. 그저 자신의 상상을 남에게도 강요하는 일은 하지 말라는 뜻에서 해 본 얘기다.

"프로테스탄트주의의 우두머리인 독일의 마르틴 루터는 독자적인 비판의 눈으로 성서를 음미한 끝에 어느 수녀의 사타구니를 벌리고 매일 밤 그 짓을 하고 있으니까."
"마지스테르, 아무리 의견이 다르다고 해도 그런 비방과 중상은 너무한 거 아닙니까?"
"중상이 아냐. 실제로 마르틴 루터는 수녀한테 아이를 다섯 명이나 낳게 했으니까. 흥, 이게 신앙의 구세주라니. 예수회가 욕할 만도 하지."[59]

만약 사실이라면, 이 문제가 암시하는 면은 매우 중요하다. 루터의 종교개혁의 당위성은 역사적으로 인정되며 또한 그를 계기로 가톨릭은 개혁되었기 때문이다. 더구나 이것을 좀 확대 해석하면 이런 논리도 가능하다. 좌파 혹은 혁신 세력은 언제나 보수 세력에 대항하여 혁신적인 변화를 요구한다. 그런데 그들이 정권을 잡고 나면 철인 정치가 도래하느냐 하면 그건 아니다. 그들 중 상당수가 도덕적으로 부당한 일들을 저지르는 사례가 많이 나온다. 공정치 못한 것이다. 나는 교육학의 대단한 저서인 『에밀』을 쓴 장자크 루소가 자기 자식을 고아원에 집어넣었다는 사실을 알고 그 책을 버렸다. 주장은 이렇게 하면서 자신의 행동은 저렇게 하는 자들을 경멸하기에 그렇다.

이 문제는 내 경험에 공사를 구별한다는 주장과 비슷하게 보인다. 공식적인 자리에서 풍수의 폐해를 극구 주장하던 학자가 막상 자신이 친상親喪을 당하자 내게 도움을 청한 일이 여러 번 있었기에 하는 말이다. 공적으로 자신이 밝힌 주장이라면 사적인 일에도 그런 태도를 견지해야 옳다. "공은 공이고 사는 사 아닙니까?" 운운은 궤변일 뿐이다.

대중이 생각하는 창의적인 사람들의 이미지는 모든 규범과 관례, 관습에 정면으로 도전하는 모습이다. 그러나 이것은 잘못된 고정관념이다. 진정한 변화를 이끌어 내는 사람은 자신의 영역을 통달하여 기존의 기술과 지식을 온전히 이해하고 숙달하는 과정을 먼저 거친다. 그 후에야 비로소 진정으로 창의적인 흔적을 남길 수 있다. 마치 기존의 '기획'을 모두 혼합한 다음에야 그것을 부수거나 구부려 새로운 무언가를 재창조해 내는 것처럼 말이다. '옛것을 익히고 새것을 안다.'고 하는 온고지신溫故知新은 동양과 서양을 막론하고 만고의 진리다.[60]

내가 지나치게 환경 운동을 폄하한 혐의는 있다. 그런데 우리 사회 지식인들은 '인권과 환경'이라는 문제가 불거지면 회피하는 사례가 많았다. 그러다 보니 이 두 명제에 대해서는 운동가들의 주장만 유포되어 일반인들이 편식하게 되는 일이 빈번해졌다. '말 없는 다수'라는 표현으로 얼버무릴 문제가 아니다. 그래서 과장인 줄 알면서 장황하게 문제점을 지적해 보았다.

이 글을 쓰던 중 이런 황당한 기사를 보았다.

해군 청해부대가 소말리아 해적 5명을 생포한 이후 수일 동안 신병을 억류하고 있었던 것을 두고 불법이라는 의견이 나왔다. ……김대중 정부 말기에 대통령 사정비서관을 지낸 노인수 변호사국제평화연대 회장는 30일 "해적들을 전쟁 포로가 아닌 민간인으로 본다면 국내법 절차를 밟는 게 맞다."며 "국내 형사소송법을 적용하면 체포 직후 48시간 이내에 해적들에 대해 구속영장을 청구해야 하고 그렇지 않으면 석방해야 하는데 이런 점에서 불법 구속의 소지가 있다."고 주장했다. 이에 대해 법무부는 즉각 "해적들에게는 국제법이 적용되는데 이를 혼동해 국내 형사소송법 적용을 주장하는 것은 난센스"라고 일축했다.[61]

난센스가 아니라 어처구니가 없다. 도대체 해적의 인권은 존중하면서, 선박을 납치하고 돈까지 요구한 해적들의 인권은 말하면서 왜 그 상황에 대해서는 입을 다물고 있었는지 모르겠다. 법적인 거야 법무부가 지적했으니 내가 나설 문제는 아니지만, 피해자들의 인권은 어쩌라는 말인지. 게다가 '……이면, 맞다.'라든가, '……라는 소지가 있다.'라는 식으로 책임 회피가 가능한 어법 구사는 참기가 어려울 정도로 속이 울렁거린다.

# 6장 도선의 흔적들

도선은 풍수학인이기 이전에 선승이다. 그의 법통은 혜철이 개창한 신라 선문구산 중 동리산파에 속한다. "도선은 구의청학摳衣請學, 옷을 벗어던지며 가르침을 구함하니 무릇 이른바 무설지설 무법지법無說之說 無法之法에서 주고받아 확연히 돈오하였다."라고 한다.[1] 또한 지리산 이인으로부터 지리법을 배웠다는 대목에서 위 백운 스님은 "지리산은 지혜로운 이인이 많이 계신다하여 지이산智異山으로 표기하기도 하지만 그 음을 읽을 때에는 지리산智利山으로 읽는다. 그러므로 지리산은 한문으로 智利山으로 적는 것이 바른 표기이니, 이는 대지문수사리보살大智文殊師利菩薩의 이름 중에서 지智와 문수사리의 리利 자를 따서 붙인 이름이 지리산이다. 이는 지리산은 문수사리보살이 상주하시는 도량임을 명시한 것이오, 이인은 역시 다른 사람이 아닌 문수대성인 것이다."라고 주장하였다.[2]

결국 도선의 풍수는 말로 표현하기 사실상 불가능한 선문답을 닮을 수밖에 없다는 뜻이다. 이는 풍수의 요체라 할 수 있는 '기를 감지하는 일氣感'처럼 말로는 표현이 되지 않는다. 이에 관해서는 필자의 다른 책에서 쓴 글을 인용하기로 한다.³ 어찌 되었든 도선의 스승인 혜철이 주석駐錫한 동리산 태안사의 풍수를 살펴보는 것은 의미 있는 일이다.

### 동리산 태안사

도선의 스승인 혜철785~861은 해동海東 화엄의 총본산인 부석사에서 화엄학을 연구한 승려로서, 육조 혜능638~731의 남종선南宗禪이 임제?~867에게 이어지고 다시 임제선풍臨濟禪風이 서당지장西堂地藏에게 전수되고 서당을 통해서 혜철에게 상전相傳된 선맥禪脈을 이룬 사문으로 알려져 있다. 그는 신라 헌덕왕 6년814 당唐에 들어갔다가 신무왕 원년839에 귀국한다. 처음에는 쌍봉란약雙峰蘭若에 있다가 드디어 전남 곡성 동리산 태안사太安寺, 현재는 泰安寺로 씀에 주석하여 동리산문을 개창한 것이 문성왕 4년842이다. 도선이 혜철을 찾아간 것이 그 4년 뒤인 문성왕 8년846으로, 만 3년 동안 그곳에 머문 셈이다. 그렇기 때문에 도선 풍수의 실체나 방법론에 관한 기록이 남아 있지 않은 상황에서 태안사 입지는 그의 풍수 방법론을 유추해 볼 수 있는 좋은 예가 될 수 있다. 그러나 도선이 태안사 풍수에 관하여 남겨 놓은 기록은 아무것도 없다. 부득이 현장에서 조그만 실마리라도 끄집어내는 수밖에 없기 때문에 아래에 태안사 답사에서의 심회를 두서없이 제시해 보기로 한다.

사찰 입지 경향을 풍수의 전개선상에 놓고 볼 때, 대체로 세 단계의 구분이 가능하다. 그 첫 번째는 불적佛跡이 출현하거나 불교와 인연이 있는 소위 신령스러운 터에 입지하는 경우이고, 두 번째는 간자簡子, 대나무 조각로 점을 쳐서 입지를 정하는 경향의 출현이다. 두 가지 모두 인위적인 입지가 아니라는 데서 공통점을 지니지만 간자로 택지하는 경우는 신과 인간이 간자라는 매개물을 통한다는 점에서 인문적으로 한 단계 발전한 형태로 본다.

이후 처음 땅에 대한 경험과 지혜가 축적되어 자생적 풍수 사상이 정리됨과 동시에, 마침 중국으로부터 이론 풍수가 유입되어 실지實地에 적용되기 시작함으로써 세 번째 단계인 풍수적 사찰 입지가 이루어진다. 이 단계에서는 이전에 입지한 사찰에도 풍수적 상징성이나 의미를 부여하게 된다. 일종의 입지성에 대한 변용 또는 가치 부가인 셈인데, 이제부터 살펴보고자 하는 태안사는 세 번째 단계에 해당하는 절로, 우리나라 초기 풍수사에서 주목되는 사찰 중 하나이다.

서울역에서 전라선을 타고 구례구역에서 내려 섬진강 상류를 거슬러 올라가다가 석곡 쪽으로 돌아들면 태안사 진입로가 나온다. 봉황의 머리 산이라는 이름의 봉두산鳳頭山, 753미터 계곡의 초입에 들어서서 좁은 계곡을 한 반 리쯤 들어가다 보면 문득 하늘과 땅이 열리는 곳이 나타난다. 바로 그곳에 태안사가 자리 잡고 있다. 전남 곡성군 죽곡면 원달리에 위치한 봉두산은 태안사의 주산인 어머니 산, 즉 엄뫼에 해당된다. 엄밀히 말하자면 진산鎭山이지만 일단 주산으로 보아도 큰 무리는 없다.[4]

하지만 기록을 위하여 사실은 남겨 두도록 하자. 태안사의 진산은 명백히 봉두산이다. 이 산이 태안사 인근에서 가장 높은 산이다. 태안사는 몽누산에서 봉화의 기세가 날아드는 곳에 자리 잡고 있으며, 날개를 막 접고 있는 그 품속 바로 위에 동리산이 있고 그것이 주산에 해당된다. 즉 봉황의 머리가 봉두산이고 진산이라면 그 둥지에 해당하는 동리산이 된다는 얘기다. 이렇게 되면 그 형국은 당연히 비봉귀소형飛鳳歸巢形이 아닐 수 없다.

태안사의 풍수적 사실을 푸는 문제의 실마리는 혜철이 남달리 풍수에 인연이 있었던 사람이었다는 데서 출발한다. 혜철의 자는 체공體空이고 성은 박씨로 신라 원성왕 1년785 경주에서 태어났다. 814년 중국에 유학하여 서당지장으로부터 선종의 법맥을 전수받고 55세 되던 839년에 귀국하는데, 그는 26년간의 유학 과정에서 강서江西 지역에 유포되고 있던 양균송楊筠松의 풍수법을 접하게 되었던 것으로 보인다.

중국에서 귀국한 혜철은 아마도 머물며 교화할 절을 물색했을 것이다. 당연히 풍수적 안목은 그가 사찰 입지를 결정하는 데 중요한 기준이 되었으리라 여겨진다. 태안사 경내에 있는 「대안사적인국사조륜청정탑비문大安寺寂忍國師照輪淸淨塔碑文」에 있는 내용이 바로 그의 풍수 안목을 살필 수 있는 좋은 자료가 된다.

먼저 생각해 보아야 할 것은 태안사가 깃들어 있는 봉두산 및 동리산이라는 산 이름이다. 엄밀히 말하면 동리산271미터은 봉두산753미터이 태안사 쪽으로 뻗어 온 지맥이다. 즉 봉두산이 태안사의 진산이라면 동리산은 태안사를 품에 안은 주산이다. 그러나 절에서는 봉두산을 동리산이라고도 부르니, 그 두 이름은 혼용되어 쓰이는 듯하다. 개인적인 견해이지만 두 산 이름은 개창조開創祖인 혜철이 풍수적 안목으로 지은 것이 계속 남아 있거나 비슷한 시기에 풍수가 널리 알려진 영향을 받아 새로이 개명된 것이 아니었을까 하는 추측이 간다.

전자의 경우로 본다면 풍수를 배웠던 혜철은 태안사가 자리한 진산은 봉황의 머리 모양으로 보았고 절이 자리할 터는 봉황의 둥지로 보았을 것이다. 그러면 그는 왜 봉두산을 한편으로는 동리산이라고 불렀을까? 동리산의 글자 뜻은 '오동나무의 속'이라는 것인데, 오동나무는 중국 전설에서 신령스러운 나무靈木, 군락을 지어 서식하는 상서롭고 아름다운 나무群瑞嘉木로 등장하며, 봉황은 오동나무가 아니면 머물지 않는다는 얘기가 있다. 그래서 봉황을 오동나무의 품 안에 머물게 하려고 그런 이름을 지었던 것이 아니었을까 생각해 본다.

그러나 여기에는 단순히 의식적인 고려뿐만이 아니라 혜철의 사려 깊은 지세 해석이 반영되어 있음을 현장에서 느낄 수 있었으니, 그 사실은 이러하다. 즉 태안사 명당은 형국으로 볼 때, 봉황이 하늘에서 내려와 날개를 안으로 휘감아 바람을 막고 지금 막 땅에 발을 딛는 순간의 기운으로, 비봉귀소형飛鳳歸巢形이다. 절은 봉황의 둥지에 해당되는 곳에 입지했다. 그런데 기세로 볼 때 봉황이 하강하는 관성에 의하여 약간 앞으로 쏠리는 경향이 있다. 좀 전문적이기는 하지만 이것은 봉황포란형鳳凰抱卵形 혹은 봉소포란형鳳巢抱卵形과는 그 기운에 차이가 난다. 다시 말하자면 봉황포란형이나 봉소포란형의 땅은 봉황이 알을 품듯이 편안하고 온화한 기를 띠나 기세가 약하고, 반면 비봉귀소형의 땅은 생동성이 있긴 하지만 상대적으로 안정감이 부족하다.

개창조 혜철은 당연히 이러한 기운을 감지한 듯하다. 그래서 그는 봉두산을 동리산이라 불러 봉두산의 기세를 오동나무의 안으로 오롯이 담으려 한 것이 아닐까? 땅의 기운을 안정시키기 위한 이른바 지명地名 비보인 셈이다. 이름만 붙인 게 아니라 태안사 스님의 말씀으로는 실제 절터의 곳곳에 오동나무가 많았다고 하니, 흘러내리려는 땅기운을 오동나무로 붙들어 머물게 하려던 게 아니었나 하는 생각도 든다.

오동나무와 관련하여 비봉귀소형에 관한 민속 풍수에는 이런 속설이 있어 덧붙여 둔다. 즉 명당의 사방에는 일정하게 갖춰야 할 것이 있는데, 동쪽으로는 흐르는 물이, 남쪽에는 연못이, 서쪽에는 큰길이, 북쪽에는 높은 산이 있어야 명당이 된다는 것이다. 그런데 만약 동쪽에 흐르는 물이 없으면 버드나무 아홉 그루를 심고, 남쪽에 연못이 없으면 오동나무 일곱 그루를 심는다. 그러면 봉황이 와서 살기 때문에 재난이 없고 행복이 온다는 것이다.

게다가 절 이름인 태안泰安, 대안大安이라고도 하며 크게 편안하다는 뜻이라는 뜻도 지세를 잘 감안하여 봉황이 아주 편안하게 깃드는 절이라는 풍수적 의미가 담겨 있다. 근래1941년에 작성된『태안사 사적』에서는 절 이름의 유래에 관해 "절의 위치가 길에서 멀리 떨어져 속인 및 승려가 드물게 이르고 골짜기가 깊고 그윽하여 승려들이 고요하게 머무는 까닭"이라고, 다분히 앞서 인용한 비문에 근거한 해석을 하고 있다.

봉황과 관련된 지리적 해석을 추가한다면 봉황은 대나무 열매가 아니면 먹지 않는다고 한다. 그래서 봉두산을 중심으로 하는 주변 마을에 지명 비보를 한 흔적이 보인다. 즉 면의 이름은 죽곡竹谷이고 절의 동남쪽으로 죽래리竹來里가 있다. 태안사 주위에 자생 대나무山竹가 많이 보이는 까닭도 이 이치와 관련이 있다. 그 외에도 절 동쪽의 승주군 황전면 봉덕리鳳德里 그리고 서북쪽의 동계리桐溪里 같은 지명도 지명 비보의 일환으로 보인다.

앞으로 쏠리는 기운을 막는 또 하나의 흔적은 절 입구의 양편, 그러니까 수구막이풍수지리에서, 좋은 묏자리가 되는 조건의 하나. 골짜기에서 흐르는 물이 멀리 돌아 흘러서 하류가 보이지 않는 땅의 생김새처럼 조성되어 있는 돌무더기조산造山 또는 조탑造塔이라 부름와 절 앞뜰의 연못이다. 시기적으로는 돌무더기가 먼저 쌓이고 연못은 근래에 조성된 듯하다. 돌무더기로는 빠지려는 기운을 누르고 연못으로는 기를 머물게 하려는 의도가 아니었을까? 『금낭경錦囊經』에 이르기를 "기는 바람을 타면 흩어져 버리고 물을 만나면 머문다氣乘風則散 界水則止."라고 하였으니 그 이치에 마땅함이 있다. 혹은 돌무더기는 봉황의 알卵도이고 연못은 그 위에 놓인 물대접이란 설명도 가능하다.

게다가 연못 위에 불탑까지 조성하여 불력佛力을 빌려 전방의 허결虛結한 지세를 보완하려 하였는데 의도는 좋았으나 조경에 좀 어색한 느낌이 들었다. 끝으로 명당 안마당에 든든하게 둘러친 울타리 역시 땅기운을 가두어 모으려는 의도였다는 해석이 가능하다.

신라 말에서 고려 초까지 태안사는 송광사, 화엄사 등 전라남도 대부분의 사찰을 이 절의 말사末寺로 둘 정도로 번성했으나, 고려 중기에 이르러 송광사가 수선修禪의 본사本寺로 독립됨에 따라 사세寺勢가 축소되었다. 조선 시대에는 배불排佛 정책에 밀려 더욱 쇠퇴하다가, 6·25 당시 격전지가 되어 대웅전을 비롯한 열다섯 채의 건물이 불타 버리는 시련을 겪고, 단지 조촐한 선 수행 사찰로 오늘에 이른다. 얼마 전까지만 해도 교통이 불편하여 찾는 이가 드물고 한적했으나 근래에 도로가 포장되어 사람들의 발걸음도 잦아지게 되었다. 그러나 그것이 절에 꼭 좋은 일인지는 알 수 없다.

태안사 봉황문을 나서며 이런 상념을 떠올려 본다.

아득한 옛날 태고의 신비에 젖어 꿈꾸는 듯한 처녀의 몸이었던 태안사 터여! 그대가 비로소 혜철을 만나 불법을 잉태한 성스러운 어머니가 되었구나. 그리고 드디어 우리 풍수의 비조 도선 국사를 배출했구나. 어언 천 수백여 년 고해에 시달리는 중생을 가슴에 안고 대자대비의 보살도菩薩道를 온몸으로 행하였으니, 그 어머니는 다름 아닌 관음보살이며 지장보살이었구나. 오! 관음이여, 지장이여, 어머니인 땅이여.

그런데 한 가지 신기한 것은 태안사 아래에 있는 성기암이다. 도선의 출생지인 영암군 군서면 구림리에도 성기동이 있지 않았던가. 어떤 연관이 있는 것인지 아니면 우연인지 알 수는 없으나 양자 사이의 고리 역할을 하고 있다는 생각은 떨칠 수가 없었다.

### 화순군 운주사

소설에는 도선이 도반道伴인 도승을 만날 곳에서 동자를 만난다. 그는 곧 조사釣士가 되고 서공 스님으로 바뀐다. 운주사 건립의 일은 그를 통해 듣는 것으로 되어 있다.[5] 그다음 내용은 필자의 운주사 답사기의 다음 기록과 같다.[6]

운암사雲巖寺는 옥룡사와 더불어 광양 백계산에 있던 사찰로서 신라 경문왕 9년805에 도선이 창건한 것으로 고려 당시 전해져 내려왔고 또 대대로 그의 법손法孫들이 주지를 맡고 있던 곳이었다. 하지만 현재 위치는 미상未詳이다.

이 외에 「도선본비」에 수록되어 있는, 도선이 창건한 사찰은 운암사와 옥룡사 외에 세 곳이 더 있으니 하나가 구례 지리산 구령에 있던 미우사요, 둘이 구례현에 있던 도선사요, 셋이 구례현 사도촌沙圖村에 있던 삼국사니, 모두 합해서 다섯 군데였다. 그러나 훗날 도선에 가탁하여 사찰의 연기緣起 설화를 만들어 가진 곳은 수를 헤아릴 수 없을 정도로 많은 것이 사실이다.[7]

이런 사찰 중 특이한 곳이 전남 화순군 도암면에 있는 운주사雲住寺이다. 도선은 우리 국토를 '행주형行舟形, 배 떠나가는 모양'으로 보아 그 균형을 바로잡기 위하여 이곳에 천불천탑을 세웠다고 한다. 이곳 정상 가까이에 있는 와불이 뱃사공이므로 그가 벌떡 일어나 사공 역할을 제대로 하면 국운이 크게 흥기할 것이라는 설화도 이 부근에는 떠돈다.

『도선국사실록』이 전하는 운주사의 비보 내용은 다음과 같다.

"우리나라는 지형이 배 떠나가는 형국이다. 태백산, 금강산이 그 뱃머리이고 월출산, 영주산이 배꼬리이며 부안의 변산이 키이다. 영남의 지리산은 배의 노이며 능주의 운주산이 선복船腹이다. 배가 물에 뜨는 것은 물건이 있어 배의 머리와 꼬리, 등과 배를 눌러 주기 때문이며, 키와 노가 있어 그 가는 곳을 다스린 후에야 표류하여 가라앉는 것을 면하고 돌아올 수 있다. 이에 사탑을 세워 누르고 불상으로 진압해야 한다. 특히 운주산 밑은 지세가 꿈틀거리듯 일어나는 곳이므로 천불천탑을 따로 세워 그 등과 배를 실하게 하여야 한다."

소설은 설명이 더 쉽고 자세하다. "운주사는 배의 복부, 즉 사람의 단전에 해당된다. 산맥의 동쪽과 북쪽은 지대가 무거운 데 반해 서쪽과 남쪽은 평야가 많아 가볍다. 따라서 배가 동쪽으로 기울 수밖에 없다. 배의 항해는 뱃머리와 고물 그리고 복배腹背의 안정에 있다. 운주사는 배의 허리 부분이니 그곳에 천 개의 불탑을 세우면 배를 안정시킬 수 있다. 그러면 국태민안國泰民安을 가져올 수 있다."[8]

필자는 현장에서 와불을 보고 이런 느낌을 강하게 받았다. 도선이 관련된 사찰들은 이곳뿐만이 아니라 산이라 할 만한 곳은 어디라도 소위 명산이나 영산이라고 할 만한 곳은 아니었다. 오히려 평범하기 이를 데 없는 마을 뒷산 같은 산자락, 어디서나 놀라지 않고 만날 수 있는 우리 어머니, 할머니, 아주머니 같이 생긴 산들, 이것이 대체적인 느낌이었다. 이곳 또한 다르지 않아서 운주사는 둥그스름한 곡선을 하고 결코 위압하지 않겠다는 듯이 누워 있었다. 그것은 주위 산세와 풍토에 순응·조화하려는 의도적인 인공이 아니었을지 모르겠다. 마치 명산에 명당 없다는 우리 풍수 원칙을 잘 지켜 나가는 것과도 같다.

또 한 곳, 도선의 풍수 마음을 읽을 수 있는 곳이 그가 이인으로부터 풍수를 배웠다는 구례 사도촌이다. 옥룡사 옛터에서도 볼 수 있는 일이었지만 도선이 잡은 터들은 그것이 결코 좋다고 말할 수 없는, 다시 말해서 소위 명당·길지라고 말할 수 없는 특징을 가지고 있다. 그래서 옥룡사를 지을 때도 습기를 제거하기 위하여 마을 사람들로부터 숯가루를 얻어 내지 않았던가. 사도촌 역시 별반 다르지 않다. 명당·길지는커녕 매우 위험한, 병든 땅이라 보아야 할 곳들이다.

사도촌은 거시적으로는 섬진강 본류와 서시천이 합류하는 합수머리 앞쪽에 해당된다. 합수머리란 두 물길이 합치는 안쪽에 해당되므로 지형학상 포인트바$_{point-bar}$ 면에 속한다. 이런 곳은 홍수에도 침수 위협은 별로 없다. 시남은 이곳에 구례읍이 자리하고 있다. 하지만 사도촌 자체를 미시적으로 보면 그 앞쪽, 즉 물길의 공격사면攻擊斜面에 속하기 때문에 조그만 물에도 침수의 위험이 높다. 결코 좋은 땅이 아니다. 즉 병든 땅인 것이다. 아프신 어머니를 고쳐드린다는 자생 풍수 목적에 걸맞은 적절한 입지 선정이다.

이것은 도선의 자생 풍수 이해에 매우 중요한 시사를 던져 준다. 도선쯤 되는 도안道眼의 풍수 스승이 그 정도 침수의 위험 여부를 몰랐을 까닭이 없다. 그는 일부러 문제가 있는 터를 잡은 것이 아닐까? 말하자면 피곤한 어머니, 병든 어머니의 품을 찾아 그분을 고쳐드리고 달래드리는 것이 결국 그의 비보 풍수론이 아니었겠는가.

명당은 그냥 두어도 명당이다. 좋은 어머니는 그냥 있어도 좋은 어머니일 수밖에 없다. 그러나 모두가 다 좋은 어머니, 좋은 터일 수는 없다. 도선은 문제가 되는 그런 어머니, 명당 아닌 터를 골라 침을 놓고 뜸을 떠서 고쳐 놓고자 했던 것은 아니었을까. 그것이 바로 그의 선지禪智는 아니었을까? 만약 그렇다면 그의 풍수는 중생 제도衆生濟度라는 그의 불교 신앙과 조금도 괴리가 생기지 않는다.

일면 도선암이라고도 알려진 영암군 서호면 청룡리 옥룡암지玉龍庵址도 40~50미터 되는 높은 암벽 꼭대기에 자리 잡고 있다. 이미 17세기 초에 폐사되었다고 하는데, 이 역시 그 위치가 길지라기보다는 흉지에 가까우며 명당이라기보다는 암당暗堂이라 해야 맞을 자리다.

그런데 이런 사례가 비일비재하다는 데 주장의 요체가 있다. 실은 도갑사도 일대의 산세와 수맥이 음란수淫亂水라는 얘기가 있으며, 지하 물줄기의 흐름을 입증하듯 도갑사 대웅전 앞뜰에는 지금도 비만 오면 지하에서 물이 솟아난다고 한다. 그래서 앞뜰을 돋우고 잔디를 입혔지만 물줄기를 막을 수는 없더라는 것이 사찰 관계자의 말이다.

전북 남원시 왕정동의 만복사지萬福寺址도 기록에 따라서는 도선이 창건하였다고 한다. 『동국여지승람』에는 고려 문종 때라 하였고, 『용성지龍城志』에는 신라 말 도선에 의하여 창건되었다는 것이다.[9] 정유재란 때 소실되기 전까지는 상당히 큰 규모의 사찰이었다고 하는데 이 역시 폐사되고 말았다. 그 입지 또한 문제로서, 좌우에는 토성土城이 있는 낮은 구릉과 하천이 자리 잡고 있다. 사지寺址 뒤편에 있는 기린산 남쪽 사면에는 크게 볼 때 두 개의 계곡이 있어 각각 사지의 동과 서로 이어져 내린다. 이 때문에 사지 전체의 배수가 시원치 못했음이 발굴단에 의해 밝혀질 정도로 터에 문제가 있었다.

이제 문제는 오히려 간단해진다. 도선과 관련된 대표적 입지처인 도갑사, 옥룡사, 성불사, 사도촌이 모두 명당이랄 수 없는 터이며 간접적 관련성이 있는 옥룡암지, 도선암지, 만복사지 등도 길지 개념의 터는 아니다. 앞서도 지적한 것처럼 이 사례들은 바로 도선 풍수의 큰 특징인 무정하고 불편한 어머니의 품으로서의 명당을 고치고 달래서 안기고자 하는 적극성을 보여 주는 사례이기에 이 경우들은 매우 중요하다.

마치 도탄에 빠진 민중을 구하듯 풍수로서 병든 삼한 땅의 독성을 제거하고자 했던 노력의 결실처럼 보인다. 도선의 비보사찰들은 소위 명산대찰들이 아니다. 뭇 생명들의 자행이타自行利他의 진맥점診脈點 위에 세워졌다는 특징들이 있다. 고름 잡힌 터에 살신성인의 터 잡기를 이루었으니 그것이 바로 도선 풍수의 큰 특징이 아닐는지. 그래서인지 지금 도선 관련 사찰들은 대부분 폐찰 상태에 놓여 있다.[10]

이것과는 별개로 신기한 일이 있다. 훗날 당대 최고의 길지라는 곳을 차지한 사람들의 이름이 도선 관련 사찰에 남아 있는 경우가 있다는 점이다. 예컨대 태안사 입구 오른편에는 신숭겸申崇謙 장군의 기적비가 서 있다. 신숭겸은 고려의 건국 공신이자 태조의 생명의 은인이다. 태조 왕건은 자신이 묻힐 자리를 도선에게 부탁했다. 도선이 한강을 거슬러 올라가 지금 춘천의 의암댐 근처에 이르러 명당이 있을 만하여 비둘기를 날려 보내니 지금의 춘전시 서면 방동리에 내려앉았는데 알고 보니 '군왕가장지지郡王可葬之地'였다. 태조는 이 터를 신숭겸에게 내렸다. 이곳이 바로 '조선 8대 명당' 중 하나라는 신숭겸의 묘소이다.[11]

그런 예는 도갑사 비문에서도 발견된다. '비 후면 음기碑後面陰記'의 시주자 명단 밑으로 개간改刊하여 청음淸陰 김상헌金尙憲과 신독재慎獨齋 김집金集이 추가되어 있다. 신독재의 무덤은 논산군 벌곡면 양산리에 있는데 조산은 신선이 무리지어 있다는 '군선작대群仙作隊'요, 전체 형국은 '선인방학형仙人放鶴形'이다. 그야말로 도사道士가 묻힐 자리로 운명 지어진 터라 할 것이다.

무등산 동남쪽 장불재 넘어 화순군 이서면 영평리에 위치한 규봉사圭峰寺는 도선이 이 좌대에 앉아 송광사 산세를 본 다음 절을 창건했다고 하는 곳이다.

여기서 석불암으로 가는 중간 지점에 도선이 참선을 했다는 굴이 하나 있다.[12] 지금 이곳에는 무당이 수도를 하고 있다고 한다. 무당과 자생 풍수, 화랑도와 신선도, 이 같은 우리 고유의 산악숭배 관련 신앙들은 상호 밀접한 관련을 갖고 있다는 느낌도 든다. 하기야 지금도 산마다 기도처가 있는 것이 우리의 정서 아닌가.

**포천 왕궁리 오층 석탑**

석탑은 사찰과 함께 조성되어, 불교의 상징적인 역할을 해 왔다. 대부분 석탑이 홀로 존재하는 이유는 사찰이 폐허가 된 경우라 할 수 있다. 그러나 사찰이 세워지지 않았던 곳에 탑이 존재하는 경우도 많다. 이러한 경우 대부분 풍수적 차원에서 조성되었거나, 민간신앙의 차원에서 조성되었을 것으로 보인다. 풍수적 차원에서 조성되었던 것을 증명해 주는 것이 백운산 내원사 사적史籍에 기록되어 있다.

백운산 내원사內院寺는 현재 경기도 포천군 이동면 도평리에 있다. 도선 국사가 창건하였다고 전해지나 고증할 방법은 없고 내원사, 백운사, 흑룡사 등으로 절의 이름이 바뀌었다가 1900년 이후 흑룡사로 불리고 있다. 내원사 사적寺迹은 1911년 발간된 『조선 사찰 사료』에 수록되어 있다. 현재의 흑룡사는 6·25 이후에 지어진 것으로서 사적기 작성 당시의 비보 풍수 흔적이 남겨진 것은 아무것도 없다.

『조선 사찰 사료』에 나오는 백운산 내원사 사적은 글 마지막에 "강희 45년 1706 병술면 모월 모일 이전 사적이 파손되어 다시 고쳐서 책을 만든다."라는 기록으로 보아 1706년 훨씬 이전에 작성된 것이 파손되어 재작성한 것으로 보인다. 사적에는 비보 풍수의 원칙이 부분적으로 제시되어 있는데 그 원리와 방법을 적시한 곳을 인용하면 다음과 같다.

중국의 땅은 평탄하여 요堯임금 당시 홍수가 재앙이 되거늘, 우禹임금이 이를 다스려 각각 그 지리의 마땅함을 바르게 하였습니다. 그러니 어찌 흉한 일이나 허물이 있겠습니까. 그러나 우리나라의 경우 그렇지 않아, 뭇 산들은 그 험함을 서로 경쟁하고, 여러 물들은 그 빠름을 경쟁하고, 때로는 마치 용이나 호랑이가 서로 싸우는 듯한 것이 있는가 하면, 때로는 날짐승이나 들짐승이 날아가거나 달아나는 형세가 있는가 하면, 혹은 멀리 지나쳐 제압하기 어려운 것도 있고, 때로는 짧게 끊어져 미치지 못하는 것도 있는 등, 이 같은 모습들을 모두 기술하기가 어렵습니다. 동쪽 군에 이로우면 서쪽 고을에 해가 돼도 남쪽 읍에 길하면 북쪽 현에 흉할 수 있습니다. 우뚝 솟은 산을 바꿀 수는 없습니다. 분방하게 흐르는 물을 멈추게 할 수도 없습니다. 비유컨대 우리나라 땅은 병이 많은 사람과 같습니다.

그러므로 인물의 태어남은 이러한 산천의 기에 감응되는 것인데, 인심과 산천의 형세는 서로 닮지 않을 수 없습니다. 인심이 통일되지 않으므로 구역에 따라 나뉘어져 혹은 아홉 나라로 혹은 세 나라로 분열되어 서로 침략하여 전쟁이 끊이지 않고, 도적이 횡행하여 억제하기 불가능한 것은 스스로 유래한 것입니다.

전하께서는 부처의 도를 약쑥으로 삼아 산천의 병든 땅을 치유하도록 하십시오.

산천에 결함이 있는 곳은 절을 지어 보충하고, 산천이 기세가 지나친 곳은 불상으로 억제하며, 산천의 기운이 달아나는 곳은 탑을 세워 멈추게 하고, 배역하는 산천은 당간幢竿을 세워 불러들이고, 해치려 드는 것은 방지하고, 다투려 드는 것은 금하며, 좋은 것은 북돋워 세우고, 길한 것은 선양케 하면, 비로소 천지가 태평하고 부처의 가르침이 저절로 행해질 것입니다.[13]

「백운산 내원사 사적비」에는 이곳 포천군에 도선의 부도가 있는 것으로 나온다. 내원사는 도선 소점의 사찰들이 으레 그렇듯 폐사지로 현재는 흥룡사가 있다.

이와 유사하게 현재 남아 있는 많은 유적 중에 대표적인 예가 전북 익산시에 있는 왕궁리 오층 석탑일 것이다. 이 왕궁리 석탑을 보면 한 가지 의문이 든다. 발굴 조사 결과 이 주변 왕궁 평성이 백제 시대의 궁궐 터로 밝혀졌는데, 이런 석탑이 있었던 큰 사찰이 이름도 전해지지 못하고 겨우 마을 이름을 붙여 '왕궁리 오층 석탑'으로 불리고 있다는 점이다.

흔히 이 탑을 백제식이라고 하지만 대개 이 탑의 조성 시기를 고려 때로 보는 것이 정설인 듯하다. 백제 때 조성된 탑이라고 주장하는 설도 있으나 "탑 양식으로 볼 때 고려 전기나 중기에 조선된 백제식 탑이 분명하다."역사·민속학자 송화섭 박사라는 주장이 더 우세하다. 진홍섭 역시 이 탑을 백제의 고토故土에서 백제의 석탑 양식을 모방하여 10세기 초에 건립한 것으로 보고 있다.[14]

그 탑의 기능이나 목적에 대해서는 정확하게 연구된 바가 없다. 그러나 고려 왕조에서 비보 풍수가 성행하였음과 왕궁리 오층 석탑이 있는 이곳의 지세를 살펴보면 이곳 역시 비보의 흔적들이 발견된다.

왕궁이 있었다고 전해지는 금마면 소재지를 혈장穴場으로 볼 때, 왕궁 탑이 자리한 산 능선은 좌청룡에 해당된다. 그런데 좌청룡이 혈장을 감싸지 않고 일직선으로 곧바로 달려간다. 산 능선이 일직선으로 달려가는 것은 그 능선을 따라 산천의 기운도 달아난다는 것이 풍수의 논리다. 산이 일직선으로 달려가는 것은 수구水口가 벌어져 있다는 것이며 이는 청룡과 백호가 감싸 주지 못하는 지형을 의미한다. 이 경우 불어오는 바람을 막을 수 없으며, 기도 머무르지 못한다. 양택陽宅의 경우 이런 지형을 지니고 있으면 그 안에 살고 있는 사람들이 심리적으로 불안감을 느낀다. 모든 것이 외부에 노출되어 버린 형국이며, 동시에 그 안에 살고 있는 사람들의 영역성이 모호해지는 결과를 가져온다. 이런 경우 백운산 내원사 사적의 내용에 의하면 "흘러가는 기운은 탑으로써 억제해 준다 走者以塔止之."고 기록되어 있다. 탑을 통해 기가 흘러가는 것을 방지하고 이를 통해 심리적으로 안정감을 찾게 해 주는 것이 비보의 실용적인 측면이다.[15]

### 광주 백마산

경기도 광주에는 백마산白馬山, 448미터이란 산이 있다. 도선 국사가 지나다가 이 산을 보고 "고려를 세운 왕건 장군이 천하를 다스릴 때 타게 될 백마와 같다."라고 해서 붙여진 이름이라 한다. 또한 이 부근에는 말과 관련된 지명이 많은데 모두 도선과 관련되어 있다. 물론 이것은 역사적 사실이 아니다. 도선은 왕건과 시대가 다르다.

이중환李重煥의 『택리지擇里志』에는 "조선 제2대 정종이 왕위에 오르기 전에 이 산에서 무예를 익혔다."라는 기록이 있다. 왕건에게 창업 의지를 고취해 고려를 세우게 한 도선 국사와 이성계를 부추긴 무학 대사는 마치 복사판처럼 유사한 면이 한두 가지가 아니다. 무학이 도선을 새로운 왕조 창업 보좌역의 사표師表로 삼았을 가능성은 충분하다.

『용비어천가龍飛御天歌』제15장에는 이런 내용이 있다.

양자강 남南을 꺼리사 사자使者를 보내신들
칠대지왕七大之王을 누가 막으리이까.
공주 강남公州江南을 저어하사 자손을 가르치신늘
구변지국九變之局이 사람 뜻이리이까.[16]

『용비어천가』는 태조의 4대조인 목조로부터 조선 3대 태종에 이르는 이성계의 직계를 칭송한 글인데, 중국의 사적을 앞에 인용하여 비유하는 형식을 취하고 있다.

진秦의 시황제에게 한 풍수사가 "금릉金陵, 지금의 난징南京에 천자의 기운이 있습니다."라고 아뢰었다. 그러자 시황제는 주의朱衣, 죄수들에게 입혔던 붉은 옷에서 비롯된 말로, 죄수를 뜻한다.를 시켜 산을 뚫고 물을 들여 땅의 기맥을 끊었다. 지명도 말릉秣陵으로 바꿨다. 그러나 후에 오吳, 진晉, 송宋, 제齊, 양梁, 진陳, 명明 등 일곱

개 나라가 이곳에 수도로 삼았다는 고사를 인용한 것이다.

구변지국이란 우리나라 역대 도읍지가 아홉 번 변한다는 뜻으로 단군 시대의 신지神誌가 예언하였다는 내용이다.[17] 신지라는 인물은 『용비어천가』 제16장 소주小註에 "단군 때 사람으로 세상에서는 그를 선인仙人이라 불렀다."라는 설명이 있다. 그는 『신지비사神誌秘詞』라는 책을 통하여 수차례 등장하는 인물이다. 재야 사학계에서는 이를 실사實事라 하여 중시한다. 그에 따르면 "『신지비사』는 단군 달문達門 때의 사람 신지 발리發理가 지은 것이다." 또한 그가 최초로 우리의 문자를 만든 사람이라고도 한다.[18] 그러나 이홍직이 펴낸 『국사대사전』에서는 "신지는 단군 때에 기록을 맡아 보았다는 사람이다. 평양 법수교法首橋 밑에서 발굴된 세 조각 난 비석에서 그 소속을 알 수 없어 읽을 수 없는 글이 나타났는데 이를 단군 때 쓰던 신지문神誌文이라 보는 이도 있으나 그 사실 여부는 아직 미상이다."라고 하여 정사正史로 편입할 수 없다는 뜻을 밝혔다.[19] 필자는 그 사실史實 여부를 판가름할 능력은 없다. 다만 자생 풍수의 맥을 잇는 많은 사람들 혹은 땡추들이[20] 이 책을 많이 인용하고 있다는 측면에서 의미가 있다고 본다.

이병도 박사는 그의 저서에서 다음과 같이 술회했다. "고려시대는 500년간 음양지리 사상과 도참사상이 일관하여 정치, 경제, 사회, 법속法俗에 큰 교섭交涉을 가지고 있던 만큼, 고려사를 읽는 사람은 누구나 여기에 주의를 주지 않는 이가 없지만, 이 사상은 실로 고려의 흥망성쇠와 큰 관계를 가지고 있다. 즉 고려는 흥성할 때나 쇠망할 때나 항시 이 사상이 위정자 내지 민중 지도자를 자극하고 충동하여 수많은 굴곡을 일으켰던 것이다. 말하자면 고려조는 지리도참이란 관념의 유희에 의하여 흥하고 성하고 또 그것으로 말미암아 쇠하고 망하였다고 하여도 과언이 아니다. 그러므로 고려사 연구에 있어 이 방면에 관한 사상의 고찰은 자못 중요성을 띠고 있는 것이다. 만일 이를 전연 무시하고 고려사를 해명할 수 있다면 그것은 바랄 수 없는 일이다."[21]

그러나 풍수 연구는 무시되었다. 918년 고려가 건국되고 936년 후삼국이 통일되었으니 20년 동안 국토는 유례없이 긴 전란에 시달리던 시기였다. 개벽의 염원은 필지必至의 사실이었다.

이 과정에는 통일신라가 쇠퇴하여 각 지방에서 호족 세력이 성장하고 이것이 진성여왕 때에 이르러 전국적인 반란으로 폭발되고 이 중 견훤과 궁예가 후백제와 태봉泰封 정권을 수립시킴으로써 후삼국시대가 성립된 후 궁예의 난정亂政을 틈타 왕건이 궁예를 몰아내고 고려를 건국하였으며 이어서 견훤과 자웅을 겨루다가 마침내 재통일을 이루었다.

이러한 일련의 과정에서 많은 승려가 여기에 관련되었으며 특히 왕건이 고려를 건국하고 후삼국을 통일하는 데 많은 승려가 협조하였던 것이니 이제 자료에 나타나는 것만 해도 절중折中, 행적行寂, 형미逈微, 여엄麗嚴, 경유慶猷, 이엄利嚴, 충담忠湛, 심희審希, 탄문坦文, 찬유璨幽, 현휘玄暉, 긍양兢讓, 경보慶甫, 개청開淸, 윤다允多 등 15명에 이르고 있다.

### 비보 풍수의 사례: 개성

이병도 박사의 주장은 고려의 수도였던 개성에서도 찾아볼 수 있다. 실세로 개성에 관련된 풍수 속설들이 있다. 예를 들면 개성의 백호세가 강하고 청룡세가 약하여 무신의 난이 자주 발생하고 훌륭한 문신이 나지 않는다거나, 여자들이 너무 설쳐 나라를 어지럽히게 된다는 따위의 얘기도 있다. 청룡은 해 뜨는 동쪽으로 남자, 주인, 임금, 명예 등을 표상하고 백호는 해 지는 서쪽으로 여자, 손님, 신하, 재물을 표상하기 때문에 그런 얘기가 나온 것이지만, 중요한 것은 사람이지 단지 무대에 지나지 않는 땅에 책임을 미룰 일은 아닌 것이다. 그리고 문신과 무신은 자고로 문무의 순서인 것처럼 무신은 서반西班, 문신은 동반東班이란 말에서 유래한 것이다.

자생 풍수에서 관심을 갖는 것은 합리적 의미가 담겨 있는 비보인데 그 내용 중 중요한 것은 다음과 같다.

만월대에서 개성 시내를 내려다보면 남동쪽으로 시내 가운데 자남산子南山이 있다. 현재 김일성의 동상이 거기 세워져 있는 것으로도 짐작할 수 있는 일이지만 이곳은 개성 시내의 중심이자 안산案山이기도 하다. 마치 서울의 남산 같은 역할을 하는 산이란 뜻이다. 본래 만월대의 풍수적 형국은 '늙은 쥐가 밭에 내려온 격老鼠下田格'22이다. 그런데 자남산이 그 늙은 쥐의 아들 쥐에 해당된다는 것이 문제의 출발이다. 자子는 십이지의 쥐에 해당되고 글자 그대로 아들의 의미도 있다.

이 아들 쥐가 부모 품을 떠나려 한다면 부모의 마음이 편안할 수가 없다. 그래서 아들 쥐를 안정시켜 어딘가로 떠나는 것을 방지하기 위한 계책을 세웠으니 그것이 바로 풍수에서 말하는 '오수부동격五獸不動格'의 비보책인 것이다. 먼저 자남산 앞에 고양이를 세워 쥐를 움직이지 못하게 한다. 그러나 그것으로 끝낸다면 고양이 앞의 쥐 같은 형세가 되어 아들 쥐가 불안할 것이다. 따라서 고양이를 견제할 개를 만들고 개를 제압할 수 있는 호랑이를 세우며 호랑이가 마음 놓고 날뛰지 못하도록 코끼리를 세우는 것이다. 한데 묘하게도 코끼리는 쥐를 무서워한다.코끼리 귀에 쥐가 들어가면 코끼리가 죽는다고 한다. 이렇게 하여 다섯 짐승이 서로를 견제함으로써 모두 안정을 취하고 궁극적으로는 자남산을 안정시키는 목적을 달성하게 된다.

이것이 현실적으로 무슨 의미가 있을까? 시내 한가운데 있는 자남산은 산이라 부르기도 쑥스러운 작은 둔덕에 지나지 않는다. 그러나 그를 빙 둘러싸고 있는 송악산, 진봉산, 용수산, 오공산, 부흥산 등은 험악한 형상의 높은 산들이다. 개성 시내 거주민들이 위압감을 느끼기에 충분한 위용을 갖춘 산이란 뜻이다. 자신들 거주지의 지표 상징물Landmark인 자남산이 주위에 압도당하는 형세라면 환경 심리학적environmental psychology으로 위축될 것은 자명하다. 그것을 풍수적으로 완화해 주는 역할을 하는 것이 바로 오수부동격의 풍수 비보책인 것이다.

개성 시내에 있는 고양이우물猫井, 개바위犬岩, 코끼리바위象岩, 호랑이샘虎泉, 쥐산子南山 등의 흔적은 바로 그 자취인 셈이다. 만월대를 안내하던 노인도 코끼리바위와 개바위는 잘 알고 있었다. 필자는 선죽교 바로 아래쪽에서 좌견교 坐犬橋라는 석판이 붙은, 지금도 사용되고 있는 유적을 실제로 보았다.[23]

### 도선의 입적지: 광양 옥룡사

옥룡사玉龍寺가 있는 전남 광양시光陽市 옥룡면은 이름 그대로 우리나라에서 일조량이 가장 높은 곳이라고 한다. 이곳에 광양제철소가 있는 것도 그런 까닭이라는 얘기가 있다. 광양읍에서 옥룡사로 가기 위해 백운산 자락에 이르면 흥룡興龍이란 마을이 나온다. 마을에 이런 얘기가 전해 온다. "신라 때 풍수설에 능통한 도인이 백운산에서 산맥을 타고 내려오다가 이 마을 뒷산이 용이 하늘로 올라가는 형국이라 하여 붙인 지명이다. 도선 국사는 당대인들에게 거부감을 받았다. 그래서 옥룡사 터는 지금 초라한 터로 남고 말았지만 재기의 여지는 있다." 도선이 지리산 이인으로부터 풍수를 배웠다는 사실과 부합하는 설화다.

옥룡사는 신라 경문왕 4년864 때 도선이 창건하였다. 헌강왕이 그의 명성을 듣고 사람을 보내어 궁중으로 모셔 가니 여러 가지 정신적인 영향을 미쳤다. 훗날 이곳에서 열반하였는데, 훗날 특히 고려 때 큰 영향을 미친 『도선비기道詵 秘記』를 찬술하였다. 이 책의 이름은 『조선왕조실록』의 『태조실록』에도 등장하는데 이후 종적이 없다. 도선의 풍수설에는 개벽 사상이 들어 있다. 개벽은 한 왕조를 일으켜 세우는 데는 적합하지만 왕조를 유지하는 데는 위험한 사상이다. 필자는 그런 이유로 조선왕조가 이 책을 없앤 것이라 생각한다.

그의 제자들이 스승을 추모하여 탑을 세우고 증성혜등證聖慧燈이라 하였다. 고려 광종 9년958에 세운 동진대사비洞眞大師碑와 의종 4년1150에 세운 도선 국사비道詵國師碑가 있다. 불행히도 도선국사비는 1930년 무렵 돌의 질이 좋다고 하여 파괴하여 섬돌, 주춧돌 등으로 사용되었다.

여기 필자의 현장 답사기를 제시함으로써 그 느낌을 전하고자 한다.[24]

자생 풍수 답사기

## 도선의 자취를 찾아서: 광양 옥룡사지

　도선의 자취를 찾는 것은 우리 지리학의 연원을 찾는 길이다. 그런 점을 처음 지적한 것은 지리학자가 아니라 서울대 국사학과 한영우 교수였다. 1987년 4월 대한지리학회가 주최한 '국학으로서의 지리학' 심포지엄에서 그는 "고려 시대에도 조선 시대에도 지리학을 얘기할 때는 학문의 시조 혹은 비조鼻祖를 으레 듭니다. 그래서 떠오르는 사람이 도선 아닙니까. 신라 말에 살았던 도선이란 승려는 우리나라 지리학의 비조로서 고려는 물론 조선 시대 실학자들도 그에 관한 관심이 대단했습니다. 우리나라 지리학은 도선부터 시작되었다 할 수 있습니다. 말하자면 학문의 계통을 말할 때 중국에 연결시키지 않고 우리 지리학이 도선으로부터 시작되었다고 인식해 온 사실이 이미 우리 지리학이 가시고 있는 민족 지리학으로서의 전통을 말해 주는 것이라 할 수 있습니다. 제가 개인적으로 농담 삼아 지리학 하시는 분들이 먼저 하셔야 할 일이 도선비道詵碑를 세우는 것이라고 말한 적이 있습니다."라는 얘기를 제1주제 토론에서 발언하였다.

　참으로 고맙고도 적절한 지적이지만 누구도 그 말에 관심을 기울인 흔적은 없다. 지리학이라는 학문 자체가 그 땅을 떠나서는 성립될 수 없는 것이기에, 사실 우리 고유의 혹은 우리 자생의 전통이 가장 강한 학문 분야를 꼽아 보라면 별 어려움 없이 지리학을 꼽을 수 있다고 생각한다. 그런데 지금 도선 국사는 지금 어디 가서 무엇을 하고 계신가. 이기적인 잡술 풍수 지관들 사이에서 또는 여관 골목 점술가들 사이에서 수모를 당하고 계신 것은 아닌지 모르겠다.

도선의 출생지인 영암을 떠나 발길은 자연스럽게 그가 지리산 이인으로부터 자생 풍수를 배우고 만년을 보내고 열반에 든 광양 백계산 옥룡사를 찾아들게 되었다. 그가 '옥룡자玉龍子'라는 도호道號로 불리는 것도 결코 우연이 아니다. 현재의 광양시 추산리 외산 마을에 옥룡사라는 암자가 있으나 이는 근래에 지어진 것이고 순천대 박물관 지표 조사팀의 보고서에 의하면 본래의 사지寺地는 이 부근 일대였을 것으로 추정된다. 도선은 좋은 땅을 명당으로 보지 않았다. 병든 어머니 같은 땅을 명당이라 칭하고 그것에 침뜸을 뜨듯 사탑을 세워 고쳐드리려는 게 그의 의도였다. 그러니 도선이 정하여 세운 절은 남아 있을 가능성이 거의 없다. 분지 가운데 침수가 되는 땅, 절벽 아래 사태가 날 수 있는 땅 등 위험한 땅에 절을 세웠으니 남아 있을 수가 없었을 것이다.

옥룡면, 서울에서는 먼 길이다. 벌써 날이 저문다. 어떤 인연이 있어 오늘은 지리산 자락 백운산 중턱에서 자기로 한다. 해안에서 멀지 않은데도 해발 1200미터가 넘으니 대단한 산이다. 눈발이 흩날리면서도 하늘 군데군데 별이 돋는다. 눈도 보고 별도 보는 희한한 산길이다. 하지만 눈은 더 내릴 생각이 없는 모양이다. 이내 구름 한 점 없는 현묘한 하늘에 별만 새파랗다.

산속에서 보는 별들은 참 이상하다. 꼭 아기 주먹만 한 별들이 빈틈없이 하늘을 빼곡히 채우고 있다. 알다시피 지금 서울에서는 별 보기 참 어렵다. 필자가 어릴 때만 해도 선명한 그림자를 만들어 주는 보름달과 초롱초롱한 별들을 볼 수가 있었다. 달빛에 생기는 내 그림자와 간혹 나타나는 전깃불에 비치는 그림자를 보고, 한 사람에게 만들어지는 두 개의 그림자가 생기면 귀신이라고 놀리기도 했는데, 그게 대체 몇 년 전 일이라고 이렇게 아득하게만 생각되나. 왜 이 지경으로 변했을까. 그래도 이런 걸 일컬어 발전이라고 한다. 도무지 모를 일이다.

달과 별 그리고 밤은 사람들에게 꿈과 상상력을 심어 준다. 지금은 그런 것들이 없어진 세상이다. 달도 별도 심지어는 밤까지도 빼앗아 버린 것이 오늘날 도시적 삶터의 실상 아닌가. 백운산에서 맞는 겨울밤의 별빛은 그 꿈의 원형으로의 회귀를 인도하는 길이며, 나뭇잎을 스치는 스산한 바람 소리는 삶의 신산스러움과 덧없음을 알려 주는 가르침의 소리처럼 들린다.

광양을 잘 아는 시인 민후립의 안내로 근 20년 만에 옥룡사를 다시 찾게 되니 옛길이 떠오르련만 별로 기억이 없다. 그저 아늑하고 편안하기만 한데 좀 좁아졌다는 느낌이 든다. 주위에 나무들이 자랐고, 나이를 더 먹어서 그렇게 느껴지는 것일 게다. 하지만 절터의 당국堂局이 좁은 것은 사실이다. 옥룡사 사역寺域이 비좁아 몰려드는 승려들을 수용할 수 없게 되자 가까운 곳에 운암사를 창건하게 되었을 것이라는 순천대 조사팀의 추정은 그래서 근거가 있다.

절을 올라가는 길가 풍경은 우리 농촌 마을의 모습 그대로다. 위로는 둥그스름한 산들이 어깨를 겯고 있고 아래로는 고만고만한 논밭들이 평평하게 자리를 삼았나. 『황세내경黃帝內經』에 나오는 "하늘이 둥그니 인간의 머리가 둥글고 땅이 평평하니 인간의 발바닥이 평평하다."라는 말마따나 어찌 그리도 땅 모습이 사람을 닮았는지, 아니 사람이 땅을 닮은 것인지. 하기야 도선 국사와 관련된 사찰 입지는 하나같이 평범하다는 특징 아닌 특징을 지니고 있다. 도갑사가 그렇고 화순 운주사가 그러하며 곡성 태안사 역시 마찬가지이다. 도선의 영향을 받았을 고려 태조 왕건릉 또한 그러하다. 중국 풍수의 영향을 받은 통일신라 이후의 큰 가람처럼 웅장하면서 주위를 압도하는 거대한 산자락에 터를 잡는 식이 아니다. 그저 큰댁 가는 길처럼, 고향 가는 길처럼 둔덕 같은 산들과 여기저기 박혀 있는 들판을 따라 걷다 보면 수줍은 듯 들어앉아 있는 절들이 바로 도선의 절들이다. 어디서나 대할 수 있는 우리 땅의 전형이다.

옥룡사지를 감싸고 있는 중앙의 산이 백계산506미터이고 거기서 가장 멀리 있는 산이 백운산白雲山, 1218미터이다. 여기서 백계산은 금계포란형金鷄抱卵形이고 백운산이 금화심형金花心形이다. 이것이 항간에 알려진 옥룡사의 형국 이름이다. 그러나 여기서 중요한 것은 그것이 아니다.

지리산 벽송사의 종화 스님은 이곳을 청학동青鶴洞에 대비시켜 백학동白鶴洞이라 하였다는데, 이 역시 도가道家의 냄새가 물씬 풍기는 청학보다는 훨씬 더 우리 정서에 가까운 듯하여 감탄을 자아낸다. 절터 아래 빼곡히 들어서 있는 지방문화재 백계산 동백나무 숲도 결코 우람하여 좌중을 짓누르는 나무가 아니다. 그냥 사람 키만 하게 자란 친근한 수종이다. 거기에 세월의 풍상이 덧씌워져 주름이 잡혔으니 우리 할머니, 할아버지 같은 분위기를 풍긴다. 그렇기 때문에 이곳에 옥룡사를 복원하는 경우가 있다 하더라도 결코 산을 잘라내고 우람한 사찰을 세우는 일은 삼가야 할 것이다.

이런 얘기가 전해 온다. 우리 국토가 호랑이 형상인데 이곳은 바로 그 호랑이의 엉덩짝, 그중에서도 똥구멍에 해당하는 것이라는 설화인데, 고려대 박물관에 소장되어 있는 「근역강산 맹호기상도槿域江山猛虎氣像圖」를 보면 우리 국토를 마치 대륙을 향하여 웅크리고 있는 호랑이의 그곳처럼 그려 놓았다. 한데 이 호랑이가 아직은 그저 네 발을 구부리고 웅크리고 있을 뿐 어떤 움직임의 조짐은 보이지 않고 있다. 옥룡사는 바로 그 호랑이의 똥구멍을 찔러 대륙으로 웅비하라는 위치의 절터라는 생각이 스친다. 아니 그것은 당위인지도 모른다.

# 7장 도선의 후예들

## 1. 도선의 제자들

앞서 말했듯이 자료에 나타난 도선의 제자들은 15명가량이 있다. 이늘에 관한 사전의 설명은 다음과 같다.[1]

절중折中, 흥덕왕 1년(826)~효공왕 4년(900)의 시호諡號는 징효 대사澄曉大師로 선당先幢의 아들이다. 일곱 살에 중이 되고 열다섯에 이미 그 이름이 높았으며 부석사에서 『화엄경』을 배웠다. 헌강왕 8년882 왕명으로 곡산사에 있다가 석운釋雲의 청으로 여러 학자와 사귀어 명성이 높았으며 진성여왕이 국사로 봉하려 하였으나 사퇴하였다. 탑호는 보인寶印이고 고려 혜종 때 비가 세워졌다.[2]

행적行寂, 흥덕왕 7년(832)~신덕왕 5년(916)은 낭공 대사朗空大師로, 효공왕과 신덕왕 대에 국사였다. 속성은 김씨다. 일찍이 불경에 뜻을 두어 가야산 해인사에서 불도를 닦았으며, 경문왕 11년871에 당나라에 건너가 15년 동안 명산을 돌아다니며 수도하고 본국에 돌아오자, 효공왕의 존숭을 받고 석남산사石南山寺에 주지로 있다가 입적하였다. 그 후 고려 광종 6년955에 봉화군 명호면에 있는 태자사太子寺에 백월서운白月栖雲이라는 탑을 세웠으며, 또 비를 세워 승려 단목端木과 김생金生의 글씨를 모아서 비문을 만들었다. 지금 비는 경복궁 안에 옮겨져 있다.³

형미逈微는 기록을 찾지 못하였다.

여엄麗嚴, 신라 경문왕 2년(862)~고려 태조 12년(930)은 속성이 김씨이며 시호는 대경 대사大鏡大師로 남포藍浦 사람이다. 9세에 무량수사에서 승려가 되어 주종 법사住宗法師의 지도를 받았다. 헌강왕 4년878 구족계를 받았으나 교종敎宗을 버리고 숭엄산에 들어가 광종 대사廣宗大師에게 선禪을 배웠다. 대사가 입적하자 영각산에 가서 심광 화상深光和尙을 시종하며 공부한 뒤에 당나라에 가서 운거 대사雲居大師의 심인心印을 받고 효공왕 13년909 무주武州 승평昇平, 순천에 돌아왔다. 때마침 전란이 심하여 월옥月獄, 미봉彌峯 등지로 난을 피했다가 소백산에 숨었더니 지기주知基州 제군사諸軍事, 사령관 강훤康萱이 여엄의 감화로 깊이 불도를 믿게 되어 이러한 사실을 보고하니 고려 태조는 즉시로 그를 맞아들여 보리사에 있게 하고 극진히 대접했다. 그가 입적하자 태조는 매우 애통해 하며 시호를 대경 대사로 하고 탑호를 현기玄機라 하였다. 그 후 10년 태조의 명령으로 최세휘崔世揚가 비문을 지어 비를 세운바, 비는 지금도 경기도 양평군 용문면 보리사 옛 절터에 있다.⁴

경유慶猷, 경문왕 11년(871)~고려 태조 4년. 신라 경명왕 5년(921)는 속성이 장張씨로 시호는 법경法鏡, 원조遠祖는 한漢나라의 종기宗技로서 어머니는 맹씨였다고 한다. 15세 때 훈종訓宗에 의하여 승려가 되고 진성여왕 2년888 당나라에 가서 운거도응雲居道膺의 가르침을 받고 효공왕 2년914에 귀국, 신덕왕 3년914에 왕건이 후백제를 치기 위하여 전라도 나주로 출진했을 때 경유와 친분을 맺었다고 한다. 왕건이 고려 태조로 즉위한 뒤 그를 왕사王師로 섬겼다. 법호는 보조혜광普照慧光, 비는 개성 영남면 용암산의 오룡사五龍寺 터에 있다.[5]

이엄利嚴, 경문왕 6년(866)~태조 15년(932)은 계림鷄林 사람으로 속성은 김씨며 시호는 진철 대사眞徹大師이다. 12세에 가야산 덕량德良에서 출가하여 도견 율사道堅律師에게 구족계를 받았다. 896년 당나라에 건너가서 운거도응에게 선종禪宗의 참을 받고 돌아와 김해부 송광산에 절을 짓고 4년 동안 있으면서 선종을 전파하였다. 915년 고려 태조가 해주 수미산에 광조사廣照寺를 짓고 초청하매 그곳에 가서 경보 등 10여 명과 더불어 극진한 예우를 받았으며, 선풍禪風을 선양하여 신라 가지산 보림사寶林寺를 비롯한 선문구산이 완성되었다. 세상 인연이 다함을 알고 태조에게 이별하려고 개성에 들어왔다가 오룡사에 이르러 입적하였다. 탑호는 보월승공寶月乘空이고 광조사에 태조 20년937에 세운 비碑가 있다.[6]

충담忠湛, 경문왕 9년(869)~고려 태조 23년(940)의 속성은 김씨이고 시호는 진공眞空이며 신라 귀족 출신으로 알려져 있다. 일찍이 고아가 되어 장순長純을 따라 출가하여 21세 때 무주 영선사靈禪寺에서 구족계를 받았고 당나라에 유학, 907년 귀국하여 신라와 고려의 왕사가 되었다. 입적 후 탑이 원주 영봉산 흥법사興法寺에 세워지고 고려 태조가 비문을 짓고 당나라 태종 문황제文皇帝가 쓴 글씨를 모아 새겼으며 그 비가 현재 국립박물관에 있다.[7]

심희審希, 문성왕 17년(855)~경명왕 7년(923)의 시호는 진경 대사眞鏡大師, 탑호는 보월능공寶月凌空, 속성은 김씨인데 그의 선조는 임나任那의 왕족이었다고 한다. 9세에 혜목산 원감 대사圓鑑大師에게서 도를 배우고 19세에 구족계를 받고 진성여왕 2년888 송계松溪에서 포교하였다. 진성여왕이 불렀으나 사양하고 진례성進禮城에 봉림사鳳林寺를 세우고 도를 말하니 효공왕이 사신을 보내어 법력을 빌려 기원하였다. 뒤에 봉림산에서 불도에 정진하다가 918년 경명왕의 청으로 왕궁에 들어가 법응 대사法膺大師의 호를 받았다. 923년 봉림사에서 70세로 입적하였다. 경질 선사景質禪師 등 500명의 제자가 있었다. 지금 창원 봉림사 터에는 집사시랑執事侍郎 최인연崔仁渷이 찬하여 세운 비가 있다.[8]

탄문坦文, 효공왕 4년(900)~고려 광종 26년(975)은 자는 대오大悟, 호는 성사미聖沙彌, 시호는 법인法印, 속성은 고씨, 경기도 광주 고봉高峯 사람으로 능能의 아들이다. 5세에 출가할 뜻을 두었으며 시골 절에서 중이 되고 향성산의 원효 대사元曉大師의 옛터에 암자를 짓고 수년 동안 공부하였다. 이어 장의산사莊義山寺의 신엄대덕信嚴大德에게 나아가 배우고, 15세에 구족계를 받으니 계행戒行이 더욱 높아 명성이 나타났다. 고려 태조가 이 소문을 듣고 이상하게 여겨 별화상別和尚이라 칭하였으며, 황후 유劉씨가 잉태하여 태조가 그의 법력을 빌려 광종을 낳으니 특별히 대우하였다. 후에 구룡산사九龍山寺에서 『화엄경』을 강론할 때에 뭇 새가 날아들고 범이 뜰에 와서 엎드리는 등의 이적異蹟이 있었으며, 별대덕別大德에 특진하여 후진을 가르치고 인도하는 데 게으르지 않았다. 태조 25년942 염주鹽州와 백주白州에 메뚜기가 곡식을 해치므로 『대반야경』을 읽으매 벌레가 없어져 풍년이 들었다 한다. 광종 때에 왕사王師가 되어 귀법사歸法寺에 있었으며 광종 25년974 혜거惠居가 죽으매 대신하여 국사國師가 되었고, 가야산에 나아갈 때 왕이 왕후와 백관을 데리고 전송하였으며, 어의를 보내어 간호하였으나 성약이 없다고 말하고 승도들에게 "사람의 노소는 있어도 법의 선후는 없다."라는 유훈을 남기고 입적하니 탑을 보래寶來라 이름하고 한림학사翰林學士 김언정金彥廷이 비문을 지어 비를 세웠는데 지금 충남 가야산 보원사普願寺 터에 있다.[9]

찬유璨幽, 경문왕 9년(869)~고려 광종 9년(958)의 자는 도광道光, 속성은 김씨, 사호師號는 원종 대사元宗大師로 계림 하남 출신이다. 13세에 상주 공산 삼랑사三郞寺 융제 선사融諸禪師에게 법을 받고 승려가 되었다가 다시 혜목산에 있는 진경 대사眞鏡大師를 섬기면서 전심 수양하여 묘리에 통달했다. 22세 때 양주 삼각산 장의사莊義寺에서 구족계를 받고 광주光州의 송계선원松溪禪院에서 계속 도를 닦았다. 진성여왕 6년892 당나라에 가서 여러 곳으로 명승과 고적을 찾아다니던 중 서주 동성현 적주산寂住山에서 투자 화상投子和尙을 만나 밀전密傳을 받고 경명왕 5년921에 귀국했다. 고려가 건국하자 태조를 만나보고 광주廣州 천왕사天王寺에 머물다가 혜목산에 옮기니 사방에서 학자들이 구름같이 모여들었고, 광종 때 중진 대사證眞大師의 호를 받고 국사國師가 되었다. 혜목산에서 입적했으며 거기에 혜진惠眞이라는 탑을 세웠다. 한림학사 김정언이 찬각撰刻한 비석도 세웠는데 광주 혜목산 고달사高達寺 옛터에 있었으나 지금은 여주 고청 뜰에 옮겨져 있다.[10]

현휘玄暉, 신라 헌강왕 5년(879)~고려 태조 24년(941)의 시호諡號는 법경 대사法鏡大師, 본관은 남원이고 이덕순李德順의 아들이다. 나면서부터 거룩한 자태가 있고 보통 아이들 놀이는 전연 아니하고 모래 위에 돌을 모아 불탑을 쌓아 올리는 놀이를 즐겨하였다. 부모에게 출가를 고하고 영각산사靈覺山寺에 들어가 심광 대사深光大師를 만나고 효공왕 2년898 해인사海印寺에 들어가 구족계를 받았다. 동지 10여 명과 무주에 갔었는데 절에 도적이 침입하여 칼로 동지를 다 죽이고 현휘에게 이르매 신색이 변치 않고 눈빛이 더욱 빛나며 조금도 두려워함이 없으니 도적이 엎드려 절하고 스승으로 섬기기를 원하였다. 효공왕 10년906 당나라에 건너가 구봉산九峯山에 이르러 도건 대사道乾大師를 만나 참선한 지 한 달 만에 심요心要를 전해 받고 10여 동안 널리 성지를 순례하여 사명四明에 까지 이르렀다. 고려가 건국되고 사회질서가 잡혔다는 소식을 듣고 돌아오니 태조가 국사의 예우로서 맞이하였다. 뒤에 중주中州의 정토사淨土寺에 있으면서 사방에서 모여드는 승도들을 지도하여 종지를 선양하니 조정과 지방의 이름 난 사람들이 많이 찾아왔다. 문인들에게 유계를 주고 죽으니 태조가 탑을 쌓아 자등慈燈이라 이름하고 문신 최언휘崔彦撝로 비문을 찬수케 하여 비를 세웠는데 중원군 동량면에 있다.[11]

긍양兢讓, 헌강왕 4년(878)~고려 광종 7년(956)은 일명 백암 화상伯巖和尙, 시호는 전진 대사靜眞大師, 탑호塔號는 원오圓悟로 본관이 공주인 왕양길王亮吉의 아들이다. 효공왕 3년899 당나라에 가서 진성眞性을 연구하고 귀국 후에는 광주廣州 백암사伯巖寺 주지로 있었으며 경애왕이 봉종 대사奉宗大師의 호를 주었으며 고려 태조가 법요法要를 물었고 광종도 자주 불러 정도政道를 물었으며, 광종 2년951에 사나선원舍那禪院에 옮겨 살게 하고 증공 대사證空大師의 존호를 더하였다. 후에 입적하자 왕은 시호와 탑호를 추증하고 이몽유李夢遊로 하여금 비문을 찬하게 했다.[12]

경보慶甫, 경문왕 8년(868)~고려 정종 2년(947)는 속성은 김씨이고 자는 광종光宗, 구림鳩林 출신인 도선과 동향同鄕이다. 시호는 동진 대사洞眞大師, 탑호는 보운寶雲이다. 일찍이 당나라에 유학하고 경명왕 5년921에 돌아왔다. 후백제 견훤의 요청으로 남복선원南福禪院과 옥룡사玉龍寺에 있었으니 도선의 직계라 할 수 있다. 그 후 고려의 태조, 혜종, 정종의 스승이 되었다. 뒤에 비를 세운 것이 지금 광양 옥룡사 터에 있다.[13] 소설에는 이런 장면이 나온다.

"왕건이. 앞으로 진훤의 수중에 있는 희양산 옥룡사의 경보 스님이 너를 도울 것이다. 경보가 돌아오거든 내 말을 전하거라. 도선을 이해했거든 왕건을 돕는 일이 백성을 부처님 앞으로 이끄는 일이라고."¹⁴

개청開淸, 흥덕왕 10년(835)~경순왕 4년(930)의 속성은 김씨, 낭원 대사郎圓大師로 경주 출신이다. 화엄사에서 승려가 되고 강주 엄천사嚴川寺에서 구족계를 받고 본사에서 경전을 연구하였다. 오대산 통효通曉를 섬기어 심인心印을 전해 받았고 경애왕은 사신을 보내어 국사國師의 예를 표했다. 보현사에서 96세로 입적하였다. 태조 23년940에 세운 비가 지금 강릉 개청사開淸寺 터에 있다.¹⁵

윤다允多, 경문왕 4년(864)~고려 혜종 2년(945)의 자는 법신法信, 시호는 광자 대사廣慈大師, 경주 사람이다. 8세에 승려가 되어 사방을 떠다니다가 동리산桐裏山 상방화상上方和尙에게 수도하고, 가야갑사迦耶岬寺에서 구족계를 받았으며 후에 묘지妙旨를 깨닫고 현기玄機를 통달하였다. 본래 적인혜철寂忍惠哲이 당나라 서당지장西堂智藏의 법을 받아서 선사인 여如에게 전하고 여가 윤다에게 전하였다. 신라의 효공왕이 조서를 보내어 맞아늘였고 신라가 망하고 고려 태조가 왕위에 오르자 사신을 보내어 개경으로 맞아 빈례殯禮로 대접하였으며, 혜종 1년944 동리산 옛터에 돌아가 이듬해 입적하였다. 그때 세운 광자대사비가 지금도 전남 곡성군 죽곡면 봉안사奉安寺에 있다.¹⁶

다른 인물들이 어떻게 도선과 관련되는지는 확실치 않다. 이병도 박사의 연구를 소개하는 것으로 대신하기로 한다.

김관의金寬毅의 『편년통록編年通錄』과 도선의 비문최유청의 찬撰 중에 나타나는 고려 태조 탄생에 관한 예언이라든지, 민지閔漬의 『편년강목編年綱目』에 있는 도선의 태조17세 방문설 같은 것에는 물론 그대로 신용을 둘 수 없으나, 태조의 도선에 대한 사상思想상의 관계를 밀접하게 했다고 생각되는 중요한 사실이 있었던 것을 잊어서는 아니 된다. 그 중요한 사실이라는 것은 무엇이냐 하면, 도선의 사후 10여 년을 지나, 즉 신라 효공왕 15년 이래 태조는17 전왕前王 궁예의 곤수閫帥, 평안도와 함경도의 병마절도사와 수군절도사를 통틀어 이르던 말로서, 종종 도선의 연고 깊은 땅인 지금 전남 지방에 출정하여 나주 방면을 중심으로도선의 고향 영암은 그곳의 바로 남쪽 군대를 머물러 후백제의 땅을 침략하고, 그간 장화왕후 나주 오씨를 목포에서 취하고 무위갑사강진의 승려 형미선각 대사를 강진에서 맞이하여 북귀北歸한 일이 있었다. 또 즉위 후에도 이 전남 지방으로부터 최지몽신라 효공왕 11년~고려 성종 6년과 같은 학자와, 광자 대사, 윤다, 동진 대사, 경보와 같은 승려들을 맞아서 후하게 대접하였다.

그중에도 최지몽과 경보는 도선의 고향인 영암인경보는 영암 구림에서 출생함으로 지몽은 『고려사』「열전」에 "崔知夢 初名聰進 南海靈岩郡人…… 博涉經史 尤精於天文卜筮 年十八 太祖聞其名 召使占夢 得吉兆日必將統御三韓 太祖喜 改令名 賜錦衣 授控奉職 常從征伐 不離左右 統合之後 侍禁中備顧問"이라고 함과 같이 천문·복서卜筮에 더욱 자세하여 늘 태조의 고문이 된 사람이었다.18

경보는 도선과 고향을 같이했을 뿐 아니라, 바로 도선의 종언지終焉地인 백계산 옥룡사의 승려였다. 고려 광종조의 신하 김정언이 봉찬한 「동진대사 보운탑 비문」을19 보면 그는 일찍 그 절에 가서 도승道乘 화상에게 배운 일이 있으니 이 도승Do-sung 이야말로 도선Do-sun 그 사람일 것은 이미 선학들이 인정하는 바이다. ……그러므로 도승이 도선인 것은 의심할 수 없고 도승의 제자로 스승의 사후, 같은 옥룡사의 승려였던 동진 대사 경보가 태조에게 영접되어 개경에 갔을 때 그의 선사先師에 관한 사적事蹟과 유저遺著, 『산수비기山水秘記』는 보다 상세하게 태조가 아는 바 되었을 것이다. 아니 그러한 일은 같은 군 사람인 최지몽의 내경來京으로도 가능하며, 또 그보다 먼저, 즉위 전의 태조가 서남해 방면으로 출정한 시절에도 이미 도선

에 관하여 얻은 지식은 자못 풍부했을 것이 틀림없다.[20]

## 2. 통맥(通脈) 풍수

필자는 이에 관하여 아는 바가 없다. 마침 관련 학위논문이 나와 이를 소개하는 것으로 대신한다.[21]

"『고려사』에서는 『도선비기』를 근거로 하여 중국과 한국은 산천이 달라 풍수 지법이 다르게 적용되어야 한다는 내용이 나오며, 『조선왕조실록』에서는 정구鄭逑, 1543~1620의 상소문에 호순신의 『오행서』 등을 『멸만경滅蠻經』이라 하여 중국에서 전래된 풍수 이론서를 불신하는 내용이 있다. 한국의 독자적인 풍수 이론에 관한 문헌으로는 1931년 조선총독부에서 발간된 『조선의 풍수』에서 민간의 풍수서를 설명하면서 통맥법의 내용을 소개하고 있다. 또한 이규경 李圭景, 1788~1856의 『오주연문장전산고五洲衍文長箋散稿』에서는 '황도행룡 72절은 천자와 대성인이 나온다.'라고 하여 통맥법의 내용이 기록되어 있다.

통맥법은 간룡법看龍法으로 용법을 이기화理氣化한 것으로 용을 분석하여 혈의 발복을 계산하는 발복추산법을 적용한다는 특징을 가지고 있다. 이는 중국의 풍수와는 차별되는 이론으로 한국 고유의 전통 풍수라 할 수 있다."라는 것이다.

고려 충렬왕 때 왕이 중국식 고루高樓를 건축하려고 할 때 관후서觀候署에서 상봉하기를 "『도선비기』에 의하면 산이 없는 곳에 고루를 짓고 산이 많은 곳에 평옥平屋입니다. 산이 많은 곳은 양陽이고 산이 없는 곳은 음陰이며, 우리나라는 산이 많으므로 만약 높은 집을 지으면 반드시 쇠손衰損을 초래합니다."라고[22] 하여 임금이 그대로 따랐다고 하는데, 이는 자생 풍수의 존재 근거를 말함이다.

무학 대사가 저술한 『정음정양서淨陰淨陽書』에는 다음과 같은 기록이 있다.

"지리라고 하는 것은 음양의 이치요, 음양은 기후의 변화이다. 그러므로 조산祖山은 기氣가 되고 골절骨節은 후候가 되니 72골절이 한 번 기복하면 일후一候가 되니 일후는 오성五星이다. 일후는 1기년紀年의 화복에 응하니, 가령 기복이 길성이면 12년간 응복應福하고 흉성이면 12년간 재앙을 받는다. 그러므로 3기년36년의 산천은 일대의 자손에게 응하니 합해서 셈하면 역대 화복의 장단을 알 수 있다."

이진삼은 유리자琉璃子를 도선이 지리산에서 풍수법을 전수받은 이인으로 추정하나, 자료가 없다고 말한다.[23] 이는 자생 풍수의 존재를 알리는 연구로서 필자는 기꺼운 바이지만, 통맥 풍수에 관하여 아는 것이 없어 아쉽다.

### 3. 묘청과 신돈

묘청妙淸에 관해서는 사가史家의 견해가 분분하다. 그러나 신돈에 관해서라면 대부분 요승妖僧이라 칭할 정도로 악평이다. 그러나 둘 다 땡추 개념의 승려로 개벽을 꿈꾸었다는 점은 일치한다.

#### 묘청

묘청은 고려 인종 때의 중으로 정심淨心으로도 알려진 서경西京, 평양 출신이다. 묘청은 주로 고려 인종재위 기간 1122년 4월~1146년 2월 때 활동했다. 14세에 즉위한 인종은 초반부터 시련을 겪는다. 그의 장인이자 외할아버지인 이자겸李資謙이 정적인 관료 출신들을 몰아내는 동시에 전권을 장악한다. 이자겸을 왕에 앉히자는 소리가 들릴 정도로 그의 권력은 막강했다. 왕은 척준경拓俊京을 사주하여 이자겸 일파를 축출하고 개경은 피비린내에 감싸인다. 여기서 개경의 지덕地德이 쇠했다는 참설이 나오고 서경지금의 평양 천도론이 묘청 등에 의하여 제기된다. 개경에 정이 떨어진 인종은 솔깃하게 여겨 1127년부터 자주 서경에 머물며, 명당인 임원역林原驛에 대화궁을 짓게 된다.

묘청이 서경 천도를 도모한 것은 개경 출신들에 대한 대항이라는 정치적 목적이 실질적인 것이었지만,[24] 거기에도 명분은 필요했고 그 역할을 풍수와 도참이 떠맡았다. 임원역 터가 바로 대화세大華勢 혹은 大花勢의[25] 명당이란 것이었다.[26] 대화세란 당唐의 양균송楊筠松이 지은 『의룡경疑龍經』에 나오는 말로,[27] 산수가 모여드는 모습山水聚合이 마치 나무의 뿌리와 줄기에서 시작하여 결국 꽃과 열매花實를 맺는 듯한 길지라는 뜻이다.

이것이 양균송이란 당나라의 『의룡경』 인용이라면 자생 풍수와의 관계는 어떻게 되는 것일까? 정확히는 『의룡경』에 대화세란 말은 없다. 다만 화혈花穴이란 용어가 나올 뿐이다. 게다가 이 대목이 실린 부분은 조선 시대에 발간된 책들에 들어 있다. 그때는 이미 중국 풍수서가 잘 알려진 후다.

또한 고려는 국초부터 국토를 '물을 뿌리로 하고 나무를 줄기로水根木幹'로 보았다. 이는 농본국이라면 당연히 갖추어야 할 덕목이다. 치수는 농사의 바탕이고, 나무를 식재함은 치수의 근본이기 때문이다. 그러니 대화세라고 하여 자생 풍수를 배제할 근거는 없다.

게다가 그들은 음양가라는 이들을 인용하는데 당시 도선과 관련된 비기, 비술, 답산가는 널리 유행하던 책들이었다. 이미 그 이전인 숙종 당시 김위제金謂磾가 남경南京, 서울 천도를 주장할 때에는 그보다 많은 도선의 저작들이 등장한다.

자생 풍수 답사기

## 묘청이 꿈꾸던 서경: 평양 답사기[28]

우리가 묵던 평양 고려호텔에서 문을 나서면 바로 평양역이고 거기서 대동강 변을 따라 쭉 북으로 올라가면 김책공업종합대학을 통과하여 김일성 광장이 나오는데, 바로 그 이웃에 대동문大同門이 있다. 국보유적 제4호로 평양시 중구역 대동문동이란 곳이다. 처음 고구려 내성內城의 동문東門으로 출발한 것이지만 지금 것은 조선 시대 양식이다. 그 규모나 장대함에 있어서는 서문 격인 보통문普通門보다 윗길이다.

반원형의 무지개 문길을 낸 화강암 축대 위에 인조 13년1635에 재건한 2층으로 된 문루가 있다. 일명 읍호루挹灝樓라고도 불리는데 이는 관찰사 안윤덕安潤德이 고친 것이다. "아래로는 대동강의 긴 물줄기를 바라볼 수 있고, 강 건너로는 멀리 광야를 임하여 아침 해와 저녁달의 온갖 경치가 모두 난간 밑에 가리키고 돌아보는 사이에 모여 있으니 반드시 멀리 거마를 수고시켜 부벽루로 돌아 오르지 않고도 한쪽의 승개勝塏를 모조리 얻을 수 있다."[29]

좌향은 동남동향으로 중국의 이론 풍수가 고집하는 정방위인 동향東向을 고집하고 있지 않다는 것이 특징이다. 오히려 그런 이론에 치우치기보다는 대동강의 흐름을 따르는 탁월한 풍토 적응성을 보임으로써 평소 필자가 주장하던 우리식 자생 풍수의 한 전형을 보여 준다. 그 곁을 옹위하고 있는 옹성甕城 또한 인공의 기하학적 균형미를 추구하기보다는 역시 강물의 흐름을 따르는 유연미와 조화의 미를 드러내 준다.

옛날에는 대동문 밖 아래쪽으로 배다리船橋가 있어서 관서의 국경 지방이

나 관북을 오가는 사람들이 이용했다고 하지만 지금은 대동강에 모두 여섯 개의 다리가 있어 배다리가 있을 까닭이 없다. 다만 대동강 건너 평양시 선교 구역이란 지명으로 남아 옛날을 증언하고 있을 뿐이다. 우연인가 배다리가 있던 곳에는 지금 부두가 시설되어 있고 그 옆에는 유람선과 보트를 타는 뱃머리도 만들어져 있다.

대동문 옆에는 아담한 종각 안에 평양종이 매달려 있다. 남한의 『국사 대사전』에는 '평양 동종銅鐘'이라 하여 "아무런 아취가 없고 거종巨鐘이라는 특징뿐"이라 되어 있지만 실제로 본 느낌은 꼭 그런 것만은 아니다. 영조 2년1726 주조 완성하여 평양성 북장대에 달았던 것을 옮겨 온 것으로 무게가 13톤에 육박하니 거종인 것은 분명하다. 그러나 종 겉면에 불상, 사천왕상, 구름무늬, 팔괘 무늬, 종명 등이 조각되어 있어 우아하기도 하거니와 담백한 특징을 지니고 있다. 예로부터 평양성의 모든 성문은 이 종소리로 여닫았으며 무슨 일이 있을 때도 비상경보 수단으로 울렸기 때문에 평양을 고향으로 둔 사람들에게는 추억 어린 유물일시 분명하다. 국보유적 제23호로 지정되어 있다.

또 그 옆에 있는 것이 오늘의 주제가 될 '련광정練光亭'이다. 역시 국보유적으로 지정되어 있는데 대동강을 가로지르는 옥류다리와 강 건너로 주체탑이 빤히 보이는 위치다. 고구려 평양성 내성 동장대 터에 세워진 조선 시대 누정으로 장방형 평면의 두 건물이 '비껴 붙은' 특이한 형태이다. 높이와 크기가 서로 다른 두 '합각지붕'의 연결 부분을 직각으로 엇물리게 짜면서 빈틈없이 맞추어 낸 솜씨가 매우 훌륭하다. 남쪽 채는 굵은 나무 기둥을, 북쪽 채는 돌기둥을 받쳐 수평을 유지하였고 바닥 전면에 마루를 깔았는데 그 둘레에는 '계자각닭다리 모양 난간'을 둘렀다.

『조선 유적유물 도감』에는 "애국 녀성 계월향의 슬기로운 이야기가 깃들어 있다."라고 되어 있는데 미처 그 내용을 챙기지 못한 것이 못내 아쉽다. 잘 알다시피 계월향桂月香은 평양 명기名妓로 영조 때 이름을 날린 이광덕의 애첩으로서 시재詩才가 뛰어났던 여인이다.

연광정이 아무리 아름다워도 부벽루를 따라갈 수는 없겠지만 대동강 아래 내려가 바라본 그 모습은 이 또한 천하 절경이 아닐 수 없다. 사실 연광정의 중요성은 영명사와 함께 평양의 지세적 결점을 보완하는 비보로서의 역할에 있는 것이지만 워낙 절경이기에 그에 대한 얘기부터 좀 더 하기로 하자.

정자는 사방이 탁 트이고 강 아래 내려가서 보면 바위 위에 얹혀 있다는 것을 알 수 있다. 이 바위 이름은 덕암德岩. 바위가 강을 의지하여 내려치는 물살을 막을 만하므로 성안 주민들이 모두 그 덕을 입기 때문에 그런 이름이 붙은 것이다. 강 건너의 먼 산들은 멀리 넓은 평야와 큰 숲 밖으로 점점이 이어져 그 산수의 아름다움을 이루 다 형용하기 어렵다. 강계의 인풍루仁風樓, 의주의 통군정統軍亭, 선천의 동림폭東林瀑, 안주의 백상루百祥樓, 성천의 강선루降仙樓, 만포의 세검정洗劍亭, 영변의 약산동대藥山東臺와 함께 관서팔경을 이룬 것이 우연은 아닌 것이다.

고려 예종 때 고시古詩로 이름을 날려 해동 제1인자라 추앙받던 문간공文簡公 김황원金黃元이 이곳 연광정에 올라 종일토록 생각하다가 "성벽을 끼고 흐르는 강물 넓고 질펀한데長城一面溶溶水 / 강 건너 넓은 동쪽 들에는, 점찍은 듯 작은 산만 아득하네大野東頭點點山."라는 일련의 글귀만 낸 채 시상詩想이 막혀 계속하지를 못하고 마침내 통곡하며 내려갔다고 할 정도로 그 경치가 기막힌 곳이다. 그런데 이에 대해『택리지』의 저자 이중환은 이를 매우 가소로운 일이라 하며 지은 글귀조차도 "아름답지 못하다非佳句."라고 일축한 바 있다. 그만큼 이곳의 경승景勝을 평가했기 때문이다.

명나라 사신 주지번朱之蕃이 이곳에 올랐다가 "좋다快."라고 찬탄하며 '천하제일 강산'이라 스스로 써 붙였는데 삼전도에서 조선 국왕의 항복을 받고 돌아가던 청 태종이 이를 보고 이르기를 "중원에 금릉과 절강이 있는데 이를 어찌 천하제일이라 하는가." 하며 사람을 시켜 깨트릴 것을 명령하였다가 글씨가 너무 좋아 '天下' 두 글자만 베어 버렸다는 얘기가 전해 온다.

언제인가 '天下' 두 글자가 다시 붙여졌지만 이제 현장에서 리정남 교수의 얘기를 들어 보니 그 내용이 좀 다르다. 즉 "天下第一江山에서 일제 때 일본 놈들이 또다시 天下를 떼어 낸 것을 '수령님'의 교시로 다시 붙인 것이라 글씨체가 다르지 않느냐."라는 것인데, 뭐 어찌 되었거나 글씨가 확연히 다르다는 것은 알겠다.

연광정 4면에도 주련柱聯으로 된 글귀가 붙어 있는데 그것은 부벽루에 있던 것을 옮겨 온 것이라 한다. 어떤 유적이나 유물도 현장을 떠나면 그 가치가 크게 떨어지는 법이거늘 이것은 피치 못할 사정이 있다 할지라도 잘한 일 같지는 않다. 연광성 주변 경치를 바라보는 내 눈치가 썩 감탄스럽게 보이지 않는지 리 교수는 겨울이라 좀 을씨년스럽다는 설명을 덧붙인다. 사실 연광정의 경치는 여름이 최고이며 수양버들의 운치는 초봄이 으뜸이라는 말은 들어 알고 있었지만 겨울 운치 또한 가슴을 저미는 바가 있었다. 리 교수가 너무 내 감회에 신경을 썼던 탓에 그런 부연이 붙은 것이리라.

임진왜란 당시 왜장倭將 고니시 유키나가小西行長와 청장淸將 심유경沈惟敬이 강화를 위한 담판을 벌이기도 했던 연광정의 가장 중요한 기능은 사실 풍수비보에 있다. 그러나 현장 안내판 어디에도 풍수에 관한 언급은 눈에 띄지 않는다. 안내를 맡은 조선중앙력사박물관의 리정남 교수도 그에 대해서는 금시초문이라 한다. 아마도 풍수를 "봉건 도배들의 터 잡기 잡술"로 정의하고 있는 그들의 역사관이 그렇게 만들었을 것이다. 후에 자생 풍수에 관한 필자의 설명을 듣고 리 교수는 "그렇다면 그건 민족 지형학이 아닙네까."라며 감탄을 하기는 했지만, 남이나 북이나 공식적으로 그럴 날은 오지 않을 것이다.

금수산 최고봉인 최승대나 을밀대 또는 모란봉에서 평양 시내를 조감하면 대동강과 보통강에 둘러싸인 평양시의 지모地貌가 마치 "배 떠나가는 형국行舟形"임을 누구나 느낄 수 있다. 이미 『택리지』에도 언급되어 있는 얘기인 만큼 꽤나 오래전부터 알려진 평양의 풍수 형국이다. 술법상으로 행주형에 해당되는 고을이나 마을은 그 배를 묶어 놓을 닻이 필요하다고 하는 경우도 있고 그 배가 잘 나가도록 돛을 달아야 한다고 하는 경우도 있다. 평양의 경우는 닻이 필요하다고 생각하는 경우로서 그 닻을 연광정 밑 덕바위 아래 강물 속에 넣어 두었다는 것이 풍수 비보설의 골자이다.

1923년 연광정 밑에서 이 닻을 건져 올린 사실이 있다. 물론 이런 일 역시 리 교수는 금시초문이라고 한다. 당시 풍수는 일본인들에 의해서 대표적인 미신으로 꼽혀 왔던 만큼, 이 닻은 다시 내려지지 않고 주변에 방치되는 신세가 되고 말았다. 그런데 바로 그해 평양에 대홍수가 발생하여 평양 시가지 전체가 침수되는 천재天災를 만나게 된다.[30] 그 이유를 닻을 올려 버린 탓이라 여긴 시민들이 원래의 장소에 다시 내려놓음으로써 평양의 진호鎭護, 난리를 평정하고 나라를 지킴로 삼았다는 것인데 이 또한 모르는 일이라 한다. 『택리지』에서는 시내에 우물을 파면 화재가 많이 나기 때문에 메워 버렸다고 하는데, 평양 토박이인 고로古老를 만나면 확인할 수 있을 것이나 답사에서 그런 현지 주민과의 인터뷰는 허용된 것이 아니어서 알 수 없었다.

그렇다면 평양 행주형의 풍수 설화는 단순한 미신에 불과한 것일까? 일본인뿐만 아니라 서구인들도 역시 풍수를 미신으로 취급하는 데 이견이 없을 정도이다. 하지만 그렇게만 볼 일은 아니다. 우리 조상들이 모두 바보란 말인가? 뭔가 이유가 있기에 행주형이란 형국 이름을 붙이고 그에 따른 대비를 해 온 것이 연광정의 돛 비보라고 보아야 한다. 이제 그 문제를 따져 보자.

평양은 대동강이 거의 90도로 방향을 바꾸며 만곡하는 물길의 공격사면 쪽에서부터 도시가 시작된다. 다행히 그것을 능라도와 금수산 줄기가 가로막아 완화해 주기는 하지만 일단 홍수가 급하게 쏟아져 들어오는 경우에는 역부족이다. 이 점 서울과 비슷하면서 다른 점이다. 한강은 양수리두물모지에서 남한강과 북한강이 만나 서울을 향하여 직서진直西進하며 들어온다. 그러나 이 물줄기는 워커힐호텔 뒤 아차산과 망우리 및 동구릉이 있는 검암산 줄기와 이어진 불암산이 한북정맥漢北正脈에 의하여 이루어지는 막강한 산세에 의하여 막히고 만다. 문제는 서울의 방비는 자연스럽게 탄탄한데, 평양은 허약하다는 것이다. 그래서 비보가 필요해진다.

그뿐만이 아니다. 보통강 또한 금수산의 옆구리를 치며 만수대 쪽을 공격하는 형세이기 때문에 홍수 시 협공을 받으면 속수무책일 수밖에 없다. 게다가 시내 남쪽은 창광산과 서기산지금 해방산이라 부름이 가로막아 시내로 들어오는 물의 배수까지 막고 있는 형편이다. 당연히 그에 대한 대비를 하지 않을 수 없다. 그것이 바로 행주형 풍수 설화의 지혜이며 사람들은 그를 통하여 평양의 수재에 항상 심리적으로 대비하는 마음을 갖게 되는 것이다. '물 조심, 홍수 대비'라는 표어판 같은 역할을 하고 있는 셈이다.

얼마 전 유홍준 교수로부터 평양의 행주형 풍수 문제에 관한 질의를 받았을 때 "대동강과 보통강의 퇴적층으로 말미암아 생기는 물의 장기瘴氣, 축축하고 더운 땅에서 일어나는 독기를 방지하기 위한 선조들의 지혜가 아니겠냐."라는 답변을 한 적이 있지만, 결론적으로 그것은 틀린 말이었다. 심지어 프랑스 신부

달레Charles Dallet는 그의 저서 『조선 교회사Histoire De L'Eglise De Corée』에서 "조선의 풍토는 건강에 적합하나 어느 곳이나 물은 맛이 없고 많은 지방에서 여러 가지 병의 원인이 되고 있다."라고 할 정도이니 평양에 장기가 있을 것이라는 혐의를 갖게 된 것도 크게 망발은 아니었지만 실수는 실수일 뿐이다. 당시 필자는 아직 평양에 가 보지 못한 상태였고 다만 지도상의 판단으로 그런 조언을 했던 것이지만 풍수의 금언金言대로 "보지 않은 것은 말하지 말아야"했고, "산을 넘고 물을 건너는 수고登涉之勞를 마다해서는 안 되는 것"이다. 반드시 현장을 본 후에야 확언할 수 있는 것이 지리학임을 이번 기회에 다시 절감한 셈이다. 나중에야 확인한 일이지만 대동강 물맛은 한강과 비슷하지만 단맛이 더 하다는 특징이 있었다.

평양 중심부는 퇴적 지형이 아니었다. 물에 장기의 위험이 있는 곳은 평양 시내 남부의 일부, 그러니까 지금의 평양시 평천 구역과 쑥섬, 두루섬 일대 정도일 것이다. 그들이 연광정 밑 대동강 물에 쇳덩이를 담가 둔 것은 홍수 피해에 대한 경각심 때문이었지, 평양 대부분 지역은 장기에 노출된 것 같지는 않았다.

홍수 때 밀어닥칠 대동강 물에 대한 대비는 연광정의 상징적 비보뿐만은 아니었다. 대동강 공격사면의 핵심에 해당하는 강변에는 영명사永明寺를 세워 실질적인 홍수 대비책을 마련해 두었다. 「평양 영명사 비문」에 의하면 "절이 피폐해지면 중이 흩어질 것이오, 중이 흩어지면 평양의 북성北城이 허해질 것이다. 만약 일조一朝 위급 시에 북성을 못 지킨다면 평양 또한 안전치 못할 것"이라고 경고하고 있다.[31] 즉 영명사는 평양 북쪽의 허결처를 비보하기 위한 비보사찰임을 밝힌 글이다.

절에는 승려들이 상주한다. 평상시 그들은 대동강 물의 형세를 관찰하고 위험 여부를 판단할 수 있다. 또 유사시 홍수가 지면 그들은 즉시 투입할 수 있는 현장 노동력으로서의 기능을 가진다. 얼마나 지혜로운 풍수 대책인가.

지금 영명사는 흔적도 없다. 한국전쟁 당시 폭격으로 그리 된 것이라 하는데 그 아래쪽에 있는 부벽루만이 옛날 영명사의 위치를 짐작하게 해 줄 뿐이다. 부벽루의 본래 이름이 영명루였다는 점을 상기할 일이다. 부벽루는 모란봉 동쪽 청류벽 위에 있는데 뛰어난 경치 때문에 진주 촉석루, 밀양 영남루와 함께 조선 3대 누정의 하나로 꼽힌다. 고구려 광개토대왕 3년393 영명사의 부속 건물로 세워졌다가 12세기에 부벽루로 개명된 것인데 주춧돌과 돌계단의 일부는 고구려 때 것이고 지금의 건물은 광해군 6년1614에 다시 세운 것이다.

나라가 망하려면 이런 절까지도 조짐을 드러내는 것인가. 고려 충선왕 때의 문신 이혼李混이 지은 시구는 고려가 이미 낙일에 들어섰음을 잘 나타내 준다. 이르되,

영명사 안에 중은 아니 보이고
영명사 앞에 강만 홀로 흐르누나.
빈산, 외로운 탑이 뜰 가에 서 있고
사람 없는 나루터에 작은 배가 비끼었네.
장천長天에 나는 새는 어디로 가려는고.
넓은 벌에 동풍은 쉴 새 없이 부는구나.
아득한 지난 일을 물을 이 없으니
엷은 연기 비낀 석양에 시름겹네.

이 순간 나 또한 이혼의 감회를 닮을 수밖에.

연광정 덕바위 옆에 낚시하는 노인 한 분이 있다. 옥류다리를 바라보며 낚싯줄을 드리우고 있는 모습이 무척 한가롭게 보인다. 지금 대동강은 얼지 않았다. 평안남도 남포와 황해남도 은율군을 잇는 서해갑문이 완공된 이후 평양 시내 기온은 평균 5도 내지 6도 정도 오른 데다가 올해는 예년에 비하여 무려 10도에서 15도까지 기온이 높은 이상 난동異常暖冬이기 때문이란 설명이 있었다.

능라도 쪽을 바라보니 초봄처럼 옅은 안개까지 끼어 있다. 이익李瀷의 『성호사설星湖僿說』「천지문天地門」 지경地鏡 조에 보면 고려 선종 3년 평양 남쪽 거리에 지경이 나타나 70여 보 밖에서 보면 물과 같은 그림자가 있다는 기록이 나온다. 지경이란 "땅에 고인 물地鏡地之積水"이라 하였으나 제대로 된 설명은 아니지 싶다. 아지랑이와도 비슷한데 훨씬 더 신비함을 드러내는 땅의 현상이다. 이익도 지적한 것처럼 평양의 그런 변괴는 지기가 왕성해서 그런 것일 수도 있고 앞에서 언급한 것처럼 행주형이란 분지 지세가 만들어 낸 교묘한 수증기 현상일 수도 있다. 여하튼 평양은 수성水性의 땅이다.

점심 먹는 자리에서는 꼭 술이 따라 나온다. 그래서 분위기가 더욱 화기애애하고 대화 내용에도 농담이 곁들기 마련이다. 안내원 선생 중 나이 든 쪽 어떤 분이 풍수와 관련하여 산소 자리 하나 잡아 달라는 농담이 있었다. 물론 웃자고 한 얘기인데 워낙 성품이 곧고 학자풍인 리정남 교수가 정색을 하며 그 말을 비판한다. "최 선생은 그따위 가짜 풍수를 하는 분이 아니라 '민족 지형학자'로 보아야 할 것"이라는 말인데, 그 말이 그렇게 감동적일 수가 없다. 풍수를 전공하면서 지금까지 온갖 수모를 다 겪어 왔는데 내가 추구하고 있는 그것을 산소 자리 잡기가 아니라 '민족 지형학'이라는 단적인 표현으로 지적해 준 사람은 그가 처음이기 때문이다. 아마도 우리 땅을 우리 식으로 해석하는 자생적 지리학이 바로 풍수란 말을 그렇게 불러 준 것이라 믿는다.

평양에서 풍수적 명당 혈처는 어디가 될까? 지리학 전공자인 내게는 당연한 관심이다. 그런데 점심 식사 중 바로 그 얘기가 나왔다. "평양의 핵심 명당은 인민대학습당 터"라는 김일성 주석의 얘기가 있었다는 것이다. 점심을 먹고 우리는 바로 그 인민대학습당으로 향했다.

실제로도 인민대학습당은 평양 중구역의 가장 중심 되는 위치를 차지하고 있었다. 그 건물을 기준으로 바로 인민군의 열병 분열을 사열하는 주석단이 자리 잡고 있으며 또 그 밑에는 우리의 '도로 기준 원표'에 해당하는 '나라 자리길 시작점'이란 돌비석이 조그맣게 세워져 있다. 사실상 '조선민주주의인민공화국'의 중심 축선에 해당되는 선이다. 그 좌우로는 정부종합청사가 들어섰고 앞으로는 약간 비껴서 조선중앙력사박물관과 조선미술박물관이 양쪽을 받쳐 주며, 대동강 건너로는 역시 일직선상에 주체사상탑이 우뚝하다. 그리고 그 사이 공간에 김일성광장이 마련되어 있기 때문에 권위주의적 공간 배치로는 가히 나무랄 데가 없다고 할 정도이다.

그날 저녁 고려호텔 식당에서 조선중앙력사박물관 관장인 장정심 선생을 만났다. 여러 가지 얘기를 나눴지만 중세 계급사회 전공자인 그녀와 깊이 있는 담화는 나눌 형편이 못되었다. 다만 그녀가 강조한 "력사적 상상력"이라든가 특히 "력사 허무주의를 타파"하기 위하여 노력한다는 말이 남는다.

### 신돈

신돈辛旽은 출생 일자가 알려지지 않은 고려 말 승려로 이름은 편조遍照이고 자는 요공耀空이다. 호는 청한거사淸閑居士이고 계성현桂城縣, 경남 창녕 옥천사玉川寺 사비私婢의 아들로 태어났다. 계성현은 무학의 고향인 합천과 가까운 곳이다. 신돈은 그곳에서 중이 되었다.

공민왕은 여러 가지로 복잡한 성품의 사람이었다. 그는 반역이라는 변란도 여러 번 겪었고 천도도 수차례 단행하거나 계획하였다. 게다가 홍건적이 쳐들어왔을 때에는 안동으로 피란하였다. 가까스로 개성을 되찾기는 했지만 공민왕은 환도를 별로 원치 않았던 듯하다. 안동에서 상주로 가 있다가, 다시 수원으로 옮겨 그곳에 궁궐을 조성하려 하였으나 신하들의 반대로 뜻을 이루지 못하자, 다시 강화로 도읍을 정하려 하였다. 결국 개성으로 돌아오기는 했지만 도성 안으로는 들지 않고 홍왕사興王寺에 다다라 그곳을 행궁行宮으로 삼아 머물렀다. 이때 김용金鏞이 내변을 일으키니 이토록 말썽을 많이 겪은 임금도 다시없을 것이다. 최영崔瑩 장군의 토벌로 간신히 개경으로 돌아왔으나, 원나라에 머물던 간신 최유崔濡 등이 원나라 순제에게 무고誣告를 하여 원나라 군대 1만이 쳐들어왔다. 역시 최영의 공으로 이를 물리쳤으나 내외의 변란이 끊임이 없는 와중에 권문 호족들은 토지를 겸병하고 전민田民을 사유私有하여 재정의 궁핍과 빈부의 격차는 여간이 아니었다. 그러다가 공민왕이 제정신을 놓게 되는 일이 벌어졌다. 공민왕 14년 2월 애비愛妃 노국대장공주魯國大長公主, 원나라 위왕의 딸가 죽은 것이다. 그의 비탄은 도를 넘었다.[32] 그래도 본래 총명했던지라 다시 정치 쇄신을 도모하던 중 당시 총혜롭다고 이름이 높던 편조즉 신돈를 자신의 사부로 삼아 국정을 자문하고 나아가 위임까지 하게 되었다. 그가 받은 힘은 "저 인종 때의 묘청 이상의 것임을 알 수 있다."라고 할 정도였다.[33] 그는 전민변정도감田民辨整都監을 두고 스스로 그 판사判事가 되어 권세가와 부호들이 점탈占奪한 토지를 본래 주인에게 돌려주고 또 노비로서 양인임을 호소하는 자는

다 해방하게 하였다. 당연히 하층민으로부터는 성인이라 불릴 정도로 찬양을 받았고 상층계급으로부터는 비난과 공격의 소리가 높았다.

그러나 그는 산간의 승려 출신으로 정치적 식견은 부족했다. 게다가 자신을 과신하여 음란 무도한 짓을 서슴지 않다가 자멸하고 만다. 그는 서경 즉 평양으로의 천도를 기도하기도 하였고 충주 이도移都를 주장해서 더욱 권신들의 미움을 샀다. 결국 그는 5도 도사심관이 되려다가 공민왕의 결정적인 미움을 받고, 공민왕은 드디어 1370년 10월 친정親政의 뜻을 밝힌다. 신돈은 그에 걸림돌이었고 1371년 마침내 역모 죄로 수원에 유배해 죽여 버렸다.[34]

그런데 신돈의 집에는 이름을 모니노牟尼奴라 하는 의문의 아이가 있었다. 공민왕은 신돈의 집에 있던 미부美婦 반야般若를 총애하여 그 아이를 낳았다고 하며 궁에 들여 키우고 이름을 우禑라고 했다. 그러나 『고려사』 「신우·전辛禑傳」에는 그를 신돈의 자식이라 하여 왕우가 아닌 신우라고 썼다. 역성혁명을 일으킨 조선의 기록이니 그 사실 여부는 하늘만이 알 일이다.

그러다가 공민왕 23년 9월 환관들에 의하여 왕이 시해되고 우는 아무 이의 없이 왕위를 계승한다. 문제는 공민왕에게 같은 이름의 아들이 있었고 그를 후사로 정하려는 결심과 의사 표시까지 있었다는 점이나. 필자는 공민왕이 제정신이 아니었다고 믿는다.[35]


**개혁가로서의 신돈**

그러면 과연 신돈은 왕을 홀려 권력을 농단한 요승일 뿐이었을까? 역사적 견해들이 구구하지만, 자생 풍수와 관련해 마침 다음과 같은 이야기가 있어 여기에 적는다. 시인 김지하가 민중 사상의 뿌리에 대해 이야기 나눈 것을 소설가 이문구가 옮긴 글의 일부다.


김지하가 듣다가 말고 말했다.

"문제는 신돈과의 관계 규명입니다. 제도권 속의 불자는 성문 출입까지 금지되었고, 겨우 축성 공사장에 징발되어 비럭질로 살거나 종이, 신발, 기름 따위 유생들의 소비재 조달이나 담당하는 등 온갖 잡역을 다 떠맡았지만, 땡추는 그 훨씬 이전의 불교 전성기에 태동하여 신돈의 개혁에 지지 기반으로 적극 동조, 토지 개혁과 노비 해방 등 사회적인 적폐를 혁파하는 데 지지 기반으로 등장했던 점에서, 특히 신돈과 그들의 근본적인 개혁 사상이 그 당시에는 그 나름으로의 급진적 진보 사상이었다는 점에서, 그들의 근본적인 배경 설명이 선행되어야 한다고 보는데."
"편조 대사신돈의 출신 성분은 사비의 소생으로서 어려서부터 천민이 겪는 고초가 뼈에 새겨졌고 그것이 일차적으로 어용 불교에 대한 개혁 의지의 바탕이 되었을 거예요. 그러니 처음부터 자기류의 사비 출신 등 미천한 계층의 호응을 받았을 것은 능히 가늠할 수 있는 일이지요. 특히 대사가 노비 해방의 길을 마련하자 주인의 사슬을 벗어난 노비들로부터 성인출의聖人出矣, 성인 나셨다는 환호를 받았다는 게 아닙니까. 게다가 당시는 고려도 말기적 증상이 속출해서 진사성인출辰巳聖人出이라는, 즉 용띠 해, 뱀띠 해에 구세주가 나타난다는 참언까지 유행했으니만큼 민중의 기대와 희망의 대상이 되었을 것은 자연스러운 추세였을 겁니다."
그러나 어느 시대를 물론하고 진보적인 개혁 사상은 보수 세력의 적대로서 존폐를 가름하기 마련이므로, 신돈의 개혁 의지로 필경은 이해타산과 직결되는 훈구 척신 중심의 상류 계층에서 이를 갈게 되어 종당에는 실각할 수밖에 없었던 것이라고 보원은 말했다. 보원은 계속해서,
"그럼에도 불구하고 당대의 땡추들은 멀게는 망이, 망소이를 비롯한 천민들의 봉기, 묘청의 실패, 만적萬積의 실패가 누적되고 정중부鄭仲夫 이후의 무단武斷을 거치는 동안에 더욱 압박이 가해져서 어떤 힘으로 활용될 정도는 아니었다고 봅니다. 오히려 평지일봉平地一峯으로 고립무원의 지경에 이르렀던 셈이지요. 편조 대사의 뜻도 왕권과 짝이 되어 노출되었던 것인데 차츰 왕권이 줏대를 잃은 뒤로는, 즉 공민왕의 변태적인 궁중 작폐로 왕실이 어두워진 뒤로는 자연히 말로를 걷지 않을

수 없었으니, 이때에 좌절된 민중의 꿈은 도리어 서울을 옮긴 일조선 창업을 고비로 해서 서서히 주변부를 형성하게 되었다고 봐야 할 것 같아요."

보원은 잠시 숨을 돌린 뒤에 이윽고 부연하였다. 태종조 이후 파사척승破寺斥僧 작업이 본격화하여 『여지승람』에 오르지 못한 사암寺庵은 무인가 사설 단체로 버려져 눈치꾸러기가 됨에 따라 승려들도 대부분이 변방의 수자리와 충군充軍의 위협에 직면하게 되고, 반열班列에 가담하지 못한 중인·농민 등의 생산직과 그 밖의 잡역들도 제대할 길 없는 신역身役의 세습, 할당된 관수 물자 감당의 쟁이 노릇, 과중한 조세와 관원, 토호, 상전들의 착취에 시달리다 못해 다투어 머리를 깎고 잠적하기 시작하여 산당山黨의 규모와 조직은 더욱 견고해질 수밖에 없었거니와, 장살杖殺과 목탁木鐸이 칠천七賤의 아랫도리로 맴도는 와중에서 분연히 세상에 나왔던 보우普雨만 해도 그가 금강산 출신이란 사실 외엔 근본이 은밀했던 것으로 보아, 한때 문정왕후를 움직여 불세佛勢를 만회하기 전까지의 정체는 곧 땡추가 아니었던가 싶다는 것이었다. 신돈의 지론이 항용 힘이 있어야 한다는 것과 아무리 좋은 사상도 의지할 데가 없으면 공상에 그치고 말 뿐이라 하여 정계에 진출했던 것을 상기하면 보우의 처세도 이해가 된다는 것이었다. 그리고 그러한 경위를 두루 종합하건대 땡추들의 명분과 과제는 단연코 현실 개혁이었으며 혁명 사상의 성쇠라는 것이었다.

"스님의 말씀은 추정 또는 비정에 불과한 것이라 할지라도 우리는 사가史家가 아니고 문필가인 까닭에 추정 역시 상상과 같은 비중으로 가능한 일입니다. 확증, 예증, 반증 등의 자료에 얽매이는 것은 이미 문필가의 기질에 미흡한 것이니까."

"당취와 민중 사상과의 연혁적인 논증은 일단 내 자신이 숙제로 알고 있으니까 차후에 보완하는 것으로 단락을 짓고 싶습니다. 그리고 보니 당장에 시급한 일이 연로한 노스님들의 증언 확보가 아닌가 해요. 구전을 모으고 정리하는 작업이 선행되지 않으면 이 유구한 당취사야 말로 수시로 변형·왜곡·와전되는 민담이나 노변잡담으로 전락할 장본이니까요."

"기대해 봅시다." 하고 김지하가 말했다. "조선사만 해도 소위 모든 민란, 심지어는 대소의 역모 사건에 이르기까지 그 공사供辭, 피고인의 진술 내용를 훑어보면 승려가 연좌되지 않은 사건이 없고, 그나마도 거의가 떠돌이 중, 파계승의 무리로 기록된 걸 보더라도 당취와 무관할 이치가 없어요. 그 점에 있어서는 갑오년의 일을 전후한 상황에서도 역시 마찬가지인 심증인데, 하여간 이 일은 앞으로의 과제로 미뤄두고."36

여기서는 불교, 거기서도 당취와의 관련 아래 상황을 정리하려는 의도가 보인다. 이것은 그들이 승려였기에 당연한 일이기는 하다.

자초는 불교계를 대표하여 신진 사류들과 더불어 국도 선정에 참여하여 불교계를 혁신하고자 하였다. 주지하다시피 신라 말에 도선 국사가 고려왕조의 국도를 지점 地點하고 새로운 사찰의 지점으로 불교계를 재편하고자 하였고, 고려 중엽에는 승려 묘청이 서경 천도를, 공민왕 대에 신돈과 태고 보우도 천도를 주장한 바 있다. 도선의 경우는 개경을 중심으로 한 선종계의 불교문화를 펴게 하였고, 승려 묘청은 개경을 떠나 서경을 중심으로 토속을 바탕으로 한 불교문화를 꽃피우려다가 실패에 그쳤다. 보우와 신돈은 고려 말에 각기 한양과 중원中原, 충주을 중심으로 임제선풍과 화엄종풍으로 불교문화를 전개시키려다가 모두 실패하였다.
이러한 국도의 천도 시도는 모두 사회적 격동기를 맞이하여 불교계의 새로운 재편성을 추진한 것으로, 도선의 안을 제외하고는 모두 실패하였다. 천도란 왕조의 멸망과도 관련된 것이어서 그만한 세력이 갖추어졌을 때만 실행 가능하기 때문이다.37

위 두 가지 주장은 필자의 자생 풍수 역사와 맥을 같이한다. 다만 불교를 중심에 두느냐 자생 풍수를 중심에 두느냐의 차이만 있을 뿐이다. 아니다. 차이도 아니다. 그들이 원하던 세계는 불국토이자 개벽 세상이었다. 이상향까지는 아니더라도 지금 보다는 좀 더 나은 세상이었다는 뜻이다.

### 땡추 이야기

여기서 한 가지 지적해야 할 점이 있다. 소위 '땡추'라고 스님을 낮춰 부르는 호칭에 관한 문제다.

송명초가 용화수龍華樹, 그 밑에서 미륵이 성불한다는 나무라고 해 쌓던 감나무가 좌우로 숲을 이룬 소로길은 감나무 빈 가지마다 햇빛이 열려 앞만 보고 걸어도 눈이 줄곧 부시고, 나무꾼이 삭정이를 하는 소리도 같고 군불아궁이에 화라지를 꺾어 쟁이는 소리도 같은, 딱따구리가 딱 부러지게 영근 소리로 구새 먹은 우듬지를 쪼는 메아리도 걸음걸이에 밟혔다.

갑사는 본래 갑사岬寺라고 하였고, 서거정徐居正 같은 유자儒者도 와서 둘러보고 "아름다운 기운이 가득 차 있어 제왕의 도읍터가 될 만하다其陽鬱慧王都氣."라는 기록을 남긴 곳이다. 그 후 정유재란에 회진灰塵하여 쑥이 자라매 중창重創에 즈음하여 자리를 약간 옮겨 앉히니 더불어 이름에도 손이 가서 오늘의 갑사甲寺로 이어졌다.

일행의 하나인 보원普原 스님은 절의 원위치에 변소를 지어 쑴을 가리키며 이렇게 말했다.

"이 절에서 하도 힘센 중이 많이 나와 그 기를 지레 꺾으려고 이냥 변소를 짓게 했다는 이야기도 있습니다."

보원의 말꼬리가 실마리가 되어 김지하가 물었다.

"힘센 중이라. 그럼 조선조 내내 산야에 출몰했던 당취黨聚 즉 땡추들의 소굴이라도 되었다는 말이오?"

"물론 그렇다는 기록은 없지요. 당취결사黨聚結社 자체가 비밀이었으니 기록이 남아 있을 리 없고, 땡취들도 그믐에 달 지듯이 증빙을 두지 않았으니. 그러나 땡취에도 양대 산맥이 있었던 것은 분명하오. 고려 불교 16개 종파가 조선 태종 연간에 7개 종파로, 다시 세종 연간에는 선교禪教 양파로 묶입니다만, 그 양파 제도 이전에 정부에서 조계曹溪, 천태天台, 총남摠南, 화엄華嚴, 자은慈恩, 시흥始興, 중신中神, 이렇게 7개 종파로 얽을 때 그 소속을 거부하고 금강산으로 들어가 버리는 종파가 있더니 그것이 결국 금강산 땡취로 변했던 겁니다. 창업 이래 배불 정책만 더욱 확실해지니 더 이상 바라볼 게 없음을 미리 내다보고 전조前朝의 전철을 밟지 않기로 작정했던 거지요. 말하자면 왕권의 주변 세력, 혹은 허울 좋은 호국 불교 따위에 대한 부정적인 자기평가에 따라 제도적인 종교 정책을 무시하고 식읍적食邑的인 국토보다 중생의 불국토를 건설하자는 취지로 일테면 재야 불교, 민중 속의 생활 불교를 택했던 건데 이게 바로 금강산 땡추의 연원이에요."

주승主僧은 내다도 안 보는데 난데없이 웬 땡추 비스름한 객승이 아무 어렴성 없이 염불도 아닌 연설을 늘어놓자, 차림차림으로 보아 관광객 종류인 듯한 남녀 서너 쌍이 구경감인 줄 알고 둘레에서 바장이므로 보원은 슬며시 마무리를 뒤로 미루었으나

"땡추도 양대 산맥이 있었다면서 태백산맥 쪽만 언급을 하고 말면 하나마나 도로 아미타불이 아니오?"

김지하의 타박에 보원은 웃고 나서 말했다.

"땡추 설화도 하기로 하면 대설大說인데 이런 데서 노닥이면 콩트밖에 더 됩니까?"

보원은 말을 이었다.

"아무튼 금강산 땡취는 그런 이유로 해서 무리가 이뤄졌습니다만, 뒤에는 이목을 꺼리며 산문山門에 왕래가 있던 양반 사회와 규격 불교에 반응이 없었던 기성 종파에서도 차츰 파문이 일었어요. 이대로 가다가는 부처님 세상을 펴기가 갈수록 태산이라는 것을 스스로 간파했던 거지요. 그래서 금강산에 손을 써서 힘을 보태볼까 하지만, 금강산에서는 그동안 국책에 야합했다는 이유를 들어 단호하게 거부

하고 나섭니다. 그러니 자연 우리끼리라도 힘을 모으자는 발론이 나오고, 그 발론이 결론을 맺은 것이 곧 지리산 당취의 발상인 것이에요. 좌우간 당취 이야기는 시간을 따로 해서 다시 거론토록 하지요."

김지하가 고개를 끄덕이며 말했다.

"나는 다만 갑사와 당취와의 연분을 물었을 뿐이외다."

"그건 이따 명초 스님한테 알아보기로 하구요."[38]

이런 내용이라면 도선 국사나 무학 대사에게 적용하여도 무리가 아닐 것이다. 그들도 난세에 중생을 제도하기 위해 새로운 개벽 세상을 바랐을 것이니, 그들이 땡추라 한들 잘못은 아니라 생각한다. 그러니까 도선은 땡추의 시조고 무학은 중흥조쯤 되는 셈일까.

그들 땡추에게는 몇 가지 공통점이 있다. 출신 성분이 미천했다는 점, 당대의 집권 세력에 끼지 못했다는 점, 많이 돌아다녔다는 점, 당나라·원나라를 비롯한 중국에 유학하지 않은 비非엘리트 층이라는 점, 그리하여 반골 기질이 강하였다는 점, 그런 경향성이 그들에게 개벽의 꿈을 키워 주었다는 점, 개벽을 이 세상에서 실천하려 했다는 점이다. 기록에 그들이 권세를 누린 것처럼 된 것은 그들의 개벽 운동이 성공했기 때문이지 실제로 그런 세월을 보낸 것 같지는 않다. 도선이나 무학이 그 대표적인 예이다.

차가 뜨자 보원은 작취미성과 해장술로 졸다 깨다 하던 송명초에게 대뜸 땡추에 관해서 물었다.

"계룡산 땡추는 바루 코앞에 두구 왜 쳇유?"

송명초는 그렇게 자처하면서 이내 덧두리를 하였다.

"땡추는 백 집 이백 집 쵕일 쏘댕기매 동냥해 갖구 술집에 앉어 한입에 털어 넣는 것이 땡춘디. 그러나 이전 땡추덜은 억불 정책에 대한 반항, 심에 밀려 산중으로 쫓긴 자기딜 자신에 대한 반성, 신앙적 열정의 민중 보급로 두절 등 암울한 환경에 대한 저항으루 결국 반체제가 된 무리였슈. 그래서 객승 비젓하게 꾸미구서 때로는 산적패의 통신망도 되어 주구 때루는 항간에 떠돌매 민중 교화에도 나서구 일종의 시대적 불교의 의붓자석들이었슈."

"본 적은 없으시구?"

보원이 다그쳐 물었으나 송명초는 체머리를 흔들었다.

"지금 살아 있는 최명암 스님두 그 일당의 하나였대유. 하지만 만날 생각은 아여 허들 말우. 백 살두 훨씬 넘어서 마주 앉았기두 힘드니께."

"절에서 삼십 년 이상 사신 스님들은 지금도 땡추에 대해서 한두 가지썩들 알고 있지만, 땡추는 민중 교화만이 아니고 민중 구제까지도 겸업했어요. 산적과 결탁해서 낮에는 동냥으로 떠돌며 관가와 토호들을 염탐해 들이고, 밤에는 자기가 낮에 동냥한 것을 고을의 없는 사람들에게 풀어 먹이고 했으니까."

보원의 말이 서론을 넘어서자 송명초도 쏟아지는 졸음에 힘겨워하며 차가 박산짓골의 동구 앞에 이르도록 설왕설래를 계속하였다.

송명초가 말했다.

"암만 크다는 절이서두 땡추가 들면 거절을 못 했답디다유. 불경을 워쩌끔 팠는디 『화엄경』을 줄줄이 오이구, 또 조직이 강해서 잘못 근드리면 뒤가 안 좋구. 그뿐이간유, 저저끔 주먹심이 세서 고사리너물만 욱여넣든 중덜은 암만이 있어두 어림읎었다는규. 산이서 무술을 연마해서 소설식으루 활동했던 중들이 바로 긔덜이었대유."

"도량道場에서 존경도 했어요. 청담 스님에게 들은 얘깁니다만, 청담 스님도 한 삼 년 따라다녔는데 한번 앉아서 불경을 붙들면 사흘 나흘이 가도 일어설 줄을 모르더라는 거예요. 그렇게 불철주야 공부만 하다가 문득 꾀가 나면 슬슬 내려가서 동냥으로 어려운 사람들을 도와주러 다니고."

"나는 그런 민중행民衆行버덤두 긔네덜의 조직력에 더 흥미가 가던디유."

"나도 그래요. 당취 결사에 한번 들어가면 누구도 마음대로 중퇴할 수가 없었어요. 그러나 그들의 생활 범위는 산중 말사末寺의 불목하니 노릇서부터 시중의 삼패三牌, 가장 질이 처지는 논다니와 어울리는 왈짜까지 팔방미인이었고, 그래서 전선全鮮을 누비던 송상松商뿐 아니라 만상灣商, 신의주 근처에서 중국과 무역을 하던 상인들과도 깊은 유대를 맺었다는 설까지 나오고 있는데, 어쨌든 어디서 무엇이 되어 고뿔을 하건 학질을 하건 기율 하나만은 불문율로서 엄격했다는 거예요."

"모르겠네유. 불땀이 좋아야 불똥도 튀는 뱁인디, 내가 땡추 비젓하니께 땡추에 대한 탐문은 자연 등한해서 헐 말이 베랑 읎어 버려."[39]

이런 식이라면 땡추 세력은 개벽의 중추가 될 수 있었을 것이다.

자생 풍수 답사기

# 비보 풍수 답사기: 정방산 성불사

  도선의 자생 풍수 특징 중 현대에 와서도 적응성이 뚜렷하고 당시로서도 합리적인 내용은 비보神補 관념일 것이다. 이는 오늘날의 환경문제에 대한 지침이 될 수도 있다고 생각하기 때문이다. 먼저 비보성이란 무엇인가를 알아보자. 도선이 직접 상지相地한 황해도 정방산 성불사에서 구체적인 비보의 현장 적용 사례를 보기로 한다.

  1997년 12월 24일 9시 30분 평양을 출발한 지 꼭 한 시간 만에 정방산성正方山城 남문에 도착했다. 사람들은 흔히 황해도 봉산의 정방산이라 일컫지만 지금의 북한 행정 지명으로는 황해북도 사리원시 광성리다. 금년이 이상 난동이라지만 오늘은 좀 쌀쌀하다. 우리가 예정 시간보다 조금 늦게 도착하여 미안하다는 인사를 하니 안내원 선생이 "외국인도 안내하는데 같은 핏줄의 형제를 기다리는 일이라 오히려 즐겁습니다."라고 맞받는다. 연말에 덕담을 들으니 기분이 좋다.

  관례대로 안내원으로부터 김 주석이 교시했다는 내용을 듣고 남문으로 향하는데 마치 쇼윈도처럼 유리 상자 안에 든 벤치 하나가 보인다. 김 주석이 현지에 왔을 때 앉았던 의자라는 설명이 붙어 있었다. 충격적인 장면이지만 내 생각은 생략하고 넘어가기로 한다.

  너무나 유명한 성불사 안내원이어서인가 올라가며 하는 설명이 무척 아름답다.

"이곳 정방산은 봄에는 꽃, 여름에는 그늘 경치, 가을에는 단풍, 겨울에는 설경이라 어느 때 와 보아도 좋은 곳입니다. 그래서 수령님께서는 인민의 휴식처로 꾸미도록 교시하시었습니다."

이런 것까지 신경을 써야 하는 김 주석의 처지가 딱하기는 하지만 정말 그럴 것이란 생각이 든다. 며칠 전 받은 황해도 구월산에서 받은 강한 지기地氣의 느낌에 비하여 이곳은 부드럽기 그지없다.

개성에서와 마찬가지로 이곳에도 성문 들어가는 입구에는 수삼나무메타세쿼이아가 심겨 있다. 현재 북한의 국화國花로 되어 있는 목란꽃도 이곳에서 찾아낸 것이라 한다. 그림으로는 보았는데 돌아와 찾아보니 남한에서는 함박꽃나무로 불린다. 살구꽃도 유명하다고 하지만 지금은 꽃구경 할 계절은 아니다.

구월산 월정사와 마찬가지로 이곳 성불사에도 스님은 없고 40년 경력의 관리인이 있다고 한다. 어쨌거나 남문으로 향하는데 남문을 둘러싼 성의 윤곽이 한눈에 잡힌다. 성벽은 납작하게 대충 다듬은 돌로 쌓았는데 평균 5미터에서 6미터 정도의 높이고, 남문 부근만은 10미터가 넘는다. 정방산 계곡의 움푹 들어간 모습凹形이 뒤에 배경으로 잡히고 남문과 성벽이 튀어나온 형태凸形를 취하니 우리나라 산성에서 흔히 보는 자연과 인공의 음양 조화를 여기서도 본다.

정방산은 정말 기묘한 산형山形을 가진 산이다. 기봉산 혹은 깃대봉안내원은 봉화를 올리던 산이라 하여 이렇게 부른다고 했으나 기록에는 천성봉이라 되어 있음을 정상으로 하여 모자봉, 노적산, 대각산이 합쳐져 정사각형 모양을 가진 산이기 때문에 정방산正方山이란 이름을 가지게 된 것이며 그 한가운데 약물산이 있어 정방산 안쪽 분지인 정방골의 중심을 잡아 주는 식이다. 옛사람이 땅을 보는 안목이 요컨대 이런 정도이다. 산성은 그 능선을 따라 둘레가 12킬로미터이다.

남문 위에 세워져 있는 남문루는 북한 국보유적 제88호로 단층짜리 문루門樓로는 우리나라에서 가장 큰 규모라 한다. 문루에 올라서면 정방산 능선이 잘 보인다. 남문의 '무지개 문길'은 규모가 커서 버스가 마음 놓고 드나들 수 있는 정도다. 처음 듣는 이름이지만 남문을 지나면 길가에 국보유적 제90호인 「성장김공성업 영세불망비城將金公成業永世不忘碑」가 서 있다. 7품관品官이었다고 하는데 왜 그 비석이 국보급인지는 알지 못하겠다.

성 안과 밖의 기온은 1도 정도 차이가 나기 때문에 성안이 여름에는 시원하고 겨울에는 따뜻하다고 한다. 어쨌든 지금은 겨울인데 따뜻한 것만은 사실이다. 가장 특징적인 현상은 이곳이 수풍호가 있는 창성군과 함께 북한에서 산소 밀도가 가장 높으며 공기 중에 인체에 이로운 물질들이 가장 많이 섞여 있는 곳이란 점이다. 그런 말을 듣기 전에 이미 이곳의 공기가 좋다는 것을 온몸으로 알겠다.

정방산성은 물이 풍부한 것으로도 유명하다고 한다. 못이 네 개고 우물이 일곱 개인 것이야 그렇다 치더라도 여름철 장마 때 사방 산에서 쏟아지는 물은 성문만으로는 감당하기 어려운 모양이다. 그래서 본래 성문 양옆에 수구문水口門이 있었는데 언제나 비가 오면 성문 자체가 물길이 되어 버려 1977년 더 큰 '물구멍'을 수문 옆에 더 뚫어 놓았다고 한다.

성문을 지나 오른쪽 약물산 중턱 뾰족하게 튀어나온 곳 바위 위를 보면 크지 않은 돌탑이 보인다. 이것은 성을 만들 때 공사하다가 죽은 사람 한 명당 하나씩 얹어서 만든 것이라 한다. 얼마나 많은 사람의 희생으로 이 산성이 완성되었는지를 단적으로 보여 주는 증거이다. 그래서 본래 탑 이름이 '원한탑'이었는데 김 주석의 교시로 '승리탑'으로 개명했다는 설명이 덧붙여져 있다.

계속 들어가면 4킬로미터 떨어진 곳에서 물을 끌어와 인공 폭포를 만들고 1만 제곱미터의 못을 조성하여 잉어와 초어를 기르는 유원지 비슷한 곳이 나온다. 그 위로 좀 더 가면 잘 지은 휴게소 건물도 있다.

필자가 보기에 정방산은 풍수 형세론상 종을 엎어 놓은 형국伏鐘形의 금성金星이던데, 아니나 다를까 이 산을 주위에서는 '할아버지 산'이라 부르고 마흔 개가 넘던 절들은 '할아버지 절'이라 불렀다고 한다. 오행에서 금金은 방위로는 서쪽, 색깔로는 흰색이고 계절로는 가을이니 할아버지 산이란 표현이 풍수와 다른 것이 아닌 셈이다.

이윽고 국보유적 제87호 성불사成佛寺에 닿았다. 충청남도 천안시 신안동 태조산에도 도선 국사가 창건했다는 성불사가 있고 동명의 사찰은 여러 곳 있지만 우리가 흔히 알고 있는 '성불사의 밤'이라는 가곡에 나오는 성불사는 당연히 이곳 정방산 성불사이다. 신라 효공왕 2년898 역시 도선 국사가 창건한 것으로 되어 있지만 이를 그대로 믿기는 어렵다. 이해에 도선 국사가 입적하였고 입적 전에는 광양 옥룡사에 계속 주석駐錫하고 있었기 때문에 같은 시기에 충청과 황해에서 불사佛事를 했다고는 믿어지지 않기 때문이다.

하지만 관계없다. 왜냐하면 그의 제자나 아니면 도선의 풍수 맥을 이은 누군가에 의해서 창건된 것은 분명할 것이니 도선 풍수의 자취를 좇는 데는 지장이 없다고 보기 때문이다. 또한 이해는 궁예가 개성으로 도읍을 옮긴 때이기도 하다. 그것과도 무슨 관련이 있지 않을까 하는 짐작은 들지만 그 점은 여기서 생략한다. 이제 성불사로 들어가 보자.

성불사를 제대로 알려면 그 사적을 알아야 한다. 다행히 성불사 입구에는 조선 영조 3년1727에 세워진 보존유적 제1127호 성불사 기적비가 있어 궁금증을 어느 정도 풀어 준다. 물론 시대가 너무 차이가 나서 믿기 어렵다는 점을 인정하면서 동행한 리정남 교수의 도움을 얻어 기적비의 대강을 살펴보면 다음과 같다.

이 글은 서산 대사西山大師의 6세 제자인 수월 재현이 짓고 썼다. 이 나라는 스스로 별천지를 이룬 곳이다. 이름난 산과 기이한 고장이 많으니 옛날 삼신산三神山이라 일컬어졌던 곳이 모두 우리나라에 있으며 두보杜甫가 말한 "방장산은 삼한 밖에 있다."라는 이야기도 다 그럴 만한 이유가 있어서이다.

정방산 앞으로는 큰 파도 일렁이는 바다가 서 있고 뒤에는 겹겹이 막아선 멧부리를 끼고 있어 한 사나이가 있어 길목을 막아선다면 만 명의 장부도 길을 열 수 없는 곳이다. 성불사란 사람의 성품을 처음으로 돌린다는 뜻이고 절이 기대고 있는 천성산이란 이름은 인물이 많이 난다는 뜻이다.

옛날 도선 국사가 절을 세울 때 산이 솟고 물이 흐르는 형세와 나라의 방위상 중요 지점의 형편을 밝은 안목으로 살펴 가려내어 천백 년을 지켜 나갈 고장을 만들었으니 어찌 다만 절간을 세워 경문이나 외우고 중들이 살아가는 데 그치게 하였으랴. 훗날 나옹 화상이 세운 전각은 우람하고 찬란하여 옛일을 똑똑히 더듬어 볼 수 있다.[40] 그러나 절간은 무너지고 남은 것은 이제 한둘에 지나지 않으니 만물의 성쇠가 애당초 그 운수인 것이다.

여기서 우리가 주시할 대목은 절 입지가 단지 승려들의 명당 터를 찾는 것이 아니라 국방과 주민의 살림을 생각함에 있음을 밝힌 곳이다. 자생 풍수가 좋은 터를 고르는 것이 아니라 국토를 마치 우리의 어머니를 대하듯 병든 터, 흠 있는 땅을 골라 고쳐 줌으로써 산천을 밝게 하자는 것이라는 필자의 평소 주장을 상기한다면 그 대목의 중요성을 충분히 짐작할 수 있으리라 본다.

절은 청풍루를 정문으로 삼았는데 들어서면 본전 건물인 극락전이 앞을 막는다. 남향으로 정면 3칸에 측면 2칸인 맞배집이다. 사실 성불사 본전 건물이 남향을 한 것은 이론상 이상할 것이 없다. 하지만 주위 산세를 살펴보면 뭔가 분위기가 맞지 않는다는 것을 알 수 있다. 절 뒤 그러니까 주산에 해당되는 기봉산이 정방산의 최정상이기는 하지만 그 산형이 수려하지 못하여 흔히 절이 의지하고 있는 산체를 제대로 갖추지 못하였다는 점도 그렇고 무엇보다 그 대안으로 서향을 잠아 응진당 뒷산을 주산으로 삼는다면 기가 막힌 명산의 산형을 주산으로 갖게 될 수 있는데도 불구하고 그것을 피했다는 점이다.

극락전이 마주하고 있는 약물산은 더욱 문제가 많다. 배치로 보아 약물산은 성불사의 안산에 해당된다. 모름지기 안산은 주산을 압도하거나 살기를 띠는 것을 극히 꺼린다. 그럼에도 불구하고 약물산 산세는 한번 보기에도 섬뜩한 느낌이 들 정도로 절벽이며 산의 사면 또한 북사면을 절을 향하여 내보이고 있기 때문에 조명 또한 음울할 수밖에 없다.

그렇다면 왜 기봉산을 주산으로 하고 금기시해야 할 약물산을 안산으로 삼았을까? 그 대답이 바로 우리 자생 풍수에 있다. 이미 앞에서 밝힌 얘기지만 자생 풍수에서는 땅을 어머니로 여긴다. 그렇다면 자생 풍수란 무엇인가? 그것은 한마디로 땅에 대한 사랑이다. 사랑은 홀로 되는 것이 아니다. 거기에는 상대가 필요하다. 땅의 상대는 사람이다. 사람과 땅과의 관계 속에서만 사랑이 생겨날 수 있다. 그러므로 도선의 자생 풍수에서는 땅 못지않게 사람이 중요하다. 사람을 모르고 땅을 볼 수 없는 까닭이 거기에 있다.

또한 사랑은 훌륭한 것, 좋은 것만을 상대하는 일이 아니다. 훌륭하고 좋은 것이라면 나 아니라도 사랑해 줄 사람은 얼마든지 있다. 오히려 지고지순한 사랑이란 다른 것에 비해서 떨어지는 것, 문제가 있는 것, 좋지 않은 것에 대해서일 때 의미가 있다. 자생 풍수에서의 땅 사랑은 그런 근본적인 인식에서 출발한다. 명당이니 승지니 발복의 길지니 하는 것은 자생 풍수의 본질에서는 너무나 멀리 떨어진 개념들이다.

결함이 있는 땅에 대한 사랑이 바로 도선 풍수가 가고자 하는 목표이다. 그것이 바로 비보 풍수이기도 하다. 자생 풍수는 땅을 어머니와 일치시킨다. 어머니인 땅이다. 그 어머니의 품 안이 우리의 삶터가 된다. 만약 어머니의 품 안이 유정有情하며 전혀 문제가 없는 자애로운 어머니의 표본 같은 경우라면 어느 자식이 효도를 마다할 것인가. 그것은 효도도 아니고 당연한 되갚음의 의미밖에는 안 될지도 모른다.

좋은 어머니는 그 자체로서 완벽한 이상형이다. 그러나 현실에 완벽이라든가 이상은 존재하지 않는다. 어떤 어머니라도 얼마만큼의 문제는 지니고 있는 법이다. 피곤할 수도 있고 병들었을 수도 있으며 화가 나 있을 수도 있다. 우리는 그런 어머니의 품 안도, 즉 그런 명당도 생각해야 한다. 자생 풍수는 바로 그런 완벽하지 못한 어머니, 흠이 있는 어머니까지 섬긴다. 자생 풍수는 우리 땅에 관한 조상들의 지혜이다.

성불사의 입지가 바로 그 점을 입증한다. 성불사는 정사각형의 가운데쯤 위치하고 있기 때문에 큰비가 오면 물이 모여드는 합수처, 즉 물에 잠기는 땅이다. 침수의 위험이 상존한다. 거기서 모인 물이 길을 따라 남문으로 빠져나가게 된다. 그래서 남문에 물길을 두 개나 다시 뚫은 것이었다. 성불사에는 승려가 1500명가량 상주하고 있었다고 한다. 그들은 평소에는 홍수에 대비한 파수꾼으로, 홍수 때에는 초기 투입 노동력으로 기능할 수 있다. 승려는 세속을 떠난 사람들이다. 노동력으로는 고급 인력이다. 풍수로는 아프신 어머니 명당이니, 절을 지어 그 병을 치료하는 일이고, 실제로는 홍수에 대처하는 노동력이 되는 것이니 얼마나 합리적인가. 명당이 병든 땅이라는 자생 풍수의 지적은 얼마나 지혜로운가.

이미 언급한 성불사의 자생 풍수 조건 중에서 하나만 더 추가한다. 응진전이 바로 그것인데 본전인 극락전보다 그 부속 건물이라 할 수 있는 응진전의 규모가 더 크다. 응진전은 뒤에 수려한 산을 주산 배경으로 삼고, 살기 띤 약물산을 피하여 서향을 하고 있다. 앞으로는 모자산과 노적봉이 둥그스름한 봉우리를 드러내니 이는 유정한 산세이다. 바로 이론 풍수가 바라는 일이다. 자생 풍수와 중국의 이론 풍수를 아우르는 셈이다.

그러나 자생 풍수는 병든 어머니부터 고쳐야 한다. 그래서 본전인 극락전을 병든 터에 자리하게 하고 실제로 땅기운이 좋은 소위 명당 길지와 좌향으로 응진전을 앉힌 것이다. 이에 대해서는 전라남도 해남 달마산 미황사에서 좋은 예를 찾은 적이 있기 때문에 그것을 소개하기로 한다. 미황사에서 가진 한 가지 의문점은 '달마산에 또 다른 미황사가 있어야 조화가 되는데.' 하는 것이었다. 달마산은 대웅전에서 보아 왼쪽북쪽이 토성이고 오른쪽은 화성에 속한다. 풍수에서는 하늘의 별이 땅에 내려와 산을 이루었다고 보고 산을 별로 표현하여 토성이니 화성이니 하는 말을 쓴다. 토성은 산 정상이 탁상처럼 평퍼짐하다. 대웅전은 토성의 왼쪽 끝을 마주하는 지점에 자리 잡았다. 그렇다면 마치 대웅전 안뜰에 쌍탑이 있는 것처럼 오른쪽 끝에도 절이 있어야 한다.

그 이유는 내 느낌뿐 아니라 다른 곳에서도 찾을 수 있었는데, 그 하나가 대웅전 뒤편 응진당應眞堂의 위치이다. 물론 불교에서 말하는 참 진眞임에는 틀림이 없다. 그리고 진은 중앙이다. 응진당은 토성의 중앙에 응하고 있다. 따라서 좌우 조화라면 오른쪽이 비어 있다는 것이 이상하지 않은가. 다른 하나는, 『동국여지승람』의 달마산 절들의 배치 설명에서 드러나는 것이지만 지면상 자세한 내용은 생략한다.[41] 당연히 성불사 응진전도 이론상의 진에 응하고 있는 경우라 판단하는 것이다.

1953년 성불사의 마지막 주지 스님이 열반에 들었다고 한다. 속세로 보자면 그는 굉장한 장수를 누렸다고 한다. 부근 주민들도 장수한다고 한다. 또 여인들이 어여쁘다는 말도 들었다. 아름답게 생긴 안내원 리영선 선생은 "물 맑고 공기가 좋아 인물이 곱고 장수한다."라고 자랑이다. 공기는 평북 창성과 함께 이곳이 좋다는 얘기를 한 바 있다. 또한 이곳 약물산에서 약물이 나오는데 그것이 또 사람을 그렇게 만든다는 것이다.

약물은 굴속에서 나오는데 저녁나절 해가 질 무렵에만 해가 잠깐 비친다고 한다. 이때 해가 뜬 풍광이 금색이라 금수정金水井이라 부른다는 것이다. 한편 고생하는 '인민'들에게 쥐구멍에도 볕 들 날 있다는 염원을 심어 주는 상징성을 지니고 있기도 하다는 설명이 있었으나 조금 정치적인 듯하여 재미는 별로 없는 얘기다.

극락전 뒤에 자그마한 집 한 채가 있다. 산신각이다. 안을 들여다보니 신선이 동자와 호랑이를 거느리고 앉아 있는 그림이 걸려 있다. 당연한 일이다. 호랑이는 산신이니까 당연히 산신각에 앉아 있어야 할 일이 아니겠는가. 『임꺽정』소설에 등장하는 호랑이 얘기는 모두 이곳을 무대로 한 것이라 한다. 뒤봉에서 호랑이 새끼 두 마리를 잡은 곳이 지금도 남아 있고 임꺽정의 수하로 봉산 태생의 배돌석이가 호랑이를 때려잡은 곳도 이곳이라 한다. 물론 임꺽정 이야기는 나중에 구월산으로 옮겨 가게 된다.

또한 정방산 안에는 무덤을 쓰지 못한다고 한다. 워낙 양명陽明한 산이라 시신의 음기를 받아들이지 못하기 때문이란 것인데, 누군가 욕심을 품고 밀장을 하면 반드시 가뭄이나 홍수가 져서 사람들이 알게 된다는 것이다. 그러면 황주와 봉산 사람들이 모두 모여 반드시 그 밀장 터를 찾아내고 시신을 훼손하는 풍속이 있었다고 한다. 우리나라 어디서나 들을 수 있는 밀장 방지 설화의 전형이다.

구름 한 점 없는 마치 초봄과도 같은 날씨다. 남쪽에서 도선 국사의 자생 풍수 자취를 찾은 지 여러 해가 되었는데 오늘 정방산 성불사에서 다시 그를 만난다. 점심은 정방산 찻집에서 금수정 약 샘물에 '곽밥도시락'으로 때우고 오랜만에 여유 시간을 가진다. 마침 동행한 지금은 고인이 된 황창배 화백이 그림을 그리고 있어 내게도 시간이 난 셈이다.

며칠 전 가 본 구월산이 머리에 떠오르니 정방산과 절로 비교가 된다. "굳센 아들을 낳으려면 구월산으로 가고 고운 딸을 낳으려면 정방산으로 가라."

산꼭대기에 서면 구월산과 바다가 보인다는데 오늘은 중턱까지밖에 올라가지 못했다. 점심을 먹고 식곤증이 날 시간에 산을 오르는데도 피곤이 없고 숨찬 기운이 금방 가신다. 물이 맑고 공기가 좋아서이리라. 산기운은 온화 유순하고 사람들 또한 그러하니 과연 천하의 승지라 한들 시비 걸 사람이 없을 것이나. 당연히 이곳에 있으면 마음도 편안히게 되는 법이니 깊은 시름 있는 이들은 모름지기 정방산 성불사를 찾기를 권한다. 물론 통일이 되면.

성불사 아래 야외 휴식 터. 돌 탁상과 돌 의자에 앉아 그간의 기록을 정리하고 있는 이 마음이 그렇게 편할 수가 없다. 따사로운 햇볕 아래 산새 소리 명랑하고 다들 어디로 갔는지 인적도 끊겼다. 홀로 이런 신선의 마음을 가져 보는 기회에 미안함이 없을 수 없다.

내가 처음 초봄 같다고 했던가. 또 초추初秋의 양광陽光이란 표현이 떠오른다. 어찌 하늘은 푸르고 햇빛은 이다지도 맑은가. 문득 내 자신 속세를 떠나 구도의 길에 오른 도인이 된 것 같은 기분이 든다.

그 유명한 「성불사의 밤」이란 노래가 떠오르지 않을 수 없다. 하지만 지금은 깊은 밤도 아니고 성불사에 풍경風聲도 달려 있지 않으며 마지막 주승主僧이 이 세상을 떠난 것도 50년 전이다. 그래도 객은 여기 잠깐이나마 홀로 앉아 정방산과 성불사, 그 자연과 인공이 뿜어내는 거대한 침묵의 소리를 듣고 있으니 그나마 다행인가. 사실 풍수는 터와 그 주변 산하가 내는 소리를 듣는 우리 민족 고유의 지혜다. 그 터에 의지하여 살아갔던, 이제는 사라져 간 사람들의 무언의 소리에도 귀를 기울인다. 그것이 들려야 풍수를 했다 할 수 있고 자연과의 진정한 교감도 이루어 낼 수 있는 것이다. 또 그래야만 사람의 진정한 모습도 보게 되는 것이다.

아, 정방산이여! 성불사여! 나는 지금 너의 소리를 듣고 있는가?

내 어느 날 부모님 모시고 식솔들 챙겨 이 산에 다시 올 수 있으려나. 아버님은 돌아가셨고, 어머님은 몰라도 아내와 자식들은 반드시 그럴 날 있으리라 믿는다. 그래야 내 마음의 미안함도 가실 것이 아닌가. 얼마나 많은 사람들이 성불사의 새소리와 물, 시원한 공기를 마셔 보고 싶겠는가.

마치 치마저고리에 머리를 땋고 동네 어귀를 들어서는, 볼그레한 양 볼에 부끄러운 미소를 띠고 있던 내 누이 같은 산이여. 우리는 안다. 이 산하의 명미明媚한 풍광을. 다만 오지 못함을 통탄할 뿐. 마음들은 다 이곳을 찾아 산속의 흙을 밟고 있으리라.

오후도 느지막한 시간이 되었다. 떠나자는 소리가 들린다. 15시 50분. 성불사를 출발한다. 돌아오는 길, 평양 어귀 대동강 평천나루에 꽤 큰 배가 세 척 떠 있고 많은 사람들이 짐을 들고 기다린다. 아마도 서해갑문 쪽으로 가는 연락선을 기다리는 사람들인가 보다. 16시 35분 평양 도착. 갈 때보다 빨리 왔다.

고려호텔. 방에 들어와서도 성불사의 여유를 계속한다. '대동강 냉장고'를 열어 보니, 신덕 샘물, 룡성 맥주, 룡성 배 단물, 코카콜라, 양주 샘플, 중국제

과일 캔 들이 들어 있다. 아무 의미 없이 열어 본 것이고 그래서 아무 의미 없이 닫는다. 진달래 텔레비전에서 나오는 여자들의 노랫소리는 꾀꼬리 같으나 애상적이란 게 이상하다. 본래 아름다움은 애상을 띠는 법인지도 모른다. 아름다움은 슬픔을 자아내는 경우가 많았다는 추억이 떠오른다.

   가슴에 담긴 말 많고 많지만 그대로 다 할 수는 없다는 생각에 하나마나 한 생각들을 하고 있는 중이다. 아름다움과 애상과 슬픔과 착함과, 뭐 그런 것들이 애끓는 가슴을 진정해 주지는 못하리라. 도선 국사를 만난 감회가 헝클어진다.

## 4. 고려 풍수의 황혼

**교과서 같은 명당, 공민왕릉**

자생 풍수와 술법적인 중국 풍수의 차이를 고려 태조 왕건과 거의 마지막 왕인 공민왕의 능에서 찾아보기로 하자.

1997년 12월 20일, 북녘에 들어온 이후 처음으로 날씨가 쾌청이다. 오늘은 개성으로 간다기에 어젯밤은 무척 흥분이 되었다. 개성은 고려의 수도로 초기 자생 풍수의 흔적을 많이 찾을 수 있는 곳이라 기대했기 때문이다. 개성에 관해서 『택리지』는 이렇게 기록하고 있다.

> 임진나루를 건너 장단長湍을 지나 40리를 가면 개성부開城府인데, 고려 때의 도읍지이다. 송악산이 진산鎭山이고 그 아래가 고려의 왕궁이었던 만월대이다. 『송사宋史』에 "큰 산을 의지하여 궁전을 지었다."라고 한 곳이 바로 여기다. 김관의金寬毅의 『편년통록編年通錄』[42]에는 여기를 가리켜 "금돼지가 누워 있는 곳金豚臥處"이라 했고, 도선은 여기를 가리켜 "메기장검은 기장을 심는 밭種之田"이라고 했다.[43]

이는 칭찬은 아니다. 메기장은 구황작물로 거친 땅에서 자라기 때문이다.

그 유명한 기생 황진이黃眞伊의 무덤이 개성에서 약 40킬로미터 떨어진 곳에 남아 있는 것은 물론이고 거기서 가까운 곳에는 화담 서경덕의 무덤도 있다는 것이다. 황진이가 누구인가. 조선 중기의 명기名妓로 빼어난 용모와 총명을 지녔고 시서음률이 당대 독보라 하지 않았던가. 그녀가 서화담, 박연폭포와 함께 송도삼절이라는 것은 모르는 사람이 없다. 화담을 그리며 지었다는 "동짓달 기나긴 밤을 한허리를 베어 내어 / 춘풍 이불 아래 서리서리 넣었다가 / 정든 임 오신 날 밤이어든 구비구비 펴리라."라는 시조는 고등학생이었던 내게 기방의 춘정을 몽상케 하던 것이다. 그런 그의 무덤이 있다니, 놀라지 않으면 오히려 이상한 일이다.

　남쪽에서 어떤 기록을 보니 백호 임제林悌가 그녀의 무덤에 술잔을 올리고 "청초 우거진 골에 자는가 누웠는가 / 홍안은 어디 두고 백골만 묻혔는가 / 잔 잡아 권할 이 없으니 그를 슬퍼하노라."라는 시조를 짓고 파직된 이후 그녀의 무덤은 실전失傳되었다고 하였는데, 남아 있다는 것이다. 그러나 이번에는 갈 수 없다는 대답이다. 만월대고 선죽교고 다 집어치우고 그곳을 가 보고 싶지만 당연히 그래서 될 일이 아니다. 우울한 마음으로 잠을 청하지만 아쉬운 마음에 잠을 설친다.

　황 여사가 살아 있다면 이런 내 심정을 알아보고 한 번쯤 만나 주지 않을까 하는 괴상한 공상까지 하며 새벽을 맞는다. 그런데 이상한 것은 새벽이 되니 그녀의 무덤에 가 보고 싶다는 생각이 어젯밤처럼 간절하지는 않더라는 점이다. 여성과 밤이 음성이고 새벽은 양성이어서인가, 아니면 이제 나 자신 속세에 찌들어 낭만보다는 일이 중요하다고 느낀 까닭인가, 모르겠다.

　7시 20분 평양 고려 호텔을 출발한다. 여기서 개성까지는 '고속도 도로'로 190킬로미터. 9시 35분 개성 시내에 들어왔으니 2시간 10분쯤 걸린 셈이다. 중간에 교통 체증은 전무했다. 송악산이 북쪽을 둘러싸고 있는 개성 시내는 깨끗하고 조용하다. 한적하다고 해도 과장은 아닐 듯하다. 개성에서 다시 서쪽으로 길을 잡아 5킬로미터쯤 가면 개성시 개풍군 해선리에 닿는데 그곳에 공민왕릉이 있다.

　길은 수삼나무가 가로수로 심어진 좁은 2차선 도로인데 행인도 많고 가끔 보이는 소달구지들도 있어 심심치가 않다. 쭉쭉 뻗은 큰 키들이 마치 미루나무처럼 생긴 수삼나무는 김일성 주석이 특별히 아끼며 전국에 보급한 수종이라 하는데 공민왕릉 가는 길게 뻗은 길 가에 심어진 그 나무들이 자아내는 풍경은 원근화법의 교과서적 형태를 보는 느낌이었다.

공민왕릉은 국보유적 제123호로 그의 부인 노국공주와 함께 쌍분을 이루고 있다. 지하에 돌로 무덤 칸을 만들고 그 위에 흙을 덮은 돌칸 흙무덤이며 이미 1905년 일제에 의하여 도굴을 당한 바 있기 때문에 발견된 유물은 거의 없다고 한다. 그런데 공민왕이 운암사에서 왕비의 명복을 빌며 군신과 맹세한 글에는 "혹 내 능을 탈취하고 도용盜用하는 자가 있으면 신은 반드시 이를 죽이소서."라는 부분이 있는데 그와 왕비의 능을 도굴한 자들에게는 무슨 앙화가 있었는지 궁금하다.

한 가지 특이한 것은 남쪽에서 정자각丁字閣이라 부르는 능 앞에 있는 제전祭殿을 북에서는 제사당이라 부른다는 점이다. 좀 지루하지만 공민왕의 가계를 살펴보기로 한다. 그는 고려 제27대 충숙왕의 차남으로 태어났다. 충숙왕의 장남이자 공민왕의 친형인 충혜왕은 아버지를 이어 제28대 왕으로 등극한다. 지저분한 얘기는 하고 싶지 않으나 공민왕을 이해하기 위해 잠시 분기를 누르고 사정을 말하자면 다음과 같다. 충혜왕은 다른 모든 악행은 차치하더라도 자기 아버지의 후궁을 둘씩이나 강간한 파렴치한이다. 그에게는 아들이 셋 있었는데 그중 하나가 29대 충목왕이고 또 하나가 30대 충정왕이다. 충목왕은 열두살 어린 나이에 죽었고 충정왕은 원나라 순제에 의하여 폐위된 뒤 강화도에 유배되었다가 공민왕에 의해 열다섯 살에 독살당했으니 자식이 있을 리 없다.

스물두 살에 왕위에 오른 공민왕은 처음 선정을 베풀기도 하지만 홍건적과 왜구의 침입과 사랑하던 왕비 노국공주의 죽음 이후 요승이라 평가받는 신돈에게 정사를 맡기고 황음무도한 길로 접어든다. 결국 신하들에 의하여 마흔다섯에 살해당했으니 박복한 사람이라 할 수도 있을 것이다.

그의 능에 쌍분으로 같이 묻힌 노국공주 인덕왕후는 혼인 후 8년 동안이나 자식이 없어 고민하던 중 간신히 잉태하였으나 난산으로 아이를 낳다가 죽고 말았다. 그녀의 능인 정릉正陵은 공민왕이 잡은 자리이고, 죽은 뒤 그녀 곁에 문혀 능호를 현릉玄陵이라 했으니 결국 오늘의 공민왕릉은 현릉과 정릉 쌍분이 합쳐져 이루어진 것이다. 공민왕은 공주를 화장할 생각이었으나 시중 유탁의 만류로 그리하지는 않았다. 능을 조성하는 데만 8년의 세월이 걸렸으니 그 국비의 손실이야 말할 것이 있겠는가. 손수 공주의 얼굴을 그려 놓고 밤낮으로 슬피 울었다고 하니, 이는 사랑이라기보다 병적인 정신 상태가 아니었나 하는 의심까지 들게 하는 일이다. 1398년 완간된 『공민왕실록』에는 "그가 동성애를 즐기기도 하였고, 젊고 예쁜 시녀들을 방 안으로 불러들여 귀족의 자제들로 구성된 자제위 소속의 젊은이들과 난잡한 음행을 하도록 하고 자신은 그것을 문틈으로 엿보기도 하였으며, 신하를 시켜 왕비를 강간토록 하기도 하였다."라고 하니 그는 분명 변태적 기질의 정신병자임에 틀림이 없는 것 같다.

훗날 망국의 유신 목은 이색이 이 능에서 지은 시구를 서울에서 읽었을 때 가슴을 치는 바 있어 『여지승람』에서 베껴 온 것이 있었는데 이제 주위에 아무도 없을 때 조용히 그의 능 가까이에서 꺼내 다시 읽어 본다.

정릉에는 세시歲時에 거마가 많이 오나 현릉에는 세시에 사람이 아니 오네. 창창한 소나무는 두 능에 둘러섰는데 전각에 달린 풍금에 비설飛雪이 흩뿌리는구나. 임금 계실 때 여러 번 노셨던 곳 사객詞客이 시 읊으며 창자가 찢어지누나. 세상을 달관한 중이 스스로 일어났다 사라지는 뜬구름을 가리킨다. 아침에 종을 치고 저녁에 북을 울려 범패 소리 섞였으나 마침내 어찌 나를 위해 결정하리. 조정 벼슬아치 모두가 전조前朝, 즉 고려조 사람, 누가 주지酒池의 옛 자취를 찾겠는가. 산비탈 누운 비석 글자를 새겼는데 부끄럽다 내 이름이 앞줄에 들어 있네. 옛날 은총 생각하니 콧마루 시어지고 이 천지에 내 한 몸이 어찌 이리 외로운가.

그에게는 다섯 명의 부인이 있었으나 소생이 전혀 없고 오직 시비侍婢인 반야에게서 우왕을 낳았을 뿐이다. 위화도 회군 이후 우왕은 폐위되어 강화도로, 강릉으로 유배되었으나 결국 강릉에서 스물다섯의 나이로 살해당하고 만다. 그는 신돈의 아들이라 하여 왕으로 인정되지 않았기 때문에 능호도 받지 못했고 능도 남아 있지 않다.

앞서 충혜왕이 아버지의 후궁을 강간하려 했다고 말했다. 공민왕은 자신의 후비인 익비 한씨를 신하들을 시켜 능욕케 한 바 있고 정비 안씨와 신비 염씨 또한 그리하려 하였으나 당사자들의 완강한 반발로 실패한 적이 있다. 이러한 그의 변태적이고 범죄적인 성도착은 그의 아들 우왕에게도 유전된 듯하다.

공민왕의 부인 정비 안씨는 왕이 신하를 시켜 자기를 능욕하려 할 때 자결을 수단으로 그를 이겨 낸 경력이 있는 여인이다. 그런데 안타깝게도 자기의 배로 나은 자식은 아니지만 그래도 아들인 우왕이 그녀의 미모에 이끌려 간통을 시도했다 하니 고려가 망한 것은 인륜을 저버린 그 사실만으로도 당연하다 할 것이다.

안씨는 나중에 조선 태조 이성계에게 그를 왕으로 옹립한다는 교지를 내린 인물이다. 남편인 공민왕과 아들뻘인 우왕에 대한 원한을 그렇게 갚은 것이라면, 그녀는 나라를 망하게 하여 한을 푼 경국지한傾國之恨의 여인이 되는 셈이다.

풍수를 따지기 이전에 그런 역사적 사실을 알고 바라보는 공민왕릉의 전경은 우선 해괴하다는 것이었다. 이리저리 구불거리는 능의 명당구明堂口를 들어서며 나타나는 능 주변 산의 기운은 마치 산람山嵐, 산에 이내처럼 낀 이상한 기운에 휩싸인 듯했고 뭔가 더러운 것을 버리고 들어가야 할 어떤 곳인 것처럼 느껴졌다. 그래서인가 일행 대부분이 거기서 소변을 보았는지도 모른다. 그러나 땅기운에 그런 요사스러움이 없는 것은 아니지만 우선은 이론에 입각한 왕릉의 풍수를 따져 보자.

공민왕릉의 주산은 봉명산鳳鳴山이다. 넓적한 종을 엎어 놓은 듯한 모양의 금성金星인데 주산의 가운데 맥을 타고 내려와 정남향을 취하고 있는 모습은 이론 풍수의 현무수두玄武垂頭 그대로이다. 현무란 능 북쪽 산을 가리키니 즉 주산이오, 수두란 대체로 우뚝 솟은 모양을 말하니 이 또한 이론을 따른 무덤터 잡기로 예측된다. 공민왕은 10년쯤 원나라 연경에서 살았고 사랑하던 부인이 원나라 사람이었던 만큼 중국 풍수의 영향을 받았을 가능성이 크다. 그래서 그의 능에서는 처음부터 자생 풍수의 흔적을 찾을 희망을 갖지 않았는데, 현장에 와서 보니 정말 그렇다.

쌍분 중 공민왕릉이 서쪽이고 왕비릉이 동쪽인데 공민왕을 중심으로 보자면 그의 왼편에 부인이 묻힌 것이니 예법에 어긋나지 않는다. 백호는 봉명산 줄기를 그대로 받은 소위 본신용호本身龍虎로 능침의 위요圍繞, 둘러싸고 있는 산세가 그럴싸하다. 청룡은 무선봉舞仙峯으로 역시 둥그렇게 명당을 둘러싼 품이 완연한데 정자각 뒤 무선봉 아래에는 국보유적 제152호인 광통보제선사 비廣通普濟禪寺碑가 서 있다. 거기에는 능과 절의 조성 경위가 써 있지만 내용을 소개할 정도로 중요하지는 않다.

그런데 1996년 평양에서 발간된 『조선 유적유물 도감』 제20권에는 "봉명산으로부터 남쪽으로 뻗어 내려온 무선봉의 나지막한 산 중복에 남향하고 있는데 주변 지세는 풍수설에 잘 어울린다."라고 기록되어 있다. 아마도 본신용호에 대한 개념이 분명치 않아 일으킨 착각인 것으로 추정된다. 그 맞은편 백호쪽에 광통보제선사가 있었지만 지금은 흔적이 없다.

앞의 안산은 능침에 아주 가깝게 다가와 있는데 이름은 아차봉이라 하며 거기에는 이런 사연이 있다고 한다. 왕비가 죽자 공민왕은 거의 광분하다시피 하며 당대 최고의 국풍수國風水들을 끌어들여 명당을 잡게 한다. 하지만 그의 마음에 드는 것이 없던 차에 어느 날 노풍수가 나타나 자신이 잡겠다고 나서는 것이 아닌가. 지금 이 능 터가 바로 그 자리다. 한데 공민왕은 그를 바로 믿지 못하고 신하에게 이르기를 "내가 저 앞산에 있다가 마음에 들면 붉은 수건을 들 것이고 나쁜 마음이 들면 흰 수건을 들 것인즉 그리 시행하라."라고 명령했다. 그런데 아차봉에 앉아 상지相地를 심사하던 공민왕은 그곳이 명당임을 알아차리고 기쁜 마음에 자신의 명령을 잊은 채 아무 수건이나 꺼내어 땀을 닦았다. 그게 마침 흰 수건이라 그 노지관은 죽음을 당했고 공민왕은 나중에야 그 사실을 깨닫고 "아차!" 했다는 것이다.

그래서 아차봉이 되었다는데 이는 흔히 있는 풍수 설화로 그리 신기할 것은 없다. 아마 현대 지관들이 본다면 전형적인 문필봉文筆峯, 붓끝처럼 뾰족한 산 모양으로 볼 산세이다. 좀 정리하자면 주산과 백호는 거의 완벽하고 청룡은 좀 허결함이 엿보이며 안산은 문필봉에 5중으로 중첩된 옷깃을 여민 모양襟帶이니 명당임에 분명하지만 물水局이 보이지 않는 것이 흠이다. 동남방에 임진강이 있으나 50리 상거요 남남서에 예성강이 있다 하나 역시 20리나 떨어져 있어 그것으로 명당 수국을 삼기는 어려운 일이다. 수려하지만 결코 웅혼한 기상이 있는 터는 아니다.

그러니까 공민왕릉은 사신사四神砂를 제대로 갖춘 교과서적인 명당이라 할 수 있다. 경치 또한 아름다워 몽유도원도를 그린 공민왕의 예술가적 기질을 반영한 듯하여 재미가 있다. 능속의 돌방에는 12지신상이 벽화로 그려져 있었으나 일제의 도굴 당시 하나가 훼손되어 지금은 11개만 남아 있다. 직접 들어가 볼 수는 없었으나 축소 모사품을 보니 12지신상이 그려진 벽면 외에 천장에는 삼태성과 북두칠성 그리고 해와 달이 그려져 있다. 북두칠성과 일월도는 자생의 풍속을 따른 듯하지만 삼태성은 분명 중국의 영향일 것 같다.

그가 얼마나 부인을 사랑했는지는 무덤 속에까지 자신의 무덤 석실과 왕비의 무덤 석실에 '혼 구멍遊魂穴'을 뚫어 왕래를 시도했다는 데서도 잘 드러난다. 하지만 우리는 안다. 그것은 사랑이 아니라 치료받아야 할 정신적 질환이란 것을.

이런 생각에 잠기다 보니 문득 몇 년 전 남한에서 일어났던 산소 자리 잡기라는 해괴한 음택풍수가 유행했던 일이 떠오른다. 항간의 소시민들은 물론이고 심지어는 국가 지도자가 되겠다는 사람까지 그 일에 나섰다는 소문이 돌 정도였지 않았는가. 그래서 많은 산소들이 대단한 치장을 하거나 언필칭 명당 길지라는 곳으로 이장되었고 새로 생기는 산소들을 잡아 주느라고 꽤 많은 지관들이 돈을 긁어모은 사실을 아는 사람들은 다 안다. 그 결과가 고작 오늘의 국가적 외환 위기라는 것인가.

지금도 큰소리 치고 있을 한몫 잡은 지관들은 명당 발복은 시간이 걸리는 법이라는 말로 발뺌을 하고 있을 테지만 혹은 어떤 지관은 소 뒷걸음질 치다가 쥐 잡는 식으로 성공을 거두었을 수도 있다. 아마도 그런 이들은 더욱 큰소리를 치며 자신이 당대 최고수 풍수가라고 호들갑을 떨지 모른다. 그러나 생각해 보라. 고려와 조선 왕실은 그야말로 당대 최고수들을 동원하여 그들의 산소 자리를 잡은 집안이다. 지금 그들은 모두 어떻게 되었는가. 대답이 필요 없을 것이다.

**우리 풍수의 전형, 태조 왕건릉**

공민왕릉을 떠나 고려 태조 왕건릉을 향한다. 거기서 조금 떨어진 곳이지만 행정 지명은 역시 개성시 개풍군 해선리에 있는데 그것이 풍수설에 의하여 이루어진 것임은 북한에서 발간된 자료들도 기록하고 있는 일이다.

가는 길에 좀 자세하게 송악산을 바라본다. 첫눈에 들어온 느낌은 송악산 모습이 마치 송추나 일영 쪽에서 북한산을 바라보는 느낌이다. 왕건릉의 능호는 현릉顯陵이다. 기록에 의하면 송악산 서쪽 파지동巴只洞 남쪽에 있다고 하였는데 이 능이 세 번 이장된 적이 있기 때문에 이곳이 바로 그 파지동인지 확언하기는 어렵다. 그러나 그 위치로 보나 태조릉이라는 고려조의 상징성으로 보나 비록 전란 때문에 이장을 했다 하더라도 다시 원위치로 돌아왔을 공산이 크다는 것이 나와 리 선생의 공통된 의견이었다.

물론 풍수 원칙에 이미 썼던 땅破舊은 쓰지 말라는 것이 있기도 하고, 그래서 이곳이 원래 자리냐 하는 데 대해서는 반론을 제기할 수도 있겠지만, 당시는 그런 원칙에 구애되던 조선 시대가 아니라 자생 풍수가 힘을 쓰던 고려 초기임을 감안한다면 원위치일 것이라는 가정이 설득력이 있다고 생각한다.

붉은 한복을 입은 여성 안내원이 찬바람 속에서 김 주석의 친필로 각인된 고려태조왕건릉개건비 뒷면에 새겨진 헌시를 길게 읽어 나가는 모습이 인상적이었다. 손목시계를 예전 남쪽 여자들처럼 손목 안쪽에 차고 있는 게 정겹게 느껴지기도 했다.

능은 왕건과 그의 본부인 신혜왕후 류씨의 단봉 합장릉으로 좌향은 약간 서쪽으로 틀어진 남향을 취하고 있다. 광중은 돌칸 흙무덤으로, 그러니까 무덤 내부는 석실로 조성되어 있다. 본래 능의 주산은 송악산 지맥인 만수산의 나지막한 등성이 위에 자리 잡았기 때문에 말이 주산이지 실제로 보면 능 뒤가 허전하게 보일 정도로 낮다. 따라서 주산의 개념에 따라 능 터를 잡았다기보다는 만수산 등성이 안부鞍部에 편안한 터를 골랐다고 평하는 것이 바르지 않을까 여겨진다. 좌향 또한 그 개념에서 벗어나지 않는다.

구태여 내룡來龍, 명당을 만들기까지 내려오는 산의 모양의 맥세脈勢를 따지지 않은 것은 자생 풍수의 영향이라 짐작한다. 무덤 뒤가 허전할 정도로 낮은 경우는 고분에서나 볼 수 있는 현상으로 중국 풍수의 영향 아래에 든 이후로는 찾아볼 수 없는 형식이다. 멀리 능 입구에서 보면 뒤에 산이 없다고 느껴질 정도이니 말해 무엇하랴.

주위 사신사도 모두 낮은 둔덕에 잔솔밭이며 평탄하고 평범한 것이 특징이라면 특징이다. 요즈음의 지관들이 보자면 이해할 수 없는 좋지 못한 산소 자리로 평가할지 모르겠다. 아니나 다를까 리 선생이 이런 얘기를 한다. "이곳이 고려를 개국한 태조 왕건의 무덤인데 어떻게 이렇게 땅이 좁고 규모가 작은 곳을 택했는지 이해할 수 없다는 얘기들을 했다."

그러나 나는 이곳의 그런 성격이 바로 우리 식 풍수의 전형이라고 말해 주었다. 마치 고향의 어머니 같은 산으로 둘러싸인 곳. 어머니는 결코 잘나거나 드러나는 분이 아니다. 이곳의 산세뿐만 아니라 땅의 성격 또한 평범하기만 한 우리네 어머니를 닮았으니 자생 풍수의 입장으로 보자면 탁월한 터 잡기라고 설명하니 리 선생은 대번에 동감을 표시한다.

이 점 다른 일행들도 마찬가지였던 모양이다. 태조의 능이 이 정도 산세밖에 되지 않을까 하는 의구심을 갖고 있던 차에 어머니 같은 땅이라는 자생 풍수적 설명은 그대로 정서에 공감을 일으키는 모양이었다. 그렇다, 그게 바로 우리네 정서의 바탕이다. 여기서 사신사를 관찰하고 좌향을 따지고 수국水局을 고르며 명당이냐 아니냐를 따지는 것은 무의미하다.

예쁜 여자땅는 처음에 사람을 미혹케 하지만 시간이 지날수록 부담이 가게 마련이다. 거기에 성격까지 나쁘다면 그런 여자땅를 고른 사람의 고생은 말할 필요도 없을 것이다. 수더분하고 모나지 않으며 있어도 있는 표가 나지 않는 사람은 시간이 지날수록 상대방의 마음을 편하게 해 준다. 그것이 바로 자생 풍수가 명당으로 꼽는 어머니 같은 땅이다. 그래서인지는 모르지만 우리 일행은 능 아래서 모두 정겹게 술을 곁들여 곽밥도시락으로 점심을 들었다.

무덤 내부 석실은 동쪽 벽에 참대와 매화와 정룡이, 서쪽 벽에는 노송과 백호가 그려져 있다. 다만 북쪽 벽면에 있어야 할 벽화는 도굴로 파괴되어 무엇이 그려져 있었는지 알 수가 없고 남쪽은 출구이니 말할 것이 없다. 청룡, 백호 따위는 고구려 때부터의 전통이니 이상할 것도 없지만 참대와 매화와 노송은 특이한 경우에 속한다. 아마도 왕건이 얻었던 29명의 아내들 집안을 상징하는 문장이거나 그 집안이 있던 고장의 특징적인 자생 수종들일지 모른다는 생각이 든다.

석실 안에는 커다란 판석으로 된 판대가 놓여 있고 거기에 관곽이 놓였을 것이라 한다. 다행히 도굴꾼들이 미처 챙겨 가지 못한 국화 무늬박이 청자 잔, 옥띠 고리, 놋 주전자와 몇 가지 금동 장식품이 발견되어 무덤 내부의 호사스러운 치장을 짐작케 해 준다.

무덤무지봉분 둘레에는 12각으로 둘레석을 세웠고 사이에는 난간석을 얹었는데 본래 있던 것에도 12지신상이 새겨져 있었을 것으로 추정된다. 지금 둘레석은 1993년 개건 당시 화강암으로 다시 새겨 놓은 것이라 옛맛을 찾을 수는 없다.

정자각은 한국전쟁 당시 파괴되었으나 1954년 복구했다고 하는데 태조의 영정과 능행도, 서경 순주도 등이 그려져 있어 왕건의 일생을 형상화한 것으로 생각된다.

능을 바라보며 왼쪽 등성이를 오른다. 시야가 확 트이며 오른쪽으로는 송악산이 보이고 왼쪽으로는 이곳보다는 험한 산세에 고분이 여럿 눈에 뜨인다. 바로 '칠릉떼七陵群'이다. 무덤의 주인은 알 수 없으나 대체로 고려 후기의 왕이나 왕족의 무덤으로 추정한다는데, 내가 보기에는 풍수적으로도 그런 것 같았다. 왜냐하면 그곳에 있는 무덤들은 분명한 주산에 의지하여 내룡來龍을 짐작케 해 주는 입지를 취하고 있기 때문이다. 분명 중국 풍수의 영향을 어느 정도 받은 것이 분명하다. 아쉽게도 능 하나하나를 답사할 시간은 없었지만 아마도 그런 추정은 맞을 것이라는 생각이 든다.

**자연과의 조화, 개경 만월대**

왕건릉에 이어 더 살펴볼 곳은 고려의 왕궁이 있었던 개경 만월대다. 여기에서도 역시 도선식 자생 풍수의 자취를 느낄 수 있다. 먼저 『택리지』의 설명부터 살펴본다.

> 만월대는 우러러보면 큰 언덕을 마주 대하는 것 같다. 도선의 『유기』에 "흙을 헐지 말고 흙과 돌을 돋우어 궁전을 지을 것"이라고 하였다. 그래서 고려 태조는 돌을 다듬어 층계를 쌓아 산기슭을 그대로 보전하면서 그 위에 궁전을 지었다.44

실제로 가서 보니 그 말 그대로였다. 층계를 오르는데 보통 키인 필자도 계단 사이가 너무 넓어 애를 먹을 정도로 원래의 지형을 건드리지 않으려 노력했다는 것을 알 수 있었다. 다음은 1997년 12월 20일 다녀온 만월대 답사기이다.[45]

  왕건릉을 떠난 버스는 어리고 작은 소나무들이 듬성듬성한 야산들을 멀리하고 수삼나무 가로수 길을 따라 개성 시내로 접어든다. 북안동의 남대문은 단출하고 소박한 아름다움이 있다는 느낌인데 생각했던 것보다는 규모가 작은 편이다. 남대문은 본래 개성 내성內城의 남문이다. 개성의 성곽은 궁성과 황성을 핵심으로 그 오른쪽동쪽을 지탱해 주는 내성, 그리고 송악산을 정점으로 서쪽의 제비산, 남쪽의 용수산, 동쪽의 덕암봉과 부흥산을 거쳐 다시 송악산으로 연결되는 도성인 나성羅城으로 구성되어 있다. 따라서 나성은 개성분지 전역을 둘러싸고 있는 성곽이 되는 셈이다. 만월대란 궁성과 황성을 통칭하는 말이다. 이 터 안에 '망월대'라 불리던 궁전이 있었는데 어느 때부턴가 사람들이 궁궐 전체를 '만월대'라 부르게 되었고 그로부터 만월대는 개성의 대표이자 상징물이 된 것이다. 개성은 고려왕조 500년의 노읍시로, 개경에서 애싱깅까지 비 오는 날에도 처마 밑으로 비를 맞지 않고 갈 수 있다고 할 정도로 한때 번창했지만, 그날 나는 만월대의 그야말로 추초秋草 아닌 동초冬草로 뒤덮인 폐허를 만나는 것으로 수인사를 해야 했다.

  개성은 커다란 분지 지형이다. 커다랗다고 했지만 그것은 지형적 의미로 그렇다는 것이고 한 나라의 수도 규모로서는 협소하다고 할 수밖에 없다. 풍수에서는 이같이 사방이 산으로 둘러싸인 지세를 장풍국藏風局이라 한다. 반면 예컨대 서울이나 평양처럼 일면 또는 양면이 큰 강에 접한 경우는 득수국得水局이라 한다. 개성은 대표적인 장풍국의 땅이다. 나중에 개성 시내를 소개할 때 다시 언급하겠지만, 그래서인지 개성 시가지가 좀 우중충하게 보이는 것이 사실이었다. 분지라 매연 물질이 잘 빠져나가지 못하기 때문이다.

여기서 잠깐 개성과 관련해서 다른 얘기를 좀 해야겠다. 1992년 필자는 문화방송에서 방영된 「좋은 땅이란 어디를 말함인가」라는 프로그램을 맡았다. 동행한 이는 작가 이재운이었다.

그는 이런 전제를 했다. "미국이 5·16쿠데타를 인정하면서 걸어 댄 옵션이 미신 타파였다는 것은 아는 사람은 이미 다 알고 있는 일이다. 이때의 미신이란 개념은 무엇인가? 바로 기독교적 관점에서 볼 때의 이단이 바로 미신이다. 기독교 외에 사람들이 믿음을 갖거나 구원의 대상으로 생각하고 있는 것은 다 미신이었던 것이다." 필자는 이것이 사실인지의 여부는 모른다. 그가 풍수를 미신으로 취급하는 것은 옳지 않다는 취지에서 한 말이라 짐작할 뿐이다.

독자들의 관심사 가운데 또 하나 중요한 것은 수도首都의 문제일 것이다. 지금의 서울은 일찍이 백제 시절에 잠시 수도 노릇을 했고, 이후 천 년 만에 다시 수도가 되어 500년 동안 수도 노릇을 하다가 36년 동안엔 식민지 수도로 전락하였다가, 그 후로도 40년이 넘도록 반쪽 수도 신세로 떨어졌다. 말하자면 수도로서 점점 힘을 잃고 있는 것이다. 더구나 급속한 경제 발전으로 수도 기능이 점차 마비되어 환경, 교통 등 여러 가지 문제에서 이미 한계에 이르고 말았다. 그래서 나오는 것이 수도 천도론인데 제3공화국 시절에 이미 공주 근교를 수도로 하자는 이야기가 나왔고, 이런저런 참서讖書 때문에 계룡산 신도안이 등장하는 등 심심할 때마다 한 번씩 수도를 옮겨 보자는 이야기가 나왔다.
이런 상황에서 남북통일의 기운이 감돌면서 통일 한국의 수도 문제가 일각에서 제기되고 있던 터에 최창조 교수는 통일 한국의 수도로 경기도 교하를 추천했다. 현재의 서울에서 그리 멀지 않을뿐더러 한강, 임진강, 예성강 등 세 강이 만나는 지점에 있어 배가 직접 드나들 수 있는 등 여러 가지 입지 조건이 우수하다는 것이다.

그런데 최 교수는 교하를 통일 한국의 완전한 수도로 보기보다는 임시 수도로 보았는데 궁극적으로는 개성이 가장 적합하다고 했다. 개성이 수도로서 가졌던 지기地氣를 고려 500년간 다 소진했지만 이제 충분히 쉬었기 때문에 그 기운이 다시 돌아왔다는 주장이다.[46]

풍수에서는 '보지 않은 것은 말하지 말라.'라는 금언이 있다. 당시 필자는 개성을 보지 못한 상태였다. 결과적으로 실수였다. 개성은 통일 한국의 수도로는 부족했다.

장풍국이기 때문에 개성의 주산主山은 진산鎭山과 일치한다. 송악산이 바로 그러한데 해발 489미터로, 바다와 인접한 개성 같은 지세에서는 상당히 높게 보이는 산이다. 실제로 개성 시내는 해발 20미터에서 30미터에 지나지 않으며 만월대의 정궁正宮인 회경전 터가 해발 50미터이다. 그러니 송악산의 상대적 높이가 훨씬 높아 보일 수밖에 없는 것이다. 서울의 경우는 북악산이 342미터이지만 남쪽이 한강에 감싸인 넓은 터이기 때문에 상대적으로 북악이 더 낮게 보일 수밖에 없다. 그래서 북악산을 주산으로 삼았지만 그를 보완하기 위하여 그 뒤에 있는 837미터의 북한산을 진산으로 두게 되는 것이다. 그래야 조산朝山인 관악산을 압도할 수 있는 까닭이다.

개성의 경우 주산 현무에 이어지는 나머지 사신사는 나성 성곽과 거의 일치하니, 백호는 제비산이 산이 지네산이라 불리는 오공산蜈蚣山임—아미산 줄기가 되고, 청룡은 부흥산-덕암봉 연맥이 되며, 시내 가운데 있는 자남산子南山과 남쪽 끝 용수산-진봉산-덕적산 줄기가 주작인 안산案山과 조산이 되어 완벽한 사신사의 장풍국을 이루는 형세가 된다.

다시 그 내룡의 맥세를 보면, 당연히 백두산을 조산으로, 오관산을 종산宗山으로 삼아 송악을 일으키니 이곳이 바로 개성의 주산이 된다. 내륙은 서북서 방향이를 풍수 24방위에서는 해방亥方이라 함에서 들어와이를 풍수에서는 입수入首라고 함 정남향자좌오향子坐午向으로 만월대를 만들어 혈을 만들었으니, 이것이 개성 풍수의 개략이다.

술가術家는 이를 평하여 청룡과 백호가 좌우를 겹겹이 감싸고龍虎幾重 앞산이 중첩되게 명당을 호위하며對朝重疊 사방 산신은 혈을 철저히 옹위하는四君護衛, 산속에 우묵하게 숨은 좋은 고을 터山陰洞府藏風局라 극찬하였다.

당시 고려의 국내 정세는 후삼국을 통일한 후 아직 지방 호족들의 발호나 반란 가능성을 배제할 수 없는 상황이었으므로 방어에 허점이 드러날 수밖에 없는 평지의 땅平陽龍勢이나 득수국의 땅보다는 이런 지세가 유리했을 것이다. 오죽하면 태조 왕건이 호족 세력을 인척으로 삼아 회유하기 위해 각 호족의 딸들을 스물아홉 명이나 왕비로 삼았겠는가. 그러니 당시 정세로는 잘 고른 수도라 평가할 만하다.

개경 궁성의 정문 격인 남문은 주작문이고 황성의 남문은 승평문이지만 흔적이 없다. 크게 네 번의 화재를 당한 만월대가 최후를 마친 것은 공민왕 10년1361 홍건적이 불을 지른 때였다. 그 후 오늘까지 만월대는 폐허의 비장감과 고적감만을 내보일 뿐 그 미려하고 장쾌했던 화사함은 찾을 길이 없어지고 말았다.

만월대 폐허에서 제일 먼저 만나는 유지遺址는 신봉문神鳳門 터. 문루의 주춧돌과 문지방 돌 20여 기만 땅에 박혀 있을 뿐이다. 여기서 만월대 안내판을 처음 만나게 되는데 현재 국보유적 제122호로 지정되어 있음을 알리고 있다. 신봉문을 지나면 약간 오른쪽으로 길이 굽어지면서 창합문閶闔門 터가 나온다. 여기서도 만날 수 있는 것은 주춧돌과 계단 난간석뿐이다. 여기에 서면 이제 만월대를 대표하는 그 유명한 회경전會慶殿 터의 앞계단을 만나게 된다. 모두 두 쌍, 네 개의 계단인데 하나의 계단은 33개의 돌층계로 되어 있다. 불교 국가여서 33계단이 아닌가 추측해 보지만 알 수 없다는 대답이다.

수직 높이 약 7.2미터. 멀리서 보면 그저 그런 계단처럼 보이지만 막상 바로 앞에 서면 무척 위압적이고 압도하는 느낌을 준다. 오르다 보면 경사도 보기보다 훨씬 급하다는 것을 알 수 있다. 이는 본래 지형을 가급적 깎아 내지 않고 자연의 지세를 손상시키지 않으려 했던 노력의 결과로 보인다. 왜냐하면 계단 위에 올라 회경전 뜰을 보면 그 터를 조금 더 깎는 일이 당시로서도 별 큰일이 아니었을 것이라는 사실을 금방 알 수 있기 때문이다.

불편함을 참고 자연 훼손을 삼가던 고려인의 땅에 대한 외경심이 바로 우리 자생 풍수 사상의 요체로 보이지만, 한편으로는 그렇게 함으로써 계단 아래 서 있는 사람들에게 권위주의적인 공간 배치를 실감하게 하는 실익도 있었을 것이다.

만월대의 가장 큰 풍수적 특징은 인위적으로 균형을 잡아 건물 배치를 한 것이 아니라 자연 지세의 흐름을 따르려 했다는 것이다. 낮은 곳은 축대를 높이 쌓고 높은 곳은 깎아 내리지 않은 채 계단을 쌓아 올렸고, 그 위 경사면에 궁궐을 지어 놓았다. 더구나 창합문을 지나면 바로 나타나는 만월대 앞쪽의 회경전과 송악산 쪽으로 조금 올라가서 자리 잡은 장화전은 만월대의 중심이 되는 2대 궁궐이며 서로 이어진 건물임에도 불구하고 일직선상에 놓여 있지는 않다.

앞서 입구인 신봉문에서 창합문으로 올라가는 대문 진입로도 조금 틀어져 있다고 지적했다시피 회경전과 장화전을 서로 다른 평면상에 그것도 서로 다른 좌향으로 건축했다는 것은 매우 중요한 의미를 가진다.

당시 그들이 중국의 풍수술이나 건축술을 그대로 받아들인 상태였다면 당연히 동일 직선상에 동일 좌향을 취했을 것이 분명하다. 그것은 중국의 영향을 강하게 받은 뒤 건축된 조선 시대 건물들의 터 잡기와 배치가 기하학적 균형을 갖추고 있는 것과 비교하면 분명해진다.

따라서 이것을 나는 자생 풍수의 증거로 본다. 자생 풍수는 중국의 술법 풍수가 체계화된 이론에 입각하여 터를 잡는 데 비해 자연 지세에 그대로 의지한다는 특징으로 요약된다. 물론 중국의 도읍들이 대부분 평야에 자리 잡고 있는 데 반하여 우리나라는 어디나 산이 있으므로 그야말로 자연스럽게 그렇게 된 까닭도 있을 것이다.

따라서 중국 풍수가 어디에서나 통용될 수 있는 일반 이론적 측면이 강하다면, 자생 풍수는 풍토 적응성은 뛰어나지만 체계화나 이론화가 매우 어렵다는 단점을 갖게 된다. 땅은 땅 나름대로의 고집과 질서가 있는 법이다. 그렇기 때문에 지리학은 그 땅에서 집적된 지혜의 소산이 아니면 땅에 무리를 가하는 일을 벌이게 될 수도 있다.

조선 시대 여러 유적지를 보면 풍수 이론상으로는 문제가 없음에도 불구하고 뭔가 부자연스럽고 경우에 따라서는 땅에 상당한 무리를 가해 가며 구조물을 축조했다는 느낌을 받는다. 바로 중국으로부터 들어온 이론 풍수에 탐닉한 조선 시대 양반들의 틀에 박힌 터 잡기와 건축물 배치 때문이다. 물론 모화慕華 의식도 한몫했을 것이다. 비록 덜 세련되기는 했지만 만월대는 훨씬 자연스럽고 주위 산천 형세에 어울린다는 느낌을 강하게 받았다.

만월대 뒤로 절벽을 두른 듯한 송악산은 그 모습이 서울의 북한산을 너무도 닮았음에 놀랐다. 나뿐만 아니라 내 얘기를 들은 우리 일행은 모두 그 말에 수긍하였으니 나의 주관적 안목만은 아니었다고 믿는다. 만약 개성을 고향으로 가진 실향민들이 당장 고향의 상징인 송악산을 보고 싶다면 송추나 일영 쪽에 가서 북한산과 도봉산 연맥을 바라보면 아쉬운 대로 망향의 쓰라림을 조금은 쓰다듬을 수 있으리라 생각한다.

그렇다면 어떻게 해서 그런 일이 벌어졌을까? 나의 짐작은 이렇다. 조선 태조 이성계는 개성의 산천을 수도의 전형적 형상으로 심상에 새겨 넣었을 가능성이 있다. 또한 그의 성격이 송악산 같은 산을 선호했을 가능성도 배제할 수 없다.

그러나 자세히 살펴보니 북한산의 형세와는 달리 그 지기지세地氣之勢가 만월대 쪽으로 휘어져 있음이 확인된다. 만월대가 기하학적인 직선 구조를 유지하지 못한 이유를 여기서도 알겠다. 주변 둔덕에는 일반인들의 것으로 보이는 여러 무덤이 눈에 띤다. 개성이 오랜 도시임을 말하는 증거일 뿐 아니라 망국亡國의 수도였음을 증거하는 산 증인이기도 하다.

또 그 주위에는 과수원이 꽤 많다. 과수원은 대부분의 과일나무 특성상 기온이 따뜻한 곳에 있기 마련이다. 여기에 과수원이 많다는 것은 이곳이 상대적으로 주변 지역보다 기온이 높다는 의미일 터인데 과연 그럴까? 개성시 유적 관리소에서 나온 깡마르고 점잖은 풍모의 노인이 바로 그렇다고 대답한다. 앞서 지적한 것처럼 이곳은 송악산 연맥으로 둘러싸인 분지 지형이다. 주변의 다른 곳보다 따뜻한 것은 당연한 이치이다. 그분의 얘기로는 송악산 북쪽인 박연폭포 쪽 마을과 이곳은 겨울 평균기온이 5~6도 정도 차이가 난다고 한다. 나중에 확인한 일이지만 박연폭포는 이상 난동暖冬임에도 불구하고 추위 때문에 잠시 있기도 거북할 정도였다.

이제 잠깐 숨을 고르고 풍수 술법에서 말하는 몇 가지 조금 황당한 노참석 예언과, 그와는 달리 합리성이 감춰져 있는 풍수 비보책에 관하여 말해 보자. 먼저 왕건의 가계를 알아야 하겠는데, 처음 개성에 이주한 왕씨의 먼 조상이 호경이고 그의 아들이 강충이다. 강충의 둘째 아들이 읍호술인데 그는 나중에 이름을 보육으로 고친다. 보육의 딸 진의가 당나라 숙종「동국여지승람」에는 선종으로 되어 있음과 관계하여 아들을 낳으니 그가 왕건의 할아버지인 작제건이고 작제건의 아들이 용건이며 또 그의 아들이 왕건이다.

이미 신라 말 최치원이 "계림황엽 곡령청송鷄林黃葉 鵠嶺靑松"이란 참구讖口를 남겼다고 하는데 계림은 경주慶州요, 곡령은 개성開城이니 '신라는 망하고 개성에 새로운 기운이 일어난다.'는 뜻일 것이다. 여하튼 이때부터 소나무가 등장한다는 것은 유념할 만하다.

대표적인 소나무 얘기는 신라의 풍수사 감우 팔원八元이 강충을 찾아와 삶터를 부소갑의 남쪽으로 옮기고 헐벗은 송악산에 소나무를 심으면 삼한을 통일할 인물이 태어날 것이란 예언을 한 일이다. 지금도 송악산은 화강암 몸체를 그대로 드러낸 동산童山, 나무가 없는 헐벗은 산. 풍수에서는 이런 곳을 금기시한다.이다. 소나무는 악지惡地에서도 잘 자라는 수종이므로 이는 적절한 지적이다. 게다가 늘푸른나무常綠樹인 데다가 그 잎이 한 구멍에서 반드시 두 개의 잎만 내기 때문에 음양이 조화를 이루는 상징으로 크게 숭상하는 것이다. 게다가 소나무 껍질이 거북 등 껍데기를 닮은 것은, 상상의 동물이지만 북쪽 수호신인 현무가 거북이 형상을 한 것이라 여겨 들판의 북쪽, 산의 남사면에 심는 관습이 있다.요즈음 한구멍에서 세 개의 잎이 나오는 소나무가 많은데 그것은 조선송이 아니라 왜송倭松이라 하여 재래종과는 다른 것이다.

그러나 이런 도참류의 얘기는 너무 많기도 하거니와 예컨대 '금돼지가 쉬는 곳金豚墟 혹은 金豚臥處'과 같이 내용이 황당하여 설화적 가치는 있을지 모르지만 풍수적 가치는 없다.

예를 들면 개성의 백호 세력이 강하고 청룡 세력이 약하여 무신의 난이 자주 발생하고 문신이 나지 않는다거나 여자들이 너무 설쳐서 나라를 어지럽히게 된다는 따위의 얘기도 있다. 청룡은 해 뜨는 동쪽으로 남자, 주인, 임금, 명예 등을 표상하고 백호는 해 지는 서쪽으로 여자, 손님, 신하, 재물을 표상하는 것으로 풀이하기 때문에 그런 얘기가 나온 것이지만 중요한 것은 사람이지, 단지 무대에 지나지 않는 땅에 책임을 미룰 일이 아닌 것이다.

만월대에서 야은冶隱 길재吉再가 지은 시조 "500년 도읍지를 필마로 돌아드니 / 산천은 의구하되 인걸은 간데없네. / 어즈버 태평연월이 꿈이런가 하노라."를 떠올리지 않을 수 없었다. 처음 대하는 송악산인지라 그것이 옛날 그대로인지는 알 수 없으나 아마도 산천은 크게 변하지 않았을 것이니 맞는 말일 것이다.

내가 방문했던 1997년 당시 개성 시내 인구만 10만이고 개성시 판문군, 개풍군, 장풍군을 합친 인구는 30만 정도라 했다. 개성을 대도시라고 생각했던 것과 비교하면 너무 작은 숫자이기는 하다. 하지만 명당의 규모가 크지 않기 때문에 이런 인구는 당연한 것인지도 모른다.

개성 시내로 나오기 직전 '옛날 기와집 보존 지역'이란 곳을 거쳤다. 그리고 고려 성균관도 보고 남대문과 한때 이성계가 수도 후보지로 잡았던 불일사 터도 보았다.

개성이 고향이라는 리옥란이란 이름의 안내원 선생은 무척 유머 감각이 풍부한 듯했다. 다른 평양 사람들에 비해서 활달하달까 자유롭달까 하는 느낌이었다. 이 안내원으로부터 재미있는 이야기를 많이 들었다. 개성의 장대함을 설명하기 위하여 고려 때는 국제적 무역항인 '례성강' 가의 벽란도에서 개성 시내까지 행랑채의 처마 밑을 이용하면 비가 와도 젖지 않고 다닐 수 있었다는 것은 이미 들은 바가 있었으니 그렇다 치더라도, 송악산을 '옥녀가 누워서 머리를 풀어 헤치고 해를 바라보는 형국'이기에 '여성의 산'이라고 한다는 대복에서는 놀라지 않을 수 없었다. 송악산을 옥녀산발형玉女散髮形이라 본 사실 여부는 차치하더라도 그런 내용의 풍수 설화를 기억하고 있다는 것이 나로서는 무척 신기했다. 그녀는 좌견교도 알고 있었는데 그것이 풍수와 관련되어 있다는 것도 아는 눈치였다.

"개성깍쟁이라는 말이 있지요. 그런데 그건 서울깍쟁이란 말과는 뜻이 다르답니다. 개성상인이 유명하다는 것은 천하 공지의 사실인데 상인을 개성에서는 옛날에 가게쟁이라 했답니다. 그게 각쟁이가 되고 된발음으로 바뀌어 깍쟁이가 되었으니 결국 개성깍쟁이란 개성상인을 일컫는 말에 지나지 않습니다."

고향 사랑이 대단한 진짜 개성깍쟁이를 만난 덕에 북녘에 와서 처음으로 진심 어린 파안대소를 할 수 있었다.

### 도선의 국역(國域) 비보[47]

산천이 병들었다는 것은 무슨 뜻인가? 강희康熙 45년1706에 작성된 「백운산 내원사 사적비」에 이르기를 "뭇 산들은 경쟁하듯 험하고 뭇 물들은 다투어 흘러내리며 마치 용호상투龍虎相鬪인 듯, 금수가 달아나는 듯, 지나쳐 멀리 가 버려 붙잡기 어려운 듯, 끊어지고 희미하여 이르지 못하는 듯하니, 이러한 형상을 구체적으로 말하기는 어렵다. 동쪽 고을에 이로우면 서쪽 마을에 해가 되고 남쪽 고을에 길하면 북쪽 마을에 흉한 수도 있다. 준기峻岐하게 솟은 산은 전륜前輪이 불가하고 분방한 물길은 막기가 어려우니 이를 비유컨대 병이 많은 사람과 같은 것"이라 하였다.

이렇게 병이 많은 산천은 어떻게 되는가? 「사적」은 말한다. "인물의 생겨남은 산천의 기에 감응하는 것이니 인심과 산천의 지세는 닮지 않음이 없다. 그런데 인심이 불합不合하니 지역마다 나뉘어서 혹은 구한九韓을 만들기도 하고 혹은 삼한三韓을 만들기도 한다. 그리하여 서로가 침략하는 전쟁이 끊임이 없고 도적이 횡행하여 그것을 막지 못하게 되는 일이 스스로 만들어지게 되는 것"이라는 논리다. 즉 지역의 분열과 도적의 들끓음이 산천의 병으로부터 나온 결과라는 얘기다. 이를 고치기 위하여 절과 탑으로 비보를 하여야 한다는 것이 바로 비보사탑설神補寺塔說이다.

또 이르되, "부처의 도佛氏之道를 약쑥으로 삼아 병든 산천을 치료하도록 한다. 산천에 결함이 있는 곳은 절을 지어 보補하고, 산천의 기세가 지나친 곳은 불상으로 억제하며, 산천의 기운이 달아나는 곳은 탑을 세워 멈추게 하고, 배역의 산천 기운은 당간을 세워 불러들일 것이니, 해치려 드는 것은 방지하고, 다투려는 것은 금지시키며, 좋은 것은 북돋워 키우고, 길한 것은 선양케 하니,

비로소 천지가 태평하고 법륜이 자전自轉케 되는 것이다. 왕이 듣고 말하기를 '과연 스님의 말씀답소. 그 무엇이 어려울 게 있겠소.' 하며 모든 주현州縣에 칙령을 내려 총림叢林과 선원禪院을 건설하고 불상과 불탑을 조성하니 그 수가 3500개소기록에 따라서는 3800여 개소에 달하였다. 이리하여 산천의 병은 모두 가라앉았고 민심은 화순하였으며 도적은 사라지고 나쁜 일은 없어져 삼한의 내부는 통일되어 일가를 이루었다."라고 하였다.

이 도선의 비보책은 고려에까지 전해져 활용된다. 이익은 『성호사설』에서 이렇게 적고 있다.

밀기密記는 고려에서 도선의 말을 채택하여 산천의 순역順逆을 점쳐 사찰을 세우자는 것이고, 사람들이 사사로이 사찰을 세워 지덕地德을 손상하게 하는 것을 금지하는 것을 담당하는 관청을 비보소裨補所라 하였다. 이로써 상고하건대, 고려에서 비록 불교를 숭상했으나 오히려 후일에 범람할 것을 두려워하여 그 수를 한정하고 거기서 벗어나지 못하게 했으니, 그 후환을 염려함이 또한 장원長遠하다고 하겠다.48

위의 내용으로 미루어 볼 때 도선의 자생 풍수는 국토 전체를 망진望診하여 그 병세를 고치는 방법을 불도에 의존하고는 있으나 그 근본이 풍수에 관련되어 있음은 부인할 수 없는 사실이다. 사람에게 병이 있을 때 의사는 망진하고 촉진觸診하고 문진問診하여 진찰하고 치료한다. 풍수가 땅을 고치는 방법 또한 그와 다를 바가 없다. 그것이 조그만 범위가 아니라 국토 전체에 달하는 것이라 하더라도 하등 차이가 없다. 도선 풍수는 국토의 치료법인 것이다.

자생 풍수의 특징

## 정치성: 새로운 세상의 꿈

　도선과 그 제자들이 개벽 세상을 꿈꿨고 그것이 국토 재편성이라는 풍수 사상으로 확대 발전되면서 풍수는 명백히 정치적 성격을 띠게 된다. 먼저 필자가 주장하는 자생 풍수의 정치성이란 문제부터 짚고 넘어가자.[49]
　본래 풍수는 정치적 도구로 많이 쓰였다. 자생 풍수의 시조인 도선 국사의 한반도 중부지방 중심설이 그렇고, 무학 대사의 한양 천도 주장이 또한 그 대표적인 예이다. 효종 승하 후 이런 논란이 있었다.

> 효종대왕을 영릉寧陵에 장례하였다. 그 전에 윤선도가 수원부 자리가 내룡으로 해서도 최상이요, 풍수로서도 대단히 큰 천재일우의 자리라고 하여 새 능을 수원에다 모시기로 결정하고 이미 석물 일까지 시작했는데, 이경석李景奭, 송시열 등 모두가, 수원은 바로 경기의 관문이요 요충지인 데다 고을과 마을을 옮겨야 하는 폐단이 있고 또 장래 오환五患[50]의 염려도 있는 곳인 반면 건원릉健元陵 왼편 산등성이 건좌乾坐는 바로 태조가 신승神僧인 무학과 함께 직접 정한 자리로서 명나라 만세산萬歲山처럼 꾸미려고 했던 자리이기 때문에 바닥이 우선 너무 좋고 일하기에도 편리하다고 하면서 혹은 차자箚子 혹은 상소上疏로 계속 쟁집하였다. 그리하여 상上이 드디어 경석 등의 건의를 받아들여 건원릉 왼편 산등성이에다 새 능 자리를 정했던 것이다.[51]

　무학은 태조 이성계의 친구이자 스승이었다. 그런데도 『조선왕조실록』에는 그 기록이 지나칠 정도로 경미하다. 이상한 것은 그가 입적한 『태종실록』의 기록이다. 임금이 국사國師 추존 의견을 냈을 때 조정 대신들은 장문의 상소를 올려 그 일을 극구 반대한다. 무학이 정말 무지몽매한 인물이었다면 대신들이 그토록 그를, 더구나 죽은 그를 그토록 깎아내릴 필요는 없었을 것이다. 그의 영향력이 어떤 정도였는지를 짐작케 하는 대목이다. 그는 국가 대사大事를 결정할 때마다 태조에게 막강한 영향력을 행사했다. 그가 만약 정치적 야심이 있었다면 큰 세력을 형성했을 것이지만 그는 그렇게 하지 않았다. 하지만 유신儒臣들 입장에서는 그들의 강력한 적대 세력이 될 가능성이 높기 때문에 그토록 폄훼할 수밖에 없었을 것이다. 풍수가 정치적인 도구였다는 증거다.

그런데 자생 풍수의 시조인 도선도 조선 건국의 중요 인물인 무학도 기록이나 저술 등은 없어지고 말았다. 저술이 없어지게 된 것이 구체적인 기록에 나타난 것은 태조 17년1417인데 참위서 금령을 위해 내려진 예조의 교지 내용은 다음과 같다.

참위술수讖緯術數의 말은 혹세무민함이 심한 것이어서 나라를 다스리는 사람은 그것을 멀리 해야 한다. 그래서 이미 서운관에 명해 그 요탄불경妖誕不經한 책들을 골라서 불태워 버리게 하였다. 지금부터는 서울과 외지의 사장私藏한 요탄한 책은 오는 무오년즉 그 이듬해 정월을 기한으로 하여 자수 현납顯納케 하여 역시 태워 버리게 하라. 만약에 혹시라도 정해진 기한 내로 납입하지 않는 자는 제인諸人이 고발하게 하고 요서를 만든 율에 따라 시행하고 범인의 재산을 고발자에게 상으로 주라.

이어서 세조 3년1457에는 다음과 같은 유시諭示를 팔도 관찰사에게 내렸다.

여기에 구체적인 책 제목이 나열된다. 그러나 도선 관련 서적은 하나일 뿐이고 무학의 저술은 하나도 포함되어 있지 않다. 이미 수차례에 걸쳐 수거한 탓도 있을 것이고, 특히 무학의 경우는 그를 싫어했던 태종에 의하여 이미 사라진 때문일 것이다.

『고조선비사古朝鮮秘詞』, 『대변설大辯說』, 『조대기朝代記』, 『주남일사기周南逸士記』, 『지공기誌公記』, 『표훈삼성밀기表訓三聖密記』, 『안함노 원동중 삼성기安含老元董仲三聖記』, 『도증기道證記』, 『지리성모하사량훈智異聖母河沙良訓』, 문태산·왕거인·설업 등 『삼인기록三人記錄』, 『수찬기소修撰企所』 100여 권, 『동천록動天錄』, 『마슬록磨蝨錄』, 『통천록通天錄』, 『호중록壺中錄』, 『지화록地華錄』, 『도선 한도참기道詵漢都讖記』 등의 문서는 사처私處에 수장收藏하여서는 아니된다. 만약에 수장해 둔 자가 있으면 진상하도록 허락하고 자원하는 서책을 회사回賜하라. 공사公私 및 사사寺社에 널리 알리라.

성종 때에도 다시 한 번 이런 명령이 내려지지만 이미 더 거두어들일 책도 남지 않았다고 한다.

이렇게 민간 소장의 참위서를 수멱搜覓 회수한 것은 민간에 만연하는 미신을 근절하고자 하는 의도가 없지 않겠으나 한편으로는 역성혁명 등의 일이 혹시라도 그러한 지리 도참에 의해 또는 그런 것에 빙자하여 발생하는 일이 없도록 미연에 방지하자는 심산에서 나왔을 가능성이 전무하지는 않았을 것이다. 사실 그 후에 허균, 정여립 등이 참기讖記를 만들어 민중을 선동했다고 전해지고 또 그런 것에 빙자해서 조대朝代의 기운이 쇠진했다고 제언提言한 일이 없지는 않았다.[52]

세운世運의 방향이나 시국의 추세는 사실상 명언明言하기 어려운 경우가 많기 때문에 도참 비기 등의 수단을 빌려 그런 일을 나타내는 경우가 많았다. 또 한반도에서의 세운의 향방은 대륙의 정세에 영향을 받기가 일쑤였으므로 대륙에 내왕하면서 종교계에 통하던 인물들은 어느 점 시국의 대세를 파악하기 쉬웠을 것으로 여겨진다. 또 고승을 통해 역성혁명의 당위성을 드러내면 일반의 심리를 조종하기 쉬웠으므로 그러한 면에 무학 같은 승려가 더욱 부각되기에 이르렀던 것이라 하겠다.[53]

이러한 선구적 연구는 필자의 주장과 부합한다. 그 외에도 같은 이유로 시련을 겪는 경우도 있었다.

조선의 임금들은 기회 있을 때마다 풍수에 의한 천장遷葬을 금하는 명령을 내렸다. 특히 그 자리가 대단한 명당이라는 소문만 들면 반드시라고 할 정도로 집요하게 그 자리를 빼앗았다. 정치적으로 왕권에 대한 도전으로 받아들였기 때문이다.

사실 정치인에 대한 인식은 그리 좋지 못하다. 풍수 기관에 대한 인식처럼 말이다. 정치인들에 대해서 바라는 바는 정치는 논외이고 그저 솔직하기만 바라기까지 한다. 무참하지만 현실이다. 나 자신도 무식하기는 하지만 다음과 같은 정도의 무작정 솔직한 사람이 그립기는 하다.

열 손가락 안에 들 열성적이고 순수했던 독립투사 장건상 선생은 선거 연설 때 내가 어떻게 하겠다, 무엇을 하겠다, 국민을 위해 노력하겠다 등등의 말은 일절 하지 않았다.

"나를 국회로 보내 주시오. 거기에 가서 앉아 있을랍니다. 경로당에 가서 앉아 있기엔 아직 나이가 이르고 막노동을 하기엔 나이를 너무 먹었소. 아무리 생각해도

내가 앉아 있을 곳은 국회밖엔 없을 것 같아 이렇게 출마를 한 것입니다."⁵⁴

"액턴 경의 '권력은 부패하는 경향이 있고, 절대 권력은 절대적으로 부패한 다.'는 격언은 대개 정치권력과 연관되며 진부해질 위험이 있다. 하지만 그것은 열역학 제2법칙의 다른 표현이기도 하다. 만물은 낡고 약해지며 더 무질서해지는 경향이 있다는 법칙 말이다. 이 우주에서 좋든 나쁘든 어떤 목적으로도 에너지를 부패시키지 않은 채 사용하기란 불가능하다."⁵⁵ 그렇다면 정치에 대한 시민의 인식이 이렇게 된 것도 이해 못 할 바는 아니다. 결코 이 주장이 그들의 면죄부가 되어서는 안 되지만 말이다.

산업화는 양면의 야누스적 얼굴을 한 것으로 드러났다. 현대 인류에게 인류 역사 어느 시대와도 비교할 수 없을 정도로 생산적 풍요를 가져다줌으로써 물질적 쾌락을 만끽하게 만들었고 또 달리 자연에 대한 압박과 착취를 초래함으로써 환경 위기를 고조하고 있다. 물질적 풍요를 더욱 확장하기 위해서는 현대적 산업화를 재촉해야 하지만, 그것이 문화의 생명적 뿌리인 자연을 황폐화함으로써 스스로의 기반을 허물어 마침내 문명 자체도 허물게 되는 화를 자초할 수 있다. 따라서 현대인은 딜레마 상황에 놓여 있다고 볼 수 있다.⁵⁶

정치는 현실을 반영한다. 위와 같은 딜레마를 해결하기 위해 정치는 필요하다. 그들이 말로 드러내는 이상이란 그저 표를 의식한 서비스일 뿐이다. 모두들 그걸 알면서도 이 역시 현실이므로 그냥 지나칠 뿐이다.

역사에 드러난 신료들의 주장을 보면 풍수도 철저히 정치적이란 것을 알 수 있다. 조선 건국 직후 벌어진 수도 결정 과정이나, 매 임금의 붕어崩御 때마다 벌어졌던 왕릉 결정 문제, 중신 누구누구가 제 부모 묏자리를 과도하게 썼다는 탄핵, 광해군 때 논쟁이 되었던 교하 천도 논쟁 등 일일이 열거할 수 없을 정도로 많은 정치적 문제에서 풍수 논리가 작용했음을 알 수 있다. 사실 어린이들의 놀이에조차 정치적인 부분이 있는 게 사실 아닌가.

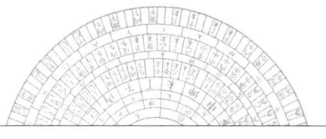

# 3부 무학대사

# 8장 무학의 생애

## 1. 무학의 등장

무학無學, 고려 충숙왕 14년(1327)~조선 태종 5년(1405)

고려 말 이조 초의 중. 속성은 박朴, 이름은 자초自超, 호는 무학無學, 삼기군三岐郡 사람. 18세에 출가, 소지小止 선사에게서 머리를 깎고 중이 되었다. 용문산 혜명慧明 국사에게서 불법을 배운 후, 묘향산 금강굴 등을 찾아 수도하였다. 고려 공민왕 때 연경에 가서 지공指空 대사를 찾고, 이듬해 법천사法天寺에 가 있는 나옹懶翁을 찾고, 오대산五臺山 등지를 순례한 후, 서산西山 영암사靈巖寺에서 나옹을 만나 수년간 머물다가, 공민왕 5년1356에 돌아왔다. 얼마 후 나옹도 돌아와 왕사王師가 되어 무학을 수좌首座로 앉히려 했으나 끝내 사양, 나옹이 죽은 후 공양왕이 왕사로 모시려 하다가 못 하였다. 이 태조 원년1392에 태조에게 불려 송경에 가서 왕사가 되고 회암사檜巖寺에 살았다. 이듬해 수도를 옮기려고 지상地相을 보러 계룡산, 한양 등지를 태조를 따라 돌아다녔다. 금강산 금장암金藏菴에서 죽었다.[1] 그러나 유홍렬이 편저한 「한국사 대사전」에는 연경에 갔다는 기록이 없다.

무학에 대해서는 전해 오는 얘기가 많다. 그러면서도 그의 실체를 밝힐 수 있는 내용은 자생 풍수가들이 으레 그렇듯이 무척 드물다. 그래서 그에 대해서는 오해도 많다. 도선에 관한 연구 논문이 상당수 있는 데 비해 무학에 관한 연구는 의외로 적다. 다행히 황인규의 집중적인 연구가 있다.[2] 다만 그의 연구는 불교사의 입장에 집중된 것이라는 점이 아쉽다. 우리 역사, 특히 신라 말, 고려 시대 전반과 조선 시대 초반은, 아니 전 역사에 걸쳐서 풍수를 도외시하고는 설명이 되지 않는 부분이 많음에도 불구하고 관심이 없다시피 했다는 것은 유감이다.

무학의 일대기에 대해서는 범해梵海 선사1820~1896가 지은 『동사열전東史列傳』에 비교적 자세하게 나오나 기괴담에 치우쳐 정확한 사실로 보기는 어렵다. 무학에 대한 가장 믿을 만한 기록은 무학이 입적한 지 5년 후인 1410년 변계량이 왕명으로 쓴 「회암사묘엄존자탑비문」이다. 그에 의하면 무학은 박자초로 지금의 경남 합천인 삼기군 출신이다. 그 아버지 이름은 인일仁一, 어머니는 고성 채씨다. 1327년 9월 20일생. 열여덟 살에 출가하여 묘향산 등지에서 수도하다 1353년 중국 연경으로 건너가 3년간 유학하며 인도의 고승 지공 선사에게 배우고 1356년 귀국한 것으로 되어 있다. 1376년 혜근惠勤이 회암사에 초청하여 수좌로 삼으려 했다. 1392년 태조 이성계에 의해 왕사로 책봉되었고 태조 6년1397 생존해 있던 그의 부도탑을 회암사 북쪽에 만들었다. 1398년에는 용문사에, 1399년에는 금강산 건봉사에 머물렀다는 기록도 있다. 태종 5년1405 9월 20일에 입적하였고, 태종 7년1407 태조 이성계의 이복동생 이화李和가 자초의 유골을 회암사에 봉안하였다. 그 외에는 자세히 알려져 있지 않으나, 이성계에게 임금이 될 예언을 해 주었다는 설화를 남긴 바 있고 또한 새로운 수도 입지 선정에는 상당한 영향력을 태조에게 행사해 온 것으로 미루어 보아 고려 말 강력한 지방 호족이었던 이성계의 사부 겸 고위 정치 참모가 아니었을까 하는 짐작이 든다.

그럼에도 불구하고 그에 관한 『조선왕조실록』의 기록들은 그가 우유부단하고 아둔한 인물인 것처럼 꾸며 놓고 있다. 아마도 그를 자신들의 정적으로 간주한 유학자 출신 관료들이 무학을 폄하하기 위하여 만든 무고誣告일 것이다.

앞서 언급한 변계량의 글에 의하면 "무학은 성질이 질박하여 문채文彩 나게 꾸미는 것을 즐기지 않았다. 스스로 봉양하는 것은 적게 하고 남은 것은 남에게 베풀어 희사하였다. 그는 공손하였으며 남을 사랑하는 것이 정성스러운 것은 지극한 마음에서 나오는 것이고 힘써서 억지로 되는 것이 아니니 그의 천성이 대체로 그러하였다."라고 칭찬하고 있다. 그러니 그를 범상하거나 심지어 어리석은 사람으로 묘사한 것은 어떤 음모가 있었기 때문일 것으로 생각하는 것이다.

무학은 풍수에 일가를 이룬 인물로, 이성계에게는 없어서는 안 될 측근이었다. 풍수란 땅의 이치를 궁구하는 당시의 지리 과학이었으므로 군사상의 자문까지 했으리라는 짐작이 사리에 어긋나지는 않을 것이다. 더구나 그는 도력도 만만치 않았던 것 같다. 역성혁명에 성공한 1급 개국공신이었음에도 불구하고 세속으로 나아가지는 않았으며, 특히 태조가 아들 태종을 미워하여 함흥에 계속 머물 때 마침내 그를 태종과 화해시킨 인물도 그였다는 사실도 평가해야 할 것이다.

또 하나, 태종 5년 그가 죽었을 때 태종은 태조가 미리 마련해 두었던 양주 땅 회암사의 부도탑에 무학을 안장한다. 이때 사간원이 상소하기를 "가만히 보건대 자초는 천한 노비 출신으로, 살아서는 종교적 업적도 별로 없었고 죽어서도 아무런 신기한 이적異蹟도 나타나지 않았는데, 전하께서 그가 일찍이 왕사가 되었다 하여, 예조에 명을 내려 부도, 안탑安塔, 법호法號, 조파祖派, 비명碑銘 등의 일을 상정詳定하게 하셨습니다. 이것은 전하의 이전의 아름다운 뜻에 어긋나는 것입니다. 엎드려 바라옵건대, 이미 내리신 명령을 거두시어 사람들에게 믿음을 보이십시오."라고 하였다. 임금이 이를 옳다고 생각하였으나 "이것은 나의 뜻이 아니고 다만 상왕의 명령을 받은 것뿐이다."라고 했다는 기록이 있다.[3] 상소문에는 더 심한 욕설도 들어 있다. "천민 출신인 무학이 제 주제도 모르고 왕사란 직책을 받았으며 죽을 무렵에는 미쳐서 통곡하고 신음하여 보통 사람과 다를 것이 없었고, 다비한 뒤에도 또한 이상한 자취가 없었다." 이는 요컨대 무학은 왕의 스승 칭호를 받을 인품이 되지 못한다며 그의 부도를 훼절하자고 탄핵한 글이다. 이것은 역으로 그가 상당한 영향력을 행사했던 인물이라는 반증이 될 수도 있다. 그가 정말 아무것도 아닌 자라면 사간원에서 탄핵할 필요도 느끼지 못했을 것이니 말이다. 게다가 그가 입적할 즈음 시자(侍者)가 의원을 데려와 약을 쓰려 하자, 무학은 "나이 팔십에 병이 들었는데 무슨 약을 쓴다는 말이냐." 하며 거절한 것을 보면 그가 승려로서도 결코 범상한 정도의 인물은 아니었다는 것을 알 수 있다.

이에 대하여 『실록』은 정반대의 일을 남기고 있다. 무학이 입적한 지 10년 후 태종은 무학 대사와 그 스승인 지공 선사를 비교하면서 다시 한 번 무학을 형편없는 중으로 평가한다. "부처의 도는 그 내력이 오래되니, 나는 헐뜯지도 않고 칭찬하지도 않으련다. 그러나 그 도를 다하는 사람이면 나는 마땅히 존경하여 섬기겠다. 지난날 중 무학은 사람들이 모두 존경하였으나, 끝내 그는 득도한 경험이 없었다. 이 같은 무리를 나는 노상의 행인과 같다고 본다. 만약 지공과 같은 중이라면 어찌 존경하여 섬기지 않을 수 있겠는가?"[4] 이에 배석했던 신하들이 모두 "옳습니다."라고 했다고 한다. 태종과 대신들이 하나같이 무학을 부정적으로 평가한 것이다. 태종은 아버지 태조의 친구이자 정치적 조언자였던 무학에게 반감을 품었던 듯하고, 대신들은 고려 때의 불교 세력을 염두에 두어 무학 폄훼에 동조하였던 것으로 보인다.

태조 이성계는 조선을 개국한 이듬해에 무학을 왕사에 봉했다. 그리고 터를 살펴 도읍을 정하기 위해 相土建都 자리를 물색하는 여정에 동행해 달라고 요구했지만 무학은 이를 거절했다. 이에 이성계는 "예나 지금이나 사람의 만남이란 인연 따라 이루어지는 것인데, 다른 사람들의 터를 보는 솜씨가 어찌 대사의 도안道眼을 따를 수 있겠는가." 하여 결국 수행케 된다.[5]

고려와 달리 불교를 배척하고 유교를 국시로 삼은 조선에서 아무리 왕과의 관계가 친밀하다 하더라도 승려에 대한 평가가 좋을 수는 없다. 이런 사례가 있다. "이날 태조가 시좌궁時坐宮으로 돌아와 중 200명을 궁중에서 봉양하고, 왕사 자초無學를 청하여 선禪에 대해서 설법하게 하였는데, 현비顯妃가 발을 드리우고 이를 들었다. 자초가 능히 종지宗旨를 해설하지 못하니, 중들 가운데 탄식하는 사람들이 있었다."[6] 말하자면 무학은 선법禪法 하나 제대로 설법하지 못하는 자라는 지적이다.

무학은 당대의 고승으로부터 공부를 받았고 오랫동안 참선 수련을 해 온 인물이다. 그러니 이는 공박攻駁을 위한 헛소리에 지나지 않는다. 무학의 성격이 착하고 자신을 드러내기를 꺼리는 경향이 있었음은 변계량이 지은 비문에도 나와 있다. 게다가 무학이 배운 불법의 핵심은 도선과 마찬가지로 "말로 표현할 수 없는 법이자, 법 자체를 규정지을 수 없다無說之說 無法之法."는 것이니 이런 법석法席 자리가 어울릴 수 없다.

무학 당시는 유학계가 한당漢唐 유학을 배척하고 신유학인 성리학을 수용한 것과 마찬가지로 불교계에서도 새로운 선풍禪風을 수용하고 있었다. 나말삼사羅末三師로 불린 태고太古 보우普愚, 백운白雲 경한景閑, 나옹懶翁 혜근惠勤 등이 있는데, 특히 혜근은 무학의 법맥으로 선배인바, 특히 그의 선 사상은 새로운 사회 건설과 왕조 교체를 가능케 하였다는 점에서 주목받고 있다.

오랜 시간이 흐른 뒤이지만 정사의 기록에 무학이 언급되어 있음에 관심이 간다. "국초國初에 무학이 지은 『국참기國讖記』에 역대 국가의 일을 말한 것이 있어서 조선 시대에 걸쳐 영향을 주고 있다."라고 했는데,[7] 여기서 말한 책이

『무학비결』을 지칭한 것이 아닌가 생각된다.[8]

『무학비결』은 일제 시대에 간행된 《조선총독부 대정大正 10년 목록》과 『고선책보古鮮冊譜』에 "무학비결은 1책으로 무학이 저술하였는데 사본이다."라고만 간략히 기재되어 있을 뿐, 더 이상 자세한 내용은 알 수 없다. 다만 현대에 이르러 편집된 도서 해제목인 『나려예문지羅麗藝文誌』에 그 분량이 2권 1책으로 되어 있고 "지사地師에 많이 이용되는 바다."라고 한 점으로 보아 풍수 도참에서 쓰인 비기류秘記類임을 알 수 있다. 『무학비결』은 조선 후기에 유행했던 『정감록』에서도 찾아지고 있으나 실제로 무학이 저술한 것인지는 알 수 없다.[9]

이후 무학이 입적한 뒤의 대신들의 상소 내용은 그 도를 더하여 무학을 폄훼한다. 사실 태종은 아버지 태조의 친구였던 무학을 좋아하지 않았다. 태종은 무학이 아버지와 가까우면서도 자신을 위해 노력하지 않은 것으로 오해했을 뿐이다. 그러나 무학은 태조에게 자신이 가진 영향력을 전연 행사하지 않았고 당연히 현실 정치에 관여하지도 않았음은 앞에서 서술한 대로다.

### 2. 무학의 출생 설화

무라야마 지준村上智順은 무학에 관해 다음과 같은 설화를 전한다.

"무학 대사는 한양 터를 잡은 것으로 항간에 알려진 사람이다. 그에 대해서는 많은 설화가 전해지는데, 주로 그를 희화화한 얘기들이다. 예컨대 이런 식이다. 무학이 한양 터를 잡고 궁궐을 짓는데 조금 짓기만 하면 무너지는 게 아닌가. 그래 이제 죽을 수밖에 없구나 하고 삼각산을 찾아가는데 전농동 근처에서 어떤 노인이 소로 논을 갈며 '무학이같이 미련한 소야.' 하는 것이 아닌가. 깜짝 놀라 까닭을 물으니, 한양은 학의 둥지와 같은 터라 우선 성부터 쌓아 학의 날개를 눌러 놓고 나서 궁궐을 지어야 학이 움직이지 않아 도성이 완성될 수 있는 것이라 하여 그렇게 하니 성공하였다."[10] 충남 대천에서는 그가 사생아라는 설화도 전해진다. 설화에서 무학의 출생지로 신빙성 높게 대두되는 충남 서산군 간월도 일대에는 다음과 같은 출생 설화가 전해지고 있다.

하루는 그의 어머니가 냇가에서 빨래를 하고 있는데 큼직한 외오이 한 개가 떠내려왔다. 그의 어머니는 하도 외가 먹음직해서 빨리 그것을 건져 먹었다. 이때 그것을 본 동리 사람들은 외간 남자와 부정한 짓을 했다고 소문을 퍼뜨렸고 또한 이상하게도 외를 먹은 후 임신이 되었다 한다. 소문에 쫓겨 집을 나간 그 어머니는 어느 산속에서 아기를 낳았는데 낳자마자 아기가 죽었기 때문에 아기를 갯가에 버렸다. 그때 어디서 날아왔는지 큰 학이 죽은 아기를 업고 간월도 토굴 속으로 데리고 와서 날개 속에 품어 죽은 아기를 살렸으니 바로 이 아기가 토굴 속에서 불도를 닦은 무학 대사이며, 또한 어렸을 때의 이름이 무학舞鶴인 것도 이 때문이라고 한다.[11]

무학의 고향은 경상남도 합천군임에 틀림없지만 충남 서산군이라는 얘기도 적지 않다. 그러나 고향으로 알려진 합천군 대병면 구리듬은 무학의 부모가 살았던 곳으로 알려져 있으며 실제로 이 일대에는 무학과 관련된 유적들이 남아 있다. 합천군 대병면은 신라 시대 이래 태종 13년1413까지 삼기현三岐縣이었으며 1914년에 대병면이 되었다. 대병면 악견산 동쪽에 수만 평의 둔덕이 펼쳐져 있는데 그 둔덕을 구리九里듬 또는 구리방이라 부르고 있다.

그런데 충주시전 중원군 가금면 하구암리 양짓골 동쪽에 있는 무학골에도 그가 태어났다고 전해지는 골짜기가 있다. 전혀 얼토당토않은 곳에 무학의 탄생 설화가 끼어 있는 셈인데, 앞서 대천의 경우는 그야말로 옛이야기에 지나지 않지만 이곳은 기록까지 남아 있으니 기이한 일이다.

하지만 그렇게 된 데는 이유가 있을 것이다. 그곳은 예로부터 국토의 중앙이라 존숭되던 곳으로, 충주시로 편입되기 이전의 중원中原이란 지명이 그것을 잘 반영하고 있다. 특히 같은 면 탑평리에 있는 속칭 중앙탑은 그런 지리적 특성을 상징적으로 드러내는 유물이라 할 수 있다. 이 탑은 9층탑으로 신라 원성왕 12년796에 축조되었다고 한다. 유래는 두 가지가 전해지는데 하나는 이 탑이 신라의 중앙에 위치하여 중앙 진호鎭護를 위하여 세워진 것이기에 중앙탑이라 한다는 것이고, 또 하나는 당시 충주에 왕기王氣가 성했기 때문에 이 기운을 억누르기 위해 세웠다는 설이다. 또는 신라 선덕왕 때 은사隱士 김생이 반송산에 절을 지은 뒤 이 탑을 세우고 고서적을 감추었다는 얘기도 전해진다.

또 한 가지 밝혀 둘 사실은 충남 서산시 인지면 애정리 쑥당터에도 무학의 탄생 설화가 전해진다는 점이다. 애정리 쑥댕이 마을에서 예전에 장사하던 여인이 애를 낳았는데 살기가 너무 어려워 그냥 쑥을 덮어 놓았다고 한다. 그랬더니 학이 아기를 품고 있어 그 뒤로 사람들이 그 아이를 무학이라 했고 그곳에 당집을 지어 무학당이라 했다는 것이다. 이것은 도선 국사의 탄생 설화를 상당히 모방한 것으로 결국 도선과 무학의 연결 고리가 항간에 떠돌았던 것이 아닌가 생각하게 하는 대목이다.

하지만 무학과 도선이 직접 연결되는 기록은 거의 없는 것 같다. 다만 서울 성동구에 도선동이 있는데, 그 지명 유래에 "무학이 도읍지를 물색하던 중 왕십리에 왔다가 도선 국사의 화신인 늙은 농부로부터 10리를 더 가라는 가르침을 받아 그 이름을 따라 붙여졌다고 한다."라는 기록이 있다.[12]

### 3. 무학에 관한 기록들

『태조실록』에 나타나는 무학에 관한 기록은 미미하기 짝이 없다. 태조 2년 계룡산 도읍 터를 답사하기 위하여 출행하다가 양주 회암사에 들러 무학을 청하여 같이 갔다는 기록, 같은 해 계룡산 현장에서 그 터에 관한 무학의 의견을 물으니 "능히 알 수 없습니다."라고 대답했다는 기록, 서울에 관한 태조의 하문下問에 "이곳은 4면이 높고 수려하며 중앙이 평평하니 성을 쌓아 도읍을 정할 만합니다. 그러나 여러 사람의 의견을 따라서 결정하소서."라고 대답한 정도가 『실록』에 나와 있는 무학에 관한 기록의 거의 전부이다. 별 중요성이 없는 견해인 셈이다. 그렇다면 무학은 무지한 사람임에도 불구하고 단지 태조의 신임만으로 풍수의 대가가 되고 강한 영향력을 발휘한 셈일까? 『태조실록』 3년 8월 12일 조에 이런 글이 나온다. "임금이 왕사 자초를 장막 안으로 불러들여 밥을 대접하였다. 처음에 임금이 모악에 와서 터를 잡으려고 할 때 먼저 사람을 보내서 맞아 온 것이다." 왕사 자초, 즉 무학 대사는 태조의 마음속 스승이었다. 태조는 중요한 결정을 내릴 필요가 있을 때에는 항상 무학을 곁에 두는 버릇이 있었던 듯하다.

지금의 양주군 회천면 회암리 천보산에 있는 회암사는 인도에서 건너온 지공 스님이 고려 충숙왕 15년1328에 건립하였다. 그것을 우왕 2년1376 나옹 화상이 중창하였는데, 무학은 바로 이 두 분 스님으로부터 불법을 전수 받은 사람으로 당시의 정계 실력자 이성계의 둘도 없는 말놋부가 되었으니, 이 설은 저음부터 고려 말의 격랑 속에서 탄생한 셈이다. 그 뒤 불교 탄압으로 폐사로 있다가 조선 중기 불교 중흥의 대모 역할을 했던 중종 비 문정왕후 덕으로 소생되었으나, 그녀의 죽음과 함께 명종 20년1565 원인 모를 화재로 소실되었고, 당시 불교계의 대부였던 보우도 하필이면 그해 4월 초파일 이곳에서 잡혀 제주도로 귀양 갔다가 변협이란 자에게 피살당하고 말았다. 원인을 알 수 없는 화재라고는 하나, 이런 사례는 여러 사찰에서 발견되는데, 그 웅장했던 지리산 실상사도 유림儒林의 방화로 소실되었다는 것이 정설이다.

『조선왕조실록』 초기에 미흡하게 다루어졌던 무학이 후기 『실록』에 좀 더 나온다. 선조 대에 2건, 현종 대에 2건, 숙종 대에 1건, 영조 대에 4건, 정조 대에 3건, 철종 대에 1건이다. 그 내용은 풍수 도참이 3건, 건원릉健元陵이 5건, 후릉厚陵이 1건, 석왕사釋王寺가 3건, 무학의 비碑와 관련된 기사가 2건이다.

특히 무학의 부도가 파손되자 조정에서 다시 건립케 했다는 기사가 보이는데,[13] 조선 후기에 이르러 왕조 창업의 공로자라는 인식이 다시 부각되는 점을 살필 수 있다. 실제로 무학은 왕조 창업과 관련된 인물이라고 해서 신승神僧으로까지 추앙받을 만큼 그 위상이 높아진다.[14] 특히 정조 대에는 석왕사 토굴에 자초의 진영眞影을 보관하고 매년 춘추로 제사를 지내게 했으며[15] 그에게 시호를 내리기도 했다.

이러한 움직임은 17세기 예학禮學의 시기를 맞이하여 태조의 시호를 다시 추존하는 등 조선 창업과 관련한 재평가 속에서 일어난 것으로, 이 시기는 제2의 건국 운동이라 할 수 있는 '국가 재조再造'의 기운이 일어나던 때이다. 건원릉 관련 기사가 등장하고 그 터를 지점地點한 자초가 부각된 것은 이러한 맥락 아래서 이해할 수 있을 것이다. 특히 자초의 비문이나 『태조실록』, 『태종실록』에서는 나오지 않고 야사류나 설화류에서만 찾아볼 수 있었던 한양 전도 외의 기사가 조선 후기의 『실록』에서 보이고 있어 주목된다. 이러한 사실이 조선 초기의 『실록』에 게재되지 않은 것은 당시 『실록』이 철저한 억불론자에 의하여 쓰였기 때문일 것이다.

전체적으로 보아 자초와 관련한 『실록』 기록은 그가 생존한 태조 대부터 태종 대까지가 대부분이고 그의 입적과 관련하여 몇 건이 보이고 있다. 이러한 분량은 당시의 다른 승려의 기록과 비교해 볼 때 가히 압도적이라 할 수 있다. 동시에 조선 후기의 『실록』에도 그와 관련한 기록이 실려 있다는 사실은 그가 조선왕조 전 기간을 통하여 평가되고 있었음을 의미한다고 하겠다.[16]

**성수산 상이암 설화**

수도修道 터로서 적절한 곳은 첫째가 고요한 곳이다. 흔히 말하는 대로 '닭

소리 개 소리 들리지 않는 곳鷄犬聲不聞處'이다. 전북 임실군 성수산聖壽山, 876미터 아래 상이암이라는 암자가 있다. 고려 말 이성계가 새로운 왕조를 건국하기 위해 무학 대사의 권유로 이 암자에서 100일간 기도를 드렸지만 아무런 징후가 없었다. 그래서 골짜기에 흐르는 깨끗한 물에 목욕재계하고 3일간 더 한 결과 하늘의 계시를 받았다. 계시에 "성수 만세"라는 소리가 성상의 귀에 들렸다고 한다.

이성계 장군은 깨끗한 물에 세 번 목욕하였다 하여 삼청동三淸洞이라 명명하고 그것을 자연석에 새겼다. 그 비석은 지금도 전해진다. 또 '성수 만세'라는 말에서 성수산이라 부르게 하였고, 성상의 귀에 들렸다하여 상이암上耳庵이라 부르게 되었다는 전설이다.

실제로 이성계가 우왕 6년1380에 황산 전투에서 왜적을 섬멸하고 개성으로 돌아가는 도중에 이곳에 들렀을 개연성은 있다.

이곳은 '제비집 모양燕巢形'의 명당인데, 연소형은 처마 밑의 제비 둥지처럼 높은 곳에 위치하여 아래를 굽어볼 수 있는 곳이 있어야 한다. 암자 바로 앞에는 안案에 해당하는 횡량橫樑, 제비가 둥지에 들기 전에 잠시 앉아 있는 가로 막대기이 있다.[17]

### 마이산의 시

이보다 더 흥미가 가는 곳은 진안鎭安의 마이산馬耳山이다. 마이산은 그 형상의 기이함도 유명하지만, 여기서 문제 삼으려는 것은 천지탑에 관한 조탑자와 그 경위이다. 태조임을 확정 지은 사람도 있고,[18] 이갑룡李甲龍 처사의 작품이라는 탑사塔寺 측의 주장도 있으나, 지금은 그 이전에도 있었던 것을 이갑룡이 보수하고 새 탑들을 쌓았을 뿐 최초의 건설자는 아니라는 쪽으로 마무리된 듯하다.

마이산은 서다산西多山이란 이름으로 『삼국사기』와 『고려사』에 등장한다. 조선 태종이 마이산이라는 산 이름을 내렸다는 태종 사명설賜名說은 『고려사』에 이미 마이산이란 이름이 등장하는 것으로 보아 사실이 아니다. 이 기록은 『신증동국여지승람新增東國輿地勝覽』에 나와 있어 이후 줄곧 받아들여진 설이지만 그렇지 않다는 것은 분명하다.

필자가 관심을 갖는 것은 오히려 "공주의 동남쪽으로 40리 되는 곳에 계룡산이 있다. 곧 전라도 마이산맥의 끝이다."라는, 계룡산과의 연계를 주장하는 부분이다.[19]

진안군 마령면 마이산 금당사金塘寺에서 서북서 방향으로 직선거리로 약 900미터가량에 위치한 지점에 금당대가 있고 그 아래 암벽에 넓이 약 10평 남짓한 굴이 뚫려 있다. 이곳에서 나옹 선사가 한때 수행을 했다고 하지만, 그 최초의 기록이 1924년 간행된 『진안지鎭安誌』이고 보면 사실이 아님이 분명하다. 여하튼 나옹이 거론되었다는 점에 주목하고 싶다.[20] 또한 최규영은 "국도 풍수國都風水에서 형국으로 볼 때, 마이산이 속금산束金山이 될 수밖에 없는 필연성을 지녔다. 여기에 이 태조의 시구詩句는 결정적인 정황 증거를 제시해 주고 있다. 천지탑은 왕조의 안녕을 위한 속금 풍수 비보탑이란 점에 모든 증거와 정황이 일치하므로 이 시점에서 그렇게 단정할 수밖에 없다."라고 결론을 내리고 있다.[21]

마이산의 정식 입구는 남쪽의 마령에서 들어가는 곳이다. 여기에 보면 「조선태조고황제시비朝鮮太祖高皇帝詩碑」가 검은 화강암에 새겨져 있다. 이성계가 황산대첩에서 대승을 거둔 후 귀환 길에 이곳에 들렀다가 한 편의 시와 속금산이라는 이름을 남겼다는 것이다. 시의 내용은 이렇다.

천마가 동쪽으로 들어와 세가 이미 궁하니天馬東來 勢而窮
흰 털 말발굽 더 건너지 못하고 도중에 쓰러졌네霜蹄來涉 蹶途中.
내시가 뼈를 사 가고 귀만 남겼네涓人買骨 遺其耳.
변하여 두 봉우리 되어 반공중에 솟아 있네化作雙峰 杙半空.

이 시를 무학 대사의 것으로 보는 견해가 있다. 그의 자취와 흔적이 있는 사찰은 전북과 충남 그리고 함경도가 상당 부분을 차지한다. 충남은 서산이 경남 합천과 함께 그의 또 다른 고향으로 일컬어지는 지역이어서 납득이 가지만 전북과 함경도 지방은 이성계와 분리해서 생각할 수는 없을 것 같다. 전북은 이성계의 본향이거니와 함경도는 그와 밀접한 관련이 있다. 무학은 일찍부터 새 왕조를 창업할 인물로 이성계를 선택하고, 그에게 보다 큰 원력願力을 불어넣기 위하여 그의 뿌리가 닿아 있는 지역이 보다 효과적이라고 생각했을 수 있다. 그중 전북을 보면 무주군의 북고사北固寺, 안국사安國寺, 임실군의 해월암海月庵, 상이암上耳庵, 완주군의 위봉사威鳳寺, 순창군의 만일사萬日寺 등이 있다. 상이암에 관해서는 앞서 설명한 바 있고, 북고사는 무학이 창건하고 풍수적 비보를 위해 주변에 적산산성까지 세운 사찰로 알려져 있다. 최영 장군이 쌓았다는 설도 있다. 순창의 만일사는 무학이 이성계의 등극을 위해 1만 일 동안 기도했다고 해서 이름이 붙은 사찰이다.

이 시를 해석하면 다음과 같다. 마이산을 말에 비유하여, 동쪽에서 오긴 왔는데 기세가 이미 다하여 더 가지 못하고 도중에 쓰러져 버렸다는 것이다. 그런데 시는 말이 쓰러진 데 그치지 않고 연인이 뼈를 사 가지고 가 버려 누 귀만 남겼다고 했다. 이것이 마이산의 형세라는 것이다. 이 구절은 『전국책戰國策』 「연책燕策」 편에 나오는 고사를 차용한 것으로 보인다.

옛날 중국의 어떤 임금이 천금을 주고서라도 천리마를 갖고 싶어 했으나 3년이 지나도록 뜻을 이루지 못하였다. 그러자 한 내시가 자기가 구해 보겠다고 하여 천금을 주자 3개월 만에 오백 금을 들여 천리마의 뼈를 사 가지고 왔다. 임금이 대로大怒하자 그는 죽은 말 뼈도 오백 금을 주고 샀다는 소문이 퍼졌으니 곧 살아 있는 천리마들이 모여들 것이라고 장담하였다. 과연 그의 말대로 천리마들이 쇄도하기 시작하여 임금은 1년 이내에 천리마 세 필을 얻을 수 있었다.[22]

### 무학과 왕실의 관계

이에 관해서는 황인규의 연구에 잘 정리되어 있다.[23]

무학의 위상은 그가 한양 전도奠都나 건원릉 터를 정한 사실, 연복사演福寺의 낙성회落成會 주관으로 익히 알 수 있다. 그 결과 그가 광명사廣明寺에 머물때에는 성안의 남녀들이 날마다 100명씩 몰려들 만큼 그의 명성은 대단하였다.[24] 정종 대의 『실록』에는 그와 관련된 기사를 찾을 수 없다. 다만 『태종실록』에는 상왕 정종이 그의 시호를 짓게 하였다는 기록이 나오는 것으로 보아 무학과 정종이 친밀한 사이였을 것으로 추정된다.

태종 대는 무학이 회암사를 사직하고 용문산, 금강산 등지에서 체류할 무렵인데, 『실록』에 의하면 그와 태종은 별로 사이가 좋지 않았던 것 같다. 태상왕 이성계가 그의 가르침을 믿어 주육酒肉을 끊어 몸이 상하자 태종이 이를 걱정하였고, 이에 태종에게 질책을 받을 것을 두려워하여 무학이 조그만 암자로 피신했다는 기사가 있다.[25] 태종은 함흥에 머물고 있는 이성계를 환궁시키기 위하여 무학을 함흥으로 보내기도 했지만, 이것은 그를 신임해서라기보다는 그와 이성계의 친밀한 관계를 활용한 것이라고 보는 편이 타당할 듯하다.

특히 무학의 입적 이후 『실록』 기사에는 태종과 신료들이 무학을 혹평하는 내용이 실려 있다. 예컨대 평원군 조박趙璞이 무학의 법호를 주고 비를 세울 것을 청하자 대간臺諫들이 그를 혹평하였다든지, 심지어는 태종이 무학은 득도한 경험이 없기 때문에 그를 노상의 행인으로 보았다는 기사 등이 대표적인 내용이다. 나아가 유생들은 그를 천노 출신이라고 하고, 심지어는 입탑立塔, 시호諡號, 탑명塔名, 조파祖派, 비명碑銘 등에 대하여 수사收司에 영슈을 내려 그 직첩을 거두고 죄상을 국문하여 율에 따라 논죄하고 소재관所在官으로 하여금 그 탑묘를 헐고 그 해골을 흩어 버리게 하자는[26] 주장까지 있어 입적 후 그에 대한 인식이 크게 변화되었음을 알 수 있다.

이러한 기사들과는 대조적으로 명나라 황제가 왕사王師의 장의仗義에 대하여 물었다는[27] 기사도 보인다. 그의 명성이 널리 알려졌으며 특히 명나라 황제가 그에 대하여 깊은 관심을 가질 정도로 그의 위상이 대단했다는 것을 알 수 있다. 물론 단지 무학을 존숭해서가 아니라 조선과 명나라의 관계가 악화되었다는 뜻이기도 하다.

**무학에 관한 폄훼**

항간에 나도는 무학 훼절의 대표적인 사례를 한 가지만 더 소개한다.

태조대왕 거동보소/ 정삼봉鄭三峰을 분부하고/ 무학을 불러다가/ 왕도王都로 정할 적에/ 임진강 얼른 건너/ 삼각산 일 지맥에/ 대궐 터를 잡아 놓니/ 대궐 좌향 어찌 할꼬/ 무학이는 해좌사향亥坐巳向[28]/ 정삼봉은 자좌오향子坐五向[29] 둘이 서로 다툴 적에/ 정삼봉 하난 말이/ 네 모른다 이 중놈아/ 해좌사향 놓지 마라[30]/ 유도儒道는 간데없고/ 불도佛道만 흥성한다/ 무학이 하난 말이/ 여보시오 서방님아/ 아는 체 너무 마오/ 자좌오향 놓아 보오/ 다섯 번 온 난리와/ 열두 번 놀랠 일을/ 무엇으로 막아 내리/ 잡말 말고 이리하오/ 정삼봉 하난 말이/ 미련하다 이 무학아/ 막는 법 여기 있소/ 진방辰方이 허하기로/ 그 누 가지 있을 술은/ 날 안 해노 나노 안다/ 동대문 현판 쓸 때/ 날치 한 자 놓았으면/ 아무 걱정 없으리니/ 자좌오향 놓아 보자/ 무학이 분을 내어/ 동대문 밖 썩 나서서/ 왕십리 찾아가서/ 대궐 터를 돌아 보고/ 한 치 깊이 파고 보니/ 석함石函이 들었거늘/ 깨트리고 자세 보니/ 요망한 중 무학아/ 그릇 찾아 예 왔도다/ 무학이 자탄하여/ 그길로 달아나서/ 강원도라 금강산에/ 토굴을 묻어 놓고/ 불도를 숭상하고/ 세월을 보내더라[31]

여기서 무학이 당하는 수모는 무학 관련 설화의 대표적인 예이다. 그러나 무학이 서울 도성과 궁궐을 정남향으로 주장했다는 것은 분명치 않다. 오히려 유가 출신인 삼봉 정도전이 중국이 천자의 나라로 정남향자좌오향을 하니, 우리는 방향을 조금 틀어 남남동해좌사향을 주장했다는 것이 사리에 맞는다. 무릇 설화라는 것이 사실보다는 요즘 말로 하자면 관제 여론을 좇는 경향이 있기 때문에 그런 점을 감안하여 해석할 필요가 있다. 필자의 생각은 무학이 태조 이성계의 의사 결정에 큰 영향을 미친 것은 사실이지만 그가 세속에 나서는 것을 즐기지 않았고, 이미 유교를 국시로 삼은 조선왕조 아래에서는 억압받거나 아니면 무시되었을 것으로 보인다. 게다가 불교를 국교로 삼은 고려왕조의 폐단을 기억하던 민중들도 그런 불교에 반하는 관제 여론을 따른 것으로 여겨진다.

무학의 실제 학문이나 불도와 관계없이 그는 조선왕조의 창건을 이성계라는 인물을 통하여 예언한 것으로 알려져 있다. 따라서 그는 풍수뿐 아니라 참위, 도참으로부터 자유로울 수 없다.

참위라는 것은 세운世運과 인사人事가 일정한 수數가 있다 하여 나라의 흥망성쇠라든가 왕의 운명에 관하여 미래를 예언하는 일을 말한다.

원래 참讖이라는 것은 은어 예언의 부류로서 미리 나라나 인사의 길흉화복 등을 예언하는 것을 말하며, 위緯라는 것은 경經에 대칭되는 말로, 육경六經에서 말한 바를 괴이한 기설奇說로서 해석하여 경서의 뒤에 숨은 신비를 밝히려 하는 것으로 육경의 지류라고도 할 수 있는 것이다. 참이나 위나 모두 음양오행설을 바탕으로 여기며 천인감응설, 부서설符瑞說, 복서卜筮, 귀신의 사상을 가미하여 천문, 지리, 재상災祥, 변이 등을 현묘하게 설명하고자 하는 것이다. 참위설은 중국 주대周代에 일어났다. 주 말기 천하가 어지러워지고 인심이 흉흉해지자 미래의 운명을 미리 알고 흉변을 떠나 안락을 구하려는 현실도피의 사상이 일어났었는데 이러한 시기를 타고 신선술이라든가 음양오행설이 횡행하여 부서에 의하여 왕후王侯의 흥망을 미리 알려는 참위설이 대두하게 되었다.

참위설이 먼저 학문적으로 발달한 것은 중국이었지만 우리나라에도 삼국시대에 이미 참위설을 믿었던 것이 역사 기록에 드러난다.『삼국사기』에 전하기를, 의자왕 20년에 귀신 하나가 궁중으로 들어와서 "백제는 망한다. 백제는 망한다."라고 연호하고 지하로 들어가므로 임금이 그 자리를 파게 하였더니 3척이나 되는 거북이 한 마리가 있었는데 그 배 껍데기에 "백제는 둥근 달 같고 신라는 초승달 같다百濟同月輪 新羅同新月."라는 참구가 있었다 한다. 이처럼 삼국시대에 이미 참위설을 신봉하였지만 이러한 참위설은 학문적으로 연구되었던 것이 아니고 이것이 학문적으로 연구되기는 신라 시대에 당唐에 갔다 돌아오는 유학생을 통하여 참위설이 수입된 이후이다.32 33

김득황 박사는 위의 경우를 참위풍수설이라 칭하며 풍수가 조선왕조에 상당한 영향을 끼쳤다고 보았다.

> 풍수설이 조선34에 들어와서도 성행한 것은 물론이다. 이 태조 자신이 참위풍수설에 기울어져 국도國都를 계룡산으로 정했다가 다시 한양으로 옮기었으며 역대의 왕들이 모두 참위풍수설을 혹신하여 왕가에서 궁궐을 짓거나 묘지를 선택하거나 행차하는 등 대사를 일일이 풍수사, 음양사에 의하지 않음이 없었고 중종 대에는 왕이 참위설을 혹신함을 이용하여 금원禁苑의 나뭇잎에 감즙으로 "주초위왕走肖爲王, 趙氏가 왕이 된다."의 넉 자를 써서 나무 벌레로 하여금 먹게 함으로써 참설을 조작하여 기묘사화를 일으켜 정권 쟁취의 방법으로 악용되기까지 하였다. 또 풍수설은 조선조에 들어와서 민중에게 침투되어 종래 왕공 귀족의 독점물로 주로 양지 풍수에 주력되던 것이 조선조에 들어와서는 음지 풍수가 보편화되었다.35

조선의 역대 왕들이 참위풍수설을 신봉한 것은 공식적인 것은 아니었다. 그러나 태조인 이성계 자신이 무학의 참위설과 풍수설에 경도되어 왕조를 일으킨 만큼 그 영향력은 대단하였다고 할 수 있다. 그 점은 무학의 영향력이라 할 수 있다.

그러나 기록에 따라서는 무학의 영향력을 적극 옹호하는 신빙성 있는 증거들도 있다. 그 전에 무학의 진적眞籍이라고 착각했던 한 일을 소개한다.

### 『무학비기』

1988~1989년 필자는 서울대 규장각 서고를 뒤지고 있었다. 마침 그곳에 재직 중이라 가능한 일이었다. 필자가 찾고자 했던 것은 도선과 무학의 저술들이었다. 극히 일부지만 아무것도 발견하지 못했다.지금도 필자는 규장각 어딘가에 두 사람이 쓴 책이 있으리라 믿는다. 그러다가 깜짝 놀랄 자료를 하나 찾기는 했다. 모두 다섯 장의 필사본이었는데, 그 표지에 『무학비기無學祕記』라 적혀 있고 밑에는 규장각도서 분류기호 13372, 규奎 1430/25라는 숫자들이 들어 있었다. 안타깝게도 그 문서는 풍수서가 아니라 참위서였다.

그런데 둘째 페이지에 흥미로운 대목이 있었다. 그 페이지 위에는 '조선총독부 도서지인圖書之印'과 '서울대학교 도서'라는 한자가 붉은색 도장으로 찍혀 있었다. 첫 단락의 내용은 다음과 같다.

"무학은 고려 말의 고승인데 묘엄존자, 삼가三嘉[36] 사람이다." 그다음 대목이 흥미롭다. "그는 도가 높고 상위象緯와 감여堪輿에 두루 능통하였다. 이조의 태조가 가장 존경하고 믿은 사람이다. 한양 정도定都는 사실상 무학이 정한 바에 따른 것이다. 그의 비碑는 양주 회암사에 있다."

규장각은 정조 원년1776 창덕궁 금원 북쪽에 세워진 왕립 장서각이자 도서관이다. 1894년 갑오개혁 때 폐지되었지만 그 장서의 일부는 지금 서울대학교 규장각 한국학연구원에 수장되어 있다. 따라서 이곳에는 조선 초기에 금서로 지정된 책들도 다수 포함되어 있을 것으로 여겨진다. 그래서 위 내용은 중요한 것이 된다.

나중에 안 일이지만 필자는 『무학비기』 혹은 『무학비결』이 실려 있는 책을 두 권 발견했다. 하나는 일부 내용만 실린 것인데, 규장각에서 발견한 책의 서두만 실려 있었다.[37] 또 하나는 규장각본과 동일했다.[38] 개인적으로는 실망했지만 이런 책들이 항간에 떠돌아다닌다는 사실은 반가웠다. 내용은 다음과 같다.

지난 일로 길을 물어볼진대往事除之 도중에 서얼의 화禍와 적자賊子의 변變이 일어나리라. 그 햇수를 헤아려 보면 병사兵事는 신申·자子·진辰년에 있고, 형살刑殺은 사巳·유酉·축년丑年에 있으니 어인 일인가? 불火이 금金을[39] 이기기 때문이다. 금국金局의 산세에[40] 목맥木脈이[41] 백호에 있어 산꼭대기를 쳐드니 형살이 있고, 수국水局의[42] 산세에 도봉道峯이 청룡에 있으므로 설기泄氣가 된다. 그러므로 병란兵亂이 있으니, 이것은 그 이치로써 하찮은 술수와는 상관이 없는 일이다. 이로써 성현聖賢이 제때에 일어나지만 요절을 피하기 어렵고, 어진 신하賢臣가 무리 지어 나오지만 모두 혹독한 화를 당하여 한결같이 신·자·진년과 사·유·축년을 넘기지 못하니 이야말로 소운小運의 액이 아니겠는가.

또 목성木姓이 모두 음덕을 입는 까닭은 수산水山에서 비롯하여 화산火山으로 매듭지으니, 수水는 육六이요 화火는 칠七인바, 차례대로 헤아리면 육칠이 사십이라. 오직 조祖·자子·손孫이 상생하여 한 번도 그침이 없으니, 그동안의 화는 가히 알 만하다.

맏아들長子이 왕위를 계승하지 못하고 수백 리에 이르는 땅이 텅 비어空虛 위란危亂 상태로 끝나니 이는 장차 소운이 망하려는 조짐小運將亡之兆也이다.

대운을 말하자면 400년 후에 백성이 번성하고 매년 풍년이 들어 이른바 부요富饒해질 것이지만 무사武士가 양성되지 않아 서쪽 이웃으로부터 침략을 받을 것이다. 나라 안에 그만한 사람이 없으니 날이 갈수록 위란을 당하여 60년에 이르면 묘년 출생의 중국 장수唐將가 10만 군사를 이끌고 압록강을 지키며 서북 땅을 집어삼킨 지 대략 10년 만에 임진 서쪽과 철령 북쪽이 모두 그에게 먹힐 것이다. 신인神人이 두류산에서 도읍을 옮기는 계책을 세우고 200년의 국운을 연장시킬 것이다. 이때에 무武는 강하고 문文은 약하여 임금은 가히 임금이 아니요, 신하 또한 신하가 아니니, 슬프고도 슬프도다. 이는 곧 순순順 자의 역수逆數이니 어찌 역리逆理의 도道가 없을쏜가. 대체로 이전 360년은 비록 어려운 일이 있으나 임금이 밝고 신하가 충성스러우며 예악이 갖추어져 빛을 발하므로 가히 볼 만하니彬彬可觀 이는 곧 순順 자의 순수順數의 수이다.

그 뒤의 56년은 물과 불이 서로 살려 주지 못하기 때문에賴水火相生 백성들은 난리를 깨닫지 못하고 재상은 쓸모없는 글만 숭상하니 가히 풍요롭고 태평하되, 방백과 수령은 위에서 도둑질하고 아전과 군교軍校는 아래에서 약탈을 일삼으니 백성들이 불안하여 들에 살지 못할 것이다. 우리 여러 백성有生들은 머리에 황건黃巾을 쓰고 명산대천 사이로 들어갈 일이다. 이에 시詩로써 이른다.

기사己巳에는[43] 쥐새끼 같은 도적을 면키 어렵고黃巳難免鼠竊寇
경오庚午에는[44] 슬피 우는 용龍吟哀을 볼 것이다.
술해戌亥에 많은 사람이 죽으며
자축子丑에 오히려 정하지를 못하며未定
인묘寅卯에 비로소 일을 안다事方知.
진사辰巳에 성인이 출현하니
오미午未에 즐거움이 당당하리라.
태조의 수는 어디 있는가.
본래元는 400년이니.
400년 이후로는 북쪽 도적이 아주 가까워질 것이다.
갑을甲乙이 언제 이를 것인가.
1000척의 배千帆가 남쪽 물가에 이를 것이다.
망망 창해 위에
하룻밤 사이에 1000척의 배가 이를 것이다.
무기戊己 진사辰巳 위에

어지러운 용亂龍이 합문閤門에서[45] 일어날 것이다.

삼전三奠 삼내고三乃古가[46]

내응하여 삼한을 멸할 것이다.

목자장군木子將軍의[47] 칼이요,

주초대부走肖大夫의[48] 붓이다.

산추山隹가[49] 한칼을 꾀하면

흘린 피로 삼춘三春을[50] 마치리라.

이와 같은 삼일객三一홉이

능히 없애고 능히 정하여 그칠 것이다.

진사辰巳에 그대는 어디로 가는가.

오미午未에 즐거움이 당당하리라.

푸른 옷이 남쪽에서 오니,

중처럼 보이되 중이 아니로다似僧則非僧.

백 가호家戶가 소 한 마리를 함께 부리고

열 계집이 지아비 한 사람을 받들 것이다.

소승이 비록 불초하나,

소승의 말을 고치지 말지어다.

이어서 『오백론사五百論史』와 『오백론사비기五百論史秘記』가 이어진다. 솔직히 필자는 이런 글을 옮기는 일 자체에 깊은 회의를 느낀다. 다만 이런 글이 규장각 서고에서 발견되었기에 소개할 뿐이다. 이 두 글의 골자는 모름지기 『정감록』 「감결鑑訣」에서 말하는 십승지十勝地, 청림 같은 곳으로 도망가라는 것須從白兎走靑林이다. 당연한 애기지만 이런 것이 무학의 글일 리가 없다. 그저 규장각에서 이런 문서를 찾아낸 것이 당황스러울 뿐이다.

이것은 명백히 참위설에 입각한 기술이다. 이런 종류라면 도선에게도 있다.

『택리지』에는 다음과 같은 서술이 나온다.

옛날 신라 승려 도선이 쓴 『유기留記』에 "왕씨의 뒤를 이어 이씨가 임금이 되니, 한양에 도읍하리라繼王者李而都漢陽."한 기록이 있다. 이 기록 때문에 고려 중엽에 윤관尹瓘을 시켜 백악산 남쪽에 오얏나무를[51] 심고, 이 나무가 무성하게 자라면 잘라서 그 기운을 눌렀다.[52]

'비기秘記'라는 명칭은 『조선왕조실록』 태조 1년 7월 17일 기사에 처음 사용되었다. 매우 정치적 의도에서 나온 말이란 것을 알 수 있다.

임금이 잠저潛邸에 있을 때, 꿈에 신인神人이 금척金尺을 가지고 하늘에서 내려와 주면서 말하기를…… "목자木子, 즉 李가 돼지를 타고 내려와서 다시 삼한의 강토를 바로잡을 것이다." 또 '비의非衣,[53] 주초走肖,[54] 삼전삼읍三奠三邑'[55] 등의 말이 있었다. 사람을 시켜 맞이해 들어오게 하니 이미 가 버렸으므로, 이를 찾아도 찾아내지 못하였다. 고려의 서운관에 간직한 비기秘記에 '건목득자建木得子'의 설이 있고, 또 '왕씨가 멸망하고 이씨가 일어난다.'라는 말이 있는데 고려의 말년에 이르기까지 숨겨지고 발포發布되지 않았더니 이때에 이르러 세상에 나타나게 되었다. 또 조명早明이란 말이 있는데 사람들이 그 뜻을 깨닫지 못했는데, 뒤에 국호를 조선이라 한 뒤에야 조명이 곧 조선을 이른 것인 줄을 알게 되었다.[56]

하늘에서 신인이 내려와 금척을 주며 이성계가 돼지를 타고 내려와 나라를 바로잡을 것이며, 배극렴, 조준, 정도전 등 세 사람이 등장할 것이란 내용이다. 이런 부분이 바로 도참이나 참위 등의 본질이다.

**한양 도성 쌓기 전설**

한양의 도성은 북악산-인왕산-남산-낙산을 연결하는 17킬로미터 길이로 높이는 12미터에 4대문 4소문을 세웠으니 사통팔달을 의미한다. "외성이것은 앞서의 내성이 아니라 북한산 연맥을 두르는 성곽이다. 남쪽은 한강이라 외성이 없다.을 쌓으려 했으나 성의 둘레를 어떻게 할지 결정하지 못하고 있는데 어느 날 밤 큰 눈이 내렸다. 바깥쪽은 쌓였는데 안쪽은 곧 눈이 녹아 없어졌다. 이것을 보고 태조가 이상히 여겨 눈을 따라서 성을 쌓도록 했으니, 이것이 바로 지금의 성이다."[57] 공짜로 되는 일은 없다. 서울의 기초를 만들기 위해 준공 때까지 20여만 명의 장정이 동원되었고 수천의 사상자를 냈다.[58]

이 태조는 이러한 현상이 우연이 아니고 필시 하늘에서 계시를 내린 것天啓이라 보았다는 설명도 있다.[59] 참으로 정치적인 해석이다. 집권을 위해서는 종교도 가리지 않았다. 가히 유불선 삼도회통의 질묘한 술수다. 북한산에 눈이 내리면 능선의 남사면은 금방 눈이 녹고 북사면은 눈이 오래 남는다. 오늘날에도 흔히 보는 자연현상이다. 이런 일을 천계라 했으니, 상당히 정치적인 수법이다. 그런데 무학이 이런 전설 같은 얘기에 등장하지 않는 것은 이상하다. 그렇지 않은가. 모든 기이한 일에 등장하는 무학이 유독 조선 건국의 정통성을 말하는 대목에서는 정사이건 야사이건 빠져 있다는 것이다. 생각해 보면 답이 없지도 않다. 조선의 개국공신들은 모두 유학자이면서 고려의 신하들이었다. 유학은 충효를 처신의 근본으로 삼았는데 그들은 역모로 이를 어겼다. 그래서 천명사상, 서양식으로는 왕권신수설을 차용하여 자신들의 심리적 부담을 덜려고 노력한 데 반하여, 무학은 불자佛者이니 그에 속박받지 않았다. 조선 건국 책략의 근본은 무학에게 있으나 그 완성은 유학자들에게 돌릴 수 있는 이유이다.

이 대목에서 필자는 이런 의심이 든다. 이것은 아마도 태조의 조선 건국을 바라고 건국 후 그 왕조의 건립이 천수天授임을 증명하기 위하여 무학이 일부러 만든 책이 아닐까 하는 것이다. 그렇게 본다면 그 후 여러 왕들이 이런 책들을 민간에 돌아다니지 못하도록 금서로 지정한 까닭까지 설명이 된다. 실제로 영조 9년1733, 영조 15년1739, 정조 6년1782 등에 있었던 역모 사건에 이런 비기들이 등장함을 볼 수 있다. 물론 무학이 직접 썼다는 증거는 없다. 그리고 필자는 무학이 직접 썼다기보다 그의 아이디어였을 가능성은 충분하다고 본다. 필자는 이미 그런 『정감록』류의 술서들이 기본적으로 풍수 사상에 바탕을 두고 있다고 말한 바 있다.[60] 따라서 비기와 자생 풍수는 정치적인 목적으로 관련되어 있는 셈이다. 또한 필자는 자생 풍수의 특성 중 하나로 정치성을 든 바도 있다.[61] 이런 천명 관념이 절정에 달한 글이 바로 세종의 『용비어천가』이다.

> 태조 임금님께서 성문신무聖文神武의 자질과 제세안민濟世安民의 도략을 가지시고 고려의 말기를 당하시어 남정북벌의 공적이 성대하시었으니, 천지의 귀신이 함께 그분을 돕고 구가謳歌와 송옥訟獄이 모두 그분을 바라본 것이다. 이에 대명大命에 따르고 나아가 하나의 집안 위에 하나의 나라를 세우시게 된 것이다.[62]

목자득국설木子得國說이 있었다고 하여 아무나 왕조를 세울 수 있는 것은 아니다. 북한산 산세는 섬뜩할 만큼 돌올하다. 이것이 개성 만월대에서도 보인다. 그래서 개성을 수도로 하던 고려는 항상 이 산을 꺼렸다. 풍수에서 명당을 엿보는 듯한 기세의 산을 규봉窺峰이라 한다. 고려 때 인주지금의 인천 이씨들의 실권자였던 이자연李子淵의 성명 속에는 목木 자와 함께 자子 자가 두 개나 들어 있다. 이자연의 사위이기도 한 제11대 문종은 결국 한양을 남경南京으로 승격시킨다. 그 손자가 1172년 반역을 일으킨 이자겸李資謙이다. 이자겸의 난은 평양을 기반으로 하는 서경파西京派들에게 제압되었고 80년 동안 권세를 누렸던 인주 이씨들은 하루아침에 몰락한다.[63]

본관 얘기가 나와서 하는 말인데 우리나라의 지운地運은 공평한 데가 있다.

신라가 경주에, 고려가 개성에, 그리고 조선이 서울에 도읍을 정한다. 하지만 이성계의 본관은 전주다. 후백제의 땅이던 곳이다. 신라, 후고구려, 후백제에게 번갈아 나라를 준 셈이다. 그래서 공평하다고 본 것이다. 김득황 박사는 이 태조와 무학의 이야기를 이렇게 전한다.

이 태조는 무학 자초를 존신尊信하여 무학을 왕사로 봉하고 사례師禮로서 자초를 대하였다고 한다.

태조와 무학과는 잠룡 시절부터 인연이 있었다고 한다. 태조가 아직 40대의 무장으로 공민왕 밑에서 벼슬하고 있을 때에 공민왕 9년에 아버지 항조恒祖가[64] 세상을 떠나 장지를 파고 있었는데 그때 노약老若 이승二僧이 그 장지 옆을 지나가다가 노승이 젊은 승에게 "지금 잡은 혈은 장상將相밖에 낳지 못하겠지만 상국上局은 왕후를 낳을 혈이다."라고 말했다. 옆에서 이 말을 듣고 있던 초동이 이성계에게 달려가 노승의 말을 전하였더니 그는 바로 두 승려의 뒤를 쫓아가 그 혈자리를 가르쳐 줄 것을 부탁하여 매장 처소를 옮겼다고 한다. 이때의 노승은 성명을 일세에 날리던 나옹 혜근이고 약승은 무학 자초였다고 한다.

그 후에도 이성계와 무학은 인연을 끊지 않았던 모양으로 『지봉유설芝峯類說』 권19에 의하면 역시 이 태조가 잠룡 시에 안변 검봉산 토굴에 있던 자초를 찾아가 해몽을 구하였다. 첫째로 꿈에 파옥破屋에서 서까래 세 개를 지고 나왔는데 무슨 일인가 하고 물었더니 서까래 세 개를 진 것은 왕王 자니 타일他日 왕이 되는 징조라고 말하였고, 둘째로 꽃이 떨어지고 거울이 떨어지니 무슨 일인가라고 물었더니 꽃이 떨어지면 열매가 맺을 것이고 거울이 떨어지는데 어찌 소리가 나지 않겠는가라고 해석하였다. 이에 이성계가 기뻐하여 여기에 큰 절을 짓고 이름을 석왕사釋王寺라 하였다고 한다. 사실은 석왕사는 그 전부터 있었다고도 한다.[65]

같은 내용이 『택리지』에도 나온다.[66] 그 책에는 이어서 "석왕사에 수륙도량

水陸道場을 크게 열었더니 이틀 만에 오백 나한이[67] 공중에 모습을 나타냈다."라고 덧붙였다.

위 내용이 사실인지 아닌지 알 방법은 없다. 그러나 의미는 있다. 이미 그런 설화와 같은 얘기가 사람들에게 회자되고 있다면 거기에는 충분한 이유가 있을 것이기 때문이다. 이처럼 무학은 설화상으로는 상당한 지위를 누리는 반면, 『실록』의 기록에서는 별로 대접을 받지 못하는 이중적인 측면이 있다. 김득황 박사의 기록은 계속된다.

태조가 즉위하자 자초를 불러 그의 생신인 10월 11일을 기하여 왕사로 봉하고 '대조계종사 선교도총섭 전불심인 변지무의 부종수교 홍리보제 도대선사 묘엄존자 大曹溪宗師 禪敎都摠攝 傳佛心印 辯智無擬 扶宗樹敎 洪利普濟 都大禪師 妙嚴尊者'라는 길고도 복잡한 직함을 제수하고 고승 200명을 궁중으로 초대하여 재齋를 베풀고 자초로 하여금 높은 자리에 올라앉게 하여 선禪에 관하여 설교를 하게 하고 태조와 현비가 이것을 들었다.

또 새로운 국도國都의 후보지를 물색하려고 태조가 정도전, 남은 등과 더불어 남행할 때에도 자초로 하여금 호종케 하였으며 태조가 조신들의 건의로서 계룡산에 전도하기로 작정하고 도성의 수축修築 공사를 시작한 지 5개월 만에 태조 2년 12월 신도新都의 역役을 중지할 때에도 다시 자초의 권고를 채택하여 한양에 전도하기로 하였다. 자초는 태조에게 한양의 인왕산으로서 진鎭을[68] 삼고 백악과 남산으로서 좌우의 청룡·백호로 삼으라고 말하여 태조가 한양에 도읍하기로 결의하고 태조 3년 9월부터 전국의 장정을 징발하여 신도 건설 공사에 착수하였다.

태조가 태종을 미워하여 함흥에 퇴거하였을 때에도 자초가 회가回駕의 설득에 성공하였다. 태조에게는 아들 여덟이 있어 위로 여섯은 전비前妃 한씨의 소생이요 아래 둘은 계비 강씨의 소생인데, 태조가 막내인 방석을 세자로 봉하자 왕위 계승을 둘러싸고 분란이 생겨 다섯째 방원이 계비 소생의 방번과 세자 방석을 죽이고 건국 원훈元勳인 정도전, 남은 등을 죽이매 태조는 방원의 폭거에 크게 불만을 품고 자리를 둘째 방과에게 전하고 함흥으로 퇴거하여 상왕이라 칭하였다. 그 뒤 방원은 정종에게도 압력을 가하여 2년 만에 왕위를 물려받았다. 방원이 즉위하여 누차 사자를 함흥에 보내어 문안토록 하였으나 상왕은 이를 완강히 거절하고 오히려 활을 당기어 사자들을 대하였다. 이에 태종은 자초에게 청하여 상왕에 대한 회가 설득을 부탁하여 자초가 함흥으로 가서 노예怒猊, 성난 사자 같은 상왕에게 알謁하고 설득시켜 환경還京을 실현시켰다고 한다. 이렇게 태조의 창업을 전후하여 그의 배후에서 큰 역할을 한 자초는 임제종 혜근의 법사法嗣다.[69]

이토록 태조와 가깝고 그의 사부이자 친구였으며 영향력이 컸던 무학이 왜 그토록 조롱을 당한 것일까? 그는 새로운 왕조의 국도 입지 선정에 결정적 영향을 미쳤고 사랑하는 세자 막내와 일곱째 아들을 죽인 다섯째 방원 태종을 미워하여 함흥으로 물러나 태종의 얼굴도 보기 싫어하던 태조를 설득하여 대면을 성사시키고 태조의 만년을 지킨 공이 가려진 것은 무슨 까닭일까?

**무학이 가려진 이유**
이는 두 가지를 생각해 볼 수 있다. 첫째는 정치적인 이유다.

태조는 전습적傳習的으로 불교 신앙을 가진 사람이었고 그 왕후도 독실한 불교 신자였으므로 불교에 대하여 내심 비호 정책을 쓰며 왕실에서는 간간히 불사를 거행하면서도 그 교정敎政에 있어서는 외면적으로 미온적이긴 하였지만 척불 정책을 쓰고 유교를 두호斗護하려는 방침을 썼다. 이것은 고려 말에 불폐佛弊가 지나치게 컸고 이 반동으로 유신儒臣 세력이 너무 커져서 그 사상적 대세에 눌렸던 까닭이다. 물론 태조 자신이 불교의 본질에 관하여 반대하는 것이 아니었지만 불교가 너무 지나치게 부패하여 이 타락 면을 제거하지 않고서는 창업에 큰 지장이 있을 것이므로 적어도 불교의 부패 요인을 막자는 것이므로 자연히 불교를 억제하는 방향으로 나아갔을 것이다. 또 태조 주위에는 그와 생사를 같이하여 창업을 도운 신진 유신들이 많이 있었으며 이 신흥 유신 세력을 최대한 활용하지 않으면 건국의 대업을 완수할 수 없을 것을 태조도 잘 알고 있었다. 한편 유생들로서는 고려 말부터 불교를 배척하고 이에 대신하여 유학을 교정의 대방침으로 할 것을 주장하여 왔는데 태조가 유자儒者의 기반을 토대로 하여 혁명에 성공한 이상 이 기회에 불교에 타격을 가하려는 것은 당연한 일이고 태조로서도 이 기운을 저지할 수 없었다.

태조 때에 올올한 척불론에 대하여 당시의 불교인은 묵묵히 침묵을 지켰을 뿐 자초, 득통得通, 조구祖丘 등 대덕大德이 있었는데도 유교에 반격을 가하지 못하였다. 송대에 구양수歐陽脩, 정명도程明道, 정이천程伊川 등의 강경한 척불론에 대하여 호불론護佛論을 내걸고 통렬한 반격을 가한 한 사람의 장상영張尙英도 없었던 것이 유감이었다.[70]

둘째는 자초 무학의 성품과 임제종의 가르침 때문이었다. 무학은 『실록』에 나온 기록으로 미루어 보건대 자신을 드러내는 사람이 아니었다. 그는 자신의 의견을 내지 않고 "중의衆意를 좇으소서."라는 미지근한 의견만 낼 뿐이었다. 그러나 그는 태조와 개인적으로 만나는 자리에서는 자신의 생각을 가감 없이 전했을 것으로 추정된다. 게다가 그는 타고난 불제자로 현실 정치에 관심이 없었다. 임제종은 선을 무소주無所住의 마음, 무소유의 마음, 무착無着의 마음, 무심, 무념, 일심 등으로 보고 있다. 현실 속에서 살아가는 우리는 보는 것과 보이는 것, 주관과 객관, 주主와 빈賓을 구별한다. 왜냐하면 합리성에 의해 다시 만들어져 있는 인간 세계에서는 항상 사물이 대립하며 사람은 이 대립에 의해 생각하고 그 생각이 거꾸로 다시 투사되는 방식으로 일체의 경험계가 이루어진다. 이렇게 양단兩斷된 이 세계는 무한으로 배가해 간다. 이에 반해 견성見性은 이러한 사고방식과는 반대다. 즉 일체의 이원론을 종결토록 만드는 것이다.

이것은 실로 우리들의 경험을 근저로부터 개조하는 것을 의미한다.[71] 이런 세계관을 가진 무학이 현실 정치에 적극 개입할 까닭이 없다.

사실 『실록』에 기록되어 있는 무학의 말은 지극히 간략하다. 계룡산 신도내에 관한 태조의 질문에 "능히 알 수 없습니다."라며[72] 한심한 답변을 한다. 한양에 관해서는 답변이 좀 길다. "여기는 사면이 높고 아름답고 중앙이 평평하니, 성을 쌓아 도읍을 정할 만합니다. 그러나 여러 사람의 의견을 따라서 결정하소서."[73] 길기는 하지만 단순하기는 마찬가지다. 무학은 내공이 깊은 도사풍의 승려였다. 그는 성격상 정치의 전면에 나설 인물이 아니다. 그 점은 『실록』의 기록만 보아도 알 수 있는 일이다. 게다가 무학에 관한 실학자들의 언급은 왜 호의적이었겠는가. 정도전은 유교의 기본 원칙인 자신을 닦고 더 나아가 사람을 다스리는 것修己治人을 철저히 받아들였다. 그리고 역적이 되어 죽었다. 만약 무학이 정치적 야심이 있었다면 그도 제명에 죽지는 못했을 것이다.

무학은 인간의 심리와 본성에 정통했던 사람이다. 더구나 승려였다. 세속의 일에 얽매이지 않을 수 있었다는 뜻이다. 도선은 시대가 맞지 않아 정치의 전면에 나서지는 못했지만 그의 제자들은 후삼국의 쟁패 시대에 전면에 나섰고 고려는 성공했다. 도선이 그 시대 인물이었다면 그도 무학과 같은 역할을 했을 것이다. 자생 풍수의 맥이 도선으로부터 무학으로 이어진다는 필자의 주장은 그런 인간 본성과 심리를 감안하여 내놓은 것이다.

도선이 했건 무학이 했건 여러 국가적 비보는 그런 자생 풍수의 환경 심리적 요소와 인간의 본성에 관한 통찰에서 나온 것이다. 리처드 도킨스는 '이기적 유전자'라는 개념으로 유명해졌지만, 『이타적 유전자』라는 책도 있다.[74] 이는 이분법적 발상에서 나온 표현이고 사실 이기와 이타는 동전의 양면이다. 자신의 유전자를 남기기 위하여 자신을 희생하는 유전자가 있다면 이는 이기적인가 이타적인가. 생물은 그저 본능에 따를 뿐이다. 의도적인 악행이 아니라면 인간의 행동에는 그럴 만한 합리적인 이유가 있다. 미신이란 것도 마찬가지다. 어떤 면에서 미신이지만 어떤 측면에서는 심리 치료법일 수 있다. 비보는 합리적인 설명이 불가능한 경우가 많지만, 그 속을 살펴보면 그럴 만한 충분한 이유가 있다. 먼저 자생 풍수의 이기심이라 할 수 있는 자애성自愛性을 살펴보자.

자생 풍수의 특징

## 자애성: 내가 중심이다

이렇게 특별한 우주에 137억 년의 과정을 통해 태어난 우리. 우주에 있는 1000억 개의 은하 중 하나인 우리 은하. 우리 은하에 있는 1000억 개의 별 중 그저 한 별인 태양. 그리고 그 안에서 동시대를 살고 있는 66억 명의 인구 중 하나인 나. 하찮아 보이는 나를 위해 거대한 우주가 한 일을 생각해 보면 나는 얼마나 특별한 존재인가.[75]

우리는 이토록 소중한 존재다. 거의 기적처럼 나타난 존재다. 그러니 자중자애하지 않을 도리가 없다. 이게 지나치다 보면 세상에 나밖에 없는 것처럼 느끼기도 한다. 동서양을 불문하고 나만 생각하다 보면 아무 관계도 없는 남을 시기하는 일도 많다. 결코 있어서는 안 되는 것이지만 마음대로 되는 것도 아니다. 샤덴프로이데Schadenfreude. 남의 불행을 고소하게 여긴다는 뜻의 독일어다. 사촌이 논을 사면 배가 아프다는 우리 속담도 있다.

기껏해야 등산. 기껏해야 만년 처녀들의 노스탤지어와 자폐, 혹은 자연 회귀라는 시시한 환상이 집적된 것에 불과한 등산의 세계에 있는 것은, 모리 요시타카에게는 잘 설명할 수 없었지만 실은 폐쇄된 개개인의 적나라하고 비루한 에고였다. 그래도 적어도 조직이라는 복잡하고 때로는 이해 안 되는 세계와는 무엇보다 거리가 먼 세계이기 때문에 경찰이라는 조직에 종사하게 되고 나서도 틈만 나면 산을 탄 것이다.[76]

자기애는 간혹 스스로를 고립시키기도 한다. 독립 산행은 전문 산악인에게는 의미가 있는 일일 수 있지만 일반인들이 따라서는 안 된다. 고립을 자초한다면 반사회성이란 덫에 치일 수 있기 때문이다.

사람들의 현실감각을 흐리게 하고, 불안하게 하고, 혼란스럽게 하며, 스트레스를 주는 연인, 배우자, 친구, 동료, 직장 상사, 가족 등이 있다. 나는 이러한 고통스러운 상황을 오래된 영화「가스등Gaslight」의 이름을 따 '가스등 이펙트Gaslight Effect'라고 부르게 되었다.[77]

로빈 스턴Robin Stern은 이런 상황에서 벗어나는 방법은 쉽지는 않지만 의외로 간단하다고 말한다. 바로 자신이 이미 유능하고 사랑스럽고 좋은 사람이므로 상대방의 인정을 받을 필요가 없다는 것을 깨닫는 것이다. 상대방이 어떻게 생각하든 스스로 사랑받을 자격이 있는 훌륭한 사람이라는 정체성을 형성할 때, 우리는 자유를 향한 첫발을 내딛게 된다.

우리 몸 중에는 재미있는 명칭들이 있다. "인체에서 '리' 자로 끝나는 대표적인 기관은 머리, 허리, 다리다. 머리는 하늘에 가깝고 다리는 땅에 닿으니 이상과 현실, 계획과 실천, 형이상학과 형이하학은 다 머리와 다리 하기에 달렸다. 하지만 허리가 없으면 두 기관은 따로 놀 수밖에 없다. 이처럼 하늘과 땅 사이에 있는 인간, 그 일직선상에 놓인 머리, 허리, 다리 가운데 허리는 아무 역할을 하지 않는 듯하면서 실상은 결정적인 역할을 하고 있다."[78]

자애성은 이런 식으로도 나타난다. "분명히 부富가 어느 정도면 충분한 때가 있을 것이다. 그러나 현자들은 반대라고 말한다. 부는 충분한 것이고, 그 충분한 것이 아주 조금일 수도 있다고 말이다. 가난해도 만족스러운 사람은 누구보다도 부유한 사람이다."[79] 명당이란 것도 자신이 지금 서 있는 바로 이 땅에 만족하면 그만이다. 자애自愛란 항상 주관적이기에 스스로 만족하지 못하면 천하에 없는 명당이라 할지라도 명당일 수가 없다. 자신이 아니라고 믿는데 무슨 소용이 있겠는가. 이런 믿음에도 정당한 것과 부당한 것이 있다.

피아제Jean Piaget가 유아에 대해 "세계와 자기는 하나다."라고 말했을 때 그가 의미하는 세계는 기본적으로 물질적 세계다. 그러나 수많은 연구자들은 이에 대해 혼동했다. 그 세계가 '신비적' 상태 혹은 최상의 합일처럼 들리기 때문이다. 그러나 신비가가 "최상의 상태에서 세계와 자기는 하나다."라고 말했을 때 그가 의미하는 세계는 모든 수준에 걸쳐 있는 세계다. 그러므로 유아가 첫 번째 수준과 하나라면, 다시 말해 전前주체·객체라면 신비가는 모든 수준에 걸친 것과 하나, 즉 초超주체·객체인 것이다. 용어가 서로 비슷한 것처럼 보이기 때문에 이런 차이를 구분하지 못함으로써 신비가들은 퇴행하는 듯이 보였고, 반대로 유아와 여명의 인간은 일종의 삼매라는 신비적·초월적 상태에 있는 것처럼 보였다. …… 우로보로스uroboros, 자신의 꼬리를 먹고 있는 원시적이고 신화적인 뱀의 상징으로, 자기 소유적인 모든 것을 담고 있지만 자기애적인, 낙원적이지만 파충류적인 것 또는 낮은 생명 형태에 매몰된 것을 의미한다.와 자연 숭배적 합일을 신비적 일체감과 혼동하지 말라.[80]

또한 그 내용의 중요성이 객관적으로 이루어지지 않는다는 점에도 주의가 필요하다. 뇌의 책략에 말려들지 말라는 일종의 경고다. 『히든 브레인』의 저자는 이렇게 말한다.

이 책은 합리적 마음이 얼마나 숨겨진 뇌의 교묘한 책략을 감당해 내기가 어려운

지를 보여 주고 있지만, 또 이성이 편향을 극복할 수 있는 우리의 유일한 보루라고 주장하는 책이기도 하다. 우리의 숨겨진 뇌는 언제나 피부색을 이유로 특정 범죄자들을 더 위험하게 보이게 만들고, 특정 대통령 후보를 신뢰할 수 없는 인물로 보이게 한다. 테러리즘, 사이코패스, 그리고 살인은 언제나 우리에게 비만이나 흡연 그리고 자살보다 더 무섭게 느껴질 것이다.

바다에서 길을 잃은 한 마리 돌고래에 관한 가슴 저미는 이야기는 말라리아로 사망한 100만 명의 아이들에 대한 건조한 설명보다 더 우리를 눈물짓게 만들 것이다. 이 모든 경우에, 이성은 무의식적 편향이라는 조류에 맞서는 유일한 암벽이다. 이성은 우리의 등대이며, 우리의 구명조끼이다. 이성은 양심의 목소리이다. 그게 아니면, 양심의 목소리여야만 한다.[81]

"하늘이 내린 시운時運은 땅으로부터 얻은 이익보다 못하고 그 이익은 사람들 사이의 조화와 화목만 못하다天時不如地利 地利不如人和." 『맹자』 「공손축 하」에 나오는 말이다. 즉 이 세상을 이루는 세 가지 근본 요소 중에 사람이 가장 중요하다는 말이다. 지금 우리가 이런 논의를 할 수 있는 것도 사람이기 때문이다.

그런데 사람들은 저마다 개성이 있다. 그 개성을 살려야 천시天時도 지리地利도 인화人和도 얻어진다. 그러니 사람보다 더 중요한 것이 있을 수 없고 특히 자기 자신이 가장 중요하다. "노래방은 평소 회의나 강의실에서 상사나 강사가 발표를 시킬까 봐 무서워서 쉬지 않고 상대의 눈길을 기술적으로 피하는 사람들이 더욱 편안해 하는 곳이다."[82] 그곳은 자아도취, 자아 만족, 자기애의 명당이 된다.

범위를 좀 넓히면 자기는 이웃이 되고 국민이 된다. "거의 모든 나라는 한 가지 이상의 문화의 본고장이며, 이것만으로도 민족주의가 인위적 구성물이라는 것은 충분히 증명된다. 민족주의는 다른 누구보다도 정치 선동가와 분리주의자에게 유용한 개념이다."[83] '우리 민족끼리'라든가 '우리끼리'라는, 구호에 가까운 표현은 문제가 있다.

최고의 명당은 어디일까? 자기가 가장 중요한 것이니 무엇보다 장소 선정에서 중요한 것은 자기 보호가 되는 곳이다. "아버지께서 말씀하셨지. '어떤 장소에 처음 가거든 제일 먼저 몸을 숨길 곳부터 찾아야 해.'라고."[84]

자기의 중요성을 깨닫고 보면 죽은 자들을 위한 음택풍수는 자연스럽게 뒤로 밀려날 수밖에 없다. "지주地主는 내심 그곳에 묘지를 세운 것을 후회하고 있었다. 그 멋진 전망을, 즐길 수도 없는 죽은 자들에게 내주다니 말이다."[85]

자기애를 강조하다 보면 인간만이 주인공으로 되고 만다. 그런데 최근의 유전학의 발달은 그런 사고가 편협한 것임을 깨닫게 한다. "분자생물학자들은 우리와 가까운 친척인 침팬지의 유전자가 인간과 98.4퍼센트가 동일하다고 계산한 바 있다. 이 수치는 활성 유전자만 계산할 경우 99.6퍼센트로 올라간다."[86]

생물학의 연구 결과는 놀랍다. 인간은 다른 동물과는 뭔가 큰 차이가 날 줄 알았는데 고작 그 정도일 줄은 몰랐다. 인간 중심적 사고는 서구나 유대-기독교 전통에만 있는 것은 아니다. 우리도 '천지 만물 중에 인간이 가장 귀하다天地之間 萬物之衆 唯人最貴.'라는 가르침이 있어 왔다. 이것은 결과적으로 인간의 자기애를 낳는다. 그리하여 다른 생물은 물론 자연까지도 인간에게 귀속되는 것으로 착각해 왔다. 작물과 가축을 길러 먹고물론 인류 초기에는 수렵 채취였지만, 자연을 공생의 동반자로 보는 것이 아니라 이용 대상 정도로 여기는 사고방식은 기실 여기서 비롯되었다.

자기애를 잃었을 때 가장 우려스러운 일은 자살의 발생이다. 『파리의 수수께끼』라는 책에는 다음과 같은 대목이 나온다.

그런데 그가 자살한 이유가 흥미롭다. 삶의 가치를 느끼지 못하거나, 죄의식이 강렬해지고 우울함이 극에 달해서 그런 것이 아니라 거꾸로 자신의 죽음을 통해 상대방이 죄책감을 느끼고 평생 미안해 할 상처를 주겠다는 것이 목표였으니 말이다.[87]

자살 동기는 밝히기 어렵다. 뻔한 것 같지만 실은 그렇지 못하다. 타인을 겨냥한 자살도 많다.

"자살은 전염병과 같습니다. 예컨대 어느 호텔방에서 누군가가 자살을 하면 그 건물에는 눈에 보이지 않는 표식이 남습니다. 그리고는 또 다른 누군가가 동일한 장소에서 자신의 목숨을 끊지요. 결국 그 방은 죽음의 안식처가 돼 버립니다."[88]

이런 사례는 우리나라에는 흔하다. 자살 명소라는 말이 있을 정도이다.

임철우의 소설 「유년의 삽화」 마지막은 이렇게 맺는다. 동네 아이들에게 마귀할멈으로 불리는 함평댁에게는 원양어선 선원인 칠만이라는 아들이 있다. 고생 끝에 돌아온 아들이 장가를 들려던 하루 전날 밤 친구들과 함께 읍내에 술을 마시러 나갔다 돌아오다가 새벽녘 집 바로 앞에 있는 철도 건널목에서 기차에 치어 죽는 사고를 당한다. 집에 거의 다 와서 당한 끔찍한 사고였다. 함박눈이 내리는 새벽 철길 모퉁이 건널목에서 이제 스무 걸음만 더 가면 제집인 장소에서 당한 것이다. 기관사의 증언에 의하면 그가 그 자리에서 쭈그려 앉아 뭔가를 찾고 있는 것 같았다고 한다.

그가 왜 하필이면 눈이 그리 쏟아지는 날 하필이면 그 자리를 골라 쭈그려 앉았을까? 조금만 더 가면 어머니가 계시는 내 고향, 내 집. 소담스럽게 세상을 덮고 있는 하얀 눈. 그가 그곳에서 물리적인 고향뿐 아니라 마음의 고향에도 도달했다고 믿어 버린 것은 아닐까? 그렇다면 그 장소는 그에게 명당이었다. 그릇되고 헛되어 죽음을 부르는 명당이었던 셈이다. 전혀 합리적이지 못하고 다른 사람까지 불쾌하게 만드는 그런 곳이 왜 그에게는 명당으로 받아들여졌을까? 그의 주관이 오도誤導한 명당관明堂觀 때문이었다.

죽음 저 너머에 영원한 평온을 주는 어떤 곳이 있을 것이라는 생각은 많은 사람을 죽음으로 몰아넣었다. 그런 장소들은 생각보다 많다. 바닷가 절벽 위의 자살 바위, 한강대교의 교각 어느 지점, 고무신 벗어 놓고 들어가는 저수지 수변 어느 지점. 스스로 죽음을 향하는 사람들이 찾아가는 틀에 박힌 장소가 있는 것은 사실이다. 그런 곳에 가 보면 삶의 허망함, 어지럼증, 고통으로부터의 어긋난 탈출 등을 유도하는 느낌이 온다. 그것이 도깨비장난이든, 물귀신이 불러서이든 그런 현상이 있다는 것을 부인하기는 어렵다. 하지만 이것은 잘못된 것이다.

영혼이 육체보다 오래 산다는 교의는 결코 옳지 않다. 죽음이 문제를 해결할 수 없기 때문이기도 하지만, 그런 생각은 필연적으로 삶을 무가치하게 만든다. 수전 스미스는 어린 두 아들을 호수 바닥으로 밀어 넣을 때 "우리 아이들은 가장 좋은 곳에서 살 자격이 있고 이제 그렇게 될 것"이라는 합리화로 자신의 양심을 속였다. '행복한 사후 세계'라는 관념은 부모가 자식의 생명을 빼앗으면서 남기는 최후의 편지에 단골로 등장하는 메뉴다. 최근까지도 그런 사고는 자살 폭탄 테러범과 공중 납치범에게 용기를 돋우어 준다. 자살을 부추기는 터가 명당일 수 없는 까닭이 바로 여기에 있다. 살아가는 사람들에게 사후 세계의 미점美點을 강조하는 것은 죄악이 될 수 있다.[89]

생명은 왜 죽음을 추구하는가? 그것은 평화를 위해서이다. 그런데 에로스는 한편으로 부단히 평화를 어지럽히고 교란하는 방해자이다. 죽음의 본능은 이런 갈등의 해결사이다. 「시편」 127장 2절에 보면, "주님은 사랑하는 자에게 잠을 내리신다."라는 구절이 나오는데, 기록에 의하면 이 성서 구절은 빅토리아시대의 많은 사람들에게 큰 영향을 끼쳤다고 한다.[90]

『애도하는 사람』을 한창 번역할 때, "삶과 죽음은 자연의 한 조각 아니겠는가!"라는 유서를 남기고 노무현 전 대통령이 유명을 달리했다. 일손을 놓고 아이처럼 엉엉 울면서 텔레비전을 지켜보았다. 텔레비전에서는 네모 상자 밖으로 쏟아질 듯 많은 사람들이 고인을 '애도'했다. 그리고 목소리 좋은 아나운서는 그분이 누구에게 사랑받고, 누구를 사랑하고, 어떤 이들이 고인에게 감사를 표하고, 또 고인은 누구에게 감사했는지 친절히 설명해 주었다. 사카쓰키 시즈토처럼 꼬치꼬치 묻지 않았음에도 말이다. 그분을 보낸 아픔이야 무엇에도 비유할 수 없을 정도이지만, 다시 일상으로 돌아와 이 작업을 마칠 때쯤 마지막 장의 한 대목을 읽으며 큰 위로를 받았다. 앞서도 말했지만, 사카쓰키 시즈토의 어머니 준코는 말기 암 환자다. 그리고 시즈토의 여동생 미시오는 새 생명을 잉태하고 있다. 그런데 공교롭게 세상을 떠날 날짜와 세상에 나올 날짜가 비슷한 두 사람은 똑같이 구토를 하고, 똑같이 변비의 고통을 겪는다. 다음은 그 사실에 대해 준코가 위안을 받는 대목의 일부다.

"준코는 죽음을 앞둔 엄마와 새 생명을 낳으려는 딸이 먹는 것은 물론 배설 문제에서도 똑같이 어려움을 겪고 있다는 사실이 신기했다. 그리고 생과 사가 비속하다고 할 수 있는 생리적인 차원에서 이웃하고 있다는 현실이, 자칫 과민 반응을 보이기 쉬운 죽음에 대한 공포를 조금이나마 덜어 주었다."

이 마지막 장의 주제야말로 '사람과 죽음은 자연의 한 조각 아니겠는가!'라고 생각한다.[91]

자살한 사람에 대해서, 그를 좋아하던 사람들은 극도의 슬픔과 당혹 속으로 흘러들었고, 그를 싫어했던 사람들은 할 말을 잃고 말았다. 개신교 목사 한 분이 자살이 죄악임을 어느 케이블 종교 방송에서 언급하는 것을 흘낏 보기는 했지만, 누구도 그 점을 제대로 지적하지는 못했던 것 같다.

제대로 된 모든 기성 종교는 예외 없이 자살을 죄악으로 지목하고 있다. 사람이 자신의 삶을 선택할 수는 없으나, 죽음은 가능하다. 방법은 단 하나, 자살뿐이다. 그러나 분명한 사실이 하나 있다. "스스로에게 벌을 주기 위해 죽는 사람은 드물다. 누군가에게 벌을 주기 위해 자살한다."는 점이다.[92]

그렇다면 장수하는 사회에는 어떤 문제가 있을까? 차마 말은 못 하지만 노령화 사회에는 많은 사정이 있다. 치매 노인 보호시설의 관리 부장인 성실한 숭년 여성의 말이나.

"전 이렇게 생각합니다. 생활하면서 우리는 자기가 사는 곳을 정리하죠. 그런 일을 가사라고 하지요. 그리고 다음 세대를 기릅니다. 이걸 양육이라고 합니다. 그리고 앞선 세대의 죽음을 지켜본다는 의미에서, 노인 간호를 해야 합니다. 이런 과정을 거치지도 않고 하지 않아도 되는 사람이라면 오로지 어린아이밖에 없지 않을까요? 물론 생활을 지탱하기 위해서는 돈을 벌어야 하죠. 그것 또한 정말 힘든 일이기는 합니다. 그렇지만 그건 사는 장소를 정리하는 가사의 절반 정도에 지나지 않고, 양육이나 간호는 또 다른 문제입니다. 일만 하면 그만이라는 것은 어린아이가 밖에서 열심히 놀고, 집에 돌아와서는 모든 것을 어머니에게 맡기는 것과 별다를 바가 없습니다. 정말 어른이 해야 할 절실하고 중요한 일은 양육과 노인 간호라고 생각합니다. 그러나 나이만 먹었다고 누구든 다 어른인 것은 아닙니다. 우리들이 사는 현실 세계에서, 어른이 된 사람이 과연 얼마나 되겠습니까? 나 역시 아버지를, 어머니를 잘 모시지 못했다는 자괴감 때문에 이 일을 시작하게 되었는데, 이런 나를 어른이라고 하기는 어렵겠죠. 정말 멋진 어른을 찾아보기 힘든 세상이라고 할 수 있습니다. 그래서 아직 어린 사람들끼리 협력하고 서로를 도울 필요가 있지 않을까요? 바로 그게 희망이 아닐까 생각합니다. 개개의 인간에게 억지로 자립을 강요하는 것이 오히려 많은 사람을 어린아이의 세계로 퇴행시키는 결과가 되고 있는 것 같은 생각이 듭니다."[93]

노인 병동의 수간호사로 일하는 주인공 유키의 말이다. "하루라도 빨리 공공시설이나 외부 시설을 이용하세요. 가족 일이라고 안에서만 해결하려고 하면 안 돼요. 부인며느리이 아무리 애를 써도, 자칫하면 효도하려다가 오히려 정반대의 결과를 낳을 수도 있으니까요. 폐쇄적이 되어서는 안 됩니다. 어린아이는 사회의 재산이니까 동네 사람들끼리 연대하고 학교와 보호자 간에 네트워크를 형성해 함께 돌보고, 교육을 시키는 경우가 많잖아요. 나이 드신 분들도 같은 사고방식으로 대해야 할 필요가 있어요."[94]

"2008년 보건복지부가 시행한 유병률有病率 조사에서 2010년 현재 우리나라 65세 이상 노인 11명 중 1명이 치매로 추정됐다. 인구수로는 약 48만 4000명에 이르고, 이들을 부양하는 가족까지 함께 생각한다면 치매와 전쟁 중인 국민은 이미 400만 명을 상회할 것으로 보인다." 서울대 신경정신과 김기웅 교수는 우리나라 치매 환자들이 조기에 진단과 치료를 받지 못하고 방치되는 데는 전문적인 치매 진료 기관의 부족과 높은 진단·치료 비용이 한몫하고 있다는 사실을 알면서도, 전국의 보건소와 적절한 보험이 그를 방지할 수 있으며, 따라서 치매의 조기 진단과 치료를 가로막고 있는 유일한 장벽은 국민 상당수가 아직 떨치지 못하고 있는 '치매는 진단해도 해 줄 것이 없다.'는 근거 없는 무력감뿐이라고 단언한다.[95]

과연 그럴까? 국가의 조력을 받기 위한 장벽이 얼마나 높은지에 대해선 눈 감고, 제도만 예를 들고 있기에 나온 얘기다. 소득이 기준을 넘었다거나, 현장 실사를 나와서 치매 정도가 너무 낮다거나 하는 등의 이유로 그런 고마운 조력을 받을 수 없는 경우가 얼마나 많은지 잘 모르는 모양이다.

"20년 뒤에는 65세 이상 인구가 10억 명에 육박할 것이다. 특히 많은 나라에서 85세 이상 초고령자가 급격히 늘어난다. 이 같은 '연령 파동Age Wave' 현상이 한국을 비롯한 모든 선진국에서 쓰나미처럼 몰아닥칠 것이다.

대부분의 노인은 시설에서 타인에 의해 여생을 연장하기보다 가정에서 본인의 삶을 적극적으로 살기를 원한다. 따라서 노인 케어는 현재의 시설 중심에서 가정과 지역사회 중심으로 바뀌어야 한다.

노인은 소외받은 계층이 아닌 동반자이며 이들이 머물 곳은 시설이 아닌 집이다."[96]

보건복지부가 26일, 제2차 저출산-고령 사회 대책의 일환으로 고령 친화親和 사업에 나서기로 했다고 밝혔다.

고령화에 관해 항상 눈여겨봐야 할 곳은 일본이다. 9월 15일 현재 일본의 65세 이상 인구 비중은 23.1퍼센트에 달한다. 특히 80세 이상이 처음으로 800만 명을 넘어서826만 명 전체 인구에서 차지하는 비중도 6.5퍼센트에 이르렀다. 고령화 관련 산업운동신경, 시력, 청력 등의 저하를 막기 위한 장치 등 측면에 눈을 돌린 일본의 독보적

장점을 우리도 생각해야 할 시점이다.[97]

이건 노인을 경제적으로 활용할 비책일까, 아니면 여기까지 왔다는 위험신호일까? 십수 년 전만 해도 지구가 포화 상태에 이르는 '인구 폭발'이란 말을 자주 들었다. 실제로 지구의 인구 포용력은 이미 한계를 넘어선 지 오래다. 그런데 지금은 출산을 장려한다. 대부분의 선진국에서는 그렇다. 우리나라도 여기에 속한다. 얼마나 이기적인가. 내 나라만 잘되면 그만이란 생각 아닌가. 어떤 경제학자는 저출산-초고령 사회를 '인구 지진'이라고 표현한다. 폭발과 지진. 어느 쪽도 위험하다. 막무가내로 낳는 것도, 대책 없이 오래 사는 것도, 너무 적은 것도 문제다. 그래서 문제는 더욱 복잡해진다.

이를 해결하기 위해서 단일 민족이라는 좀 이해하기 어려운 자부심을 버려야 할 때가 올지도 모른다. 우리보다 못사는 나라 사람들이 계속 이주해 온 것은 이미 현실이다. "농림 및 어업 종사자 중 기혼 남성의 36퍼센트가 외국인 여성과 결혼한 것이다. 이제 농어촌 집안 새색시의 3분의 1은 외국 여성이라는 말이다."[98]

영국 금융가의 경제학자 조지 매그너스George Magnus는 한국에 대해 이런 지적을 했다. "노동력을 보충하기 위해 이민을 적극적으로 받아들이는 방법도 있다. 그러나 한국 사회에선 비현실적이다. ……2050년께 한국의 60세 이상 인구 비율은 41.2퍼센트에 이를 것으로 예상된다. 만약 한국이 이민을 받아들이려면 인구 대비 30~40퍼센트는 돼야 한다. 전체 인구의 열 명 중 서너 명은 외국인으로 채워져야 한다." 평자評者의 말대로 충격적이다 못해 섬뜩한 얘기다.[99]

"노인 인구65세 이상는 2009년 519만 명으로 전체 인구의 10.7퍼센트를 기록한 데 이어, 올해2010년는 536만 명으로 11퍼센트에 이를 것으로 추정된다. 요양 시설은 '사각지대'에 놓여 있다. 자식들은 노부모를 맡길 요양 시설이 마땅치 않아 전국을 헤맨다. 김진수 연세대 사회복지학과 교수는 '이런 상황이 계속되면 결국 대한민국은 늙기 두려운 사회가 될 것'이라고 지적했다."[100]

저출산-고령화라는 인구 지진 사태를 맞은 정부는 지금 출산 장려 정책을 쓰고 있다. 사회 분위기도 '아기 없는 세상'을 염려하며 그에 적극 동조하는 분위기다. 지구는 인구 과잉으로 몸살을 앓는데 선진국은 출산을 권장하는 현상은 불합리하다.

생명의 샘이라는 뜻을 지닌 레벤스보른lebensborn은 미혼모가 아기를 낳게 하기 위해 만들어진 조직이다. 나치 SS 최고 지휘자인 하인리히 힘러 장관이 낸 아이디어였다.
이곳에서 태어난 아기는 어머니가 키울 수 없을 경우 부속 시설에서 키우다가 나중에 양자를 원하는 SS 대원 가성으로 보낸다. 복일 국내는 물론 수많은 독일 관할 지역에서 레벤스보른이 생겨났다. 총통은 국가의 아기를 간절히 원했다. 정절은 당국에 의해 이미 미덕이 아닌 관념이 되고 말았다. 부총통 루돌프 헤스는 "여성의 첫째 의무는 건강하고 순수한 혈통을 지닌 아기를 국가에 제공하는 일이다."라며 결혼 제도에 구속되지 말고 출산하기를 공공연히 권장하고 있다. 넷에서 여섯이나 되는 아이를 낳은 어머니에게는 청동십자 훈장, 일곱에서 여덟을 낳으면 은십자 훈장, 아홉 이상이면 금십자 훈장. 훈장 뒤에는 '아기는 어머니를 귀족으로 만든다.'라는 밴드가 매달려 있다. 사람들은 이것을 '토끼 훈장'이라고 놀린다.[101]

늙은 베르타는 거의 15년 전부터 매일 자기 집 문 앞에 나와 앉아 있었다. 베스코스의 주민들은 노인들이 그렇게 하염없이 앉아 무엇을 하는지 잘 알고 있었다. 그들은 과거를, 젊음을 꿈꾸고, 더 이상 그들의 것이 아닌 세상을 바라보고, 이웃들과 나눌 얘깃거리를 찾는다.[102]

이 문제를 매우 심각하게 받아들이는 것은 대체로 현실이다. 그런데 더 무섭게 만드는 주장도 있다.

"대부분의 사람들이 범죄를 저지르지 않는 이유는, 그것으로 그 사회에서 불리한 대접을 받기 때문입니다. 하지만 그건 사회의 규칙을 따르기만 하면 정당한 대접을 받는다는 전제하에만 성립되는 이야기예요. 우리 세대에는 그런 전제가 깔려 있지 않아요. 규칙을 지키든 지키지 않든 우리는 불리한 대접을 받을 수밖에 없어요."
"왜 그렇게 생각하지?"
"우리는 소수집단이니까요."
"소수집단?"
"늙은이들이 너무 많아졌어요."
료지는 빨간 고추를 접시 구석으로 밀어내며 말했다.
"앞으로 자꾸자꾸 더 많아지겠죠. 이제 소수파인 우리 젊은이들은 그 늙은이들을 부양해야만 해요. 싫든 좋든 군말 없이. 유감스럽게도 우리는 민주주의 사회에 살고 있단 말입니다. 이 사회에서는 다수 집단의 의사가 존중되지요. 다수파인 늙은이들에게 알랑거리는 정치가 선거에 이겨서 국회의사당에 모이고, 늙은이들을 위한 정책을 계속해서 입법화할 겁니다. 그 말은요, 결국 그 법을 따르는 한, 우리는 앞으로도 줄곧 늙은이들이 하라는 대로 살아가야만 한다는 뜻이에요. 배고프

다, 밥을 달라, 허리가 아프다, 병원에 보내 달라, 심심하다, 노인들을 위한 놀이 시설을 만들라.'

료지는 어깨를 으쓱했다.

"우리는 늙은이들의 응석을 받아 주기 위해 언제까지나 착취당하면서 살게 될 겁니다. 숭고한 민주주의의 위대한 다수라는 미명 아래. 그게 얼마나 지긋지긋한 일인지 선생님도 알잖아요? 지금도 그래요. 적자 국가 채무라는 그 방대한 빚을 누가 갚는 겁니까? 정치가요? 기업가? 정말 웃기지 말라 그래요. 그 책임이 드러날 즈음이면, 그 작자들은 이미 관에 들어가 있겠죠."[103]

일본 어느 지방의 옛 풍습에 고려장이 있었다고 한다. 집집마다 안마당에 자살용 감나무를 심었다. 그런데 할머니는 제외가 되지만 할아버지는 그게 아니었다. 남녀 차별이란 문제와는 관계가 없었다.

"왜 할아버지는 버리시 않는 서죠? 불공평해."

주인공 타에코의 물음에 귀농한 도예가 쓰쓰미는 이렇게 설명한다.

"할머니야 손자를 돌보거나 부엌 준비를 하거나 이것저것 허리를 펴지 못할 정도로 도울 일이 많지만 나이 든 남자는 성가실 뿐이죠. 아들들이 자신의 뒤를 잘 이어가면 이제 자신의 시대가 끝났다고 깨닫고 냉큼 목을 맨대요. 그런 담력도 없는 남자는 이런 곳에 들어와 사는 거죠."[104]

결국 모든 인간이란 쓸모 여부에 따라 그 생명이 결정되는 것인가.

앞으로 우리나라도 남성들1971년생 기준도 절반이 90세 이상 산다고 한다. 50대 이하 한국인은 절반 가까이가 100세를 바라보는 나이까지 생존할 것이라는 예측도 나왔다.[105] 자고로 장수는 커다란 복이었다. 그러나 앞으로도 그럴 것이라는 보장은 없다. 오히려 개인적으로나 사회적으로 재앙이 될 가능성이 훨씬 높다.

치사성 가족성 불면증Familial Fatal Insomnia. 이 병의 특징은 진행성 불면, 야간 흥분, 환각, 기억력 저하 등이다. 결국은 고도의 기억장애, 운동 실조 같은 것이 겹치다가 발병한 지 1년 이내에 혼수상태에 빠진다. 유전병, 프리온 단백질 유전자의 코돈 178에 이상이 있는 가계에서 볼 수 있다.
시상視床이라고 하는 뇌가 침범 당한다. 우선 불면증이 생기고 그게 점점 심해진다. 그다음 환각 증상이 나타나고, 기억력이 나빠지다가 결국에는 치매가 되어, 경련 상태를 일으키고 발병한 지 1년 정도 되면 누워만 있는 상태. 발병 후 2년 이내에 전신 쇠약, 호흡 마비, 폐렴 등으로 사망.[106]

1960년대 초반에 비틀스의 폴 매카트니는 「내가 예순네 살이 된다면When I am Sixty-four」이라는 노래를 불렀다.

오랜 시간이 지나 내가 나이 들어
머리숱이 없어져도
밸런타인데이나 생일에 축하주를 보낼 건가요.

'내가 늙고 병들어도 나를 사랑해 줄 것이냐.'며 말이다. 하지만 1942년에 태어난 폴은 예순네 살이 되던 2006년, 연인에게서 사랑을 확인하지 못했다. 조너선 스위프트의 『걸리버 여행기』 3편을 보면 '러그내그'라는 나라가 나온다. 그곳에는 '스트럴드브러그'라는 늙기만 하고 죽지는 않는 존재가 살고 있다. 이들은 불멸이지만 젊은 모습은 유지하지 못한 채 나이가 들면서 점차 추해지고 약해지며 쭈글쭈글해진다. 스위프트는 "모든 사람은 오래 살기를 갈망하지만 아무도 나이 들고 싶어 하지는 않는다."라고 하기도 했다.[107]

영화 「베니스에서의 죽음 Morte a Venezia」에 대한 평론에서 유종호는 아센바흐의 말을 이렇게 인용한다. "노년이 이 세상 불순물 가운데서 가장 불결하다."[108]

노인은 인간의 막장, 누구나 언젠가는 쓸모없는 쓸쓸한 존재죄송하지만, 사실이다.가 된다.[109]

조금 긍정적인 추정도 있다.

그리고 이성적 낙관주의자들은 여기서도 독자들이 마음을 놓을 수 있는 근거를 또다시 제시할 수 있다. 아주 최근의 연구 결과, 두 번째 인구학적 천이遷移가 드러났다. 가장 잘사는 국가들의 경우 일단 번영이 특정 수준을 넘어서면 출산율이 미세하게 증가한다는 사실 말이다. 예컨대 미국의 경우 1976년쯤 최저 출산율을 기록했다. 인간개발지수가 0.94를 넘는 24개국 중 18개국은 출산율이 높아졌다.
흥미로운 예외는 출산율 하락이 계속되는 일본이나 한국 같은 나라들이다. 미국 펜실베이니아 대학의 한스 피터 콜러는 그 이유가 다음과 같은 데 있다고 믿는다. "국가가 부유해짐에 따라 여성들이 일과 생활의 균형을 더 잘 맞출 수 있게 해 줘야 하는데, 이들 국가에서는 그것이 지체되고 있다."
대체로 보아 세계 인구에 대한 소식은 더할 나위 없이 좋다. 인구 폭발 가능성은 소멸하고 있고, 출산율 저하는 바닥을 쳤다. 사람들이 더 부유하고 자유로워질수록 출산율은 여성 한 명당 두 명 근처에서 안정된다. 강요할 필요 없이 말이다. 이것이 좋은 소식이 아니고 무엇이란 말인가![110]

그렇다면 적극적으로 개입해 환자가 죽는 것을 돕는 문제는 의사들이 마땅히 적극 관심을 기울여야 할 중요한 문제일 것이다. 결국 의사의 첫 번째 의무는 언제나 가능하면 생명을 구하고 상처를 치료하고 병을 고치고, 아니면 고통이라도 덜어 주는 것이기 때문이다. 따라서 어쩌면 의학의 한 분과로서 죽음을 전문적으로 다루는 '죽음학'죽음과 그 고통을 회피함으로써가 아니라, 정직한 대면을 통해 근원적인 삶에 대해 질문하는 학문. 한국의 죽음학회는 2005년 창립되었다.을 도입하는 것이 현실적 대안일지도 모르며, 만일 도입한다면 마취학의 하위 분과로서 도입하는 것이 가장 좋을 것이다.[111]

산행에서 배운 것 중 한 가지. 계곡의 바닥에 닿으면 올라가는 일밖에 없다. 정상에서는 내려갈 일밖에 없다. 인생에서 절망의 나락에 떨어졌다면 희망을 향한 여정이 있을 뿐이다. 아니면 죽든가. 기쁨의 절정에 닿았다면 그것이 열어져 가는 것을 볼 일밖에 없다. 아니면 죽든가. 명심하자. 계곡에서 죽든, 정상에서 죽든 죽음은 산행을 끝마치지 못했다는 얘기이다. 누구도 별 의미가 없는 대미를 장식하고 싶지는 않을 것이다. 그러니 죽음은 결코 해결책이 될 수 없다. 그저 나아갈 뿐이다.

죽은 뒤는 알 수 없다는 것이 상식의 답변이지만 세상은 그렇게 간단하지 않다. 조선 중기의 한 유자儒者가 이런 글을 남겼다.

동기감응설同氣感應說이 설령 아닌 것이라 하더라도 죽은 자를 샘물 질퍽한 모래와 자갈밭 속에다 버려 땅강아지와 개미 떼가 우글우글 모여 파먹게 한다면 사람 마음이 어찌 유쾌하겠는가. 이것이 풍수설이 하나의 기술로 성립된 까닭이다. 비록 옛 성인들도 일찍이 말을 하지 않았고 후세에 와서 정직한 선비들이 더러 금하기도 했으나 온 천하가 모두 거기에 휩쓸려 아직까지도 고쳐지지 않고 있는데, 따지자면 그것이 물정이 그렇고 사리가 그래서 그런 것이다. ……요약하면 그저 편안하면 그뿐이었지, 예제禮制를 무시하고 신도神道를 범하면서까지 화복禍福을 따지고 이달移達을 추구하는 일 따위는 군자는 하지 않았던 것이다.112

이 문제는 결코 단순치 않다. 조선 중기 효종·현종·숙종 3조에 걸친 대신이며 박세당의 영향을 받은 것으로 알려진 약천 남구만南九萬에 대해서 이런 기록이 남아 있다. "공이 지조를 지킨 것을 말하면 세속에서 풍수설에 혹하여 선대의 묘를 자주 이장해서 후손들의 복을 구하는 것을 크게 경계할 일로 여겼다."라는 기록이 있는 반면,113 같은 『약천집樂泉集』에 수록된 시공侍公 묘갈명墓碣銘에는 "공은 처음 결성현 지석리에 있는 선영의 아래에 장례하였는데, 풍수지리가 좋지 못하다 하여 다시 결성현의 은화봉 아래 곤좌坤坐의 산에 이장하고 의인을 부장하였다."114

뿐만이 아니다. 이런 기록도 있다. "풍수를 매우 중요한 일로 여겨서 상소하여 장릉長陵, 인조와 그 비인 인열왕후의 능을 옮길 것을 청하기까지 하였고, 자손들이 선도를 이장한 것이 또 몇 번인지 알 수 없는데 그 집안에 초상이 이와 같으니 선인善人에게 복을 내리는 이치가 이미 아득하며 지리地理는 억지로 힘을 써서 구할 수 없음을 여기서 징험徵驗할 수 있다."115

심리학에서 바넘 효과Barnum effect라 불리는 이 현상은 19세기 말 미국의 유명한 서커스 흥행사였던 바넘의 이름을 딴 것이다. '모든 사람에게 해당하는 무언가'와 '잘 속아 넘어 간다.'는 것이 바넘 효과의 핵심이다. 사람들은 자신에게 유리한 내용이나 모호하고 추상적인 내용은 그것이 사실과 맞지 않더라도 자신의 이야기로 받아들이는 것이다. ……이런 바넘 효과의 예는 우리 주위에서 심심치 않게 볼 수 있다. 길거리에서 흔히 볼 수 있는 사주 카페나 타로 점, 관상이나 궁합 등을 보는 철학관 등에서 우리는 자기 자신에 대한 이야기를 듣고 그것이 들어맞는다고 생각하는 경우가 많다. 그러나 대부분의 심리 테스트나 성격 분석의 경우, 누구에게나 들어맞을 법한 말을 써 놓으면 사람들은 자기 자신의 성격과 일치한다고 생각하기 마련이다. 이런 일들은 모두 세상의 중심이 '나'이기 때문에 일어난다. 세상의 모든 이야기가 마치 자신의 이야기인 것처럼 들리게 되는 것이다.[116]

이런 모든 일들이 인간은 결국 죽는다는 사실Memento Mori로부터 기인한다.
게다가 사람들은 선입관을 갖고 있는 경우가 많다. 어쩌면 죽음에 대한 상념에도 선입관이 크게 작용하고 있는지도 모른다. "심리학에 후광 효과halo effect라는 용어가 있다. 이것은 어떤 대상을 평가할 때 그 대상에 대한 일반적인 견해나 평가가 다른 특성을 바라보는 데 영향을 미치는 현상을 말한다. 학력에 따라 상대방의 능력을 검증도 해 보지 않고 높게 평가하는 것이 바로 그런 예이다."[117]

예컨대 사람의 정신 상태를 치료해야 할 정신과 의사들도 그들을 언제나 신뢰하기 힘든 경우가 있다는 생각을 하면 좀 걱정이 된다. "그가 지금까지 만나 본 정신과 의사들은 예외 없이 자신만의 문제를 지니고 있었다." 자신만의 문제를 지니고 있다는 것은 어느 정도 정상에서 일탈되어 있다는 뜻이다. 이건 문제가 되지 않는다. 너무나 정상적인 사람이 정신과 전문의가 되었다면, 그는 환자들을 인간미 있게 대하는 게 어려울 것이다. 현실을 잘 모를 테니까. 그러나 자신이 그런 경험을 했다면 얘기는 달라진다.

의사까지 못 믿는다면 문제는 심각하다. 연구에 의하면 신뢰는 아주 어려서 형성된다고 한다. 그러니까 아기 때 그런 신뢰감을 갖추지 못한 사람은 평생을 불신 속에서 살아야 하는 끔찍한 상황이 될지도 모른다. "믿음이란 자기 존재에 대한 확신과 타인에 대한 예측 가능성 속에 만들어지는 것이다. 에릭슨은 인생 발달 여덟 단계를 얘기하며 0세에서 1세 사이의 과제를 '신뢰와 불신trust vs. mistrust'이라고 했다. 즉 신뢰의 문제는 인간의 삶에 있어서 가장 기본적이며 첫 번째 발달 과제로 인생의 첫 단추에 해당된다."[118]

하기야 믿음을 비틀어 보는 사람도 있기는 하다.

버나드 쇼는 '우리 사회에서 위험한 것은 불신이 아니라 믿음'이라고 했다. 맹목적 믿음의 위험성을 지적한 것이나, 이는 사회뿐 아니라 한 개인의 심리에도 적용 가능하다.

믿음을 강조하며 반복해서 얘기하는 사람일수록 '자신의 존재와 삶에 대한 근본적 믿음'이 약하고 그마저도 흔들리고 있을 가능성이 높다.

일이 힘들거나 하는 일마다 꼬이면 우리는 "괜찮아, 별일 없을 거야."라고 주문을 외듯 되뇐다. 닥쳐올 좌절의 폭풍이 눈앞에 보이지만 인정하기 싫을 때, 그 고통에 대한 예기 불안anticipating anxiety을 잠재울 유일한 진통제는 '난 괜찮아.'라고 거꾸로 생각하는 것이다.[119]

### 무학의 비보 풍수

무학은 도선과 비슷한 데가 많다. 도선이 지리산 이인에게서 자생 풍수를 배운 데 비해, 무학은 18세 되던 해에 지리산 청학도인으로부터 천문, 지리, 음양, 도참의 술수를 배우고 비결을 전수받았다는 얘기가 전해져 온다.

무학은 한양 도읍을 정하면서 여러 비보사찰을 세웠다. 태조 4년1395에 약사사현 봉선사를, 이듬해에는 자운암, 호압사, 사자암, 영도사현 개운사를 창건하였으며, 그 외에도 안정사현 청련사, 보현사현 일선사, 회룡사, 불암사, 백련사 등을 중창하였다.

무학은 한양 도성을 보호하기 위해 동서로 안정사와 백련사를 세웠고, 자운암, 호압사, 사자암은 한양의 조산朝山에 들어서서 관악산의 역세逆勢를 진압하고 있으며, 회룡사, 보현사, 약사사는 주맥主脈에 세워 경복궁으로 들어오는 지맥을 보호하도록 하였다.

삼각산 일선사 곁에 보현굴이 있다. 무학은 이곳에 칠불상을 조성하고 수도하였다고 전해진다. 여기서 서쪽으로 조금 가면 보현사 터가 있다고 하는데 이곳은 도선이 창건하고 무학이 중창하였다고 한다. 한양을 사람의 배 혹은 자궁으로 보았을 때, 삼각산 세 봉우리는 정수리이고 보현봉은 콧대라는 것이다. 여기서 보현굴은 정확히 인중혈에 해당된다. 사람의 급소다. 보호해야 한다.

### 호압사와 사자암

관악산이 서쪽으로 맥을 잡다가 돌올한 산 하나를 이룬다. 호암산虎巖山이다. 그 절 사적기에 "바위 봉우리가 기이하고 괴이하며奇詭 석세石勢가 가파르고 준험하여 마치 맹호가 웅크리고 있는 것 같다."라고 표현한 그대로의 산세이다.

『동국여지승람』에는 "호암산은 현 동쪽 5리 지점에 있다. 범 모양의 바위가 있으므로 이 이름이 붙었다. 윤자尹慈의 설에 금천현 동쪽에 있는 산은 우뚝한 형세가 마치 범이 가는 것 같고, 또 험하고 위태한 바위가 있어 호암이라고 부른다. 술사가 보고 바위 북쪽 모퉁이에다가 절을 세워서 호갑虎岬이라 하였다. 거기에서 북쪽 7리 지점에 있는 다리를 궁교弓橋라 하고, 또 북으로 10리 지점에는 사자암獅子菴이 있다. 모두 호랑이가 가는 듯한 산세를 누르려는 것이다."라고 하였다. 그런데 여기서 호랑이가 가고자 하는 목표가 경복궁이란 것이 문제다. 그것을 억누르기 위하여 절을 세웠다는 것이다. 혹은 서울에 호환이 많아 이를 진압하기 위해서라는 말도 전해진다. 또 태조가 궁궐을 지을 때 자꾸 무너지는 일이 생겼다. 목수들에게 물으니 밤마다 꿈에 호랑이가 나타나더라고 해서 지었다는 설도 있다.

『삼성산 삼막사 사적』에는 "무학이 호압사虎壓寺로 도성을 비보하고, 그 앞에 암자를 지어 사자암이라 하여 그 기운을 위협하였으며, 그 곁에 네 마리 개四犬를 묻어 모서리에서 그것을 지키게 하였다."라고 했는데,[120] 이는 마치 개성의 오수부동격五獸不動格을 떠올리게 하는 비보 방법이다.

그런 풍수 비보는 경관론적으로도 타당하다는 연구도 있다. 그런 조형물이나 건축물의 배치가 거주민의 심리에 안정감을 주고 미적인 측면에서도 타당하다는 것이다.[121] 한편 비보 풍수의 원칙과 내용을 살펴보고 조경과 문화적 관점에서 유형화할 필요가 있다. 이것을 바탕으로 전국 각지에 흩어져 있는 동탑, 장승, 당간, 불상, 불탑 등의 많은 문화유산들의 입지를 해석해야 할 것이다.[122]

**무학의 부도**

무학의 부도무덤에 해당됨는 현재 경기도 양주 회암사에 있다. 그 자신이 잡았다고 알려진 그 터는 엄밀히 말하자면 소위 술가術家들이 말하는 명당은 아니다. 오히려 부도의 주산인 천보산이 석산으로 지나치게 기가 강한 측면이 있고 무언가 모르게 탈속의 분위기를 풍기는 자리이다. 세속에서 말하는 명당이란 부귀영화를 누릴 자리, 즉 세속적인 출세를 보장하는 터이니만큼 탈속의 기운은 명당 조건에 해당될 수 없다. 그는 자신의 자리 위쪽에 자신의 스승인 지공과 나옹의 부도 자리나옹의 부도는 여주 신륵사에도 있다. 고승의 유골이나 사리는 그와 인연이 있는 곳에 나뉘어 모셔지는 경우가 있다.까지 마련하였다. 그러나 그런 탈속의 승려들에게 세속적 의미의 명당이란 것이 무슨 소용이 있겠는가?

그럼에도 불구하고 사람들의 명당 욕심이란 예나 지금이나 변함이 없는 모양이다. 순조 때 이응준이란 사람이 이곳을 천하 명당이라 여기고 지관이었던 조대진과 공모하여 이 부도를 훼손하고 그 자리에 자기 부친의 유골을 암장하는 일이 벌어졌다. 후에 순조가 이를 알고 두 사람을 섬에 유배시키고 무너진 비석과 부도를 복구하도록 했으니 오늘날 전해지는 무학의 부도는 그때 다시 세워진 것이다.

한심하여라, 사람의 욕심이여! 고승의 무덤자리가 범인에게도 발복의 명당이 될 줄 알고 암장까지 하다니. 누구에게나 좋은 땅이란 없는 법이다.[123] 명당은 주관적이기 때문이다. 본래 술법 풍수의 원칙으로도 사묘寺廟 근처에는 산소 자리를 잡지 않는 법이거늘, 조대진이란 지관은 그것도 몰랐단 말인가. 한마디로 사기꾼에 지나지 않는 자였다. 결국 자신뿐만 아니라 자기가 산소 자리를 잡아준 이응준의 집안까지 망하게 하고 말지 않았는가. 지금도 사기를 치고 있는 지관이나 부모의 유골을 이용하여 부귀영화를 누려보고자 하는 자들이 있다면 위 고사를 명심할 일이다.[124]

무학과 관련하여 가장 많이 언급되는 곳은 양주 회암사檜巖寺이다. 이와 관련된 정사 및 중요 사료에 언급되어 있는 내용 중 눈길이 가는 대목을 인용하여 정리해 둔다.[125]

나옹이 양주 회암사에서 문수회文殊會를 차림에 경향京鄕 중의 사녀士女들이 귀인 천민 할 것 없이 모두 포백과 과물 등속을 가지고 와서 앞을 다투어 바쳤으므로 절의 문이 메워질 지경이었다. 그래서 헌부憲府에서 관리를 보내어 부녀들을 오지 못하게 금하고 도당都堂에서도 영을 내려 절 문을 닫게 하였으나 오히려 오는 사람들을 막을 수 없었기 때문에 결국 나옹을 경상도 밀성군으로 쫓아내기로 하였다. 이리하여 그는 여흥 신륵사까지 가서 죽었다.[126]

회암사를 지나면서 왕사 자초를 청하여 같이 갔다.[127]

밭 74결을 회암사에 내려 주었으니, 태상왕太祖의 명에 의한 것이었다.[128]

왕사 자초가 죽었으므로 그의 뼈를 회암사 부도에 안치하도록 명하였다. 태상왕이 일찍이 자초를 위하여 미리 부도를 세웠기 때문에 이 명령이 있었던 것이다.[129]

전략前略. 회암사와 진관사는 청정하다고 하는 절인데, 그 절 중이 계집종을 간음하여 혹 두세 사람에 이르기도 하였습니다.[130]

이후 세종 때에 중이 간음하였다는 기사가 여러 번 나온다. 이런 기사까지 나온다.

장사치의 부녀자들이 남자의 옷을 입고 승방에 들어가 잠을 자기까지 하였다.[131]

세조 때에는 그의 개인적인 불심 때문에 좋은 기사도 실렸다.

효령대군 이보李補가 아뢰기를 "이달 13일에 원각사 위에 황운黃雲이 둘러쌌고, 천우天雨가 사방에서 꽃피어 이향異香이 공중에 가득 찼습니다. 절의 역사役事하던 사람과 도성 사람, 사녀들이 이 광경을 보지 않은 자가 없었습니다."라고 하였다.[132]

성종 때에 이르면 불공을 드리러 간 것조차 죄를 묻고 있다. 연산군 때에는 중들을 변방으로 몰아내는 일까지 생겼다.

경연經筵에 납시었다. 대사헌 김영정金永貞이 아뢰기를 "……비록 속인이 중 되는 것을 허락하지 않지마는, 가난한 사람은 부역을 피하려고 중이 되고, 부자는 화복禍福에 현혹되어 중이 되므로, 근래에 본부에서 회암사를 점검하여 살펴보니 나이 젊은 중들은 모두 도첩度牒이 없었습니다. 신의 생각으로는 그들 부모에게 죄를 과하고 그들을 꾀어 중이 되게 한 사람은 온 가족을 변방으로 옮기는 것이 어떻겠습니까? 이것은 진실로 변방과 군대를 충실히 하는 계책입니다." 하였다.[133]

중종 때에는 홍문관에서 아예 절을 없애라는 상차上箚까지 오른다.

"이제 듣건대 회암사의 중들이 내지內旨를 받들었다 하면서 도량을 크게 열었으므로 도성 안 사람들이 몰려들어 절 문을 메우고 중을 먹이는 것이 무려 수천 명인데, 조세를 포탈하고 호적을 도피하여 손뼉 치며 서로 경하한다 합니다. ……엎드려 바라건대 전하께서는 경덕敬德에는 근본이 있음을 알고 부처를 받드는 것은 보탬이 없다는 것을 깨달으시어, 절을 헐고 중을 없애서 뿌리를 아주 끊고 사도斯道의 명백함을 밝혀 어리석은 백성의 미혹을 일깨우소서. 그러면 국가가 다행하겠습니다."[134]

명종 때에는 보우普雨를 요승이라 탄핵하며 아울러 회암사를 험담한 기록이 많다. 명종 20년에는 급기야 보우를 역적이라 칭한다.[135]

태조와 무학의 친밀한 관계가 정치적·종교적 이유로 조선왕조 내내 끊임없이 회자되고 있는 것이라 필자는 생각한다. 그리고 회암사의 비극은 여기에 이른다. 즉 "광주廣州의 유학幼學 이응준이 양주의 회암사 부도와 비석을 파괴하고 사리를 훔친 후 그곳에다가 자신의 아버지를 묻었다. 지공, 나옹, 무학 세 선사의 부도와 사적비가 회암사 북쪽 산비탈에 있었는데, 무학의 비석은 곧 갑자太宗의 분부를 받아 글을 지어 새긴 것이다. 경기의 관찰사가 이 사실을 장계로 아뢰자 형조에서 법의 적용 여부에 대해 대신들에게 물었다."[136]

불탑이 있는 자리가 명당이란 소문은 많았다. 특히 조선은 억불 정책으로 절이나 탑의 훼손이 잦았다. 그 대표적인 예가 대원군의 부친 남연군 묘에 얽힌 얘기다.

대원군은 안동 김씨의 세도에 발톱을 감추고 살았는데 하루는 정만인鄭萬仁이라는 스님이 찾아와 충청도 가야산에 '군왕지지君王之地'의 명당이 있다고 하였다. 풍수지리를 믿는 대원군은 현지를 답산하여 확인을 하고 정만인의 말대로 부모의 묘를 충남 예산군 덕산면 상가리 가야산 자락으로 이장을 한다.

이 부근은 원래 가야사라는 절이 있었고 현재 남연군의 묏자리에는 탑이 서 있었는데 1846년 절을 불태우고 탑을 부순 자리에 경기도 연천에 있던 남연군의 묘를 이곳에 이장하였다.[137]

### 태조의 건원릉

태조는 '강헌지인계운 응천조통광훈영명 성문신무 정의광덕 고황제康獻至仁啓運 應天肇通廣勳英命 聖文神武 正義光德 高皇帝'로 성은 이씨이고 휘가 단旦이며 자가 군진君晉이고 호가 송헌松軒이다. 처음의 휘가 성계成桂였고 자가 중결仲潔이었던 것을 고쳐 지은 것이며 본관은 전주이다. 시조인 이한李翰은 신라에 벼슬하여 사공司空이었고 태종무열왕의 10세손인 군윤軍尹 김은의金殷義의 딸과 결혼하였다. 이성계는 이자춘李子春의 아들이다.

태종 8년1408 5월 24일壬申에 창덕궁의 별전에서 승하하자 다음 날 소렴小殮하고 또 그다음 날 대렴大殮하여 후별실청後別室廳에 빈전殯殿을 정하고 남쪽으

로 머리를 두었다.[138]

흔히 태조 이성계가 자신이 죽어 묻힐 자리를 직접 찾아 나섰고 무학 대사가 동행하여 현재의 건원릉健元陵을 정한 것으로 전해진다. 그와 관련된 다음과 같은 이야기가 전해 온다.

이태조는 자신의 신후지지身後之地를 찾지 못해 근심하던 중 양주에 있는 남양 홍씨 산에서 천하의 대명당을 찾는다. 이 태조는 이 자리를 자신의 신후지지로 정하고 남양 홍씨에게는 양주 상수리에 있는 명당산을 대신 주었다. 그 후 서울로 귀경하는 이성계는 현재의 경기도와 서울의 경계인 망우리 고개에 이르러 쉬면서 말하기를 "이제 나의 무덤 자리를 정한 만큼 모든 걱정을 잊겠구나." 하며 자기가 쉬던 자리에게 망우忘憂라는 이름을 내렸다. 그곳이 지금의 망우리 고개이다.[139]

이런 낭설은 이항복李恒福의 발언으로부터 연유한다는 얘기도 있다. 선조 33년 11월 9일 이항복의 발언을 두고 하는 말이다. "태조 3년에 무학을 데리고 몸소 능침陵寢을 구하였는데 그곳이 건원릉인 것 같다." 이는 태조가 계비 신덕왕후 강씨가 운명하자 취현방聚賢坊, 서울 중구 정동에 택지를 정하여 정릉貞陵이라는 능호를 붙였던 것이 동구릉으로 와전되었다. 태조는 이곳 정릉을 자신의 수릉壽陵, 임금이 재위 때 스스로 능 자리를 잡는 일으로 정하기까지 하였다.

태조는 공민왕의 현릉과 노국공주가 묻힌 정릉 양식의 쌍릉 형태를 본떠 자신의 수릉으로 조성하려 하였지만 태종은 아버지의 그런 바람을 들어줄 수 없었다. 태종으로서는 당연히 왕통의 모계를 자신의 생모인 신의왕후 한씨로 잇고 싶었기 때문이다. 이후 정릉은 서울 정릉동으로 옮겨진다. 건원릉은 장군대좌형將軍大座形이니 맹호출림형猛虎出林形이니 일월상포형日月相胞形이니 하며 설이 분분하다.[140] 그러나 이는 무학의 풍수관과는 관련이 없기에 더 이상의 언급은 하지 않기로 한다.

한데 김두규는 『실록』의 기록을 기준으로 다음과 같이 정리하였다.[141]

그러나 실제 태조 이성계의 무덤은 이성계 자신이 정한 것이 아니다. 태종 8년1408 이성계가 죽자, 이양달李陽達은 동료 풍수학인 유한우와 함께 원평原平의 봉성蓬城과 행주幸州 땅을 길지로 추천하였다. 그러나 당시 영의정 하륜이 가서 보고는 쓸 수 없는 땅으로 판단하여 이양달의 의견은 무시되었다.[142] 그로부터 보름 후쯤 하륜이 이양달, 유한우 등과 함께 양주 땅에서 능 자리를 구하는데, 김인귀金仁貴가 자기가 사는 검암儉岩, 현재 구리시 동구릉에 길지가 있다고 추천하였다. 하륜과 지관들이 그곳을 가보고 그 자리로 정했다.[143]

## 양주 회암사 답사기[144]

여행이건 답사건 대중교통 수단을 이용하는 것이 제맛이 난다. 자기 차를 운전하여 가면 그 일에 신경을 쏟게 되기 때문에 땅에 마음을 둘 여유를 가지기 힘들다. 누구나 느끼고 있는 일이지만 우리나라의 교통 사정이란 것이 보통 심각할 정도인가. 그런 복잡함과 갈등 속에서 목적지에 도착해 봐야 마음의 문이 열리지를 않으니 땅과의 대화가 허심탄회하게 이루어지지 않는다. 또 가자마자 돌아올 걱정까지 해야 한다. 이렇게 되면 답사는 자신과의 싸움이 될 뿐, 자연이라는 교사로부터 배운 것은 거의 없이 되고 만다.

경기도 양주시 회천읍을 간다. 전철로 의정부역에서 내리면 역 앞에 회암리 가는 버스가 있다. 종점 다 가서 육군 제3283부대 정문에서 내려 포천 가는 길을 따라 300미터쯤 가면 율정휴게소라는 조그만 가게가 나오고 그 맞은편으로 불교 조계종 회암사라는 입석이 나온다. 거기서부터는 아스팔트 포장이 된 소로다. 이 길을 따라 죽 올라가면 옛 회암사 터가 나오고 그다음 지금의 회암사를 만나면서 포장길은 끝이 난다. 절 양편 뒤쪽으로 고려 말 3대 선사인 지공, 나옹, 무학의 부도와 탑비 들이 있고 이어서 칠봉산 등산로를 접할 수 있다. 부도浮屠란 스님의 사리나 유골을 안치하여 두는 둥근 돌탑이니, 결국 회암사는 한 시대의 사상계를 풍미하던 세 큰 스승의 무덤을 지닌 셈이 된다. 그런데도 회암사의 현재는 실망스러울 뿐이다. 그저 절을 향하는 길 하나 잘 닦아 놓은 정도일 뿐이다. 그리고 요사채 하나만 번듯하다.

그러나 이번 답사 길은 그리 순탄치가 못했다. 차창 밖으로 펼쳐지는 만

추의 풍광에 넋을 놓다가 그만 내릴 곳을 지나쳐 종점인 내회암리까지 들어선 것이다. 그렇다면 돌아 나와 아는 길로 해서 다시 찾아갔으면 별일이 없었을 터인데, 나 또한 이골이 날 대로 난 답사꾼인지라 돌아설 까닭이 없다. 1:25000 지형도를 보고 방향을 잡은 뒤 그대로 산길로 접어든다. 그런데 웬걸, 가는 방향에 군부대 표지가 앞을 막으며 출입을 금한다. 역시 답사꾼답게 산길로 우회하기로 마음먹는다. 하지만 기슭을 넘어 중턱까지 왔는데도 지세가 낯익지를 않다. 미심쩍은 마음이 들어 다시 지도 읽기를 하여 보니 처음부터 골짜기 지세를 잘못 접어든 것이 아닌가.

별수 없이 다시 하산하여 부대를 우회, 회암사를 오르려는데 아랫동네 할머니 한 분이 이 모습을 보고 한마디 거드신다. 그대로 군부대를 질러가면 된다는 것이다. 하시는 말씀 또한 걸작이다. "우리는 총알이 날아와도 건너다니는데." 그 말씀에 힘을 얻어 부대를 돌파하기로 한다. 나도 유신 시절 보병 대위 출신인지라 이것이 얼마나 위험하고 무모한 일인가 잘 알면서도 처음에 빼앗긴 시간이 아까워 무리를 했다. 물론 그래서는 안 된다. 이곳은 전방이다. 지뢰가 매설되어 있을 수도 있고실제로 지뢰 위험 표지판을 중간에 만났다. 사격장이 있을 수도 있는 일 아닌가.

다행히 부대 터는 폐쇄된 사격장인 듯했다. 아닌 게 아니라 아주 가까이서 총소리가 요란하게 들려오고 있었다. 아마도 사격장은 옆 계곡으로 옮겨 가고 이곳은 지금 비워 둔 모양이다. 경우에 어긋난 짓을 하고 있으므로 불안한 터에 갑자기 푸드덕거리는 소리가 곁에서 요란하다. 깜짝 놀라 바라보니 꿩들이 사람 소리를 듣고 떼를 지어 날아오른다. 이곳저곳 산을 많이 다녀 보았지만 이런 떼 꿩은 처음이다. 군부대 터로 사람 출입이 통제되니 이런 일이 생기게 된 모양이다. 휴전선 일대가 세계적인 자연 보전 모범지가 된 것도 역시 역설적으로 군의 위력 탓이다.

　회암사에 대한 관심은 풍수로부터 비롯된다. 이곳은 태조 이성계와 무학 대사의 한양 전도奠都, 나라의 서울을 정함에 관한 일화가 얽혀 있는 곳이기 때문이다. 회암사가 있는 회천면은 칠봉산506.1미터, 회암령, 석문령, 어야고개, 축석령고개, 백석이고개, 탁고개를 거쳐 천보산336.8미터에 이르는 반달 모양의 천보산맥에 의하여 동두천, 포천과 경계를 이루며 명당의 청룡 산세를 형성하고 있다. 서쪽으로는 도락산440.8미터과 그 연맥들이 백호를 이루며 받쳐 주고 있으나 동쪽에 비하면 허약한 편이다. 회암사는 바로 그 천보산맥에 기대어 자리를 잡은 절이다.

　원래 절터는 지금의 회암사보다는 아래쪽에 있었다고 한다. 지금 그 회암사 옛터에는 다 낡아 빠진, 글씨도 알아보기 힘든 안내판만 초라하게 서 있다. 게다가 절터 바로 옆에는 개를 기르는 농가가 버텨 있고 또 바로 앞에는 토석을 채취하는 콘크리트 제조 공장이 들어서서 경관을 버려 놓고 있는 실정이다.1996년 당시의 모습이다. 그 후 1997년에 회암사지 박물관이 문을 열었다. 말하자면 폐허가 된 셈인데, 여기에는 그럴 만한 까닭이 있다. 원래 이 절은 인도에서 건너온 지공 스님이 고려 충숙왕 15년1328에 건립하였다. 그것을 우왕 2년1376 나옹 대사가 중창하였는데, 무학은 바로 이 두 분 스님으로부터 불법을 전수받은 사람으로 당시의 정계 실력자 이성계의 둘도 없는 말동무가 되었으니, 이 절은 처음부터 고려 말의 정치적 격량 속에서 탄생한 셈이다.

　그 뒤 불교 탄압으로 폐사되었다가 조선 중기 불교 중흥의 대모 역할을 했던 중종 비 문정왕후 덕으로 소생되었으나, 그녀의 죽음과 함께 명종 20년1565 원인 모를 화재로 소실되었고, 당시 불교계의 대부였던 보우도 하필이면 그해

4월 초파일 이곳에서 잡혀 제주도로 귀양 갔다가 변협邊協에게 피살되고 말았다. 원인을 알 수 없는 화재라고는 하나, 이는 필시 인근 유생들의 짓이었을 것이다. 이런 사례는 여러 사찰에서 발견되는데, 그 웅장했던 지리산 실상사도 유림의 방화로 소실되었다는 것이 정설이다.

절 뒤쪽 칠봉산으로 올라가는 등산로를 따라 중턱에 올라 주변 형세를 관망해 본다. 문득 이성계의 성품에 생각이 미친다. 필자가 자주 언급하는 바이지만 사람들은 자기 성격에 어울리는 터를 찾는 습성이 있다. 거의 본능적이다.[145] 진취적이고 자신을 내세우기 좋아하는 성품의 사람은 툭 터진 산등성이를 좋아한다. 내성적이고 온화한 성품의 사람은 안온하게 사방이 산으로 닫힌 전형적인 명당 터를 좋아한다. 이로써 역사상 인물들에 대한 환경 심리학적인 성격 추정이 가능하리라 보지만, 아직 학문적으로 정립된 바는 없다.

풍수를 하는 입장에서 이성계가 선호한 터들을 살피다 보면 그의 성격이 어느 정도 떠오른다. 회암사 터 역시 그의 성격을 그대로 반영하는 듯하여 흥미롭다. 그가 즐겨한 땅들은 역사에 분명히 기록된 곳으로만 따져 함흥 일대, 서울의 북악산, 인왕산, 계룡산, 진안의 마이산, 성수산 그리고 이곳 천보산 일대이다. 함흥은 본 일이 없어 알 수 없으나 북악, 마이, 인왕, 천보, 계룡 일대는 모두 곳곳에 암석 쇄설물들이 깔려 있고 깎아지른 듯한 암벽이 정상으로부터 주위를 압도하는 풍광의 산들이다. 좀 심하게 말하자면 덕 있는 산들은 아니라는 뜻이다.

어떤 면에서는 냉랭한 살기가 산 전반에 은은히 내비치고 강골, 척박의 기맥이 있음을 부인하기 어렵다. 그렇다고 무식한 천박성이 드러나는 것은 아니다. 좋은 의미에서의 전형적인 무골이라 표현할 수 있는 성격의 산들이다. 그런 산들의 계곡 사이사이에는 의외로 비옥한 토양이 산재하여 수목을 울창케 하여 주니, 실로 절묘한 풍운아적 풍모라 아니할 수 없다. 쿠데타를 일으키는 사람들에게 흔히 있게 마련인 단순성과 강직성 그리고 무모함 따위가 산의 성격에도 배어 있다니 실로 감탄스러운 자연의 조홧속이다. 더욱 절묘한 것은 이런 산들이 지금도 군부대와 관련이 있다는 점이다. 우연의 일치라기보다는 그 산들의 성격을 사람들이 잘 파악하여 그에 맞게 의지하는 것이라 보아야 할 것이다.

무학 대사의 풍수 인연을 따라 회암사를 찾았다가 뜻하지 않게 또 다른 풍수 거물의 자취를 찾아볼 수 있었던 것은 가외의 소득이었다. 회암사 왼쪽 뒤편으로 올라가면 「회암사지선각왕사비檜巖寺址禪覺王師碑」를 만난다. 비문을 목은牧隱 이색李穡이 지었다는 것은 이미 알려진 사실이지만 그 비명을 쓴 사람이 동고東皐 권중화權仲和, 고려 충숙왕 9년(1322)~조선 태종 8년(1408)라는 것은 이번 답사에서 처음 알았다. 비문은 비바람에 풍화되어 알아보기 매우 어려우나 목은 이색이 글을 짓고 권중화가 글을 썼다는 사실은 확인할 수 있었다.

권중화는 고려의 유신으로 조선 건국에 적극적으로 참여한 인물이며 훗날 영의정까지 지냈다. 그러나 보다 중요한 것은 그가 당대 최고의 풍수학인으로 새 서울을 결정하는 문제와 결정 뒤 서울의 각종 시설물 배치에 주도적인 역할을 하였다는 점이다. 당대 최고수 급에 속하는 풍수가들을 둘씩이나 만나볼 수 있다는 것은 나 같은 풍수학인에게는 행운에 다름 아닌 일이다. 그는 한자 서체의 하나인 대전大篆과[146] 팔분八分을 잘 썼다는 기록이 나오는 것을 보면[147] 서도書道에도 일가를 이루었던 모양이다. 필자는 무엇보다 그가 무학과의 친분이 있었던 것은 물론이고 분명히 무학의 풍수에 접했을 것이라 본다. 무학을 폄훼하는 유신儒臣들의 글이 『실록』에 상당히 많지만 그의 풍수를 평한 글은 하나도 없다. 그는 최초로 계룡산 신도안을 수도 후보지로 천거했던 인물이다.

의정부에서 회암사를 향하는 길목은 무르익은 가을의 양광이 황금 들판을 누비는 가운데 찬연하게 빛나고 있었다. 버스는 면 소재지인 덕쟁이德亭里를 거쳐 최단 도로인 3번 국도를 타지 않고 주내면 마전리에서 350번 지방도로 꺾어진다. 그래서 덩달아 볼거리가 훨씬 많아진다. 옥정리를 지날 때는 왼편으로 독바위牛山, 182.3미터의 특이한 모습도 보인다. 그러나 무슨 일인지 기슭 일부를 깎아 내려 흉측한 몰골을 드러내고 있는 것은 안타까운 일이다. 이 부근에 와우형臥牛形의 명당이 있다는 소문이 있으나, 그런 잘 먹고 잘 살자는 식의 풍수 술법에는 왠지 관심이 가지 않아 짐짓 외면하고 말았다.

무학 대사 부도태종 7년(1407) 건립가 보물 제388호, 그 앞의 쌍사자 석등은 보물 제389호, 지공 선사 부도 및 석등은 경기도 유형문화재 제49호, 나옹 선사 부도 및 석등은 제50호로 지정되어 있다. 의외로 잘 알려지지 않은 곳이라, 호젓하여 홀로 산책하기에도 알맞은 등산로가 개설되어 있다. 덕쟁이 동남쪽에 있는 은골隱谷은 숲이 무성해서 어떤 학자가 숨어 살았다는 얘기가 있으나 이번 답사에서는 확인하지 못했다. 또 칠봉산 밑 사귀 동쪽에는 청풍동淸風洞이라는 경치가 아주 좋은 골짜기가 있다는 기록이 있으나 실제 보니 별로 내 마음에 들지는 않았다.

원예와 낙농업이 회천면의 주요 산업이나 지금은 인삼 재배가 성하다는 것을 인근 삼포蔘圃로 짐작할 수 있었다. 멀리 보이는 도봉산 연봉連峰이 공해 때문에 흐릿하게 보이는 것은 두말 할 여지도 없이 옥의 티이다.

자생 풍수의 특징

# 불명성: 비논리의 논리

앞서 우리는 자생 풍수의 비보성에 대해 살펴보았다. 존재하지도 않는 '최고의 명당'을 찾으려는 욕망이 아니라, 조금 부족한 자연이라도 상황에 맞게 고쳐 쓰려는 것이 바로 자생 풍수의 비보 정신임을 확인했다. 그런데 여기에 덧붙여 분명히 밝혀 둘 것이 있다. 비보가 아무리 합리성을 띤 우리 조상들의 지리 지혜라 할지라도 그 표현 방법은 물론이고 말로 설명이 잘 되지 않는 부분이 많기 때문에 부득이 불명료한 성격을 띠게 된다는 점이다. 게다가 명당의 발복이란 게 있다 하더라도 그 사람이 생전에 적선적덕積善積德을 하지 않았다면 소용이 없다는 대목에서는 이것이 땅의 이치, 즉 지리地理인가가 의심스러울 지경이다. 그러나 윤리적으로는 옳다. 예컨대 이런 설화가 전해 온다.

도선이 지리 박사가 되어 산속을 다니다가 허기져 쓰러졌다. 나무하던 총각이 자기 점심을 도선에게 먹여 살려 내었다. 도선이 고맙게 여겨 총각 부친 묏자리를 족히 200석은 할 자리를 정해 주었다. 3년 후 그 총각을 찾아가 보니 문둥이가 되어 있기에 묏자리를 옮겨 주려 하였다. 이때 하늘에서 "그 사람은 생전에 살인하고 죄가 많아서 명당자리지만 발복을 못 한다."라는 소리가 들렸다. 도선은 포기하고 말았다.[148]

이 세상에는 상반되는 뜻을 가진 경구가 참 많다. '아는 것이 힘'이라고 하지만 '모르는 게 약'이란 말도 있다. "보통 불행은 '아는 것'에 의해 초래된다."[149]

후자에 중점을 둔 말이다.

"인간은 합리적인 존재가 아니라 합리화하는 존재일 뿐이다." 레온 페스팅거Leon Festinger의 말이다.[150] 이 말에는, 세상 일 중에는 합리적이지 않은 것들이 훨씬 많다는 함의가 들어 있다. 하지만 합리건 아니건, 합리화하려는 경향은 뚜렷하다. 풍수에서는 그런 '비합리의 합리화'가 많다. 하기야 풍수만 그러겠는가? 대부분 자신의 합리화에 열중하는 것이 인생이다. 그래서 의견 충돌이 생기고, 그것은 화해를 어렵게 만드는 중요한 요인이 된다. 이럴 경우 과학은 그런 일들을 단연코 아니라고 부정하기도 곤란하다.

물리학자 폴 스타인하트Paul Steinhardt는 이렇게 말했다. "나는 사람들이 과학자에 대해 그릇된 인상을 가지고 있다고 생각한다. 사람들은 과학자들이 질서정연하게, 1단계에서 2단계를 거쳐 3단계로 착실하게 사고한다고 믿는다. 그러나 실제로 일어나는 일은 흔히 당시에는 터무니없어 보일 수도 있는 상상력의 도약이다. 그런 일이 이루어지는 단계에 당신이 과학자들을 만난다면, 그들은 마치 증냉노 없이 상상하는 시인처럼 보일 것이다."[151]

이런 억지 합리화까지 풍수를 빙자하여 만들어지는 판이다. "엘리베이터 문은 아가리입니다! 행운을 먹어 버리죠. 이런 곳에 살면 불행이 따라와요."[152]

"교부인 테르툴리아누스는 'Credo quia absurdum'이라고 말했다. '그것이 터무니없기 때문에 나는 그것을 믿는다.'라는 뜻이다."[153] 독실한 종교인의 고백이지만 행간에는 버리지 못할 뜻이 숨어 있다. 터무니가 있다면 굳이 믿을 필요가 없다. 자명하기 때문이다. 스스로 분명한 사실을 무슨 까닭에 '믿어야' 한단 말인가? 그냥 받아들이면 될 일이다.

일단 믿으면 의심하지 않게 된다. 판단을 하지 않게 된다는 뜻이다. 세상에는 그런 현상이 비일비재하다. "판단을 유예할 줄 모르는 것이야말로 비합리성의 가장 두드러진 측면 중 하나다."[154]

땅에 생명이 있는가?

생물학적 의미에서라면 단연코 땅에는 생명이 없다. 즉 땅은 생명체일 수 없다. 그런데 모든 생명체는 땅을 바탕으로 한다. 강이나 바다 같은 물도 있지 않으냐고 할지 모르지만, 거기에 있는 생명체도 결국 땅으로부터 흘러 들어가는 먹이가 아니면 생명 부지가 안 되는 것은 물론이고 그 물 밑이 땅이란 것을 생각해 보면 생명체가 땅을 바탕으로 한다는 것은 결코 억지가 아니다. 여기서 땅 그 자체를 생명체로 오인할 수 있는 소지가 생겨난다. 오인일까? 오인이면 어떤가? 이 세상에 진정으로 오인 아닌 현상이 있을까?

나는 땅을 사람에 견주어 판단하는 버릇이 들었다고 여러 번 언급했다. 그렇다면 나는 분명 땅을 생명체로 여기고 있는 셈이다. 사람은 항상 무언가를 생각하며 산다. 이 생각의 대부분은 오인이리라. 분명한 것은 아무것도 없다. 종교? 아직 믿는 종교는 없지만 필요는 느낀다. 식민지 인도를 경영하던 영국인들은 팔이 여덟 개나 달린 토착민들의 신을 어리석은 미신의 소산으로 치부했다. 당연히 경멸을 담아서였다. 그런 토착민이 예수의 어머니 마리아 얘기를 듣고는 황당하다는 반응을 보였다. 어떻게 처녀가 애를 낳을 수 있는가? 물 위를 걷는 것 정도야 인도인들에게는 별로 신기할 일도 아니지만 이 문제만은 불가사의였다고 한다.

세상사 앞일을 알 수 없는 경우가 너무나 많다. 사람이든 땅이든 그들의 인연도 그와 같다. "이렇게 쉽게 집이 결정되리라고는 아무도 예측을 못 했을 것이다. 상상력도 때로는 필요가 있다. 우리는 첫사랑처럼 집과 조우하기도 하는 것이다."[155] 일곱 번째 유전자 결손으로 생기는 질병인 윌리엄스 증후군에 걸린 장애 아동인 윤훈이 부모를 따라 집을 구하러 다니다가 결정하게 된 경위가 그렇다. 물론 이런 일은 우연일 수 있다. 문제는 그것이 '의미 있는 우연의 일치 synchronicity'인 경우다. 우연과 의미는 맥락이 닿지 않는 단어이기는 하지만, 이상하게도 일상생활에서 우리가 흔히 사용한다. 만약 그렇다면 그건 단순한 우연과는 다르다고 해야 한다.

우연은 육아에도 적용된다. 우리가 자식을 키울 때 의도된 행동을 하는 것은 아니다. 그런데도 많은 부모들이 자식으로부터 응분의 보답을 요구한다. 그건 응보가 아니다. 욕심일 뿐이다. 자식이 아기 때 얼마나 귀여웠는가? 그것만으로도 효도는 끝났다고 생각해야 옳다. 의미심장하다고 여겨지기에 다시 한 번 인용한다.

"아이들은 세 살이 되기까지 평생 동안 해야 할 효도를 모두 끝낸다는 말도 있습니다."

"그래시요?"

"자신이 낳은 자식을 세 살까지 키우는 동안 부모는 충분한 기쁨과 행복을 얻는다는 거죠. 그 후에는 자식 때문에 어떠한 고생을 한다 해도 그 기억만으로 아이를 사랑할 수 있는 겁니다."[156]

"21세기인 지금 우리는 진정으로 위대한 물리학자 리처드 파인먼Richard Feynman이 양자론에 대해 했던 말을 받아들이기 시작하고 있다. '그것을 이해한다고 생각하는 사람이야말로 아마 제대로 이해하지 못한 사람이다.' 우주는 우리가 상상할 수 있는 것보다 훨씬 더 복잡한 곳이다. 생명, 우주, 의식, 심지어 자전거 타는 법 같은 단순한 것들까지도 말로는 설명할 수 없는 부분이 있다. 우리는 이런 창발적 현상을 이제 겨우 다루기 시작했다. 가이아에서 그런 현상들은 거의 마법 같은 얽힘의 양자역학만큼 어렵기 그지없다. 그러나 그것이 현상의 존재를 부정하지는 않는다."[157] 육아도 효도도 마찬가지다. 이해가 어렵지만 우리는 그것을 받아들여야 하는 경우가 많다.

"존 디John Dee는 어린 시절 에식스에서는 물론이고 케임브리지에서도 탁월한 학생이었다. 디는 라틴어와 그리스어, 산수와 기하학과 철학 그리고 천문학을 완벽하게 배웠다. 또 튀코 브라헤와 케플러처럼 점성학에도 매료되었다.당시 천문학과 점성학은 같은 것이었다. 디는 행성이 강한 광선을 발사하며, 인체, 특히 사람들에게 작용한다고 생각했다. 이 생각은 정확히 1세기 후에 아이작 뉴턴이 수학적으로 계산해 낸 중력이라는 개념으로 발전하게 된다."[158] 이게 단순한 우연일까? 아니다. 우연 이외의 섭리 비슷한 것이 작용한 결과다.

"케플러는 점성가 교육에서 적극적인 활동을 벌였다고 한다. 그러나 그는 명민한 사람이었다. 케플러가 내린 점성술의 정의는 유명한데, '천문학의 망나니 어린 딸'이 그것이다. 후에 다음과 같은 말을 했다. '설사 점성가들이 간혹 알아맞힌다고 해도 그건 단지 우연일 뿐이다.' 그렇지만 튀코 브라헤와 마찬가지로 케플러는 별과 인간 사이에 희미한 관계가 있다고 생각했다."[159] 희미하더라도 그것은 관계다. 우리는 그런 점을 무시해서는 안 된다.

"문명 차원에서 우리는 계속 사용해도 죽고 갑자기 끊어도 죽는 마약에 중독된 사람과 너무나 비슷하다. 현재 우리는 자신의 지성과 창의력 때문에 엉망진창이 된 상태다."[160] 지성도 창의력도 실은 중요한 게 아니다.

문제는 우리의 정서에 관한 문제다. "역사는 과학적 또는 학문적 용어가 될 수 없고, 결국 정서적 용어가 될 수밖에 없다."[161]

"서양에서 기독교의 영향을 받아 규정한 씻을 수 없는 일곱 가지 죄란 분노,

교만, 정욕, 게으름, 탐욕, 탐식, 시기심을 말한다."[162] 서양만은 아니다. 인간 세계의 일반적 현상이다. 특히 분노는 사람의 이성을 마비시킨다. 다행히 혈육 사이에는 그런 것이 잘 작동되지 않는다.

"인간은 조금씩 정도의 차는 있을망정 누구나 죄를 짊어지고 사는 거란다. 단순하게 선악을 구별하는 게 아니라 어디까지는 용서되고 어디까지는 용서받을 수 없는지 그 미묘한 차이를 구별하는 작업을 사람들은 신학이라고 하는 거란다."[163]

신학이건 뭐건 상관없다. 문제는 차이를 인식하는 우리의 판단이다.

해방된 내가 여기에 있다. 대나무 숲 속에서의 어두운 나날. 끊임없이 나를 대지에 눌어붙게 하고, 구속해 온 중력. 예상했던 대로 여의치 않았던 별 볼일 없는 운명. 일체의 법률이나 관습, 인습이나 불문율 등등. 성기를 포함한 귀찮기 짝이 없는 육체. 한없이 질질 이어지는 번민. 시산의 꽈노가 끊임없이 실어 오던 불안과 공포. 그런 쐐기에서 완전히 해방된 내가 여기에 있다.[164]

바로 그것이다. 해방이 중요하다.

어떤 장소에서 느끼는 불명료한 기분. 그것을 논리적으로 설명해 보라면 할 수는 없다. 그러나 자신의 기분이 그런 것은 사실이니 아니라고 말하기도 어렵다. 풍수에서 명당이 갖는 성격은 분명 존재하지만 제대로 표현하기는 정말 어렵다.

에이텔E. J. Eitel이 1873년 홍콩에서 발간한 『중국 자연과학의 원리Principles of the Natural Sciences of Chinese』에는 위의 상황을 아주 잘 표현한 대목이 있다.

그리고 진실로 믿을 만한 자리 — 별천지別天地 — 는 궁극적으로 오직 순수한 체험에 의해서만 기술될 수 있다.

진정한 혈장穴場에는…… 비술적秘術的인 빛의 감촉이 있다. 어떻게 그처럼 비술적인가? 그것은 말로써는 표현할 수 없고, 직관적으로만 이해될 수 있는 것이기 때문이다. 산은 밝고, 물은 맑으며, 태양은 아름답고, 바람은 부드럽다. 즉 별유천지別有天地이다. 혼돈 속에 평화가 있고, 평화 속에 흥겨운 기운이 있다. 그런 장소에 들어서는 순간 새로운 눈이 뜨인다. 앉거나 눕거나 가슴은 기쁨으로 가득하다. 여기에 기氣가 모이고, 정精이 뭉친다. 중앙에서 빛이 비추이고 비술의 기운이 산지사방으로 뻗쳐 나간다. 그 위나 아래, 또는 오른쪽이나 왼쪽은 그렇지 않다. 손가락 크기보다 크지 않고, 한 숟가락의 분량 이상도 아니며, 이슬방울같이, 진주알같이, 갈라진 틈 사이로 스며드는 달빛 같고, 거울에 반사되는 영상과도 같다. 그것과 함께 놀려고 해도 붙잡을 수가 없을 것 같다. 없애려고 해도 다함이 없다. 이해하도록 노력하라. 말로는 표현할 수가 없다.[165]

불명료하지만 좋은 표현이다. 그걸 따르면 된다. 한데 그걸 증명할 방법이 없다는 것이다. 증명이 안 된다고 해서 없는 것은 아니다. 그건 있는 거다.

풍수가 바로 그런 것이다. 풍수란 용어 자체는 얼마나 상식인가? 사람들은 그저 그 신비적 속성 때문에 쓸모도 없는 기대를 하고 있을 뿐이다. 그렇다고 해서 풍수가 불필요한 미신일 뿐이라는 말은 아니다. 선인들의 지혜가 완전히 무의미한 것은 아니지 않은가?

바람과 물을 의미하는 중국어인 '풍수'는 고대의 전통에서 영향을 받은 원리로, 최근에는 극동 지역에서부터 서양에까지 전파되고 있다. 풍수 원리에 따르면 세계는 양기와 음기로 차 있다. 양기는 중시하고 활용해야 하고 음기는 손대지 않고 그대로 두어야 한다는 것이다. 양기와 음기가 조화를 이루기 위해, 즉 음기의 영향을 피하기 위한 방의 배치와 가구의 배열까지 연구되고 있다. 오늘날 저명한 많은 서양 건축가들이 풍수 원리로부터 많은 영감을 받고 있다. 노먼 포스터는 처음으로 풍수 원리를 받아들인 영국 건축가다. 그가 설계한 작품 중에는 홍콩 상하이은행 본점1979년이 있다. 조화로운 환경에서 생활하는 것은 건강에 이로울 뿐만 아니라 사업에도 도움이 된다. 부동산 개발업자 도널드 트럼프는 뉴욕의 거대한 리버사이드 사우스 프로젝트를 풍수 이론에 따라 추진한 바 있다.[166]

명백한 환상이랄 수 있는 현상도 있기는 하다. 산 정상 저 너머에 누군가가 서 있었다. 게다가 그 사람의 몸은 빛을 발하고 있었다. 키는 소녀와 거의 비슷한데, 몸의 윤곽을 따라 옅은 황색 빛을 발하고 있었고, 머리 주변은 무지개 색 광채에 감싸여 있었다. 이때 뒤에서 한 남자가 나타나 말했다. "저건, 너 자신의 모습이야. 태양의 각도와 안개의 농도가 미묘하게 맞아떨어지면 이런 현상이 일어나는 기야. 안개를 극장의 스크린으로 삼아서 사람의 그림자가 비치는 거지. 독일의 브로켄이란 산에서 자주 볼 수 있다고 해서 브로켄Brocken 현상이라고 해.[167] 옛날 일본에서는 신이나 부처님의 현현이라고 착각되었던 모양이지만, 저건, 너야. 지금 너 자신의 모습을 보고 있는 거야."
그러나 소녀의 내면에서는 생리적인 혐오감과 분노가 끓어올랐다. 그 남자를 지금 당장 절벽으로 밀어버리고 싶은 충동을 느꼈다.[168]

지식은 전달할 수 있으나, 지혜는 전달할 수 없다. 지혜는 찾아낼 수도 있고, 그것에 따라 살아가고, 그것에 의지하고, 그것으로 기적을 행할 수도 있다. 그러나 그것

을 입 밖에 내어 말하고 남에게 가르칠 수는 없다. 헤르만 헤세[169]

풍수를 제대로 전달할 수 없는 가장 큰 이유는 그것이 지성을 바탕으로 한 지식이 아니라 감성을 기반으로 한 지혜이기에 그렇다.

강지영의 소설 『심 여사는 킬러』의 주인공인 킬러 심은옥 여사의 생각이다. "오랫동안 딸 진아에게 팔베개를 해 줬다. 아들 진섭이가 첫 걸음마를 떼어 놓던 순간, 진아가 첫 생리를 시작하던 날이 떠올랐다. 그땐 그게 행복인 줄 몰랐다. 알았다면 좀 더 기뻐했을 텐데. 아쉬웠다."[170] 지혜는 즐거움을 준다. 지식은 만족을 준다. 무엇이 더 중요할까? 당연히 즐거움이다. 만족은 곧 시들어 가지만 즐거움은 그 의미가 없더라도 오래 간다.

'다행증多幸症. 항상 행복한 정신 병리학적 상태.' 이런 인생은 어떨지? 가장 난감한 일은 병리적 상태에서 행복을 느끼는 상황이다. 다행증까지 들어갔다면, 그건 절망이나 마찬가지다.

당연히 이건 정상이 아니다. 행복은 불행이 있어야 성립한다. 불행을 모르는데 어찌 행복을 알겠는가. 하지만 너무나 불행한 상황에 빠진 경우라면, 그래도 좋다는 생각이 누구나 들 것이다. 견디기 힘든 괴로움, 그 속을 벗어날 수 있다면 어떤 짓이라도 하겠다는 사람은 많다. 이를 적극적으로 받아들이면 마약이나 술 같은 습관성 물질에 의존하는 경우도 생긴다. 그러나 이런 중독은 얘기가 전혀 다르다. 중독 상태에서 빠져나왔을 때 그 괴로움은 이전의 괴로움을 훨씬 능가하기에 전혀 도움이 되지 않는다.

"카타르시스의 효험을 믿는 정신분석이 길러 낸 통념, 즉 화가 나면 즉각 풀어 버리라는 등의 믿음이 틀렸다는 실험심리학의 증거는 많이 발견된다. 오히려 폭력의 악순환과 선행의 순순환順循環이 증명되는 추세이다."[171] 이것 역시 잘못된 믿음이다. 흔히들 말한다. 화를 빨리 풀어 버리라고. 그게 가능하지 않다는 것을 우리는 잘 안다. 그저 포기하라는 말과 다름없다. 이건 해결책이 아니다. 화가 나는데 어떻게 없었던 일로 하겠는가? 화는 화로 풀어야 한다. 다만 전제가 있다. 정도라는 것이다. 어디까지가 한도인지를 알아야 화를 풀 수 있다. 그게 바로 이성이고 지성이고 지혜이다.

이런 시도는 죽음에까지 적용된다.

1934년 화장터가 새로 들어선 이래 묘지는 잇따라 수모를 겪었다. 도굴이 이어졌고 묘지는 뒤집어져 박살이 났다. 그리고 개들과 낙서로 인해 더럽혀졌다. 지금은 묘지를 찾는 조문객이 거의 없다. 동시대를 함께 살았던 사람들은 하나둘 세상을 떠났고, 아직도 사랑하는 이를 이 묘지에 묻은 사람 몇몇이 남아 있었다. 그러나 그들은 묘지를 찾아 숨 막히는 보도를 걸어오기에는 너무도 허약했고, 야만적인 파괴 행위를 참고 보기에는 너무도 섬세했다.

늘 그렇지만은 않았다. 서늘하고 영양력 있는 가족들이 빅토리아 왕조풍의 장려한 대리석 무덤 뒤에 묻혀 있었다. 도시를 세운 선조들, 지역 기업가들이다.[172]

얼만가 시간이 흐르면 우리나라에서도 그런 꼴을 보게 될 것 같다는 예감이 든다. 지금처럼 난감한 세태가 계속된다면 틀림없이 그렇게 될 것이다.

"인생이라는 에베레스트 산을 오를 때, 단번에 오를 수 없음을 안 선각자들이 요소요소에 설치해 놓은 베이스 캠프."[173] 인생의 여러 중독증들. 알코올, 마약, 담배, 골프를 비롯한 운동, 수집, 심지어는 속도까지.

지금 상황은 어떨까? 세대별 차이는 상상을 초월한다. 그러나 그게 현실이므로 그것을 받아들여야 하는데, 쉽지가 않다. 그러나 반드시 필요하다. 유소

년들은 버릇이 없고, 노년들은 실제로는 권위도 없는 고집불통의 권위주의자들이며, 청장년은 기회주의자들이다.

당시의 상황에서는 그것이 기쁨인 줄 몰랐지만 뒤에 그런 줄을 알 때가 있다. 간혹 명당에서도 그럴 때가 있다. 몇 번 가 본 적이 있지만 그때는 몰랐는데 어느 순간 '그래, 그곳이었어. 바로 그곳에서 마음의 평온을 얻었지.'라고 회상할 때가 있다. 그런 회상을 되살릴 수 있는 방법은 무엇일까?

제일 좋은 방법은 어린이로 돌아가는 거지만 그게 불가능하다는 것은 누구나 안다. "아이들과 바보들은 항상 진실만을 말한다."독일 속담 진실은 아기와 바보에게서만 기대할 수 있다는 뜻도 된다.

나는 아이들과 강아지를 아주 좋아한다고 했다. 그런데 "이런 사람들은 진정한 인간관계를 맺을 수 없다."라는 글을 보고 깜짝 놀랐다. 하기야 아이들과 강아지는 귀엽기는 하지만 속을 끓여 가며 고민할 관계일 수는 없는 일이니까. 표면적으로 내성적 성격이라든가 사회성 결여라는 표지를 붙일 수는 있겠지만, 그건 변명이다.

# 9장 한양 전도

## 1. 서울의 수도로서의 역사[1]

서울은 이미 백제의 수도였고, 삼국시대에는 삼국이 쟁패하던 한반도의 심장부였다. 고려 시대에는 자주 천도 논의가 있었다. "『도선비기』에 '고려 땅에 세 개의 서울이 있다. 송악을 중경中京으로, 목멱벌서울을 남경南京으로, 평양을 서경西京으로 하는데 11·12·1·2월을 중경에서 지내고 3·4·5·6월을 남경에서 지내며 7·8·9·10월을 서경에서 지내면 36개 나라가 와서 조공할 것이다.'라고 하였습니다."라는 기록이 대표적이다.[2] 사실 이런 글은 고려 초기부터 있었다.

동경東京이었던 경주는 한반도의 한쪽에 치우쳐 있어 그 기능을 제대로 수행할 수 없었고, 국토에 관한 균형적인 이해가 이루어지면서 서울이 다시 등장한 것은 자연스러운 일이다. 이러한 국토관은 김위제金謂磾가 인용한 『신지비사

神誌秘詞』에 잘 드러난다.

"비유컨대 저울대, 저울추, 저울접시와 같은데 그 대는 부소扶疏이며 추는 오덕구五德됴요 접시는 백아강白牙岡이다. 이곳에서 70개 나라들의 조공을 받고 땅의 덕과 신령의 보호를 입을 것이다. 저울은 접시와 꼬리가 반듯하여야 나라가 융성하고 태평이 보장된다. 만약 비유하여 말한 이 세 곳에 도읍하지 않으면 왕업이 쇠퇴하여질 것이다."[3]

여기서 부소는 개성을 말하는 것이고 백아강은 평양을 말한다. 그리고 김위제는 오덕구를 오덕五德 즉 오행이 상생하는 곳으로 서울에 비정하였다. 중앙의 면악지금의 북악산이 원형으로 토덕土德에 속하고, 북에 있는 감악작성이 모양이 굽었으므로 수덕水德에 속하고, 남에 있는 관악과천이 첨예하여 화덕火德에 속하고, 동에 양주의 남행산이 곧아서 목덕木德에 속하고, 끝으로 서쪽의 수주樹州, 지금의 부평의 북악지금 인천의 계양산을 말하는 듯함이 모가 나서方 금덕金德에 속한다는 것이다. 그 중앙인 면악이 바로 서울이다.[4] 위는 오행의 방위 배정과 일치한다. 그래서 이를 오기조원격五氣朝元格의 대길지라 부른다.[5]

### 2. 서울의 주산 논쟁

무학과 한양 전도에 관련하여 야사에 전해지는 것 가운데 가장 자주 오르내리는 것이 정도전과의 한양 주산 논쟁이다. 차천로車天輅의 『오산설림초고五山說林草稿』에는 다음과 같은 기록이 있다.

태조는 크게 기뻐하여 스승의 예로서 대접하고 곧 도읍을 정할 땅에 대해 물었다. 무학은 점을 쳐 "인왕산을 진산으로, 백악과 남산을 좌우 청룡 백호로 하십시오."라 하였다. 정도전이 이것을 어렵게 여기며 "예로부터 제왕은 남면을 향하여 다스렸지, 동향이란 말은 듣지 못했습니다." 하였다. 무학이 말하기를 "내 말을 따르지 않으면 200년이 지나지 않아서 내 말을 생각할 것입니다."라고 하였다.

이 기록은 정도전의 문집 『삼봉집三峰集』 권8 부록 「사실」 편에도 그대로 실려 있어 역사적 사실로 생각할 수도 있으나, 부록 「사실」 편은 정조 15년1791 왕명으로 『삼봉집』을 간행할 때 차천로의 『오산설림초고』와 상촌象村 신흠申欽의 문집 『상촌휘언象村彙言』을 통해 엮은 만큼 사실 여부를 밝히는 증거로 보기는 어렵다.[6] 특히 임진왜란 이후 도참적 유언비어가 무성한 데다가 광해군 때 교하 천도설이 있었기 때문에 그 후 생겨난 것일 가능성이 있다.

### 3. 계룡산 전도 논의

이성계가 나라를 세우고 가장 먼저 했어야 할 일은 국호를 정하는 것이었다. 중국이나 다른 나라의 예에서도 마찬가지다. 그런데 그는 국호를 당분간이기는 했지만 고려로 그대로 두고 전장典章과 제도늘각종 법률과 전례노 보두 고너의 것을 그대로 따랐다. 그가 나라를 세울 결심을 한 것은 오래전부터이다. 할 마음만 있었다면 시간은 있었다. 그런데 그러지 않았다.

국호를 정식으로 '조선朝鮮'이라 한 것은 태조 즉위 2년 2월경이었다. 그러나 천도遷都의 교지를 내린 것은 즉위 후 1개월도 지나지 않았을 때였다. 물론 당시의 외교 관례상 국호는 명나라와의 교섭을 통하여 그 재택裁擇을 받는 일 때문에 결정이 늦어질 수는 있으나, 그 교섭이 즉위 4개월이 지난 뒤에야 그것도 명나라 조정의 "국호를 무엇으로 고쳤느냐."라는 질문을 받은 후에야 이루어졌다.

태조는 임신년1392 7월 17일 개경 수창궁壽昌宮에서 즉위식을 가진 후 같은 해 8월 13일 한양으로의 이도移都를 교시하였고, 다음다음 날인 8월 15일 삼사三司 좌복야左僕射 이념李恬을 한양에 파견하여 궁실을 수즙修葺, 고치고 지붕을 얹는 일하도록 하였다. 흔히 첫 번째 수도 후보지가 계룡산 신도내였다는 것은 사실이 아니다. 후에 정리하겠지만 태조는 처음부터 무학의 생각대로 한양을 새로운 서울로 점지하고 있었던 것이다. 수즙이라 했으니 이미 고려의 남경에 있던 궁궐을 말하는 것 같다. 그렇다면 단지 거처를 옮기겠다는 것인가 하면, 그렇지는 않다. 9월 태조가 평주平州, 평산 온천에 행행行幸하였을 때 시중侍中 배극렴裵克廉, 조준趙浚 등이 날은 춥고 백성은 달아나 돌아오지 않으며 관리들은 민가에 들어가 폐단을 일으키니 도성과 성곽 및 관아의 축조를 늦추자고 상언한 대목에서도 그 일이 간단한 이사가 아니라 신도新都 경영이었음을 알 수 있다.

태조가 그토록 급하게 새로운 왕조의 수도를 정하려는 이유를 이병도는 "그것은 신비한 사상, 특히 개경이라고 하는 '땅 기운이 이미 저물어 망한 곳地德衰敗之地', '나라가 망한 곳亡國之地'을 하루라도 빨리 피하려는 미신적 사상, 즉 음양지리풍수적 사상에 구니拘泥되었기 때문"7으로 보았다.8

그리고 처음부터 한양을 염두에 둔 것은 "그곳이 고려 문종, 숙종 이래 남경으로서 또는 음양 지리상으로 선택된 이상향으로서 역대의 왕실 특히 여말麗末 왕실이 누차 창궁創宮과 순주巡住를 시행했고 우왕과 공민왕 때에는 실제로 천도까지 했던 곳이기 때문"이라고 했다.9 상식에 부합하는 해석이다. 태고 보우도 공민왕 때 한양 천도를 권한 적이 있다. 하지만 필자는 그것만으로는 이유가 부족하다고 본다. 현실적으로 들어갈 노력이 적을 것이라는 점은 누가 보아도 분명하다. 그렇다고 해서 단시간에 결정지을 수 있는 문제는 아니었다. 오랫동안 마음속에 담겨 있었기에 나온 표현이라 보는 것이 더 타당할 것이다. 그에 강한 영향을 미친 것이 무학 대사라고 믿는다.

그런데 태조는 즉위 2년 정월에 돌연 공주 계룡산에 행행을 선포하고 19일 군신을 거느리고 도중 회암사에 들러 무학을 데리고 간다. 전해에 태조는 정당문학政堂文學 권중화權仲和를 양광도楊廣道, 지금의 경기·충청도, 경상도, 전라도에 보내어 안태安胎의 터를 찾게 한다. 다음 해 정월 권중화가 돌아와 진동현珍同縣의 산수 형세도와 계룡산 도읍도를 바친 일이 있다. 이에 태조가 무학과 함께 친히 그곳을 찾은 것이다. 그리고 공사를 명하고 돌아온다. 그러다가 역시 돌연히 그해 12월 1일 계룡산 신도 공사의 정파停罷를 명한다. 그사이 구역의 정리, 목재와 석재 몇 가지를 옮겨 놓은 것이 다였다.

삼사 좌복야 영서운관사 권중화가 새 도읍의 종묘·사직·궁전·조시朝市를 만들 지세의 그림을 바치니, 서운관과 풍수학인 이양달李陽達·배상충裵尙忠 등에게 명하여 지면의 형세를 살펴보게 하고, 판내시부사 김사행金師幸에게 명하여 먹줄로써 땅을 측량하게 하였다.[10]

이것은 이상한 일이다. 계룡산에 관해 태조가 물었을 때 무학은 잘 알지 못하겠다고 답했을 뿐이다. 필자는 이 일을 이렇게 파악한다. 즉 태조와 무학은 한양으로의 이도移都를 이미 작심했다. 그런데 권문세가들 즉 개국공신들은 천도를 원치 않았다. 『실록』에 보면 남은南誾 등은 대 놓고 태조에게 그런 말을 할 정도였다. 태조는 반드시 개성을 떠나야 한다는 심리적 압박감이 컸고, 따라서 '너희들이 천도를 반대한다면 아예 계룡산 골짜기로 갈 수 있다.'는 협박용이 아니었을까 하는 것이다. 이후 『실록』의 기사는 이렇다.

대장군 심효생沈孝生을 보내어 계룡산에 가서 새 도읍의 역사役事를 그만두게 하였다. 경기 좌·우도 도관찰사 하윤河崙이 상언하였다.

"도읍은 마땅히 나라의 중앙에 있어야 될 것이온데, 계룡산은 지대가 남쪽에 치우쳐서 동면·서면·북면과는 서로 멀리 떨어져 있습니다. 또 신이 일찍이 신의 아버지를 장사하면서 풍수 관계의 여러 서적을 대강 열람했사온데, 지금 듣건대 계룡산의 땅은, 산은 건방乾方에서 오고 물은 손방巽方에서 흘러간다 하오니, 이것은 송나라 호순신이 이른바, '물이 장생長生을 파破하여 쇠패衰敗가 곧 닥치는 땅'이므로, 도읍을 건설하는 데는 적당하지 못합니다."

임금이 명하여 글을 바치게 하고 판문하부사 권중화, 판삼사사 정도전, 판중추원사 남재南在 등으로 하여금 하윤과 더불어 참고하게 하고, 또 고려왕조의 여러 산릉의 길흉을 다시 조사하여 아뢰게 하였다. 이에 봉상시奉常寺의 제산릉 형지안諸山陵形止案의 산수가 오고 간 것으로써 상고해 보니 길흉이 모두 맞았으므로, 이에 효생孝生에게 명하여 새 도읍의 역사를 그만두게 하니, 중앙과 지방에서 크게 기뻐하였다. 호씨의 글이 이로부터 비로소 반행頒行하게 되었다. 임금이 명하여 고려왕조의 서운관에 저장된 비록秘錄 문서를 모두 하윤에게 주어서 고열考閱하게 하고는 천도할 땅을 다시 보아서 아뢰게 하였다.[11]

호순신胡舜申의 『지리신법地理新法』에서 저자는 그 책 이름을 신서라 한 까닭을 밝혀 두고 있다. 즉 이전의 지리 이론을 근거로 하여 새롭게 하였다는 의미이다. 비록 저자가 이기론을 중시하기는 하지만, 결국 형세론과 이기론 가운데 어느 것을 더 중시해야 하느냐에 있어 형세론을 위주로 해야 함을 제12장에서 강조하고 있다.[12] 하윤이 계룡산 신도내를 "수파장생 쇠패립지水破長生 衰敗立至"라며 반대한 내용은 사실 별 쓸모도 없다.[13]

첫째, 하윤은 이 책을 제대로 이해하지도 못했다. 그는 양養과 장생長生을 혼동하고 있음이 확실하다. 예컨대 금산金山의 경우 양養인 진辰과 장생인 자子의 탐랑수貪狼水의 길흉화복은 반드시 남성 부류에서 나타나고, 양인 손巽과 장생인 병丙은 반드시 여성 부류에서 나타난다고 했는데 그는 이 점을 혼동하고 있다. 그러니 사실 더 말할 나위도 없다.

둘째, 중국의 일정 풍토에서 만들어진 풍수 이론이 우리나라에는 그대로 적용될 수는 없다.

셋째, 이 문제는 결국 방위에 관련되는데, 자북과 진북에 차이가 있어 자편각磁偏角 수정을 해야 하는데 패철佩鐵로 정확하게 측정한다는 것은 불가능하다는 점이다.

오히려 하윤의 "이곳은 국토의 남방에 치우쳐 있으므로 동·서·북 각 방면까지의 거리가 멀어서 좋지 않다."라는[14] 현실론이 더 돋보인다. 여하튼 계룡산은 폐기된다.

계룡산에 대한 무학의 반응은 실로 허망하기까지 하다. "모르겠다."라는 것이다. 하기야 그의 자생 풍수로는 물론이고 그의 "말 없는 말, 법 없는 법無說之說 無法之法"이라는 불교 종지에 따르더라도 당연한 반응이다. 그의 그런 성품은 무학에 관한 중요한 다른 연구에서도 나타난다.

### 계룡산의 풍수

이에 관해서는 말솜씨 뛰어난 소설가 고 이문구의 글로 대신한다.

"계룡산은 우선 이상한 산이다. 안정이 안 된 불안한 산이다. 그리고 신도안 쪽은 개성의 오관산하고 비슷한 것이 아닐까?"[15]

"그것이 고려의 망국한亡國恨 혹은 새로운 입도설入都說과 연관이 있다면 재미있군요."

김지하는 벌써 술맛이 그 맛인지 한 손에는 오는 잔, 한 손에는 가는 잔 하여 심신이 자못 분주하였다. 최창조도 술을 받으랴 보내랴 경황이 없으나 언변 하나는 맺고 끊음이 분명하였다.

"오관산이나 계룡산은 피차가 장풍국藏風局이라는 점에서 일차적인 유사성을 찾게 되지요. 이 태조가 일단 신도안을 첫 번째 입지로 쳤던 것도 그러한 유사성에 착안했던 것이 아닌가 추측하고 있어요."[16]

"그럼 불안한 산이란 소견은 대개 어떤 것일지, 변혁인가요?"

"변혁은 나중 이야기이고, 처음엔 지세의 유사성에 매력을 느꼈지만 개성과의 유사성이 도리어 실망의 원인이 되지 않았겠는가 싶은 거지요. 개성과 대차가 없다면 개성에 뿌리를 둔 나 역시 좋을 것이 없지 않겠느냐 하는 쇠패지지衰敗之地에 대한 뒤늦은 자각, 게다가 신도안 쪽은 팔요수八曜水가 심하게 끼었거든요. 팔요수는 보통 말할 때 황천살黃泉煞이라고도 합니다만, 이 황천살이 계룡산의 정상과 비교하면 득得, 명당으로 들어오는 물길의 방위가 되고 있는데, 그것도 물을 사뭇 쏟아붓는 느낌을 주고 있어요."

황천살은 이것이 들면 살인, 재산 탕진, 옥살이, 정신질환의 발작 등 여러 가지 재액 중에서도 가장 못된 재액을 맞는다고 하며, 득은 혈과 사신四神 또는 내명당內明堂의 좌우에서 흘러내리는 물의 발원지를 뜻하는 말이라고 한다.

"어느 쪽으로 물을 쏟아붓고 있는지?"

김지하가 요령부득의 난관을 헤맨 끝에 겨우 맥을 짚어 물었다.

"신도안의 초입이지요. 그러나 내로라하는 지사들도 못 느끼는 이가 많은데, 거기서 한 댓새만 자고 나면 거의가 불안감을 체득하게 된다고 합니다. 사람들은 신흥종교의 본바닥이라서 그런가 보다, 귀신 때문에 그런가 보다 하고 있지만 그런 불안감은 서양 사람들을 데려다 재워 봐도 마찬가지가 아닐까 싶을 정도예요."

"풍수라는 것이 워낙 그런 거 아닙니까? 우린 무식이 넉넉해서 그저 넘어가지만, 가령 사삿집을 예로 하더라도 어떤 집은 물이 안 맞는다느니, 터가 세서 밤마다 꿈자리가 뒤숭숭하다느니, 그것도 저것도 아닌데 노상 우환이 끓는다느니, 그러나 그런 것은 단순히 집터의 지하수 관계, 즉 그 집 가족들의 이온과 지하수의 이온이 상극하는 여파겠지요."

"그렇습니다. 자기 체질하고 문제가 되기도 하고, 체질과 관계없이 지하수가 구들장 밑에 얕게 흘러서 신경통의 빌미가 되는 예는 부지기수예요. 지하수의 유무와 수맥의 심천深淺 분야에선 진해의 이종창 신부같이 타의 추종을 불허하는 전문가도 있지 않습니까. 그러나 계룡산은 물 자리에서 그치지 않고 지세 자체에 따른 전반적인 문제이기 때문에 전혀 다릅니다."

"아까 계룡산과 오관산은 장풍국이라고 했는데, 장풍국이 바람을 품고 있는 형국, 혹은 방풍防風하고 있는 형국이라면 산세 자체가 바람을 일으킬 수도 있다는 뜻이 아닌가요?"

"아니지요. 방풍과도 다르고 일으킨다는 것과도 다릅니다. 장풍은 바람을 막는 데 의의가 있지 않습니다. 좋은 바람이 지나가면 감싸 안는 경우도 있으니까. 일례로 방풍을 하지 않으면 황사가 이는 초봄 무렵이 되면 바람이 너무 많아 답답한데, 장풍은 환기도 잘 되고 쾌적한 기분을 줍니다. 사람들이 집들이를 하고 나서 장풍이 잘된 집이다 운운하는 것이 바로 그런 경우지요."

일행은 공자왈이 맹자왈 같고 노자왈이 장자왈 같아 들어도 태산 안 들어도 태산인지라, 연보 돈도 없이 예배 보러온 화상을 그린 채로 덜 삭은 돔베젓, 곰삭은 갈창젓을 번갈아 걸쳐 가며 홍어 내장탕에 고들빼기김치에 물명태 저냐, 돼지다리 수육 해서 눈치껏 걸터듬느라고 쉬쉬하며 부산한데, 질러가나 둘러가나 정처는 어차피 한가지라 김지하는 새로 만난 동행 최창조 교수와 더불어 땅 위에서 물 짚기로 벌써 주도酒道가 절반은 산만하다.

각설하고, 이때 김지하가 또 물었다.

그렇다면 불안의 성분은 무엇인가? 고려가 문을 닫은 이후 조선조에 불복한 정신적인 망국민이나, 지배계급에 터전을 짓밟히다 못해 제 고장을 등진 민중들이 오관산과 닮은 계룡산 그늘에 깃들이를 하여 언필칭 진인眞人이 온다, 남쪽 조선에서 새로운 무엇이 나온다 운운하며 변혁을 갈망하는 무리가 되고, 그것이 계룡산 그늘의 원주민으로서 그 방면의 기성세대가 되어 갈무리해 온 백제 유민인 함원솔怨과 간이 맞고 가락이 맞아서, 결국은 민중 전체에 앞으로 있을 새 세상에의 기대감으로 재구성은 되었으나 변화를 요구하는 민중의 의지나 감정이나 세계에 대한 인식이 본질적으로 불안한 것이기에, 그러한 불안이 그 황천살에서 오는 불안, 득에서 느끼는 불안과 애초부터 유기적인 성질을 띠고 있다는 것인가, 하는 것이 김지하가 물은 내용의 요지였다.

최창조는 그렇지 않다고 먼저 못 박아 말했다. 그리고 그 이유를 들었다. 계룡산에 들어온 인구 가운데는 그러한 사상적·심리적인 배경의 움직임으로 들어오기도 하고, 그러지 않고 그저 부평초의 신세로 흘러 들어온 사람도 있을 것이나, 계룡산은 산 자체가 그 지세의 선천성으로 그 영향권 내의 인생에 보이지 않는 압박을 가하도록 마련되어 있으므로 누구나 말세적인 심리 경향을 띠지 않을 도리가 없게 되어 있으며, 따라서 변혁 사상·개혁 사상이 잠복한 사람은 땅과 지세와 심리적인 상징이 함께 어울려 적재가 적소에 배치된 이상으로 효과적일 것이라고 하였다.

이에 김지하가 말했다. 계룡산이 단순한 명산만이 아닌 소이所以가 그것이다. 그것으로 말미암아 계룡산의 가족들은 야하게 말해서 그들의 팔자, 곱게 말해서 그들의 꿈과 부합되는 듯한 심정에 싸이는 것이다. 『정감록』이 인출印出된 것은 임진왜란 이전이지만 그것이 두메에까지 나돈 것은 숙종 연간이다. 이 숙종 연간의 연표는 지금 보다라도 암담한 기분을 자아낸다. 두 차례의 왜란, 두 차례의 호란에 따른 후유증 외에 숙종 22년1697부터 44년까지 20년 동안 일거에 수만 명 이상 최고 25만 명1969년까지 떼죽음을 가져온 전염병 창궐이 합해서 5년, 주려 죽는 자들을 건져 보려고 공명첩空名帖·송첩松帖 등을 상품으로 개발해서 수만 장씩 공매할 정도로 연간 수만 명의 아사자가 발생한 해가 합이 5년, 그러고도 연년세세 흉년, 팔도에 지진, 팔도에 호환, 그 위에 해안에 당황선唐荒船, 연안에 침범한 국적 불명의 외국 배 출몰, 민간에 장길산 등 도둑 떼의 난무, 사발농사를 지으러밥을 빌어먹으러 다니는 신원 미상의 과객당過客黨의 횡행. 전국 55만 호 680만 인구에 하루도 무던한 날이 없다시피 했으니 민중의 불안감인들 오죽했겠는가. 계룡산과 이들과의 관계는 『정감록』의 대중 보급으로 하여 더욱 밀착될 수밖에 없었을 터이며, 이들의 불안과 계룡산의 불안감이 마침내 안팎을 이루니 마땅히 금세혁신今世革新의 소망을 품지 않을 수 있었겠는가?

김지하의 말이 끝나기를 기다려 최창조는 "그러나 내가 아까 한 말은 풍수 이론과 차이가 있어요." 하고 뒤를 이었다. 계룡산은 풍수 이론상 길지임이 분명한데도 한 가지 상치되는 바가 있는 것이 흠이다. 소위 산태극 수태극의 길지설과 회룡고조형回龍顧祖形의 맥세가 그것이다. 회룡고조형은 말산末山이 조산祖山을 돌아다보는 형국, 즉 꼬리가 원을 그리며 제 머리를 돌아다보는 역순을 일으키는바, 이러한 산세는 국세局勢가 허약한 단점이 있는 것이다. 한 바퀴 빙 둘러 가니 힘이 약화될 것은 당연한 이치 아닌가. 그러므로 이런 형세는 규국規局이 좋지 않다는 것이며, 중국의 낙양이 그러한 곳이어서 도읍이 길게 가지 못했던 것이다.

"풍수의 종주국인 중국에서 중지하中之下로 치는 산세가 우리나라에서는 첫손가락의 길지로 꼽히니 무슨 까닭인지 모르겠어요."

최창조의 말에 김지하는 미심쩍다는 표정을 지으면서, 그렇다면 우리나라에서 무결격의 완벽한 길지로 어느 산을 치느냐고 물었다. 최창조는 그런 질문처럼 대답하기 거북한 일이 없다면서도, 자타가 공인하는 지관의 상당수는 보령군 소관의 오서산烏棲山과 성주산聖住山을 일러 온다고 수월하게 대답하였다.

"저 친구가 좋아하겠구만."

김지하는 내이문구가 그 고을 태생임을 소개하고 나서, 그 두 산은 국내의 어떤 산수 비기에도 언급이 없었던 사실을 거론하였다. 최창조도 오서·성주 두 산에 대한 견해가 일반적인 것이 아님을 말하고, 계룡산의 불안감 또한 관점의 차이와 심리적인 반응에 근거한 개별적인 것임을 강조하였다. 그는 계속해서

"아까 하신 말씀대로 고려의 유한遺恨 같은 것이 대를 이어 줄기차게 밑바닥을 흘러온 것이 아닌가, 개성에선 못살겠고, 그래서 내려와 보니 개성하고 너무 흡사하고, 그래서 이 태조도 터를 닦다가 나중에야 그게 아니다 싶어 철수를 했고. 그러고 보면 그 자리에서 신흥 종교가 창궐한 것도 이상하고."

"그것은 생각하는 각도의 차이일 수도 있지요."

김지하는 회룡고조형의 외양이 최수운崔水雲이 득도하면서 받았다는 부적 궁궁영부弓弓靈符의 형상과 같다고 말하고, 최수운이 그 궁궁영부를 가장 이상적인 활인

사상活人思想으로 생각한 것은 반촌 토호들의 가렴주구와 삼정의 문란, 그 밖에 서양 이양선의 상륙 기도, 대륙의 아편전쟁 등 내우외환의 사회 불안 요소가 점증함에 따라 민중의 불안과 공포도 비례하므로 사람들이 『정감록』이 예언한 벽촌으로만 몰리게 되니까 최수운도 짐짓 『정감록』을 인용하여 궁궁은 산수 간에 있는 것이 아니라 인간의 마음에 있다고 일깨운 것인데, 그러한 발상과 과정이야말로 민중운동가다운 발상이 아니었던가 한다고 말했다.

최창조는 고개를 끄덕였다. 그럴 수도 있겠다는 것이었다. 그러나 지리학을 하는 입장에서는 그렇지 않으며, 그것은 그 분야의 성격이 추리를 하지 않고 눈에 보이는 것만을 대상으로 하는 까닭이라고 하였다. 그래서 궁궁도 단순히 가시적인 현상으로 해석하는데 예컨대 산의 정상에서 굽어보고 지형의 굴곡 등 외형으로 판단한다는 것이다. 우리나라의 산들은 정상으로부터 하향하여 3분가량이 급사면을 이루고 나머지 7분 정도가 완사면을 형성하여 그 안에 마을이 있고 그 위에 묘를 써서 삶과 죽음의 공간을 공유하는바, 산의 정상에서 내려다볼 때의 파상형波狀形 형상을 궁궁으로도 보고 을을乙乙로도 보는 것이다. 『정감록』 십승지의 개념도 십승지들을 답사해 보면 대체로 골짜기에서 비롯된 것임을 알 수 있다. 따라서 이런 후미진 지형은 전쟁이 전국을 휩쓸어도 화를 면하게 마련이다. 전략적으로나 전술적으로나 하등의 가치가 없는데 그 구석에 무엇을 보고 병력이 미치겠는가. 궁궁 땅에 가 보면 산굽이를 끼고끼고 돌아서 도로상에서는 절대로 눈에 띠지 않으며, 그 마을의 한복판에 들어가기 전에는 산수의 줄거리조차도 가늠할 수 없는 특이한 지형인 것이다.

김지하도 같은 경험이 있다고 말했다. 한번은 최해월崔海月이 숨어 있었던 이천利川의 앵산동에 가 본 일이 있다. 앵산동은 수산리에 편입되어 공식적인 명칭이 소멸된 지 오랜 곳이었다. 그래서 물음물음으로 찾아가게 되었는데, 가 보니 앵산은 들 가운데의 독뫼로 한갓 야산에 불과했음에도 인가는커녕 마을의 동구조차 보이지 않았다. 그러나 정작 마을에 들어가서 보니 사방이 일목요연하게 들어오지 않는가. 알아보니 예전에 동학을 하다가 망조가 들어 아직도 회복을 못 한 상태였고, 마을의 뒷등에는 오솔길이 이리저리 흩어져 있었는데 모두가 마을에서 앞의 들길을 내다보고 있다가 여차직하면 들고튀었던 도주로였다. 이렇게 말하는 자체도 물론 수동적인 평가 기준이 되겠지만, 그 도주로에서도 볼 수 있었던 수동적인 자세, 즉 수세와 도주의 피란 사상은 고려 유민들의 한과 관련해서 기본적인 풍수학을 굴절시키는 결과가 되었다. 그러나 이것이 개벽의 땅, 메시아 강림의 땅으로 연결될 때에는 그만한 풍수적 명분도 없을 수 없을 터인데 그것은 과연 무엇이라고 말할 수 있겠는가?

최창조가 말했다. 앵산동을 찾는 과정에서도 보았겠지만 그렇게 지형을 의지한 피란 곳에서는 도주로의 혼선뿐 아니라 진입로 역시 혼선을 보이는 것이 특징이다. 『정감록』에서 길지로 뽑은 양백간兩白間, 태백산맥과 소백산맥의 분기점을 가 보아도 도주로 하나는 월등하게 발달되어 있었는데, 주민들은 그것이 원래 공비들의 루트였다는 말로 표현하고 있었다. 수동적인 평가 기준이란 말이 나왔지만 실제로 신비스러운 부분을 빼고 나면 자연히 수동적인 것이 될 수밖에 없다. 수동적인 피란 사상의 명분은 이러이러한 땅이 좋다더라라는 설과 불가분의 관계에 있거니와 모모저가 좋다더라라고 말할 만한 근거는 얼마든지 있다. 다만 그것은 이현령비현령식의 아전인수라는 비난이 따르기 쉽지만 또한 같은 논리로서 얼마든지 반박을 당할 수도 있다. 그러나 여기서는 이루 예거할 겨를이 없으므로 총괄적인 의미를 띤 참고 사항 한 가지를 들어 대신하겠다.

금강과 계룡산을 아울러 이야기할 때 풍수 쪽에서는 흔히 성호星湖 이익李瀷의 『성호사설星湖僿說』에 근거하는 일이 많다. 성호는 이 지적을 반궁수反弓手와 산발사하散髮四下라고 묘사를 하고 있다. 반궁수는 활을 거꾸로 잡은 상황, 즉 중앙을 향해 활을 겨냥한 형국이니 정부에 저항할 기상이라는 것이었다. 이것은 금강이 전북 장수군의 신무산神舞山에서 발원하여 내륙으로 거슬러 흐르면서 충북의 영동, 옥천으로 돌아 다시 북상하여 대전을 끼고 내려오면서 계룡산을 안고 휘돌아서해로 나가는 동안, 마치 서울 쪽으로 활을 겨눈 듯한 모습을 그린다고 해서 왕정에 저항할 지기地氣라고 이해한 것이다. 그래서 생활권에 금강이 포함된 중부 지역에서 족보를 늘여 온 토박이들은 신도안만 한 명당이 없다, 혹은 계룡산 전체에 명당이 아닌 데가 없다고 항용 이야기를 하면서도 문득 반궁수라는 말을 의식하고, 또 신도안이 활의 안쪽에 위치한다 하여 은연중에 꺼려하는 심리가 골수에 배어 버린 것이었다. 그러나 이러한 모순이 어디 있겠는가. 어느 쪽을 주체로 잡느냐에 따라 활의 바깥이 명당이 될 수도 있고 안쪽이 길지가 될 수도 있는 상황이니 그것은 결국 각인각색의 생각 나름에 맡길 수밖에 없는 일이다. 반궁수의 안쪽이냐 바깥쪽이냐 할 때 우리 같으면 안쪽신도안이 있는 쪽이 유리하다고 할 밖에 없다. 활을 겨누는 데에는 안쪽이 안전할 테니까.

산발사하는 글자 그대로 계룡산이 머리를 풀어 헤쳐 가지고 사방으로 나가는 형세라 해서 나온 말이다. 또한 이것은 금강만이 북상과 남하를 거듭하여 우여곡절을 이루는 것이 아니라 호남에 흐르는 강물 역시 서해로도 흐르고 남해로도 흐르고 하여 사방으로 흩어지는 사실을 알 수가 있다. 이것을 풍수 쪽에서는 계룡산의 영향권 내지 그 이남 지역의 주민들이 다방면에 진출하여 주로 서화, 문예, 연예 등 개성이 강할수록 평가받는 분야에서 활성活性으로 이바지할 상이 아닌가 해석하고 있다. 그러므로 이렇게 볼 때는 개벽의 땅, 메시아 강령의 땅 혹은 그러한 사상은 능동적인 실행성보다 수동적인 기다림성에 한 발 더 가까운 것이며 따라서 한이나 피란 사상과도 연결이 되지 않을 수 없는 것이다. 개벽 사상, 변혁 사상 나아가서 민중 사상까지도 인류의 이상과 역사 발전을 지향하는 창조적인 분야, 창작적인 분야를 기다려 길을 남으로 내었다. 선구적이요 선도적임을 전제로 한다면, 그 분야의 작업적인 특수성에 따라 오히려 당연하지 않겠는가?[17]

"신도안의 불안감 내지 계룡산의 불안감이 무엇인지 이해가 될 것도 같소이다."
김지하는 송명초가 말한 "하늘은 오랑캐를 경계하여 산을 높게 하고, 땅은 진인을 기다려 길을 남으로 내었다天陰古月山高北 地待眞人路開南."라는 참언을 상기하였다.

반궁수로써 북녘을 경계하고 산발사하로써 남녘에 여러 방향의 길을 내어 새로운 것의 조짐을 기다리는 다분히 수동적인 자세도 그렇고, 방어하면서 새 세상을 꿈꾸는 환경도 그렇고, 이에는 자연히 그만한 불안감이 뒤따르지 않겠는가?
"그렇습니까? 나는 거기까지는 생각이 미치지 못했는데."
최창조는 뜻밖이란 듯이 긴장한 눈길로 김지하를 응시했다.
……

"우리는 산의 모양만 보니까 그것이 한恨인지 어떤지 잘 모르지만, 계룡산은 몽둥이를 들고 달려드는 식인데 지리산은 어딘지 모르게 무슨 할 말이 있어 하는 것 같은 표정이어서 이 산에 잘못 있다가는 큰일 나겠구나 하는 생각이 들곤 했습니다. 그런데 모악산은 어떻습니까?"
"드디어 모악산까지 왔구만. 그럼 슬슬 모악산으로 시선을 옮겨 볼까요?"[18]
산전수전 다 겪은 사람끼리 마주 앉아 산 놓고 물 놓고 시간 가는 줄도 모르니 이야기도 갈수록 산고수장山高水長하여 바깥의 밤비 소리마저 있는지 마는지 하였다.[19]


**그 밖의 후보지들**

하윤의 반대로 정파停罷된 계룡산 다음으로 등장하는 곳은 모악母岳, 鞍山의 남쪽, 지금의 서울 연희동, 신촌동 일대이다. 정확히 이곳을 천거한 사람이 누구인지는 『실록』에 기록이 없다. 다만 다른 사람들이 반대함에도 불구하고 유독 하윤만이 모악 명당을 강변하고 있다는 점에서 그렇게 보는 것이 타당하다.

또 이런 얘기도 전한다. 서울의 진산鎭山인 삼각산의 인수봉이 어린아이를 업고 나가는 모양이므로, 그것을 막기 위하여 이 산을 어머니의 산이란 뜻으로 모악이라 하고 이 산 남쪽의 고개를 떡고개, 남산 동쪽 고개를 벌아령伐兒嶺이라 하여 어머니가 떡을 가지고 나가려는 어린이를 꾀고 또는 때리겠다고 을러서 나가지 못하게 한 뜻이라 한다.

인왕산 서쪽에 길마재, 또는 무악毋岳 또는 기산岐山이란 산이 있다. 산의 모양이 길마안장와 같이 생겼으므로 길마재 또는 한자 이름으로 안산鞍山이라 했다. 명종 때 이학자理學者 남사고南師古가 "서울 동쪽에 낙산駱山이 있고, 서쪽에는 안산鞍山이 있으니, 반드시 당파가 생기는데 낙駱 자는 각마各馬이니 동인東人은 갈라지고 안鞍 자는 혁안革安이니 서인西人은 혁명한 후에야 안전하게 되리라 하였는데 과연 그 말이 맞았다. 이는 인조반정을 뜻한다.[20]

모악은 권중화, 조준趙浚 등이 좁다고 반대한 데다가 서운관 관리이던 유한우劉旱雨, 이양달李陽達 등 전문가들의 반대까지 겹쳐 포기된다. 그 외에 선호嶴峙, 위치 미상와[21] 개성 동쪽에 있는 불일사佛日寺 역내域內 등도 올랐으나 모두 미달된다는 평가를 받았다.

우여곡절 끝에 태조 3년 9월 1일 신도궁궐조성도감新都宮闕造成都監을 설치하고 같은 해 10월 25일 일거에 신도 공사에 착수하기도 전에 한양으로의 천도를 결행하였다.

이후 정종 원년 1월 7일 개경으로 잠시 옮기기는 하였지만 태종 5년 한양으로 환도함으로써 서울은 결정되었다. 위 논의 중에 적성積城, 장단長湍 등도 거론된 바 있다.

한편 북한산에서 서남쪽으로 뻗어 나간 산맥 중에 표고 556미터의 비봉碑峯이 있는데 그 명칭은 신라 시대의 고비古碑가 정상에 서 있기 때문에 유래되었다. 옛날에는 이 고비를 조선의 한양 정도定都에 참여하였던 무학이 세운 것으로 전해 왔지만, 순조 16년1816 금석학자 완당阮堂 김정희金正喜 등이 이 비문을 해석하여 신라 진흥왕540~575의 순수비巡狩碑임이 판명되었으며 광복 후에는 국보 제8호로 지정되었다.[22] 또한 무학은 인왕산에 중 모양의 선암禪岩이 있는 지금의 인왕산을 주산으로 삼으려 했다는 얘기도 전해 온다.[23]

### 한양 방화책

이규경李圭景의 『오주연문장전산고五洲衍文長箋散稿』와 『여지승람』에는 남대문 밖에 있던 남지南池 혹은 연지蓮池라고도 하는 연못 얘기가 나온다. 성종 13년 1482 한명회韓明澮가 "신이 듣건대, 우리 서울의 주산主山이 화산火山의 형국이기 때문에 당초 도읍을 정할 때에 모화관慕華館 앞과 숭례문 밖에 못을 파서 진압하게 하였는데, 신이 직접 본 바로는 병오년1426부터 화재가 끊어지지 아니하였으며, 전자에 이중里中으로 하여금 요령搖鈴을 가지고 길에 돌아다니면서 서로 경계하게 하였으니, 청컨대 이 법을 회복하게 하소서."라고 하였다.[24] 서울의 북악산과 인왕산 사이에는 계곡이 깊게 파여 있다. 마침 그 방향이 도성의 북서쪽이라 겨울철 화재에 취약하다. 연못을 파서 그에 대비하는 것은 합리적인 방책이다. 사람들이 관악산이 화성火星이니 서울이 불에 약하다고 한 것은 술법이나, 합리적인 이유가 컸던 것이다.

북악과 인왕의 틈으로 북서 계절풍이 들이쳐 오고 그 바람이 경복궁을 만나게 되면 표풍飄風, 회오리바람이 되기 쉽다. 즉 화재의 위험이 커진다. 만약 설화에 전해져 오는 무학의 주장처럼 인왕을 주산으로 삼았다면 어느 정도 화마는 피할 수 있다. 실제로 경복궁과 광화문 주변은 불이 잦은 편이었다.

이에 대하여 윤신달尹莘達만이 건방乾方, 북서쪽이 허함을 지적한 바 있다. 북악을 주산으로, 임좌병향壬坐丙向의 남향으로 경복궁 정침正寢, 즉 혈장의 좌향을 결정한 한양에서 건방의 함몰은 바로 황천살이 되어버리는, 매우 꺼리는 지세가 되어 버린다. 혈장에 황천살이 끼는데도 누구 하나 이것을 지적하지 않고 넘어갔다는 것은 매우 기이한 일이다. 유독 윤신달만이 건방의 저하低下를 탓하고 있지만 그 역시 황천살을 지적하고 있지는 않다.[25]

한양 혈처에 황천살이 들어 살인과 재패財敗의 흉액이 됨은 속신俗信이니 알 바 아니지만, 우리나라 겨울철의 한랭한 북서 계절풍이 허결虛缺된 건방을 통하여 몰아닥친 것은 사실이므로 이는 분명히 한양의 풍수적·현실적 취약점이

라 할 수 있다. 이 점은 한양의 윈드 로즈wind rose에서도 명백히 나타난다.[26]

조선 초 윤신달이 "단지 유감되는 것은 건방인 북서쪽에 저하하고 명당수 고갈"함을 지적했다. 옳은 말이다. 명당수인 청계천은 장마철을 제외하면 수량이 부족하여 도성은 깨끗이 하는 데는 역부족이다. 경복궁에서 보았을 때 오늘날의 북악산과 인왕산 사이인 청운동, 자하문, 부암동 쪽이 건방이 되며 그곳이 북악산342.4미터과 인왕산338.2미터 사이에 끼어 100미터 이하인 곳이기 때문에 강한 북서 계절풍이 좁은 바람목을 지나며 더욱 강해지는 데다가 경복궁 담장을 만나 회오리바람을 일으킬 수 있기에 더욱 위험하다.

방화防火를 위한 비보책은 이 외에도 많다. 원래 경복궁의 정문인 광화문 앞 양쪽에 서 있는 괴이한 석수石獸는 해치獬豸인데 세간에서는 흔히 해태海駄라고 한다. 어느 것이나 빛나는 눈으로 남쪽에 솟아 있는 관악산을 보고 있다. 관악산 지맥인 삼성산이 화체火體 모양을 하고 있기 때문에, 이에 직면하고 있는 경복궁이 자주 화재의 재난을 입는다는 술가術家의 말에 따라 대원군이 경복궁을 수리할 때, 그 정문 앞에 수수水獸를 설치하여 이 화산火山을 염승厭勝하려 했다는 것이다.

남대문은 액명이 숭례문崇禮門이다. 예禮는 오행의 화火이고, 오방의 남방南方이기 때문에 남쪽을 나타낸다. 그런데 이 성문의 문액만이 종액橫額이고 종서縱書라는 점이다. 이것은 숭례의 두 글자가 화의 염상炎狀을 상징하고 숭崇의 보일 시示 자가 화火를 뜻하기 때문이다. 이는 궁궐에 직면하는 남쪽 관악산의 화산에 대항케 하기 위한 풍수적 염승에서 나온 것이다. 또한 관악산 정상인 연주봉에는 9개의 방화부防火符를 묻어 여러 겹의 염승을 시도하였다.

여기서 야사이기는 하지만 무학이 궁궐의 좌향을 유좌묘향酉坐卯向, 東向으로 주장하였다는 점에 관심이 간다. 바람은 경복궁 쪽으로 집중적인 영향을 미치기에 인왕산 밑에 터를 잡았다면 화재의 위험에서 어느 정도 벗어날 수 있다. 따라서 이것이 사실이라면 무학은 대단한 지리적 식견을 가졌던 셈이다.

### 권근과 권도

권도權蹈를 아는 사람은 많지 않을 것이다. 정인지鄭麟趾 등과 『용비어천가龍飛御天歌』를 지은 사람으로 기억하는 사람은 간혹 있을지 모르겠다. 그가 양촌 권근權近의 둘째 아들이라면 좀 접근이 쉬울 수도 있겠다. 훗날 이름을 '권제權踶'로 고쳤기 때문에 권제가 바로 권도다. 그는 세종 때 대사헌과 이조 판서, 예조 판서를 거친 정치인이었다. 그런 그가 풍수 논쟁에 나타나는 것은 조금 이상한 일로 비칠지 모르지만 어떤 면에서는 당연한 일이기도 하다.

산은 꿈틀대며 오르내리며 풍운조화를 일으키는 살아 있는 몸체이기에 용이라 부른다. 사람의 계보에 시조와 중시조, 조부모와 부모가 있듯이 용에도 그 근본이 되는 조종산祖宗山이란 것이 있다. 뿌리 없는 줄기가 있을 수 없다는 자연의 생명관은 풍수에도 어김없이 적용되는 것이다. 탁옥부琢玉斧가 지적하다시피 "사람에게 근본이 없으면 악인이 나오고 산에 근원이 없으면 악룡이 내려오는 법人無祖惡出 山無祖惡來"이다. 뿌리에서 줄기를 거쳐 이제 막 열매를 맺고자 하는 대목에 있는 것이 바로 주산主山인데, 권도는 서울의 주산이 제대로 된 것이냐 하는 논쟁에 등장한다.

주산은 도읍의 뒤편, 그러니까 북쪽에 자리 잡아 그 도읍을 보호, 표상하는 상징성을 내포하는 곳으로, 멀리서도 도읍을 대표할 수 있는 수려 장엄한 산세의 산으로 이루어지는 것이 통례다. 즉 랜드마크landmark의 역할을 한다고 보면 된다. 모든 기록에서 서울의 주산은 북악산임을 밝혀 놓고 있다.

4대문 안쪽의 본래 서울 명당판으로만 생각해 볼 때, 북악산은 확실히 중앙을 차지하지 못하고 북서쪽으로 치우쳐 있다. 그래서 『여지승람』에 "항간에서 전하는 말에 개성은 산곡이 둘러싸서 포장하는 형세이므로 권신權臣의 발호가 많았으며, 서울은 서북쪽이 높고 동남쪽이 낮아 큰아들이 가볍게 되고 동생들이 중하게 된다."라는 속설까지 기록으로 남아 있는지 모른다.

주산인 북악산이 서울의 북서쪽으로 치우쳐 있기 때문에 서울의 중심지도 편벽되게 자리 잡을 수밖에 없었다. 서울의 동서축에서 그 기하학적 중심은 종로3가에 해당된다. 그러나 실제 중심지는 광화문과 종각이다. 이것은 장기적으로 서울 주변의 발전에 있어서 서쪽보다는 동쪽의 확장 속도가 느려지는 결과를 빚게 된다. 그러다 보니 지금도 그 영향이 남아서 서쪽이 동쪽보다 고급 주택이 상대적으로 더 많은 상황이 되었다. 물론 겨울철 북서풍의 영향으로 오염된 공기가 동쪽으로 더 많이 몰리는 이유도 있다. 그러나 옛날 오염이 크게 문제가 되지 않았을 때에도 서쪽이 더 고급화되어 있었다는 사실을 상기해 볼 일이다.

서울이 수도로 결정이 될 때 주산을 어디로 할 것인가가 문제가 되지 않은 것은 아니다. 북악이냐 인왕이냐 하는 것도 그중 하나다. 그러나 그것은 야사의 전언일 뿐, 실제 그것이 심각한 논의의 대상은 아니었던 듯하다. 오히려 문제는 북악산의 치우침이었다. 그것을 지적한 것이 세종 때의 풍수학인 최양선이었다. 그의 주장은 이렇다. "북악은 서울의 주산이 될 수 없다. 남산에 올라 보면 향교동의 연맥인 지금의 승문원承文院과 제생원濟生院 터가 바른 주산임을 알 수 있다. 지리서에 이르기를 주산의 혈穴에 인가人家가 있으면 자손이 쇠미한다고 했으니, 만약 창덕궁을 그곳으로 옮긴다면 크게 이득을 얻을 수 있다."라는 것이다.

승문원과 제생원 터의 주산이란 지금의 평창동과 성북동 경계에 있는 북악산길 팔각정 휴게소 바로 동쪽에 있는 무명의 328고지로 짐작된다. 이곳을 주산으로 주장한 최양달의 논지는 삼각산 내룡來龍의 주 맥세가 북악이 아닌 328고지로 이어졌다는 것이 골자다. 그러나 반대도 만만치 않았다. 그 술법상의 논쟁은 차치하고 우선 귀찮다는 수구 중신들의 주장이 우세하여 이 건은 빛을 잃었다.

그때 권도가 격렬하게 주산 이전을 반대하면서 풍수를 요망한 것이라고 극구 배척하는 상소를 올린 일이 있었다. 이에 대해서 세종이 권도의 태도를 비판한 내용은 사람들이 자신의 주장을 합리화하기 위하여 어떻게 공사公私를 구분하지 못하고 저 좋은 대로만 얘기를 끌어가는지를 잘 보여 준다. 세종은 "최양선이 승문원 터로 명당을 삼자고 한 것은 믿을 수 없는 말이다. 그러나 내가 직접 그 지세를 보고 시비를 가리겠다. 지금 권도의 말인즉 경복궁은 조종祖宗들께서 정한 바이기 때문에 옮기지 말라는 의미이면 내 기꺼이 그 말을 받아들일 것이나, 지리의 이론 때문에 믿지 못하겠다는 것이라면 내 그의 말을 취할 수 없다. 이제 지리설을 반대하는 권도가 그의 아비 양촌권근을 장사 지낼 때에도 과연 지리를 쓰지 아니하고 오직 그 수심토후水深土厚한 것만을 살펴서 취하였을 것인지 의심스럽지 않을 수 없다."라고 했다. 한데 권도의 아들 권람이 한명회 등과 합세하여 세조의 정란靖亂에 가담한 것은 잘 알려진 사실이지만 그가 축재에 힘써 사치가 대단하였던 점으로 보면 그들이 공사를 분별치 못한 잘못이 있었다고 생각된다.

양촌 권근의 묘소는 조선 초기 최고의 풍수 길지로 꼽히는 곳이다. '청학이 알을 감싸고 있는 형국靑鶴抱卵形'으로 '만대에 이르도록 영화를 누릴 수 있는 자리萬代榮華之地'라는 터이다. 자기 부모의 장사를 지낼 때는 풍수의 가르침을 따르고, 나라의 주산을 결정하는 문제에서는 풍수가 미신일 뿐이라며 배척하는 권도의 태도를 통렬하게 비꼰 세종의 지적이다.

권근의 무덤은 음성군 생극면 방축리에 있다. 무덤을 쓰기 위하여 광중壙中을 파고 있는데 어떤 도승이 동승을 시켜 상주에게 물 한 바가지를 청했다. 상주들이 괴이하게 여겨 도승을 붙잡아 매질을 하니 도승이 말하기를 "이제 광중에서 물이 나올 것인데 기왕 나올 물 좀 주면 어떤가."라고 말했다. 과연 광중에서 물이 쏟아져 나오는지라 상주는 도승을 붙잡고 사정을 했다. 어찌하면 이 물길을 돌릴 수 있겠는가 하고 말이다. 도승이 말하기를 "앞에 보이는 수리산생극면 생리 소재. 505미터 꼭대기에 연못을 파라. 그러면 물은 그리로 올라갈 것이다."라고 말하니 상주는 그리 하였고 과연 광중의 물은 빠졌다. 권씨 후손들은 수리산에 올라가 그 연못을 보수하면 반드시 그해 권씨 문중에 영화가 있다 하여 지금도 3년에 한 번씩 수리산 연못을 판다는 얘기가 있다.

그곳에 권근의 아들 권도와 계유정난에 가담하여 일등공신이 된 손자 권람의 무덤이 같이 있고 이웃한 감곡면 상평리에는 그 무덤들을 지키던 개의 무덤까지 있다고 한다.

지금 이 얘기를 거론하는 까닭은 만약 그때 주산을 옮겼다면 서울의 도심 형태가 지금보다는 더 균형을 이루지 않았을까 하는 아쉬움이 남기 때문이다. 그런 예는 청계천 물을 맑게 유지하자는 논쟁에서도 드러난다.

이선로가 이르기를 "근자에 청계천에다가 냄새나고 더러운 물건을 버리는 일이 잦아 개천開川[27] 물이 몹시 더러워졌는데, 그런 쓰레기를 버리는 일을 금지시켜 명당수를 청정케 하시라."라고 주청하였다. 이런 제안은 어효첨魚孝瞻의 반대와 중신들의 동조로 뜻을 이루지는 못했다. 반대론의 골자는 수많은 사람들이 거주하는 도성의 명당수는 어차피 더럽혀질 수밖에 없는 것인데 어찌 풍수와 같은 믿기 어려운 이론 때문에 그런 명당수를 깨끗이 보존하려 하는가 하는 논리였다.

### 『택리지』의 설명

한양 전도에 무학이 결정적인 역할을 하였다는 기록은 많다. 그 대표적인 것이 이중환의 『택리지』에 나오는 다음 대목일 것이다. 이를 보면 한양 정도定都를 무학이 전적으로 혼자서 결정한 것처럼 묘사되어 있다.

조선이 고려에서 선양禪讓을 받은 뒤 중 무학을 시켜 도읍을 정하도록 하였다. 무학이 북한산 정상인 백운대에서 맥을 따라 만경대에 이르고, 다시 서남쪽으로 비봉에 갔다가 한 개의 비석을 보니 "무학이 맥을 잘못 찾아서 여기에 온다無學誤尋到此."라는 여섯 글자가 크게 새겨져 있었다. 이는 전에 도선이 세운 것이다. 무학은 드디어 길을 바꿔 만경대에서 정남쪽 맥을 따라 바로 백악白嶽, 북악산 밑에 도착하였다. 세 곳 맥이 합쳐져서 하나의 큰 들판으로 된 것을 보고 드디어 궁성 터를 정하였다.[28]

이익의 『성호사설』에는 이런 대목들이 나온다.

이극배李克培의 시에 "한북漢北의 산은 동으로 태모원太母原과 통했는데 / 시냇물은 사한천紗澣川 호신촌護神村으로 흘러가네." 하였으니, 태모원이라는 것은 신덕왕후 강씨의 정릉이요, 사한천은 정릉 동북쪽 산 밖에 있으니, 옛날에 선녀가 한양 북곡北谷에 살며 이곳에서 비단을 빨았다고 하는데, 비단을 빨았다는 말은 중 무학의 지리지地理志에서 나왔다고 한다.
지금 정릉동에 크고 작은 두 골짜기가 있는데 정릉은 그 두 골짜기 사이에 있고 그 왼쪽이 사한천을 막고 있으니 곧 지금의 삼청동 하류이다. 멀리서 바라보면 역력히 다 알 수 있다.[29]

조선 창업 초기에 자초 상인自超上人 무학이 신도新都를 순시하고, 조운漕運이 불편하다 하고 버렸는데, 실상은 판국이 좁고 역량이 장원하지 못하며, 이곳으로부터 호남의 산수가 배주背走하여 옹호해 주는 뜻이 없기 때문이다.[30]

보제普濟가 연燕에 노닐 적에 묘엄존자 무학이 역시 연에 노닐어, 먼저 지공을 뵈어 허여許與함을 받았고, 또 나옹에게 뵈어 함께 본국으로 돌아와 드디어 그 의발을 전하였다. 고려 말엽에 임금의 부름을 받고도 가지 않았는데, 마침내 임신년조선이 건국된 1392년에 이 태조와의 계우契遇가 있었다. 그래서 터를 가려 국도國都를 세우기 위하여 계룡산 신도新都에 다 호종扈從하였으며 마침내는 한양에 도읍을 정하였다. 그 학學의 전수가 비범하여 지금의 행각굴율行脚矻栗에 비할 바가 아니라, 사람들이 곧잘 오염되는 것도 괴이할 것이 없다. 행각굴율이란 마을을 돌며 구걸하는 중을 말한다. 굴율은 굴율다, 곧 범어 크리타Krita의 음역音譯으로 천자賤者 또는 노예를 가리키는 말이다.[31]

자생 풍수의 특징

# 적응성: 삶의 모든 분야와 연결된다

풍수는 어려울 필요가 없다. 어려워서도 안 된다. 사람人은 하늘天과 땅地 사이에서 삶과 죽음을 맞는다. 그런 것에, 이해의 어려움은 있을지라도 행위 자체에는 그저 자연스러움만 존재할 뿐이다. 그래도 사람들은 이해하기를 원한다. 이건 쉽지 않은 일이다. 그래서 천지인天地人을 해석·이해하는 데에는 이성과 감성이라는 두 가지 잣대를 사용해 왔다. 천에는 천문학Astronomy과 점성술Astrology이 있고 지에는 지리학Geography과 풍수 법술Geomancy이 있으며 인에는 경학經學과 위학緯學이 있게 되는 까닭이다. "자신도 답을 모르는 질문을 증인에게 해서는 안 된다."[32] 경학이 있다면 위학이 있는 이유가 바로 이것이다.

"초자연 현상에 관해 '내 눈으로 보기까지는 믿지 않는다.'라고 말씀하시는 분이 종종 계십니다. 처음부터 부정도 하지 않고 광신도 하지 않으니 일견 상당히 합리적인 것 같지만, 그런 사람도 사실 위험합니다. '자신의 눈'이란 것은 그다지 믿음직스럽지 않습니다. 실제로 오늘 이 스튜디오에 계신 분들 중 대부분이 자신의 눈으로 보고도 쉽사리 속았으니까요. 심령 현상, 초자연 현상의 연구 역사는 그야말로 사기꾼과 학자, 순진한 민중의 속고 속이기의 역사입니다. 저는 마술은 마술로서, 속임수도 장치도 있는 것 같지만 도저히 알 수가 없어서 고개를 갸우뚱하며 넋을 잃고 보는 그런 오락으로 존재했으면 좋겠습니다. 이상한 종교가나 사이비 초능력자가 밥벌이를 하려고 착한 일반 사람들을 홀리는 짓은 결코 용서 못 합니다."[33]

초능력자를 비판하는 미스터 미러클이 텔레비전에서 그 트릭을 까발리며 한 말이다. 한번 곱씹어 볼 필요가 있는 말이다. 풍수에 담긴 우리 선조들의 지혜는 물론 중요하지만, 돌아가신 부모님 음덕까지 바라는 것은 너무나 이기적인 것이기에 하는 얘기다.

그런데 까다로운 문제가 있다. 사기꾼이야 그 행위에 명백한 목적이 있다. 즉 그 사기꾼의 목적은 명료하다. 한편 사기를 당하는 사람은 어떨까? 미안한 판단이지만 당하는 측도 비록 잘못되었다 하더라도 목적의식이 있다. 즉 나름대로 그렇게 되었으면 하고 바라는 인식 작용이 있었다는 뜻이다.

생물 인식의 본질이란 그 정보가 자신에게 있어 무엇을 의미하는가 하는 '의미 해석'이다. 이 해석은 그 정보가 생물 자신의 정보계내부 세계 속에서 어떤 방법에 의해 '위치'귀속된 내부 정보와의 관계를 부여받게 되는가에 따라 달성된다.
즉 인식의 본질은 자기에게 있어서의 의미 해석이고 해석이란 내부 정보와의 관계를 만들고 입력된 정보를 내부 세계 전체에 있어서 위치를 정하는 것이다. 이 내부 세계에 있어서의 관계의 자율적인 생성은 '정보의 종합'이라는 작용을 활용해서 행해진다. 이렇게 생각하지 않으면, 미리 상정되지 않은 정보를 생물이 그 나름대로 인식하고 적절한 행동을 취한다는 메커니즘을 이해하는 것은 불가능하다.
모든 정보는 그것을 수용하는 생물에게 있어 일정한 의미를 가지고 있다. 이 의미가 없으면 설사 관측자에게 있어서 정보일 수는 있어도 그 생물에게 있어서의 정보는 아닌 것이다.[34]

"저주는 실제 효력이 있다고 생각하고 싶어. SF 작가가 쓰고 싶어 하는 초능력 같은 게 아니라 문화적인 체계로서 저주는 실제 효력이 있지. 극단적으로 말하면, 예를 들어 말이라는 것은 하나의 저주다. 단, 그것은 같은 문화 토양 속에서만 효력을 가진다. 간토 사람은 '아호<sub>바보, 멍청이</sub>'라는 말을 들으면 깊이 상처받지만 간사이 사람에게는 반쯤은 칭찬이나 마찬가지야. 즉 주문이라는 것은 절대적인 게 아니라, 같은 삶의 터전 안에 있어야 작용한다는 거다."[35]

소설 속 주인공인 민족학자 오우베 교수의 말이다. 풍수에서도 같은 논리를 적용할 수 있다. 풍토와 문화가 유사해야 풍수가 받아들여질 수 있다. 풍수를 어느 나라에서나 쓸 수 없다는 것은 그런 이유 때문이다. 최근 소위 글로벌화니 세계화니 하는 현상으로 인하여 풍수를 받아들일 수 있는 토양도 상당히 퍼져 나가는 추세이다. 아마도 대표적인 것이 인테리어 풍수라는 것일 터인데, 이에 대해서는 앞서 설명한 바 있다.

또한 거기에는 일종의 최면 효과도 작용한다. 미신인 줄 알면서도 남들 따라 그에 반응하는 현상이다.

나는 위선의 미덕을 존중하는 편이다. 거짓인 줄 알면서 역겨움을 감추고 덕담을 하다 보면 그 선량한 말들이 진짜라는 착각들을 하게 되고 그러다 보면 덕담을 하는 사람도 듣는 사람도 조금씩 선량해지는 것이다.[36]

그런 착각은 환경에도 작용한다. 잘 알려지지는 않았지만 우리가 위선적으로 자연을 대하는 태도와 같은 것이 그렇다. "현대적으로 비유하자면 인류는 자본 투자에 실패했기 때문에 자신과 지구에 손실을 끼치고 있다. 지구의 자연 자원을 사용한다는 것은 헤픈 씀씀이 때문에 연금을 가불받는 것과 마찬가지다."[37]

우리는 여러 방면에서 적응을 한다. 하지만 본능을 무시하는 적응은 잘 이루어지지 않는다. 타인은 위협이다. 그래서 모르는 사람과 근접해 있으면 자연스럽게 방어 기제가 작동한다. "엘리베이터에 타면 사람들은 표정이 굳어진다. 좁은 공간에 타인이 있다는 사실이 긴장감을 유발하기 때문이다. 이 긴장감에는 호감보다 적대감 비율이 높다."[38] 여담이지만, 그런 까닭에 엘리베이터 위쪽에 거울이나 눈길을 줄 만한 무언가를 설치하는 것이 어떨까 하는 생각도 했다. 심지어 이런 얘기까지 있는 형편이다.

자기만의 공간이 없는 사람은 결국 철로에 몸을 던진다.[39]

말이 난 김에 하는 말인데, 돈도 '내면 공간' 가운데 하나이다. 돈은 자신의 가치를 매기는 방법이다.[40]

당신만의 공간은 당신을 제정신으로 있게 해 주지만 또한 당신을 외롭게 할 수도 있다.[41]

역설적이지만 타당한 말이다. 그렇다면 어떻게 해야 하나? 매우 무책임한 답변이지만 양자를 조화시키라는 것이다. 사회생활을 위해서 자신만의 공간이나 내부 공간만을 고집할 수는 없다. 그렇다고 본능을 무시할 수도 없다. 사회생활을 하면서 자신만의 상징적 공간, 이를테면 산책로, 공원의 벤치, 자신의 방, 단골 다방의 구석 자리나 술집의 지정석 같은 곳을 마련해야 한다.

세상을 혼자 살 수 없는 것과 마찬가지로 모든 생물군도 서로 연결되어 생명을 유지한다. 심하게 표현하자면 먹이사슬이고 점잖게 말하자면 공생이다.

행성 의사는 생물 다양성을 하나의 증후군, 변화에 대한 반응이라고 볼 것이다. 그는 한 생태에서는 희귀종이 다른 상태에서는 흔한 종이 된다는 것을 안다. 따라서 풍부한 생물 다양성은 반드시 아주 바람직한 것이자 어떤 대가를 치르고서라도 보존해야 할 것은 아니다.[42]

모든 현상은 이중적 해석이 가능하다.

누차 강조하는 말이지만 나는 아기들과 강아지들을 아주 좋아한다. 이것은 내 마음이 동심을 닮았기 때문이라고 믿었다. 그러다 어느 날 책을 읽다가 "아기와 강아지를 좋아하는 사람은 진정한 인간관계를 맺을 수 없다."라는 글귀를 보고 경악했다. 사실이 그랬다. 내가 아기와 강아지를 좋아하는 것은 순수한 마음의 발로인 동시에, 또한 내게 약간의 인간 기피증이 있는 것도 사실이기 때문이다. 결국 현상에는 양면성이 있다는 뜻이 아닐까?

세상사 대부분이 이중성을 띠고 있다. 한때 정치권이 열띤 논쟁을 벌였던 4대강 사업이 이상하게 종교계에서도 문제가 된 적이 있다. "피조물은 주님의 자녀가 나타나기를 간절히 기다리고 있습니다." 4대강 사업을 그냥 바라만 볼 수는 없다는 뜻으로 한 조 에노스 수녀의 말이다.[43] 그런데 이 말은 순정한 마음으로 강을 고쳐 주려는 주님의 자녀에게도 통하는 말이다.

"성 아우구스티누스는 창조된 것들이 감히 창조하려 들어서는 안 된다고 했는데, 이는 예술가에 대한 질책이 아니라 요즘 같으면 자기 창출self-origination에 대한 부르주아의 위대한 신화라 부를 만한 것을 경계하는 말이다. 스스로를 만들어 낸다는 생각은 부르주아적 환상의 전형이다."[44] 그저 고치고 다듬어 나갈 뿐이다. '질량 불변의 법칙'이란 것이 있지만 말을 조금 바꾸면 '만물 총량 불변의 법칙'이다. 우리가 발명이라고 부르는 것들은 모두가 주어진 것들의 변형과 변질에 지나지 않는다. 좋은 쪽으로 바꾼다면 참으로 인간적인 일이 될 수 있다. 속담이나 금언 중에도 이중적인 것은 얼마든지 있다.

"당시 마을에 편의점이 없다고 불평을 호소하는 아이는 아무도 없었습니다. 태어났을 때부터 없었으니까요. 텔레비전에서 바비 인형이 나와도, 그건 본 적이 없는 인형인지라 갖고 싶다는 아이는 없었습니다. 그보다 우리에게는 프랑스 인형이 더 중요했죠. 그러나 마을에 공장이 생기고부터 우리들 사이에 이상한 감각이 형성되기 시작했습니다. 에미리를 포함한 도쿄에서 전학 온 아이들을 통해 당연하다고 여겼던 우리들의 일상이 꽤 불편하고 뒤처진 것임을 서서히 깨닫게 된 것이죠."[45]

모르는 게 약이라는 말의 한 전형이다.

이런 모든 문제들 중에서도 우리가 적응하지 않으면 안 되는 것이 죽음이다. 피할 수도 없고 알 수도 없다. 언제인지는 모르지만 인간은 무차별적이고 무한 평등하게 죽음을 맞아야 한다. "죽음을 말하지 않는 자는 이미 죽음을 알고 있다. 죽음을 말하는 자는 아직 죽음에 대해 아무것도 모른다."[46] 죽음을 경험한 사람이란, 즉 죽음을 아는 사람이란 이미 죽은 사람이니 죽음을 말할 수 없고, 죽음을 말하는 사람은 말을 하니 살아 있을 것이며 그러므로 죽음을 알 리가 없다.

어떠한 의약도 죽음과 대항하지 못했으며 앞으로도 그럴 것이다. 고통스러운 죽음의 수수께끼는 늘 존재할 것이다. 자연은 이처럼 엄청난 힘으로 우리 앞에 버티고 서 있다. 자연은 웅장하고 잔혹하고 냉정하게 우리의 약함과 무기력함을 상기시킨다.[47]

이처럼 분명한 것이 죽음인데도 대부분의 사람들은 그것을 모르는 것으로 하고 살아간다. 죽음에 인식의 차이가 있다는 것도 특이하다. 무한 평등의 현상인데도 그렇다는 것은 매우 이상하다. 언젠가부터 사람들은 강남이란 말을 부유함의 대명사로 사용했다. 죽음과는 전혀 어울리지 않지만 강남을 비난하는 한편으로는 그를 향한 선망의 감정도 있다. 이 또한 특이하다. 김미현 교수는 이홍의 『성탄 피크닉』을 해설하면서 이렇게 말한다. "작가는 강남인들의 자본이 단순히 경제적 자본만이 아니라 예술을 향유할 수 있는 '문화 자본', 명문대학이라는 '학력 자본', 인맥 중심의 '사회관계 자본' 등 세 가지 모두를 충족시켜 줄 수 있는 사람들임을 확인시켜 준다."[48]

내면의 목소리는 영혼의 언어다. 이 목소리는 조용하고 고요하며, 감정을 객관적으로 나타내 주는 신호기의 역할을 한다. 이 목소리는 열광적이거나 들떠 있지 않다. '직관적'이라는 말은 '충동적'이라는 말과는 엄연히 다른 것이다. 내면의 목소리를 듣기 위해서는 진심으로 '귀 기울여' 그 목소리를 들을 수 있는 여력을 확보해야 한다. 내면의 목소리를 최대한 잘 듣기 위해서는 모든 생각과 감정, 희망과 기대를 잠재워야 하지만, 그러한 이상적인 상태에 도달할 수 있는 사람은 현실적으로 매우 드물다.[49]

에베레스트를 오르는 전문 산악인들을 텔레비전으로 보며 어머님은 이렇게 말씀하실 때가 있다. "거기를 왜 그렇게 올라가나, 미친 녀석들."

치매에 걸리셨음에도 불구하고 어머니는 가끔 일의 핵심을 꿰뚫는 요약을 하실 때가 있다. 「노잉」이라는 지구 최후의 날을 다룬 영화를 보시다가는 "난리 났네."라고 하신다. 명쾌한 주제 파악이다. 평화방송을 보시다가는 "공부 많이 했구나."라고 하신다. 젊은 신부의 강론을 보고 하신 말씀이다. 가톨릭 신자이신 분치고는 과한 표현이기는 하지만, 옳은 지적은 옳은 지적이다.

# 4부 조선의 풍수가들

# 10장 조선 전기의 풍수가들

『조선왕조실록』에는 수많은 풍수학인들이 등장한다. 그들의 신분은 다양하다. 개국공신 정승에서부터 노비 출신까지, 계층을 가리지 않는다. 하윤河崙은 상단한 수준의 풍수가였으나 그의 풍수는 중국에서 수입된 이론에 치중되어 있어, 자생 풍수가로 보기는 어렵다. 그런 부류에 속하는 사람 중 중요한 인물의 개요는 대략 다음과 같다.

이양달李陽達은 정확한 생몰 연대가 알려지지 않았지만, 조선 개국 초기부터 도읍지 선정에 관여한 것으로 보면 이미 고려 때부터 직업 지관으로 활약한 듯하다. 『세종실록』에 "나이 팔십에 이르렀으니 판사의 벼슬을 내리고자 한다."라고 하니 대신들이 모두 수긍하였다는 기록이 있다. 판사란 서운관의 1품직이다. 특히 태종 능을 정하는 대목에서는 그의 풍수관이 자생 풍수는 아님이 명백해진다.

고중안高仲安은 당대 최고의 풍수학인이던 최양선의 풍수 이론을 반대한 맞수로서, 경복궁 명당 논쟁과 태종의 헌릉獻陵 선정 논쟁을 이끌었다. 그는 그때에 유통되고 있던 풍수 서적을 연구·정리하여 요망한 풍수술을 제거하자는 주장을 편다. 그가 요망하다고 한 것은 당연히 이기적 술법 풍수를 말한 것이지만 자생 풍수도 포함시켰을 가능성도 있다. 지금도 중국의 이론 풍수서가 대세를 이루고 있으니 아마도 맞는 짐작일 것이다.

목효지睦孝智, ?~1455는 전농시 소속의 노비로 한쪽 눈이 멀었다고 한다. 그러나 그가 한문에 능했던 점, 세종 23년 올린 상소문의 내용으로 미루어 보면 아마도 고려 때의 명문가 출신이었다가 태종 때 역모에 걸려 일족이 몰살당한 목인해와 연결되어 있었을 것이다. 그의 일생은 부침을 거듭하다가 결국 세조가 즉위하던 해 단종 복위 사건과 연루되어 교수형을 받았다. 정조 때인 1791년 신원伸寃된다. 『실록』에 나오는 그가 공부했다는 풍수 전적典籍은 전부가 중국 책으로 자생 풍수와의 관련성은 없다.

어효첨魚孝瞻, 1405~1457은 전형적인 유학자 출신 관료로 자생 풍수와의 관련성은 없지만, 그가 청계천 명당 논쟁에서 풍수의 허망함을 개탄한 것은 유명하다.[1]

그 외 문맹검文孟儉, 정인지鄭麟趾, 최양선崔揚善, 안효례安孝禮 등이 있으나 역시 자생 풍수와는 상관이 없다. 다만 최호원은 특이하게도 도선 국사와의 관련성이 두드러지는 인물이다.

최호원崔灝元은 세조 14년 문과 중시에 합격한다. 그는 유학자 출신으로 음양과 술수에 밝았으므로 대신들의 미움을 받았다. 따라서 기록은 부정적이지만 김두규 교수는 그 행간을 해석하여 이렇게 정리했다.

첫째, 그는 신라 말 도선 국사의 비보 풍수를 계승·주창하고 이를 실행하여 조선조에서 유일한 그리고 마지막의 도선 국사의 비보 풍수 계승자였다는 점이다.

둘째, 그는 과거에 두 번이나 급제한 유학자 출신이면서도 대신들의 비웃음에 아랑곳하지 않고 평생 풍수학인으로서의 역할을 당당하게 자임하였다는 점이다.

셋째, 그는 중국 이론 특히 39장법을 거부한 조선의 풍수가였다. 자생 풍수가로 볼 수 있는 이유가 여기서도 드러난다. 대구 부사로 있을 때는 비보 차원에서 물길을 바꾸는 일도 했다.

성종 16년1485 병조 참지로 있던 최호원이 극성棘城 지방으로부터 돌아와 아홉 가지 일을 진언하였는데, 그 네 번째가 도선 국사의 비보 풍수를 살리자는 것이었다.

"악질惡疾이 유행하는 것은 비록 전쟁에 죽은 외로운 넋의 억울함이 맺힌 까닭이라고 하나, 또한 산천의 독기가 흘러 모여서 화를 빚은 소치로 그러한 것이 아닌가 합니다. 청컨대 도선의 산천 비보하는 글에 의거하여 진양鎭揚하는 법을 밝히소서."[2]

이에 조정의 비난이 빗발치자 바로 3일 뒤 다시 상소를 올려 도선 비보책의 중요성을 강조한다. 김두규 교수는 "도선의 비보 풍수에 대한 재조명은 500년의 세월이 흐른 뒤 1997년 최창조에 의해 간행된 『한국의 자생 풍수』 2권과 다음 해 발간된 『북한 문화유적 답사기』에 의해서였다."라고 했지만 필자로서는 잊혔던 도선에게 부끄러울 뿐이다. 어쨌든 도선의 비보 풍수의 중요성을 먼저 깨달은 사람은 성종 때 최호원이다.

# 11장 세종대왕과 과학 풍수

　일본과 영국을 제외하고 현대 국가에서 화폐에 왕의 초상을 올린 예는 찾아보기 힘들다. 일본의 왕은 거의 신격화된 대상이고, 영국 여왕은 국민 정서에 바탕을 둔 상징적 의미일 뿐이니, 그 공적과 국민의 존경심에서 아무런 이의도 없이 가장 많이 사용되는 1만 원권에 세종대왕이 오른 것은 매우 이례적인 일이다. 아무도 그 업적에 이의를 달지 않는 유일한 역사적 인물이란, 정말 자랑스러운 우리의 위안이다. 물론 여기서 그분의 업적을 나열하자는 게 아니다. 다만 오늘날 미신으로만 치부되는 풍수가 세종대왕 시절에는 일종의 과학이었다는 것을, 합리적 지혜였다는 것을 밝히고자 할 따름이다. 현대의 관점에서 풍수는 과학이 아니다. 그렇다면 세종 당시에는 '과학'이란 용어 자체나 있었던가? 없었다. '그때로서는 과학적'이란 뜻이다. 조선의 역대 임금 중 가장 과학적인 분이 누구였는지를 묻는다면 삼척동자도 세종대왕을 지적할 것이다. 그런 의미에서 풍수를 과학으로 이해한 왕으로 그를 새겨 보자는 얘기다.

17세기에 한글 사랑이 남달랐던 유신儒臣이자 문인이었던 서포 김만중은 이렇게 말했다. "오늘날 많은 사람이 고유한 우리말을 버리고 다른 나라 말로 글을 지으니, 설혹 뜻과 느낌이 비슷하다 하더라도 그것은 앵무새가 사람 말을 흉내 내는 것에 지나지 않는다." 17세기 얘기 같지가 않다. 그대로 오늘의 우리 현실이다. 우리로서는 우리말과 한글로밖에는 표현할 수 없는 정서가 많다. 게다가 많이 배웠다는 사람들이 흔히 외국어나 외래어로 드러내는 것들은 조금만 노력하면 얼마든지 고칠 수 있는 것들이다. 텔레비전, 인터넷은 물론이고 방송, 신문, 잡지에 실린 전문가들의 평론이나 대담을 보면 중요 대목이것을 그들은 키워드라 부른다.에서는 반드시라고 해도 좋을 만큼 서양말을 쓰고 있다.

솔직히 말하자면 나도 이해할 수 없는 표현에 걸려 애를 먹는 적이 많다. 언젠가 딸아이가 후배 공무원의 멘토Mentor가 되었다면서 멘토링을 어떻게 해야 할지 걱정이라 했을 때 나는 전혀 그 뜻을 알아듣지 못했다. 더욱 부끄럽게도 나는 그 뜻을 모르겠다고 고백하지 못하고, 나중에 사전을 찾아보니 오디세우스가 아들의 교육을 맡긴 지도자가 멘토르Mentor란 것이다. 조언자, 선도자로 해도 충분히 뜻이 통하는데 왜 이런 그리스 신화에 나오는 용어를 써야 하는지 모르겠다.

얼마 전 라디오 방송을 듣다가 깜짝 놀랐다. 앞부분을 듣지 못해서 누군지는 모르겠으나 내용으로 보아 세종대왕 전문가인 모양인데, 우선 그는 세종을 사대주의를 탈각이것도 무척 어려운 말이다.시켰다고 칭송하면서 그의 정치 리더십을 칭찬하는가 하면 그를 클레버clever한 사람, 와이즈wise한 사람이라고 했다. 영특하고 현명한 사람이라고 해도 충분할 텐데, 더구나 세종대왕을 말하면서 클레버는 뭐고 와이즈는 또 뭔가? 제정신이 아니다. 아마도 한글날이 가까워 오니 그런 전문가를 부른 것 같은데 너무나 황당한 사건이었다. 실은 이런 말도 안 되는 현상이 우리 주위에는 자주 벌어진다. 오죽하면 영어를 공용어로 만들자는 주장이 버젓이 나돌겠는가?

태종의 셋째아들로 태어난 세종대왕은 당시 세자였던 양녕대군이 덕이 없다는 이유로 세자가 되었다. 그의 왕세자 책봉문에 보면 "관홍寬弘 장중莊重하고 효제孝悌 겸공謙恭"하다고 하였으니 그를 드러내는 가장 적절한 표현이다. 향년 54세였으니 장수한 편은 아니다. 그럼에도 불구하고 한글 창제를 비롯하여 수많은 공적을 쌓았으니 그분에 관한 칭송은 아무리 해도 지나치지 않는다. 그러나 여기서 대의와 공적을 운위할 수는 없다. 다만 그의 풍수에 대한 견해를 몇 가지 살펴보는 것으로 대신하겠다.

대왕의 풍수 실력은 『조선왕조실록』에 자세히 나와 있다. 고수라 해도 과언이 아니다. 그런 그가 자신의 수릉壽陵, 임금이 생전에 자신의 묏자리를 잡는 일에는 전혀 풍수설에 동요되지 않았다. 수릉을 정한 1년 후 소헌왕후가 먼저 승하하여 수릉 옆에 합장을 염두에 두고 광壙을 파 보니 물이 고여 있었다. 이것은 금기 중의 금기다. 아버지 태종 옆에 묻히기를 원했던 대왕은 이 사실을 알고도 "이곳 아닌 다른 곳에서 복지福地를 얻는다 한들 어찌 선영 곁에 장사 지내는 것보다 낫겠는가. 발복설은 걱정할 일이 아니다."라고 단호한 의지를 보인다. 19년 뒤 여주로 이장하면서 능을 파 보니 수의조차 썩지 않은 물구덩이였다. 이후 그 후손들이 단명하고 골육상쟁까지 일어난 것은 땅 때문이 아니다. 사람 탓이다. 이런 상황이니 영릉의 풍수 형국이 얼마나 좋은가를 중언부언하는 것은 부질없는 짓이다. 만약 땅 때문이라면 그 뒤에 일어난 조선왕조의 불운은 어찌 설명하겠는가? 당대 최고수를 불러 모아 잡은 왕릉이 풍수 이론상 그럴 수는 없는 까닭이다. 대원군이 잡은 그의 부친 묏자리는 지금도 풍수에 이름을 올리고 있지만 그 손자에 이르러 망국의 한을 남겼으니 무릇 인간의 책임을 땅에 묻는 것은 배우가 무대를 원망하고 목수가 대패를 탓하는 꼴이다.

그러나 풍수에서 이르는 "완전히 아름다운 땅은 없다風水無全美."라는 말처럼 삶도 당연히 완벽할 수는 없다. 세종 역시 마찬가지다. 그는 매우 꼼꼼하고 집착하는 성격이 강했던 듯하다. 완벽 지향적이기도 했다. 지나친 표현일지 모르지만 편집증적 성벽이 있었던 게 아닐까 하는 생각이 들 정도이다. 그는 화살의 규격을 까다롭게 따지고, 왕의 초상을 모신 사당에 화롯불을 피울 것인가 온돌을 들일 것인가에 대해 온돌로 통일하라는 명을 내렸다. 『세종실록』에는 이런 기록이 의외로 많이 나온다. 그런 성격이 병을 불렀으리라는 추측도 가능하다. 그는 30대 초반부터 풍질, 종기, 안질, 등창 등 갖가지 질병에 시달렸다. 하지만 한 가지는 분명히 해 두자. 대왕의 치세는 15세기 왕조 시대였고 아버지 태종이 벌인 골육상쟁의 뒷정리도 만만치 않은 데다 새로운 왕조가 내세울 문화·문명·제도·법률의 정비도 중요했고, 무엇보다 그의 타고난 백과전서식 지적 호기심이 그를 그런 성격으로 몰고 갔을, 혹은 본래 그랬기 때문에 그런 일에 적임자였을 가능성이 높다는 뜻이다. 편집증적 성벽은 그런 일에 적합하다.

풍수 논쟁은 세종 치세에 잇따라 벌어진다. 태종의 헌릉 서쪽의 길이 맥을 끊고 있으니 길을 없애라는 논쟁, 경복궁과 숭문원 중 어느 쪽이 명당이냐는 논쟁, 세자문종의 부인인 현덕왕후의 소릉 택지에 관한 논쟁 등 일일이 열거하기도 어려울 정도다. 이에 대한 세종의 태도는 이중적이다. 단맥 논쟁에서는 "목효지전종시 소속의 노비로 소릉의 문제점을 지적했음가 공이 있어서 상을 준 것이 아니라 젊어서 풍수를 배울 수 있기 때문에 면천하여 독서하게 한 것뿐이다."란 애매한 답변을 한다. 결국 세종은 소릉의 풍수상 문제를 제기한 것에는 마음으로 동의하면서도 현실 정치 상황을 감안하여 천장遷葬은 하지 않았지만 발설한 자는 두둔한 셈이다.목효지는 세조가 즉위하자마자 참수형을 당한다. 단종의 어머니를 명당에 모시고자 한 소행이 괘씸해서였을 것이다. 그와 함께 17명이 교수형을 당한다. 경복궁 명당 논쟁에서도 속내는 진정한 명당을 원하면서도 결정은 그러지 않는 현실감각을 드러낸다. 이 문제는 현재의 서울 도심 구조에 영향을 주는 근거가 된다. 만약 당시 숭문원 터를 정궁正宮으로 삼았다면 종로의 중심인 종로3가가 중앙 업무 지구Central Business District가 되었을 것이나, 경복궁으로 남았기에 광화문통이 중앙 업무 지구 구실을 하게 된 것이다. 종로3가가 중심이 되면 남북대로가 남산에 가로막혀 발전에 장애가 된다. 광화문을 지나는 남북대로는 남산을 비켜나 서울역을 거쳐 용산에 이르기까지 평탄한 지형의 연속이다. 그러므로 풍수에 관한 그의 이중성은 오히려 매우 침착하고 현명한 판단으로 보아야 한다. 사실 이 논쟁은 세종의 불운 때문에 일어났다. 특히 총애하던 다섯째 아들 광평대군이 스무 살로 요절했고, 다음 해에는 일곱째 평원대군이 천연두로 죽었다. 또 그다음 해에는 소헌왕후 심씨가 죽었다. 이로 인해 세종은 불교에 심취하면서 풍수에 깊이 관심을 가지게 된다.

세종 재위 시 거론된 가장 중요한 풍수 논의는 역시 서울의 명당수인 청계천<sub>당시 명칭은 개천開川이었음</sub> 정화 건이다. 이를 처음 진언한 이는 집현전 수찬으로 있던 이선로인데 "궁성 서쪽에 저수지를 파서 영제교<sub>경복궁 근정전 앞에 있던 돌다리</sub>로 물을 끌어 넣고 또 개천<sub>청계천</sub>에는 더럽고 냄새 나는 물건을 버리지 못하도록 하여 물이 항상 깨끗하도록 하십시오."라고 청한 데서 비롯된다. 이에 세종은 영의정, 우의정, 예조판서 등 중신들이 논의케 하여 "여러 관청이 성내의 각 집들을 분담하여 더럽고 냄새 나는 물건을 버리지 못하도록 하였다."[1]

이에 집현전 교리 어효첨이 유명한 「논풍수소論風水疏」를 올려 그 그릇됨을 이렇게 지적한다. "신이 안찰하여 보니 『동림조담洞林照膽』이라는 풍수서는 범월봉范越鳳이 지은 책인데, 그가 말한 '비린 것과 냄새가 더러운 것은 자손이 쇠망하는 상이라.'라는 것은 그 책의 「혈맥」 편에 있는 말이고, '명당에 냄새 나고 불결한 물이 있는 것은 패역과 흉잔의 상징이라.' 한 것은 「흉기」 편에 있는 말입니다. 그 본뜻은 묏자리의 길흉을 논한 것이지 도읍의 형세를 논한 것은 아닙니다. 모두 묏자리에 관한 것으로 도읍을 말하지는 않았습니다. 범월봉의 생각은 신도神道는 깨끗함을 좋아하므로 물이 불결하면 신령이 편하지 못해서 이 같은 반응이 있다는 것이고 국도國都에 대한 것이 아닙니다. 도읍의 땅에 있어서는 사람들이 번성하게 사는지라, 번성하게 살면 더럽고 냄새 나는 것이 쌓이게 됩니다. 반드시 소통할 개천과 넓은 시내가 그 사이에 종횡으로 트여 더러운 것을 흘려 내야 도읍이 깨끗하게 될 것입니다. 따라서 그 물은 맑을 수가 없습니다."

문종 2년 문맹검文孟儉이 다시 이 문제를 제안하지만 그가 세종 때 천거된 인물로 대왕의 영향을 받았다고 볼 수 있다. 그의 주장은 이선로의 주장과 비슷하다. 그는 그 대책까지 제시했는데, 수구水口, 흥인지문 부근 옛 동대문 운동장 자리에 나무를 심자는 것과 인구를 늘리자는 것으로 근본적인 대책은 아니다. 나는 당시가 왕조시대였으므로 어떤 식으로든 청계천을 깨끗하게 만드는 결정을 하였다면 가능했으리라 본다. 세종 역시 그리하고 싶었으나 현실 감각이 뛰어난 정치인들의 주장을 반대할 근거를 찾을 수는 없었으리라.

여주 땅은 세종이 점지한 자리는 아니지만 그와의 인연이 닿은 곳이고 그의 영면지지永眠之地이기에 간단히 언급하기로 한다. 여주 시내는 여강남한강의 공격사면에 해당되기 때문에 홍수와 범람의 위험이 상존하는 곳이다. 영월루나 말바위에 얽힌 설화는 그런 사정을 잘 반영하고 있다. 가장 두드러진 특징은 날뛰는 황마黃馬와 여마驪馬에 굴레를 씌운다는 뜻의 신륵사神勒寺의 터 잡기이니 비보 풍수 예로는 매우 적당하다. 이것이 바로 우리의 자생 풍수의 대표적 예이다. 그곳은 여주 읍내에 닥칠 수 있는 수마水魔를 방비하기에 가장 적합한 장소이다. 거기에 사찰을 지으면 유사시 상주 승려를 적시에 투입할 수 있는 좋은 방비책이 된다. 실제 신륵사 경내에는 구룡루가 있다. 이곳 못에 살던 아홉 마리 용을 몰아내고 절을 세웠다는 뜻이니 신륵사 터는 물구덩이였다는 셈이다. 이론 풍수상 그런 곳은 매우 좋지 않은 곳으로 알려져 있다. 삼척동자라도 그곳이 나쁘다는 것을 안다. 그런 곳에 절을 지은 까닭이 어머니인 국토에 대한 사랑인 것을 누가 부인할 수 있겠는가.

완벽한 사람이 없듯 완벽한 땅도 없다. 이곳 가까운 백석리에서는 고려 우왕이 죽임을 당했다. 또 임진왜란, 병자호란, 6·25 때 얼마나 많은 사람들이 죽었겠는가. 유명한 의병장 이범주를 비롯하여 많은 창의倡義의 의병들이 죽어간 땅이기도 하다. 땅의 길흉을 논하는 것은 사람의 책임 전가일 뿐이다. 세종대왕의 뜻도 거기에 있었다고 믿는다.

# 12장 선조의 사대주의 풍수

선조는 스스로 "우리나라에는 본래 술사가 없다."라고 하며 우리 풍수사들을 극도로 불신하였다. 선조는 명나라 장군에게 중국 풍수가들을 추천해 달라고 부탁하기도 했다. 여기서 사실상 사기꾼이던 섭정국葉靖國이 등장한다. 그는 명의 장군들로부터도 의심을 사던 인물이었지만 선조는 그를 신임하여 7년이나 후대했다. 그러나 그는 행패를 일삼고 사기를 서슴지 않다가 결국 쫓겨나 귀국하던 중 평양에서 누군가에게 납치된 후 소식이 끊긴다. 뻔한 말로다.

시문용施文用은 명나라 낙오병으로 어쩌다가 조선 여인과 혼인하여 살았다. 그는 광해군을 받들어 섬기다가 인조반정으로 처형당한다. 경북 성주군 수륜면 보월리 아래맏질에 그의 무덤이 있다.

영건 도감에 전교하기를, "시문용을 감군이 돌아갈 때까지만 인경궁 안이나 혹 다른 외진 곳에 있게 하라." 하였다. 문용은 뒤에 처져 있던 한인漢人으로, 풍수에 대하여 조금 알았다. 정인홍이 진출시키자 왕이 불러서 새 궁궐에 두었는데, 성지, 김일룡과 함께 임용되었다.[1]

이문통李文通은 선조의 정비 의인왕후의 장지를 잡을 때 명나라 장군의 추천으로 등장한다. 그를 추천한 명나라 장군 도양성陶良性은 왜적과의 화의를 거부하고 선조에게 진정 어린 조언을 했던 사람이다. 그는 이문통이 당나라 때의 유명한 풍수가 이순풍李淳風의 후손이라고 했다. 그가 조선에 머문 것은 얼마 되지 않으나, 선조 33년1600 최초로 중국의 패철佩鐵, 羅經을 소개하였다.[2]

두사충杜師忠은 명나라 수군 제독 진린陳璘의 처남으로 자연스럽게 이순신 장군과 친교를 맺고 조선에 귀화하여 대구에서 살았다. 그의 무덤이 대구 만촌동에 있으며 인근에 그의 후손들이 살았다. 이순신 장군의 묘 선정에 관여하였다.

김일룡金馹龍, ?~1623이 처음 역사에 등장한 것은 광해군 7년1615의 일이다. 광해군은 임진왜란으로 전소된 궁궐들을 중건하는데, 우선 창덕궁 보완 공사를 끝내고 그곳을 거처로 삼는다. 그러나 이곳이 예전에 단종과 연산군이 쫓겨난 터라는 것을 알고 2개월 만에 덕수궁경운궁으로 옮긴다. 그러나 그 후 영창대군의 증살蒸殺과 덕수궁에서 일어난 여러 변괴로 다시 창덕궁으로 거처를 옮기면서 동시에 창경궁 중건에 착수하는데, 이때 김일룡이 등장한다. 그러나 그는 주로 좌향에 관심을 보여 자생 풍수와는 거리가 멀다. 인조반정 때 처형된다.

승려 성지性智는 경상도 지방과 일부 필사본 서적에서 명풍수가로 등장하는 인물이다. 그러나 신흠申欽의 『상촌집象村集』 기록을 보면 그는 풍수보다는 도참에 가까웠던 것 같다. "성지는 임금의 신임을 얻은 후 저택 하나를 차지하여 사미들을 길렀으며, 방외의 떠돌이 승려들이 무상으로 출입하여 하나의 가람을 형성하였다."라는 기록이 있다. 이로 미루어 보면 그는 고려 말의 신돈과 유사한 점이 있었던 것 같으나, 워낙 부정적인 기록만 있어 자생 풍수와의 관련성을 찾기는 어렵다.

전교하기를, "종루鐘樓를 옛터에 지을 것이니, 병조의 당상과 낭청의 각 1명이 중사와 함께 성지에게 가서 상세히 문의하라." 하였다. 성지는 곧 영남의 승려로서 풍수학을 조금 아는데 내시의 연줄을 타고 들어와 두 궁궐의 터를 잡았다. 이로 인해 그 무리와 함께 새 궁전의 별당에 들어와 거처하면서 조정의 벼슬아치를 얕잡아 보았고 연달아 큰 역사를 일으키자, 조정과 재야가 분노하고 미워하였는데, 계해년 반정 후에 죽였다.[3]

고산 윤선도尹善道, 1587~1672는 정조가 무학 대사와 같은 반열에 올릴 정도였다. "참의參議 윤선도는 호가 고산孤山인데 세상에서 오늘날의 무학이라고 부른다. 풍수지리의 학문에 대하여 본래 신안神眼의 실력을 갖추었다."[4]

광해군 때 교하천도론으로 알려진 이의신이 그의 처고모부이다. 그는 유학자답게 주자朱子의 『산릉의장山陵議狀』을 따라 현실적이고 상식 수준에서의 풍수를 알고 있었다. 지금도 명당이란 소문을 듣고 그의 무덤이 있는 전남 해남군 구시리를 찾는 사람이 있을 정도이다.

정조는 뛰어난 풍수학인이지만 거의가 음택에 관한 것이므로 제외한다. 사실 조선의 임금 대부분은 앞서 언급한 세종을 비롯하여 풍수에 일가견이 있었다.

# 13장  조선 중기의 풍수가들

**1. 남사고**

이상하게도 남사고南師古, 1509~1571에 관한 공적 활동은 별로 남아 있지 않다. 그러나 전해지는 설화나 전설은 아주 많다. 여기에 대해서는 "한말韓末에 와서 말세적 고질인 사이비 종교들이 선생의 명성을 차용하여 『마상록馬上錄』, 『홍수지洪袖誌』, 『격암유록格菴遺錄』, 『격암비결格菴秘訣』 등 수많은 거짓 문서를 만들어 세인을 현혹하여 선생을 욕되게 하고 있으니 선생을 위하여 애석한 일이라 아니할 수 없다."라는 서술이 있을 정도다.[1] 남사고에 관해서는 추암楸菴 김하구金夏九가 쓴 「격암선생묘갈명格菴先生墓碣銘」이 자세하고 분명하다.

남사고의 자는 경원景元 혹은 복초復初라고도 하는데, 남양 남씨 영의공英懿公의 후손이다. 임진왜란과 남명南冥의 죽음 등을 예언하였고 명종 때 잠깐 사직 참봉을 하고 선조 초에 천문 교수로 특채되어 벼슬길에 나간 것이 전부다.

그에게는 아들이 없어 딸 남백년이 낳은 외손봉사를 받았다고 하니, 당시로서는 불우한 생이었던 셈이다.

그의 풍수가 어떤 것이었는지는 자세히 알 수 없다. 그런 그가 자생 풍수와 연관되어 있다고 보는 것은 조선조의 풍수 대가 일이승―耳僧이 "당대 대가로 알려진 박상의가 단지 용의 생사 정도를 분간할 뿐이라면, 불교계를 제외하고 유교계의 풍수 가운데 탁월한 사람은 남사고뿐으로, 그는 앉아서 천리를 보는 안목을 가졌다."라고 했기 때문이다. 일이승은 정조 말에서 순조 초기에 활동했던 승려로 풍수에 능했으며 단재 신채호는 그가 홍경래의 혁명 운동과 밀접한 관련이 있다고 하였다.[2]

그의 저작으로 알려진 『남사고비결南師古秘訣』의 진위는 알 수 없으나, 그가 죽은 지 170년이 지난 1733년 당시 영조가 "남사고란 자는 어떠한 사람인가?" 하고 신하에게 물은 기록이 있다. 그로 미루어 보건대 『남사고비결』은 이미 임금에게 알려질 정도로 유포되었고 영향력도 있었던 것이 분명하다. 남사고 부친 묘소에서 읊은 김두규 교수의 감상을 옮긴다.

남사고가 아버지 묫자리로 삼은 자리는 풍수상 명당이나. 이곳을 보면 그의 풍수법이 이기론理氣論과는 관계가 없었다는 걸 알 수 있다. 묫자리를 보면 그 묘를 쓴 사람의 성격이나 사람됨까지도 어느 정도 추측할 수 있다. 비록 이 자리가 교과서적인 명당이긴 하지만 포근함을 주는 것보다는 왠지 모를 허탈감을 주는 것도 사실이다.

자생 풍수가가 할 법한 입지 선정이다.

## 2. 이지함

토정土亭 이지함李之菡, 1517~1578은 충남 보령시 청라면 장산리 복병이 마을에서 태어났다. 14세에 아버지를 여의고 처음엔 맏형 이지번李之蕃에게서, 그 뒤에는 화담花潭 서경덕徐敬德의 문하에서 수학했다. 천문, 지리, 인사에 두루 능통하여 숱한 전설 같은 얘기들을 내놓았다.

스웨덴의 '아손 그렙스트W. A:son Grebst라는 기자가 우리나라를 여행하고 쓴 풍물기『코레아』라는 책을 1905년 출간하였는데, 여기에 토정 이지함이 아산 현감으로 있을 때 문둥병 치료를 위해 스스로 그 병에 걸렸던 일화가 소개되어 있다. 최명우의 답산기에도 그의 후손인 이강원당시 73세, 보령시 대천동 거주에게 들은 얘기가 실려 있다. 토정 선생 본인이 스스로 나병에 걸려 치료약을 개발하려고 노력한 사실이나, 아산 현감 재직 시에 걸인청을 만들어 구제 사업을 벌였던 일이나, 백성이 없다면 임금도 없다며 백성을 사랑해야 한다는 상소문을 올린 사실은 그의 민본주의와 애민 사상이 얼마나 강했는지를 진솔하게 보여 주고 있다.[3]

그러나 그의 일생은 편치 못했다. 장남과 삼남은 전염병으로 죽고, 둘째는 범에 물려 죽었다. 그는 뛰어난 위학緯學과 도참의 대가이자 풍수에도 일가견이 있었다고 믿어지지만, 자생 풍수 쪽은 아니었던 것 같다.

## 3. 이의신과 교하천도론

교하천도론[4]으로 유명한 이의신李懿信이 처음 『실록』에 등장한 것은 선조 33년1600 의인왕후 박씨가 죽어 그 장지를 물색할 때 상지관 자격으로 참여하면서이다. 광해군 4년1612 8월 26일 통례원 종6품 인의引儀 직에 있던 이의신은 상소를 올린다. 그 전문은 알 길이 없으나 조정 대신들의 반대가 극심하였다는 『실록』의 기사에서 그 내용은 짐작할 수 있다.

> 임진왜란과 역병이 계속하여 일어나는 것, 조정의 관리들이 분당分黨하는 것, 도성 주변 사방의 산들이 벌거벗은 것 등이 모두 도성의 왕기旺氣가 쇠한 데서 기인한 것입니다. 도성을 교하현交河縣에 세워 순행巡幸을 해야 합니다. 교하 땅은 한양과 개성과의 중간 지점이고 동으로는 멀리 삼각의 영산靈山이 병풍같이 보이고, 북으로는 송악산이 웅장하게 섰으며, 남으로는 옥야천리沃野千里가 기름지게 펼쳐 있어 오곡이 풍성하고, 서로는 한강이 넓게 흘러 배가 다니기에 좋은 땅입니다.

광해군은 서자이자 차남이라, 임금이 된 뒤 그 권력 기반이 매우 취약했다. 으레 그렇듯 이럴 경우 천도遷都라는 책략을 떠올리게 된다. 현대에도 마찬가지다. 박정희, 노무현 전 대통령도 그랬다. 그러나 천시天時에 이르지 못함인지 실패로 돌아가고, 이의신은 거의 모든 대신들의 반대에 몰려 죽기 직전까지 몰린다. 『실록』의 상황을 보면 교하천도론은 광해군의 생각으로, 이의신은 그것을 간파하고 행동에 옮긴 것이다.

> 왕광해군이 이의신에게 교하의 일을 상소하도록 은밀히 명하였다. 심지어는 관상감 정 정사륜鄭思倫, ?~1621에게 상소할 날을 가려 부치게 하였기 때문에, 비록 온 조정이 다투어 탄핵하였으나 끝내 따르지 않은 것이다.⁵

정사륜은 명리학자 출신으로 광해군이 그를 총애하여 국가의 대소사에 관한 택일이나 길흉 여부를 모두 점치게 하였다. 광해군 13년1621 정사륜이 죽자 광해군은 인부 50명을 보내 그의 묘역을 단장하게 할 정도였다. 이의신을 처벌하라는 상소는 광해군 6년 한 해에만 100회가 넘는다. 그러나 광해군은 "이의

신은 자기의 술術로써 충성스러운 말을 다하였으니 무슨 벌 줄 만한 일이 있는가. 무릇 일이 지나치면 잘못되는 법이다. 더 이상 번거롭게 논하지 말라."라고 하며[6] 그를 살린다.

이의신의 말년은 그 종적이 묘연하다. 여하튼 그는 광해군 8년1616을 마지막으로 『조선왕조실록』에 더 이상 그 이름이 등장하지 않는다. 1623년 광해군이 폐위되었을 때 제일 먼저 처벌받을 사람이 그였다. 그러나 명단에 그 이름은 없다. 고산 윤선도의 종손 윤형식 씨해남 녹우당 종가의 주장으로는 그가 중국 광동성 남쪽에 있는 해남도로 망명했다고 한다. 이의신과 윤선도는 처고모부 관계였다고 한다. 매우 신비한 인물임에는 틀림이 없다. 그러나 자생 풍수와의 관련성은 불분명하다.[7]

참고로 『실록』에 실린 교하 천도 관련 기사는 다음과 같다.

술관 이의신이 상소하여, 도성의 왕기가 이미 쇠하였으므로 도성을 교하현에 세워 순행을 대비해야 한다고 말하니, 왕이 예조에 내려 의논토록 하였다. 예조판서 이정귀李廷龜가 회계하기를,

"삼가 이의신의 상소를 보건대, 장황하게 늘어놓은 말들이 사람을 현혹시킬 뿐 무슨 뜻인지 헤아릴 수 없습니다. 풍수의 설은 경전經傳에 나타나지 않은 말로 괴상하고 아득하여 본디 믿을 수 없습니다. 그런데 이제 참위와 여러 방술方術의 근거없는 말들을 주워 모아 까닭도 없이 나라의 도성을 옮기자 하니 역시 괴이합니다. 삼가 생각건대, 한양의 도읍은 화악華岳을 의거하여 한강에 임하였으며 지세는 평탄하고 도로의 거리는 균일하여 주거舟車가 모두 모이는 중심지로서 천연적인 비옥한 토지와 굳건한 성곽 등 형세상의 우수함은 나라에서 제일이니 이야말로 전후의 중국 사신들도 모두 칭찬한 바였습니다. 우리 성조聖祖께서 나라를 세우려고 터를 마련하면서 여러 곳을 살펴보고 여러 해를 경영하였으나 끝내는 이곳에 정하였으니, 깊고 먼 계략을 어찌 미미한 일개 술관과 비교해 논의할 수 있겠습니까.

200년이 되도록 나라는 태평하고 백성은 편안하였으며 다스림은 융성하고 풍속은 아름다웠으니 실로 만세토록 흔들리지 않을 터입니다. 복지福地가 아니고 무엇이 겠습니까.

그런데 지금 의신은 임진년의 병란과 역변이 계속하여 일어나는 것과 조정의 관리들이 분당하는 것과 사방의 산들이 벌거벗은 것이 국도의 탓이라고 합니다. 아, 수길秀吉의 하늘까지 닿은 재앙은 실로 천하에 관계된 것이며 역적의 변괴가 일어난 것은 국도와는 아무런 관계가 없습니다. 사람들이 국법을 두려워하여 도끼를 가지고 들어가지 않으면 산의 나무는 저절로 무성할 것이며 편협되고 사사로운 마음을 버리고 왕도를 바로 세우면 조정의 의논은 저절로 화협할 것입니다. 이는 모두 인군과 신하, 위와 아래 모두가 힘써야 할 바입니다. 고금 천하에 어찌 이를 이유로 국도를 옮기는 일이 있었습니까. 설사 풍수의 설을 받들어 믿을 만하고 가능치도 않은 일들이 낱낱이 맞는다 하더라도 도성을 옮기는 일은 막중 막대한 일이니, 비록 곽박郭璞이 건의하고 이순풍이 계책을 세웠다 하더라도 오히려 경솔히 의논하지 못할 것인데 더구나 의신의 방술에 대한 수준을 아는 사람이 누가 있습니까.

듣건대, 그 사람은 상당히 구변口辯이 있고 문자도 제법 알기 때문에 방서方書에 의거하여 큰소리치고 있으나 실상은 그들의 동류들도 비웃는 자가 많다 하며 여염과 사대부의 사이에 묏자리와 집터를 지정해 준 것도 대부분 효험이 없다고 하니, 그가 곽박, 순풍과 같지 않음은 분명합니다. 그가 이른바 교하는 복지이고 한양은 흉하다는 말에 대해 세상에 알 만한 자가 없으니 누가 능히 가리겠습니까만, 당당한 국가가 어찌 일개 필부의 허망한 말을 선뜻 믿어 200년의 굳건한 터전과 살고 있는 수많은 우리 백성으로 하여금 갑자기 일거에 떠돌이로 만들 수 있겠습니까. 이 소장이 들어오면서부터 사람들이 마음을 안정하지 못하고 서로 뜬소문에 동요되어 더러는 '성상께서 이 말을 믿는다.' 하고, 더러는 '새 궁궐에 나가지 않는 것은 이 말 때문이다.' 하여, 원근이 모두 놀래고 현혹되어 분위기가 좋지 않습니다. 이단이 국가에 해독을 끼치는 일이 예로부터 그러했으니, 고려 말엽에는 요승 묘청이 음양의 설로 임금을 현혹하기를 '송경松京은 왕업이 이미 쇠퇴하였고 서경西京에 왕기가 있으므로 도읍을 옮겨야 한다.'라고 하여 드디어 새 궁궐을 서경 임원역林原驛에 지었으나 끝내는 유참柳묘 등의 변란이 일어나고 말았습니다. 예전의 고사도 이와 같은데, 어찌 경계할 일이 아니겠습니까.

대저 나라의 터전을 장대하게 하고 영원한 명을 비는 도리는 다만 형정刑政을 밝히고 취사取舍를 살피는 것, 백성을 사랑하고 풍속을 도탑게 하는 것, 내정을 잘 닦고 외적을 물리치는 일뿐입니다. 참으로 이 도리를 반대로 하면 비록 해마다 도읍을 옮긴다 하더라도 다만 위란만 불러들일 것입니다. 이제 그는 말하기를 '인사가 가지런히 되지 않는 것은 그 원인이 기수氣數에 있다.' 하였는데, 이는 임금으로 하여금 인사를 닦지 않고 다만 기수에만 의지하게 하려는 것이니 이것이야말로 망국의 말인 것입니다. 신들이 예관이 되어 예에 벗어난 말들을 감히 다시 의논하지 못하겠으니, 성명께서는 요망한 말들을 물리치고 멀리하여 성상의 마음을 바르게 하고 속히 법궁法宮에 나아가 뭇사람들의 의심이 풀리도록 하소서. 감히 아룁니다." 하니, 답하기를,

"예로부터 새로 도성을 세운 제왕이 많았으니 본디 세웠던 도성을 아주 버린다는 뜻은 아니다. 그리고 의신의 방술이 정미하다고 내가 지나치게 믿는지의 여부를 예관이 어떻게 아는가. 새 궁궐로 곧 옮기려고 했으나 내전이 상喪을 당하였고 역옥逆獄이 계속 일어나므로 나라에 일이 많아 여기까지 미칠 틈이 없었다. 그런데 이제 터무니없고 근거도 없는 말로서 이 말을 믿는다고 임금을 지척하고, 또 '법궁에 나가지 않는 것이 이 말 때문이다.' 하니, 너무 놀랍다. 앞으로는 이러한 등의 말을 경솔하게 내지 말도록 하라. 소장의 끝에 있는 회계의 일은 마음을 가라앉힌 다음 상의하여 의계議啓토록 하라." 하였다.[8]

선수도감繕修都監에 전교하기를,

"위에서 풍수에 대해서 잘 모르니 도감에서 십분 상세히 의논하여 아뢰라." 하니,

회계하기를,

"신들 역시 풍수에 대해 잘 몰라서 각 사람들이 논하는 바를 가지고 옳고 그름을 정하자면 절충하기가 어렵습니다. 지금 여러 술관術官들은 모두 옛터의 동향東向이 좋다고 하는데, 오로지 이의신만이 새 터의 남향이 좋다고 합니다. 허신직許身稷은 이의신의 말이 쓸 만하다고 하는데 다른 사람들은 모두 '허신직은 본디 풍수에 대해서 아무것도 모른다.'라고 하니, 그의 말은 믿을 만한 것이 못됩니다. '경사卿士가 따르고 서인들이 따른다.'라는 뜻으로 미루어 보면 여러 사람들의 의견을 따르는 것이 마땅합니다. 더구나 조종조에서 새 터를 닦으면서 향배向背를 정할 때에는 반드시 후인들로서는 따라갈 수 없는 제대로 볼 줄 아는 술관이 있었을 것으로, 동향으로 정한 것은 참으로 우연한 것이 아닐 것입니다. 그러니 묘리를 제대로 터득하지 못하고서 조종조의 옛 제도를 가벼이 고치는 것에 대해서는 신들이 참으로 감히 의논하지 못하겠습니다. 오늘 술관들이 열무정閱武亭 등처에서 범철泛鐵하였는데, 그들이 말한 바를 별단別單에 서계하였습니다." 하니, 답하기를,

"알았다. 창경궁을 처음 세울 때의 전교와 계사와 술관들의 논의를 태조조의 『실록』을 며칠간 상세히 고찰하여 아뢰라." 하였다.[9]

자생 풍수 답사기

## 교하 답사기[10]

새로운 해는 시작되었으나 산천의 의구할 뿐이다. 서울을 벗어나기 위하여 겪어야 하는 교통지옥도 그렇고, 뿌연 매연과 흐릿한 한강물도 그렇다. 새로움은 사람들 마음속에서만 되살아나는 것인가.

확실히 사람들의 마음은 변화가 심하다. 그토록 열망하던 통일이 어찌 된 영문인지 최근 들어 뜨악해졌다. 어떠한 희생을 치르더라도 통일만은 우리 민족 모두의 하나같은 소망이라고 소리쳐 왔는데, 지금은 통일 후의 혼란을 걱정하는 소리도 꽤나 커졌다.

필자가 교하 일대를 통일 수도로 해야 한다는 주장을 한 지도 여러 해가 지났다. 그 사이 여러 분야에서 통일 수도 문제에 대한 논란이 있어 왔다. 서울을 그대로 사용해야 한다는 설에서부터 교하·개성·파주 등 경기 북부 일대의 어느 지점을 주장하는 설, 평양이 좋다는 설 등 여러 가지가 있었다. 심지어는 계룡산 신도내를 말하는 사람들도 있었으나 이는 너무나 전근대적인 발상이라 별 가치 없는 소문일 뿐이라 믿는다.

북한에서도 통일 뒤의 수도 문제에 신경을 쓰고 있을까? 이 점에 대해서는 아무런 정보가 없다. 1948년 9월 8일 '조선 인민회의 상임위원회'가 통과시킨 그들의 헌법 제9장 제108조에 "조선민주주의 공화국 수부首府는 서울이다."라고 규정했으나, 1972년 12월 28일 '사회주의 헌법' 개정을 통하여 "조선민주주의 인민공화국 수도는 평양이다."로 고친 사실이 있고《월간 신시》1997년 1월호 김주호 국장의 글에서 인용 최근 단군릉을 발굴하여 그의 유해까지 찾아냈다는 발표를 하는 것을 보면,[11] 그들이 통일 수도로 평양을 주장할 공산이 커졌음은 미루어 짐작할 수 있는 일이다.

필자는 여러 글을 통하여 몇 가지 중요한 풍수적 문제점들을 제시하고 그 해결책을 제시한 바 있다. 청와대와 중앙청 문제는 우선 청와대 구舊본관이 헐리고 중앙청이 철거됨으로써 어느 정도 해결되었다고 본다. 전라남도 신新도청은 무안군 삼향면 남악리로 옮겼으니 소기의 성과를 거둔 셈이다. 전남 도청 입지 결정이 보도된 당시 필자는 여러 분야, 여러 계층의 사람들로부터 전화를 받았다. 대부분 귀신같은 예언에 놀랐다는 것과 축하한다는 얘기들이었는데, 사실 필자는 크게 당황할 수밖에 없었다.

필자가 공부한 풍수는 예언을 하는 도참적 술법과는 다르다. 또한 무안·목포 일대에 아무런 연고가 없는 사람이 이곳이 도청이 되었다고 해서 축하받을 일도 없었다. 필자는 배운 바에 따라 적정한 입지를 선정하여 그것을 주장했을 뿐이다. 다시 말하거니와 예언적 술법이 아니라 땅의 이치를 궁구窮究하는 우리의 전통적인 지리 지혜이다. 교하를 통일 수도로 주장하는 것도 점쟁이 점치는 식으로 맞힌다, 못 맞힌다는 식의 문제가 아니라, 우리 민족 정서에 부합하는, 그러면서도 합리적으로 다른 이론에도 맞는 수도의 입지를 선정하여 주장하는 데 목적이 있을 뿐이다.

교하라는 지명은 한강과 임진강 사이에 끼어 있기 때문에 붙은 이름이다. 두 개의 큰 강 사이에 위치하므로 그 분수계分水界 기능을 수행하기에, 해안인데도 지세는 별로 좋지 않다. 『택리지』에도 땅이 메마르고 백성이 가난하여 살 만한 곳이 못된다고 지적한 바이지만, 이곳이 황폐하여 사람이 살지 못하다가 고려 공민왕 때 안목安牧에 의하여 비로소 개간되었음은 이곳 출신으로 『용재총화慵齋叢話』를 쓴 성현成俔도 기록으로 남기고 있는 사실이다.

이곳이 천도 물망에 오른 것은 광해군 때이다. 그 과정은 이미 위에서 밝힌 바와 같다. 문제는 임금인 광해군 자신이 교하 천도에 마음이 기울었다는 점이다. 『상촌집』에 의하면 광해군은 교하로 천도하자는 뜻을 은근히 찬성하여 신임하던 내환內宦 이봉정李鳳禎에게 속마음을 터놓는 한편, 2품 이상 신하들에게 논의하게까지 하였다. 중신들은 천도의 불가함을 한목소리로 주달奏達하는 동시에 이의신에게 벌을 주자고까지 진언한다. 이리하여 교하 천도론은 한낱 괴이하고 요망한傀誕 지관의 헛소리로 끝나고 말았다. 이런 조정 중신들의 반대 의견은 백사白沙 이항복李恒福이 잘 정리하였다.

그렇다면 당시로서 교하 천도는 황당한 의견이었을 뿐일까? 그렇지만은 않다. 광해군은 전 국토가 불바다가 되는 미증유의 국란을 겪은 사람이다. 민심이 돌아서서 왕궁에 불을 지르는 백성들을 목격하기도 했던 사람이다. 게다가 그 자신은 왕위 계승에 시달릴 대로 시달려 본 경험을 가지고 있다. 어떤 식으로든 혁신적인 정치 개혁을 필요로 했던 입장이었다. 그러니 천도를 생각해 보지 않을 까닭이 없다. 그로써 민심을 일거에 수습하고 조정을 장악할 수 있으니, 괜찮은 전략이 된다. 그러나 신하들의 입장은 전혀 다르다. 이제 전란은 끝났고 민심이 역성혁명을 원하는 것도 아니다. 그러니 천도라는 일대 도박에 찬동할 필요가 없는 것이다.

우리의 국도國都는 산간 분지 지형에서 산지와 평지의 점이漸移 지점으로 진전되어 나오는 경향을 보여 왔다. 삼한의 수도를 비롯하여 경주, 개성 등이 분지에 속하는데, 이런 곳을 풍수에서는 장풍국藏風局의 땅이라고 한다. 그리고 한양은 동쪽과 북쪽은 산지이지만 서쪽과 남쪽은 강에 면한 평야인 점이 지역에 자리 잡았다. 이런 곳을 득수국得水局의 땅이라 한다. 즉 수도는 장풍의 땅에서 득수의 땅으로 헤쳐 나온 셈이다. 풍수는 지리地利뿐만이 아니라 천시

天時의 중요성도 간과하지 않는다. 고려 시대까지는 장풍의 터가 천시에 맞는 땅이었다. 평양, 공주, 부여는 천시를 얻지 못한 땅으로 그 결과는 우리가 역사에서 보는 바와 같다. 그리고 득수의 땅 다음으로 수도 입지가 될 수 있는 것이 평지룡平地龍의 땅이다. 우리나라 지형에서 평지룡에 해당하는 곳은 해안 지역이다. 교하가 바로 그런 땅이다. 다만 광해군 때 이의신은 아직 평지룡의 땅으로 천시가 가지 않았는데도 그것을 주장한 잘못을 저질렀으므로 성공할 수가 없었던 것이다.

물론 풍수 이론상으로도 광해군 때의 천도 주장은 심각한 문제를 지니고 있다. 바로 자생 풍수가 지지하고 있던 '국도 500년 지기설地氣說'에 위배된다는 점이다. 광해군은 개국으로부터 200년 조금 지난 시대의 임금이다. 그러니 500년 지기설에 맞지 않는다. 어찌 되었거나 교하는 수도 후보지로 거론된 바 있었고, 그것이 실패로 끝난 경험이 있는 땅이다.

필자의 통일 수도 교하 주장엔 몇 가지 오해가 있는 듯하다. 통일이 되면 서울과 평양은 남북한 어느 한쪽 주민들의 마음을 불편하게 할 우려가 있다. 물론 필자는 지리적 위치로 보나 상징성으로 보나 서울의 정통성에 한 치의 이견도 없다. 그러나 수도 문제로 통일 후 민족 내부에 새로운 지역 갈등이 생겨서는 안 된다는 바람을 가지고 있다. 그래서 서울도 평양도 아닌 제3의 장소를 물색해 보았다. 한때 그 최적의 장소로 개성을 꼽았다.[12]

경제·사회·문화적 기능만 일시 개성으로 옮겨 가는 데는 별 지장이 없다. 하지만 그곳은 장풍의 땅이다. 따라서 풍수가 바라는 천시에 어울리지 않는다. 평지룡의 땅이어야만 한다. 그곳이 바로 교하다. 통일 후 30~50년쯤 개성에 임시 통일 수도를 두고, 그사이 교하에 새로운 수도를 건설하여 앞으로 500년 국가 장래를 도모할 수 있으리라는 것이 필자의 주장이었다. 통일되자

마자 교하로 가자는 얘기가 아니었다.[13]

교하의 풍수적·지리적 입지의 타당성, 예컨대 국토의 중앙이라든가 한강, 임진강, 예성강이란 3대 강의 교회처交會處라든가, 항만 입지가 좋다든가, 지성地性이 관후박대寬厚博大하다든가에 대해서는 중언부언이 필요 없다. 다만 그 핵심이라 할 수 있는 혈장이 어디냐 하는 것만을 생각해 본다.

새해를 맞아 교하의 산하를 살핀다. 정신을 모아 천지신명의 부촉咐囑을 기다린다. 그리하여 이런 모습을 떠올릴 수 있었다. 장명산長命山을 주산으로 나라의 만세를 기리고, 오도리吾道里 일대를 혈처, 그러니까 왕조로 하자면 대궐터로 삼아 민족자존의 주체성을 확립하며, 당하리堂下里를 명당으로 하여 백성의 발아래에 서 있다는 민주 의식을 기조로 하면 되리라. 구태여 큰 도읍이 무슨 필요가 있을까? 그런 수도 기능은 서울이 감당해 준다. 그리고 심학산尋鶴山을 조산으로 하여 원대한 포부를 가꾸어 나간다면, 그것이 바로 겨레의 큰 서울, 교하가 되리라.

아들을 데리고 다니는 답사는 아버지인 내게는 큰 의미가 있다. 제자들은 제자들대로의 맛이 있지만 자식은 그와는 다른 정서를 가슴에 심어 준다. 아비가 통일 수도로 적지適地임을 주장하는 교하 땅을 아들에게 보여 주기 위한 답사도 그런 마음에서 시작된 것이다. 당시 중학 3학년인 아들 녀석은 통일이 언제 될 것이냐 물었다. 난들 알 수가 있겠나. 단지 우리 민족 모두의 바람이고, 사람들이 한결같이 바라는 바는 언젠가는 반드시 이루어지는 법이라고밖에는 할 말이 없었다.

먼저 필자가 교하의 주산으로 짐작한 장명산102미터을 올랐다. 산 너머 북쪽으로는 곡릉천曲陵川이 흐르고, 일대를 조망할 수 있는 좋은 위치에 놓인 산이다. 눈이 녹아 질퍽거리는 산길을 오르는데 오도리에 산다는 아주머니 두 분이 길을 내려온다. 통일 수도로 이곳이 회자되고 있다는 사실을 잘 알고 있었다. 마치 결정된 일인 양 말하고 있어 쑥스럽기 짝이 없다. 다행히 내가 바로 그 주장을 편 당사자임은 전연 모르는 눈치다.

통일 수도가 됨은 더없는 고향의 영광이나 그 좋던 장명산이 깎여 없어진다는 것에 크게 상심이 되는 모양이다. 원래 이 산에는 자식 없는 사람들이 아기를 낳게 해 달라고 빌던 샘이 있었다고 한다. 그런데 일본인들이 석회석 광산을 개발한다고 산을 건드린 이후로 샘이 말라 버렸다고 한다. 뿐만이 아니다. 그 뒤로도 계속 돌을 캐내어 크고 좋던 이 산이 자락만 남아 버렸다는 것이다. 정상에 올라 보니 지금도 골재를 채취하는 작업이 계속되고 있었다. 산정상부는 완전히 해체되어 산이라고 하기가 민망한 지경이다. 그렇다면 이 산이 수도의 주산이 되기에는 문제가 생긴 셈이다. 당시 파주 일대의 마을들은 건설 자재 공장들 때문에 몸살을 앓고 있었다. 채석장에, 레미콘 공장에, 시멘트 벽돌 공장에, 그야말로 건축 기본 자재 공장 중 없는 것이 없는 군이 되고만 것이다.

그렇다고 인근에서 대안의 산을 찾을 수도 없다. 장명산의 훼손된 지기를 일시 피하기 위해서는 부득이 혈처를 장명산에서 거리를 두고 정하는 수밖에 없다. 또한 장명산 골재 채취를 빨리 마무리 짓고 그곳의 조경을 성심껏 하여 지기가 되살아나기를 기다려야 한다. 통일의 땅기운이 샘솟는 이곳 주산이 이처럼 수모를 당하여 통일 기운이 늦어지고 있는 게 아닌가 하는 요망한 생각까지 들 정도였다.

다시 산을 내려가며 마땅한 자리를 살핀다. 오도리의 장명산은 가는 띠 모양을 이루며 당하리 쪽으로 연맥緣脈을 뻗치고 있다. 그 맥을 따라 움직이다가 마침 그런 최적의 장소를 만났다. 바로 교하중학교가 있는 자리다. 방학 중이라 학교는 적막강산이다. 땅을 보기 좋은 분위기다. 운동장 아래쪽으로는 당하리의 들판이 나지막한 구릉들을 여기저기 얹은 채 질펀하게 펼쳐져 있다. 남쪽을 가로지르는 세 겹의 부드러운 능선들은 한마디로 탁월하다. 조안朝案에 서기瑞氣가 충천하여 혈장을 휘돌아 감싸는 대지의 풍모이다. 대통령 관저를 비롯하여 중요 정부 청사가 들어서기에 적절한 땅이다. 주택지와 상업용지는 인근 금촌읍을 이용하면 된다. 모두 하여 인구 20만 정도의 수도, 여기서 국가와 민족의 장래를 차분하고 안정된 마음으로 설계해 나간다면 좋겠다. 멀리 하늘 선에 심학산이 바라보이는 것도 금상첨화다. 통일된 우리 국가의 대통령은 선학仙鶴을 찾아 나선 신선의 마음으로 국정에 임해야 마땅하지 않겠는가.

누가 시킨 일도 아니지만, 뭔가 큰일을 마무리 지었다는 느낌이 든다. 그런데도 기분이 개운치 않은 것은 통일에 대한 전망이 분명치 않아서인가 보다.

너무 큰 생각을 하다 보니 머리가 무겁다. 마음을 어루만져 줄 수 있는 땅기운을 쐬고 싶다. 또 아들에게 정서를 가꿀 수 있는 지기地氣를 가르쳐 주고 싶은 마음도 생긴다. 그리하여 찾은 곳이 기생 홍랑洪娘의 무덤. 고등학교『고문古文』교과서에 실려 있는 "묏버들 가려 꺾어 보내노라 님의 손에 / 자시는 창 밖에 심어 두고 보소서 / 밤비에 새잎 곧 나거든 나인가도 여기소서."라는 시조의 지은이이다. 누가 그녀를 모르랴.

오도리에 있는 교하중학교 앞 길에서 서쪽으로 난 이차선 포장도로를 한 5리쯤 가다 보면 길가에 청석교회가 나온다. 청석교회에서 조금 더 내려오면 오른쪽으로 마을로 들어가는 작은 길이 나서는데, 그 마을 뒷산에 청석리 홍랑의 산소가 자리하고 있다. 동구에 그의 애인이자 남편이었던 고죽孤竹 최경창崔慶昌의 시비詩碑가 서 있는데, 바로 같은 돌 뒷면에 홍랑가비洪娘歌碑가 새겨져 있다. 물론 홍랑이 최경창의 부인은 아니다. 그렇기 때문에 최경창을 홍랑의 남편이라고 부르는 것은 정확한 표현이 아니다. 그러나 워낙 그들의 사랑이 애틋하여 최경창의 본향인 해주 최씨 문중에서도 그녀를 받아들이고 신위까지 받들고 있으니 남편이라 하여도 큰 망발은 아니다.

주변은 서해안에서 흔히 볼 수 있는 구릉성 산지들이 엎드려 있다. 마을을 바라보며 왼쪽으로 해주 최씨 문중 산이 있는데, 멀리에서도 잘 정비된 10여 기의 산소들이 보인다. 마을 끝에 이 산을 관리하는 최중섭 씨의 집이 있고, 그 집 옆 채소밭을 가로지르면 커다란 오석烏石에 해주 최씨 선세제위 이장비海州崔氏先世諸位移葬碑가 우뚝 서 있다. 본래 이 산소들은 파주군 월롱면 영태리에 있었는데 그곳에 미군 부대가 들어서면서 이곳으로 이장하게 되었다고 한다. 그것이 1969년의 일이고, 시비詩碑가 세워진 것은 1981년 뜻있는 문인들에 의해서이다.

홍랑의 무덤은 이장비 조금 위쪽에 있다. 묘비도 아름답다. 이르되, '시인 홍랑지묘詩人洪娘之墓'. 가인佳人의 부넘납게 글씨 노한 아름납나. 바로 그 위가 고죽 최경창의 묘. 이 묘에는 최경창의 부인 선산 임씨가 합장되어 있다. 묘한 감흥이 인다. 남편과 부인이 한무덤에 들어 있고, 바로 그 아래 남편의 애인 무덤이 있다. 남편과 애인은 절세의 연애 사건을 일으킨 사람들이다. 그 부인의 마음이 어떠했을까? 아니, 최경창이란 사람은 도대체 어떤 사람일까? 홍랑은 또 어떤 인물이었을까? 최경창의 풍류 반려. 그는 퉁소를 기가 막히게 잘 불던 사람이라고 한다. 그런 고죽은 지금 홍랑을 통해서 오히려 인구에 회자되는 형편이다.

내게도 풍류 반려가 있었던가. 아들을 옆에 앉혀 두고 그런 생각을 하려니 민망스럽다. 그러나 참으로 아름다운 광경인 것을 어이하랴. 주위는 안온하다. 무덤 옆에 앉아 담배에 불을 붙이니 소리에 놀랐는지 발아래에서 꿩 한 쌍이 푸드득 날아오른다. 고죽과 홍랑의 혼신인가. 아, 참으로 고즈넉한 사랑이구나! 부러운 일생이다.

무덤 우측으로는 운치 있는 소나무가 고개를 디밀고 있다. 이백李白의 시구대로 "푸른 산에 사는 일이 어떠한가 물으니 말없이 웃는다 / 복사꽃 가물가물 흘러가는데 / 별유천지 비인간일세問余何事棲碧山 笑而不答 心自閑 桃花流水 窅然去 別有天地 非人間."인 풍광이다. 막걸리 한잔 걸치고 홍랑의 무덤을 베고 누워 한바탕 꿈을 꿔 보고 싶은 마음 간절하다. 어린 아들은 아버지의 마음은 아랑곳없이 무심히 과자를 씹으며 꿩 날아간 숲에만 정신을 팔고 있다. 하기야 정신을 차릴 사람은 이 아비인 것을.

홍랑의 본명과 생몰 연대는 미상이다. 함경도 출신으로 시문에 재질이 뛰어나 시조와 한시의 절품絶品을 남겼다는 기록이 있다. 지조가 견고했고 불타오르는 정열을 지니되 두려울 바가 없었다고 한다. 최경창이 북도평사로 함경도 경성鏡城에 있을 때 그의 막중에 머물며 정이 들어, 이듬해 봄 최경창이 서울로 귀환함에 쌍성雙城14까지 따라와 작별을 고하고 돌아가다가 함관령咸關嶺에 이르러 날이 저물었다. 마침 봄비는 하염없이 내리고 있었다. 치밀어 오르는 사모의 정을 참을 길 없던 홍랑은 시조 한 수를 읊었으니, 그것이 바로 그 유명한 시조인 것이다. 이 시조를 버들가지와 함께 인편에 보내니, 이 시구를 받은 최경창은 이를 한역漢譯하여 자신의 애모의 글과 함께 답장을 띄웠다. 이 친필 연서는 1981년 당시 김동욱 교수에 의하여 발굴되어 소개된 바 있다.

"만력萬曆 계유癸酉, 1573 가을. 나 북도평사로 부임했을 때 홍랑 그대도 나의 막 중에 같이 있었소. 다음 해 내가 서울로 돌아올 때, 홍랑이 따라와 쌍성에서 이별했

었소, 헤어지기 전 함관령에 이를 적에 날이 어둡고 비가 캄캄하였소. 을해년1575
에 내가 병을 앓아 봄부터 가을까지 자리를 뜨지 못했을 때, 그대 홍랑은 이를 듣
고 일곱 밤낮을 걸어 서울로 올라오지 않았소. 그때는 함경도 사람들은 서울에 들
어오지 못하도록 금지령이 내려 있었고, 많은 사람들이 우리 둘의 얘기를 하는 바
람에 나는 면직이 되고, 그래서 홍랑은 고향으로 내려가지 않았소……"

둘의 사랑은 나라의 금령禁令까지 어겨가며 병든 정인情人을 찾아 나서게 했
고, 그로 인하여 관직을 박탈당한 정인은 일고의 후회도 없이 그녀를 기리는
답장을 썼다. 그가 세상을 떠나자 홍랑은 3년의 시묘살이를 하고 수절을 한다.
그리고 그녀는 지금 정인 아래에 묻혔다. 마치 퉁소를 불고 있는 사랑하는 이
의 발아래 몸을 던지고 음률을 헤아리고 있는 모습이다.

나는 지극히 산문적인 사람인데, 오늘 보니 서정적 측면도 없지 않은 모양
이다. 못내 자리를 털고 일어나기가 아쉽다. 아마 이 땅기운이 유정한 까닭인
지도 모르지. 편히 쉬시오, 홍랑 여사!

## 4. 박상의

박상의朴尚義는 특별한 두 사람의 주목을 받았다. 연세대 철학과 교수였던 고 배종호裵宗鎬 박사와 아나키스트 독립운동가 단재丹齋 신채호申采浩 선생이 그들이다. 배종호는 풍수에 정통한 데다 정통 도학자이기도 했다. 그리고 최초로 풍수를 학술 논문에서 다뤘다.[15]

필자가 풍수를 학문적으로 다룰 엄두를 낸 것도 이 논문 때문이다. 이 논문에서 박상의에 관한 부분은 다음과 같다.

> 돌이켜 보건대 박상의는 당시 명풍名風으로 등용되어 국풍國風의 지위에 앉음으로써 조정 고관, 부귀 권세가의 존숭을 한몸에 받았던 사람이며, 그의 손으로 점분占墳한 것이 팔도강산 도처에 산재한다. 그러나 그의 위인이 탐욕이 많은 데다가 술가術家에 상투풍常套風인 교만이 많았던 탓으로 명산 한 자리 얻을 수 없었던 것 같다.[16]

동시에 배종호 교수는 조선조 풍수의 달인이라고 전해지는 일이승一耳僧이 박상의에 대해 평한 글을 소개했다. 일이승은 박상의를 "단지 용龍의 생사만을 알았다."며 남사고보다 한 수 뒤진 것으로 평가한다. 이는 박상의에 인품에 대한 혹평에서 비롯되었을 것이다. 그리고 남사고에 관한 신비화도 한몫했을 것이다.

일이승의 생애에 대해서는 구전만 있을 뿐 정확한 기록은 전혀 없다. 단재에 의하면 일이승은 정조 말년에서 순조 초기의 인물로 한쪽 귀가 없어 일이승으로 불렸다고 한다. 그는 홍경래의 혁명사상에 자문諮問하였으나 홍경래가 군대를 일으키기 직전 "전쟁이 나면 나는 군인으로서도, 모사로서도 쓸모가 없는 자이기에 산으로 들어가 불경이나 공부하겠다."라면서 헤어진다. 일이승은 조

선 후기의 혁명적 사상을 가진 민중들에게 상당히 알려진 풍수승이었다고 보인다.[17]

다만 단재는 박상의를 박상희로 잘못 표기하고 있다. 그대로 박상희로 인용하겠다.

근세에 풍수 선생으로 돌아다니던 박상희가 있었던 것은 명백한 사실이다. 한데 풍수가의 전설을 들으면 박상희가 풍수질 한 것은 원래 풍수 선생으로 천명擅名하려는 것이 아니요, 일종의 야심을 회포하고 풍수질을 배운 것이라 한다.

무슨 야심? 자기가 제왕이 되지 못하면 제왕이 될 타인이라도 제조할 야심이었다. 대개 수백 년래 풍수의 미신이 사회에 미만彌滿하여 제 묘를 잘 쓰면 왕 태조나 이 태조도 될 수 있고, 남의 묘를 잘 써 주면 도선이나 무학도 될 수 있는 줄로 믿었더니, 미천한 사람으로서 박상희가 달리 출신出身할 도리가 없으매, 혹 사회의 미신을 이용하여 무슨 반역의 행위를 하려고 풍수질을 하였던지도 모를 일이다.

그 전설에 가로되 박상희가 그 주인 박엽朴燁을 잃고, 정묘호란과 병자호란 양차 대란을 겪은 후에, 이 세상에서 자기 재략을 시행할 당黨이 없음을 자각하고 드디어 서술 책 몇 권을 읽어 가시고 보따리를 둘러메고 짓내빼짚를 사고 친춘민믹千州萬落을 돌아다니며, 자기가 가리키는 산에 묘를 쓰면 제왕도 나고 장상將相도 나고 진사도 급제도 난다고 떠들고 다니더니, 한번은 어떤 상주常主가 자기의 친부를 장사하려고 박상희를 청하였다.

박이 따라갔더니 가세家勢는 비록 호부豪富는 아니나 박에 대하여 음식 공궤供饋가 지성을 다하므로, 박이 또한 그 상주의 뜻을 아니 맞추어 줄 수가 없었다. 답산 차로 나아가 박이 한 곳을 가리켰다.

"몇 대의 문과文科가 날 자리니 여기에다 묘를 들이소서."

허나, 상주는 머리를 흔들며 그보다 좀 나은 자리를 얻어 달라 한다.

하릴없이 다시 며칠을 더 다니다가 한 곳을 가리켰다.

"이 자리는 참 얻기 어려운 자리올시다."

박이 이 말을 할 때에 상주가 반드시 기뻐 뛸 줄을 알았더니, 의외에 상주가 또 머리를 저었다. 박상희가 대경大驚하여 말하였다.

"그러면 그대의 뜻이 천하의 제일 높은 지위를 가지려 함이냐?"

상주가 말하였다.

"이것이 남의 귀에 들릴 수 없는 말이나 나의 뜻은 참 그러합니다."

"그러면 진작 말할 것이지."

박은 이렇게 말하고, 함께 다른 심산을 향하여 며칠 다니다가 한 곳을 가리켰다.

"이것이 그 자리올시다. 800년 제왕의 업을 누릴 자리올시다."

한즉, 상주가 그만 두 팔을 걷어붙이고 달려들어 박상희를 죽도록 난타하였다.

"이놈! 천하에 요망한 놈. 네가 무엇이기에 네가 진사도 내고, 정승도 내고, 제왕까지 낸단 말이냐."

박상의가 그 후로부터는 묏자리를 잡아도 제왕 날 땅을 못 잡았다 한다.

또 혹자의 말에는 박상희가 그 상주의 매를 맞고는 '아, 제왕이란 것이 참 무서운 것이다. 참말 제왕은 고사하고 거짓말 제왕도 낼 수가 없다.' 하며 쇠 지남철을 부수고 산으로 들어가 다시 풍수질을 안 하였다 한다.[18]

풍수에 대한 단재의 혐오와 함께 자생 풍수의 내력을 말한 대목이 눈에 뜨인다.

단재의 소설에는 박상의의 주인이었던 박엽에 관한 얘기도 들어 있다. 박엽은 광해군의 동서로 성천 부사와 평양 감사를 지냈으나 인조반정으로 처형당한다. 그는 주로 호란과 관련된 신비한 설화의 주인공으로 등장한다.

박상의는 도참서인 『오명사비기五名師秘記』라는 필사본에 옥룡자玉龍子, 각대사覺大師, 나학천羅學天, 성거사成居士와 함께 등과 함께 올라 있으나 그의 주장은 알 길이 없다. 이런 책에 들어 있는 것으로 보아 그는 자생 풍수의 맥을 잇고 있다고 보인다. 또한 자생 풍수의 가장 큰 특징인 비보를 쓸 줄 알았다.

선조 32년1599 임진왜란으로 조선에 주둔하던 명나라 장수가 관왕묘關王廟, 현재의 동묘를 세우는데 조선 조정에서는 그 입지 선정에 박상의를 파견한다. 그는 동대문 밖 서울의 청룡이 허약한 부분에 터를 잡았다. 명백하게 도선의 비보 풍수를 좇은 것이다.

그러나 그가 자생 풍수의 정통 맥을 이은 것 같지는 않다. 그는 의인왕후와 택당 이식李植의 조부 묘 논의에 참여하였고, 백사 이항복李恒福은 직접 박상의를 대동하고 그의 선영과 자신의 신후지지身後之地를 소점小占하였는데,[19] 이는 자생 풍수의 전통에 어긋나는 일이다.

자생 풍수의 특징

# 편의성: 이상보다 현실에 충실하기

"푸앵카레가 제시한 규약주의의 핵심은 기하학과 시간 측정술의 원리들이 일종의 규약이며 우리가 경험에 공간적·시간적 질서를 부여하기 위하여 만들어 낸 것에 지나지 않는다는 그의 주장에 놓여 있다. 관계를 추정하는 체계로서의 공간과 시간은 결국 우리의 풍부한 경험으로부터 추상화를 통하여 도출되는 것이다.

자연이 시간과 공간을 우리에게 부여하는 것이 아니라 바로 우리가 공간과 시간을 자연에 부과한다. 왜냐하면 우리는 우리 자신의 편의를 위하여 그들을 발견해 낸 것이기 때문이다."[20] 말하자면 우리 마음대로라는 뜻이다. 자신의 편의를 위하여 자연에 시간과 공간을 부여한다니, 당연한 일이다.

아나톨 프랑스의 말이다. "우연은 신이 자신의 이름으로 서명하기 싫을 때 사용하는 신의 가명이다."[21] 우연은 말 그대로 우연인 경우가 드물다. 그 프로세스를 알지 못할 뿐, 뭔가 이유가 있을 수 있다.

"우연의 효과는 돌로 언덕을 쌓는 경우와 비슷하다. 돌덩이 몇 개만 쌓아서는 규칙적인 형태를 얻을 수 없다. 하지만 돌을 많이 모아 놓으면 비록 가까이에서 보면 표면에 구멍이 뻥뻥 뚫려 있다 해도, 멀리서 보면 그런 울퉁불퉁한 것들이 보이지 않고 제법 그럴싸한 언덕이 생겨날 것이다. 수많은 개별적인 우연들도 거리를 두고 관찰할 경우 수많은 동종의 사건들을 관찰할 때처럼 조화로운 전체로 녹아든다."[22] 우리나라 시골에서 비보의 방책으로 세운 탑은[23] 막쌓기 식으로, 보기에는 우연히 그렇게 된 것처럼 여겨지지만 실제로는 여러 장인들의 공이 쌓여 이루어졌다.

우연은 입증된 생명의 기본 구조를 그리 쉽사리 위험에 빠뜨리지는 못한다. 세부적인 부분에서만 실험이 이루어질 뿐, 진화는 보수적인 동시에 진보를 환영한다.[24]

진화가 문제가 아니다. 세부적인 상황이 중요하다. 풍수 논의에서 전체적인 맥락 즉 논리 체계를 요구하는 사람들이 많다. 그러나 풍수는 현실을 살아가는 사람들의 편의에 의하여 쌓여 온 지혜일 뿐 사고의 진화가 불러온 구조는 아니다. 그때 그곳에서 어떤 판단이 필요한가가 중요하다. 의미를 부여하고 상징성을 조작하는manipulate 것도 역시 인간의 편의를 따를 뿐이다.

고민에 빠진 많은 사람들이 풍수가나 점술가, 무당을 찾아가 그에 의지하려는 경향이 있다. 그들은 그러한 고민이 해결될 때까지 자신들도 진정으로는 믿지도 않는 것들을 찾아 헤맨다. 여기서 만족하지 못하면 저기를 찾아간다. 그게 얼마나 보순인지 따실 셔를노 없이 말이나. 그러나 우연이 그들을 행운으로 이끌면 거기에 빠지고 만다. 이것이 진정한 불행이다. 자신의 책임인 일들을 천지의 조화에 돌리려는 암담한 태도를 유지하며 삶을 지탱한다. 이것이 불행이 아니면 무엇이겠는가?

새로운 발견은 불만족스러운 해결책과 오류를 참아 내며 많은 실험을 하고 적은 선택을 하는, 다소 불편해 보이는 진화의 법칙을 통해서 탄생할 뿐이다. 우연과 직관이 이성을 대신할 수 있다는 말이 아니다. 논리적 사고가 있어야 우리의 착상이 얼마나 의미 있는지를 점검할 수 있다. 하지만 그것은 2차적 단계다. 처음에는 언제나 우연에 대해 열려 있는 개방적인 자세가 요구된다. 그리하여 프랑수아 자코

브Francois Jacob는 혁명적인 발견을 추구하는 것을 '밤의 과학night science'이라 명명했다.[25]

그가 만약 풍수를 알았더라면 자코브는 풍수를 밤의 과학으로 불렀을지도 모른다.

이런 것이 과학은 아니다. 그렇다고 무시할 필요는 없다. 심리적인 기제mechanism가 의외로 강한 영향을 미칠 수 있기 때문에, 사람은 비합리적인 경향을 띨 수 있다는 점을 염두에 둬서 해로울 것은 없지 않은가.

과학은 영적이고 윤리적인 문제들에 대해 오랫동안 침묵을 지키지는 않을 것이다. 지금 우리는 그러한 문제들에 다가가는 진정한 과학적인 접근법공개적이고 과학적인 연구 범위 내에서 가장 고상하고 신비로운 체험을 안겨 주게 될 접근법이 어떤 것이 될지에 관해, 심리학자와 신경과학자들이 벌이는 격론을 보고 있다. 우리의 삶을 사랑, 동정심, 환희, 경외심으로 가득 채우기 위해 우리가 비이성적이 되어야 할 필요는 없음을, 이성과 잘 지내기 위해 일체의 영성이나 신비주의와 관계를 끊어서도 안 된다는 사실을 깨달을 때다.[26]

최근에 방문한 오슬로의 한 병원에서 나는 마치 다윗이 골리앗을 억누르듯이 인간의 본성이 현대 기술을 억누른 사례를 보았다. 넓은 복도를 가로지르는 육교와 유사한 구조물 위를 걷고 있을 때, 나를 초대한 병원 관계자는 건물의 내부가 길거리와 유사하게 느껴지도록 설계되었다고 설명했다. 병원은 마치 중심 도로가 있는 마을처럼 보였다. 직원과 환자와 방문객들은 중심 도로 격인 중앙 복도를 거닐면서 길가에 있는 카페와 상점을 드나들었다. 우리의 자연적인 성향을 특히 예리하게 반영한 특징은 복도가 기능적인 직선이 아니라 곡선으로 뻗어 있다는 점이었다. 단지 실제 마을들의 도로들이 죽은 직선인 경우가 결코 없기 때문에 복도가 그렇게 설계된 것이다. 이 비인간적이고 위협적일 수도 있었을 병원의 분위기는 매우 편안하고 아늑했다. 비인간적이고 '탈개인적'인 거대한 것들은 우리에게 겁을 준다.[27]

이런 건물 구조는 우리의 명당 구조와 닮았다. 간선도로에서 마을로 들어가는 진입로이를 명당구明堂口라 함는 구불구불한 지현之玄 모양이다. 그래야 마을 안쪽인 내부 공간개인 공간과 마을 바깥쪽인 외부 공간사회 공간을 연결과 동시에 단절되도록 하여 거주민의 심성을 안정시킬 수 있다. 연결과 단절은 상호 모순되는 개념이다. 그런데 명당구의 곡선 길은 이 두 가지를 모두 만족시킨다. 간선에 이어져 있으면서도 시계視界는 닫히는 절묘한 구성이다. 시계를 닫는 대표적인 예가 마을 숲이나 서낭당, 솟대, 돌무지, 당산나무 같은 것들이다. 요즘의 건물 내 공산은 이런 식으로 만든 것이 많다. 예전처럼 동선을 최단화하기 위한 직선을 피한다. 역시 풍수의 명당구를 닮았다.

주변 사람과 장소와 물건과 오래 함께할수록 더욱 편안하게 느껴진다는 사실은 누구나 알 것이다. 예를 들어, 자기 집 거실로 들어갈 때가 다른 도시의 고급 호텔 방 '거실'에 들어갈 때보다 한결 마음이 편해지기 마련이다. 가구며, 카펫이며 모두 최신 인테리어로 꾸며져 있어도 호텔 방이 우리 '집'처럼 느껴지지는 않는다. 집에서의 편안한 느낌은 세계와 우리를 조화시키는 미묘한 에너지의 미세한 조율 덕분에 생겨나는 것이다. 우리는 이를 '평형 공명equilibrium resonance'이라고 부른다.[28]

이렇게 생각해 보자. 생활 속에 너무 복잡한 규정을 두는 것은 이로운 것만은 아니다. 정리와 정돈은 초등학교 『바른 생활』에서부터 배워 온 덕목이다. 그러나 사람에 따라서는 좀 어질러져 있어야 평온을 느끼는 체질도 있다. 그들에게 정리 정돈의 지나친 강조는 스트레스를 가중시킬 뿐이다. "너무 복잡한 규칙은 규칙이 아니다." 철학자 라이프니츠의 말이다.[29]

제4차 북벌에 나선 제갈량은 위나라의 총사령관인 사마의를 궁지에 몰아넣고 화공火攻으로 끝을 낼 즈음 하필 비가 내려 뜻을 이루지 못한다. 이에 제갈공명이 일을 도모하는 것은 사람이지만 일을 완성하는 것은 하늘이라謀事在人 成事在天고 말하며 탄식한다.

그런데 『삼국지연의』에는 이런 대목도 있다. "본래 시운時運은 하늘로부터 받는 것이라고는 하지만, 공업功業은 반드시 사람에 의해 성사되는 것입니다夫期運雖天所授 而功業必因人而成." 이것은 서진西晉의 형주 방면의 군사 책임자인 양호羊祜가 오나라 정벌을 요청하며 무제에게 보낸 상소문의 한 구절이다.[30]

이렇듯 상반된 견해가 서로 명언이라는 이름으로 회자되는 게 현실이다. 딱 부러지게 확언할 수 있는 일이란 없는 법이다. 제 편의대로 해석한다는 뜻이다. 풍수에는 이런 사례들이 아주 많다. 그래서 편의성도 풍수의 한 특징이 된다.

그러니까 자신에게 맞는 쉬운 방법으로 생활하면 그것으로 충분하다. 풍수도 마찬가지다. 너무 어려운 용어와 복잡한 논거를 들어 이해 불가능한 설명을 하는 풍수라면 다시 생각해 볼 일이다. "당신 할아버지에게 제대로 설명할 수 없다면, 당신은 제대로 알고 있지 않은 것이다." 아인슈타인[31]

"신의 도리에는 어긋나지 않아."
네놈은 정통 기독교인의 말을 듣지 않을 셈이냐? 데시몽과 마찬가지로 나 역시 말문이 막혀 입을 벌리고 있을 수밖에 없었다. 말도 안 되는 논리였다. 그러나 로욜라의 말은 언제나 논리를 벗어나 있었으나, 항상 영감으로 충만해 있었으므로 결국에는 옳은 것으로 되어 버렸다.

나중에 성인聖人이 되는 이니고 데 로욜라이그나티우스 로욜라는 이때부터 영감의 힘으로 다른 사람을 굴복시키는 카리스마를 발휘하고 있었던 것 같다.32

사회심리학자 토머스 길로비치Thomas Gilovich는 편향 확증confirmation-bias이라는 용어를 도입했다. "자신의 믿음이나 신념에 유리한 정보에는 지나치게 관대하고, 그와 반대되는 정보에는 지나치게 인색한 것이 인지상정이다. 그런데 이러한 인지상정이 단순한 '태도'의 문제가 아니라 '인식'에도 영향을 미친다는 주장이 있다. 즉 사람들은 자신의 믿음이나 신념에 유리한 정보를 의도적으로 구해 기존의 인식을 더욱 강화하려는 경향이 있으며, 자신의 믿음이나 신념에 불리한 정보는 의도적으로 배제하거나 경시함으로써 인식의 수정을 기피한다는 것이다."33 이것이 바로 편의성이라는 개념이다.

『춘추좌씨전春秋左氏傳』「애공哀公」 11년에, "새는 나무를 선택할 수 있다지만 나무가 어찌 새를 선택할 수 있으리오."라는 말이 있다. 『삼국지연의』 제3회에 "머리 좋은 새는 나뭇가지를 골라 앉고, 현명한 신하는 주군을 선택하여 섬긴다良禽擇木而棲 賢臣擇主而事."라는 말의 연원이다.34

그들의 이야기에 한없이 귀를 기울여 인륜에 어긋나지 않는 길을 설득하는 것이 정도正道라 한다. 하지만 그가 아무리 의미 있는, 좋은 말을 내뱉어 봤자 그 어딘가에서 빌려 온 인생철학 따위는 마사코의 현실에 짐이 되고 있는 가정적 고뇌의 거대한 치부 속에 어이없이 흡수되어 사라질 뿐이다.35

환경을 통제하지 못한다는 생각과 미래에 대한 불확실성은 불안의 두 원천이다. 통제 능력과 예측 가능성을 높여 불안해지지 않겠다는 욕망이 문명 발달의 원동력이었다. ……슈퍼컴퓨터로도 날씨를 예측할 수 없는데 어떻게 자기 앞날을 이성적 판단으로 내다볼 수 있겠는가. 답이 나오지 않고 가르쳐 주는 사람도 없다. 불안만 더 커진다. 차라리 초자연적이고 비이성적이라 해도, 묻지도 말고 따지지도 말고 무조건 믿고 따를 답을 누가 던져 줬으면 하는 기대를 하게 된다. 차라리 그게 이성적 판단이다. 바로 이것이 21세기 현대사회에 젊은이들이 여전히 점에 열광하는 이유이다.

점을 보지 않아도 되는 사회가 되려면 합리적으로 예측이 가능하고, 결과를 통제할 수 있다는 확신을 개개인이 가질 때이다. 안타깝지만 세상은 그렇지 못하다. 그래서 오늘도 타로 점 집에는 젊은이들이 평소 생활에서는 보기 어려운 참을성을 갖고 줄을 서 있는 것이다.[36]

가끔 나도 풍수 자문에 응하는 경우가 있다. 요즘의 내 조언은 요약하자면 이렇다. "남에게 피해를 주지 않는다면 당신께서 좋은 대로 하십시오. 잘 때 머리를 남쪽에 두니 두통이 사라졌다거나, 자석을 몸에 지니니까 건강에 좋았다면 그렇게 하십시오." 불행히도 사람들은 소위 전문가라는 사람의 이런 조언에 만족하지 않는다. 보다 분명한 해결책을 바란다. 그걸 어찌 알겠는가? 다만 풍수건 점술이건 과히 부담이 가지 않는 비용으로 마음 편한 얘기를 들을 수 있다면 그렇게 하는 편이 좋다. 얼마나 답답하면 미신이라 확신하는 데까지 관심이 끌렸겠는가? 그러나 분명한 사실이 하나 있다. 경제적으로 부담을 가지면서 그에 의지하는 것은 안 된다.

나는 과학 기술의 진전에 상당히 희망을 품고 있다. 종말론이 판을 치는 세상보다는 낙관적인 분위기가 좋지 않은가? "좋은 소식은 이 과정에 불가피한 '막장' 같은 것이 없다는 점이다. 세계 전역의 사람들이 분업을 더 많이 할수록, 더 많은 사람이 전문화하고 교환할 수 있으며, 우리는 더 부유해질 것이다. 더구나 이 과정에서 우리를 괴롭히는 문제들을 해결하지 못할 이유도 없다. 경제 붕괴, 인구 폭발, 기후변화, 테러리즘, 빈곤, 에이즈, 경기 침체, 비만 등의 문제 말이다. 물론 해결하기가 쉽지는 않겠지만 분명히 가능하고 정말로 가능성이 높다."37

도저히 동의할 수는 없지만 심지어 이런 얘기까지 있다. "무기는 진실에 대한 탐구의 결과물일세."38 소설이지만 레오나르도 다빈치가 했다는 얘기다.

진실이 인간을 구원해 주지는 못한다. 리처드 도킨스 같은 세계적 석학이 아무리 신은 없다고 논증해 봐야 실익은 없다. 과학적이고 따라서 객관적일 수밖에 없는 진실이라도 신과 신앙을 부정하는 일에는 별로 소용이 없는 것이다. 도킨스는 종교가 얼마나 많은 해악을 끼쳤는지를 한탄하고 있지만, 그것은 종교 사제의 문제가 아니라, 잘못된 풍교관의 문제이니 그 짐을 공박해야 할 일이다. 살아 있는 인간은 언젠가는 죽어야 할 존재이기에 누구나 예외 없이 잠재적 시체다. 잠재적 시체에게 그것이 진실이 아니라 하더라도 기댈 곳이 없다면 어쩌겠는가? 진실이건 아니건 못 견딜 일을 당한 사람에게는 의지할 곳이 필요한 법이다. 만약 자식을 잃은 부모가 신앙에 의지하지 못한다면, 거기에 무슨 실익이 있는가. 그렇게라도 해야 조금의 위안이라도 받을 것이 아닌가. 나 자신은 기성 종교에 대한 신앙은 없지만, 광신이 아니라면 신앙인을 존중한다. 적어도 그들에게는 기댈 언덕이라도 있으니 말이다.

풍수도 그 자체로는 당시 풍토에 관한 지혜의 축적이었다. 그러나 그것은 변질되었다. 그것도 아주 교묘한 방법을 병행해서였다. 효도라는 거부할 수 없는 수단을 부른 것인데, 이 점은 물론 의심스러운 부분이 있다. 처음부터 죽음에 대한 외경이 효도와 결합했을 가능성도 있다. 어찌 되었거나 그것 때문에 풍수는 상당 부분 타락했다.

전생과 후생을 넘나들며 금지된 사랑으로 절절한 얘기를 현학적으로 풀어 놓은 김진규는 그의 소설에서 이렇게 말한다. "땅은 땅일 뿐입니다. 땅은 아무 짓도 하지 않습니다."[39] 소설의 내용에서 이 표현은 아주 적절하다. 그렇다. 땅은 땅일 뿐이다. 사람이니 그에 대한 감사의 마음을 갖는 것이야 당연하지만 그렇다고 해서 무언가를 더 달라고 하는 것은 비례非禮다. 풍수에서 발복을 바라선 안 된다.

땅뿐만이 아니다. 시간의 문제에서도 사람들은 편의성을 좇는 경향을 보인다. 사람마다 좋아하는 시기가 다르다. 매우 주관적이라는 뜻이다. 내가 군에 입대할 때는 날짜 선택의 여지가 없었다. 지금은 입대 시일을 자신이 고를 수 있다. 나 같으면 훈련받기 좋은 봄이나 가을을 선호할 것이다. 그런데 아들 친구 녀석 중 하나는 1월에 가겠다고 했다. 왜? 제대하고 복학하기가 알맞기 때문이란다. 나는 지금을 중시했고, 그 아이는 미래를 염두에 둔 것이다. 어찌 되었거나 객관적으로 군대 가기 좋은 날이란 없다는 얘기다. 항상 주관이 문제다.

"신에게 인간에 대한 사랑이라는 지옥이 있다면, 모든 인간에게도 바로 손 닿는 곳에 지옥이 있소. 그것은 가족에게 쏟는 사랑이오."[40] 풍수에서 '어머니인 땅'이라고 할 때, '어머니'는 자애로움의 극치를 의미한다. 모두들 그렇게 믿어 왔다. 한데 알고 보니 그게 아니다. 어떤 일정한 생존경쟁의 규칙이 있더라는 것이다. 한마디로 '이기적'이란 얘긴데, 충격이다. 우리가 어머니로부터 많은 것을 빼앗을 때, 어머니인 땅은 우리에게 엄격한 교훈을 준다. 그렇다면 땅은 이기적인가, 이타적인가? 필자의 생각은 '둘 다'라는 것이다. 이기적 유전자[41] 혹은 이

타적 유전자,[42] 둘 다 존재할 것이다. 비록 과학이 아닌 풍수에 생물학을 끌어들이는 짓은 거북하지만 말이다.

"어떤 이들은 해를 아버지, 달을 어머니, 그리고 특이하게도 땅을 유모에 비유하기도 한다."[43] 하기야 어머니인 땅이라고 하면 지나치게 어리광을 피울 염려가 있다. 난개발의 소지가 커진다는 뜻이다. 유모라면 얘기가 다르다. 어리광에도 정도가 있는 법이다. 도를 넘어서면, 특히 유모라면 꾸중을 각오하는 것이 옳다. 지금 우리의 현실은 어디까지가 어리광이고 어느 선까지가 허용되는 수준인지를 가늠하기가 어렵다. 환경론자는 어리광이라 판단하고 있고 개발론자는 그렇지 않다고 한다. 나는 앞서 밝힌 바대로 중병을 앓고 계신 어머니를 치료하는 개발까지 반대하는 것은 잘못된 판단으로 여긴다.

분명한 것은 그 어머니인 국토가 응급실 혹은 중환자실에 계시고 우리는 그분을 치료해야 한다는 것이다. 문제는 외과 수술을 할 것인가 말 것인가를 결정하는 일인데 그게 참 어렵다. 누구는 안락사를, 누구는 수술을, 또 누군가는 방치를 수장한다. 무엇이 석설한 소지인시를 알아내는 시혜가 필요하나. 그 지혜가 서로 자기 것이라고 우기는 것이 현실이란 게 우려스러운 일이다.

라파엘 라레르는 현대 미술이 자연에 자리하는 방식에는 두 가지 경향이 있으며, 그 경향에 따라 각기 다른 표현 방법이 있다는 것을 보여 준다. 그중 하나는 어스 아트Earth Art, 자연 재료를 이용한 예술 작품로, 자연 위에서 작업하고 자연을 도구화하는 것이다. 이 미술은 자연의 거대함을 이용해서 인간 중심주의적인 기념물을 만든다. 대표적인 작품은 러시모어 산미국 사우스다코타 주에 있는, 워싱턴, 제퍼슨, 링컨, 루스벨트의 거대한 얼굴상이 새겨져 있는 산의 조각상이다.

두 번째는 대지 미술로, 이는 자연 속에서 그리고 흔히 자연과 더불어 작품을 만드는 것이다. 자연에서 찾아볼 수 있는 서명은 불안정하고 덧없는 표현물이며, 그 자연 속에 우리가 다녀갔다는 것을 은밀하게 표시하는 증거이기도 하다. 여기서는 인간의 손길이 미치지 못하는 곳에 있는 야생 상태의 자연을 그대로 잘 보존해야 한다는 지극히 구시대적인 진부한 개념에 집착해서는 안 된다. 그보다는 오히려 질 클레망프랑스의 원예가, 희귀 식물 연구가의 견해에 따라, 우리의 야생에 대한 개념을 변화시켜야만 한다. 결코 원시림은 아니지만, 황무지와 미개간지, 사람들이 기대하지 않은 그곳에서 다시 무성하게 자라는 잡초들, 야생 상태가 아닌 것처럼 보이지만 사실상 야생 상태인 자연, 우리가 영원히 관계를 끊지 못할 것임을 우리의 오만 앞에 보여 주는 자연…….[44]

클레망의 생각은 자연의 치료라는 자생 풍수의 특성과 어울린다. 자연을 원시 그대로 두어야 한다는 강박관념에서 벗어나 인간의 손길을 거친 사실상 자연 상태인 자연이 바로 그렇다. 우리는 이런 관점에서 중요한 사실 한 가지를 적시해야 한다. 즉 아직 원시 상태인 것 혹은 그에 가까운 것은 절대로 건드리지 말고 오직 보호만 해야 한다. 예컨대 국립공원, 람사협약Ramsar Convention에 의한 야생 습지, 한국의 비무장지대DMZ 등이다. 이런 곳은 그저 사람이 건드리지 못하도록 보호하는 일이 중요하다. 이런 곳을 개발하겠다는 것은 마치 건강한 신체 부위를 미용 성형수술하겠다는 꼴이니 적극 말려야 한다. 신체의 불구를 고치기 위한 성형수술은 권장해야 하지만 오직 그 진위도 판단 기준도 불분명한 미美를 위해서 칼을 댄다는 것이 어불성설이기 때문이다.

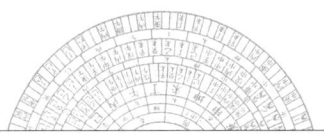

5부 자생 풍수의 낙일

# 14장 이중환과 정약용

## 1. 이중환과 『택리지』

이중환李重煥의 『택리지擇里志』는 조선 최고의 인문지리서임에도 불구하고 자생 풍수가 황혼에 접어들었음을 드러낸다. 다산 정약용丁若鏞 역시 최고의 실학자이지만 자생 풍수에 관해서라면 황혼이다.

지금까지 『택리지』에 관한 학계의 평가는 "조선 시대 최고의 인문지리서"라는 말로 요약된다. 일제강점기에 『조선팔도비밀지지』라는 이름으로 출간된 이래 풍수지리서라는 오해도 없지 않았다. 그러나 대동여지도라는 출중한 지도가 있음에도 불구하고 고전으로 추앙받는 지리서는 이 책밖에 없다. 이 책의 가장 큰 특징은 그 이전에 출간된 관찬 지리서관에서 만든 천편일률적인 체계의 지리서와는 달리 독특한 시각과 체계, 그리고 내용으로 구성되어 있다는 점이다. 지금까지 한국 지리학계에 이처럼 독특하고 탁월한 책은 없었다고 여겨진다.

여기에는 우리 땅에 관한 정보는 물론, 어디에서 사는 것이 좋은지에 관한 내용도 들어 있다. 물론 몇 가지 문제점을 지적할 수 있지만 『택리지』가 조선 최고의 인문지리서라는 사실에는 전적으로 동감임을 먼저 밝혀 두고 얘기를 풀어 보자.

청담 이중환이 이 책 곳곳에서 드러내는 편견은 꽤나 심한 편이다. 예컨대 이런 식이다. "함경·평안 두 도는 살 만한 곳이 못된다. 강원도 동해안은 경치가 좋아 자제들이 놀이가 습관이 되어 학문에 힘쓰는 자가 적다. 전라도는 주민이 노래와 여자를 좋아하고 사치를 즐기며 행실이 가볍고 간사하여 학문을 중히 여기지 않는다. 청풍은 주민이 많아 늘 말이 많고 사람들이 경박해서 살 만한 곳이 못된다." 이런 식이다. 요즘 이런 표현을 했다면 이민이나 가야 할 처지에 빠지고 말 것이다. 땅이란 그저 무대일 뿐 그 결실은 사람에게 달려 있다는 점을 완전히 무시한 주장이다.

청담이 사대부들에게 원한을 가지고 있음은 이 책의 앞뒤에 실려 있는 해설, 논문과 서문, 발문을 보면 잘 알 수 있다. 그것이 여과 없이 드러난 대목도 마음에 거슬린다. 게다가 호남에 대한 통념에 휩쓸려 있으면서 영남에 대해서는 "경상도는 지리가 가장 아름답다."라는 식으로 극찬을 아끼지 않는다. 이 또한 공연한 폄하와 다를 바 없는 편견이다.

내가 이 책에서 느낀 가장 아쉬운 점은 청담이 살 만한 곳으로 지목한 곳과 그 이유에 있다. "원주는 두메산골과 가까워 난리가 나면 피하기 쉽고 또 서울과 가까워 태평한 시절에는 벼슬길에 나갈 수 있기 때문에 서울의 사대부들이 여기 살기를 좋아한다." "충청도 내포는 큰 길목이 아니기 때문에 임진년과 병자년 두 차례 난리를 치렀어도 적군이 한 번도 들어오지 않았다. 그러나 비옥한 평야인 데다 생선과 소금이 흔하기 때문에 부자가 많고 대를 이어 살아오는 사대부 집안이 많다." 이것은 지식인이 취할 태도가 아니다. 나라에 환란이 들면 나아가 싸우고, 평온한 세월이 오면 낙향하여 자연을 즐기겠다는 원칙에 너무나 어그러지는 사고방식 아닌가. 곳곳에 드러나는 이러한 택리擇里에 관한 그의 생각이 일신의 평안만 지나치게 강조하고 있는 것 같아서 하는 얘기다. 경기도 광주에 관한 그의 소견은 이런 인식의 극치가 아닐는지. "성 밖의 산 밑에는 살기가 감돌고 있다. 만일 사변이 생기는 날이면 반드시 전쟁을 치러야 할 지역이다. 그래서 광주 온 고을은 살 만한 곳이 못된다."

 누차 강조했지만 『택리지』의 우수성은 재언을 요하지 않는다. 그리고 위에서 지적한 그의 편향된 사고도 그의 생애와 시대가 만들어 낸 것이라 이해는 한다. 그러나 사대부라면 모름지기 시대를 앞서 가는 혜안이 있어야 하는 법이다. "거처한다는 것은 내 몸을 편안케 하는 것이며 이는 곧 외적인 것이지만 마음에 즐거운 것은 여기에 있지 않으니 곧 내적인 것이다. 내외적인 것의 분별을 능히 살펴 마치 빈 배와 같은 몸으로 경우에 따라 편안하게 여긴다면 모두가 구석 자리를 다투어 앉을 것이니, 또 어찌 살 곳을 반드시 가릴 것인가." 이미 그는 일찍이 택리의 불필요성을 감안했던 셈이다.


## 2. 정약용의 지리관

 도시의 젊은 사람들은 어떤 직업을 가질 것인가에 관심을 두고, 은퇴할 연배들은 어디서 살 것인가에 신경을 쓴다. 결국 그것은 도시가 평생을 의탁할 땅은 아니라는 고백이겠다. 그런데 전통 사회였던 조선 시대 사람들도 살아갈 터에 대해서는 상당한 고심을 했으니, 한편으로는 당연한 듯하기도 하지만 좀 기이한 느낌도 든다. 그때야 환경오염도 없었을 테니 굳이 산 좋고 물 좋은 곳을 찾아 떠날 필요가 과연 있었을까 하는 짐작 때문이다. 물론 이건 어린아이 같은 생각일 뿐이다.

 짐작건대 당시 일반 사람들이야 그런 일에 크게 마음 썼을 것 같지는 않고,

조정에서 벼슬을 살던 양반들에게나 해당되는 일이었을 것이다. 그중 기록이 비교적 많이 남아 있는 실학자들의 경우를 살펴보기로 한다.

실학자들이 땅을 보는 관점은 크게 두 가지로 나뉘는 듯하다. 그 하나는 사람과 땅의 조화가 정적 교감에 의하여 이루어진다는 전제하에 그것을 이룰 장소에 관심을 두는 방향이다. 그 교감은 거의 기론적氣論的 인식 체계에 의지하는데, 사람의 기人氣와 땅의 기地氣가 상생 관계를 유지할 때 조화를 이루게 된다고 믿는 것이다. 그런 사고는 명백히 풍수 사상이다.

인걸의 태어남은 지령地靈에 기인한다는 말은 원래 4세기 중국 이론 풍수의 창시자라 할 수 있는 동진東晉의 곽박郭璞이 한 말이지만, 많은 실학자들이 자신들의 문집에서 그 구절을 인용하고 있다. 예컨대 담헌 홍대용은 산천이 영기를 모아 선량한 사람을 탄생시켰다고 말하는 식이다.

실학자들이 땅을 보는 또 하나의 관점은 먹고살아야 한다는 전제하에서 땅을 생산의 근원처로 간주하는 것이다. 이것이 땅과 사람과의 이적利的 상교相交로서 실학자들은 이것을 지리地理라고 표현한다. 즉 그 지방의 산천, 생산물, 특산품, 고적, 인물, 인구 등에 관심을 갖는 분야이다.

이렇게 하여 전자의 풍수와 후자의 지리가 합쳐져 풍수지리가 된다고 생각했다. 땅은 풍수만으로도 설명이 불완전하고 지리만으로도 설명이 모자란다. 풍수와 지리 양자를 모두 살펴보아야 제대로 그 땅을 이해할 수 있다고 본 것이다.

잘 알려져 있다시피 현대에 이르러서 풍수는 전적으로 무시되고 지리만이 땅에 관한 합리적인 학문으로 인정받고 있다. 그러다 보니 사람과 땅의 이적 상교, 즉 어떻게 하면 최소의 노력으로 땅을 최대한 이용할 수 있는가 하는 경제적인 측면에만 집중적인 관심을 쏟게 되었다. 당연히 땅과 사람의 정적 교감을 중시하는 풍수에는 등한할 수밖에 없었고, 그 결과 공간 구조의 철저한 비

인간화를 불러온 것이다. 우리가 오늘 풍수를 되돌아보는 것은 실로 그러한 데 이유가 있다.

정情을 내버린 사람들에 의하여 정통의 풍수를 잊은 땅은 필연적으로 무정할 수밖에 없게 된다. 먼저 무정한 것은 사람들이었으니 이제 누가 땅의 무정함을 비난할 수 있겠는가. 적어도 실학자들은 풍수의 정적 교감과 지리의 이적 상교를 모두 살필 줄 알았으니, 살 만한 터에 관한 그들의 의견은 오늘의 우리에게 시사하는 바가 크다.

실학자들은 땅을 볼 때 풍수와 지리를 분리하여 생각하기는 하였으나 그들이 그런 의식을 확연히 가지고 그랬던 것 같지는 않다. 그들은 오히려 풍수적으로 좋은 땅과 지리적으로 좋은 땅을 분리하여 판단하는 경향을 보이기까지 하였다. 예컨대 풍수적으로 좋은 땅은 길지나 승지 등으로 표현하고, 지리적으로 살 만한 땅은 가거지可居地나 적지適地 등으로 표현하였다.

이것은 유교의 가치관과도 결부되는데, 나를 닦고 남을 다스린다修己治人는 명제에서 나의 수양을 위한 현실 도피적인 입지 성향이 나오는가 하면, 남을 다스린다는 현실 참여적인 입지 성향도 아울러 나타나게 되는 것이다.

이것은 오늘날에도 비슷한 현상으로 드러난다. 경제적·사회석 삶을 위한 노시 거주 선호와, 인간적 삶을 지향하는 전원생활 취향이, 같은 사람에게서 아무런 갈등 없이 드러나는 데서 알 수 있는 사실이다.

이중환의 『택리지』「복거총론卜居總論」은 실학자들의 터 잡기에 관한 사고방식을 요약한 대표적인 경우이다. 그는 말한다. 무릇 집터를 잡음에 있어 살펴야 할 으뜸은 지리이고 다음이 생리이며 그다음은 인심이고 그리고 또 그다음이 산수인데 이 가운데 하나라도 빠지면 좋은 터라 할 수 없다. 지리가 아무리 좋아도 사람이 살기에 적합하지 않으면 그 터는 오래 살 곳이 못되고, 생리는 비록 좋으나 지리가 나쁘다면 역시 사람이 살 터가 아니다. 지리와 생리가 다 좋다 하더라도 인심이 고약하면 더불어 살 만한 곳이 못되며 또한 부근에 아름다운 산수가 없어 성정을 도야할 수 없다면 다른 조건이 불비해도 그런 산수가 있는 곳에 사는 것만 못하다.

여기서 말하는 지리는 풍수지리이고 생리란 생활에 필요한 경제적·물질적 재화를 말하는 것으로서 생산성과 교역에 중점을 둔다. 인심과 산수란 말 뜻 그대로이다.

오늘의 우리들도 이런 입지 조건의 터를 잡아 살기를 바라는 것은 마찬가지이다. 그러나 지리와 산수가 좋으면 생리와 인심이 문제이고 생리에 관심을 두면 지리를 따질 수 없는 것이 현실이다. 게다가 산수가 좋은 곳은 대부분 지리가 나쁘다는 것도 문제이다. 산수 좋은 곳은 관광지로 개발되어 인심 또한 사나워지고 말았으니 이제 실학자들이 생각한 가거지는 단지 환상에 지나지 않는 것인가.

경기도 남양주군 조안면 능내리 다산 정약용 유적지를 보자. 이곳은 물론 다산이 오래 몸담아 살았던 터는 아니다. 다만 그의 생가 터와 산소가 자리하고 있을 뿐이다. 그러나 이곳에서 우리는 당시 지식인이 삶의 터전을 잡으며 가졌던 고뇌를 살펴볼 수가 있다. 원래 와부읍에 속해 있다가 1986년 조안면으로 독립된 이곳은 서울에서 구리시를 거쳐 팔당댐을 지나 철길을 넘으면 곧 나오는 오른쪽 길로 접어들어 조금만 가면 된다.

멀리는 천마산으로부터 맥을 받아 예봉산에서 그 종宗을 이루고 다시 능내교회 뒷산에서 힘을 뭉치어 다산의 산소가 있는 마을 뒷산을 주산 의지처로 삼았다. 바로 동쪽 양수리에서 합수된 남한강과 북한강 물이 바로 앞을 광막하게 휘감아 펼쳐져 흐르고 그 앞으로는 사기막이 있는 광주군 분원리의 500~700미터 급의 산들이 조산朝山의 기능을 하며 앞을 가려 주고 있다.

지금은 팔당호의 물 때문에 마을 앞 들이 좁아 보이지만 댐 건설 이전 자연 상태에서는 자급이 충분히 가능했을 농토가 펼쳐져 있었을 것으로 짐작된다. 주산과 조산 사이에서 완충 작용을 해야 할 안산은 특이하게도 강 가운데 있는 소내섬이 그 기능을 수행하고 있지만 이 섬 역시 댐 건설 이전에는 강가에 우뚝 선 둔덕이었을 것이다. 그러니까 강 건너에 안산과 조산이 자리하고 있는 셈이다.

좌우의 청룡과 백호도 다른 마을과 달리 매우 특이한 위치 배열을 하고 있다. 백호는 강 건너 광주군 동부읍 용담사가 있는 산줄기가 맡고 있고, 청룡은 광주군 남종면 정암산 줄기가 맡고 있다. 이렇게 본다면 다산의 마을은 청룡과 백호와 주작 쪽, 그러니까 동·서·남 3면이 모두 강으로 둘러싸인 꼴이다.

마치 거대하게 발기한 돌기물이 마을의 북쪽 양주 땅 한북정맥漢北正脈으로부터 한강 건너 남쪽 광주 땅을 향하여 힘차게 불쑥 내미는 형상을 하고 있는 것이다.

물길은 명당을 향하여 들어오는 쪽은 남한강이 훤히 내다보이고, 마을을 빠져나가는 쪽은 마을 뒤로 꼬리를 감추어 그 끝을 볼 수 없도록 배려되어 있다. 풍수 원칙상 명당 물길은 들어오는 방향은 보여야 하고 나가는 방향은 그 흐름을 볼 수 없어야 한다. 술법상 이것은 득파길흉론得破吉凶論에 해당하는 것이지만 풍수학인이 아닌 일반 독자들이 그 내용을 알 필요는 없다.

섣부르다면 이렇게 생각해 보는 것이 도움이 되리라. 원래 풍수가 땅을 보는 근본 사고는 자연의 흐름을 따르라는 것이다. 마음의 평정을 갖추고 천도와 지리의 순리를 따르라는 얘기다. 착한 사람이라면 그가 지닌 상식과 양식에 의하여 판단하면 되는 것이다.

그것이 풍수다. 공연히 복잡한 술법에 빠져 버리면 제대로 이해도 하지 못한 채, 공연한 잡술에 치중하게 되어 풍수를 알지 못하느니만 못한 경우가 있을 수도 있다. 옛 풍수가는 이런 가르침을 내린 바 있다. 마음을 청정하게 하고 순수한 기를 양성한다면 신기를 얻으리라虛心 養純氣 得神技고.

득파길흉론은 덮어 두고 마을의 물길이 어떤 의미를 가지는지를 허심으로 살펴보자. 들어오는 물길이 보여야 물난리를 대비할 수가 있다. 보이지 않으면 졸지에 재난을 당할 수 있기 때문이다. 이 경우 물론 정면으로 쏘는 듯 직류하며 달려들어서는 안 된다. 그 역시 재난의 위험이 있는 데다가 마을 사람들의 심성을 불안케 만들기 때문이다. 나가는 물이 훤히 내다보이면 눈에 보이는 것이 요요杳杳하여 마음을 허망하고 허탈케 한다. 세속을 떠날 결심을 하지 않은 바에야 요요히 허망한 마음이 무슨 쓸모가 있으랴. 그러니 나가는 물은 꼬리를 감추듯 보이지 않아야 한다고 하는 것이다.

마을은 매우 좋은 편이다. 서울과 가까우니 임금이 부르면 얼른 나가서 출세할 수도 있고, 위로 첩첩산중이요 아래로는 굽이도는 한강 물이니 숨어 살 만한 곳이라 당쟁이 격하면 낙향하여 다음 세월을 도모할 수도 있다. 좀 기회주의적인 데가 있지만 말이다.

앞산은 졸망졸망하여 잔 시름 끊임이 없으되, 크게 보아 능선은 탁상 모양으로 평탄하니 그렁저렁 한세월 향사香祀 끊일 일 없는 터다.

# 15장 홍경래에서 동학까지

**1. 홍경래의 서북 민란**

19세기 당시 사대부의 동학에 대한 의견을 보면, 그들은 그 일의 책임이 모두에게 있는 것처럼 생각했다. 말하자면 너도 싫고 나도 싫다는 식이다. 이것이 바로 말세의 징조다.

"갑오년에 동적東敵이 난을 일으키자 조선은 일본에 원병을 요청하여 일본 병사가 대거 입국하게 되었고 그들은 마치 큰 돼지나 긴 구렁이처럼 탐욕스러운 계획하에 궁궐을 침범하고 개화를 강요하였다. 예나 지금이나 사람이 사는 나라에 이 같은 큰 변괴가 있었다는 얘기를 듣지 못했다. 이러한 군사를 끌어들인 해독을 반성하지 못하였으므로 을미년 8월 20일 명성황후가 시해를 입어 한 치의 뼈도 남지 않고 온몸이 재로 변했으니 힘줄을 끄집어내는 것보다 더 지독하였다. 그러나 이런 계획을 입안했던 두어 놈들은 오히려 이를 편안히 바라보고 있었으니 이욕만 추구하는 자들의 소굴이 날로 극성을 부리고 있었다. 혹자가 '군사의 요청 계획을 짜낸 사람이 누구인가?'라고 묻기에 나는 '국가가 스스로 민閔 중전이 시해를 당하는 재앙을 초래했다.'라고 대답했다. '국가가 망하려 할 때엔 반드시 재앙의 조짐이 있다.'고 하였으니 망하는 것이 어찌 우연히 찾아오겠는가? 결단코 스스로 초래한 것이다. 조선은 일본에 망한 것이 아니고 원병을 요청했기 때문에 망한 것이다. 아니 구원병 요청이 아니고 동적의 난리로 망했다. 아니 동적 때문이 아니라 스스로 자멸한 것이니 조선에는 믿을 만한 인물이 없었던 것이다. 어찌 탄식하지 않으랴!"[1]

순조 11년1811 고려 시대의 이름난 집안이었던 남양 홍씨 홍경래洪景來가 난을 일으켰다. 평안남도 용강군龍岡郡 다미면多美面에서 태어나 19세에 사마시司馬試에[2] 실패하고 집을 나가 방랑하며 거사居士를 꿈꾸었다고 한다. 이는 그가 사찰을 주로 돌아다녔다는 뜻이고 산들을 활동 무대로 삼았다는 뜻이기도 하다. 이는 또한 그가 땡추와 자생 풍수에 접할 수 있는 기회가 있었음을 뜻한다.[3]

그가 난을 일으킨 표면적인 이유는 서북인평안도 사람들에 대한 차별이었다. 그는 격문에서 "임진왜란 때에 조정을 다시 세우는 공再造이 있었고 정묘의 변즉 정묘호란, 인조 5년에는 양무공襄武公, 즉 鄭鳳壽과 같은 충신이 있었다. 둔암遯庵,[4] 월포月浦와[5] 같은 재사가 나도 조정에서 이를 돌보지 않고, 심지어는 권문세가의 노비까지 서북인을 평한平漢이라고 멸시하니 분개하지 않을 수 없다. 국가 완급緩急의 경우에는 서북인의 힘을 빌리면서도 400년 동안 조정에서 입은 것이 무엇이냐."라고 하였다.

그러나 이는 중요한 이유는 아니었던 듯하다. 물론 서북인을 중요한 자리나 중앙 고위직에 쓰지 않은 것은 사실이다. 그래서 선조 때 율곡 이이가 서북인이 수재守宰, 지방관가 되는 자가 적으므로 지방 인재의 등용을 상책上策한 일도 있다. 그가 사마시에 떨어지고 나서 합격자를 보니 모두 권문의 자제들로 그가 보기에 무학둔재들뿐이라 크게 분노한 것이 난을 일으킨 직접 원인이라고도 한다.

이후 홍경래는 여러 곳을 돌아다니며 사람들을 모았다. 가산嘉山에 있는 재략이 풍부하고 풍수와 복서風水卜筮를 업으로 하는 우군칙禹君則,6 가산의 역속 驛屬이며 졸지에 부호로 무과에 급제한 이희저李禧著, 문재가 뛰어난 곽산郭山의 진사 김창시金昌始 등을 심복으로 하여 거사에 참가시켰으며, 태천泰川의 김사용金士用, 곽산의 홍총각洪總角, 개천价川의 이제초李齊初 등 용력勇力이 있는 자들을 모두 선봉장으로 하였다.

그리고 가산의 다복동多福洞을 근거로 하여 이미 거사하기 전부터 이곳에 옮겨 와 금광 채굴을 구실로 유민流民들과 장정 일꾼들을 모아들였다.

이렇게 준비를 하면서 기회를 보다가 순조 11년 큰 흉년이 들어 민심이 나빠진 틈을 타 스스로를 평서대원수平西大元帥라 칭하고 우군칙을 참모로 삼아 본대를 꾸렸다. 본대는 가산, 박천을 함락하고 서울을 향해 남진하였다. 또한 제1대는 김사용을 부원수, 김창시를 참모, 박성간朴聖幹을 병참장으로 하여 곽산, 정주를 함락하고 그 외에도 선천 이서以西의 여러 고을을 점령한 후 안주를 향하였다.

시작은 1811년 12월 18일 밤. 이희저가 이끄는 한 무리가 가산 군청을 습격하여 군수와 그 아버지를 죽이고 군청을 접수하는 것으로 시작되었다. 12월 20일 새벽 홍경래는 우군칙과 함께 박천읍을 점령하였다. 곧 곽산에서도 호응, 곽천에서 용천까지 질풍 같은 진군이 이루어졌다. 점령지에는 위쉬僞倅를 두어 주관케 하고, 곡창을 풀어 궁민에게 나누어 줌으로써 인심을 얻기에 애썼다.

이리하여 청천강 이북의 여덟 읍을 불과 5~6일 만에 손에 넣었다. 남하의 제일 관문인 안주를 공격하기 위하여 박천의 송림리에 집결하여 공략을 시작하였으나 평안도 병마절도사 이해우李海愚와 정주 목사 조종영趙鍾永이 필사적으로 막는 한편 오히려 역습을 한 데다가 곽산 군수 이영식李永植의 원군까지

내습하여 홍경래 군은 대패하였다. 그 뒤 정주성에서 농성하였으니 이때는 관군이 송림리에서 승전한 지 5일 만이었다. 이듬해 농성 100여일 만인 4월 19일 정주는 함락되었다. 이때 홍경래는 총에 맞아 죽고 우군칙, 홍총각 등 다수가 포로가 되어 서울에서 참수되었다.

  그들은 실패하였으나 이후 곳곳에서 민란이나 군란이 일어나는 데 큰 영향을 미쳤다. 사실상 홍경래의 난은 민란이라고 하기에는 규모가 컸다. 그들이 국호를 제정하지는 않았지만 분명 혁명이었다. 북한에서는 이를 '평안도 농민전쟁'이라 부른다.

> 평안도 농민전쟁은 우리나라 봉건 말기에 봉건적 예속을 반대하여 일어난 계급투쟁으로서 그것은 일련의 특징을 가지고 있다.
> 그것은 우선 농민군의 계급 구성이 매우 다양하다는 데 있다. 즉 평안도 농민전쟁에는 당시 봉건 통치배들에 의하여 착취와 억압을 받고 있던 각계각층의 인민들이 참가하였다. 또한 부유한 상인들과 상인 기업가들이 참가한 사실이다. 이는 상품화폐 관계의 장성과 상인 자본의 장성 및 자본주의적 관계의 발생·발전과 관련해서 봉건 말기에만 나타날 수 있는 특징적인 현상이었다.
> 그러나 이번 전쟁에서도 중세기적 성격을 결코 벗어날 수 없었다. 평안도 농민전쟁은 현 봉건 통치를 전복하여 봉건적 신분제도 등 봉건 질서를 반대하는 반봉건적 성격을 띠고 있었음에도 불구하고 농민전쟁의 지도층은 그들의 계급적·사회역사적 제 조건으로 하여 농민의 절실한 이해와 결부된 구호를 뚜렷이 내놓지 못하였으며 또한 투쟁에 일떠선 농민들은 계급적 예속에서 벗어나기 위한 자신들의 투쟁을 목적의식적으로 밀고 나갈 수 없었다. 이것이 이 전쟁이 실패한 기본적인 요인이었다.[7]

실패했지만 홍경래를 빙자한 민란은 계속 이어진다.

1813년 제주도에서 폭동 기도가 있었던 것을 비롯하여 1815년에는 경기도 용인에서 수철장 이응길의 지휘 밑에 농민 무장단이 홍경래의 모범을 따라 그 고을을 점령한 다음 서울을 공격할 것을 선언하면서 투쟁을 벌리었다. 그리고 1816년 평안도 성천에서는 학상이 홍경래의 남은 부대라고 자칭하면서 인민들을 투쟁에로 불러일으켰으며 1817년에는 전라도에서 채수영이, 1826년에는 충청도 청주에서 김치규가 각각 홍경래가 살아 있다는 풍설을 퍼뜨리면서 인민들을 투쟁에로 선동하였다. 이처럼 평안도 농민전쟁은 그 후 오랫동안 농민들의 투쟁을 고무·추동하였다.[8]

한 가지 재미있는 지적이 있다. 북한은 '홍경래의 난'이 일어나게 된 동인을 열거하면서 이런 지적을 한다.

"18세기 말~19세기에 들어와서 일부 사람들은 이 왕조의 멸망을 암시하는 신비설들을 퍼뜨려 민심을 세차게 격동케 하는 한편 왕정 귀족들과 정권을 잡은 자들을 사상적 동요와 불안에 떨게 하였다. 또한 이들은 이름을 숨기고 착취자들의 죄행을 폭로하는 글을 써서 내거는 괘서 투쟁 등의 방법으로 직접 썩어 빠진 봉건 통치와 탐관오리들의 가혹한 착취와 횡포하고 파렴치한 죄악상을 폭로 규탄하였다.
1804년에 재영과 성서 등은 『관서비기關西秘記』의 내용을 서울 왕성의 4대문에 써 붙여 사람들을 격동시키고 양반 관료들을 떨게 하였다. 이와 함께 그해 8월에는 경상도 하동 두치장과 창원에서도 괘서 사건이 있었다. 뒤이어 그해 10월에는 서울 포도청 담벽에 관료들의 횡포 무도한 죄악상을 폭로 규탄하는 글을 써 붙여 인민들을 투쟁에 불러일으켰다.
이러한 글들에는 세도 양반 통치배들의 부패 타락상과 죄악상을 폭로 규탄하는 내용들이 적지 않았다. 한편 비기, 참설 등 종교적인 신비설에는 현존 질서를 부정하여 이 왕조 멸망과 그 어떤 미래를 예언하는 암시하는 내용들이 담겨 있었다. 아직도 모든 것이 종교적 환상으로 감싸여 있고 종교적 관념이 적지 않게 지배하고 있었던 중세기 조건에서 우리 농민들은 자기들의 투쟁에서 종교적 형식을 취하지 않을 수 없었다. 도참설과 비기들에 담겨 있는 내용들은 비록 그것이 종교적 환상에 감싸여 있었으나 견딜 수 없는 고통과 불행 속에서 그 어떤 새것을 바라 마지않는 농민들에게 한 가닥 희망과 용기를 돋우어 주는 것이었다."[9]

이런 소설 속 얘기도 있다.[10] 소설이지만 작가는 이에 "실명 풍수도참 소설"이라는 부제를 붙였으니 모두 꾸며 낸 것은 아니다.

홍경래는 도약과 검술을 연마한 역사力士로서 주력走力 또한 축지의 경지에 이르렀고 병서兵書와 경사經史는 물론 음양 술서에까지 달통한 문부 겸비의 대장부로서 사람들과의 담론에서 의논이 풍발風發하여 듣는 사람으로 감탄하지 않는 이가 없었다. 담이 크고 성질이 쾌활하며 의협심이 강하여 약자를 도와주고 강자를 누를 수 있었다.

홍경래는 열아홉에 과거에 실패하고 부패한 현실과 관서인을 등용치 않는 풍조를 고향인들에게 알리고 새로운 시대의 도래를 위한 동지 규합의 길에 나섰다. 그는 이향에 앞서 부친의 상을 치르고 선산에서 첫 번째 예언을 했다.

"이곳은 무등대지無等大地의 명당이다. 머지않아 커다란 음조陰助가 있을 것이다."

홍경래는 도인, 술사나 예언자로 평안도의 방방곡곡을 주유하였다. 계속되는 흉년과 탐관오리의 가렴주구에 시달리는 백성들에게 곧 좋은 시절이 올 것이며 불원不遠하여 큰 변이 있을 것이라는 희망적인 예언을 유포하는 행각을 계속했다.

그의 첫 동지는 우군측. 태천 명문가의 서자 출신으로 풍수 지관이 되어 각처를 떠돌며 묏자리를 보아 주고 통음痛飮으로 울분과 불평을 삭히던 방랑자였다.

두 번째 동지는 가산 역속으로 있던 거부 이희저였다 그는 "10년 이내에 대운이 터지겠는데, 반드시 수성水性 가진 사람을 만나면 길하다."라는 예언에 따라 그런 인물을 백방으로 찾던 중 도인의 행색으로 나타난 홍경래가 수성임을 알고 동지가 되었다. 뒤에 평서 혁명군의 대본영이 된 가산의 다복동은 이희저의 거소居所이기도 했으니 그의 경제적 뒷받침은 홍경래 농민 혁명에 직접적인 역할을 했다.

세 번째 동지는 곽산 출신의 문장에 능한 김창시였는데 홍경래는 묘향산에서 얻은 서산 대사 비결의 예언을 설파하여 의기가 투합되었다.

천문, 지리, 병서에 달통한 고굉股肱의 동지 셋을 규합한 홍경래는 만주의 마적단 두목 정시수鄭始守, 역사力士 홍총각, 이제초, 모사 김사용 등을 참모로 확보하고 기인, 도사, 술사, 무인 등을 규합하는 한편 다복동에서 군사 훈련을 실시하였다.

김창시는 『정감록』 「감결」의 참설을 "선비士가 관을 비뚜로 쓰고는 임壬 자의 파자요, 신인神人이 옷을 벗으니 신申 자의 파자라, 주走 변에 기起를 빗기고는 일어날 기起의 파자요, 성인의 휘諱 자에 팔八을 벗기면 병兵의 파자이니 성인의 휘자는 공자의 이름 구丘를 말함이니라. 따라서 이 파자를 맞추어 연결하면 임신년壬申年에 군사를 일으킨다는 뜻이니라."라고 해석하며 군사를 일으킬 해를 정했다.

### 2. 홍경래에서 전봉준으로

동학 농민운동에 대한 북한의 태도는 확실히 이념적이다. 그들은 이를 그저 농민전쟁이라 부른다.

이는 조선 인민의 진정한 애국적이고 혁명적인 전통을 높이 시위한 빛나는 계급투쟁이었다. 엥겔스는 일찍이 다음과 같이 지적하였다.

"비록 어떤 종류의 계급투쟁이 당시 종교적 흔적을 띠고 있었으나 또한 비록 개개의 계급의 이익이나 요구들이 한 개의 종교적 외피에 엄폐되어 있었다고 하여 이 운동의 의의를 조금도 감소시키지 않는다. 이것은 당시의 시대적 조건으로써 용이하게도 이해된다."[11]

그런데 이 일을 주동한 핵심 인사들에 대해서는 오히려 적개심을 드러내는 이해하기 힘든 견해를 나타낸다.

그러나 동학은 이 농민전쟁에서 영도적 역할을 수행하지 못하였고 또 원래 수행할 수도 없었다. 당시 동학의 수령이던 최해월 일파들은 도리어 농민들의 혁명적 진출을 국왕과 봉건 통치배들에게 '청원'과 타협의 방법으로 이끌어 가려 하였고, 혁명적 확대 발전을 시종 저애하였다. 그리하여 도리어 최해월 일파의 변절적 분파 행동으로 인하여 농민운동 지도층 내에서의 의견 불일치를 가져왔고 마지막 시기의 농민군과 '집강소'의 지도적 성원들이었던 몰락 양반, 유생, 향반, 서리 출신의 동학 간부들의 투항과 변절적 행동은 이 운동을 실패케 한 주요 원인의 하나로 되었다.[12]

필자는 북한 학계의 이런 모순된 관점을 지적하는 것이 목적은 아니다. 다만 홍경래의 난에 관한 그들의 도참적 동인에 관심을 둘 뿐이다.

동학 농민운동은 명백히 도참적 성격을 띠고 있다. 동학 자체에도 그런 내용이 있지만 특히 뒤에 설명할 동학 삼걸의 경우에는 상당히 자생 풍수의 맥을 잇는 참서와 비기들이 관련되어 있다. 그렇다면 또한 땡추들과의 고리도 있는 셈이다.

홍경래가 과거에 실패하고 거사로서 서북 지방을 떠돌 때, 그는 분명 땡추들과 결합되었으며, 그렇게 보아야 막강한 전력과 병참을 단시간에 확보할 수 있었던 이유가 설명되기 때문이다.


### 3. 전봉준과 동학

자생 풍수의 맥은 끊이지 않고 이어지지만 그 법통이랄 수 있는 것이 기록으로 남은 바 없기에 사실史實 여부는 말하기 어렵다. 게다가 그들이 지닌 개벽 사상이란 것이 혁명을 조장하는 내용이기 때문에 도선이나 무학처럼 성공하면 역사에 남거니와 실패했다면 아예 없어지거나 왜곡될 수밖에 없는 것이어서, 그야말로 역사적 상상력이 필요하다. 동학을 일으킨 최제우崔濟愚도 그렇고 실제로 행동으로 옮긴 전봉준全琫準 등도 실패한 자생 풍수 부류인 만큼 정확한 기록은 별로 없다. 다만 일제에 의하여 주관主管된 공초供招에 그에 관한 기록이 남아 있으나 그대로 받아들이기에는 미심쩍은 구석이 많다. 사실 전봉준에 관한 연구는 많은 편이다. 여기 필자의 답사기를 소개하고자 한다.[13]

**정읍 동학 답사기**

김개남金開男 장군. 전봉준, 손화중孫華仲과 함께 동학 삼걸 중 한 분. 그러나 의외로 그를 아는 사람은 드물다. 관군이 가장 두려워했던 동학 지도자였기에 후에 그를 사로잡은 전라 관찰사 이도재李道宰가 그 명성과 용력用力에 겁을 집어먹고 전주에서 서울로 압송하는 일에 위험을 느껴 재판도 없이 임의로 처형하여 그 수급만을 바칠 정도로 용장이었다고 한다. 그분의 친손자 되는 김환옥金煥鈺 어르신1993년 당시 75세은 김개남 장군이 워낙 힘이 세어 전라 감사는 판자 위에 장군을 올려놓고 손발에 대못을 박아 구금했었다고 전한다. 장군의 부인 즉 어르신의 할머니로부터 들은 기억이 생생하다고 했다.

전봉준 장군의 후손은 흔적이 없고, 손화중 장군의 손자는 정읍 단위농협에 근무하고 있다는 소문을 들은 바 있다. 김환옥 노인은 전라북도 정읍시 산외면 동곡리 웃지금실 마을에 살고 있었다. 김개남 장군의 생가 터는 현재 조씨 소유의 담배 밭으로 쓰이고 있을 뿐 조그만 기념 팻말 하나 붙어 있지 않다.[14] 지난 2월 찾아보니 작년 가을에 심은 옥수숫대가 아직도 을씨년스럽게 바람에 치대이고 있었다.

본디 정읍 일대는 풍수도참과 민족 종교의 보고寶庫와도 같은 곳이다. 두승산 시루바위 아래 증산도의 창시자 강증산姜甑山 유적, 이평면 장내리 전봉준 고가古家, 같은 면 하송리 만석보 유적지, 덕천면 하학리 황토현 전적지, 고부면 신중리 동학혁명 모의탑, 입암면 대흥리 보천교普天敎 천자天子 차경석車京錫의 대궐 터, 그리고 이곳 산외면 동곡리 지금실 승지 명당들. 어떻게 이런 고유의 민족정신 유산들이 가깝게 모여 있을 수 있는지 신비감마저 드는 땅이다. 오죽하면 비결서들이 이곳을 편편금片片金, 모든 터의 조각조각들이 하나같이 금싸라기 같은 땅이라고 했을까. 역시 비결파로 정량리 상요두 마을에 사시는 한학자 송량宋亮, 변호사 송기영의 부친 어른 말씀으로는 지금도 핵심 명당 마을에는 토박이들보다 이곳을 찾아 들어온 외지인들이 더 많이 살고 있다는 것이다.

산외면에 있는 명당 중 지금 기록에 남아 전하는 것만도 부지기수다. 동곡리 동북쪽에 있는 부용산의 연화도수형蓮花倒水形 명당, 동곡리 북쪽 지금실 마을 앞산에 옥녀직금형玉女織金形 명당, 상두리 개치 참시내眞溪 북쪽 마을 뒷산에 선구폐월형仙狗吠月形 명당, 오공리의 으뜸 마을인 공동 동남쪽 신배 마을 뒷산에 군신봉조형君臣奉朝形 명당, 평사리 윗재실 남쪽에 있는 갈마봉에 갈마음수형渴馬飮水形 명당, 평사리 비노모텡이 평사낙안형平沙落雁形, 평평한 들판에 기러기가 내려앉는 모양으로, 이제 휴식을 취하겠다는 평온한 마음을 주는 곳 명당 등[15]

처처가 승경이요, 곳곳이 길지다. 한 가지 특징적인 현상은 이 일대에서는 일문일족의 부귀영화를 바라는 것이 아닌, 모두가 잘 살고 병고·병화兵禍·흉년의 삼재가 들지 않는 개벽의 신천지를 추구한 인걸들이 하나같이 찾아 나선 풍수 형국의 땅들이 주류를 이루니, 그것이 평사낙안형 명당이란 점이다. 평사낙안의 터는 비교적 넓은 들판 가운데로 지기 융성한 조그만 산이 우뚝하고 그에 기대어 마을이 자리 잡은 위에 멀리 떨어진 주위는 험준한 산세로 가려 있는, 산간의 대분지 형상을 하고 있다.

따라서 평사낙안의 터는 외부와의 단절을 고집한다. 그래야 개인 공간이 확보되고 심리적인 안정감을 가질 수 있기 때문이다. 분지 지형 특유의 주변 산세가 공간적 고립성을 확보해 준다. 공간의 고립은 시간으로부터의 고립도 보장해 준다. 이미 개벽에 의한 이상 세계가 건설된 만큼 그들에게는 역사가 필요 없어지기 때문이다. 역사는 시간에 의존해야만 존속한다. 또한 역사는 그에 따른 변화를 주목한다. 이상의 달성은 변화의 필요를 거부한다. 이미 완벽함을 갖추었는데, 여기서 더 변화를 바란다면 그것은 불비不備함으로의 회귀이다. 그러니 이상 세계에서는 역사가 필요 없어지는 것이다. 그러니 시간으로부터 단절될 수밖에 없다.

명당 발복을 기반으로 하는 대다수 중국 풍수와 달리 자생 풍수는 전후의 현무·주작과 좌우의 청룡·백호에 의하여 지세적 고립감을 확보함으로써 외부와의 단절로 인한 개인의 심리적 안정감을 확보함은 물론, 사건과의 단절을 담보받음으로써 더 이상 억압과 굴욕의 역사를 되풀이하지 않겠다는 이상 세계를 건설했다고 믿는 것이다. 그런 면에서 살펴보자면 완벽 지향의 혁명가들, 땡추들이 진정한 자생 풍수학인인지도 모른다. 이상향 건설에 어찌 종교에 구애받겠는가. 이곳에는 비단 풍수가와 도참꾼들만이 아니라 천주교 신자들도 마을을 일구어 살고 있다. 산외면 종산리 원바실 마을에는 천주교 공소公所가 있는데, 필자의 짐작으로는 그들 역시 이 땅이 이끄는 바에 따라 이곳으로 들어오지 않았겠나 싶다.[16]

천주교도들이 원바실 공소를 세운 것도 동학도들이 이곳을 찾은 시기와 거의 비슷하다. 공소가 세워진 것이 19세기 후반 병인박해 때로 추정되고 있으니 단순한 가정은 아니다.

한학자 송량 어른께서는 지금도 지금실 바로 이웃인 정량리 상용두 마을에서 농사를 지으며 사신다. 그분 말씀으로는 평사낙안의 명당이 어디인지는 서로의 주장이 달라 확정 지을 수 없다고 하신다. 문제는 평사낙안의 혈처가 구체적으로 어디냐 하는 것이 아니다. 그것은 다분히 자기 집안만을 생각하는 이기이기 때문에 가치가 없다. 필자 눈에는 동곡리와 그 주변 분지 일대 전역이 평화로운 강가 모래밭에 날개를 접으며 내려앉는 기러기로 보인다. 이제 영원의 휴식이 기다리고 있는 땅, 평사낙안의 땅은 누구 한 사람의 터가 아니라 우리 모두의 명당이어야 하니까.

김개남 장군의 본명은 영주永疇이다. 그는 철종 4년1853 바로 이곳 정읍군 산외면 동곡리 지금실知琴숨에서 태어났다. 『일지선사유산록─指禪師遊山錄』에 나와 있는 것처럼 이곳은 호남의 웅기雄基다. 전봉준 장군도 이곳에서 태어났다는 설이 있으나 그것은 믿기 어렵고 그가 이 땅을 사모하여 이곳으로 이사하였고, 그의 딸까지 이곳으로 시집보냈다는 것은 사실이다. 송량 어른 말씀으로는 전봉준이 소실을 데리고 아랫지금실에서 살았다는 소문이 있었다고 하였다. 이 증언은 다른 고로古老들로부터도 여러 번 들었다. 지금까지 전봉준 관련 얘기는 내놓고 하지 못하는 금기였기에 외부에 이 소문이 나가지 못했을 뿐이다.

19세기 말의 상황에서 그들이 믿은 것이 동학이든 서학이든 그들은 뭉뚱그려져서 '도道꾼'들이라고 불렸다. 도의 전문가들이라는 얘기일 터인데, 그들이 믿고 닦은 도란 무엇인가? 그것은 모든 사람들이 위아래 없이 아무 근심 걱정 하지 않고, 배곯지 않으며, 정답게 사는 방법을 모색하는 일이었다. 따라서 그들은 이미 봉건적 위계질서를 떠날, 아니 파괴할 수 있는 충분한 사상적 기반을 갖고 있었던 셈이다. 자생 풍수가 주장하는바, 사람은 그 뼈다귀, 즉 그 가문이 중요한 것이 아니라 그가 얼마나 생기를 받았느냐에 따라 달라질 수 있다는 것과, 그런 땅을 찾는 것은 전적으로 사람들이 선택하기에 달렸다는 점, 그리고 그 선택의 성공 여부는 『주역』의 표현을 빌리면 오로지 그의 적덕積德과 적선積善 여부에 달려 있다는 점을 생각한다면, 왜 동학 삼걸이 모두 자생 풍수 사상가들일 수밖에 없었는지를 이해할 수 있을 것이다.

전봉준은 지관 일을 한 적이 있는 데다가 그 자신 평사낙안과 금계포란의 명당을 찾아다닌 사람이니 말할 것도 없고, 손화중은 정읍군 과교리 출신으로 일찍이 한학을 공부하고 시국에 관심을 가져 오다가 처남 유용수柳龍洙를 따라 20대의 젊은 나이로 이른바 십승지를 찾아 지리산 청학동으로 들어갔다가 때마침 영남을 휩쓴 동학에 입문한 사람이니 역시 더 말할 것도 없으며, 김개남은 그 집안 자체가 피난보신의 땅을 찾아 지금실로 솔가해 들어간 사람이니 역시 더 말해 무엇하랴. 철저히 자생 풍수학인들이었다. 풍수와 동학과 개벽에의 꿈은 항쟁을 통해 융합되었고, 그 결과는 외세의 개입으로 인한 참담한 조락으로 끝장이 났다. 이제 우리는 풍수를 발복의 이기적인 술법으로 끝냈으나, 동학 진압에 앞장섰던 일본은 새로운 연구 대상으로 바라보고 있으니 이 무슨 일인가? 1999년 2월 초 오사카 시립대학에서 한국어를 가르치고 있다는 노자키 미쓰히코野崎充彦라는 사람으로부터 편지를 받았다. '조선 풍수 사상의 실지實地 연구'라는 프로젝트를 오사카 시로부터 위탁받았는데 도움을 바란다는 내용이었다. 나중에 알고 보니 그는 말하자면 대단한 친한파親韓派였다. 그의 연구는 일제가 저질렀다는 한국인들의 명산 기맥 끊기에 관한 조사였는데 만나 보니 한국에 대한 사랑이 대단했다.[17] 그는 나중에 한국의 풍수 전문가에 관한 책도 써서 한일韓日에 동시 출간했다.[18]

망국의 왕자 의친왕은 무슨 까닭으로 이곳을 다녀갔는지는 알 수 없으나 금사정錦沙亭 팔경八景이란 것을 마련하였다. 거기에도 평사낙안이 있고 성두산 봉우리를 휘돌아 드는 구름이 있으며 평사리 북쪽 춘대春臺에 피리 부는 초동이 있다. 동학에 나라를 내주었다면 그것은 알을 깨는 아픔을 넘는 천지개벽이었을 것이나, 왜적에게 나라를 빼앗김은 얼굴을 갈아 대는 굴욕이요 천추의 한이었을 것이다. 그가 그런 심회를 갖고 있었는지는 모르지만 그렇기 때문에 이곳을 찾은 것이라면 동학 삼걸의 혼령에게는 그나마 조그만 위로가 되었으련만.

인근에는 동네마다 개를 기르는 집이 많았다. 그저 집집이 한두 마리씩 키우는 검둥이, 바둑이가 아니라 식용으로 길러져 우리에 갇혀 지내는 개들이었다. 낯선 필자를 보고 미친 듯이 짖어 대는 것을 바라보니 회한을 감출 길 없었다. 대도시의 풍수는 이기심 가득한 욕심쟁이들의 산소 자리 잡기 잡술이 되어 버렸고, 기개가 하늘을 찌를 듯하던 동곡 지금실 동학 삼걸의 풍수 사상은 먹거리 개들의 화풀이 대상으로 전락하고 만 것인가.

물론 결코 그렇지는 않다. 전북의 뜻있는 사람들이 지금 김개남 장군 추모 사업을 위한 일을 시작하였다그 후 전주에 추모비가 세워졌다. 생가 터를 사들여 석비나 세우는 것으로 할 일 다했다고 손 털 사람들은 아니라고 믿는다. 그들의 노력이 잡술을 묻어 버리고 개들을 잠재우는 힘의 원천 될 날이 오리라고 확신한다.

### 최제우

동학의 교주 최제우崔濟愚는 당시 경상 감사 서헌순徐憲淳의 장계에 의하면 아명兒名이 복술福述로 경주 사람인데 새로 들어온 서학에 온 백성이 희생되는 것을 좌시할 수 없다는 뜻에서 동학을 일으킨 것이라 하였다. 그가 대구에서 참형된 것은 고종 원년1864 3월 10일이었다. 출생지는 경주의 구미산龜尾山 아래 가정리柯亭里였는데, 그는 구미산에서 신선이 내려오리라고 생각하여 자기가 사는 자연을 신비롭고 아름답게 노래했다. 구미산에는 용담정이라는 정자가 있는데, 최제우는 이곳에서 『용담유사龍潭遺詞』를 지었다. 옛 한글로 되어 있으나 지금의 글로 바꾸면 이렇다.

국호는 조선이요, 읍호는 경주로다. 성호城號는 월성月城이오, 수명水名은 문수汶水로다. 기자箕子 때 왕도로서 일천 년 아닐런가. 동도東都는 고국古國이오 한양은 신부新府로다. 우리나라 생긴 후에 이런 왕도 또 있던가. 수세水勢도 좋거니와 산기山氣도 좋을시고.

금오金鰲는 남산이오 구미龜尾는 서산이라. 봉황대 높은 봉은 봉황 떠나 빈 채로 남아 있고, 첨성대 높은 탑은 월성을 지키고, 청옥적靑玉笛·황옥적黃玉笛[19]은 자웅으로 지켜 서서 일천 년 신라국을 소리로 지켜 내네.

어화, 세상 사람들아! 이런 승지 구경하소. 동쪽 마을 삼산三山을 볼작시면, 신선이 없는 것이 오히려 이상하다. 서쪽 마을에 주산이 있었으니 추로지풍鄒魯之風 없을 쏘냐. 어화, 세상 사람들아! 고도故都 강산 구경하소.

인걸은 지령地靈이라. 명현달사名賢達士 아니 날까. 하물며 구미산은 동도의 주산인데, 곤륜산의 한 지맥은 중화로 벌려 있고, 우리나라 구미산은 소중화가 되었구나. 어화, 세상 사람들아! 나도 또한 출세 후에 고도 강산 지켜 내어 세세유전 아닐런가.[20]

동학의 기본 사상에는 불연기연不然其然이란 것이 있다. 우주의 모든 만물에 나타나는 현상과 그 현상의 근원이 되는 본질의 문제를 최제우는 '기연'과 '불연'이라 말하고 있다. 기연이란 그러하다는 사실을 우리의 인식에 의하여 쉽게 설명할 수 있는 이단자易斷者의 세계를 말하는 것이오, 불연은 그러하다는 사실을 규명하기 어려운 난필자難必者의 세계를 말하는 것이다. 예를 들면 '나'라는 사람이 어떻게 이 세상에 존재하게 되는가 하는 문제를 생각해 볼 때, 내가 나 됨을 생각하면 부모가 계시다고 말하는 것이므로 나는 바로 아버지가 낳았고 그 아버지는 할아버지가 낳았고 하는 식의 형식논리의 법칙을 그대로 따르면서 기연을 설명하고 있다. 그러나 이러한 논리가 무한대로 소급되다 보면 맨 처음의 할아버지는 누가 낳았는가 하는 문제와 만나게 되는데, 이것이 바로 불연의 문제라는 것이다.[21]

여기서 도선 국사의 "무설지설 무법지법無說之說 無法之法"과 만나게 된다. 말하자면 직관적 깨달음의 중시라 할 수 있다. 무학 대사 역시 그러한 직관을 중시하여 가급적 세부적인 설명을 꺼린다. 그러면서 당대의 가치관을 무력화하는 효력을 꾀한다. 이는 바로 개벽 사상에 연결된다. 필자가 동학에까지 자생 풍수의 맥을 연결하는 가장 중요한 이유는 동학 삼걸인 전봉준, 김개남, 손화중 장군을 잇기 위함이지만 동학 그 자체에 이미 그런 맥이 닿아 있음을 말하기 위해서다.

## 자생 풍수 답사기

# 낙일의 잔영, 전북 진안군의 비보 사례

    필자는 아직까지 어떠한 종류의 풍수적 이상향도 제시하지를 못했다. 그것은 영원히 이룰 수 없는, 그야말로 이상의 세계에서나 있을 수 있는 어떤 것인지도 모르겠다. 그래도 우리는 끊임없이 그 이상향을 꿈꾼다. 필자는 풍수적 삶터의 이상적인 모형으로 인간관계에서는 대동적 공동체를, 그리고 자연과의 문제에서는 땅과의 조화로운 어울림을 표방하여 왔다. 그러나 불행히도 그런 터전을 현실 속에서는 아직 찾아내지 못하고 있다.

    불행 중 다행이랄까 이번 여름에 그에 상당히 근접하는 좋은 마을들을 한꺼번에 접할 수 있었던 것은 아마도 행운이었을 것이다. 그곳은 바로 전북 진안군 일대였다. 지리산 서쪽까지 이곳저곳을 둘러보고 남원을 거쳐 임실에서 진안으로 들어가는 30번 국도에 접어들었을 때는 굵은 장맛비가 하염없이 쏟아지고 있었다. 나는 원래 맑은 날보다는 비 오는 날들을 좋아하는 편이지만, 그것도 정도 문제이지 이렇게 물난리가 날 지경에 이르러서는 좀 지긋지긋한 생각이 들고 있었다.

    임실 성수면을 지나 진안 성수면같은 성수면이 임실에도 있고 진안에도 있음을 약간 스쳐 백운면에 접어들었을 무렵 참으로 운이 좋게도 잠시 파란 하늘이 고개를 내미는 장면을 볼 수가 있었다. 더욱 행운인 것은 이때 바로 눈룡嫩龍, 새싹 같은 용의 대표적인 형세를 볼 수 있었다는 점이다. 눈룡이란 용세십이격龍勢十二格 중 노룡老龍에 대칭되는 개념으로 글자 뜻 그대로 어린 용이라는 뜻이다. 백운면 초입 남계南溪 마을에서 북서쪽으로 덕태산德泰山 방면에 나타난 눈룡은 산이 바로 사람임을 웅변으로 보여 주는 광경이었다.

다시 한번 강조하거니와 산은 즉 사람이다. 눈룡이란 어린아이다. 한 열 살쯤 되는 어린이다. 그렇기 때문에 청년처럼 혈기 방장한 것도 아니고 아기처럼 철이 너무 없는 것도 아니며 노인처럼 기력이 떨어지는 것도 아니다. 매우 신선하게 아름다우면서도 교만하지 않고 순박하다. 아름다움을 갖추고도 교만하지 않은 것은 어린이이기 때문에 가능하다. 기운은 이제 싹이 돋아나려는 듯이 밑에 깔려 위로 치솟고 있는 상태다. 산이 사람으로 비친다는 것은 풍수를 공부하는 사람에게는 매우 중요한 일이다. 그로써 산과의 대화가 이루어질 수 있기 때문이다. 여하튼 백운면의 눈룡은 한마디로 감동이었다.

전주에 살 때 마이산도 가 보고 죽도도 가 보았지만 평범한 농촌에는 들를 기회가 별로 없었다. 이번에는 주로 외지인에게는 전혀 알려질 기회도 필요도 없는 그런 마을을 찾았다. 그리하여 참으로 다행스럽게도 풍수적 삶터에 매우 근접한 대상을 찾을 수 있었다는 것이 내게는 행운이었다. 먼저 들른 마을은 정천면 월평리 하초下草 마을. 나지막한 산자락에 기대고 있는 우리들 부모님 같은 마을이었다. 그러나 그 공간 구조를 살피며 나는 우리의 부모님들이 얼마나 편안하고 안온하며 지혜롭게 터전을 잡고 있는지를 깊이 깨달을 수 있었다.

마을의 뒤와 양 옆면은 산으로 둘러싸여 장풍藏風의 형세를 제대로 유지하고 있었다. 하지만 앞쪽이 문제였다. 가려 주는 둔덕이 전혀 없어 허전한 분위기를 마을 전체에 밀어 넣고 있는 형세였다. 이런 경우는 문제다. 안산案山이 없고 조산朝山이 시원치 않은 것이다. 그래서 만들어진 비보책이 몇 가지 있었는데, 필자는 이것이 우리 풍수의 커다란 특징 중 하나로 파악하였다.

우선은 바로 그 허전한 마을 앞쪽에 숲을 조성하였다는 점이다. 우리는 그것을 동수洞藪라고 부른다. 동수는 원래 풍수에서 수구水口의 허결을 방비하기 위하여 사용하는 여러 가지 방법 중의 하나이다. 그러나 이것은 비단 풍수에서뿐만이 아니라 우리 민족이 일반적으로 채택하던 마을 보호 방법이기도 하였다. 예컨대 이중환은 『택리지』에서 이르기를 어찌하여 지리를 논하는가. 먼저 수구를 보고 다음 들의 형세를 본다. ……무릇 수구가 짜임새가 없이 넓게 퍼져 있기만 한 곳에는 비록 좋은 밭과 넓은 집 천 칸이 있다 하더라도 다음 세대까지 내려가지 못하고 저절로 흩어 없어지리라. 그러므로 집터를 살피려면 반드시 수구가 꼭 닫힌 듯하고 그 안에 들이 펼쳐진 곳을 눈여겨보아 구할 것이라 하였다. 그러니까 동수 개념은 비단 풍수만이 주장하는 바가 아니라 우리 집터 닦기의 보편적 개념이랄 수 있는 것이다.

더 엄밀하게 얘기하자면 우리의 고유 풍수는 잡술 부스러기가 아니라 원래는 땅의 이치에 따라 사람이 조화를 이루며 살고자 했던 지혜의 집적이라는 뜻이다. 우리 조상들은 그저 풍수와 지리가 완벽한 자리를 찾아내는 술법에만 탐닉했던 것이 아니라, 오히려 냉낭의 소선이 부족한 터들을 인공적으로 보충함으로써 제대로 된 삶터를 가꾸고자 노력했던 셈이다. 풍수는 소극적이고 이기적인 보신책 수준의 지리가 아니라 적극적이고 대동적인 삶터 추구의 지리학이었음을 분명히 해야 한다.

하초 마을의 동구洞口는 이 동수들에 의하여 잘 가려지고 있었다. 도대체 가려진다는 것은 무슨 의미인가. 풍수지기론風水地氣論에 의한다면 그것은 물론 기가 흩어져 나가는 것洩氣을 방비한다는 것이다. 그러나 현실적인 이득도 만만치 않으니, 그것은 바로 주민들의 환경 심리에 미치는 긍정적인 영향이라 할 수 있다. 마을이란 공동체이다. 공동체는 말 그대로 여러 사람들이 모여 사는 터전이다. 그러면서도 모래알같이 흩어진 쌓임이 아니라 흙덩이처럼 뭉쳐진 구성체이다. 그러므로 그것은 이익사회적인 타자 간의 단순한 결합이 아니라 거의 개인 공간과 같은 기능을 수행하게 되는 것이다. 그래서 풍수는 명당 안쪽을 내부 공간, 바깥쪽을 외부 공간이라 표현한다.

따라서 내부 공간은 개인 공간의 의미를 띤다. 개인 공간은 심리적 안정을 추구한다. 안정이 없으면 불안해진다. 불안해지면 공동체의 유지가 어렵다. 그러니까 안정이 유지되어야 하며, 이때 마을 앞쪽의 허전함은 심리적 불안감을 유발하는 큰 요인이 될 수밖에 없다. 그러니 비보해야 하는 것이고 동수는 바로 그런 비보책의 하나다.

그런데 동수만으로는 안심이 안 된다. 그래서 주민들은 동수 바로 밑에다 다섯 개의 조산造山을 쌓았다. 조산이란 조탑造塔 혹은 그냥 탑이라고도 불리는 것으로 사람 키 정도로 쌓아 올린 돌무더기를 말한다. 위쪽으로 약간 좁아지는 원통형의 이 탑은 세 아름 정도의 굵기로 쌓여 있는데, 동구에는 입구 양쪽으로 나란히 두 기가 조성되어 있다. 따라서 이것은 마을의 비보책이자 도로 표지판 또는 마을 비석의 구실까지 해내고 있는 셈이다. 뿐만이 아니다. 동제洞祭 때는 이곳이 바로 제단이 되기 때문에 경우에 따라서는 마을 성소의 구실도 맡는다. 마을 사람들은 마을로 들어가기 전에 바로 이 자리에서 마을 바깥 속세에서 더럽혀진 마음을 털고 마을로 들어서게 된다. 그러면 마을 안은 언제나 맑은 공동체가 유지되는 것이다.

조산 옆에는 선돌立石도 세워져 있다. 말하자면 겹겹이 세워진 비보책인 셈이다. 아무리 마을 한쪽의 자연이 허결하다 하더라도 이 정도의 대비와 마음가짐이라면 문제 될 것이 전혀 없으리라. 그러나 안타까운 일이다. 아무리 풍수적 삶터의 전형이라 한들 세태의 변화는 어쩔 수 없는 것인가. 이 마을 역시 그 대동적 삶터의 공간적 기초를 이루고 있던 풍수 공간 구조는 풍전등화의 신세에 처해 있다.

　바로 북쪽에 이웃한 면인 용담면龍潭面에는 지금 용담댐이 건설되고 있다. 이것이 완공되면 이 마을은 바로 들 앞에까지 물이 들어온다.현재는 완공되었다. 동구만 나서면 커다란 물구덩이를 밟아야 하는 신세가 된다. 마을 아래 정자천 가에서 누대에 걸쳐 정을 나누며 살던 이웃들은 그대로 수몰민이 되어 어디론가 떠날 수밖에 없게 되었다. 그들이 떠난 하초 마을이 그저 예전의 하초로 남을 수는 없을 것이다.

　하초는 수몰 예정지는 아니다. 그러나 거의 그에 준하는 변질을 겪게 될 것은 필지의 사실이다. 마을은 언필칭 호반 촌락이 될 것인즉 그렇다면 분명 관광지나 유원지가 되어 버릴 것이다. 주산에 기대고 좌우 용호龍虎에 의하여 보호를 받으며 조산과 입석과 동수에 의하여 허결을 막아 대동적 공동체를 이루며 살던 마을 사람들은 이제 매운탕과 토종닭이라는 간판을 세우고 도시민들의 기분 풀이·화풀이 장소 제공자로 전락하리라. 존경받던 유학자가 입에 풀칠을 하기 위하여 도회지 뒷골목에 어린애틀 상대로 서에 학원을 사련 끌이릴까.

　떠나면 되지 않느냐는 강변도 있을 수 있으리라. 그러나 뿌리가 뽑힌 삶터라는 것이 어떤 의미를 지니는 것인지를 사람들은 잘 이해하려 하지 않는다. 그것은 삶에서 생존으로 뛰어내리는 자멸 행위에 다름 아니다. 오늘의 풍수적 삶터들이 겪어 가는 과정이란 결국 이런 것인가.

　필자는 풍수적 삶이냐 반풍수적 생존이냐 하는 문제를 거론해 왔다. 그것은 단순히 농촌에서 살 것이냐 도시에서 생활할 것이냐의 문제와는 본질적으로 다른 것이라 생각한다. 어디에 사느냐 하는 문제를 떠나서 살아가는 사람의 가치관과 사고방식 그리고 생활양식에까지 이르는 광범위한 문제를 풍수와 반풍수로 대비하여 제시한 셈이다. 그러면서 필자가 일관되게 유지해 온 바는 그것이 선택의 문제라는 점이었다. 나는 비록 풍수적 삶터로의 회귀를 분명 선호하지만 그것을 남들에게도 강요할 수는 없는 세상이 되어 버렸다는 자조감 때문이다.

언젠가도 고백한 일이지만 나는 풍수적 삶터에서 살 수 있느냐 하는 데 대해서는 절망적인 생각을 가지고 있다. 하지만 제자들 생각은 다르다. 그들은 옳은 것은 설득해서 그 방향으로 같이 나아가려는 자세가 학인學人의 태도라고 주장한다. 나는 그것을 운동의 차원이라 하여 약간은 경원시해 온 것이 사실이다. 그러나 이제 생각을 조금씩 바꾸기 시작했다. 선택의 문제를 강조하다가는 풍수적 삶터를 좋아하여 그쪽을 선택한 사람들조차 견디어 낼 수 없는 환경 조건을 반풍수적 기능론자들이 만들어 낼 것이 분명하기 때문이다. 결국 우리는 우리의 삶터를 풍수적인 것으로, 다시 말해서 인간적인 터전으로 되돌리기 위해서 그것을 파괴하는 자들과 싸우지 않을 수 없다는 자각을 하기 시작한 셈이다.

# 6부 자생 풍수의 계보와 현재

# 16장 결국 자생 풍수란 무엇인가?[1]

## 1. 사람과 땅 사이의 상생 조화

땅이 좋아야 뛰어난 인재가 태어난다는 뜻의 "인걸은 지령"이란 말은 3세기 중국 동진 시대의 곽박이 쓴 교과서적 풍수서 『금낭경』에 처음 나온다고 말했다. 따라서 풍수에서는 본래부터 자연환경이 사람에게 영향을 미쳐 왔다고 본 것이 분명하다. 이것은 서양에서도 있었던 지리 사상이다. 그러니까 풍수건 서양 지리학이건 자연과 인간의 관련성에 의심을 품은 쪽은 없다. 동서양을 불문하고 위인 전기에는 그가 산천이 빼어난 곳에서 태어났음을 첫머리에 붙이고 있지 않은가.

다만 서양 지리학이 환경 결정론적 시각에 매달려 왔다면 물론 이것은 제국주의에 악용된 측면이 있다. 예컨대 열등한 환경이 열등한 민족을 배출했다는 식으로 풍수는 오히려 자연과 인간의 상호 교감에 중점을 두어 왔다.

따라서 풍수 즉 자연 풍토가 인간에 영향을 미친다는 것은 분명 인정하지만 어느 한쪽의 주도를 인정치 않고 어떤 경우, 어떤 사람에게 서로가 맞느냐 맞지 않느냐 하는 문제에 풍수 사상은 주로 관심을 쏟게 된다. 엄밀히 말해서 절대적으로 좋고 나쁜 땅이 있는 것이 아니라, 맞느냐 맞지 않느냐의 문제만 있다는 것은 이런 논리에서 나온 말이다.

풍수는 왜 이렇게 끈질기게 우리를 놓지 않는가? 조선 중기 한 유자儒者의 일기는 이런 글을 남기고 있다. "우연히 지가설地家說이 눈에 띄어 열람해 보았다. 별들이 일정한 경위經緯를 따라 총총 빛나고 있고, 산과 물 사이로 뭍과 평야가 펼쳐져 있으며, 음양의 기운이 모이고 기후가 변천하는 속에서 사람과 만물이 나서 자라고 있고 귀신도 그곳에 의지해 있는데, 거기에 성쇠와 소식消息, 길흉과 재상災祥의 변천이 왜 없을 것인가? 그렇다면 어두운 쪽과 밝은 쪽, 이쪽과 저쪽이 감응하는 과정에서 산천이 수려하면 그곳에 인물도 풍성하고, 조고祖考, 즉 조상가 편안하면 조손祖孫들도 편안하게 된다는 그 말이 전혀 근거가 없는 말은 아닐 것이다."[2]

흔히 풍수를 좋은 땅 잘 골라 그 음덕 좀 보자는 술법 정도로 이해하고 있다. 그런 측면이 분명히 있는 것은 사실이다. 그러나 우리나라 지리학은 본래 그런 것이 아니다.

그렇다면 도선 풍수 즉 자생 풍수란 무엇인가. 그것은 한마디로 땅에 대한 사랑이다. 사랑은 홀로 되는 것이 아니며 또한 훌륭한 것, 좋은 것만을 상대하는 일이 아니다. 훌륭하고 좋은 것이라면 내가 아니라도 사랑해 줄 사람은 얼마든지 있을 것이다. 오히려 지고지선한 사랑이란 다른 것에 비해서 떨어지는 것, 문제가 있는 것, 좋지 않은 것에 대해서일 때 의미가 있다. 도선 풍수에서의 땅 사랑은 그런 근본적인 인식 속에서 출발한다. 명당이니 승지니 발복의 길지니 하는 것은 도선 풍수의 본질에서 매우 멀리 떨어진 개념들이다.

결함이 있는 땅에 대한 사랑이 바로 도선 풍수가 가고자 하는 목표이며 그것이 바로 비보 풍수이기도 하다. 앞으로 몇 가지 사례들을 들겠지만 구체적으로는 두 개의 큰 물이 모이는 합수 지점으로 홍수 때 침수 위험이 상존하는 곳, 낭떠러지 밑이나 바로 위여서 산사태의 위험이 있는 땅을 골라 절을 세워 비보를 하는 식이다. 절에 상주하는 스님으로 하여금 경계와 유사시 노동력 동원 역할을 맡게 하자는 의도이다. 마치 병든 어머님께 침을 놓아드리는 듯한 땅에 대한 지극한 사랑이다.

'풍수무전미風水無全美', 완전한 땅이란 없다. 사람이건 땅이건 결함이 없는 것은 없다. 결함 없는 곳을 취함은 사랑이 아니다. 일부러 결함을 취하여 그를 고치고자 함이 도선 풍수의 근본이다. 그래서 도선 풍수는 우리 민족 고유의 '고침의 지리학, 치유의 지리학'이 되는 셈이다.

풍수는 기본적으로 사람과 땅 사이의 상생 조화에 관심을 갖기 때문에 경제적인 측면이 어느 정도 간과되는 것은 사실이다. 경제적 개발에 대하여 인식론적 반감을 가질 수밖에 없는 것이 풍수라는 뜻이다. 그럼에도 불구하고 오늘날 풍수가 현대의 국토 문제에 관여할 수 있는 까닭은 그것이 지니고 있는 건전한 지리관, 토지관, 자연관 때문이다.

풍수는 땅을 어머니 혹은 생명체로 여기기 때문에 그것을 단순한 물질로 생각하지 못한다. 따라서 땅이 소유나 이용의 대상이 될 수 없다. 누가 감히 어머니땅를 이용할 수 있으며 누가 어머니자연를 소유하는 패륜을 저지를 수 있겠는가. 풍수가 국토 재편에 어떤 기여를 할 수 있다면 그것은 풍수의 공도적公道的 자연관에 있다고 본다. 개발을 어머니에게 의지한다고 생각하고 자연 보전을 어머니에 대한 효도의 관념으로 바꾸어 생각하는 지혜를 오늘의 사람들에게 전할 수 있다고 본다는 뜻이다. 의지한다는 것과 이용한다는 것은 본질적으로 다른 개념이다. 의지는 신세를 지는 일이며 은혜를 입는 일이다. 그런 사고방식이라면 누가 감히 땅을 함부로 대하고 많이 소유하려 할 수 있겠는가.

개인적으로는 풍수가 현대인들을 소박한 자연주의로 몰아갈 우려가 있다는 것을 인정한다. 그것은 도선 풍수가 가지고 있던 자연과의 조화, 대동적 공동체 관념에 배치되는 일이다. 도선은 적극적으로 어머니인 국토의 병통을 고치기 위하여 비보라는 방법을 고안한 사람이다. 그의 지리 철학을 오늘의 관점에서 재해석하자면 앞에서 언급한바 '치유의 지리학'이 되는 것이고, 이는 바로 살아 있는 땅으로 재생시키자는 운동 원리가 되기도 한다.

자연의 길自然之道을 방해하지 말라. 자연의 흐름에 순응하라. 아마도 이것이 오늘의 우리에게 풍수가 해 줄 수 있는 말일 것이다. 국토 재편은 이 지리 철학을 벗어나서는 안 된다. 그렇게 해야 생존을 위한 싸움터로서의 국토가 아닌, 삶터로서의 국토를 가질 수 있기 때문이다.

우리는 우리를 둘러싸고 있는 자연이 우리에게 어떤 영향을 미치는지 살면서 알게 모르게 느끼고는 있다. 다만 그것을 분명하고도 합리적인 언어로 표현하지 못할 뿐이다. 나는 청주에 살 때와 전주에 살 때, 그리고 관악산 아래 봉천동에서 살 때 그리고 지금 살고 있는 구로동 도림천 변에서 살 때의 사고방식이 다름을 느낀다. 나이 탓도 있겠지만 그것 말고 말로는 표현하기 어려운 성격의 변화를 느낀다는 뜻이다. 청주에 살 때는 무심천 변이었다. 길게 뻗은 둑길을 보며 언제나 저 길이 끝나는 곳까지 가 봐야겠다는 생각을 했다. 전주에 살 때는 조경단 부근 숲에서 살며 세상으로부터 가려진 어떤 것을 추구했다. 봉천동 살 때엔 관악산의 바위 봉우리를 보면서는 쓸모도 없는 투쟁심에 젖어 몸과 마음을 상한 적이 있다. 지금 사는 구로동에서는 도림천과 이어진 안양천 변을 따라 걸으면서 새와 풀과 나무와 물을 보며 평온함을 느낀다.

대륙의 벌판에서 느끼는 마음은 허망함과 고적감이다. 간접적으로 경험한 히말라야 설산을 보며 느끼는 감상은 삶에는 도움이 되지 않는 신비에의 동경심이다. 그래서 대륙인들은 사람과 땅과의 관계에서보다는 인간관계에 더 집착하게 되는지도 모른다. 유교에 자연관이 없는 것은 아니지만 그것이 주장하는바 요체는 인간관계에 대한 규정이다. 반면에 설산을 보며 살아가는 티베트인들은 그러한 신비감을 종교적 성취욕으로 풀어 가려 한다.

누구나 산을 보면 그 너머에 있는 땅을 그리게 된다. 하지만 실제 넘어가 보면 그곳에도 별게 없다는 것을 체감한다. 허망과 고적과 신비는 그렇게 쌓여 간다. 그들은 삶의 본질과 실체를 잃고 있는 것이다.

오늘의 한반도에 살고 있는 우리들도 점차 그들을 닮아 가고 있다. 자연을 잃고 인간관계에 집착하며 있지도 않은 신비를 찾아 나선다. 그래서 자연은 파괴되고 사람들은 이해관계에 얽혀서만 사람을 사귀고 광신적 종교에 휘말려 드는 것이다.

자연은 본래 있는 그대로의 것을 받아들이는 데 뜻이 있다. 나이를 먹어 가며 허망과 고적과 신비를 넘어 자연을 온몸으로 맞게 되었을 때, 나는 그것을 풍수적 삶에 도달했다고 말한다. 그러나 그런 길고 복잡한 과정을 경험하지 않고도 자연을 맞게 되었다고 말할 수는 없다. 풍수적 삶이란 것도 대가를 요구하기 때문이다.


### 2. 자생 풍수에서 터 잡는 방법

여기서 좀 구체적으로 자생 풍수의 터 잡기 방법을 정리해 놓고 얘기를 풀어 나가기로 하자. 그래야 독자들이 왜 내가 그런 식으로 땅을 바라보게 되는지를 이해할 수 있을 것이기 때문이다.

고유한 우리의 자생 풍수는 전제한 대로 '어머니인 땅'이란 개념을 출발점으로 삼는다. 그것으로 모든 것이 해결될 수는 없겠지만 이해를 도울 수 있기 때문이다. 어떤 터基地가 있을 때 그 터가 있게 되는 까닭은 우리나라의 경우

당연히 산에서 비롯된다. 그 주된 산, 즉 주산主山이 바로 어머니이다. 우리나라의 가장 위대한 큰 어머니인 백두산으로부터 이 어머니인 산, 엄뫼까지 이어지는 내룡맥세來龍脈勢가 진짜인지 가짜인지眞假, 순리대로 흘러왔는지 흐름을 거슬렀는지順逆, 평안하게 내려왔는지 불안감을 주지는 않았는지安좀, 심지어는 죽었는지 살았는지生死 등을 살피는 일로 터 잡기는 시작된다. 소위 풍수 용어로 간룡법看龍法에 해당되는 부분이다. 말하자면 어머니의 가계를 살피는 일인데, 온화 유순하고 조화 안정을 이루고 있으면서도 변화와 생기를 아울러 갖춘 맥세를 좋은 것으로 삼는다.

이제 그 어머니가 품을 벌리게 된다. 어머니의 품 안이 유정하고 온순하며 생기 어린 곳인지를 판단하는 일이 다음에 이루어지는데 중국 풍수식으로 말하자면 좌청룡, 우백호, 남주작, 북현무를 가려 밝혀 내는 장풍법藏風法이 바로 여기에 해당된다. 어머니의 품 안이라고 모두 명당이 되는 것은 아니다. 아무리 어머니라 하더라도 피곤할 때도 있고 짜증이 날 때도 있다. 물론 병환이 드시는 경우도 있다. 그런 품 안은 고되고 무정하기 때문에 모양새가 어머니 품 안처럼 생겼다 하더라도 명당이 되지는 않는다. 정신이 바르지 못한 어머니라면 그 품 안에 살기가 들 수도 있다. 당연히 그런 품 안명당은 피해야 한다.

한 가지 재미있는 것은 우리 자생 풍수에는 그런 무정한 어머니를 달래거나 고쳐드리고 나서 거기 안기는 소위 비보의 방법이 있다는 점이다. 어머니의 품 안이 그 생김새뿐 아니라 실질적으로도 어머니다운 유정함으로 가득 찼다면 그곳은 명당이다. 이제 그 품 안에서도 어머니의 젖을 찾는 일이 중요하다. 젖을 빨아야 직접 생기를 취할 수 있기 때문이다. 소위 정혈법定穴法 또는 점혈법占穴法에 해당하는 부분이다. 이때 젖무덤을 혈장穴場, 젖꼭지를 혈처穴處라 하거니와, 사실 명당을 찾기는 그리 어려운 일이 아니지만 정혈을 하기는 쉽지가 않다. 어머니의 품 안에서 젖꼭지를 찾는 일이 바로 구체적인 터 잡기가 되는 셈이다.

다음은 어머니의 품 안에서 물과 바람의 유동을 살핀다. 이 문제는 우리 풍수에서는 그리 크게 관심을 두는 분야가 아니다. 그러나 중국 풍수에서는 소위 득수법得水法과 좌향론坐向論이라 하여 대단히 어려운 기술을 필요로 하는 부분이다. 중국은 반건조 지역이 많으므로 중국 풍수에서의 물은 그것이 실질적인 소용에도 닿지만 부의 과시 수단이 될 수도 있기 때문에 술법화되는 것이고, 그들 풍토의 상대적 악조건 때문에 미세한 방위의 차이도 큰 영향을 미칠 수 있으므로 좌향에 큰 신경을 쓰는 것이지만 우리나라의 풍토는 그렇지가 않다. 우리의 경우는 심지어 북향도 풍토에 따라서는 마다할 까닭이 없는 경우도 있다.

그리고 나서 최종적으로 이 터어머니의 품 안가 무엇을 닮았는지를 판별하게 된다. 물론 어머니의 품 안이란 것이 달라지는 것은 아니지만 우리가 어머니를 보고 공작 같은 기품이니 순한 양과 같은 온순함이니 하고 얘기하는 것처럼 땅, 즉 품에 안긴 터에 대해서도 그 형국을 말할 수 있는 것이다. 이것은 터를 잡은 당사자와 그 후손들에게 환경 심리적 확신을 심어 주기 위해서도 필요한 작업이다. 내가 살고 있는 땅이 좋은 곳이라 여기며 살아가는 것과 그렇지 않은 경우는 큰 차이가 날 수밖에 없다. 형국론은 그런 환경 심리의 삭용력을 응용한 것으로 이해하면 될 것이다.

누문과 봉문 사이로 하늘 높이 우뚝 치솟은 쌍탑이 희미하게 보인다. 탑 높이의 3분의 1을 차지하는 꼭대기의 송곳 모양 그리고 상륜相輪은 흡사 두 개의 커다란 창처럼 소주성 동편을 단단히 제압하고 있다. 예로부터 문풍文風이 극성하여 역대로 장원이 끊이지 않고 문사들이 들끓은 것도 다름 아닌 문구함처럼 생긴 소주성의 형상과 꼭 두 자루 붓처럼 생긴 쌍탑에 기인한다고 했다. 근자에 와서 태평군太平天國의 군대 형제들은 하늘을 가리키고 있는 창 모양의 이 쌍탑을 하느님께서 요마를 물리치도록 내려 주신 신통한 기물로 여겼다.[3]

"장강長江, 양자강의 옛 이름은 장사長蛇로서, 호북은 그 머리고, 안휘는 허리에 해당하며, 강남은 꼬리가 됩니다. 꼬리에 거하면 방향을 틀기가 힘들고, 허리에 거하면 부러지기 쉬우니, 머리에 거해야 비로소 움직일 수 있습니다."[4]

중국의 예이기는 하지만 말하자면 이런 것이 형국론이다.

여기서 좀 더 현실적이고 구체적인 도선의 풍수 방법론, 즉 중국 풍수와 다른 우리 자생 풍수를 정리해 보기로 하자. 도대체 우리 자생 풍수의 기본 자세는 무엇인가? 땅을 살아 있는 생명체로 대한다는 것을 그 출발점으로 삼는다, 더 나아가서 땅을 곧 어머니로 대한다는 것은 이미 앞에서 강조했다.

땅이 살아 꿈틀거리는 용으로 혹은 어머님의 인자한 품으로 보이기 시작해야 풍수를 말할 수 있다. 이를 흔히 도안道眼의 단계에 이른 풍수학인이라 일컫는데, 그 역시 땅과 사람에 대한 지극한 정성과 사랑이 있어야 이를 수 있다. 도안에 이르면 그 전까지는 그저 단순한 돌과 흙무더기 정도로밖에 보이지 않던 산이 지기를 품은 삶의 몸체유기체로 보이기 시작한다.

설악산 한계령에서 점봉산, 가칠봉에 이르는 일대는 다양한 수종과 식물이 남한에서 가장 풍성하게 자라는 곳으로 알려져 있다. 그러나 이곳의 자연 지세는 토양 조건, 경사도, 기반암, 국지 기후 등에서 열악하기 짝이 없다. 그런데 어떻게 나무들은 그토록 잘 자랄 수 있을까?

이것은 그곳의 식생이 땅과 상생 조화를 이루었기 때문이라고 자생 풍수는 이해한다. 여기서 나무 대신에 사람을 대입하면 바로 우리 풍수의 정의가 나온다. 결국 좋은 땅이란 없는 셈이다. 있다면 땅과 사람이 상생의 조화를 이루었느냐 그러지 못했느냐의 문제만 남을 뿐이다. 좋은 땅, 나쁜 땅을 가리는 것이 자생 풍수가 아니라 어떤 사람에게 맞는 땅, 맞지 않는 땅을 가리는 우리 선조들의 지혜가 바로 풍수라는 것은 이런 뜻이다.

땅과 생명체특히 인간가 서로 맞는, 조화를 이룰 수 있는 터를 구하고자 하는 경험이 오랜 세월을 거치며 지혜가 돼 풍수로 이루어졌다고 말할 수 있다. 발복을 바라는 이기적 음택풍수즉 묘지 풍수는 논리적으로는 후대 사람들의 욕심이 만들어 놓은 잡술일 뿐이다. 그래도 심리에 끼치는 긍정적인 영향이 있기 때문에 나는 예전처럼 음택풍수를 반대만 하지는 못할 뿐이다.

풍수는 어떻게 시작되었나? 그것은 안온한 삶, 즉 근심 걱정 없는 안정 희구에서 출발했다고 볼 수 있다. 터를 잘 잡는다는 것은 땅과 생명체가 기를 상통할 수 있는 자리를 잡는다는 것이다. 잘 잡힌 터에 뿌리를 내린 생명들은 보기에도 조화스러운 감정과 안정을 선사한다. 그런 곳에서 느끼는 평안함이 모든 사람이 바라는 마음의 지향이다.

특히 현대 도시 생활이 비인간적인 잡답雜踏 속에서 이루어지기 때문에 사람들은 언제나 그런 평안을 추구한다. 바로 그런 곳. 산, 나무, 개울, 옛집, 돌, 사람까지도 서로가 제자리를 잡고 제구실을 하는 곳. 풍수는 그런 곳을 찾아 나선다. 그곳은 바로 어머니의 품속과 같은 땅이다. 이것이 자생 풍수에서의 터 잡기의 기초이다.

그래서 땅을 혹은 산을 마음으로 받아들일 수 있는 눈을 가진 사람은 어머니의 품 안과 같은 명당을 찾아낼 수 있다. 구태여 풍수의 논리나 이론이 개입할 필요가 없다. 지금까지의 자생 풍수 연구가 드러내 준 우리 풍수의 방법론적 본질은 본능과 직관과 사랑, 바로 이 세 가지로 요약이 가능하다.

순수한 인간적 본능에 의지하여 땅을 바라본다. 그러면 거기에 어머니의 품속 같은 따스함을 추구하는 마음이 스며들지 않을 수가 없다. 그걸 좇으면 된다. 성적 본능에 의한 터 잡기도 자생 풍수는 마다하지 않는다. 본래 성적 본능이란 것 자체가 종족 보존의 본능이 발휘된 현상 아닌가. 거기에 음탕과 지배의 욕망이 끼어든 것은 본능이 아니라 부자연의 발로일 뿐이다. 그래서 자생 풍수의 명당 지명 중에는 좆대봉이니 자짓골이니 보짓골이니 하는 것들이 심심찮게 있는 것이다.

직관은 순수함을 찾아가는 일이다. 이성과 지식, 따짐과 헤아림 따위가 직관의 순수함을 마비시키는 것인데 지금 우리들은 오히려 그런 것들을 따르고 있다. 직관은 그저 문학적 상상력이나 시적 이미지의 범주에서나 찾으려 한다. 하지만 풍수에서 땅을 보는 눈은 다르다. 결코 이성에 의지해서는 안 된다. 본능의 부름에 따라 직관의 판단을 따르는 것이 절대로 필요하다. 하지만 이 직관은 결코 무엇에도 물들지 않은 직관이어야만 한다.

융Carl Jung은 『심리적 유형』에서 인간이 세상을 바라보는 시각에는 두 가지가 있다고 주장했다. 오감에 의하여 세상을 바라보는 사람이 있는가 하면감각적 유형, 어떤 사람은 무의식에 의존하여 진실이나 본질에 내면적 확신이 들 때까지 기다리는 사람도 있다직관적 유형.
감각적 유형의 사람은 주변 상황에 초점을 맞추어 사실을 인지하며, 복잡한 사고나 추상적 개념에는 관심을 덜 기울인다. 반면에 직관적 유형의 사람들은 사고나 가능성 같은 보이지 않는 세상에 더욱 관심을 두며, 물리적 현실을 신뢰하지 않는다. 어떤 방식을 취하고 신뢰하든지 간에 모든 사람은 대개 어릴 때부터 각자의 방식을 취해 이를 평생에 걸쳐 발전시킨다."[5]

직감에 대해서 무슨 말을 할 수 있을까? 사랑에 관한 얘기가 비슷할까? 아마도 그럴 수 있다. 이렇게 말해 보자.

그리고 사랑. 이는 땅에 대해서뿐만이 아니라 그에 의지해서 살아가야 할 사람들에 대한 것까지 포함한다. 나중에 실제 사례에서 말하겠지만 도선 국사가 찾아 나섰던 땅들이 모두 병든 터였다는 점을 상기할 일이다. 괴로운 어머니에 대한 효성이 참된 사랑이 될 수 있는 것처럼 땅도 좋은 것만 찾을 일이 아니다. 그저 어머니이기만 하면 된다. 특히 이제 늙고 병들어 자식에게는 줄 것이 하나도 남아 있지 않은 어머니의 품을 찾는 것이 풍수라는 뜻이다. 어른이 된 뒤에도 어머니를 떠올리면 고향 같은 포근함이 뭉게구름 일 듯 일어나는 것은 그 어머니가 무언가를 우리에게 주어서가 아니다. 그냥 어머니이기 때문이다.

하지만 병들어 힘들어 하는 어머니를 그냥 방치해도 된다는 뜻은 아니다. 앞서 잠깐 언급한 것처럼 우리 풍수에서는 그런 어머니를 고치고 달래기 위한 비보책이란 것이 있다. 우리나라 어느 마을을 가나 만날 수 있는 조산造山 또는 조탑造塔이라 불리는 돌무더기는 그런 비보책의 대표적인 예이다. 마치 병든 이에게 침이나 뜸을 시술하는 것과 같은 이치를 땅에 적용한 것이 자생 풍수의 비보책이다.

땅에 대한 풍수의 의미는 마치 병든 사람에 대한 의사의 역할과도 같다. 땅의 건강을 살피고, 건강이 좋지 않으면 그 이유를 찾고, 이유를 알았으면 치료를 한다. 일컬어 의지법醫地法, 구지법救地法이라 하는 것이다.

이는 분명 풍수를 공부하면서 느낀 나의 주관이다. 결코 진리일 수는 없다. 따라서 나의 가설이다. 이 점이 불분명하면 나 역시 또 하나의 술사가 된다. 그래서 강조하고자 한다. 이것은 주관적 가설이라고. 그리고 가설은 보강된다. 역시 주관에 의해서이다. 어떤 때는 스스로 보강하기도 한다.

"사람이 일단 가설을 가지게 되면, 가설은 모든 것을 적당한 양분으로 삼아 동화시키는 성질이 있다. 당신이 가설을 품는 순간부터 당신이 보거나 듣거나 읽거나 이해하는 모든 것에 의해 더 강력한 가설이 자라난다."[6]

## 결론 및 전망

　도선에서 시작하여 무학을 거쳐 동학에 이르는 자생 풍수는 비보 풍수와 개벽 사상, 두 가지 기본 사고로 구성되어 있다. 어머니인 땅의 병을 고쳐드리고 화를 풀어 안온한 명당을 만들어 대동의 새로운 세상을 만들어 보자는 것이다. 도선과 무학을 제외하면 그런 움직임은 모두 좌절되었다. 그러나 나는 누구나 그런 희망을 가질 충분한 자격이 있다고 본다. 개벽 세상은 유토피아나 도원桃園과 같은 이상의 세계와는 다르다. 그것은 실현 가능성이 있다. 그것을 뒷받침하는 것이 바로 비보다. 비보는 비단 자연에만 국한되지 않는다. 사람의 품성도 비보가 가능하다고 본다. 다만 그 품성이 사람마다 제각각이라는 주관성이 문제지만, 많은 사람들의 주관을 수렴할 수 있기에, 그리하여 객관성을 담보받을 수 있기에 현실적인 대안이 된다.
　그를 위하여 필자는 현실성이라든가 편의성 등을 자생 풍수의 특징으로 제시하였고, 그 성취를 위하여 거기에 내포된 불명성이라든가 적응성 따위도 특징에 포함시켰다. 가장 역동적인 특징은 정치성인데 여기에 역사적인 사례를 여러 가지 제시했다. 멀리 갈 것도 없이 정통성에 문제가 있던 박정희 전 대통령과 민심을 잃은 노무현 전 대통령이 천도를 도모했다는 것이 산 증거다. 이것 역시 실패로 끝났다. 실패는 인정하면 부작용이 덜어지는데, 세종시의 경우는 이리저리 변질시켜 강행하는 바람에 앞으로 많은 부작용이 예상된다. 물론 세종시가 개벽의 선도 역할을 할 수도 있지만 쉽지 않은 일이다. 그래도 그런 방향으로의 전망이 불가능한 것은 아니라는 것이 희망이다.

요즈음 풍수는 다양한 분야에서 변용되고 있다. 가장 유행한 것은 인테리어 풍수라는 것이다. 사실 이것은 홍콩계 미국인 풍수가들이 아이디어를 냈고 미국의 인류학자가 이론을 정립했다.[1]

이들의 주장하는 골자는 정리정돈이다. 그래야 기의 소통이 원활해지고 운이 트인다는 내용이다. 대체로 상식이지만, 자생 풍수의 입장에서는 주관을 중시하기 때문에 꼭 그렇게 할 필요는 없다. 흐트러진 환경에 더 익숙한 사람들도 있기 때문이다.

21세기 벽두인 지난 2001년 1월 '미국 실리콘밸리에 풍수 열풍'이란 제목의 기사가 실렸다. 예컨대 인터넷 사업으로 거부가 된 차이사오사오蔡少少가 대저택을 구입하면서 부동산 회사에 주문한 내용이 "가격은 묻지 않겠다. 풍수가 좋은 집을 구해 달라."라는 것뿐이었단다. 같은 날 밤 나는 북경대에 유학하고 있는 한 학생의 전화를 받았다. 북경대에도 풍수 강의가 인기를 끌었는데 작년 파룬궁 사건으로 현재 담당 교수들이 자진해서 강의를 중단하고 있는 상태지만 곧 재개될 것이란 소식이었다. 단국대 김문수 교수에 의하면 미국과 중국은 물론이고 인도, 인도네시아, 싱가포르, 호주, 영국, 프랑스, 독일, 네덜란드, 폴란드, 스페인, 남아프리카공화국 등 대륙을 가리지 않고 풍수를 연구하고 있다고 한다. 그러나 그들의 관심은 우리가 지금 추구하고 있는 자생 풍수와 같은 것은 아닌 듯하다. 그들은 주로 생활환경 속에서 기의 순환과 영향을 도식화하면서 건축물의 내외부 구조, 위치와 좌향, 가구 배치, 색깔 등 소위 인테리어 풍수로 알려진 생활 풍수에 관심을 두고 있는 것으로 여겨진다.

풍수는 어떤 스타일의 디자인도 강화하고 보완할 수 있는 인테리어 디자인의 차원들을 포함한다. 일부 서양 인테리어 디자이너와 건축가들도 전문적이거나 개인적인 목적으로 풍수 전문가들의 조언을 받은 바 있다.

그들이 수백 가지의 디자인 문제나 해결책의 사례를 제시하고는 있지만 독자들은 많은 것을 예측하지는 못할 것이다. 많은 형태와 변형, 배열에 관한 것이 빠져 있는 것이 분명하기 때문이다. 그러나 요점은 그게 아니다. 설명된 원리를 한 번만 이해하면 다른 많은 상황에서도 응용이 가능하다. 예를 들어 긴 복도 끝이 불길하다는 점을 간취하면, 그래서 그 위치는 건강이나 경력에 문제를 일으킬 수 있다는 것을 알게 될 것이다. 그런 곳은 에너지가 급속도로 통로를 빠져나가기 때문이란 것을 이해했기 때문에 다른 상황에서도 이런 경우를 적용할 수 있다. 이런 식으로 곧고 화살 같은 강이나 도로가 집터를 겨냥하고 있다면 이런 곳은 피해야만 한다는 것을 알게 된다. 이런 통로에 서너 개의 문이나 창문을 설치하면 '굴뚝 효과'로 인하여 빠른 에너지 흐름을 관리할 수 있다는 것도 이해하게 될 것이다.

풍수에서 판단은 중요한 구성 요소이다. 집을 겨냥하고 있는 도로가 교통량이 많은 고속도로라면 에너지나 교통량이 더 위험할 수도 있다. 혹은 그것이 그저 한적한 막다른 골목으로 이어지는 오솔길이라면 인생에 나쁜 영향은 거의 미치지 못한다.

마찬가지로 많은 해결책들 역시 호환성을 가진다. 개인의 취향이나 독창성에 따라 여지도 있다. 예컨대 집 모서리가 위협적으로 침실 쪽을 파고든다면 조언받은 당신 취향에 부적절할 수도 있다(거울이나 식물을 싫어하는데 그런 조언을 받은 경우). 그럴 때는 비단으로 만든 종을 울리는 줄이나 중세 유럽의 저택이나 호텔에서 쓰던 것과 비슷한 술珠簾 같은, 당신이 선택한 물건을 달아 둠으로써 모서리의 나쁜 영향을 막을 수 있다.

풍수의 영향력은 폭이 넓으며, 생활공간이나 인생살이에서 닥칠 수 있는 문제를 다룰 수 있는 독특한 방법이다.[2]

그렇다면 우리 풍수 전통에는 그런 생활 속에서 기의 흐름을 살펴 삶에 도움을 받자는 예는 없었던 것일까? 그렇지는 않다. 지금까지의 주제와는 동떨어진 데가 있지만 잠깐 휴식을 취하는 의미에서 재미 삼아 그런 예를 한 가지만 살펴보기로 하자.

동양적 사고로 볼 때 이 세상의 구성 요소는 삼재三才, 즉 하늘과 땅과 사람 세 가지이다. 그러나 과거에는 공기 오염의 염려가 없었기에 하늘과 땅을 합하여 오늘의 용어로 하자면 자연 또는 환경으로 대치할 수 있을 것이다. 따라서 당시 풍수에서 말하는 땅이란 결국 환경과 자연을 뜻한다.

땅은 자신의 존재 근거와 존속 이유를 유지하기 위한 질서를 가지고 있다. 한편 인간은 자신의 생존이나 본능을 만족시키기 위한 그들대로의 논리를 갖추고 있다. 땅의 질서와 인간의 논리. 그 양자 사이의 관계는 시대에 따라 크게 변화되는 양상을 보여 주었다. 처음에는 인간의 논리가 땅의 질서에 순종하는 길이었고 다음에는 서로가 서로를 위하여 무관계하거나 때로는 서로 돕기도 하는 상생의 단계를 거치면서, 오늘날은 서로가 자신의 입장을 견지하며 투쟁하는 장면을 연출하는 시대이다. 땅과 사람의 투쟁은 서로에게 깊은 상처만 남기고 있다. 땅은 오염을, 인간은 생존의 위협을 대가로 받게 된 것이다.

이제 우리 인간이 주체적으로 해 나갈 일은 서로 살아남는 공생의 방도를 찾는 길일 것이다. 그런 풍수사적 맥락 속에서 한때 땅과 인간의 상생의 관계를 추구했던 한 사람의 주장을 살펴보기로 한다. 어찌 보자면 풍수적 이상향을 지향했던 사람이라고 볼 수도 있을 테지만 현실 세계에서 성공을 거두지는 못했다. 다름 아닌 『산림경제山林經濟』의 저자이며 숙종 때의 학자인 유암 홍만선洪萬選의 경우이다저자에 대해서는 이설이 있음. 『산림경제』「서문」신승운의 해제에 의하면 이 글은 그의 종형이 썼다고 함에서 그는 산림의 정의를 다음과 같이 내리고 있다.

> 산림은 벼슬하지 않고 초야에서 자신의 한 몸만을 잘 지니려는 자가 즐겨하는 것이고 경제는 당대에 뜻을 이루어 벼슬하는 자가 행하는 것이다. 하지만 같은 점도 있는데 경제에서 경經이란 서무를 처리하는 것이고 제濟란 널리 중생을 구제하는 것이다. 조정에는 조정의 사업이 있으니 이것이 곧 조정의 경제요, 산림에는 산림의 사업이 있으니 이것이 곧 산림의 경제이다.

하지만 홍만선 자신은 산림경제를 통틀어 "뜻에 따라 꽃과 대나무를 심고 적성에 맞추어 새와 물고기를 기르는 것"이라 정의한다. 이에 따른다면 홍만선이 추구했던 바는 곧 산림처사와 은둔지사의 삶에 대한 바람이라 할 수 있다.

이 책에서 그는 산림에서 살아가는 데 필요한 여러 가지 지식들을 항목별로 나열하고 있는데 그 첫 번째가 바로 집터 잡기이다. 그 외에 건강 유지법, 농사 짓는 법, 나무와 꽃 가꾸는 법, 누에 치는 법, 의약과 해충 퇴지법, 심지어는 술 담그는 법까지 언급하고 있으나 여기서는 터 잡기에 대한 그의 생각만을 따로 떼어 보기로 한다.

그가 터 잡기를 설명한 대목을 보면 사용 용어가 대부분 풍수에서 쓰는 것들임을 금방 알 수 있다. 그는 총론적으로 집터를 "풍수의 기운이 모이고 앞뒤가 안온한 땅을 취하라." 하고 권한다. 당연히 땅의 이치地理를 가려야 한다는 지적을 빼지 않았다. 그래서 뒤에는 산이고 앞에 물이 있으면 훌륭한 땅이라고 했는데 이는 요즘 지리 교과서에 풍수를 소개하면서 나오는 배산임수背山臨水를 그대로 풀이한 것이다.

그는 좀 더 구체적으로 "왼편에 물이 있는 것을 청룡이라 하고, 오른편에 기다란 길이 있는 것을 백호라 하며, 앞에 못이 있는 것을 주작이라 하고, 뒤에 언덕이 있는 것을 현무라고 하는데, 이렇게 생긴 것이 가장 좋은 터"라 하여 중국식 풍수 교과서를 읽는 듯한 느낌을 줄 정도로 풍수적 터 잡기를 최상으로 쳤다. 하지만 대문 앞에 통곡한다고 할 때의 곡哭이란 글자처럼 두 개의 연못이 있는 것은 꺼린다고 하거나 집 안에 깊은 물을 모아 두면 양잠이 어렵다고 한 점 등으로 미루어 보면 반드시 중국식 풍수를 답습하고 있는 것만은 아닌 것 같다. 왜냐하면 대체로 우리의 자생 풍수는 집 안이나 집 바로 근처의 연못은 꺼리는 경향이 있기 때문이다.

대청 뒤에 부엌을 내서는 안 되고, 지붕은 너무 높지도 낮지도 않아야 하며, 앞에는 발을 드리우고 뒤에는 병풍을 쳐서 빛을 조화시킬 것이며, 앉을 때는 남향을, 잘 때는 머리를 동쪽으로 하면 자연 몸이 편해질 것이고, 방 양쪽 벽에는 창문을 내지 말라는 항간의 속설도 망라하고 있다.

그러나 그의 주장 중 대부분은 술법에 치우쳐 있기 때문에 오늘날 사람들이 그의 주장을 따른다는 것은 불가능하기도 하거니와 허망하다. 황천살을 강조한다거나 하도와 낙서의 위치와 숫자를 상징하여 용도서와 귀문원을 짓고 싶다고 말하는 대목은 실소를 자아낸다. 그는 용도서와 귀문원 같은 집을 거론하는 이유로 늘그막에 여유 있는 생활을 하고 싶어서라고 말하지만 가난하고 늙어 그 뜻을 이룰 수 없으니 훗날 뜻있는 사람에 의해 자신의 꿈이 이루어지기를 기원하기도 한다.

가끔 재미있는 발상이 나타나는데 가령 "먼저 몇 개의 구리로 된 동이를 땅 위에 엎어 놓고 하룻밤이 지난 다음 이를 관찰하여 그 가운데 이슬이 가장 많이 맺힌 곳을 파면 반드시 우물이 있다."라는 대목 같은 것이다. 우물이 나려면 밑에 지하수맥이 지나야 하고 지하수맥이 지나는 곳은 따뜻하기 때문에 지표 온도와 차이가 나므로 이슬이 많이 맺히는 자연현상을 그렇게 표현한 것이다.

그러나 요즘 이런 집이 어디 있으랴? 건축물로만 하자면 비원이나 선교장 등 상당히 많은 것들을 찾아낼 수 있을지 모르지만 주변 산천과의 풍수적 조화까지 생각한다면 용인시 에버랜드 인근에 있는 전통 정원이 그에 가깝지 않을까 싶다.

필자가 풍수의 전망에서 홍만선을 거론하는 이유는, 풍수가 척박한 시대를 살아가는 사람들에게 신비주의적 여유로움을 선사할 수도 있겠다는 생각이 들어서이다.

이제 풍수는 건축학과 조경학 쪽에서도 연구가 활발하다. 연구자마다 주장이 조금씩 다른데, 요컨대 우리 풍수에서는 기하학적 균형balance보다는 전반적인 조화harmony를 더 중시하는 입장을 취한다. 대표적인 학자는 박시익이다.[3]

부동산 분야에도 풍수의 영향이 미치고 있다.[4] 그러나 주장이 너무 자의적인 듯하다. 이런 주장은 부동산에 좋지 않은 영향을 미칠 수도 있다. 주의가 필요하다.

그 외에 관광학이라든가 미학 쪽에서 관심을 보이는 연구자도 있다. 국사학과 국문학에서 관심을 보인 것은 오래전부터 시작된 일이고 당연히 관심을 가져야 할 분야이므로, 게다가 필자가 본문에서 다루었기 때문에 언급은 생략한다. 다만 국문학 분야에서는 설화 문학에서의 접근이 많다는 점은 지적해 둔다. 심지어「웰빙 풍수 밥상 차리기」라는 기사도 나왔다. 실소를 금치 못했지만, 아이디어 자체는 기발하다.

자생 풍수의 가장 큰 역할은 "새로운 곳에서, 새로운 이념으로, 새로운 세상을 만들자."라는 개벽 사상이다. 그러나 현대사회의 사상으로서는 비현실적이다. 지금 우리가 자생 풍수에서 되살리려 할 것은 비보 사상이다. 좀 모자라더라도 고쳐서 쓰자는 관점이다. 완벽이란 없다. 그러나 인공을 가미하여 좋은 것으로 만드는 일은 충분히 가능하다. 파레이돌리아 pareidolia 라는 말이 있다. "무질서 속에 놓인 이미지에서 우리에게 친숙한 형태를 찾아내는 본능적 성향"이라 한다.[5] 미진한 부분을 본능에 따라 이런 식으로 다듬으면 명당이 된다.

또 하나는 음택이다. 이미 음택의 필요성에 관해서라면 본문에서 밝혔다. 나스켄테스 모리무르 Nascentes morimur. "우리는 태어나는 순간부터 죽어 가고 있다." 모르투이 비보스 도켄트 Mortui vivos docent. "죽은 자는 산 자를 가르치는 법이다." 죽으면 끝이 아니다. 종교를 떠나 풍수도 그런 점을 가르친다. 죽은 자는 산 자의 스승이다.

지난 일들에서 교훈을 얻고, 부족한 곳은 고치고, 새로운 좋은 세상을 추구하는 것이 자생 풍수의 바람이다.

끝으로 한 가지만 추가한다. 생명 사상에 풍수가 기여하고 있다는 사실이다. 시인 김지하로부터 비롯된 생명 사상에 관한 논의는 그 시의성이나 필요성에 있어서 매우 적절했다고 생각한다. 문제는 그에 대한 후속 논의가 진척이 없다는 것이다. 이것은 아마도 그를 뒷받침할 학제 간의 이해 부족과 후학들의 태만, 그리고 무엇보다 시인 자신의 생명 사상 설명이 모호하다는 데서 이유를 찾을 수 있을 것이다.

그러다가 『생명과 자치』라는 책을 읽다가 시인 자신의 입으로 설명한 대목을 읽으며 바로 이것이었구나 하는 느낌을 받은 대목이 있다.

"그러니까 그것(생명 사상)은 무슨 철학적 명상의 결과도 아니었고, 외국 서적을 보거나 한 결과도 아니었습니다. 바로 시인 자신의 실존적 위기 때문이었어요. 그때가 마침 봄이었는데, 어느 날 감옥의 쇠창살 틈으로 하얀 민들레 꽃씨가 감방 안에 가득히 날아 들어와 반짝거리며 허공 중에 하늘하늘 날아다녔습니다. 참 아름다웠어요. 그리고 쇠창살과 시멘트 받침 사이의 틈, 빗발에 팬 작은 홈에 흙먼지가 날아와 쌓이고 또 거기 풀씨가 날아와 앉아서 빗물을 빨아들이며 햇빛을 받아 봄날에 싹이 터서 파랗게 자라 오르는 것, 바로 그것을 보았습니다. 개가죽나무라는 풀이었어요. 새삼스럽게 그것을 발견한 날, 그저 '생명'이라는 말 한마디가 그렇게 신선하게, 그렇게 눈부시게 내 마음을 파고들었습니다. 한없는 감동과 이상한 희열 속으로 나를 몰아넣었던 것입니다."

얼마나 간단한가? 생명이란 무릇 그런 것이다. 보통 때는 힐끗 지나치던 대상이 어느 순간 갑자기 온 몸과 마음을 끌어당기는 때가 있다. 나는 본래 동물에는 관심이 많지만 식물에는 별로 마음이 당기지 않았다. 지난봄, 건강이 악화된 아내와 안양천 변을 산책하면서 비슷한 감회에 젖었던 기억이 새롭다. 아직은 메마른 들판에 콩알만 한 꽃들이 다닥다닥 붙어 있는 것이 보였다. 땅바닥에 쭈그리고 앉아 그야말로 하염없이 그것을 바라보았다. 아무 생각도 없이 그저 바라보기만 했는데도 생명의 신비를 보았다는 과장된 감정이 끓어올랐다. 과수원 집 아들이었던 내가 이 정도의 모습에 감탄을 할 이유가 없는데도 그날은 그랬다. 아마도 아내의 건강 악화를 바라보며 삶에 대한 생각을 늘 지니고 있었기 때문이었을 것이다.

생명의 탄생은 그 자체로 경이이고 신비다. 성장은 즐거움과 보람을 준다. 하지만 쇠퇴와 소멸을 알게 되면 생명의 덧없음과 함께 고통을 느끼게 된다. 그래도 계절이 바뀌고 세월이 흐르면 새로운 생명이 시작된다. 나 자신의 고통은 내 문제일 뿐, 생명은 변함없이 제 길을 간다. 그 생명의 터전이 바로 땅이다. 그래서 생명의 여러 가지 양태들은 바로 땅의 경이로움으로 전환될 수 있다. 풍수가 생명 사상에 접근할 수 있는 근거가 바로 여기에 있다. 땅도 생명인지라 시간의 흐름에 따라 갖가지 모습을 드러낸다. 색깔도 변하고 모양도 바뀌고 느낌도 달라진다. 하지만 땅은 변함없이 그 자리에서 자신의 생명을 드러낸다. 생명의 생장소멸이 측은지심을 불러일으키듯 땅도 생명이기 때문에 애처로움을 느끼게 한다. 그 애처로움이 정을 끌어들인다. 땅에 대한 정감이 바로 풍수가의 마음가짐이 되어야 한다. 그렇게 되면 땅과의 교감이 이루어진다. 쉽게 말하자면 땅과 얘기가 된다. 그러면 풍수가 이루어지는 것이다.

어떤 교회의 선교 팸플릿을 보니 이런 글귀가 들어 있었다. "하나님은 성경 속에만 복음을 써 놓지 않으셨다. 나무와 꽃과 구름과 별들 가운데에도 기록하셨다." 이 또한 생명 사상과 다르지 않다는 것이 내 우둔한 짐작이다.

명당을 찾는 사람들에게 서양의 속담 하나를 소개하는 것으로 끝을 맺겠다. "운명이 네게 레몬을 주거든 그것을 레모네이드로 만들어라."

# 주(註)

## 추천사 2

1   이도원·박수진·윤홍기·최원석, 『전통생태와 풍수지리』(지오북, 2013).
2   Park, S. J., "Fung Su and Self-organized Landforms: An Old but New Conceptual Framework for Sustainable Land Management", UNCCD 2nd Scientific Conference (UNCCD Secretariat, Bonn, 2013). http://2sc.unccd.int
3   Geoffrey Milne, "Some Suggested Units of Classification and Mapping, Particularly for East African Soils", *Soil Research*, vol. 4 (1935), pp. 183~198. Geoffrey Milne, "Normal Erosion as a Factor in Soil Profile Development", *Nature*, vol. 138 (1936), pp. 548~549.
4   최창조, 『좋은 땅이란 어디를 말함인가』(서해문집, 1990).
5   빙식 평원 위에 풍적토(loess)가 두껍게 퇴적되어 있어, 가시적으로는 경사를 구분하기 어려운 경우가 많다. 하지만 정밀한 측량을 하면 경사의 차이가 명확하게 나타나게 된다.
6   A. B. McBratney, M. L. Mendonça Santos and B. Minasny, "On Digital Soil Mapping", *Geoderma*, vol. 117, no. 1~2 (2003), pp. 3~52.
7   1980년대 이후 기존의 논리실증주의와 과학의 환원주의의 문제점을 지적하는 다양한 이론들이 만들어지게 되었다. 특히 비평형 이론과 카오스 이론이 대두되면서 미래에 대한 예측이 가능하다는 이전의 결정론적 과학관보다, 정확한 예측이 불가능하다는 확률론인 과학관이 더 주목을 받게 되었다. 따라서 복잡계 과학은 환원주의적인 접근법보다는 전체성을 강조하고, 구성 요소들 간의 상호작용을 중요하게 다루는 특징을 가진다.
8   유엔기후변화협약(UNFCCC), 종다양성협약(CBD)과 함께 유엔의 3대 환경 협약이다. 기후변화협약과 종다양성협약이 기후와 동식물에 집중한다면 사막화방지협약은 지표면과 땅의 문제를 다루는 환경 협약이다. 여기서 사막화는 토지 황폐화 혹은 지표 환경 파괴의 의미로 확장되어 사용되는 개념이다. 지표 및 토지와 관련된 정책 결정자와 과학자, 현장 활동가들 간의 대화를 유도하기 위해 2년마다 당사국이 참여하는 과학자 대회를 개최하고 있으

며, 제2회 과학자 대회는 2013년 3월 독일 본에서 개최되었다.

9     Lene Poulsen, "Costs and Benefits of Policies and Practices Addressing Land Degradation and Drought in the Drylands", White Paper II. UNCCD 2nd Scientific Conference (UNCCD Secretariat, Bonn, 2013). http://2sc.unccd.int

10    최원석, 『한국의 풍수와 비보』(민속원, 2004).

11    최창조, 『한국의 자생 풍수』(민음사, 1997).

12    한 하천에서 가장 높은 유량과 가장 낮은 유량의 비율을 의미한다. 양쯔 강은 1:22, 그리고 라인 강은 1:8 정도이다.

### 머리말

1    地理者條理也. 卽文理脈絡之理也. ―「地理辯」

2    觀龍以勢. 察穴以形. 勢者神之顯也. 形者情之著也. ―「形勢辯」

3    體賦於人者 有百骸九竅. 形著於地者 有萬水千山. 自本根. 或隱或顯. 권1「論山川理氣」

4    相山亦似相人. ―「論分合向背倒杖卦例」

5    若居山谷 最怕凹風. ―「論陽宅」

6    마이클 그루버, 박미영 옮김, 『바람과 그림자의 책』(노블마인, 2008), 118~119쪽.

### 서론

1    최창조, 『사람의 지리학』(서해문집, 2011). 이 책에서 발췌했으며, 인용 표시는 생략한다.

2    이경미, 「포스트 드라마 시대, 연극은 어디로 가고 있는가」, 『한평생의 지식』(민음사, 2012), 219쪽.

3    테드 C. 피시먼, 안세민 옮김, 『회색 쇼크』(반비, 2011), 18~19쪽.

4    환경심리학은 1960년대의 지적 분위기를 반영하며 나타났다. 이것은 행태주의(behaviouralism)와 그 궤를 같이한다. 행태주의란 종래의 인간과 자연 간의 단순하고 기계론적인 관점을 탈피하자는 데서 시작한다. 즉 행태의 복잡성을 광범위하게 이해하려는 태도라 할 수 있다. 이때 인간은 사고의 주체가 된다. 인간의 행동은 인식 과정에 의하여 전달된다고 본다. 따라서 인간 행태는 자연적인 것뿐 아니라 사회적인 환경에 영향을 받는다. 그래서 사고 체계와 행동과의 관계에 자연스럽게 천착하게 되는데, 이때는 의식뿐 아니라 잠재의식까지도 문제가 된다.

행태지리학(behavioural geography)이 취하는 전형적인 접근 방법은 네 가지이다. 첫째, 인간이 인지하는 환경(environmental cognition)과 실제 세계는 현저히 다르다는 점을 인정하며 시작한다. 이때 공간(空間, space)은 이중적인 특성을 갖게 된다. 하나는 객관적 세계인 실제 세계인데 이런 부분은 직접적인 방법으로 인지하고 측정이 된다. 다른 하나는 행태 환경

(behavioural environment)으로 '마음속에서 만들어지는 세계'이며, 이는 간접적인 방법으로만 연구가 가능하다. 행태 환경이 아무리 선택적이고 주관적일지라도 인간의 의사 결정과 행동의 기초가 되는 것은 바로 그것이다.

둘째, 개인이 그 환경에 반응하거나 환경을 형성한다는 사실에 입각하는 관점이다. 오랫동안 서구 지리학은 환경 결정론적 시각이 지배해 왔다. 그러나 그 역(逆)도 있다는 사실의 인정이다. 따라서 행태는 환경의 최종 생산물이자 새로운 상황의 창시자이기도 하다.

셋째, 이 방법은 사회 집단보다는 개인에게 연구의 초점을 맞춘다. 여기서는 개인 심리 이론이 지니는 위험성은 따른다.

끝으로, 학제적(multi-disciplinary) 연구의 필요성이다. 이는 행태지리학의 당연한 결과라 할 수 있다.

환경심리학은 네 가지 특성을 공유한다. 환경을 인간 행위를 통하여 이해하고 정리한다는 점, 인간을 모든 문제의 필수 요소로 받아들인다는 점, 절실한 사회문제로부터 파생되었다는 점, 학제적 방법론을 취한다는 점이 그것이다.

1976년 프로샨스키는 인간과 환경의 관계를 동태적인 상호 관련성(dynamic interrelationship)의 상태로 규정하면서, "인간은 자연 및 인문적 환경의 영향을 받으므로 그의 행위는 제한적이 될 수밖에 없지만, 그러나 목적 지향적인 인간의 자유의지에 의하여 크게 차이가 나기에 상호 관련성은 매우 복잡하다."라고 정리했다. H. M. Proshansky, "Introduction: Contexts of Modern Humanism in Geography", David Ley and Marwyn S. Samuels (eds.), *Humanistic Geography: Prospects and Problems* (Maaroufa Press, 1978), 1~21쪽.

필자는 사실 이런 지리학의 조류를 받아들인다면 풍수도 학계의 공식적인 분야가 될 수 있나고 본다. 그러나 아직도 그린 움직임이 있다는 소식은 듣지 못했다. 시미도 괴하이란 개념에 너무나도 좁게 빠져 있는 까닭이 아닌가 짐작할 뿐이다.

5  『周易』,「繫辭」, 上, 제7.
6  『周易』,「乾爲天」.
7  『葬書』,「內篇」(사고전서본). 허찬구 역주, 『장서역주(葬書譯註)』(비봉출판사, 2005)에서 재인용.
8  이진삼, 천인호,「풍수 동기 감응은 친자 감응(親子感應)인가?」,《한국학 논집》제49집(계명대학교 한국학연구원, 2012), 384~392쪽에서 재인용. 이 외에 『장서』의 번역서로는 오상익, 『장경』(동학사, 1993)도 있다.

## 1장

1  이기백,『한국사신론』(개정판, 일조각, 1985), 113~122쪽.
2  유현산,『살인자의 편지』(자음과모음, 2010), 463쪽.
3  김훈,『현의 노래』(생각의나무, 2010), 75쪽. 이 구절은 107~108쪽에 그대로 재수록되어 있다.

4 덴도 아라타, 김난주 옮김, 『영원의 아이』 중(살림, 1999), 34쪽.
5 최창조, 『닭이 봉황되다 — 최창조의 책 일기』(모멘토, 2005), 140쪽.
6 시노다 세츠코, 김성은 옮김, 『도피행』(국일출판사, 2008), 231쪽.
7 김두규, 양성만, 홍성하, 「풍수지리 사상의 직관에 대한 현상학적 연구」, 《철학논총》 제27집 제1권(새한철학회, 2002), 383~404쪽.
8 톰 버틀러 보던, 이정은 옮김, 『내 인생의 탐나는 심리학 50』(흐름출판, 2008), 498~499쪽.
9 에드워드 윌슨, 전방욱 옮김, 『생명의 미래』(사이언스북스, 2005), 213~214쪽.
10 시미즈 히로시, 박철은·김광태 옮김, 『생명과 장소』(그린비, 2010), 251쪽. 번역 문장이 좀 이상하지만 주의해서 읽어 보면 이해할 수는 있다.
11 같은 책, 155쪽.
12 스튜어트 서덜랜드, 이세진 옮김, 『비합리성의 심리학』(교양인, 2008), 47쪽.
13 알베르 자카르, 장석훈 옮김, 『과학의 즐거움』(궁리, 2002).
14 그렉 브레이든, 김시현 옮김, 『디바인 매트릭스』(굿모닝미디어, 2008), 84~85쪽. 이 책에는 이 실험에 관한 각주가 첨부되어 있다.
15 시미즈 히로시, 앞의 책, 98~101쪽.
16 같은 책, 117~118쪽.
17 다카노 가즈아키, 전새롬 옮김, 『그레이브 디거』(황금가지, 2007), 399쪽.
18 Sarah Rossbach, *Interior Design with Feng Shui* (Penguin / Arkana, 1987, 2000).
19 최창조 편역, 『서양인이 본 생활풍수』(민음사, 1992).
20 Mary Lambert, *Clearing the Clutter, 風水, for good feng shui* (Barnes & Noble, 2001).

## 2장

1 『陰陽歌』, 「地理琢玉賦」(會文堂書局, 연대 미상).
2 『地理辯』, 「辯論三十篇」, 雪心賦辯謂(竹林書局, 1975).
3 "人得陰陽玄妙之理 知其衰旺生與死", 『地理正宗』 권5, 「靑囊序」.
4 『金彈子地理元珠經』, 巒頭心法(校經山房, 연대 미상).
5 『地理大成 山法全書』 卷之首 上, 龍穴砂水釋名總說(九經書局, 연대 미상).
6 이 책은 당나라 현종이 아껴 비단 주머니에 보관하였다 하여 『금낭경(錦囊經)』이란 이름으로 유명하다.
7 지기(地氣)를 뜻한다.
8 『錦囊經』, 「氣感篇」 1(규장각도서, 도서번호 1741).
9 최창조, 「풍수지리, 도참사상」, 『한국사』 16(국사편찬위원회, 1994), 302~303쪽.
10 김두규, 『풍수학사전』(비봉출판사, 2005), 601~602쪽.

11  같은 책, 404~405쪽.
12  최창조,「풍수지리, 도참사상」,『한국사』16(국사편찬위원회, 1994), 303~307쪽.
13  박시익,「풍수지리설 발생 배경에 관한 분석 연구 ── 건축에의 합리적 적용을 위하여」(고려대학교 건축공학과 박사학위 논문, 1987), 230~243쪽.
14  박용숙,『신화 체계로 본 한국미술론』(일지사, 1975), 13쪽.
15  『三國史記』권23,「百濟本紀」제1 '始祖溫祚王'.
16  『三國史記』권13,「高句麗本紀」제1 '瑠璃王' 11년 조.
17  김득황,『한국사상사』(백암사, 1958), 195~201쪽.
18  이용범,「풍수지리설」,『한국사』6(국사편찬위원회, 1983), 272쪽.
19  이병도,『고려 시대의 연구 ── 특히 도참사상의 발전을 중심으로』(아세아문화사, 1980), 21~30쪽.
20  임동권,「삼국시대의 무(巫), 점복」,《백산학보》제3호(1967), 168~172쪽.
21  노도양,「한국 문화의 지리적 배경」,『한국문화사 대계』제1권(고려대학교 민족문화연구소, 1970), 76쪽. 박종홍,「한국철학사」,『한국사상사 ── 고대편』(법문사, 1974), 90쪽.
22  최병헌,「도선의 생애와 나말여초의 풍수지리설」,《한국사 연구》제11호(1975), 129~130쪽.
23  조광,「역사적 측면에서 본 풍수지리설」,《한국의 풍수지리》(국립박물관 주관 제7회 학술강연회, 1982), 76쪽.
24  이몽일,「한국 풍수지리 사상의 전개 과정」(경북대학교 박사학위 논문, 1990), 84~85쪽.
25  최창조,「한국 풍수 사상의 역사와 지리학」,《정신문화연구》제42호(한국정신문화연구원, 1991), 127~128쪽.
26  김득황, 앞의 책, 196쪽.
27  박용숙,『한국의 시원사상』(문예출판사, 1985), 4~27쪽.
28  이 꼭지는 1999년 12월부터 2000년 6월까지《한겨레》에 연재했던 글 가운데 하나이며,『땅의 눈물 땅의 희망』(궁리, 2000)이란 단행본의 226~233쪽에 실려 있다. 여기에 새로운 내용을 보충하였다.
29  예컨대『한국의 풍수지리』(민음사, 1992),『한국의 자생 풍수』1·2(민음사, 1997),『북한 문화유적 답사기』(중앙M&B, 1998),『땅의 눈물 땅의 희망』(궁리, 2000) 외에, 체계를 갖춘『땅의 논리 인간의 논리』(민음사, 2000)가 참고가 될 것이다.
30  송명호,『신(新)계룡산』(남광출판사, 1986), 122~124쪽.
31  이 글은 1998년 2월부터 1998년 8월까지《중앙일보》에 특별 기획 연재로 게재했었다.『북한 문화유적 답사기』, 171~177쪽에 다시 수록했다.
32  이 답사에는 김일성대학교 고고학과 리정남 교수가 동행하였다. 그는 조교를 할 때 이 무덤 발굴에 직접 참여했다고 한다. 처음 만났을 때 풍수를 "봉건 도배들의 터 잡기 잡술"로 매

도하던 그는 나중에 "민족 지형학"이라고 하며 풍수의 긍정적 측면에 공감하였다.

33 『조선 유적유물 도감』 제20권(조선유적유물도감 편찬위원회, 1988~1996), 291~292쪽.
34 같은 책, 292쪽.
35 같은 곳.
36 세력가의 무덤(규모가 크니까 그렇게 추정)은 명당이라 여기고 거기에 늑장(勒葬, 힘으로 밀어붙여 억지로 산소를 씀)을 하는 예는 조선 시대에 가끔 있는 일이다.
37 존 바우커, 박규태·유기쁨 옮김, 『죽음의 의미』(청년사, 2005), 41쪽.
38 A. C. 그레일링, 윤길순 옮김, 『새 인문학 사전』(웅진지식하우스, 2010), 87쪽.
39 같은 책, 91쪽.
40 피에르 도나디외, 「가꾸어진 자연, 야생의 자연」, 베어드 캘리콧 외, 윤미연 옮김, 『자연은 살아 있다』(창해, 2004), 92~95쪽.
41 조선희, 『열정과 불안』 1(생각의나무, 2002), 267쪽.
42 조선희, 『열정과 불안』 2(생각의나무, 2002), 219쪽.
43 같은 책, 222쪽.
44 이 글은 2010년 여름 《동아일보》에 게재했던 필자의 칼럼을 옮긴 것이다.
45 A. C. 그레일링, 앞의 책, 156쪽.
46 테리 이글턴, 강주헌 옮김, 『신을 옹호하다』(모멘토, 2010), 113쪽.
47 슈테판 클라인, 유영미 옮김, 『우연의 법칙』(웅진지식하우스, 2006), 347쪽.
48 같은 책, 8쪽.
49 존 바우커, 앞의 책, 372쪽.
50 조우석, 「비관론자들아 보아라, 이 눈부시게 발전하는 세상을」, 《중앙일보》 2010년 8월 21일자, 20면.
51 같은 곳.
52 제인 구달 외, 김지선 옮김, 『희망의 자연』(사이언스북스, 2010). 원제는 *Hope for Animals and their World*로 2009년 세인 메이너드(Thane Maynard)와 게일 허드슨(Gail Hudson)이 같이 썼다. 위 글은 「옮긴이의 글」, 635~636쪽에서 따온 것이다.
53 같은 책, 288~289쪽.
54 클라이브 바커, 정탄 옮김, 『피의 책』(글림, 2008), 114~115쪽.
55 오리하라 이치, 김선영 옮김, 『원죄자』(폴라북스, 2010), 117~118쪽.
56 김찬호, 「이성적 낙관주의자」, 《동아일보》 2010년 8월 21일자, A16면.
57 테리 이글턴, 앞의 책, 70쪽.
58 「GM으로 종자 혁명, Monsanto」, 《Gold Club, HANNABANK》, vol. 70(February 2010), 82~83쪽.

59  엘리엇 애런슨·캐럴 태브리스, 박웅희 옮김, 『거짓말의 진화』(추수밭, 2007), 27쪽.
60  마리 명옥 리, 「나는 왜 9살짜리에게 대마초를 주는가」, 《녹색평론》 116호(2011), 210~225쪽. 이글의 필자는 자식이 고통 속에 있는 형편이다. 나는 대마초에 관해서 아는 바가 없다. 그러나 이 글만으로 대마초를 찬양하고 싶지는 않다. 다만 그 유익함이 경우에 따라서는 나타날 수 있다는 증언에는 충격을 받았다.
61  엘리엇 애런슨·캐럴 태브리스, 앞의 책, 39쪽.
62  김두규·안영배, 『권력과 풍수』(장락, 2002).
63  덴도 아라타, 김난주 옮김, 『영원의 아이』 상(살림, 1999), 311쪽.

## 3장

1  일연, 김원중 옮김, 『삼국유사』(민음사, 2007). 이 『삼국유사』에는 '脫解齒叱今'이라 하였고, 이민수가 번역한 『삼국유사』(을유문화사, 2013)에도 그렇게 나온다. 이하 내용이 다르지 않으면 김원중이 옮긴 책을 인용한다.
2  경주시 동천동 금강산의 남쪽 길가에 탈해왕릉이 있다.
3  일연, 리상호 옮김, 강운구 사진, 『사진과 함께 읽는 삼국유사』(까치, 1999), 77~85쪽.
4  무라야마 지준(村山智順), 최길성 옮김, 『조선의 풍수』(민음사, 1990), 326~327쪽.
5  이근직, 『신라왕릉 연구』(학연문화사, 2012), 95~96쪽.
6  일연, 김원중 옮김, 『삼국유사』(민음사, 2007), 115~116쪽.
7  최창조, 『한국의 자생 풍수』 2(민음사, 1997), 541~542쪽.
8  최창조, 『한국의 자생 풍수』 1(민음사, 1997), 82~85쪽에서 재인용.
9  백령모, 『오늘의 풍수』(동학사, 1995), 140쪽.
10  롬 하레, 김성호 옮김, 『천년의 철학』(서광사, 2006), 379쪽.
11  매트 리들리, 조현욱 옮김, 『이성적 낙관주의자』(김영사, 2010), 419~420쪽.
12  레너드 쉴레인, 강수아 옮김, 『자연의 선택, 지나 사피엔스』(들녘, 2005), 20쪽.
13  같은 책, 129쪽.
14  톰 버틀러 보던, 『내 인생의 탐나는 심리학 50』, 285쪽.
15  마르코 부살리, 우영선 옮김, 『세계 건축의 이해』(마로니에북스, 2009), 26~28쪽.
16  에드워드 윌슨, 전방욱 옮김, 『생명의 미래』(사이언스북스, 2005), 134쪽.
17  같은 책, 174쪽.
18  피에르 도나디외, 「가꾸어진 자연, 야생의 자연」, 베어드 캘리콧 외, 윤미연 옮김, 『자연은 살아 있다』(창해, 2004), 104쪽.
19  같은 책, 110쪽.
20  하지현, 『도시 심리학』(해냄, 2009), 49~50쪽.

**4장**

1. 이근직, 『신라 왕릉 연구』, 483쪽.
2. 이홍직 편저, 『국사 대사전』(삼영출판사, 1984) 및 유홍렬 편저, 『한국사 대사전』(한영출판사, 1978). 두 책을 참조하였다. 차이는 거의 없다.
3. 『高麗史』, 『東文選』, 「道詵本碑」.
4. 이병도, 『한국사 대관』(보문각, 1964), 136~137쪽.
5. 이기백, 『한국사 신론』, 130~131쪽.
6. 임종태, 「풍수지리와 정치」, 국사편찬위원회 편, 『하늘, 시간, 땅에 대한 전통적 사색』(두산동아, 2007), 227쪽.
7. 이종항, 「풍수지리설의 성행의 원인과 그것이 우리 민족성에 미친 악영향에 관한 일 고찰」, 《경북대학교 논문집 — 인문사회과학 편》 제5집(1962), 492쪽.
8. 도선 국사에 관해서는 1988년 영암군이 주관한 『선각국사 도선의 신연구』에 11편의 논문이 실렸고, 1996년 대한불교전통연구원과 삼각산 도선사가 공동 주최한 『도선 국사와 한국』에 11편의 논문이 실려 있다. 한 사람의 연구로는 이례적으로 많은 연구 양이다. 이후의 글은 필자가 그 논문들을 참조하여 정리한 것이다.
9. 이는 근친상간에 관한 우리나라 도처에 있는 '달래'라는 지명에 대하여 특이한 해석을 가한 것을 가리킨다. 어느 오누이가 고개 혹은 산을 넘는데 앞서 가던 누이의 옷이 땀에 젖어 몸매가 드러난다. 뒤에 가던 오빠가 성욕을 느끼고 그에 자책하여 자살한다. 그에 누이가 "달래나 보지."라고 했다는 데서 유래한다.
10. 최창조, 『한국의 자생 풍수』1, 73~76쪽.
11. 최범서, 『소설 도선비기』상(오상, 2001), 25쪽.
12. 『대한불교조계종 월출산 도갑사』(월출산 도갑사, 2000), 71~72쪽.
13. 영암문화원 편, 『영암의 전설집』(영암문화원, 1994), 163~171쪽.
14. 최유청(崔惟淸)이 지은 「白鷄山 玉龍寺 贈諡先覺國師 碑銘幷序」에 의하면 월유산(月遊山) 화엄사(華嚴寺)라 되어 있다.
15. 얼굴에 분을 바르고 구슬 장식의 신을 심은 모습.
16. 이능화 집술, 이종은 역주, 『조선 도교사』(보성문화사, 1981), 25~26쪽.
17. 대동여지도를 만든 김정호가 백두산을 그렇게 여러 차례 답사하기는 불가능하다는 한 국사학과 교수의 견해가 있었다. 자금이 없었고 호랑이의 공격 가능성 때문이라고 했다. 필자는 당시 백두산 등정은 백두산 포수를 따라나서는 것이 통례였고, 풍수지리를 아는 사람은 여행 때 숙식을 제공받는 일이 어렵지 않다고 반박한 바 있다. 현장 무시의 한 예로 제시해둔다.
18. 서윤길, 「도선 국사의 생애와 사상」, 『선각국사 도선의 신연구』(영암군, 1988), 63~93쪽.

19  신영훈, 『송광사와 선암사』(조선일보사, 2000), 39쪽 및 94쪽.
20  최원석, 『우리 땅 풍수기행』(시공사, 2000), 101~107쪽.
21  이에 관해서는 향토문화진흥원 편, 『왕인과 도선의 마을 구림(鳩林)』(향토문화진흥원, 1992)이 참고가 된다. 다만 현지 노인들은 자신들이 어렸을 때는 왕인에 관한 얘기는 거의 없었다고 증언한다. 일본 관광객들이 찾아들면서 왕인이 솟아난 것이라 표현할 정도이다.
22  대한불교 조계종 월출산 도갑사, 《도선 국사 성지 월출산 도갑사》(도갑사, 2001), 116쪽.
23  최창조, 홍성담 그림, 『땅의 눈물 땅의 희망』(궁리, 2000), 106~110쪽.
24  안춘근 편, 『정감록 집성』(아세아문화사, 1981), 630~631쪽에 영인본이 실려 있고, 이민수 역주, 『정감록』(홍신문화사, 1985), 92~94쪽에도 실려 있다. 내용은 거의 같으나 앞의 것이 글에 꾸밈이 더하다. 그 외에도 앞 책에는 「道詵餘詞鄭氏五百年」, 「玉龍子記」, 「玉龍子靑鶴洞訣」 등이 들어 있다. 볼 만한 것은 없다. 다만 그 하나만 싣기로 한다.
25  임진왜란 때 명나라 장수 이여송(李如松)과 이여백(李如栢)을 가리킨다고 설명하기도 함.
26  병자호란을 뜻하는 말일 것이다.
27  궁궁(弓弓)을 궁궁을을(弓弓乙乙)이라고도 하는데 필자는 글자 모양 그대로 단지 골짜기를 가리키는 표현으로 보았다. 최창조, 「영춘승지(永春勝地)에 대한 지리학적 해석」, 《호서문화논총》 제2집(서원대학교 호서문화연구소, 1983)을 참조.
28  최낙기, 「『정감록』 연구」(선문대학교 박사학위 논문, 2011).

## 5장

1  최병헌, 「도선의 생애와 나말여초의 풍수지리설」, 115쪽 및 이용범, 「풍수지리설」, 275쪽.
2  비보(裨補)와 염승(厭勝) 혹은 압승(壓勝)의 풍수 논리는 한국 풍수의 특징적 현상으로 비보는 지기(地氣)가 허한 곳을 보하여 주는 방법이고, 염승은 지기가 지나친 곳을 눌러 주는 방법이다.
3  최병헌, 「도선의 생애와 풍수지리설」, 『선각국사 도선의 신연구』(영암군, 1988), 96~98쪽.
4  김성준 편, 『한국지리총론 부록』(육지사, 1982)가 출전인데, 도선의 실제 작품은 아니다. 다만 민간전승의 풍수서들은 우리 풍수의 원초적인 모습을 담고 있으리라는 기대는 된다.
5  부안군 하서의 한 유학자로부터 입수한 필사본인데, 이 또한 도선의 실제 작품은 아니다.
6  지리학에서 공간이란 용어는 오늘날 장소 혹은 지역과 구분하여 사용하지만, 여기서는 '지표 환경'이라는 단순한 일반 개념으로 사용하였다.
7  최기엽, 「경관적 표현과 공간 인식」, 《지리학총》 10(경희대학교 지리학과, 1982), 219쪽.
8  최창조, 『한국의 풍수 사상』(민음사, 1984).
9  명당의 규모가 수많은 인마(人馬)를 수용할 정도로 넓다는 뜻인데, 그를 위한 경제력도 구비되어 있음을 함축하기도 한다.

10  "한자(漢字)가 만들어지면서부터 이미 각각의 뜻을 가진 여러 글자로 분리되고 결합할 수 있는 특징이 있었다. 일찍이 주(周)나라 때부터 이 특징을 이용하여 한자를 분리 또는 결합, 개인의 길흉이나 운명은 물론 국가의 중대한 일이나 운명까지도 추리하고 유추하여 판단하는 방법이 있었다. 한자를 분리하는 것은 파자 또는 탁자(拆字)라고 하며 한자를 결합하거나 추리하고 유추하는 것을 측자(測字) 또는 상자(相字)라고 한다." 신유승, 『측자파자』(시간과공간사, 1993), 5쪽.

11  최창조, 「고려 전기의 풍수 사상, 도참사상」, 『한국사』 16(국사편찬위원회, 1994), 308~321쪽.

12  톰 버틀러 보던, 『내 인생의 탐나는 심리학 50』, 73쪽.

13  설이강, 문성자·이기면 옮김, 『잃어버린 천국』 1(플래닛, 2008), 231쪽.

14  EBS 제작팀·김지승, 『인간의 두 얼굴』 1(지식채널, 2010), 97~114쪽.

15  사토 겐이치, 김미란 옮김, 『카르티에 라탱』(문학동네, 2004), 284쪽.

16  드니 비알루, 「자연에 관한 최초의 시각」, 베어드 캘리콧 외, 윤미연 옮김, 『자연은 살아 있다』(창해, 2004), 25쪽.

17  시노다 세츠코, 김해용 옮김, 『가상 의례』 상(북홀릭, 2010), 220쪽.

18  도미니크 부르, 「자연에 대한 지배에서 자연에 대한 경시로」, 베어드 캘리콧 외, 『자연은 살아 있다』, 54쪽.

19  칸트, 『순수이성비판』 「재판 서문」(1787), 장 마르크 드루엥, 「자연의 무대」, 베어드 캘리콧 외, 『자연은 살아 있다』, 91쪽에서 재인용.

20  이동영, 「청계천 복원…… 먹이사슬도 부활」, 《동아일보》 2010년 8월 12일자, A18면.

21  「핵에너지는 핵무기와 다르다」, 《뉴스위크》(한국판) 2008년 4월 30일자, 82쪽.

22  레베카 코스타, 장세현 옮김, 『지금, 경계선에서』(쌤앤파커스, 2011).

23  조우석, 『지금, 경계선에서』 서평, 《중앙일보》 2011년 1월 29일자, 21면.

24  제임스 러브록, 이한음 옮김, 『가이아의 복수』(원서는 2006년 출간됨, 세종서적, 2008), 34쪽.

25  권순활, 「'환경 운동꾼'들의 위선」, 《동아일보》 2010년 8월 5일자, 30면.

26  전세근 등, 「세금 7억 날린 간매천의 역설」, 《중앙일보》 2011년 2월 9일자, 8면.

27  개인적으로 예시된 단체장들에게 미안한 마음이 있다. 보도를 인용하다 보니 그렇게 되었다. 뻔한 변명이지만, 개인적인 감정은 없다.

28  박진우, 「중랑천 '천상의 소리' 듣는다」, 《동아일보》 2013년 2월 14일자, A16면.

29  제임스 러브록, 앞의 책, 36쪽.

30  같은 책, 189쪽.

31  김명진, 『대중과 과학기술』(잉걸, 2001), 27쪽. 강양구, 「원자력을 둘러싼 일곱 가지 신화」, 《녹색 평론》 112호(2010), 110~111쪽.

32  제임스 러브록, 앞의 책, 113쪽.

33  같은 책, 199쪽.
34  이에스더, 「빌딩 농장, 국내에도 뿌리 내린다」, 《중앙일보》 2010년 10월 25일자, E15면.
35  조강수·최준호·홍주희, 「기후시대, 삶의 패턴도 바뀐다」, 《중앙SUNDAY》, 2011년 1월 30일자, FOCUS.
36  박방주, 「Special Knowledge: 육종」, 《중앙일보》, 2010년 4월 20일자, E18면.
37  그렉 브레이든, 『디바인 매트릭스』, 88쪽.
38  같은 책, 90쪽.
39  제임스 러브록, 앞의 책, 201쪽.
40  매트 리들리, 『이성적 낙관주의자』, 462~463쪽.
41  임현욱, 「"올봄 천성산 웅덩이엔 도롱뇽·알 천지였습니다"」, 《중앙SUNDAY》 2010년 10월 17일자, 1면 및 6면 관련 기사.
42  김한별, 「알프스 관통 57km……세계 최장 터널 뚫어」, 《중앙일보》, 2010년 10월16일자, 12면.
43  앤 무어·데이비드 제슬, 곽윤정 옮김, 『브레인 섹스』(북스넛, 2009).
44  톰 버틀러 보던, 『내 인생의 탐나는 심리학 50』, 433쪽.
45  이태동, 「비판의 강, 선동의 강」, 《동아일보》 2010년 5월 25일자, A25면.
46  라즈 파텔, 유지훈 옮김, 『식량 전쟁』(영림카디널, 2008), 181쪽.
47  이문열, 「책머리에」, 『미로의 날들』(둥지, 1993).
48  라즈 파텔, 앞의 책, 181쪽에서 재인용.
49  제임스 러브록, 앞의 책, 35쪽.
50  매트 리들리, 『이성적 낙관주의자』, 54쪽.
51  같은 책, 239쪽.
52  김성희, 「구제역, AI, 밀집 사육 방식이 부른 재앙」, 《중앙일보》 2011년 1월 15일자, BOOK 22면.
53  이상언, 「AI 전염 막는 '수퍼 닭' 탄생」, 《중앙일보》 2011년 1월 15일자, 국제 14면.
54  프랑수아 시고, 「자연과 문명」, 베어드 캘리콧 외, 『자연은 살아 있다』, 44쪽.
55  같은 글, 46~47쪽.
56  같은 글, 48쪽.
57  같은 글, 53쪽.
58  테리 이글턴, 강주헌 옮김, 『신을 옹호하다』(모멘토, 2010), 100쪽.
59  사토 겐이치, 『카르티에 라탱』, 136~137쪽.
60  미하이 칙센트미하이, 『창의성의 즐거움』. 톰 버틀러 보던, 『내 인생의 탐나는 심리학 50』, 525쪽에서 재인용.
61  이태훈, 「"軍이 해적 불법 감금했다니" 법무부 발끈」, 《동아일보》 2011년 1월 31일자, A4면.

## 6장

1  백운, 「도선 국사 연구」, 『도선 국사와 한국』(대한전통불교연구원, 1996), 174쪽.
2  같은 글, 176쪽.
3  최창조, 『사람의 지리학』, 156~167쪽 및 최창조, 『한국의 자생 풍수』 1, 67~73쪽.
4  서울을 예로 들자면 북한산이 진산이고 북악산이 주산이다.
5  최범서, 『소설 도선비기』 상(오상, 2001), 182~198쪽.
6  최창조, 『한국의 자생 풍수』 1(민음사, 1997), 109~114쪽.
7  양은용, 「도선 국사와 한국 불교」, 『도선 국사와 한국』(대한전통불교연구원, 1996), 205~217쪽. 더 자세한 연구는 양은용, 「도선 국사 비보사탑설(裨補寺塔說)의 연구」, 『선각국사 도선의 신연구』(영암군, 1988), 183~247쪽 참조.
8  최범서, 『소설 도선비기』 중, 192쪽.
9  「만복사 발굴조사 보고서」(전라북도 전북대학교 박물관, 1986), 7쪽. 이 보고서에선 고려 문종 때가 맞다고 추정했다.
10 도선 당시의 절 이름으로 있는 절도 있으나, 바로 그 자리는 아닌 곳에 새로 지은 절들이 많다.
11 최영주, 『신한국 풍수』(동학사, 1992), 249~250쪽. 신숭겸의 묘는 봉분이 3개 있다. 도굴이나 밀장을 걱정하여 가짜 봉분 두 개를 더 만들었다는 설화가 전해진다.
12 성춘경, 1988, 「도선 국사와 관련한 유물, 유적 — 전남지방을 중심으로」, 『선각국사 도선의 신연구』, 416~418쪽.
13 『조선 사찰 사료』 상(조선총독부, 1911), 18~19쪽.
14 진홍섭, 『한국의 석조미술』(문예출판사, 1995), 193~197쪽.
15 김두규, 「'국역(國域) 조경'으로서의 비보 풍수 연구」, 《한국정원학회지》(2000), 40~47쪽.
16 김성철, 김기협 옮김, 『용비어천가』(들녘, 1997), 93쪽.
17 최홍, 『마이산 석탑군의 비밀』(밀물, 2005), 203~205쪽.
18 김은수 역주, 『주해 환단고기 — 단군은 아시아를 통일했다』(가나출판사, 1985), 204~205쪽 및 218쪽.
19 이홍직, 『국사 대사전』(삼영출판사, 1984), 해당 항목 참조.
20 땡추에 대해서는 나중에 상술할 것이다.
21 이병도, 「서(序)에 대신하여」, 『고려 시대의 연구』(개정판, 아세아문화사, 1980).
22 밭에 내려왔으니 먹을 것이 풍족하다. 게다가 늙은 쥐는 노회하여 조심성이 많다. 안전하다는 뜻이다.
23 최창조, 『북한 문화유적 답사기』(중앙M&B, 1998), 101~151쪽.
24 최창조 『한국의 자생 풍수』 1, 85~89쪽.

# 7장

1  이홍직, 『국사 대사전』(삼영출판사, 1984), 해당 조 참조.
2  『朝鮮金石總攬』.
3  奉化太子寺 朗空大師白月栖雲之塔碑.
4  『海東金石苑』 및 『朝鮮金石總攬』.
5  앞 주와 같음.
6  『高麗史』.
7  『高麗史』, 『朝鮮金石總攬』, 興法寺 眞空大師塔碑.
8  『新增東國輿地勝覽』.
9  『高麗史』 및 『朝鮮金石總攬』.
10 『朝鮮金石總攬』.
11 『高麗史』, 『海東金石苑』, 『朝鮮金石總攬』.
12 靜眞國師碑銘, 『三國遺事』.
13 『高麗史』.
14 최범서, 『소설 도선비기』 하, 421~242쪽.
15 『朝鮮金石總攬』.
16 『朝鮮金石總攬』, 『海東金石苑』, 『佛敎通史』.
17 이하 주는 이병도 박사의 책 주를 그대로 따른다. "태조가 나주 지방으로 출정한 연대에 대하여 『삼국사기』 「궁예전」에는 이것을 신라 효공왕 15년경이라 하였고 『고려사』 「태조세가」에는 이것을 동왕(同王) 7년의 사실인 양으로 말하였으나, 후자는 池內 박사의 말과 같이 우년의 사실을 과서에 가서나 붙인 두찬(杜撰)을 한 것으로 믿을 수 없다." 《만선기리여사연구보고(滿鮮地理歷史硏究報告)》 제7권, 12~13쪽에 있는 동 박사의 고설(考說)을 참조하는 것이 좋다.
18 이 내용은 향토문화진흥원, 『왕인과 도선의 마을』(구림, 1992), 105쪽에도 실려 있음.
19 『朝鮮金石總攬』, 59쪽.
20 이병도, 『고려 시대의 연구』(아세아문화사, 1980), 61~63쪽.
21 이진삼, 「한국 전통풍수 통맥법(通脈法) 연구 ─ 『유리자통서(琉璃子通書)』를 중심으로」(동방대학원대학교 철학박사 학위논문, 2012).
22 『高麗史』, 「世家」 권28.
23 이진삼, 앞의 글, 35~42쪽.
24 이에 관해서는 국사학계의 많은 연구가 있다.
25 華란 꽃이니 花와 같은 뜻이다.
26 『高麗史』 권127 「妙淸傳」 및 『高麗史節要』 권9, 인종 6년 8월 조.

27 이 책은 양균송, 김두규 교감·역주, 『감룡경·의룡경』(비봉출판사, 2009)로 번역·해석되어 있다.
28 1997년 12월 답사한 기록이다. 최창조, 『북한 문화유적 답사기』, 47~58쪽.
29 양촌(陽村) 권근(權近)의 「기문(記文)」 중에서.
30 소위 을축년 대홍수를 말함.
31 『朝鮮金石總攬』下, 1, 303쪽에 있는 비문의 내용을 필자가 약간 윤색하였음.
32 이에 관해서는 공민왕릉 답사기에 상술하였다.
33 이병도, 『고려 시대의 연구』, 213쪽.
34 박영규, 『한 권으로 읽는 고려왕조실록』(들녘, 1996), 442쪽.
35 같은 책, 320~323쪽.
36 이문구, 「민중사상의 뿌리를 찾아서」, 《실천문학》 7호(1985), 384~386쪽.
37 황인규, 『무학 대사 연구』(혜안, 1999), 207쪽.
38 이문구, 앞의 글, 368~402쪽.
39 같은 글, 375~377쪽.
40 이 대목도 관심이 간다. 나옹은 무학의 스승이다. 도선으로부터 이어져 있다는 느낌을 준다.
41 자세한 것은 졸저 『한국의 자생 풍수』 참조.
42 고려 의종 때 김관의가 쓴 책인데, 지금은 없어지고 고려 왕실의 기원에 관한 2000여 자만이 『고려사』에 실려 있다.
43 李重煥, 『擇里志』, 「八道總論」, 京畿道 조.
44 같은 곳.
45 최창조, 『북한 문화유적 답사기』, 108~131쪽.
46 이재운, 「통일 수도는 개성이 최적 ― 최창조 교수와의 국토풍수 기행」, 《월간 중앙》 1992년 6월호, 584~595쪽.
47 최창조, 『한국의 자생 풍수』 1, 65~67쪽에서 재수록함.
48 이익, 민족문화추진회 옮김, 『국역 성호사설』 VI(민족문화추진회, 1989), 114쪽.
49 최창조, 『사람의 지리학』, 125~139쪽.
50 정자(程子)가 『장설(葬說)』에서 말한 터 잡기에서 피해야 할 다섯 가지 근심거리. 1. 훗날 도로가 되지 않아야 한다. 2. 성곽이 되지 않아야 한다. 3. 도랑이나 연못이 되지 않아야 한다. 4. 권력자에게 빼앗기지 않아야 한다. 5. 논밭이 되지 않아야 한다.
51 『국조보감』 39권, 현종 조 1, 즉위년(기해, 1659), 한국고전번역원, 4/8쪽.
52 차주환, 『한국 도교사상 연구』(서울대학교출판부, 1978), ??쪽.
53 같은 책, 231쪽.

| | |
|---|---|
| 54 | 이병주, 『그해 5월』 1(한길사, 2006), 195쪽. |
| 55 | 제임스 러브록, 『가이아의 복수』, 111쪽. |
| 56 | 한면희, 『미래세대와 생태윤리』(철학과현실사, 2007), 6~7쪽. |

## 8장

| | |
|---|---|
| 1 | 『朝鮮金石總攬』, 『佛教通史』. |
| 2 | 황인규, 『무학 대사 연구』(혜안, 1999). |
| 3 | 『太宗實錄』, 5年 乙酉 9월 壬子 조. |
| 4 | 『太宗實錄』, 14년 甲午 6월 辛酉 조. |
| 5 | 앞의 글에 수록되어 있다. |
| 6 | 『太祖實錄』 1년 壬申 10월 己未 조. |
| 7 | 『宣祖實錄』 권26, 25년 4월 30일 己未 조. |
| 8 | 황인규, 앞의 책, 11~12쪽. |
| 9 | 같은 책, 22쪽. |
| 10 | 무라야마 지준(村山智順), 최길성 옮김, 『조선의 풍수』(민음사, 1990), 574쪽. |
| 11 | 서산군, 『서산대관』(서산향토문화사, 1970), 337쪽. |
| 12 | 국토지리정보원, 『한국 지명 유래집 — 중부편』(국토지리정보원, 2008), 78쪽. |
| 13 | 『純祖實錄』 권24, 21년 7월 23일 辛未 조. |
| 14 | 『顯宗實錄』(改修), 권1, 원년 7월 2일, 辛酉 조. |
| 15 | 『正祖實錄』, 권32, 15년 5월 6일, 庚辰 조. |
| 16 | 황인규, 『무학 대사 연구』, 31·33쪽. |
| 17 | 최명우, 『이곳이 한국 최고의 명당』(수문출판사, 1997), 174~176쪽. |
| 18 | 최규영, 「천지탑은 누가 쌓았는가?」, 『마이산 학술 연구』(진안문화원, 2002), 493쪽. |
| 19 | 이중환의 『택리지』와 성호 이익의 『성호사설』에 나온다. |
| 20 | 최규영, 「총론」, 『마이산 학술 연구』(진안문화원, 2002), 43~106쪽. |
| 21 | 같은 책, 493쪽. |
| 22 | 최홍, 『마이산 석탑군의 비밀』(밀물, 2005), 192~202쪽. |
| 23 | 황인규, 『무학 대사 연구』, 20~95쪽. |
| 24 | 『太祖實錄』 권4, 2년 10월 17일, 己丑 조. |
| 25 | 『太宗實錄』 권4, 2년 8월 2일, 癸丑 조. |
| 26 | 『太宗實錄』 권10, 5년 9월 20일, 壬子 조. |
| 27 | 『太宗實錄』 권14, 7년 9월 11일, 辛酉 조. |
| 28 | 대체로 남남동쪽을 바라보는 좌향이다. |

29  정남향이다.
30  지관들이 자리를 볼 때 패철(佩鐵), 즉 나침반을 놓는다고 표현한다.
31  작자 미상, 『한양오백년가(漢陽五百年歌)』(진문출판사, 1970), 2~3쪽.
32  이런 일은 굳이 수입하지 않아도 사람들이 본능적으로 간취할 수 있는 사례이기에 필자는 이 역시 풍수와 마찬가지로 자생의 참위설이 있었을 것이라 생각한다.
33  김득황, 『한국사상사』(백암사, 1958), 195~196쪽.
34  본문에는 李朝라고 되어 있으나 朝鮮으로 고침.
35  김득황, 앞의 책, 197~198쪽.
36  三嘉는 오기(誤記)이다. 무학은 지금의 합천군인 三歧人이다.
37  안춘근 편, 『정감록집성』(아세아문화사, 1981), 47~48쪽.
38  이민수 역주, 『정감록』(홍신문화사, 1985), 70~75쪽.
39  木覓이라 주(註)가 붙어 있다.
40  道峯이라 주가 붙어 있다.
41  仁王이라 주가 붙어 있다.
42  三角이라 주가 붙어 있다.
43  본문에는 黃已로 되어 있으나 십간(十干)의 색에 배속하여 己로 본다.
44  본문에는 金馬로 되어 있으나 金은 庚으로 십이지의 馬는 午로 보았다.
45  임금이 평상시에 머무는 편전의 문.
46  정씨(鄭氏)의 파자(破字)임.
47  李氏.
48  趙氏.
49  崔氏.
50  3년.
51  李는 오얏나무로 자두를 말한다.
52  李重煥, 앞의 책, 같은 곳. 비슷한 내용이 서거정의 『필원잡기(筆苑雜記)』에도 나온다. 다만 용봉장(龍鳳帳)을 묻어 이를 진압하였다는 내용이 추가되어 있다.
53  裵의 破字. 裵克廉.
54  趙의 破字. 趙浚.
55  鄭의 破字. 鄭道傳.
56  최낙기, 「『鄭鑑錄』 연구」(선문대학교 박사학위 논문, 2011), 18~19쪽.
57  李重煥, 『擇里志』, 「八道總論」, 京畿道 조. 이 부분을 이중환, 『조선팔도비밀지지(朝鮮八道秘密地誌)』(성진문화사, 1978), 60쪽에서는 고풍스럽게 다음과 같이 표현하고 있다. "一夜에 天降大雪하야 外積內消하니 太祖이 異之하야 命從雪立하니 卽今城形이라 하였다."

58  무라야마 지준, 『조선의 풍수』, 553~583쪽.
59  임학섭 편저, 『전설로 배우는 풍수』(문예산책, 1996), 80쪽.
60  최창조, 『한국의 풍수 사상』, 301~328.
61  최창조, 『사람의 지리학』, 125~139쪽.
62  김성칠, 김기협 옮김, 『역사로 읽는 용비어천가』(들녘, 1997), 22쪽.
63  장영훈, 『서울 풍수』(도서출판 담디, 2004), 17쪽.
64  이성계의 아버지 자춘(子春)의 묘호는 항조가 아니라 환조(桓祖)이다. 항조는 오기(誤記)이다.
65  김득황, 『한국 종교사』(백암사, 1963), 206~207쪽.
66  李重煥, 『擇里志』, 「八道總論」, 咸鏡道 조.
67  석가모니가 입적한 후 왕사성에서 행한 1차 모임에 참가한 500명의 아라한.
68  이 경우는 한양의 주산(主山)을 지칭함.
69  김득황, 앞의 책, 207~208쪽.
70  같은 책, 209~210쪽.
71  鈴木大拙, 조벽산 옮김, 『임제의 기본사상』(경남, 1997), 307~308쪽.
72  『太祖實錄』, 2년 2월 丙戌 조.
73  『太祖實錄』, 3년 8월 庚辰 조.
74  매트 리들리, 신좌섭 옮김, 『이타적 유전자』(사이언스북스, 2001).
75  이석영, 『빅뱅 우주론 강의』(사이언스북스, 2009), 295쪽.
76  다카무라 가오루, 정다유 옮김, 『마르크스의 산』 1(손안의책, 2010), 395쪽.
77  도민 스딘, 신준영 옮김, 『기스등 이페트』(랜덤하우스코리아, 2008), 29쪽.
78  성석제, 「허리의 성자」, 『인간적이다』(하늘연못, 2010).
79  A. C. 그레일링, 윤길순 옮김, 『새 인문학 사전』(웅진지식하우스, 2010), 209쪽.
80  켄 윌버, 조옥경·윤상일 옮김, 『에덴을 넘어』(한언, 2009), 83쪽.
81  샹커 베단텀, 임종기 옮김, 『히든 브레인』(초록물고기, 2010), 448쪽.
82  A. C. 그레일링, 앞의 책, 193쪽.
83  같은 책, 199쪽.
84  가이도 다케루, 지세현 옮김, 『의학의 초보자』(들녘, 2010), 55쪽.
85  파울로 코엘료, 이상해 옮김, 『악마와 미스 프랭』(문학동네, 2003), 133쪽.
86  레너드 쉴레인, 강수아 옮김, 『지나 사피엔스』(들녘, 2005), 38쪽.
87  A. C. 그레일링, 앞의 책, 128쪽.
88  파블로 데 산티스, 조일아 옮김, 『파리의 수수께끼』(북스캔, 2010), 26쪽.
89  최창조, 『닭이 봉황 되다』(모멘토, 2005)에서 재인용함.

90　존 바우커, 박규태·유기쁨 옮김, 『죽음의 의미』(청년사, 2005), 38쪽.
91　권남희, 「옮긴이의 말」, 텐도 아라타, 권남희 옮김, 『애도하는 사람』(문학동네, 2010), 646~647쪽.
92　기리노 나쓰오, 권일영 옮김, 『얼굴에 흩날리는 비』(비채, 2010), 121쪽.
93　덴도 아라타, 김난주 옮김, 『영원의 아이』 하(살림, 1999), 119~120쪽.
94　덴도 아라타, 김난주 옮김, 『영원의 아이』 상(살림, 1999), 351쪽.
95　김기웅, 「치매 잡는 지름길」, 《중앙일보》 2010년 9월 7일자, 37면.
96　고종관 기자, 「미국 시니어 케어 전문가 나카지마 씨 인터뷰」, 《중앙일보》 2010년 9월 27일자, S5면.
97　박대욱, 「실버산업, 우리에게도 좋은 기회」, 《중앙일보》 2010년 9월 27일자, E4면.
98　하지현, 『도시 심리학』(해냄, 2009), 36쪽.
99　김필규, 「고령화 시대의 경제학」, 《중앙일보》 2011년 1월 8일자, BOOK 23면.
100　특별취재팀, 「늙고 병든 몸, 쉴 곳이 없다」, 《조선일보》 2010년 9월 28일자, 1면.
101　미나가와 히로코, 권일영 옮김, 『죽음의 샘』(시작, 2009)에서 재인용.
102　파울로 코엘료, 『악마와 미스 프랭』, 7쪽.
103　혼다 다카요시, 이수미 옮김, 『얼론 투게더』(소담출판사, 2010), 167~169쪽.
104　시노다 세츠코, 김성은 옮김, 『도피행』(국일미디어, 2008), 215쪽.
105　《조선일보》 2011년 1월 3일자.
106　기시다 루리코, 오근영 옮김, 『천사의 잠』(대교베텔스만, 2008), 260쪽 및 302~303쪽.
107　하지현, 『도시 심리학』, 83~84쪽.
108　유종호, 『내가 본 영화』(민음사, 2009), 166쪽.
109　다카하시 겐이치로, 양윤옥 옮김, 『겐지와 겐이치로』 B(웅진지식하우스, 2007), 290쪽.
110　매트 리들리, 조현욱 옮김, 『이성적 낙관주의자』(김영사, 2010), 323쪽.
111　A. C. 그레일링, 『새 인문학 사전』, 79~82쪽.
112　윤휴, 『백호전서(白湖全書)』 제33권(한국고전번역원), 페이지 14/28.
113　남구만(南九萬), 『약천집(藥泉集)』 제17권, 「신도비명」, 낭선군 효민공 신도비명(한국고전번역원), 페이지 3/5.
114　같은 책, 제26권, 「가승(家乘)」(한국고전번역원), 페이지 1/3.
115　같은 책, 제34권, 「가승」(한국고전번역원), 페이지 1/1.
116　EBS 「인간의 두 얼굴」 제작팀, 『인간의 두 얼굴』(지식채널, 2010), 44~46쪽.
117　같은 책, 114~115쪽.
118　하지현, 『도시 심리학』, 51~52쪽.
119　같은 책, 52~53쪽.

120  이상 최원석,『도선 국사 따라 걷는 우리 땅 풍수기행』(시공사, 2000), 108~112쪽에서 재인용.
121  김현욱,『조선 시대 한양의 입지 논쟁』(한국학술정보, 2007).
122  김두규,「'국역(國域) 조경'으로서의 비보 풍수 연구」,《한국정원학회지》34호(2000), 39~47쪽.
123  필자는 자생 풍수의 특징 중 하나로 주관성을 꼽았다. 필자는『사람의 지리학』(서해문집, 2011)이라는 책에서 자생 풍수의 특성 10가지를 열거한 바 있다.
124  최창조 글, 홍성담 그림,『땅의 눈물 땅의 희망』(궁리, 2000), 80~87쪽.
125  『경기도 불적(佛蹟) 자료집』(경기도 박물관, 1999), 455~539쪽.
126  『高麗史』권133,「열전」46, 神佑 2년(1376) 4월. 이와 비슷한 얘기가『高麗史節要』권30, 禑王 2년(1376) 4월 조에도 있다. 위 神佑는 辛佑의 오기(誤記)인 듯함.
127  『太祖實錄』권3, 2년(1393) 11월.
128  『太宗實錄』권3, 2년(1402) 6월.
129  『太宗實錄』권10, 9월 20일.
130  『世宗實錄』권6, 1년 11월.
131  『世宗實錄』권64, 16년(1434) 4월.
132  『世祖實錄』권33, 11년(1464) 6월.
133  『燕山君日記』권50, 9년(1503) 6월.
134  『中宗實錄』권51, 19년(1524) 6월.
135  보우는 결국 제주로 유배되었다가 그곳에서 맞아 죽었다.
136  『純祖實錄』권24, 21년(1821) 7월. 1996년 당시 원래의 회암사지는 지금의 회암사 입구에 있고 발굴 조사가 진행 중이었다. 파괴된 세 선사의 부도는 현재의 회암사 동쪽에 복원되어 있다. 세 선사의 부도비문은『경기도 불적 자료집』, 505~539쪽에 본문과 역문이 같이 소개되어 있다.
137  최명우,『이곳이 한국 최고의 명당』(수문출판사, 1997), 87쪽.
138  목을수 편저,『고려, 조선 능지』(문성당, 1988), 135~151쪽.
139  김두규,『한국 풍수의 허와 실』(동학사, 1995), 157쪽.
140  장영훈,『왕릉풍수와 조선의 역사』(대원미디어, 2000), 32~44쪽.
141  김두규,『조선 풍수학인의 생애와 논쟁』(궁리, 2000), 30~31쪽. 이 책은 조선왕조『실록』에 기록된 풍수학인들이 잘 정리되어 있다.
142  『太宗實錄』, 8년 6월 己丑 조.
143  『太宗實錄』, 8년 6월 乙巳 조.
144  최창조,『한국의 자생 풍수』1, 434~441쪽.

145  이 문제에 관해서는 최창조, 『사람의 지리학』, 78~96쪽 참조.
146  진(秦)나라 이사(李斯)가 만들었다는 전자체(篆字體)의 글씨도 도장 글에 많이 쓰인다.
147  『太宗實錄』 권16, 8년 丁卯 조.
148  이수봉, 『백제문화권역의 상례풍속과 풍수설화 연구』(백제문화개발연구원, 1986), 149쪽 및 342쪽.
149  나카지마 라모, 한희선 옮김, 『가다라의 돼지』(북스피어, 2005), 361쪽.
150  EBS 지식프라임 제작팀, 『지식 프라임』(밀리언하우스, 2009), 58쪽에서 재인용.
151  수전 그린필드, 전대호 옮김, 『미래』(지호, 2005), 250쪽.
152  데이비드 미첼, 최용준 옮김, 『유령이 쓴 책』(문학동네, 2009), 119쪽.
153  크리스토퍼 히친스, 김승욱 옮김, 『신은 위대하지 않다』(알마, 2008), 110~111쪽.
154  스튜어트 서덜랜드, 이세진 옮김, 『비합리성의 심리학』(교양인, 2008), 14쪽.
155  김윤영, 『내 집 마련의 여왕』(자음과모음, 2009), 230쪽.
156  혼다 다카요시, 이수미 옮김, 『얼론 투게더』(소담출판사, 2010), 124쪽.
157  제임스 러브록, 이한음 옮김, 『가이아의 복수』(세종서적, 2008), 69~70쪽.
158  엔리케 호벤, 유혜경 옮김, 『보이니치 코드』(해냄, 2010), 158~159쪽.
159  같은 책, 260쪽. 참고로 이 소설의 저자인 엔리케 호벤은 물리학 박사이며, 현재 스페인 카나리아 제도에 있는 천체물리학 연구소의 상임연구원이기도 한 과학자이다.
160  제임스 러브록, 앞의 책, 28쪽.
161  이병주, 『그해 5월』 4(한길사, 2006), 252쪽.
162  그리오 드 지브리, 임산·김희정 옮김, 『마법사의 책』(루비박스, 2003), 39쪽.
163  사토 겐이치, 김미란 옮김, 『카르티에 라탱』(문학동네, 2004), 65쪽.
164  마루야마 겐지, 김춘미 옮김, 『물의 가족』(현대문학, 1994), 31쪽.
165  Andrew L. March, "An Appreciation of Chinese Geomancy", *The Journal of Chinese Geomancy*, vol. 27, no. 2(1968). 최창조 편역, 『터 잡기의 예술』(민음사, 1992), 184~185쪽.
166  마르코 부살리, 우영선 옮김, 『세계 건축의 이해』(마로니에 북스, 2009), 37쪽.
167  이 용어는 『카를 융 — 기억 꿈 사상』(카를 구스타프 융, 조성기 옮김, 김영사, 2007), 170쪽에도 소개되어 있다. 옮긴이는 이를 "높은 산에서 비쳐 오는 햇빛으로 관찰자의 그림자가 짙은 안개 속에 비쳐 보이는 현상"이라 풀이하고 있다.
168  덴도 아라타, 김난주 옮김, 『영원의 아이』 상(살림, 1999), 21~22쪽.
169  엘프리다 뮐러-카인츠·크리스티네 죄닝, 강희진 옮김, 『직관의 힘』(시아출판사, 2004), 42쪽.
170  강지영, 『심 여사는 킬러』(씨네21북스, 2010), 284쪽.
171  엘리엇 애런슨·캐럴 태브리스, 박웅희 옮김, 『거짓말의 진화』(추수밭, 2007), 43~52쪽.
172  같은 책, 222쪽.

173　박광수, 『악마의 백과사전』(홍익출판사, 2010), 162쪽.

## 9장

1　이에 관해서는 자료가 너무나 많고 거의 대부분의 책에 나와 있어 각각의 주(註)는 생략하기로 한다.
2　『高麗史』 권122, 「열전」, 김위제 조.
3　같은 곳.
4　서울특별시문화재위원회, 『서울 민속대관』(서울특별시, 1995), 26쪽.
5　이병도, 『고려 시대의 연구』(아세아문화사, 1980), 167쪽.
6　『太宗實錄』, 2년 4월 甲戌 조.
7　이병도, 『고려 시대의 연구』(아세아문화사, 1980), 364쪽.
8　『太祖實錄』, 원년 9월 30일 조.
9　이병도, 앞의 책, 364쪽.
10　『太祖實錄』 권3, 2년 2월 10일 조.
11　『太祖實錄』 권4, 2년 12월 11일 조.
12　이 책은 내용이 매우 어려움에도 불구하고 김두규 교수가 국역을 하였다. 김 교수 자신 이 기론이 별 쓸모가 없다는 입장이지만 그래도 이 책을 번역한 것은 의미가 깊다. 즉 자신과 반대되는 입장의 의견이라도 알고 나서 해야 한다는 점을 분명히 하고 있기 때문이다. 김두규, 『호순신의 지리신법』(장락, 2001), 11~36쪽.
13　이 문제에 대해서는 필자의 다른 책에서 상술한 바 있다. 최창조, 『한국의 풍수 사상』(민음사, 1984), 195~196쪽 및 114~12/쪽 참소.
14　『太祖實錄』 권4, 2년 12월 11일 壬午 조.
15　1997년 12월 현장에서 보니 과연 그러했다.
16　태조는 처음부터 한양에 뜻을 두고 있었다. 다만 한 방편으로 계룡산을 말한 것이나, 제1이 최고를 뜻하는 것은 아니다.
17　반궁수와 산발사하에 관한 설명은 필자의 주장을 제대로 전하지는 못했다. 그러나 뛰어난 이야기꾼인 이문구의 전달이 핵심을 바꾸지는 않았다. 그래서 그대로 둔다. 다만 필자의 주장을 그대로 알린 졸저는 밝혀 두기로 한다. 최창조, 『한국의 풍수 사상』, 49~50쪽 및 최창조, 『좋은 땅이란 어디를 말함인가』(서해문집, 1990), 437~439쪽.
18　《실천문학》은 전두환 정권에 의하여 곧 폐간되었다. 그래서 모악산 얘기는 실리지 못했다.
19　이문구, 「민중사상의 뿌리를 찾아서」, 《실천문학》 7호(1985), 394~402쪽.
20　한글학회, 『한국지명총람 1 — 서울편』(한글학회, 1966), 2쪽.
21　필자는 『한국의 풍수 사상』에서 이곳을 낙동강 상류 경북 내륙의 넓은 분지로 보았다.

195쪽.

22　서울특별시사편찬위원회, 『서울 육백 년사』 5(서울특별시, 1983), 1347쪽.
23　같은 책, 1343쪽.
24　『成宗實錄』, 13년 11월 9일 癸卯 조.
25　이에 관한 자세한 논의는 최창조, 『한국의 풍수 사상』, 233~235쪽 참조.
26　같은 곳.
27　본래 청계천(淸溪川)의 명칭은 개천(開川)이었다.
28　李重煥, 『擇里志』, 「八道總論」, 京畿道 조.
29　민족문화추진회, 『국역 성호사설』 I(민족문화추진회, 1989), 207쪽.
30　같은 책, 319쪽.
31　『국역 성호사설』 IV, 20~21쪽.
32　조디 피콜트, 곽영미 옮김, 『19분』(이레, 2009), 65쪽.
33　나카지마 라모, 한희선 옮김, 『가다라의 돼지』(북스피어, 2005???), 65쪽.
34　시미즈 히로시, 박철수·김강태 옮김, 『생명과 장소』(그린비, 2010), 185~186쪽.
35　나카지마 라모, 『가다라의 돼지』, 290쪽.
36　조선희, 『열정과 불안』 2(생각의나무, 2002), 53쪽.
37　에드워드 윌슨, 전방욱 옮김, 『생명의 미래』(사이언스북스, 2005), 230쪽.
38　조선희, 앞의 책, 55쪽.
39　데이비드 미첼, 최용준 옮김, 『유령이 쓴 책』(문학동네, 2009), 66쪽.
40　같은 책, 79쪽.
41　같은 책, 106쪽.
42　제임스 러브록, 『가이아의 복수』, 77쪽.
43　조 에노스, 「생태 위기에 대한 그리스도인의 응답」, 《녹색평론》 113호(2010), 86쪽.
44　테리 이글턴, 강주헌 옮김, 『신을 옹호하다』(모멘토, 2010), 29~30쪽.
45　미나토 카나에, 김미령 옮김, 『속죄』(북홀릭, 2010), 14~15쪽.
46　존 바우커, 박규태·유기쁨 옮김, 『세계 종교로 보는 죽음의 의미』(청년사, 2005), 5쪽.
47　같은 책, 40쪽.
48　김미현, 「웰컴 투 강남」(작품 해설), 이홍, 『성탄 피크닉』(민음사, 2009), 219쪽.
49　엘프리다 뮐러-카인츠·크리스티네 죄닝, 강희진 옮김, 『직관의 힘』(시아출판사, 2004), 30쪽.

## 10장

1　「논풍수소(論風水疏)」로 알려진 그의 상소문은 『세종실록』, 26년 12월 병인(丙寅) 조에 전문이 실려 있다.

2  『成宗實錄』 권174, 16년 1월 5일 戊子 조.

## 11장
1  『世宗實錄』 권106, 26년 11월 19일 甲午 조.

## 12장
1  『光海君日記』 권176, 14년 4월 18일 癸未 조.
2  나경(羅經)이 들어오기 전에도 우리나라에 윤도(輪圖)와 규형(窺衡)이란 것이 있어, 방위 측정은 가능했지만 나경과 같은 것은 아니다.
3  『光海君日記』 권139, 11년 4월 25일 戊寅 조.
4  正祖大王, 『弘齋全書』 권57.

## 13장
1  『격암선생일고역(格菴先生逸稿譯)』(울진문화원, 1993)의 해제를 한 전광홍의 글에서 인용하였다.
2  『단재 신채호 전집』, 「별집」(형설출판사, 1977), 299~319쪽.
3  최명우, 『이곳이 한국 최고의 명당』, 67~74쪽.
4  교하천도론에 대해서는 필자의 『땅의 논리 인간의 논리』와 『한국의 자생 풍수』 참조. 거기에 교하의 아름다움을 적었다.
5  『光海君日記』 권63, 5년 2월 23일 辛亥 조.
6  같은 것.
7  이의신에 관해서는 택당 이식(李植)의 『택당집』에 여러 기록이 전해지지만 모두 음택에 관한 것으로 자생 풍수와는 관련이 없다. 다만 그가 풍수 이론에 매우 밝았다는 사실은 분명하다.
8  『光海君日記』 권59, 4년 11월 15일 乙巳 조.
9  『光海君日記』 권93, 7년 8월 8일 壬午 조.
10  최창조, 『한국의 자생 풍수』 1, 393~403쪽.
11  1997년 12월 평양에서 본 소위 단군 부부의 유골 상태는 매우 좋았다. 필자의 경험으로는 5000년이나 된 시신의 상태가 그 정도라면 미라가 되어야 했을 터인데, 유골은 육탈되어 깨끗한 모습이었다. 이상하게 생각했던 기억이 난다.
12  이 글을 쓴 후 개성을 직접 볼 기회가 있었다. 도저히 수도로서의 품격을 갖춘 땅이 아니었다. 현장을 보지 못하고 주장한 필자의 명백한 실수였다.
13  이런 근거라면 인천의 송도 지구가 오히려 적합하다.

14  함경도 영흥의 옛 이름.
15  배종호, 「풍수지리약설」, 《인문과학》 22집(연세대학교 인문과학연구소, 1969), 139~166쪽.
16  같은 글, 140쪽.
17  신채호, 『단재 신채호 전집』, 「별집」(형설출판사, 1977), 299~319쪽.
18  김두규, 『조선 풍수학인의 생애와 논쟁』(궁리, 2000), 298~300에서 재인용.
19  이항복, 『백사집』, 「별집」, 권4.
20  롬 하레, 김성호 옮김, 『천년의 철학』(서광사, 2006), 288쪽.
21  슈테판 클라인, 유영미 옮김, 『우연의 법칙』(웅진지식하우스, 2006), 19~20쪽에서 재인용.
22  같은 책, 37쪽.
23  비보탑 혹은 조산(造山), 조탑(造塔)으로도 불린다.
24  슈테판 클라인, 앞의 책, 132쪽.
25  같은 책, 138쪽.
26  샘 해리스, 김원옥 옮김, 『종교의 종말』(한언, 2005), 53쪽.
27  수전 그린필드, 전대호 옮김, 『미래』(지호, 2005), 341쪽.
28  그렉 브레이든, 김시현 옮김, 『디바인 매트릭스』(굿모닝미디어, 2008), 210쪽.
29  슈테판 클라인, 『우연의 법칙』, 35쪽.
30  이나미 리쓰코, 이정환 옮김, 『명언으로 읽는 삼국지』(까치, 2007), 348쪽.
31  알렉스 로비라·프란세스크 미라예스, 박지영 옮김, 『아인슈타인, 비밀의 공식』(레드박스, 2010), 143쪽에서 재인용.
32  사토 겐이치, 김미란 옮김, 『카르티에 라탱』(문학동네, 2004), 264쪽.
33  EBS 지식프라임 제작팀, 『지식 프라임』(밀리언하우스, 2009), 16쪽.
34  이나미 리쓰코, 앞의 책, 32~33쪽.
35  시노다 세츠코, 김해용 옮김, 『가상 의례』 상(북홀릭, 2010), 225~226쪽.
36  하지현, 「기습폭우와 점집」, 《중앙일보》 2010년 9월 27일자, 33면.
37  매트 리들리, 『이성적 낙관주의자』, 23~24쪽.
38  레오나르도 고리, 이현경 옮김, 『신의 뼈』(레드박스, 2008), 295쪽.
39  김진규, 『저승차사 화율의 마지막 선택』(문학동네, 2010), 99쪽.
40  파울로 코엘료, 『악마와 미스 프랭』, 86쪽.
41  Richard Dawkins, *The Selfish Gene* (Oxford University Press, 1976).
42  Matt Ridley, *The Origins of Virtue* (Viking, 1996).
43  엔리케 호옌, 유혜경 옮김, 『보이니치 코드』(해냄, 2010), 465쪽.
44  카트린 라레르, 「머리말」, 베어드 캘리콧 외, 윤미연 옮김, 『자연은 살아 있다』(창해, 2004), 20~21쪽.

## 15장

1. 『구례 류씨가의 생활 일기』 상(한국농촌경제연구원, 1991), 24쪽.
2. 생원과 진사를 뽑는 과거.
3. 이 문제에 관해서는 전봉준을 다루며 상술할 것이다.
4. 선우협(鮮于浹, 1588~1653). 성리학자로 사람들이 그를 관서부자(關西夫子)라 부르며 존경하였다.
5. 중종 때의 학자 홍경우(洪儆禹, 1606~?). 문과에 급제한 후 여러 관직을 지냈다. 남양 홍씨인 홍경래와 관향(貫鄕)이 같다.
6. '우군측'으로 쓴 책도 있다.
7. 사회과학원 역사연구소, 『조선통사』 상(오월, 1988), 513~514쪽.
8. 같은 책, 515쪽.
9. 같은 책, 508쪽.
10. 송명호, 『신(新)계룡산』(남광, 1986), 251~255쪽에서 발췌.
11. 사회과학원 역사연구소, 『조선통사』 하(오월, 1988), 77쪽.
12. 같은 책, 76쪽.
13. 최창조, 『한국의 풍수지리』, 299~305쪽.
14. 그 후 기념사업회가 결성되고 기념비도 세워졌다.
15. 한글학회, 『한국지명 총람』 12(한글학회, 1981), 411~416쪽.
16. 개신교와 달리 천주교는 처음에 심한 박해를 받았다. 그래서 그들은 정감록 감결파들이 승지라 부르는 벽지로 찾아들었다. 그래서 성당에는 미치지 못하는 규모의 공소가 들어선 것이다.
17. 명산 정상에 일제가 쇠막대기를 박았다는 것은 일부 사실이다. 그러나 우리 군과 미군이 군사시설을 세우고 측량하기 위해 박은 것도 많다. 김영삼 정부 초기 우리나라 차원에서 그런 것들을 조사하고자 하는 시도가 있었고, 필자는 그것을 말렸다. 노자키 교수의 조사에서도 그런 사례들이 많이 발견된 것으로 알고 있다. 민간단체에서는 할 만한 일이지만 국가 차원에서 나설 일은 아니었다. 결국 정부에서 나서지도 않았다.
18. 노자키 미쓰히코, 『한국의 풍수사들』(동도원, 1994).
19. 『三國遺事』 권2, 「萬波息笛」에 나오는 내용임.
20. 윤석산 주해, 『용담유사』(동학사, 1999), 103~107쪽.
21. 같은 책, 310~311쪽.

## 16장

1. 최창조, 『사람의 지리학』, 9~42쪽에서 재인용하였음.

2 윤휴, 『백호전서』 권33(한국고전번역원), 페이지 13/28.
3 설이강, 문성자·이기면 옮김, 『잃어버린 천국』(플래닛, 2008), 108~109쪽.
4 같은 책, 220쪽.
5 톰 버틀러 보던, 『내 인생의 탐나는 심리학 50』, 263쪽에서 재인용.
6 로렌스 스턴, 「신사 트리스트램 샌디의 생애와 의견」. 앤드류 스컬, 전대호 옮김, 『현대 정신의학 잔혹사』(모티브북, 2007), 23쪽에서 재인용.

**결론 및 전망**

1 Sarah Rossbach, *Interior Design with Feng Shui* (Penguin / Arkana, 1987)와 Mary Lambert, *Clearing the Clutter* (Barnes & Noble, 2001)이 대표적이다. 필자는 앞의 책을 번역 출간한 바 있다. 최창조 편역, 『터 잡기의 예술』(민음사, 1992).
2 Sarah Rossbach, *Interior Design with Feng Shui*, Foreword and Calligraphy by Lin Yun, New and Expanded Edition (Penguin, 1987 / 2000).
3 박시익, 『한국의 풍수지리와 건축』(일빛, 1999). 그는 한양대 건축학과를 졸업했고 석사와 박사 학위도 풍수로 받았다. 또한 건축 설계 실무도 하고 있기에 입장이 차분하다.
4 조인철, 『부동산 생활풍수』(평단, 2007). 그 외에 몇 편의 박사 학위 논문도 나왔다. 필자는 땅을 재산으로 취급하는 쪽이 아니기에 크게 관심을 두지는 않지만, 풍수의 한 전망은 될 수 있다고 본다.
5 도나토 카리시, 이승재 옮김, 『속삭이는 자』 2(시공사, 2011), 188쪽.

# 찾아보기

## ㄱ

『감룡경』 76
『감여금궤』 76
개청 205, 219
『격암비결』 410
『격암유록』 410
경보 205
경유 205
고중안 398
관극 79
광해군 51, 231, 283, 365, 407, 408, 409, 412, 413, 414, 420, 421, 430
『국참기』 291
『궁택지형』 76
권도 381~384
권중화 350, 367, 368, 378
『금낭경』 55, 56, 152, 154, 477
『금탄자』 74
긍양 205, 218
김개남 461~468
김일룡 408

## ㄴ

나옹 248, 287, 291, 295, 298, 311, 340, 341, 343, 346, 348, 351, 385
남사고 51, 378, 410~411, 428
『남사고비결』 411

## ㄷ

도선 8, 9, 10, 38, 39, 50, 51, 61, 84, 97, 109, 115, 116, 129~143, 151~160, 189~201, 203, 207, 209, 210, 211, 213, 218, 219, 220, 222, 223, 238, 241, 244, 247~250, 253, 255, 256, 266, 276~280, 288, 291, 294, 304, 307, 308, 315, 338, 352, 384, 398, 399, 429, 431, 461, 468, 478, 479, 480, 484, 486, 489
『도선국사실록』 196
『도선답산가』 155, 156, 157
『도선비결』 143
『도선비기』 221, 363
『도장』 75
동기감응설/동기감응론 16, 56, 67, 175, 335

두사충 408
땡추(당취) 9, 51, 52, 54, 204, 222, 236, 237, 239~243, 454, 460, 463

ㅁ

『마상록』 410
목효지 398, 403
묘청 9, 10, 50, 51, 222, 223, 224, 234, 236, 238, 415
무학 8, 9, 10, 51, 203, 221, 234, 241, 278~315, 338~351, 364~369, 378, 379, 380, 384, 385, 409, 429, 455, 461, 468, 489
『무학비결』 292, 304
『무학비기』 304

ㅂ

박상의 9, 411, 428, 429, 430, 431
보우 237, 238, 291, 295, 342, 348, 366

ㅅ

『산림경제』 493
『산법전서』 75
『산수비기』 220
『삼국사기』 79, 88, 90, 112, 297, 302
『삼국유사』 50, 77, 79, 81, 88, 112, 113, 114
서산 대사 248, 459
선덕여왕 50, 109, 113
선조 216, 295, 344, 407, 408, 410, 412, 431, 454
『설심부』 29~31, 74

성지 408, 409
『성호사설』 232, 277, 375, 385
세종 240, 310, 341, 381, 382, 383, 398, 400~405, 409
시문용 407
신돈 9, 10, 50, 51, 222, 234, 235~238, 258, 260, 409
『신지비사』 204, 363~364
심희 205, 216

ㅇ

양균송 75, 76, 192, 223
어효첨 384, 398, 404
여엄 205, 214
『오명사비기』 430
『오행서』 221
『옥룡비기』 137
『옥룡자유세비록』 155, 158
왕건 61, 131, 142, 199, 203, 205, 215, 219, 256, 264, 265, 266, 270, 273
『유기』 266
윤다 205, 219~220
윤선도 278, 409, 414
윤신달 379, 380
『의룡경』 223
이기론 75, 76, 368, 411
이문통 408
이성계 51, 52, 203, 260, 272, 275, 278, 288~303, 308, 311, 343, 344, 345, 348, 349, 365
이양달 345, 367, 378, 397
이엄 205, 215

이의신 51, 409, 412~414, 417, 420, 421
이인(異人) 84, 115, 136, 151
이중환 203, 226, 384, 445, 446, 449, 471
이지함 51, 412
이항복 344, 420, 431
『인자수지』 76
일이승 411, 428,
일행 130, 135, 136, 139, 143, 151, 152

## ㅈ

『장서』(『장경』) 57, 75, 76
전봉준 9, 10, 27, 51, 459, 461~465, 468
절중 205, 213
『정감록』 97, 98, 117, 158, 292, 307, 310, 372, 374~375, 459
정도전 301, 308, 312~313, 315, 364, 365, 368
정사륜 413
정약용 445, 447, 450
『정음정양서』 221
『조선 노교사』 97
『조선의 풍수』 9, 28, 221, 399
『주역』 57, 159, 465
지공 선사 288, 290, 351
『지리신법』 368

## ㅊ

찬유 205, 217
『청구비결』 137
『청낭경』 74
『청오경』 75, 76
『청학집』 97

최제우 461, 466~467
최호원 9, 10, 398~399
충담 205, 215

## ㅌ

『탁옥부』 76
탄문 205, 216
탈해 77, 79, 109~113
『택리지』 226, 228, 256, 266, 308, 311, 384, 419, 445~449, 471

## ㅍ

『편년통록』 151, 153, 219, 256

## ㅎ

하윤 367~369, 377, 397
행적 205, 213
현휘 205, 217
형미 205, 214, 220
형세론 75, 76, 247, 368
혜근 288, 291, 311, 313
혜철 129, 138, 139, 142, 152, 189~195
호순신 221, 368
홍경래 9, 10, 51, 411, 428, 453~460
『홍수지』 410

**최창조**

서울대학교 지리학과와 동 대학원을 졸업하고, 경북대학교 및 전북대학교 강사를 거쳐 국토개발연구원 주임연구원으로 근무했다. 청주사범대학 지리학과 교수, 전북대학교 지리학과 교수를 지냈으며 서울대학교 지리학과 교수를 역임했다.
저서로 『최창조의 새로운 풍수 이론』, 『한국의 자생 풍수』 1·2, 『한국의 풍수지리』, 『한국의 풍수사상』, 『사람의 지리학』, 『땅의 논리 인간의 논리』, 『도시 풍수』, 『좋은 땅은 어디를 말함인가』, 『땅의 눈물, 땅의 희망』, 『풍수잡설』, 『북한 문화유적 답사기』 등이 있고, 역서로 『청오경·금낭경』, 『서양인이 본 생활풍수』가 있다.

# 한국풍수인물사

1판 1쇄 펴냄 2013년 12월 9일
1판 3쇄 펴냄 2014년 1월 22일

지은이 최창조
발행인 박근섭·박상준
편집인 장은수
펴낸곳 (주)민음사

출판등록 1966. 5. 19. 제16-490호
주소 서울시 강남구 신사동 506번지 강남출판문화센터 5층 (135-887)
대표전화 515-2000 | 팩시밀리 515-2007
홈페이지 www.minumsa.com

ⓒ 최창조, 2013. Printed in Seoul, Korea

ISBN 978-89-374-8872-6 (93150)